Global Marketing

7th Edition

国际市场营销学

（原书第7版）

[丹] 斯文德·霍伦森（Svend Hollensen）著

张昊 梁晓宁 徐亮 译

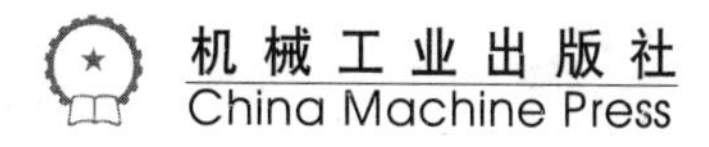

图书在版编目（CIP）数据

国际市场营销学（原书第 7 版）/（丹）斯文德·霍伦森（Svend Hollensen）著；张昊，梁晓宁，徐亮译．—北京：机械工业出版社，2019.3
（营销经典丛书）
书名原文：Global Marketing

ISBN 978-7-111-62021-1

I. 国… II. ①斯… ②张… ③梁… ④徐… III. 国际营销 IV. F740.2

中国版本图书馆 CIP 数据核字（2019）第 032167 号

本书版权登记号：图字 01-2018-3854

Svend Hollensen. Global Marketing, 7th Edition.
ISBN 978-1-292-10011-1

本书以当前的全球化为背景，系统地介绍了国际政治 / 法律环境、经济环境及社会文化环境对国际营销的影响，详尽地论述了企业应该如何根据企业类型及外部环境来选择国外市场及其进入模式，完整地介绍了公司应如何就国际营销管理实践中的产品、渠道、定价和促销等问题进行有效决策。

本书适合于营销学和管理学的学生，以及专门从事或准备从事国际市场营销管理的从业人员。

出版发行：机械工业出版社（北京市西城区百万庄大街 22 号 邮政编码：100037）

责任编辑：岳小月	责任校对：殷 虹
印 刷：北京诚信伟业印刷有限公司	版 次：2019 年 4 月第 1 版第 1 次印刷
开 本：185mm×260mm 1/16	印 张：34
书 号：ISBN 978-7-111-62021-1	定 价：119.00 元

凡购本书，如有缺页、倒页、脱页，由本社发行部调换
客服热线：（010）88379210 88379833　　投稿热线：（010）88379007
购书热线：（010）68326294　　读者信箱：hzjg@hzbook.com

译者序

The Translator's Words

随着改革开放的进一步深化及“一带一路”合作倡议的推进，中国企业将更广泛地融入全球经济当中。随之而来的，国际营销管理实践中的机遇与挑战会增加，对国际营销管理人才的需求也会越来越大。因此，我国迫切需要通过更优质的国际市场营销学教材来提高国际市场营销管理人才的素质，提升企业的国际竞争力。为此，本书译者通过对国内外大量国际市场营销学教材的阅读及分析，为广大高等院校经济管理类学生、教师及专门从事或准备从事国际市场营销管理的从业人员翻译并推荐这本由斯文德·霍伦森教授所著的《国际市场营销学》一书。

本书以当前经济文化全球化为背景，系统地介绍了国际政治／法律环境、经济环境及社会文化环境对国际营销的影响，详尽地论述了企业应该如何根据企业类型及外部环境来选择国外市场以及进入模式，还完整地介绍了公司应如何就国际营销实践中的产品、渠道、定价和促销等问题进行有效决策。本书根据国际营销决策的五个关键问题将全书分为五个部分：①“是否进行国际化”的决策；②“决定进入哪些市场”的决策；③“市场进入战略”的决策；④“设计国际营销计划”的决策；⑤“实施和协调国际营销计划”的决策。本书具有以下几个特点：

（1）系统性。本书基于国际营销决策过程中的五个关键管理决策阶段，将全书分为结构明了、思路清晰的五个部分讲解。因此，读者更容易系统地掌握国际营销实践的理论方法与实践策略。

（2）实践性。本书力求将理论与实践相结合，每章穿插多个“营销洞见”配合各章的讨论重点，并在每章末尾提供有针对性的“案例研究”来帮助读者将理论知识与实践问题进行联系，注重读者应用能力的培养。

（3）前沿性。本书融合了如3D打印、大数据、共享经济等目前科技和商业发展前沿的热点内容，并将其与国际营销进行了有机结合，使读者既能够开阔视野又能够把握国际营销发展的脉络。此外，本书所使用的理论研究及案例都是近年来全球范围内国际营销领域的热门研究及焦点案例，力求通过新颖、实时、最具国际视角的案例及科研成果为国际营销人员提供战略指导。

（4）可读性。本书广泛使用图表等视觉辅助工具，在增加阅读趣味性的同时，帮助读者更好地理解书中所涉及的专业知识。

本书能够顺利地出版，离不开众多参与者的合作与努力。我真诚地感谢帮助和支持本书成功翻译和出版的人员：感谢东北大学的董智琦、王奕丹、张斓、齐家欣等同学在部分案例翻译上给予的帮助；感谢河北科技大学高彦老师在翻译和校对工作上的支持；感谢机械工业出版社张有利等各位编辑，正是你们的鼓励、支持与辛勤工作才能保证本书的顺利出版。最后，感谢家人的理解和支持。

尽管我们三位译者付出巨大努力来完成本书的翻译，但是鉴于时间仓促、水平有限，本书难免出现问题和不当之处，恳请广大专家、读者批评指正。

最后，本书在翻译出版之际正值美国发动贸易战之时，这对于经济全球化是一种挑战。企业如何应对外部环境变化、如何进入新市场变成了愈发难以解决的问题，但是我们相信，经济全球化的趋势不会改变，终有守得云开见月明之时。

张　昊

2019 年 2 月

前言

Preface

全球化是指国家经济相互依赖程度日益增加——包括不同市场的顾客、生产商、供应商和政府。因此，国际营销反映了企业在世界不同国家销售、分销产品和服务的趋势。这与政府削减贸易及投资壁垒，企业在多个国家生产，以及国外企业不断在本土市场扩大竞争息息相关。

多年来，跨国界的偏好趋同性引起的市场全球化，被认为是导致大型跨国企业利用规模经济优势成功推出世界标准产品的原因。

在约翰·奈斯比特（John Naisbitt）1994 年的著作《全球化悖论》(*The Global Paradox*)一书中，特别是最后一部分提出：

> 在大型的全球经济体中，“跨国企业主导世界经济，这一心态简直大错特错。世界经济规模越大越开放，小型或中型企业越可能起主导作用。我一生经历的巨大转折之一，便是由“规模经济”向“不规模经济”转变；从“越多越好”到“越大越低效、花费越高越浪费的官僚主义、越不灵活越悲惨”转变。随着我们向全球化环境的转变，新的悖论出现了：越小越迅速的市场玩家在更广泛的领域占据优势。

当大型企业（如 IBM、ABB）缩减规模的时候，它们开始寻求模仿成功的中小型企业的创业行为，这些中小型企业在实施阶段比大型企业做得更好。由于小型企业或大型企业（部门）的行为日渐趋同，中小型企业与大型企业在国际营销行为方面的差异会逐渐消失。而此时，大型企业正在缩减规模并下放决策权，其结果就是，国际营销的核心成为以决策和行为为导向的方法。这种方法也将成为本书的特点。

由于规模较小，大多数中小型企业并不具有传统大型企业那样的能力、市场竞争力和资源。与资源丰富的大型企业相比，中小型企业所面临的全球化经营中的复杂性对其来说更加难以应对。因此，在全球化背景下中小型企业要想获得成功，很大程度上依赖于正确的国际营销战略的决策和实施。

在任何组织中，营销管理的首要职能是设计和执行有效且可盈利的营销计划。企业在国内市场如此，在国际市场也是如此。从资金投入特别是高层管理者的时间和投入来说，国际化是成本极高的活动。由于花费极高，国际化必须在增加额外销量的同时，为企业创造更多的价值，换句话说，企业需要通过国际化来增强竞争优势。因此，除非能在国际化中获益，否则企业最好只在国内市场经营。

即便企业只在一个国外市场经营，其国际营销管理的任务也是极复杂的，更不用说企业决定在多个国外市场经营，那时国际营销管理任务会变得更加错综复杂。在这些情形下，营销计划必须适应具有不同购买力、不同背景、不同语言和文化的顾客的需求和偏好。而且，竞争模式和经营方式在各国间会存在差异，有时在同一国家的不同地区也会存在差异。然而，尽管存在诸多差异，抓住跨国市场的相似之处是很重要的。一些国际营销活动的协调是必要的，但同时企业也会通过将一个国家积累的经验和知识转移到另一国家的方式来获得跨境协作优势的机会。

0.1 目标

本书的价值链给读者提供了一个开发和实施国际营销计划的分析决策模型。因此，读者应该能分析、选择和评估适用于与国际营销流程相关的五项主要管理决策的概念框架：①决定是否国际化；②决定进入哪些市场；③市场进入战略；④设计国际营销计划；⑤实施和协调国际营销计划。

学习完本书，读者应该能更好地理解企业如何通过设计和实施以市场为导向的营销计划来提升全球竞争力。

0.2 目标群体

本书是为那些想要开发有效的决策导向型国际营销体系的受众而写，并作为全球/国际营销本科及研究生课程的教材；第二类受众是参加与国际营销或出口相关业务的非本科教育课程的庞大函授人群。另外，希望了解国际营销领域最新发展的经理人也会对本书感兴趣。

0.3 要求

市场营销的基础课程。

0.4 特色

本书立足于参与国际市场竞争企业的视角，没有考虑其在来源国的运营。本书具有以下特色：

- 专注于中小型企业；
- 以决策/行为为导向的方法；
- 价值链的方法（包括传统的产品价值链和服务价值链）；
- 价值网络的方法（包括垂直和水平运营的企业）；
- 在书中整合了社交媒体营销的方法；
- 涵盖全球的买卖双方之间的关系；
- 广泛涵盖天生全球化的企业，以及作为传统关键客户管理（key account management，KAM）延伸的全球客户管理（global account management，GAM）企业；
- 描述了备受关注的最新营销理论，如服务价值链、价值创新、蓝海战略、社会营销、企业社会责任、全球客户管理、病毒式营销、感官营销和名人营销等理论；

- 旨在成为一本“真正”的国际营销书籍，所选案例来自全球范围，如欧洲、中东、非洲、远东地区、北美和南美；
- 提供一个完整且聚焦的关于全面国际营销规划过程的概览；
- 使用很多全新的例子和案例来说明理论的现实应用。

0.5 框架

因为本书采用明确的决策导向方法，它的构架是根据营销人员在国际营销过程中面临的五个主要决策来设计的。全书共19章，分为五个部分。图0-1中的大纲展示了这五部分的整体性。国际营销调研被认为是决策过程的组成部分，因此被包含在本书中（见第5章）。营销调研是关于进入哪个市场决策的重要输入信息（见第Ⅱ部分开篇）。真实企业的国际营销实践作为案例在本书贯穿始终。而且，每章结尾都以案例研究结束，并包含思考题供学生思考。

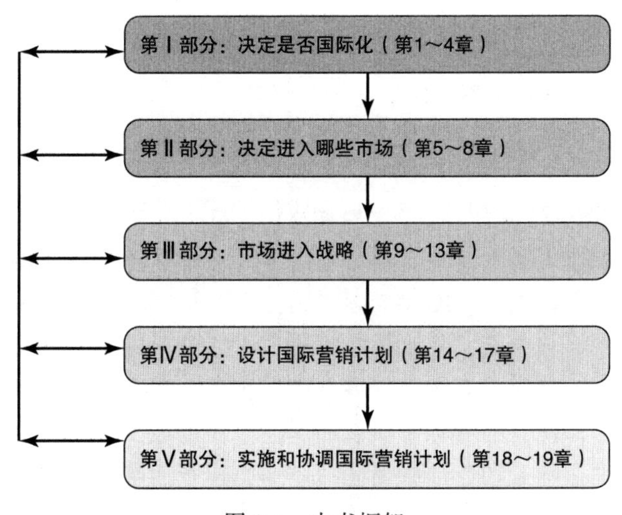

图0-1　本书框架

0.6 第7版中的新内容

本书第7版关注两个重要的主题：“全球本土化”和“万物互联”。第7版提到的全球化概念使国际营销人员可以同时利用“本土化”和“全球化”所产生的协同效应。另一个重要的方面是强调所谓的“万物互联”，目前正在逐渐融入世界各地的顾客日常沟通和购买行为的各个环节。因此，这种互联网日益普及的情况也会反映在每章和大部分案例展示中。本书还围绕我们熟知的中小型企业国际化经历的各阶段构建体系展开阐述。

本书的章节和案例全部来自最新的期刊文章和公司信息。基于此，各章还将引入以下新问题：

- 第1章——目前，通过产品价值链和服务价值链提供顾客价值的概念，正在通过增加“顾客体验”延伸成为价值生产者。增强现实（AR）能够被视为体验式营销的一种形式，因为它不仅关注单一产品/服务，还关注由顾客创造的全部体验。AR

技术增强了顾客当前对于现实的感知。

- 第 2 章——“U 形曲线”作为一种鉴定的方式被引入，确定以国际化的方式能够服务国家数量的上限。国际化为扩张的公司带来成本压力，这也解释了为什么深入的国际化会对利润产生消极影响，以及为什么过度国际化的公司可能会降低它们的国际化程度。
- 第 4 章——介绍“共享经济”，个体通常利用在线市场租用其他人拥有的资产（产品或服务）。有多种方式能够销售产品的使用权而非所有权。喜利得作为一家为全球建筑业提供产品、系统和服务的企业，如今不仅销售手持电动工具，还销售产品的使用权。这一章也介绍了巴尼的 VRIO 分析，以确定特定公司资源的潜在竞争。
- 第 5 章——以亚马逊作为案例，来说明企业应如何使用大数据和统计创造竞争优势。亚马逊如今正在将其算法服务业务外包给其他公司，比如通过亚马逊云服务（AWS）。
- 第 6 章——展示谷歌这样的公司如何应对政策风险。谷歌介入欧盟反垄断的案例也证明了这一点。
- 第 8 章——介绍了 GLOBE 模型，这是霍夫施泰德理论的更新扩展。这一章也讨论了文化层面对道德决策制定的影响。
- 第 12 章——介绍了不同国家的组织间，即总部与特定子公司 / 东道国之间文化互动的框架。
- 第 14 章——介绍了通过“云计算”实现的 e 服务。另外，3D 打印作为一个可能的定制化新型工业革命被引入。在第 V 部分，全球移动 App 营销被视为新型国际营销工具，由于全球 3G 和 4G 移动服务的推出以及智能手机和平板电脑的日益普及，它受到越来越多的关注。移动增值服务（MVAS）代表一种特殊情况，App 不直接提供销售服务，而是旨在帮助顾客解决问题或做出决策。这样的 App 丰富了提供产品或服务的整体用户体验。
- 第 15 章——介绍了免费增值（免费 + 增值）价格战略，先提供免费的产品或服务（免费），之后推出更多高级属性或功能的变化（增值）。
- 第 16 章——与全渠道零售（或多渠道零售）相关，基于两个基础维度：信息传递和完成交易，引入一个 2×2 矩阵。
- 第 17 章——目前包含传统的单向市场沟通——打“保龄球”到“弹球”的转换。在社交媒体营销中，保龄球的比喻不再适合。在这个新的领域，营销应被更好的描述为“弹球”：公司将“营销球”（即品牌）提供到一个动态且混沌的市场环境中。
- 在各章中加入了真实公司的最新案例。
- 在各章中加入了许多全新的有趣的案例研究。
- 此外，加入了一部分全新的案例。

0.7 教学 / 学习辅助

本书的一个优势在于其教学特色：

- 学习目标告诉读者在结束学习后能够做什么。
- 真实案例和示例丰富了内容，并让读者更能联系营销模型。
- 每章结尾都总结概括了本章的主要内容。
- 每章都包含两个案例研究，能帮助学生将章节中的模型与特定商业环境进行联系。
- “问题讨论”允许学生进一步探讨重要问题。
- 案例分析——每部分都有五个符合本章主题的案例研究。为强化学习，所有案例分析都有讨论题。案例分析都基于现实案例，这些企业的其他信息可通过互联网获得。企业案例选材于不同国家，以代表世界不同地区。（见华章网站 www.hzbook.com。）
- 可做出不同选择的问题。

目录

Contents

译者序

前言

第I部分　决定是否国际化

第1章　企业中的全球市场营销 …… 2

1.1　全球化概论 …… 2

1.2　开发国际营销计划的流程 …… 3

1.3　中小型企业和大型企业间国际营销和管理风格的比较 …… 8

1.4　是否所有企业都应该走国际化的道路 …… 14

1.5　“国际营销”概念的发展 …… 15

1.6　全球一体化及市场响应的驱动力 …… 18

1.7　将价值链作为识别国际竞争优势的基本框架 …… 21

1.8　价值商店和“服务价值链” …… 26

1.9　国际体验式营销 …… 30

1.10　信息产业和虚拟价值链 …… 34

1.11　总结 …… 35

案例研究1-1　绿色玩具公司：环保玩具制造商正在走向国际化 …… 35

案例研究1-2　猎人靴公司：标志性的英国品牌正在进入专属时尚 …… 40

第2章　国际化的起源 …… 43

2.1　简介 …… 43

2.2　国际化的动机 …… 43

2.3　启动出口的触发因素（促变因素） …… 51

2.4　国际化的障碍 / 风险 …… 55

2.5　总结 …… 59

案例调研2-1　生命吸管：韦斯特加德公司将污水变成干净的饮用水 …… 59

案例调研2-2　埃尔维斯·普雷斯利公司：“偶像崇拜”的国际化 …… 61

第3章　国际化理论 …… 63

3.1　简介 …… 63

3.2　乌普萨拉国际化模型 …… 65

3.3　交易成本分析模型 …… 69

3.4　网络模型 …… 71

3.5 天生国际化 …… 73
3.6 总结 …… 77
案例研究 3-1 尊巴舞：一个正在走向全球的舞蹈现象 …… 78
案例研究 3-2 梦工厂的经典：《邮差帕特》的国际化 …… 80

第 4 章 开发企业国际竞争力 …… 82
4.1 引言 …… 82
4.2 国家竞争力分析（波特钻石模型）…… 84
4.3 行业竞争分析（波特五力模型）…… 88
4.4 价值链分析 …… 92
4.5 可持续的全球价值链 …… 102
4.6 企业社会责任（CSR）…… 103
4.7 价值网 …… 106
4.8 蓝海战略和价值创新 …… 108
4.9 总结 …… 112
案例研究 4-1 任天堂 Wii 在世界市场居首位，但不会维持太久了 …… 113
案例研究 4-2 大疆科技有限公司：一个成立于中国的“天生国际化”企业，主宰全球无人机市场 …… 118

第Ⅱ部分 决定进入哪些市场

第 5 章 国际营销调研 …… 124
5.1 简介 …… 124
5.2 国际营销调研人员的角色变化 …… 125
5.3 国际营销调研与决策过程的关联 …… 125
5.4 二手数据调研 …… 127
5.5 原始数据调研 …… 131
5.6 其他市场调研类型 …… 141
5.7 基于 Web 2.0 的市场调研 …… 144
5.8 设立国际营销信息系统 …… 146
5.9 总结 …… 147
案例分析 5-1 德国蒂派克特种机械公司：对客户满意度的全球调研 …… 148
案例分析 5-2 乐高好朋友系列：世界上最大的玩具制造商之一进入了女孩市场 …… 149

第 6 章 政治和经济环境 …… 152
6.1 简介 …… 152
6.2 政治 / 法律环境 …… 152
6.3 经济环境 …… 161
6.4 欧洲经济、货币联盟和欧元 …… 166
6.5 “金砖国家”：世界新的增长市场 …… 169
6.6 作为市场机遇的“金字塔底层” …… 171
6.7 总结 …… 174
案例研究 6-1 G-20 和经济金融危机：全球化到底是什么 …… 176

案例研究 6-2 丹佛斯动力系统公司：哪些政治/经济因素会影响液压元件制造商 …… 177

第 7 章 社会文化环境 …… 179

7.1 简介 …… 179
7.2 文化的层次 …… 180
7.3 高语境和低语境文化 …… 182
7.4 文化的因素 …… 183
7.5 霍夫施泰德模型（“4 + 1”维度模型）vs. GLOBE 模型 …… 188
7.6 管理文化差距 …… 191
7.7 世界文化的趋同或分化 …… 192
7.8 文化维度对道德决策的影响 …… 192
7.9 总结 …… 194
案例研究 7-1 太阳马戏团：革命性的马戏艺术正在扩大其全球范围 …… 195
案例研究 7-2 宜家《家居指南》：有无文化差异 …… 198

第 8 章 国际市场选择过程 …… 199

8.1 简介 …… 199
8.2 国际市场选择：中小型企业 vs. 大型企业 …… 199
8.3 为国际市场选择构建模型 …… 200
8.4 市场扩张策略 …… 215
8.5 全球产品/市场组合 …… 221
8.6 总结 …… 221
案例研究 8-1 塔塔 Nano 汽车：世界上最便宜汽车的国际市场选择 …… 223
案例研究 8-2 飞利浦照明：在中东筛选市场 …… 229

第Ⅲ部分 市场进入战略

第 9 章 进入模式的选择方法 …… 234

9.1 简介 …… 234
9.2 交易成本方法 …… 234
9.3 影响进入模式选择的因素 …… 236
9.4 总结 …… 241
案例研究 9-1 亚尔斯堡：挪威奶酪之王正定夺新的市场进入模式 …… 241
案例研究 9-2 安思尔避孕套：收购是获得欧洲市场份额的正确方式吗 …… 243

第 10 章 出口模式 …… 247

10.1 简介 …… 247
10.2 间接出口模式 …… 249
10.3 直接出口模式 …… 253
10.4 合作出口模式/出口营销集团 …… 260
10.5 总结 …… 260
案例研究 10-1 利肖姆利尼阿夸维特酒：挪威阿夸维特酒品牌的国际营销 …… 261

案例研究 10-2 佩尔勒产品：一家正在新的出口市场寻求代理商和合作伙伴的印度饼干生产商 ······263

第 11 章 中间商进入模式 ······265

11.1 简介 ······265
11.2 合同制造 ······265
11.3 许可经营 ······267
11.4 特许经营 ······269
11.5 合资企业或战略联盟 ······274
11.6 其他中间商进入模式 ······282
11.7 总结 ······284
案例研究 11-1 Hello Kitty：卡通猫能在世界各地的热议中存活吗 ······285
案例研究 11-2 Kabooki：乐高品牌的授权 ······287

第 12 章 层次模式 ······289

12.1 简介 ······289
12.2 国内销售代表或电子商务渠道 ······290
12.3 驻地销售代表 / 国外分销处 / 国外销售子公司 ······291
12.4 销售和生产子公司 ······292
12.5 子公司发展及一体化战略 ······293
12.6 区域中心（区域总部）······294
12.7 跨国组织 ······296
12.8 建立全资子公司——收购或绿地投资 ······296
12.9 总部的选址 / 迁址 ······297
12.10 国外撤资：退出国外市场 ······298
12.11 总结 ······301
案例研究 12-1 拉夫·劳伦：Polo 向东南亚内部分销 ······302
案例研究 12-2 杜蕾斯安全套：SSL 集团将通过自己的组织在日本市场出售杜蕾斯安全套 ······304

第 13 章 国际外包决策和次级供应商的角色 ······306

13.1 简介 ······306
13.2 国际外包的原因 ······307
13.3 分包的类型 ······309
13.4 买卖双方的互动 ······309
13.5 买卖双方关系的发展 ······312
13.6 反向营销：从卖方主动到买方主动 ······315
13.7 分包商的国际化 ······315
13.8 项目出口（总承包合同）······318
13.9 总结 ······319
案例研究 13-1 ARM：在世界计算机芯片市场上挑战英特尔 ······320
案例研究 13-2 博世 Indego：如何在一个新的全球产品市场（机器人割草机）中建立 B2B 和 B2C 关系 ······324

第Ⅳ部分　设计国际营销计划

第 14 章　产品决策 ………………… 333

14.1　简介 ……………………………… 333
14.2　国际化产品供应物的维度 …… 333
14.3　开发国际化服务战略 ………… 334
14.4　产品生命周期 ………………… 339
14.5　为国际市场开发新产品 ……… 347
14.6　产品定位 ……………………… 351
14.7　品牌资产 ……………………… 354
14.8　品牌化决策 …………………… 355
14.9　感官品牌化 …………………… 362
14.10　互联网在面向产品决策的顾客合作中的应用 ………………… 366
14.11　3D 打印：一种新型的用于定制化服务的工业解决方案 ……… 368
14.12　全球移动 App 营销 ………… 369
14.13　“长尾”策略 ………………… 372
14.14　品牌仿冒和防伪策略 ……… 373
14.15　总结 ………………………… 374
案例研究 14-1　Danish Klassic：在沙特阿拉伯推出奶油乳酪 ……………… 375
案例研究 14-2　芝宝制造公司：打火机之外，产品多样化是否走得太远 ……… 378

第 15 章　定价决策和商业条款 ·· 380

15.1　简介 ……………………………… 380
15.2　国际定价战略与国内定价战略的比较 …………………………… 380
15.3　影响国际定价决策的因素 …… 381
15.4　国际定价策略 ………………… 385
15.5　互联网对跨境定价的影响 …… 400
15.6　销售和交货条款 ……………… 401
15.7　支付条款 ……………………… 403
15.8　出口融资 ……………………… 406
15.9　总结 ……………………………… 408
案例研究 15-1　哈雷 – 戴维森：品牌形象能否说明定价水平 ……………… 409
案例研究 15-2　吉列公司：有可能对剃须刀刀片实行标准化定价吗 ……… 410

第 16 章　分销决策 ………………… 411

16.1　引言 ……………………………… 411
16.2　渠道决策的外部决定因素 …… 412
16.3　渠道结构 ……………………… 414
16.4　多渠道策略 …………………… 418
16.5　管理和控制分销渠道 ………… 421
16.6　互联网在分销决策中的应用 ………………………………… 425
16.7　在线零售 ……………………… 426
16.8　智能手机营销 ………………… 428
16.9　国际零售中的渠道权力 ……… 429
16.10　灰色营销（平行进口）……… 433
16.11　总结 ………………………… 434
案例研究 16-1　戴比尔斯：前向整合钻石业价值链 ····· 435
案例研究 16-2　特百惠：全球直销模式仍在继续 ……… 437

第 17 章　沟通决策（促销策略）……441

17.1　简介……441
17.2　沟通过程……441
17.3　沟通工具……444
17.4　国际广告策略的实践……459
17.5　互联网对沟通决策的影响……462
17.6　社交媒体营销……463
17.7　病毒式营销活动的发展……469
17.8　总结……471
案例研究 17-1　海丽·汉森：在美国市场赞助时尚服装…471
案例研究 17-2　摩根汽车公司：英国复古跑车品牌 100 年后还能成功吗……472

第Ⅴ部分　实施和协调国际营销计划

第 18 章　跨文化销售谈判……478

18.1　介绍……478
18.2　跨文化谈判……480
18.3　跨文化准备……488
18.4　应对外派人员……489
18.5　知识管理和跨国界学习……491
18.6　跨文化谈判中的跨国贿赂……495
18.7　总结……495
案例研究 18-1　渗渗泉可乐："穆斯林"可乐从伊朗到欧洲市场的营销……496
案例研究 18-2　TOTO：日本的坐便器制造商在美国为其高科技品牌寻找出口机会……498

第 19 章　国际营销计划的组织与控制……501

19.1　介绍……501
19.2　国际营销活动的组织……501
19.3　全球客户管理组织……506
19.4　控制国际营销计划……516
19.5　国际营销预算……521
19.6　开发国际营销计划的过程……524
19.7　小结……525
案例研究 19-1　玛氏公司：合并欧洲食品、宠物护理和糖果事业部……525
案例研究 19-2　汉高应该转型为以客户为中心的组织吗……526
第Ⅰ～Ⅳ部分案例分析[一]
参考文献[二]

[一][二] 内容见华章网站 www.hzbook.com。

PART 1

第Ⅰ部分

决定是否国际化

企业管理实践当中经常出现一家进行出口投资的企业其实更适合留在本土市场的情况，造成这种窘境的根源是该企业并没有能力进行出口投资。第 1 章从价值链的视角讨论竞争力和国际营销战略；第 2 章介绍企业走向国际化的主要动因；第 3 章聚焦于企业国际化进程的核心理论；第 4 章从宏观到微观讨论国际竞争力的概念。

第 1 章

Chapter1

企业中的全球市场营销

□ 学习目标

通过本章的学习，你能够：

- 明确并区分中小型企业（SME）和大型企业(LSE)的管理风格。
- 识别全球整合和市场响应的驱动力。
- 从全局视角解释国际营销在企业中的作用。
- 描述和理解价值链的概念。
- 识别和讨论价值链国际化的不同方式。
- 解释“产品价值链”和“服务价值链”的区别。
- 理解“顾客体验”是如何扩展传统价值视角的。

1.1 全球化概论

在经历了两年多的经济危机（2008～2010年）之后，企业领导者开始重新思考未来。当他们考虑接下来的国际营销战略时，许多企业高管都在思考，这两年的混乱到底仅是商业周期的一种循环，还是全球经济秩序的重塑。尽管随着需求的减少国际贸易呈现下滑趋势，并导致产品和服务全球化的进程在一段时期内停滞，但是全球化的整体趋势仍然势不可挡（Beinhocker et al.，2009）。

2005年，托马斯·弗里德曼（Thomas Friedman）出版了一本国际畅销书《世界是平的》。这本书主要针对21世纪初的全球化进行了分析，结果表明，现在的景象与过去已经大相径庭。该书的书名本身就是一种隐喻，它把世界视为一个水平的商业竞技场，所有参与者和竞争对手都享有平等的机会。来自世界各地的企业将在全球市场的每一个角落，为了获取顾客、资源、人才和智力资本与对手进行竞争，而产品和服务则会从各个产地源源不断地流向目的地。弗里德曼还提到，位于乌克兰、印度、中国等国家的许多企业将会通过劳动密集型生产成为跨国公司的低级别供应商。凭借此种方式，这些在新兴和发展中国家的企业将成为像戴尔、SAP、IBM和微软等大型跨国公司复杂的全球供应链中不可或缺的一部分。

但是，弗里德曼“世界是平的”的观点并没得到格玛沃特（Ghemawat,2008）的认同。

在他的新书中，格玛沃特介绍了‘世界 3.0’，即世界既不是由一个个彼此相异的国家组成（世界 1.0），也不是目前许多企业战略所奉行的‘世界是平的’那样的无边界理想世界（世界 2.0）组成。在世界 3.0 中（Ghemawat，2011a），本土至关重要，但是其他国家同样重要。格玛沃特认为，当距离（地理、文化、管理 / 政治、经济）增加，跨境贸易就会减少（Ghemawat，2011b）。他虽然相信现实世界中应该很可能存在一种全球化战略或全球化组织，但是全球化战略不应该基于消灭普遍存在的人文差异和地理距离，相反应该基于对这些差异和距离的理解。

1.2　开发国际营销计划的流程

本书采用决策导向法来进行内容构建，以企业营销人员国际营销过程中需要做出的营销决策为依据，将书中的 15 章内容划分为五大部分（见图 1-1）。

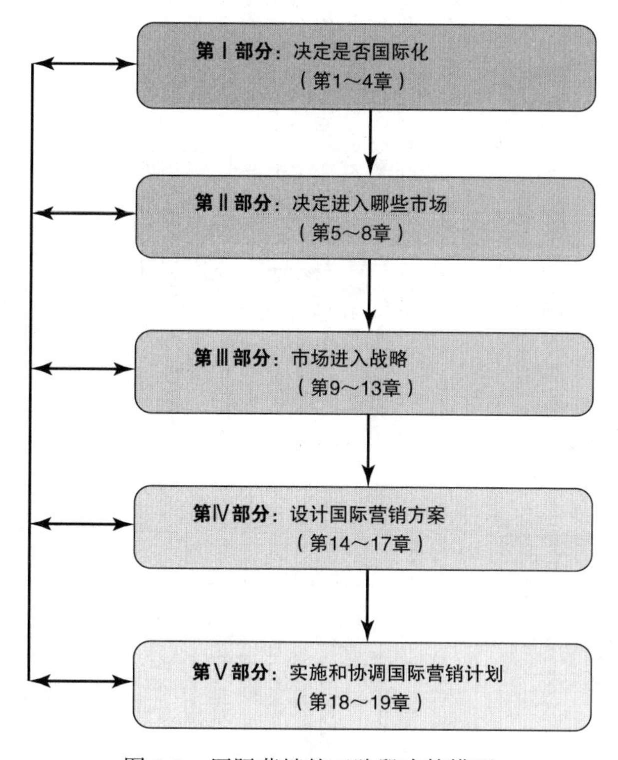

图 1-1　国际营销的五阶段决策模型

最后，企业全球竞争力的建立主要还是取决于国际营销阶段，即国际营销计划实施的结果（见图 1-2）。制订营销计划的目的是为了在全球市场中创造可持续的竞争优势。通常情况下，企业历经某种心理过程来制订国际营销计划。在中小型企业（SME），这个过程可能是非正式的；在大型组织，这个过程往往具有系统性。图 1-2 提供了一套系统制订国际营销计划的方法——各个阶段所使用的重要模型或概念都将在对应的章节中进行详述。建议读者在学习过程中经常回顾本图。

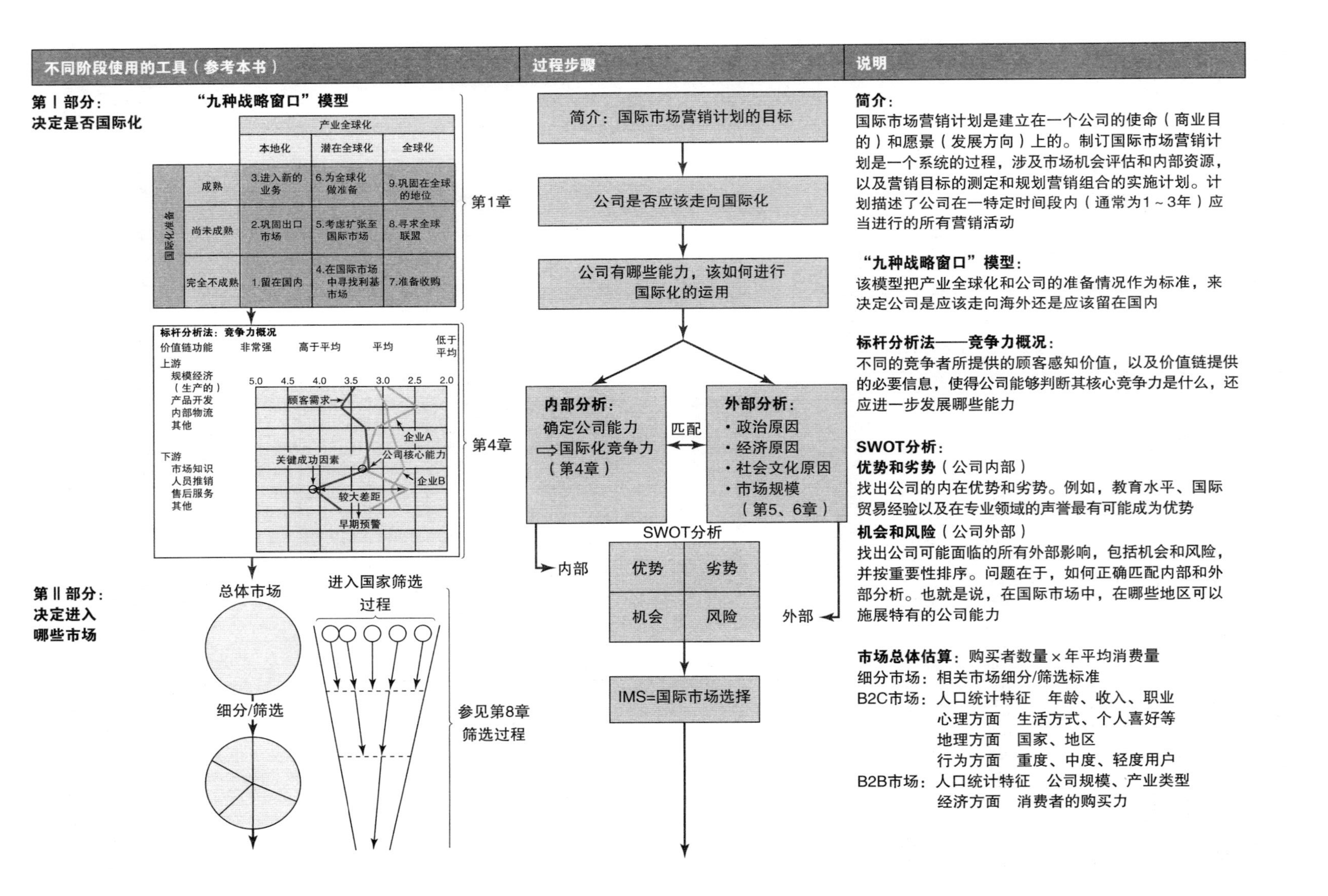
不同阶段使用的工具（参考本书）
过程步骤
说明
第Ⅰ部分：
决定是否国际化
“九种战略窗口”模型
产业全球化
本地化
潜在全球化
全球化
国际化准备
成熟
尚未成熟
完全不成熟
3.进入新的业务
6.为全球化做准备
9.巩固在全球的地位
2.巩固出口市场
5.考虑扩张至国际市场
8.寻求全球联盟
1.留在国内
4.在国际市场中寻找利基市场
7.准备收购
第1章
标杆分析法：竞争力概况
价值链功能
非常强
高于平均
平均
低于平均
上游
规模经济（生产的）
产品开发
内部物流
其他
下游
市场知识
人员推销
售后服务
其他
5.0 4.5 4.0 3.5 3.0 2.5 2.0
顾客需求
企业A
公司核心能力
关键成功因素
企业B
较大差距
早期预警
第4章
第Ⅱ部分：
决定进入
哪些市场
总体市场
细分/筛选
进入国家筛选
过程
参见第8章
筛选过程
简介：国际市场营销计划的目标
公司是否应该走向国际化
公司有哪些能力，该如何进行国际化的运用
内部分析：
确定公司能力
⇨国际化竞争力
（第4章）
匹配
外部分析：
• 政治原因
• 经济原因
• 社会文化原因
• 市场规模
（第5、6章）
SWOT分析
内部
优势
劣势
机会
风险
外部
IMS=国际市场选择
简介：
国际市场营销计划是建立在一个公司的使命（商业目的）和愿景（发展方向）上的。制订国际市场营销计划是一个系统的过程，涉及市场机会评估和内部资源，以及营销目标的测定和规划营销组合的实施计划。计划描述了公司在一特定时间段内（通常为1～3年）应当进行的所有营销活动
“九种战略窗口”模型：
该模型把产业全球化和公司的准备情况作为标准，来决定公司是应该走向海外还是应该留在国内
标杆分析法——竞争力概况：
不同的竞争者所提供的顾客感知价值，以及价值链提供的必要信息，使得公司能够判断其核心竞争力是什么，还应进一步发展哪些能力
SWOT分析：
优势和劣势（公司内部）
找出公司的内在优势和劣势。例如，教育水平、国际贸易经验以及在专业领域的声誉最有可能成为优势
机会和风险（公司外部）
找出公司可能面临的所有外部影响，包括机会和风险，并按重要性排序。问题在于，如何正确匹配内部和外部分析。也就是说，在国际市场中，在哪些地区可以施展特有的公司能力
市场总体估算：购买者数量×年平均消费量
细分市场：相关市场细分/筛选标准
B2C市场：人口统计特征　年龄、收入、职业
心理方面　生活方式、个人喜好等
地理方面　国家、地区
行为方面　重度、中度、轻度用户
B2B市场：人口统计特征　公司规模、产业类型
经济方面　消费者的购买力

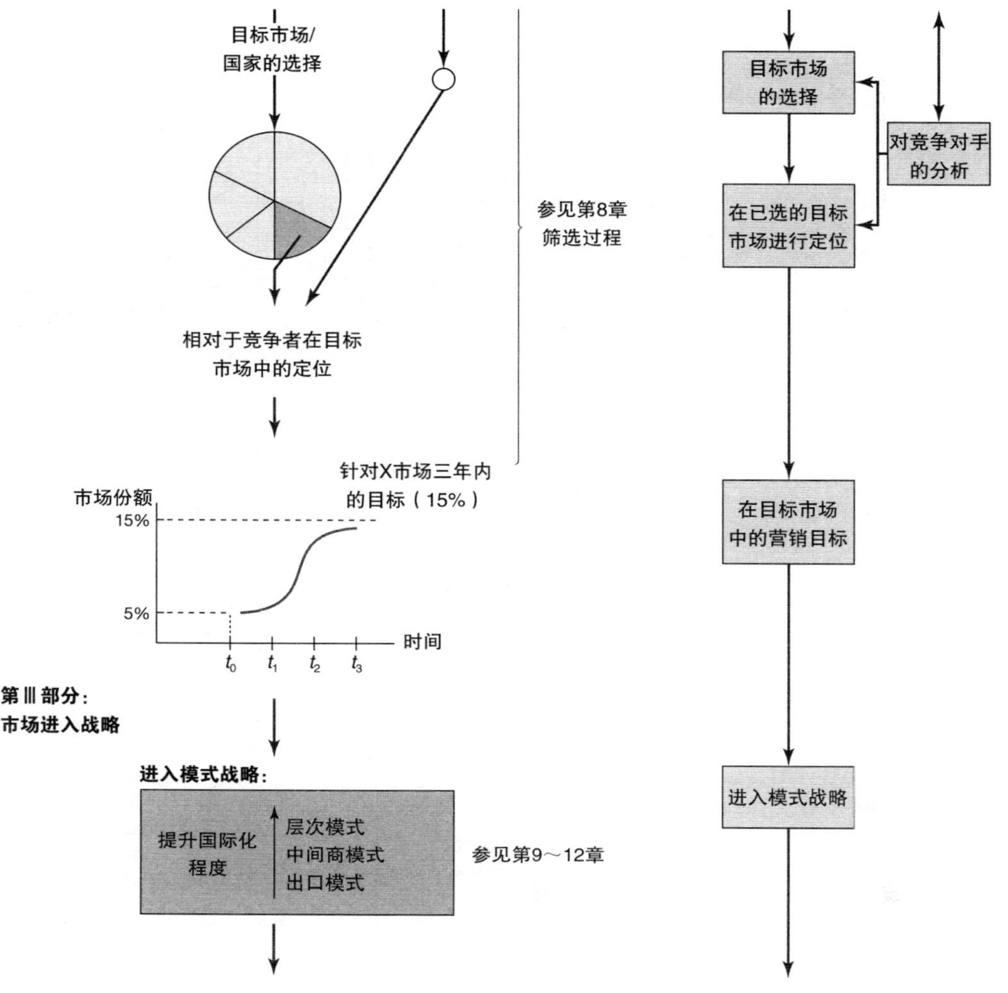

地理市场　区域（西欧、东欧、远东、北美等）、国家或地区
客户类型　终端消费者、中间商、代工生产商（OEMs）、全球客户（GAs）

对竞争对手的分析：
你将发现公司的竞争优势，即顾客与贵公司而不是竞争对手做生意的原因。通过研究竞争对手的活动，你也许会对市场有更多的了解。例如，一个成功的竞争对手会不会在某一特定市场实施降价销售？如果是这样的话，你从中可以了解到该市场的哪些消费习惯？如果你发现市场中有力的竞争对手已经饱和（红海），你可以避免因选择缺乏消费需求的目标市场而付出较高代价的错误。你可以对公司的目标市场进行重新定位，朝着基于公司现有资源来获得更多利润的目标而努力（蓝海战略）

营销目标：
达到营销目标就会带来销售额（如果情况并非如此，你就需要改变营销目标）。营销目标应当清晰、可衡量，并且有规定的完成时间框架。换句话说，目标应该遵循SMART原则：S代表具体的（specific）；M代表可衡量的（measurable）；A代表可实现的（achievable）；R代表现实的（realistic）；T代表有时限的（timetable）。设定营销目标和完成剩余部分的营销计划可以作为对现实情况的检验：公司有完成营销目标所需的资源和能力吗？例如，从现在起（t_0），三年内（t_3）在目标市场使市场份额从5%增加到15%，这个目标能实现吗

进入模式战略：
一旦公司在目标市场设定了目标，下一步就是选择最佳的模式进入市场。选好的模式可以看作垂直链条上的第一个决策层面，它可以在国家层面上对垂直链条上的下一个参与者提供渠道
三种进入模式（从生产商的角度看）具有如下特点：出口模式（代理商、经销商）：掌控力低、风险低、灵活性高中间商模式（合资、战略联盟）：共同管理、共同承担风险、所有权分开
层次模式（自身子公司）：掌控力高、风险高、灵活性低

图 1-2　国际化营销计划的开发

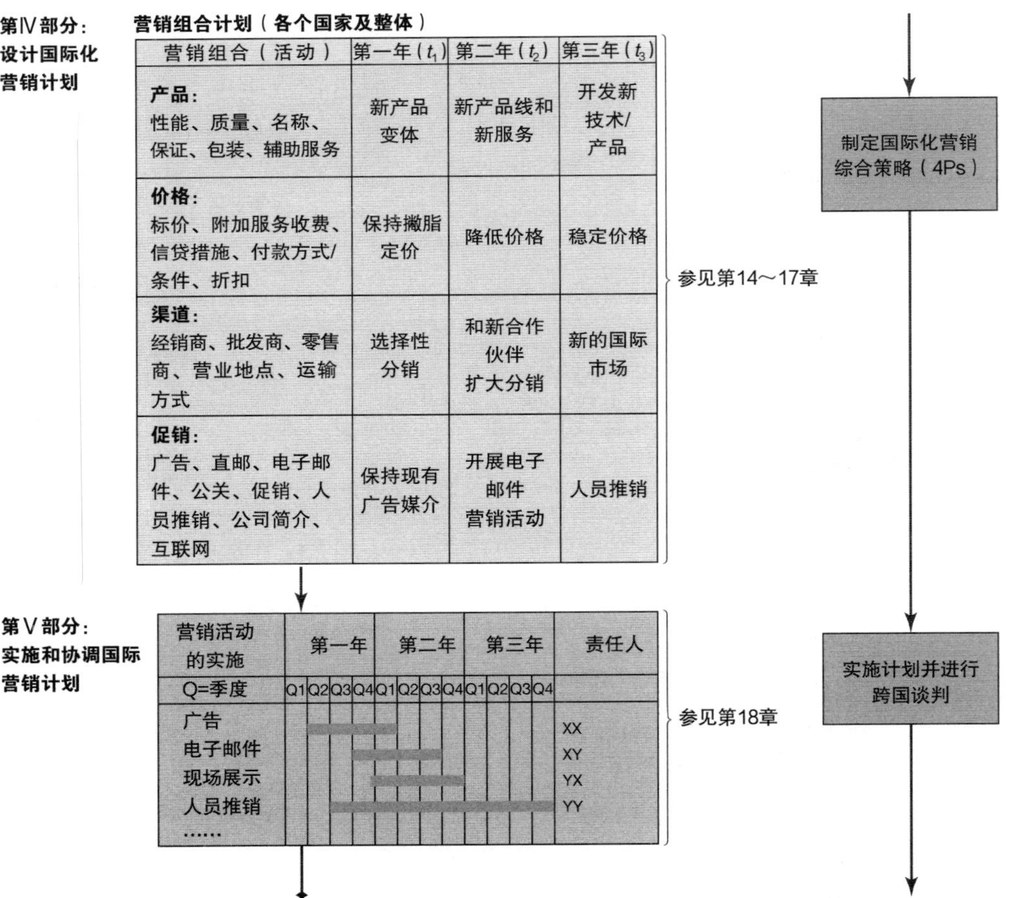

第Ⅳ部分：设计国际化营销计划

营销组合计划（各个国家及整体）

营销组合（活动）	第一年（t_1）	第二年（t_2）	第三年（t_3）
产品：性能、质量、名称、保证、包装、辅助服务	新产品变体	新产品线和新服务	开发新技术/产品
价格：标价、附加服务收费、信贷措施、付款方式/条件、折扣	保持撇脂定价	降低价格	稳定价格
渠道：经销商、批发商、零售商、营业地点、运输方式	选择性分销	和新合作伙伴扩大分销	新的国际市场
促销：广告、直邮、电子邮件、公关、促销、人员推销、公司简介、互联网	保持现有广告媒介	开展电子邮件营销活动	人员推销

参见第14～17章

第Ⅴ部分：实施和协调国际营销计划

营销活动的实施	第一年				第二年				第三年				责任人
Q=季度	Q1	Q2	Q3	Q4	Q1	Q2	Q3	Q4	Q1	Q2	Q3	Q4	
广告													XX
电子邮件													XY
现场展示													YX
人员推销													YY
……													

参见第18章

制定营销组合：

公司计划中的国际营销组合部分（4Ps或7Ps）为国际化营销目标构建了基本策略。它本质上是营销计划的核心。营销组合部分应当包含如下信息：

- 产品：公司提供的东西——产品和服务
- 价格：对交付的产品和服务向顾客所收取的费用
- 促销：公司如何在市场中推广或者引起人们对产品的认知或兴趣
- 渠道（分销）：如何把产品或服务带给消费者？如何通过与客户建立关系以创造额外价值

实施：

把策略转换为行动（组织）：

- 为每种产品/服务（SBU）编制4Ps组合
- 组织营销力量
- 谁对行动的实施负责
- 行动什么时候开始
- 内部营销计划：“走出去”之前在组织内部推广营销计划。是否存在应当考虑到的内部阻碍

跨国谈判：

影响买卖双方谈判氛围的最主要障碍是文化距离，主要表现为沟通和谈判行为、时间观念、空间和工作模式的差别，以及社会规范性质的不同。通过文化培训和市场调研可以减少文化距离

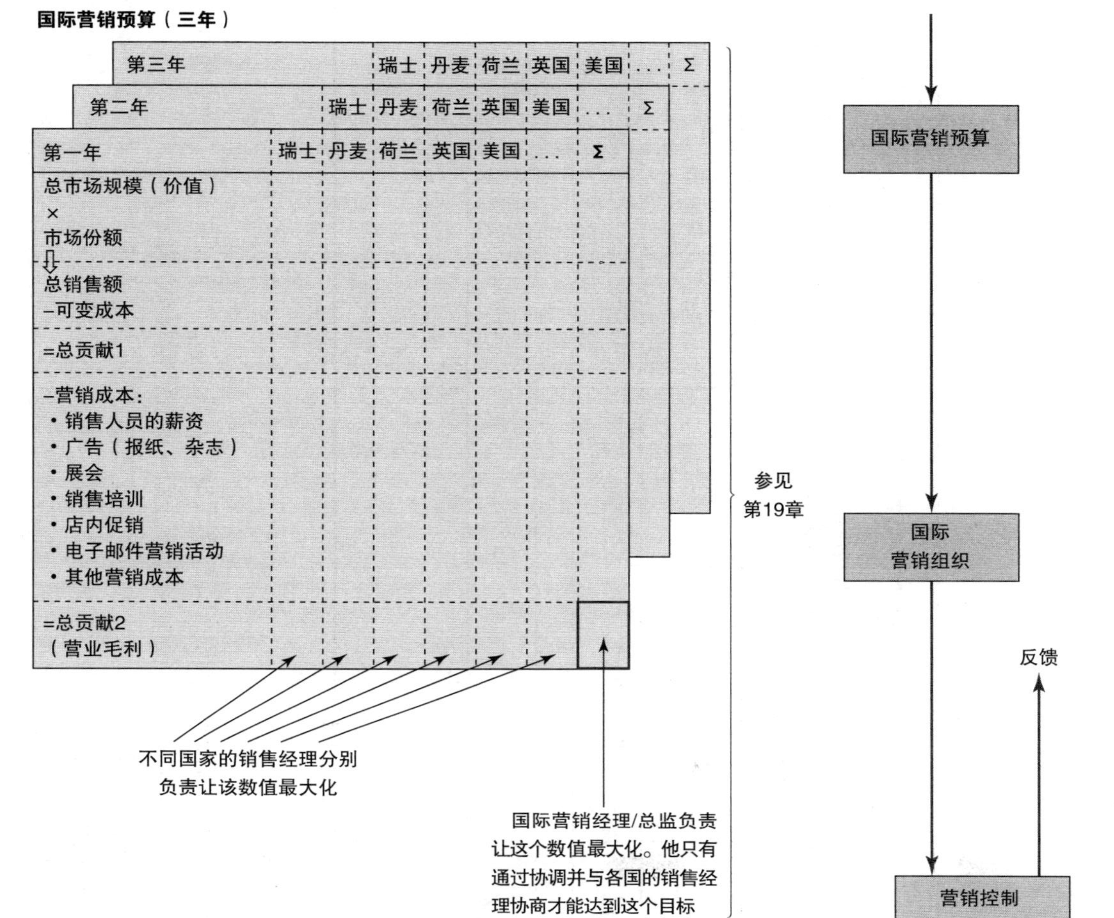
国际营销预算（三年）
第三年 瑞士 丹麦 荷兰 英国 美国 . . . Σ
第二年 瑞士 丹麦 荷兰 英国 美国 . . . Σ
第一年 瑞士 丹麦 荷兰 英国 美国 . . . Σ
总市场规模（价值）
×
市场份额
总销售额
–可变成本
=总贡献1
–营销成本：
• 销售人员的薪资
• 广告（报纸、杂志）
• 展会
• 销售培训
• 店内促销
• 电子邮件营销活动
• 其他营销成本
=总贡献2
（营业毛利）
不同国家的销售经理分别
负责让该数值最大化
国际营销经理/总监负责
让这个数值最大化。他只有
通过协调并与各国的销售经
理协商才能达到这个目标
参见
第19章
国际营销预算
国际
营销组织
营销控制
反馈
营销预算：
一个战略性营销策略所产生的营销预算，应当有充足的可
配置资源来实现战略市场计划的绩效目标。在一个为期三
年的战略市场计划中，每年都需要对市场和利润绩效进行
判断估算
在左边的图中，国际营销经理/总监负责将全球的“营销贡
献”（Σ）最大化。为了优化总营销贡献（Σ），他有权与
各国经理合作、协商、协调并跨境转移市场资源。各国的经理
负责使所在国的营销贡献最大化
国际营销活动组织：
组织国际营销活动的不同选择：
• 临时出口
• 职能结构
• 国际事业部结构
• 产品结构
• 区域（顾客）结构
• 矩阵结构
• 全球客户管理（GAM）
营销控制：
计划和预算是正式控制的主要方法。预算清晰地表明了目标
以及达成这些目标所需的营销成本。控制包括测算实际的数
字来和预算数字做比较。如果差别在可以接受的范围内，通
常就不会采取行动
绩效测评是通过测量实际绩效来评价执行状况。关键在于设
定一个绩效标准。通常情况下，这个标准是根据行业平均的
历史绩效制定的
不可避免，这将出现国家与国家之间进行比较的问题。例如，
在预算期间不同国家的预算情况是如何受币值波动影响的

图 1-2 （续）

1.3 中小型企业和大型企业间国际营销和管理风格的比较

许多大型跨国公司（如 IBM、飞利浦、通用汽车和 ABB）“收缩”的背后是因为这些公司都开始进行“瘦身行动”。所以，现实中大型企业不再是控制各类业务的庞大的集团，而更像是由许多小型、自治的、创业型和行动导向型公司组成的联盟。而中小型企业的特质是战略导向不断变化，这一点长期备受质疑。因此，它们在国际贸易中的表现也千差万别。早期的一些研究（Bonaccorsi，1992）否定了一个被广为接受的命题，即企业规模直接影响出口强度。进而，后来的许多研究人员（如 Julien et al.，1997）也发现，中小型企业作为出口商并没有表现得像一个同质化群体。

表 1-1 概述了中小型企业和大型企业在管理和营销方式上的本质差异。我们接下来详细讨论每个差异。

表 1-1 中小型企业和大型企业的特征

	大型企业	中小型企业
资源	丰富的资源 资源内部化 协调： ● 人员 ● 财务 ● 市场知识等	有限的资源 资源外部化（资源外包）
战略制定 / 决策过程	深思熟虑的战略结构（Mintzberg，1987；Mintzberg and Waters，1985）（见图 1-3） 在较小的渐进式步骤上的适应性决策制定模式（逻辑渐进主义）（如每个新产品：相对于大型企业是小创新）（见图 1-4）	应急的战略制定（Mintzberg，1987；Mintzberg and Waters，1985）（见图 1-3） 创业式决策制定模式（如每个新产品：相对于中小型企业是巨大的创新）（见图 1-5） 所有者 / 经理直接并亲自参与和控制企业内全部的决策制定
组织	正式的 / 层级的 每个人独立	非正式的 所有者 / 企业家通常有能力 / 魄力去激励 / 控制整个组织
承担风险	主要是规避风险 专注于长期机会	有时承担风险 / 有时规避风险 专注于短期的机会
灵活性	低	高
利用范围经济和规模经济	是	非常有限
利用信息资源	使用先进的科技： ● 数据库 ● 外部咨询 ● 互联网	用非正式和廉价的方式收集信息： ● 内部资源 ● 面对面沟通

1.3.1 资源

- 财务。资产有限导致的财务资源匮乏是中小型企业一个显著的特征。企业所有者只能将有限的资源投入到商业活动中，而这些资源则很快消耗殆尽。
- 商业教育 / 专业人才。对比大型企业管理者，中小型企业家的一个特点是，他们缺少正规的商业教育背景。从传统上来看，中小型企业的所有者 / 管理者大多是技术或工艺专家，并没有受过任何的商科教育。他们往往更趋向于成为精通各个领域的

“多面手”，而不是专注于管理的专家，因此这也就成了制约企业发展的瓶颈。此外，国际化营销专业人才往往是处于扩张阶段中小型企业管理板块中的最后一块拼图，这类企业对于金融人才和生产人才的需求往往优先于营销人才。由于管理人才的缺乏，所以中小型企业的所有者往往亲身参与到企业的销售、物流、定价甚至产品开发的活动中也就不足为奇。

1.3.2 战略制定 / 决策过程

如图 1-3 所示，企业实际实施的战略（被观测到的企业行为结果）是意图战略（计划）和应急战略（非计划）共同作用的结果。没有一家企业能够实施意图战略或预设战略。现实中，所有的企业战略都含有意图战略和应急战略的成分。

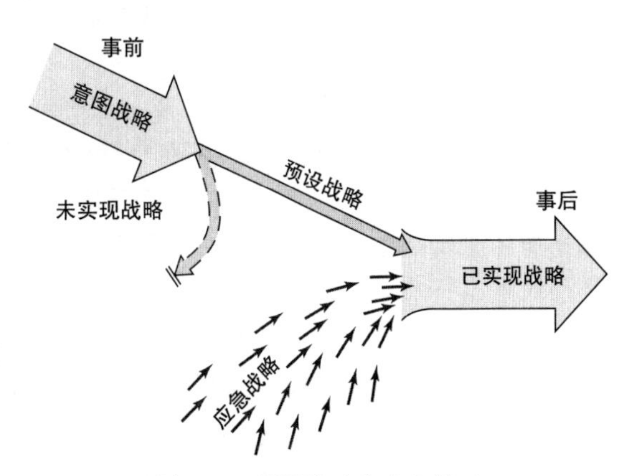

图 1-3 意图战略和应急战略

首先以预设（计划）战略为例（主要针对大型企业），管理者试图按照他们的意图精确设定战略，并且在实施过程中尽可能做到与预定战略保持一致，少做修改。

这种计划方法“假定一系列的规范流程可以帮助企业制定最优的长期发展目标，这一流程包括设定目标—分析—评价—筛选—实施等环节”（Johnson，1988）。另一个战略流程管理的方法遵循逻辑渐进主义（Quinn，1980），该理论认为战略需要在灵活的管理实践中不断调整。如果一个小的改变在战略实施中被验证成功，那么更大的战略转变才能实施。基于约翰逊（Johnson，1988）的理论，管理者认为自己可以在管理中进行渐进的改进，但是这并不表示他们可以追上环境改变的步伐。有些时候，渐进式的战略调整与环境变化方向会渐行渐远，此时战略漂移就会发生（见图 1-4）。

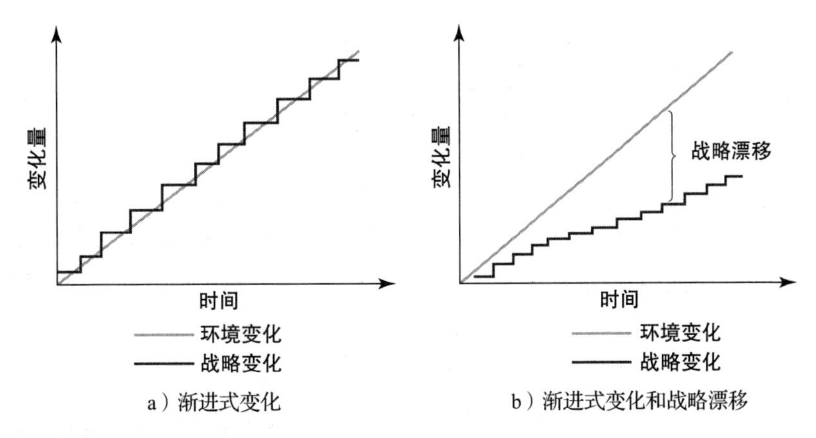

图 1-4 渐进式变化和战略漂移

营销洞见 1-1 给出了战略漂移的例子。

营销洞见 1-1

乐高公司的“战略漂移”

自2013年起，丹麦的家族企业乐高成功占据了全球玩具市场约8%的市场份额，成为继美泰（生产芭比娃娃）和孩之宝（开发了《大富翁》游戏）之后，全国第三大玩具生产商。在2011年的财年报告中，乐高整体收益高达35亿美元，比2010年提高了17%；营业利润10.6亿美元，提高了20%。

但是高成就的背后并非一帆风顺。2003年，公司遭受净损失约达31.9亿美元。乐高强烈地相信自己独特的理念高于其他产品，但是公司在竞争孩子游戏时间方面正面临巨大的压力。著名的乐高积木面对来自电视、音像、CD-ROM游戏和互联网的竞争压力不断增大。在乐高的案例中似乎2003年出现了战略漂移——乐高的管理人员对独特性和益智玩具的盲目相信与不断发展的世界产生了极大地不和谐。许多父母迫于工作缺席孩子的成长，越来越没有时间控制孩子的游戏习惯，电脑游戏以其精致壮丽的画面感逐渐取代了乐高生产的健康益智玩具。这些快速变化的发展迫使乐高根据产品项目和市场去重新审视自己的战略。

乐高试图将传统玩具的概念和价值观扩展至媒体产品中，并针对2～16岁的儿童客户推出宽泛的产品种类，如PC客户端与后台操控软件、书、杂志、电视、电影和音乐等，目的是在孩子和家长的心中重建信任。同时，乐高也追求高科技在产品中的运用，像头脑风暴和动画电影中的乐高生化战士玩具等。

在经历2003年巨大的财务打击之后，乐高重新找回了自己的核心理念。为了确保战略重心在核心业务上，在2004年秋天，乐高团队决定低价售出乐高乐园。乐高将所专注的可搭建积木作为其主要产品，将更多的精力放在培养幼童对于组装的意愿。

致力于用传统的搭建型玩具重建强大的核心业务，乐高团队希望在2015年和未来的日子里能够继续保持自己市场地位的同时，不断提升公司的收益能力和竞争力，续写乐高品牌的新篇章。

资料来源：adapted from different public media.

再看中小型企业，它们的战略制定更具创业式决策制定模式的特质（见图1-5）。巨大的战略转变在这类企业中更容易发生，因为此类企业中的决策大多是凭借直觉形成的松散的非结构化决策。如图1-5所示，最终实施战略的并不固定，而是在一定范围内起决定作用的是一系列不连续的因素。中小型企业的企业家更愿意寻找新的机会，他们的天性就是不断求变，而这种天性也随着他们的管理影响着企业的发展方向。因为中小企业家经常改变自己的关注点，所以企业的发展并不是缜密计划和调整的结果，反而被打上零散决策的烙印，但也就是这些零散决策决定了企业的整体发展方向。

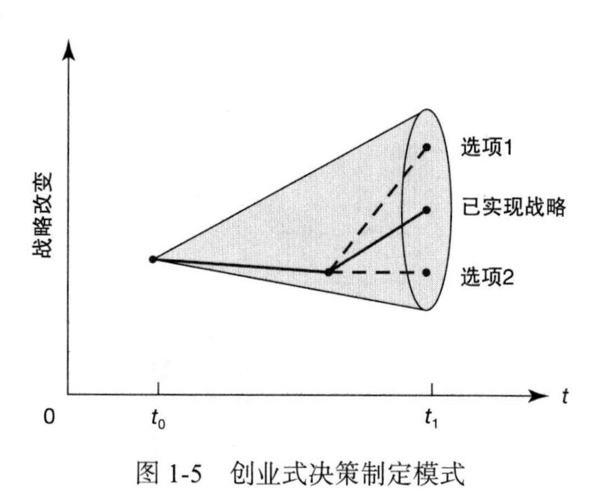

图1-5 创业式决策制定模式

1.3.3 组织

与大型企业相比，中小型企业的员工更趋同于企业家本身，因为这些员工深受企业主的影响，为了在企业中做长做久，甚至需要调整自己的性格以求获得企业主的认可。

1.3.4 承担风险

不同程度的风险当然普遍存在。一般来说，大型企业不愿承担风险，因为它们的决策方式本身就是强调渐进式的调整并关注长远利益。

在中小型企业中，风险的承担和企业环境密不可分。一方面，当企业的生存受到威胁，或者主要竞争对手开始破坏企业商业活动时，企业家会承担巨大的风险。除此以外，企业家在无法获得全面信息或者忽略重要的决策环节时，也会承担巨大的风险。

另一方面，中小型企业有些时候也不愿承担风险。这种情况经常出现在企业已经因为上一次冒险而蒙受损失的时候。只有当企业家重拾信心之时，他们才愿意承担大的风险。

1.3.5 灵活性

相比大型企业，由于和顾客之间有着更短的沟通渠道，中小型企业基于顾客需求做出的反应更为快速，也更为灵活。

1.3.6 规模经济和范围经济

1. 规模经济

基于波士顿经验曲线，当生产和营销等活动的效率逐渐提升时，生产和销售的总量会导致单位成本的降低。向全球扩张会很自然使得企业的运营规模扩大、生产能力提升和固定资产增加。但是，规模扩大并不一定会带来竞争优势，只有当企业能够将经营规模自动转化成**经济规模**（economies of scale）时，规模扩大才会提升竞争优势。

一般情况下，规模经济的好处可以在以下三方面体现（Gupta and Govindarajan，2001）：

- 减少单位产品的营业成本，并伴随生产数量的增加而降低固定成本。
- 进行全球采购可以使企业获得更大的议价能力，进而获取更大的价格折扣和节约更多的运输成本。
- 扩大规模可以使企业有机会集中全球智力资源开发特殊的技术或革新性的产品。当然，这需要企业把经过严格筛选的大量人才聚集在一个地区来实现。

由于企业规模的扩大和经验的积累，大型企业一般会在以上方面获取竞争优势（参见营销洞见 1-2 任天堂游戏机的规模经济）。但是中小型企业却很难扩大经济规模。中小型企业往往关注利润高、规模小的细分市场。这样的细分市场对于大型企业来说未必重要，但对于中小型企业来说却是生存和盈利的关键。尽管如此，关注这样的细分市场也造成中小型企业在行业中仅占据微小的市场份额。

营销洞见 1-2

任天堂游戏机的规模经济

1989 ～ 2012 年，任天堂售出累计超过 300 万台的 Game Boys（它的后续产品任天堂DS："开发者系统"——任天堂希望这个系统能够激发设计师产生源生创意：DS也代表了双屏幕，这是这个系统中区别于其他竞争者的最显著特征），主宰了手持游戏机市场，即使在控制系统方面的市场份额被索尼和微软攫取。在过去15年里，新推出的许多电子游戏软件颇具竞争力，制造商试图借此打开游戏机市场，如Sega、NEC、SNK，以及一些手机制造商（如诺基亚等），却并没有取得多大的成效。

在电子产品领域，最初的规模经济得益于计算机硬件的批量生产。在软件市场上，规模经济具有局限性。电子游戏的种类虽多，但它们之中大部分的流行都是短期的。与电影相关的软件更是如此：一旦电影不再在影院上映，游戏的流行度也开始衰退。

资料来源：based on various public sources.

2. 范围经济

当企业服务于多个国际市场的时候，全球范围和协同效应才会产生：如果企业运营只是服务于一国的客户时，全球范围经济并不会奏效。该客户应该在许多国家购买一系列相同的产品或服务。当然，这个客户的采购来源可以来自本土的许多供应商，也可以来自一个存在于所有市场的全球供应商。相比本土多个供应商的采购方式，单一的国际供应商可以通过保证产品或服务的质量、快速的响应、灵活的合作和较低的运输成本，来为该客户提供更高的价值。

在全球市场中获取**范围经济**（economies of scope）的挑战主要来自两个彼此矛盾需求间的紧张程度：大量营销组合要素间相互协调的需求和在本土提供产品或服务自主性的需求（Gupta and Govin-darajan，2001）。

大型企业可以在各大洲的不同国家进行运营，也因此可以将成功经验不断扩散。开展国际业务的中小型企业只有有限的国际市场，它们扩大范围经济的方法只能是寻求同盟或伙伴进行合资，这样可以弥补其在全球运营中的短板，即不充分的产品方案或匮乏的市场知识。

国际汽车市场就是利用规模经济和范围经济最好的例子。大型国际汽车企业在其所有的产品线上都使用相似的发动机和变速箱，它们所要做的只是改变汽车的车型，这样可以最大限度的节约成本。例如，福特和大众这两家公司就通过制造和使用相似的发动机和变速箱节约了大量成本。这么做同时产生两种效应——规模经济（降低单位产品的成本）、范围经济（将一个国家 / 业务的资源重新用于另一个国家 / 业务）。所以，汽车行业经历一次大规模并购潮的现象也就不足为奇了，它们旨在创建更大的全球化汽车企业，从而在全球效应中获利。

1.3.7 信息资源的使用

大型企业主要依赖于使用优质的国际咨询公司的委托报告来获取全球市场信息（花费当然很高），中小型企业通常在面对面沟通中使用非常规方式收集信息。这样获取的信息大多是不完整且零散的，对它们的评估也往往通过直觉或猜测来完成。整个过程被寻找可供开发市场的欲望所控制。

此外，当中小型企业已经具有日趋明晰的国际化市场导向时，或当企业战略开始从生产导向转变为市场导向时，它们对于复杂信息的需求就会越来越强烈（Cafferata and Mensi，1995）。

不论是大型企业还是中小型企业，当它们面对来自国际市场的压力时，就会积极摒弃市场响应战略，转而向全球化整合迈进。然而对于这两种企业来说，这么做的出发点却截然不同（见图 1-3）。一方面，大型的跨国公司的基本战略从一开始就设定为在全球范围内销售标准化产品，形成规模经济进而获利。这些公司早就意识到较高的市场反应水平只有在保持国内的竞争力时才有效。另一方面，中小型企业从传统角度认为国家市场彼此间相互独立。但是，面对日趋激烈的国际竞争，它们逐渐意识到不同国家市场间其实有着紧密的联系。现在的中小型企业普遍认识到多国市场整合战略带来的优势，并试图通过规模经济来促进研发、生产、销售能力的提高。

营销洞见 1-3 展示了大型跨国企业福特公司（通过福特福克斯的例子）始终致力于通过消除不同国家车与车之间的差异（“一样的福特”）来扩大规模经济的例子。

营销洞见 1-3

福特的全球市场计划

2012 年，福特的小型紧凑车型福克斯在全球成功上市，但是包括美国在内的所有市场的上市活动都是由欧洲团队全程主导，这项创举颠覆了传统认为本地制造商主导上市最适合的认知。10 年前，福特的市场部门领导者在南美洲、欧洲和亚洲等市场从未考虑过发布一个汽车模型要用到多少网站，如何联合相关的公众，或者在发布前使用自动展示会产生多好效果等。而现在，福特在 110 个国家的市场部门享有自行安排计划的优先权。当福特福克斯在全球上市时，在各个独立国家分别确定了 15 个广告营销战略。

所以，福克斯 2012 年的国际营销战略方案是将车辆全面升级至全新的“统一福特”——打造一个没有地区壁垒的公司，能够为福特品牌创造拥有共享设计、零部件和引擎的全球化产品。福克斯就是国际营销活动逻辑主导下产生的产物。它的开发符合全球市场的需要。例如，美国和欧洲版本的福克斯，共享超过 80% 的零部件，创造了跨大西洋合作的新高度。

为福克斯开展国际营销活动的任务交给了欧洲福特总部，因为它们有丰富的小型车营销经验，是欧洲市场的核心。在福特这种跨国公司开发营销方案，识别主要竞争领域也同样是个重要问题。北美洲可能是货车的主要竞争市场，而像福克斯这样的轿车，欧洲才可能是主要竞争市场。

福特从未打算限制福克斯的全球战略，就算未来所有车的发布都会使用类似的方式和途径。福特会选择一个区域的核心领导小组来指导该车型的国际营销工作。一个国家或地区的市场管理者会选出一两个主要活动去实施，但是他们不能自己独立制订营销方案。

福特福克斯国际营销主题

福特福克斯通常被认为是紧凑型车的品牌。买车者通常会将福克斯这类产品看作一般商品，但是福特福克斯国际团队想要消费者将该品牌视作高端产品。因此，福克斯的电视就必须基于其紧凑型车的地位来创造一种高端信息传递给消费者。

在开发整体国际营销活动中，福特福克斯国际营销团队受到了欧洲奢侈品汽车公司的启发，像宝马的所有活动主题都是“终极驾驶机器”。就像宝马一直对自己的产品所进行的描述一样，它在商业上也将自己定位于高端产品。宝马将自己的车型设计得非常漂亮，人们总是被它的外形吸引从而认为它非常昂贵。福特的高端战略突进的一个例子是为欧洲设计的一个广告，专门针对2012年福克斯国际营销活动，重点强调了小型轿车的自动驻车功能。

福特福克斯的国际营销团队为了福克斯的国际营销活动工作了两年。为了塑造高端形象，在世界范围内的福克斯展厅中安装了50台现场电视，播放相同的技术和信息。

国际化途径最省钱

经济下滑促使营销人员寻找所有能够省钱的途径，全球化布局恰巧能够做到这一点。在过去，就算是全球上市，主持电视购物、为汽车摄影和汽车展示也都在当地进行。现在，福特坚持各地区的国际部门一起工作，共享资源的同时也能够降低成本。

说到照片，通常每个地区的执行小组——包括设计、市场和公关——都在汽车上市时使用它们自己的照片。而对福克斯，福特的管理层一再坚持所有的照片诉求都要一致，并经过统一视角的处理。福特收到了处理800个在不同地区上市的福克斯照片的要求。有一些不同的是，大部分都要求照片背景是城市街道而非乡村公路。但是，福特福克斯国际营销团队意识到，众多的图片请求中有很大一部分的要求是重复的。

像福克斯这类汽车的全球上市广告预算费用在1亿美元左右，包括照片、画报等在内的制作费用约占平时广告费的5%～10%。通过淘汰复制和重复，福特削减掉了70%的成本，也就是说总花费节省了500万美元。

1.4 是否所有企业都应该走国际化的道路

面对**全球化**（globalization）和国际间合作的增加，许多企业都尝试将产品销往海外。国际化的扩张确实可以促使企业进入利润更高的市场，提升企业的竞争力，并帮助企业获取更多新的产品信息，推动企业进行创新或引进最新技术。但是，除非企业提前准备充分，否则**国际化**（internationalization）的进程会很难成功。即便对于新型跨国企业而言，提前计划也被认为是影响成功的重要因素（Knight，2000）。

索尔伯格（Solberg，1997）以产业全球化和国际化准备程度为指标，讨论了在何种情况下企业会采用“留在国内”或“巩固在全球的地位”这两种极端战略（见图1-6）。

		产业全球化		
		本地化	潜在全球化	全球化
国际化准备	成熟	3.进入新的业务	6.为全球化做准备	9.巩固在全球的地位
	尚未成熟	2.巩固出口市场	5.考虑扩张至国际市场	8.寻求全球联盟
	完全不成熟	1.留在国内	4.在国际市场中寻找利基市场	7.准备收购

图1-6 九种战略窗口

1.4.1 产业全球化

原则上讲，企业无法影响产业全球化的程度。因为产业全球化主要受到国际营销环境的影响。然而，企业的战略行为却取决于产业内的国际竞争结构。在全球化程度较高的产业中，市场、顾客、供应商之间的相互依赖程度也较高，整个产业被几家大型的有实力的参与者（全球化企业）控制；相反，当产业的全球化程度较低时，多个本土化市场就会并行存在，各市场之间的独立性也较强。全球化程度高的产业包括个人电脑、IT（软件）、CD、电影和飞机（主要有波音和空中客车两家控制市场的公司）。全球化程度低（本土化程度高）的产业往往承载更多的文化要素，如头饰、食品和乳制品（如挪威的棕色奶酪）。

1.4.2　国际化准备

这个维度主要由公司自身决定。准备程度的高低完全依赖于企业在国际市场执行战略的能力，例如，国际业务的运营技巧。这些技能或组织能力主要包括人员技能（如语言、文化敏感性等）和管理者的国际经验，以及企业的财务资源。准备程度高的企业（成熟企业）有主导国际市场的良好基础，也因此会获得更高的市场份额。

在国际 / 全球营销文献中，“留在国内”这个选项并没有被充分讨论。但是，索尔伯格（1997）也确实提及过一家企业如果缺乏国际经验并且在国内市场处于劣势地位，那么也就没有理由参与国际竞争。因此，企业想要参与国际竞争应当首先改善在国内市场的表现。此选项是图 1-6 中的第 1 点。

索尔伯格（1997）认为，如果一家企业发现自己处在一个全球化的产业中，并且和大型跨国公司相比又实在渺小，那么它的出路就是努力增加净值，从而吸引合作伙伴出高价对其进行收购。这个选项（见图 1-6 中的第 7 点）和中小型企业向具有全球网络的大型公司出售先进的高科技部件强烈相关。在全球需求剧烈波动的情况下，中小型企业（特别是财务资源有限的企业）往往会在财务方面出现困境。如果一家企业已经具备了一定的国际化运营能力，那么它就可以通过与具有互补能力的公司结盟来弥补其自身的竞争劣势（见图 1-6 中的第 8 点）。图 1-6 中的其他点索尔伯格均有更深入讨论。

1.5　“国际营销”概念的发展

从根本上来说，国际营销包含两个主要方面：一方面是要比竞争对手更好地寻找和满足全球消费者的需求；另一方面，在全球环境的种种制约下有效协调营销活动。可见，企业应对全球市场机遇的本质主要取决于企业内部的对在世界市场做生意的管理设想和信念，包括有意识的和无意识的。这也就是企业经营活动世界观，它可以用 EPRG 框架来描述 (Perlmutter，1969；Chakravarthy and Perlmutter，1985）。其四种导向总结如下：

（1）民族中心（ethnocentric）导向：本土国家最重要，本土国家的需求最相关。企业将总部的经营方式沿用到国外的各分支机构。控制权高度集中，企业从海外机构、组织构架设置到使用的技术都和总部完全一致。

（2）多国中心（多国化）（polycentric/multidomestic）导向：每个国家都具有独特性，所以应该采用不同的定位策略。多国中心导向型企业认识到不同地区的营销和生产条件差异显著，要尽力适应这些不同的条件使各地区的利润最大化。公司对于海外机构的控制十分松散，总部与各机构之间的沟通也较为有限。

（3）区域中心（regiocentric）导向：世界是由不同的区域（如欧洲、亚洲、中东地区等）构成。企业试图将营销计划以区域为单位进行整合和调整，而不是跨区域一致。

（4）全球中心（global）导向：世界变得越来越小。企业可能一方面实施全球化的产品概念；另一方面结合本地特色进行调整（即“全球化思维，本土化运作”）。

区域中心导向或全球中心导向型企业（与民族中心导向型和多国中心导向型企业相反）试图在一个区域或全球范围内组织并整合生产和营销。每个国际单元都是整体多国网络中不可或缺的一部分。总部和海外机构之间的交流和控制也不像民族中心导向型企业一样自上而下层级分明。

由于通信和物流网络在全球范围内的逐渐整合，许多国际市场都在聚集趋同。而与此同时，还有些国际市场的差异化却日渐明显，企业面临经济和文化的异质性。这就需要企业在不同市场适应多样化的顾客需求时有所平衡。因此，企业需要多样的技巧和资源将已有市场中的知识和技巧传递到新的市场中（Douglas and Craig，2011）。

这也就引出了国际营销的定义：

国际营销可以被定义为企业致力于对其营销活动进行跨国调整，从而比竞争对手更好地发现并满足全球顾客的需求。这意味着企业可以：

- 基于各个市场之间的相似性和差异性制定国际营销战略；
- 通过在全球范围内推广（学习）和应用总部（本土总公司）积累和开发的知识；
- 将知识和“最佳实践”从任一市场转移并运用到其他国际市场。

以下是一些关键术语的解释：

- 协调营销活动：调整和整合营销战略并将其应用到全球市场，包括集权、授权、标准化和本土响应。
- 发现全球顾客需求：包括实施国际营销调研、分析细分市场，以及探寻不同国家间存在的顾客群体间的异同点。
- 满足全球顾客需求：使产品、服务和各营销组合满足不同国家和地区顾客的不同需求。
- 比竞争对手更好：通过提供更好的价值、更低的价格、更高的质量、更优的渠道、良好的广告策略或更优的品牌形象，来评价和监督国际竞争，并做出正确的响应。国际营销定义的第二部分也在图 1-7 中进行了描述，我们将进行进一步的讨论。

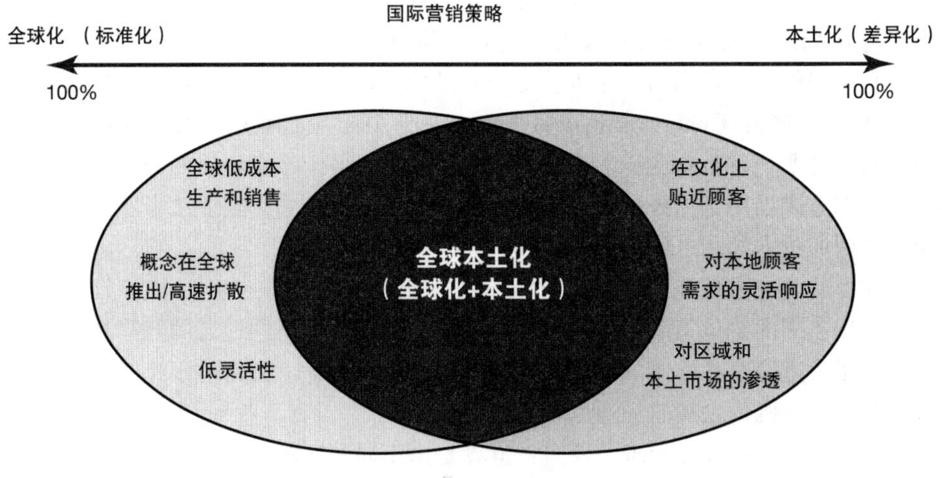

图 1-7 全球本土化框架

国际营销战略试图通过母子公司之间的不断变化的相互依赖关系来达到其“全球化思维，本土化运作”（也就是所谓的“全球本土化”框架）的口号。执行这种战略的组织通过对工作的协调，在追求全球化整合和效率所带来利益的同时保证本土的灵活性，并确保创新在全球范围内扩散（见营销洞见 1-5）。

原则上，价值链的功能应该在具有最强竞争力（并且最具成本效益）的地方实施。而这个地方不一定是总部（Bellin and Pham，2007）。

如图 1-7 所示，国际营销的两种极端情况——全球化和本土化，可以融合到“全球本土化”的框架中。

知识管理中的一个核心要素是不断从经验中学习。在国际营销实践中，如果我们把知识管理看作跨国学习聚焦行为的话，那么它的目标就是不断追求在一个市场使用并且可以应用到其他市场的价值创造能力。这样企业就可以不断更新它的知识。图 1-8 对上述要点进行了说明，同时也描述了知识传递的过程以及“最佳实践”在不同市场间的推广。但是，知识的开发和应用，以及在不同文化背景下进行推广也并非易事。人际关系匮乏、信任缺失，以及“文化距离”都会造成跨文化知识管理过程中的抵触、摩擦和误解。

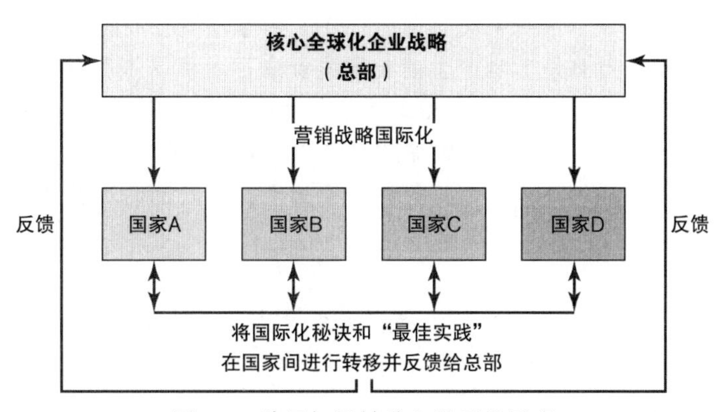

图 1-8　跨国知识转移和学习的原理

全球化已经成为许多企业经营战略中的核心，即全球化战略已被融入产品开发和服务提供的过程中。此时，管理“全球知识引擎”从而获取竞争力的能力在当今这种知识密集型经济时代便成了获取可持续竞争优势的关键。尽管如此，在国际营销的范围内，知识管理实际上是一个跨文化活动，它的核心任务是培育和持续提升跨文化的协作能力（此部分将在第 14 章中讨论）。当然，学习的种类和 / 或类别对于组织来说是战略层面的问题，对其管理所获取的竞争力，也因为商业环境以及不同知识所关联的价值上的不同而有所差异。

营销洞见 1-4

海丽汉森正在通过地理定位技术实现本土化

很多品牌都在通过使用新的技术来寻找实现本土化的道路。2015 年 6 月，来自挪威的户外服装品牌海丽汉森（Helly Hansen），通过使用地理定位技术定位潜在的顾客并引导他们登录官方网站，从而实现了销量的增加。

目前，该品牌正在大力着手引用先进的科技手段，来试图对地域性的局部战略进行微调整。2015年7月，梅丽汉森与地方天气预报局达成合作，形成一种独特的线上经验方式。例如，如果德国预报连续五天有雨，该品牌就会使用地理针对目标技术在网络主页上发布雨天穿搭指南，而不会盲目的发布冬装滑雪设备等。根据公司数据统计，自从地理定位技术上线以后，消费者从品牌识别到实际购买的比率上升了52%。

资料来源：Based on Bacon (2015).

营销洞见 1-5

宝莹黑色专用＋宝莹长袍专用＝全球本土化（同样的产品加不同的包装和市场沟通）

德国汉高公司始建于1876年，以其创立的著名品牌（如宝莹、施华蔻、乐泰等）在消费者和行业中确立了全球领先的市场地位。

公司总部坐落于杜塞尔多夫，在全球范围内拥有47 000名员工。2011年，汉高创造了156亿欧元的收入，净利润达1.2亿欧元，其中新兴市场是利润的重要来源，能够创造总销量的42%和总员工人数的54%，汉高在2011年为了不断巩固在新兴市场上的地位，专门根据地域化市场进行差别营销。宝莹长袍洗衣液是一种液体洗涤剂，汉高于2007年将其推入沙特阿拉伯市场，之后又进入了海湾阿拉伯国家合作委员会（Gulf Cooperation Council）的其余市场。汉高将这款液体洗涤剂定义为黑色长袍和衣物专用洗衣液。在阿拉伯妇女的生活中，大部分人外出都以穿黑色长袍为主，这款洗衣液针对她们的穿衣习惯，专门加入了强力洁净功效以及对黑色和暗色衣物的色彩保护的成分——在需要经常清洗的时候，这是非常有必要的。

黑色在非洲和中东地区是传统的衣着，近年来黑色衣服和深色衣服却在西欧开始盛行。因此，2011年7月，汉高向欧洲市场引入了宝莹黑色专用洗涤剂，在德国、澳大利亚和瑞典大受好评，掀起一阵风潮。

汉高集团推出的宝莹黑色专用洗衣液和宝莹长袍专用洗衣液，对于怎样将全球通用技术和规模（低成本生产）的融合与当地市场相结合来说是一个非常典型的案例。这两个宝莹品牌具有相似的产品配方，但却是为不同该区域市场量身定做的，因此需要用不同的包装和市场宣传。

宝莹长袍专用洗衣液在各海湾阿拉伯国家合作委员会会员国家进行上市发布，结合当地电视销售和当地流行的在线营销活动。汉高建立了一个社交网站，并发起了一个实体的电视设计竞赛，为了表明长袍已经超越传统服饰，也能够成为个体时尚的表现。在西欧市场，宝莹黑的专用洗衣液则主要依靠传统的电视广告进行营销活动，使用社交媒体活动进行补充，比如在Facebook上举办一场游戏等。

资料来源：Based on Henkel Annual Report 2011–2015 (*www.henkel.com*); Hollensen and Schimmelpfennig (2015).

1.6 全球一体化及市场响应的驱动力

图1-9假定中小型企业和大型企业正在相互学习。两类企业的战略调整结果可以被视为遵照行动导向方法。企业本身则在不同方向的战略调整中获取优势。接下来的部分会讨论中小型企业和大型企业的不同起点，以及它们在向右上角进行融合移动的结果（见图1-9）。

在营销洞见 1-6 中，我们以麦当劳为例来说明企业如何从“左”向“右”移动。麦当劳作为一家大型跨国餐饮企业，将它的菜单基于当地文化进行了适应性调整。反观中小型企业，它们在“市场响应”方面具有传统优势。但是它们的分权化趋势和本土决策模式使得它们因为跨国协调度降低而变得脆弱（而这恰恰是大型企业的优势），如图 1-9 所示。

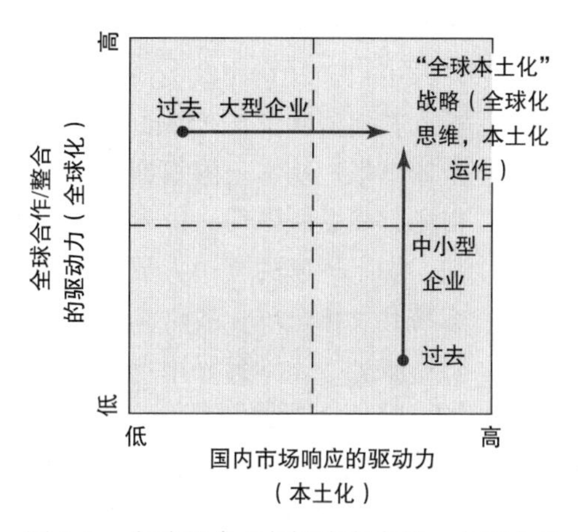

图 1-9　全球整合 / 市场响应表格：大型企业和中小型企业的未来方向

术语“全球本土化战略”和“全球本土化趋势”均在图 1-9 中有所反映，并包含了两个维度：全球化（*Y* 轴）和本土化（*X* 轴）。全球本土化战略一方面反映了全球一体化的诉求；另一方面认识到了本土适应 / 市场响应的重要性。通过这种方式，全球本土化试图在标准化和国际营销适应性中达到最佳平衡。

接下来，我们解释在图 1-9 中影响全球合作 / **全球整合**（global integration）和**市场响应**（market responsiveness）的基本因素。

1.6.1　“全球合作 / 整合”的驱动力

在向全球整合营销的转变中，不同国家目标市场的相似性要比它们之间的差异性更为重要。这种转变的驱动力如下（Sheth and Parvatiyar，2001；Segal-Horn，2002）：

- 贸易壁垒的消除（放松管制）。去除历史性贸易壁垒，包括关税壁垒（如进口关税）和非关税壁垒（如安全法案），这些都构成了跨界贸易的壁垒。放松管制在所有区域层面都在发生：国家、地区（国内贸易区内）和国际层面。所以，放松管制对全球化有重要影响，例如，放松管制可以减少跨国贸易中的时间、成本和复杂性。
- 全球客户 / 顾客。由于顾客的采购行为趋于全球化和理性化，他们要求供应商能够提供全球化的服务来满足他们独特的需求。通常情况下，这一过程包括提供全球化的产品，有保障的供应和服务系统，统一的属性和全球化的价格。许多大型企业，如 IBM、波音、宜家、西门子和 ABB，针对它们各类的供应商，特别是中小型企业，提出此类“全球化”的要求。对于这些中小型企业来说，管理这些全球客户需要跨功能客户团队，以求可以在不同的业务单元保持质量的一致。
- 关系管理 / 网络组织。当企业向全球市场迈进的时候，其对于组织外部关系网络的依赖就会变得愈发强烈。例如，强大的顾客和供应商关系网络可以帮助企业在竞争中抢占先机。此外，公司也需要和自己分布在世界的分支机构（如销售子公司）进行合作。商业联盟和关系网络会帮助减少市场的不确定性，特别是在技术快速融合以及对于资源需求增加来保证全球市场的情况下。但是，想要成为网络式的组织需要更多的协调与沟通。
- 标准化的全球技术。早期全球市场需求存在的显著差异是因为使用先进技术的产品主要是为军队或政府部门开发的，之后才有小部分用于为消费者服务。但是，如今伴随着生产范围和规模的扩大，对于产品或服务的需求也随之显著增长，因此全球化的产品或服务也日趋普遍。我们可以看到不同国家间对于产品的需求，如电子类产品，在日趋同质化。在全球范围内，“即插即用”组件所组装的产品也更为相似。例如智能电话，不仅苹果、三星可以生产高质量的产品，一家中国企业——小米也同样可以。2014 年，小米在中国智能手机市场的销量排名是第一，而且已经开始进入其他国际市场（Santos and Williamson，2015）。

- 全球市场。从本土国家到世界其他地区的“创新扩散”概念已经过时，被“世界化市场”概念所取代。世界化市场更符合发展趋势是因为其有着全球人口的支撑。例如，如果一家的营销人员把他的产品或服务定位在全球市场的年轻人，那么会相对容易开发出全球化战略，并制订更可行的行动计划来覆盖全球目标市场。这在软饮料、服装、运动鞋等市场领域尤为明显，特别是在互联网经济中。
- “地球村”。“地球村”一词是指全世界人民共享普遍认同的文化符号的现象。从商业的角度讲，“地球村”带来的结果是相似的产品或服务可以出售给在世界上任意一个国家的相似顾客。因此，文化的趋同性也意味着世界市场的融合潜力以及全球化市场的出现，像可口可乐、耐克和李维斯这样的品牌就属于普遍需求品牌。
- 全球通信。新的以互联网为基础的“低成本”沟通方式（如电子邮件、电子商务），让世界范围内的交流和贸易变得容易。因此，一个国家的顾客可以在世界各地购买到相似的产品或服务。
- 全球成本驱动力。这可以划分为“范围经济”和“规模经济”。在减少成本的驱动力下，许多老牌跨国企业开始将注意力更多地放在创造最高回报的经营活动上。这表示低价值的经营活动被转移到人力成本更低的新兴国家和发展中国家。其结果导致曾经封闭的价值链已经被打开，本土企业可以向大型跨国企业购买“即插即用”式的标准配件用于生产自己的产品，甚至可以建立自己的品牌（Santos and Williamson，2015）。

1.6.2 市场响应的驱动力

市场响应的驱动力有以下几点：

- 文化差异。尽管“地球村”是一种趋势，文化的差异及多样性仍然存在。文化差异通常会给国际谈判和营销管理带来障碍。这些文化差异反映了人们在个体价值观上的不同，以及人们在如何组织商业活动设想上的差别。每种文化间都有对立的价值观。组成市场的是人，而不是产品。也许有全球化的产品，但是没有全球化的人。
- 地区主义 / 保护主义。地区主义是指地理位置相近的国家组成的区域集群。这些集群（如欧盟或北美自由贸易区）形成了区域贸易集团，给全球化造成了严重的障碍，因为区域贸易经常被认为与全球贸易水火不容。在这种情况下，单个国家去除掉的贸易壁垒在一个区域或一些国家中又被轻易复制。因此，所有贸易集团都划分了内部成员和外部成员。所以有人会说，地区主义导致国家保护主义在区域内的重现。
- 去全球化（deglobalization）趋势。早在 2500 年前，希腊历史学家希罗多德（基于观察）认为每个人都相信自己国家的习俗和宗教是最好的。如今，在阿拉伯国家出现的运动、举办世界会议（如达沃斯世界经济论坛、世贸组织）时出现的大规模示威都在预示着旧价值观的回归。这种旧价值观是全球化进一步成功的巨大阻碍。例如，一些新词的出现，像“麦当劳化”和“可口可乐化”，都表现了一些人对美国文化帝国主义的恐惧。

营销洞见 2-4 给出了一个有关英国电信公司在美国和亚洲去国际化经验的例子（Turner and Gardiner，2007）。

营销洞见 1-6

麦当劳正朝着更高的市场响应程度迈进

麦当劳（www.mcdonalds.com）总部位于伊利诺伊州芝加哥的橡溪镇，目前已经在全球 100 多个国家扩张了 3 万多家餐厅。高管们发现，不论标准化能够带来多少固有的成本节约，成功永远都来源于企业经营与当地环境的契合。一些例子用于解释。

日本

麦当劳在日本开设餐厅始于 1971 年，那个年代的日本快餐通常都只是一碗面条或者味噌汤。时至 1997 年，麦当劳已经成功拥有 1 000 多家店面，快餐食物总销量比日本其他餐饮公司都多，其中汉堡销量一年能达到 5 亿个，稳居日本快餐的领先者。

在麦当劳提供的食品中包括日式炸鸡、照烧鸡、照烧汉堡，汉堡内配有煎蛋，饮料则有冰咖啡和玉米汤。

麦当劳的日本餐厅 70% 的食材都需要进口，包括美国的腌菜和澳大利亚的小馅饼。但是，因为需求量比较大，因此麦当劳能够通过跟供应商议价从而保证低价采购。

印度

麦当劳目前在印度拥有七家餐厅，首建于 1996 年。印度是个复杂的市场，有超过 40% 的人是素食主义者，食肉的人却不喜欢牛肉和猪肉；消费者普遍对冻肉和鱼抱有敌意，却在任何食物中都要加入香料调味。

于是麦当劳逐渐用羊肉制作的麦克卢蒂基汉堡代替传统的巨无霸，并专门为素食主义者开发了一款蔬菜做的米饭小馅饼，还加入了香料调味。

其他国家

在热带国家市场，麦当劳生产线上新加入番石榴汁；在德国，啤酒和羊角面包销量宜人；在拉丁美洲，香蕉馅饼非常受人欢迎；在菲律宾，意大利面成为消费者最爱速食；在泰国，引进了带甜酱的日式猪肉汉堡；同时在新西兰推出了奇异果汉堡和杏仁饼。

新加坡卖的炸薯条配有辣椒酱，椭圆形鸡肉汉堡是早餐最畅销食品。新加坡是麦当劳最早引进送餐服务的国家之一。

麦当劳通过标准化和外包装实现了规模经济和成本节约。2003 年，麦当劳宣布将在 100 多个国家的 3 000 家餐厅中实行统一的品牌包装。据公司新闻发布会透露，新包装将会出现真实的人在做他们喜欢的事的照片，例如，人们正在听音乐、看足球、给孩子读书。麦当劳全球首席执行官说："这是我们史上第一次使用单一的包装盒传递品牌信息，此举将在全世界推广。"然而，在两年后的 2005 年，麦当劳却在宣布实施本土化战略时不得不撤回统一包装。

资料来源：Adapted from a variety of public media.

1.7　将价值链作为识别国际竞争优势的基本框架

1.7.1　价值链的概念

如图 1-10 所示，**价值链**（value chain）提供了一套将企业活动进行展示和分类的系统方法。其实不论在何种行业中的企业活动，都可以被划分为这九种不同的类型。

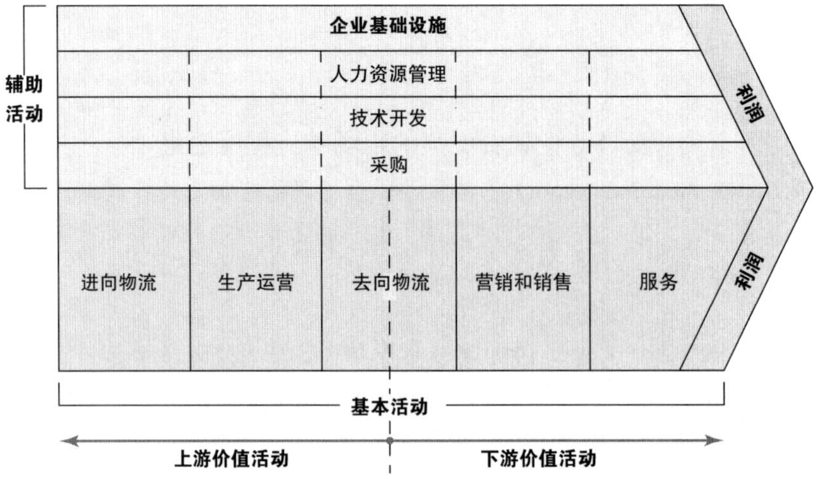

图 1-10 价值链

在价值链的每个阶段，企业都有机会实施一些比竞争对手更好和 / 或与竞争对手不同的活动或程序，来提供有优势或独特的产品或服务，从而为企业的竞争策略做出积极贡献。如果企业获得了可持续、可防御、高利润且被市场高估值的竞争优势，那么就会获得更高的回报率，即使其所在行业的产业结构不合理、行业内平均利润微薄。

在竞争的词汇中，价值是买家愿意为企业所提供的东西（预期价值）而支付的金额。价值链同时包含成本动因和价值动因。动因是潜在的结构要素，用以解释一家企业的行为所产生的成本 / 价值为何区别于竞争对手。本质上讲，一家企业只有在创造产品过程中产生的价值超过成本时才能有利可图。为买家创造价值超过这一过程中产生的成本，是任意一种通用战略的目标。有时必须使用价值而不是成本来分析竞争地位，因为企业会故意抬高成本造成差异化来实现溢价。买家感知价值的概念会在第 4 章进行更深入讨论。

在深入讨论价值链的各种具体活动前，有必要强调企业的价值链嵌入在更大的企业供应链网络中。供应商、企业自身和企业客户都有自己的价值链，起始于基础的原材料，通过最终的产品或服务交付到最终客户手中。

1.7.2 波特的价值链概念

波特（Porter，1986）的价值链展示了企业的总价值，并包含价值活动和利润。价值活动是企业所进行的物质和技术上界限分明的各项活动。这些活动是企业创造对买方有价值的产品的基石。利润则是总价值与从事各种价值活动的总成本之差。

竞争优势是一种能力，要么比竞争对手更有效地提供类似的买方价值（成本领先），要么以类似的成本、独特的方式比竞争对手创造更高的顾客价值，同时以更高的价格出售（差异化）。企业应该识别出价值链中并不值得高额支付的要素，这些要素可以被企业分离出来，通过外部生产（外包）的方式来节约成本。

价值活动可以被分成两大类：基本活动和辅助活动。基本活动如图 1-10 底部所示，是企业在进行产品物质创造过程中的活动，以及产品的销售、运输、售后支持。在任何企业中，基本活动都可以被分为五大一般类别。辅助活动，通过提供采购、技术、人力资源和各项企业功能来支持基本活动。图中虚线反映了采购、技术开发和人力资源可以和具体的基本活动相关，也可以支持整个价值链。企业的基础设施与某项具体的基本活动并不相关，但却支持整个价值链。

1. 基本活动

组织的基本活动可以划分为五大类，具体如下：

（1）进向物流。它是指为产品或服务接收、存储和分配产品 / 服务的投入的活动，包括原材料、加工、仓储控制和运输。

（2）生产运营。它是指将各种投入转化为最终产品或服务的各种活动，包括机械加工、包装、装配、测试等。

（3）去向物流。它是指集中、存储产品并发送给顾客的活动。对于有形产品而言，这些活动包括仓储、物料处理和运输；对于服务而言，如果服务地点固定，那么更为关注的是如何让顾客接触到服务（如运动赛事）。

（4）营销和销售。相关活动是为了让顾客 / 用户了解到产品 / 服务，并产生购买行为，包括销售管理、广告、推销等。在公共服务行业中，帮助用户获取特定服务的沟通网络非常重要。

（5）服务。它是指所有强化或保持产品 / 服务价值的活动。阿苏格曼等人（Asugman et al.，1997）把售后服务定义为“企业在产品出售之后进行的活动，这些活动能使产品使用中的潜在问题最小化，消费体验价值最大化”。售后服务包括以下内容：安装并启动已购产品；为产品提供零部件；提供维修服务；对产品提供技术支持；为产品提供保险。

基本活动的每一项内容都与辅助活动有关。

2. 辅助活动

辅助活动可以被分为四大类：

（1）采购。采购是指获取基础资源投入到基本活动（而不是资源本身）的过程，它发生在组织的许多部门中。

（2）技术开发。所有的价值互动都含有“技术”，即便是最简单的“诀窍”。核心技术可能直接关乎最终产品（如研发、产品设计），或者与流程有关（如流程开发），或者与某些特殊资源有关（如原材料的改进）。

（3）人力资源管理。这是一项超越所有基本活动尤为重要的领域。它关注企业内部的活动，如招聘、培训、开发和报酬等。

（4）基础设施。对于所有基本活动而言，计划、财务、质量控制等体系对于提升企业能力都非常重要。基础设施也包括企业维持自身文化的结构和常规活动。

图 1-10 同时也说明了生产导向（上游活动）和市场导向（下游活动）之间的区别。

图 1-11 展示了价值链的简化版。这个简化版主要包含了企业的基本活动，并将在本书的大多数章节中使用。

虽然价值创造活动是构建竞争优势的基础，但是价值链并不是企业独立活动的堆积，而是一系列相互依赖活动组成的系统。价值创造活动在价值链中以水平的方式相互关联，它们之间的关系为一项价值活动的表现依赖于另一项价值活动的表现。

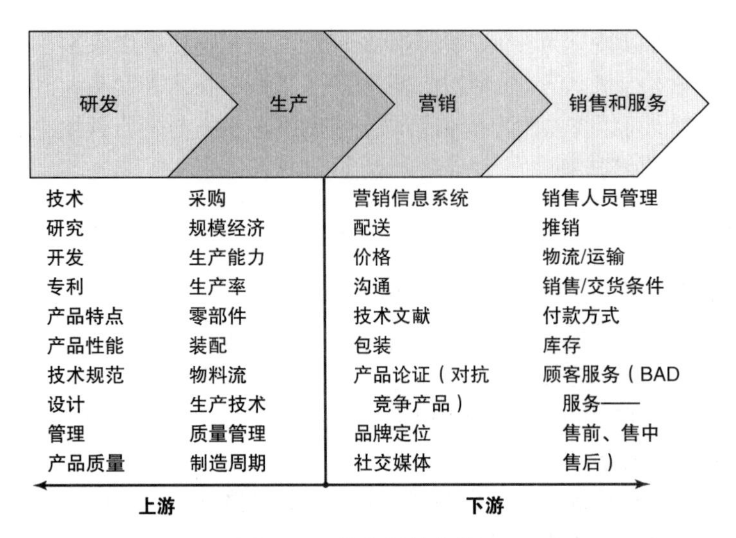

图 1-11　简化版的价值链

此外，价值链中的各项活动并不总是如图 1-11 所示的按照时间顺利排列。在一些企业中，订单是在最终产品生产之前出现，也就是销售和营销功能在生产之前完成。

在理解组织竞争优势时，下面两种联系的战略意义应该被强调，应该理解它们如何作用于降低成本和增加价值。这两种联系分别是：

（1）内部联系，是指在同一价值链中各项活动之间的联系，但可能出现在企业不同的计划层级。

（2）外部联系，是指在整个价值体系中分属于不同参与者的价值链之间的联系。

3. 内部联系

基本活动之间可能存在重要的关联。特别是针对这些关系做出的选择很可能会影响价值的创造和战略能力的提升。例如，保持高水平成品库存的决策可能会缓和生产调度问题，并有利于对顾客做出更快速的响应。但是，此决策可能会增加整体生产运营成本，我们需要做的是评估“库存”增加带来的价值大还是带来的成本大。对单一价值链进行次优均衡应该是被避免的。但现实是，如果我们对企业活动割裂分析时，例如将营销活动和生产运营分别分析，就很容易忽视这一点。因为产量大、品种少、单位成本降低，所以运营效果看起来很好。可是，营销团队需要更快速、灵活地将多样化的产品销售给顾客。当把这两个潜在的优势放在一起时就可能变成劣势，因为它们相互抵制，无法和谐共存。而价值链要求的恰恰就是和谐。基本活动和辅助活动的关系有可能是竞争力的基础。例如，一个组织可能拥有一套独特的系统来进行原材料采购。许多国际酒店和旅游公司使用它们独立的计算机系统，在本地接入点就可以提供全球的实时报价和预订服务。

作为对不同活动之间联系的补充说明，有必要将价值链（见图 1-11 中的简化版）看作一个整体模型贯穿于组织中的三个计划层面。

用纯粹的概念来解释，一个企业可以被描述为一个金字塔，如图 1-12 所示。它是决策和活动的复杂集合，包含三个不同层面。但是，主要的价值链活动都和这三个战略层面相关。

（1）战略层面主要负责构建企业的使命、达成目标，明确企业为了实现目标所需要的资源，并为企业选择合适的企业战略。

（2）管理层面的任务是把企业的目标转换为职能和 / 或部门目标，确保资源合理分配（例如，分配给营销部门）并有效使用于各项活动中，以便实现公司目标。

（3）运营层面负责有效执行实现职能和 / 或部门目标的各项任务。运营层面目标的完成能够保证企业战略和管理层面目标的实现。三个层面是相互依赖的，上层目标的明确能使企业所有人员朝着共同的目标努力。

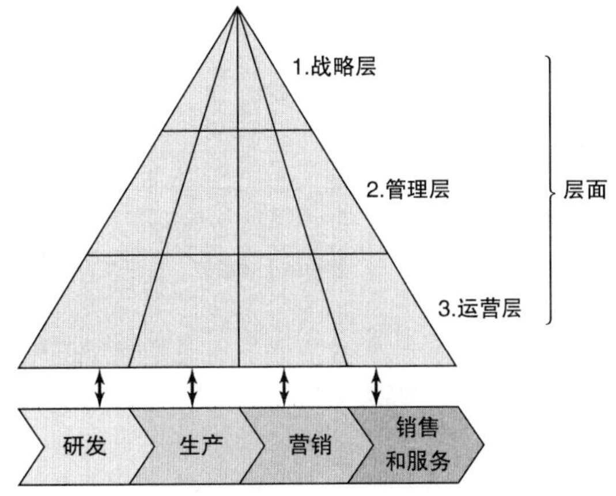

图 1-12　价值链与策略金字塔的关系

4. 外部联系

大多数行业的特点是，一个组织很难承担从产品设计到将产品送到顾客手中的所有价值创造活动。一般企业都有自己的专业化角色，并参与到一个更大的价值体系中来创造产品或服务。要理解价值是如何产生的，不能仅关注企业的内部价值链。许多价值是在供应和流通链条中产生的，因此我们需要了解和分析整个过程。

供应商的价值链用于创造和传递企业链条（价值链的上游）中所需的原材料。供应商不仅仅是交付产品，还能通过其他方式影响企业的绩效。例如，意大利时装公司贝纳通，在 20 世纪七八十年代，致力于维持一个由供应商、代理商、独立零售店构成复杂的网络，这成为其国际业务发展迅速成功的基石。

另外，产品通过价值链渠道交付给买家。渠道中的附加活动可以影响买家和企业自身。企业产品最终成为买家价值链中的一部分，其在买家价值链中扮演的角色最终成为企业实现差异化的基础。获取和保持竞争优势不仅仅依赖于对企业价值链的理解，更在于理解企业如何融入整个价值体系中。

在大多数情况下，价值体系中各个组织的协作可以降低整体成本（或者增加价值），这就是下游协作（例如，合资企业中不同组织间的转包和外包）背后的基本原理。例如，国际摩托车制造商和电子行业的技术共享。此部分将在第 10 章进行详述。

1.7.3　价值链的国际化

所有国际化导向的企业都应该考虑价值链功能的最终国际化。企业必须决定，是把单个价值链功能的责任转移到国外市场，还是由公司总部控制。原则上，价值链功能应该在竞争力最强（且成本效益最高）的地方实施，而不一定在公司总部。

图 1-11 可以帮助我们很快识别出上游活动和下游活动之间的区别。那些更接近买家的下游活动所在地点往往就设在买家的所在地。例如，如果一家企业想在澳大利销售，那么就需要在澳大利亚有长期驻扎的销售人员，并在本地提供服务。有些行业，也可能会外派一名销售人员往返于买方国家和本土国家之间，而其他具体的下游活动，如广告文案的制作，有时也可以集中进行。尽管如此，大多数的情况是，企业必须在其运营的各个国家派有人员完成下游活动。相比而言，上游活动或辅助活动则更独立于买家所在地（见

图 1-13）。但是，如果出口市场在文化上与本土市场相近，也可以由总部（母国市场）控制整个价值链。

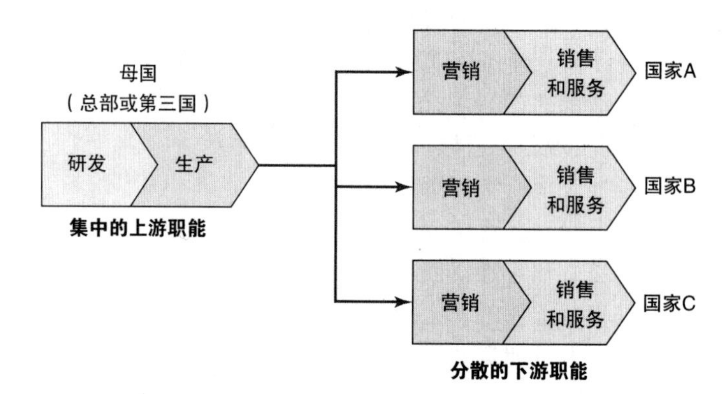

图 1-13　集中的上游活动和分散的下游活动

这些区别带来了以下有趣的启示。首先，下游活动所创造出的竞争优势很大程度上因国家而异：企业的声誉、品牌和服务网络主要源于企业的各种活动，同时仅在所在的国家形成进入 / 迁移壁垒。在上游活动或辅助活动中产生的竞争优势则更多源于企业所有参与竞争的市场所构成的整个体系，而较少来源于其在单一市场中的地位。

其次，在下游活动或者与买家相关活动对竞争优势更重要的行业中，国际竞争形式更趋于多国化。例如，在许多服务业，除了下游活动，上游活动应该更趋近于买家所在地，全球战略相比起来就变得不那么普遍。相反，在那些上游活动或者辅助活动对竞争优势更重要的行业中，如技术开发和运营，全球竞争更为普遍。就好像现在很多企业的需求是在全球范围内集中或协调生产，以便建立优化的生产单元，从而实现规模经济。这也就是当今很多企业开始在远东地区（如中国）进行外包生产的原因。

此外，当越来越多的顾客参与到地区合作购买组织时，在不同市场实行差异化价格就变得越来越困难。这给企业协调并制定一个欧洲价格政策带来非常大的压力。此部分内容会在第 11 章继续讨论。

相比国内战略，国际化战略的问题可以用企业参与国际竞争面临的两个维度来进行归纳。第一个维度称为企业全球活动的布局，或者是企业价值链中各个活动在世界哪个地方进行，包括地点的数量。例如，一家企业可以将价值链中的不同环节放在多个地点来完成——工厂在中国，客服中心在印度，零售店在欧洲。IBM 就是这样一个例子，它利用工资差距把印度的员工数量从 2004 年的 9 000 人增加到了 2007 年的 50 000 人，并计划继续增加。这其中的大部分员工都隶属于 IBM 全球服务部门，此部门业务增长最快但利润最低。使用印度员工可以通过降低（工资）成本而不是提高价格来改善该部门的经营状况（Ghemawat，2007）。

第二个维度称为协调，是指在不同国家间进行的相同或相关活动是如何相互协调的。

1.8　价值商店和“服务价值链”

迈克尔·波特的价值链模型声称，可以通过确定企业运营中通用的核心活动的顺序来为顾客创造价值。自 1985 年创立，该模型就主导着企业管理人员的思考方式。然而，持续增加的服务型企业，包括银行、医院、保险公司、商业咨询公司和电信公司，都发现传统的价值链模型并不适用于服务行业的现实。斯塔贝尔和弗吉斯德（Stabell and Fjeldstad，1998）确定了两种新的价值创造模型——**价值商店**（value shop）和**价值网络**（value networks）。斯塔贝尔和弗吉斯德认为，价值链是用于生产产品的模型，而价值商店是一种用于在服务环境下解决顾客或客户问题的模型。价值网络则是在顾客间调解价值交换的模型。每种模型都利用不同的核心活动来为顾客创造并传递不同形式的价值。

两种价值链的主要区别在表 1-2 中进行说明。

表 1-2 传统价值链与服务价值链的对比

传统价值链模型	服务价值链（“价值商店”）模型
通过把投入（原材料和组件）变成产品创造价值	通过解决顾客问题创造价值。通过调动资源和活动来解决某个特定的和独一无二的问题，由此创造价值。顾客价值不在于解决方案本身，而在于解决问题的价值
按顺序处理（“我们首先开发产品，然后进行生产，最后进行销售”） 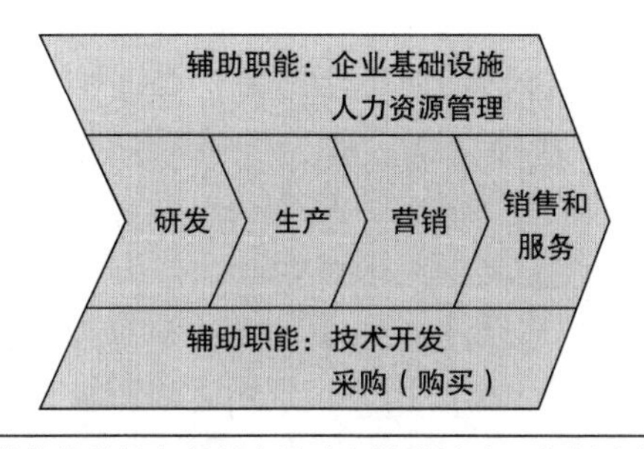 	周期和反复性的过程 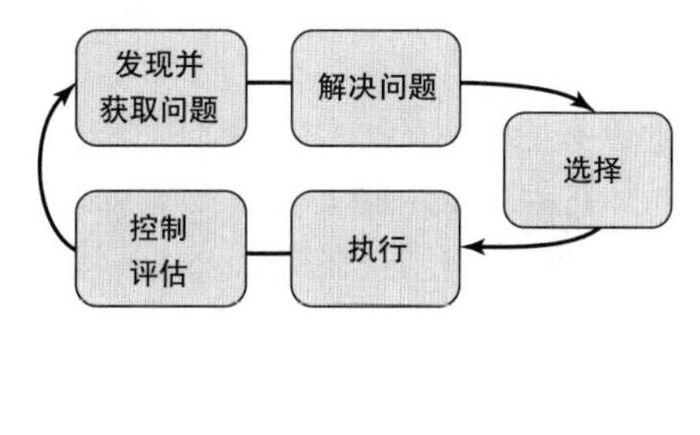
传统价值链包括基本活动和辅助活动。基本活动直接涉及创造价值并把价值带给顾客：上游活动（产品研发和生产）和下游活动（营销与销售和服务）。辅助活动保证并改进基本活动的实施，包括采购、技术开发、人力资源管理和企业基础设施	价值商店的基本活动包括： • 发现问题：记录、评估并明确表达要解决问题，并选择解决问题的整体方案 • 解决问题：生成并评估可供选择的解决方案 • 选择：在可供选择的问题解决方案中进行选择 • 执行：沟通、组织并执行所选择的方案 • 控制和评估：测量并评估执行方案在何种程度上解决了初始问题
举例：家具、日常消费品、电子产品和其他大批量产品的生产和销售	举例：银行、医院、保险公司、商业咨询服务和电信公司

价值商店（像车间而非零售商店）通过调集资源（如人员、知识、技术）来创造价值，并有效利用各种资源来解决具体问题，如疾病治疗、为乘客提供航空服务、为解决一个商业问题提供解决方案。价值商店围绕制定和实施决策进行组织——识别和评价问题或机会，开发可供选择的解决方案或方法，选择其中一个执行并评价结果。这个模型可用于大多数服务主导型组织，如建筑承包商、咨询公司和法律组织。该模型也可以应用到那些主要以识别和开发具体市场机会的组织，如开发一种新药、钻探潜在的油田、设计一款飞机。

典型企业中的不同部门可能会展示出不同的结构特征。例如，生产和流通可能和价值链相类似，研发则与价值商店相类似。

价值商店利用专业的知识型系统支持为问题制订解决方案的任务。但事实上，真正的挑战是提供一套整合的程序来保证整个问题的解决和机会探索过程的无缝对接。在价值商店中存在几种关键的技术和应用——多数聚焦于如何更好地利用人才和知识。群件、内部局域网、桌面视频会议和共享电子工作室加强了人与人之间的沟通与合作，对于价值商店中人员和知识的流动作用显著。然而，将项目的计划和执行进行整合则更为至关重要。例如，在医药开发中，一款新药如果能在漫长而且复杂的审批过程中提前几个月推出，就可能意味着上百万美元的收入。新的技术也在影响着价值商店。推理引擎和神经网络这类技术，有助于问题的解决过程变得明确和容易。

“价值网络”这一术语应用广泛，但是定义却不精准。它经常指一组企业以有效的方式相互关联共同创造并传递产品或服务，每家企业专注于价值链的一个部分。斯塔贝尔和弗吉斯德（1998）对价值网络的定义却与众不同——不是相关公司构成的网络，而是针对单个公司的商业模型，该公司在它的客户网络中进行互动和交易。该模型在电信公司最适用，但是也同样适用于保险公司和银行。因为银行的业务本质上就是在有不同需求（例如，有些客户存钱，有些客户借钱）的客户间进行调节。其中的核心活动包括顾客关联设施操作、网络推广、合同和关系管理，以及提供服务。

世界上一些信息技术最密集的企业采用的就是价值网络模型，如银行、航空公司、电信公司。它们所采用的大多数技术是为“网络”提供基础设施，用以协调顾客间的交易。但是，现在竞争格局正在变化，从关注自动化和高效的交易流程，转变为对顾客行为信息的监测和开发。

它的目的就是通过更深入地了解顾客的使用模式、交易机会、共同的兴趣等为顾客交易增加更多的价值。例如，数据挖掘技术和可视化工具，可以用来识别顾客间积极和消极的联系。

竞争上的成功通常不仅依赖于将主要商业模型执行到位，它还要求提供各种额外的附加价值。采用第二个价值配置模型可以作为一种有效的方式来界定你自己的价值主张，甚至可以对抗使用其他价值模型的竞争者。但更重要的是，只有能够充分利用基本模型，才可以追求其他模式。例如，哈雷－戴维森基本模型是生产和销售产品这一价值链。建立哈雷车主会（H. O. G）——一个顾客网络，通过增强品牌识别、构建忠诚、提供针对顾客行为和偏好的有价值的信息和反馈，来为基本模型增加价值。亚马逊的价值链类似于其他图书销售商，最初使用各种技术使得整个流程变得更加高效。如今，它有了图书推荐和特别兴趣小组，为价值网络添加了新的特色。我们的研究显示，价值网络尤其能为大量的现有企业提供了为顾客增加更多价值的机会，甚至能使新进入者从那些为顾客提供较少价值的竞争对手那里获取市场份额。

融合“产品价值链”和“服务价值链”

布鲁姆斯特默等人（Blomstermo et al.）对硬服务和软服务进行了区分。硬服务是那些生产和消费可以分离的服务。例如，软件服务可以转移到一张 CD 或其他有形媒介上，这些媒介可以大量生产，使标准化变为可能。由于软服务的生产和消费同时发生，消费者作为合作生产者使得生产与消费无法分离，这就导致了软服务的提供者从国际运营的第一天起就必须置身国外。图 1-14 展示了生产与服务价值链的融合，这主要适用于软服务，但同时我们也在越来越多的行业中看到了实体产品和服务的融合。

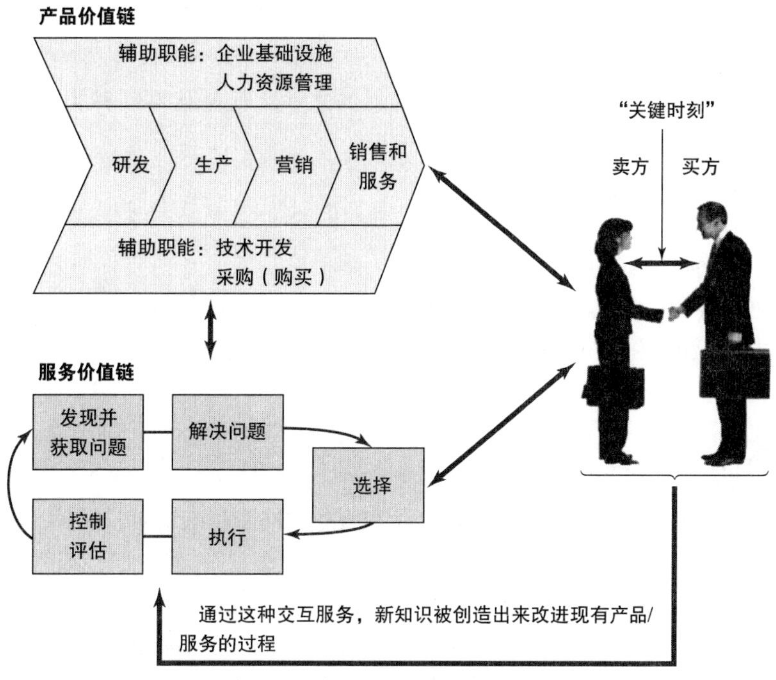

图 1-14　将产品价值链与服务价值链结合

很多产品制造公司通过提供服务来保护或增强其产品业务的价值。例如，思科公司建立了安装、维护和网络设计服务业务来保障其优质的产品支持，并增强与企业以及电信客户之间的关系。当一家企业意识到竞争对手在利用产品提供有价值的服务时，那么这家企业可能会发现自己已卷入服务的竞争中。如果这家企业没有应对，那么将要承担的不仅是自身产品沦为同质化的风险——在大多数的产品市场中都可能发生，不考虑提供服务的情况，还可能承担顾客关系受损的风险。为了使现有的服务团队盈利，或者为了能够使新推出的嵌入服务业务成功，公司的产品经理必须决定服务部门主要关注的是支持现有产品业务，还是作为一个新的独立平台成长起来。

当一家企业选择一种业务设计来为顾客传递嵌入服务时，它应该谨记其战略意图对服务传递生命周期中哪些要素的影响最为重要。如果目标是维护或增强产品价值，那么企业就应该整合供应系统和相关服务，从而促进简化服务任务的产品设计开发（例如，使用更少的子系统或整合诊断软件）。这种方法一方面需要减少服务传递过程中留下的印记；另一方面尽可能地把服务支持融入产品中去。如果企业想要服务业务成为独立的成长平台，那么就要把提供服务的工作聚焦于持续降低单位成本以及提升服务效率上（Auguste et al.，2006）。

在“关键时刻”（例如，在一个咨询服务情境中），卖方同时代表了公司产品和服务价值链的所有功能。卖方（产品和服务供应商）和买方在互动的过程中创造了服务：“服务在生产的同时被创造和消费。”在这一过程中，卖方的优秀代表是服务品牌成功的关键，并最终对达成卖方的承诺负有责任。因此，服务品牌的核心价值需扎根于服务提供人员的头脑和心中，这样才能激发他们的品牌支持行为。当服务品牌国际化扩张时，员工来自世界各地，那么内部的品牌构建过程则会面临更大的挑战。

图 1-14 也展示了服务交互（“关键时刻”）的循环特点，服务价值链的事后评估为可能的“产品价值链”再设计提供依据。图 1-14 所展示的互动也可以是卖方对买方的说明

会，或者谈判过程的掠影。在这种情境中，卖方代表一家品牌公司，对包含有“硬件”(实物产品）和“软件”(服务）的项目进行销售。

图 1-14 中整个决策环节“学习天性”的目的之一，就是从不同种类的卖家—买家互动中选择最佳做法。这将会更好地配置：

- 服务价值链（价值商店）;
- 产品价值链；
- 服务和产品价值链的融合。

乔翰森和琼森（Johansson and Jonsson，2012）通过审视价值创造以及利用协同效应，强调了知识在产品价值链和服务商店中的传递。这在思考 B2B 项目销售时尤其重要。

1.9　国际体验式营销

之前的章节描述和解释了价值创造是产品和服务共同作用的结果。但是，随着服务商品化趋势日渐明显——想象一下智能手机服务单独定价出售，“体验”已经成为为顾客提供价值的下一个阶段。图 1-15 展示了从产品的解决方案到服务，再到**顾客体验**（customer experience）这一产生顾客价值的过程。当一家企业开始有意识地将产品与服务进行融合，让个体顾客融入一个可以创造记忆的活动中时，顾客体验就会发生了（Pine and Gilmore，1998）。

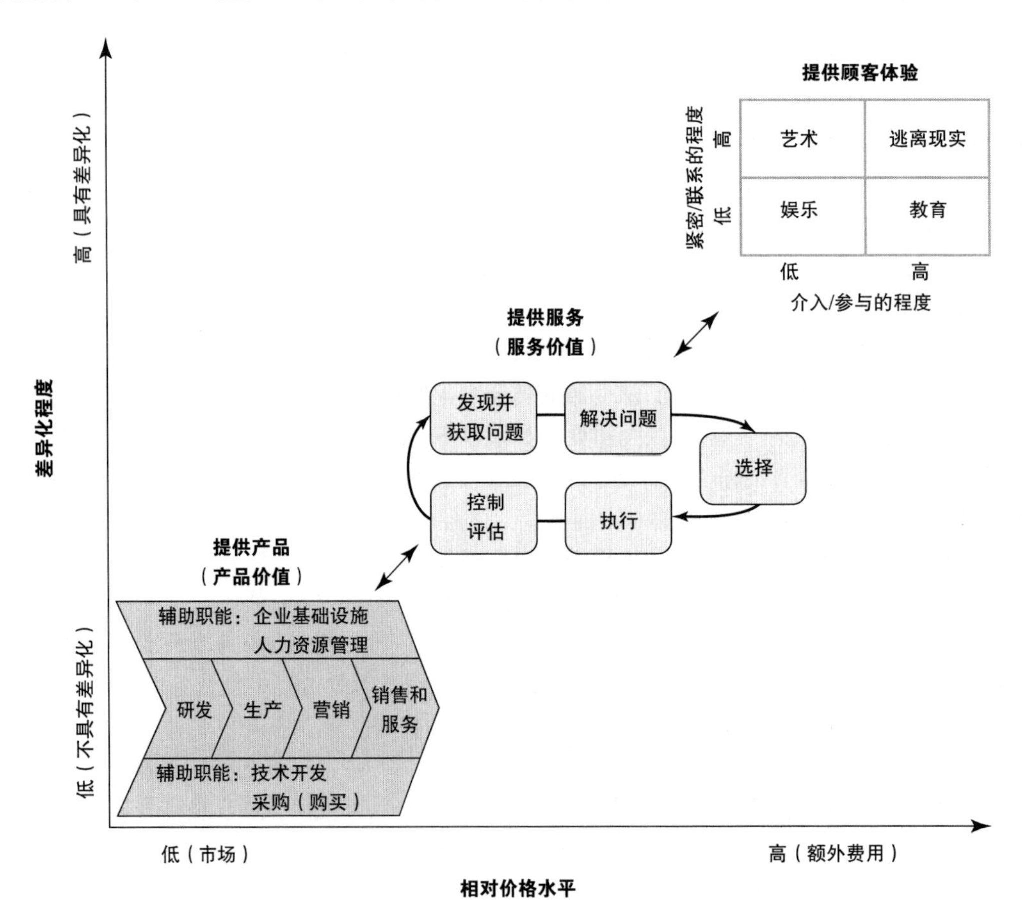

图 1-15　通过顾客体验提供顾客价值

体验式营销在全球范围内呈现出增长的趋势，这一点已经在全球经济的绝大多数领域中被证实。该术语基本上描述了为顾客提供深入和切实体验的营销活动，从而为顾客提供足够的信息来做出购买决策。它已经演变成了对预期转变的响应，这种预期转变就是从服务经济向顾客参与的个性化体验转变。

除非企业想要进入到同质化的业务中，否则它们会被迫升级其供应物到下一个顾客价值创造阶段：顾客体验。这对于 B2C 和 B2B 业务同样适用。

1.9.1　B2C 业务

消费者越来越多地参与到价值定义和创造的过程中，而且消费者通过整体品牌价值构架共同创造的体验成为整个营销活动的基础。

派恩和吉尔摩（Pine and Gimore，1998）建议应该从两极的结构思考体验：

- 介入 / 参与。这个维度是指供应商和顾客的互动程度。“参与度低”时，消费者是被动参与的，参与者往往通过观察或聆听来进行体验，就如古典交响乐的听众。在该维度的另一端是“参与度高”，消费者在表演或事件中扮演着重要的角色，就如参加摇滚音乐会。
- 紧密 / 联系。此维度是指对互动感觉的强度。在电影院看电影（例如，看 IMAX 电影），3D 效果和增强的音效相比在家看 DVD 会给观众带来更高水平的紧密度 / 联系。

我们可以根据这两个维度所构建的系列将体验分成四类。

1. 娱乐

娱乐可以定义为休闲、愉悦、转移注意力的事情（特别是演出或表演），或者是能够给人带来乐趣的休闲活动。例如，在时装店或高级百货商场中的时装秀就只能被称为“娱乐”，因为消费者的参与度和与消费者紧密度均很低。

2. 教育

在教育类别的活动中，参与者更为积极，但是紧密度却很低。在此类别中，参与者要求有新的技术或者提升他们已有的能力。许多企业的业务都有教育这一属性。例如，游船经常聘请知识丰富的专业人士来提供非正式化的讲座作为行程中的一部分，这一概念也可以被称为“寓教于乐”。同样，法拉利驾驶体验是一个两天的精准驾驶课程，该课程的设计是为了缩小学员驾驶能力和法拉利汽车表现之间的差距。

3. 艺术

当活动的属性降低到一个更为被动的参与水平时，这种行为就属于艺术类别。例如，在设计师的展示馆中欣赏建筑或室内设计时，与参与者的紧密度很高，但却对它所在的环境没有丝毫影响。

在此类别中，顾客参与到一个紧密度非常高的体验活动中（例如，一个游客从大峡谷的边缘来看大峡谷），但是其自身却无法介入到事件本身中去（就像从大峡谷爬下，他们可能到了“逃离现实”的范畴）。奢侈品的品牌活动本身就具备艺术的属性，顾客沉浸在体验中，却极少主动参与其中。观众观看太阳马戏团的表演（参见案例 7-1）也属于这一类的体验。

4. 逃离现实

逃避现实可以被定义为从日常的现实或公事当中逃脱的趋势，主要是通过沉浸在短暂脱离现实的白日梦、幻想或娱乐活动中来实现。逃离现实的活动是那些高参与度和高紧密度的活动，而且显然是与奢侈品消费和健身相关的生活方式体验等活动的核心特征。这在豪华旅游和酒店业中尤其明显。随着专业假期产品的供应的增加，顾客可以紧密地参与到体验的创造中。参加尊巴舞课程（参见案例 3-1）就是这种顾客体验类别。

1.9.2 B2B 业务

如同 B2C 公司，B2B 公司也需要通过持续创新来探索新的创造价值的可能性，以吸引、融合和激发客户。例如，领先的工业设备供应商正意识到，客户价值的创造应该基于客户完成现有工作的体验而产生的需求，以及客户为了在未来竞争中立于不败之地而准备转型的需求。

大规模定制

创造客户价值最好的方法是，通过大规模定制产品或服务来吸引客户并创造客户体验。数字技术的其中一个好处就是，B2B 企业可以提供大规模定制产品，有效地服务特定客户，在任何竞争中都能提供差异化的产品，并将客户锁定。这是因为大规模定制产品自动地就转化为了服务。**大规模定制** (mass customization) 过程的整体部分就是帮助客户发掘它们确切需求的无形服务。所以，当 B2B 企业大规模定制一款产品时，它们就已经进入了服务业务的竞争中。这种服务就是帮助每一个企业用户定义它们的需求，同时通过生产和运输定制化产品来满足不同客户的需求。

因而，大规模定制一项服务也就变成了一种体验，因为企业在某一特定时间为一个特定客户设计定制服务时，其结果必然是一次人性化的、令人难忘的互动。

越来越多的企业寻找想成为其合作伙伴的供应商共同为客户的成功服务，这有助于企业从超越提供设备的角度思考如何来帮助客户，并远远创造出比帮助客户有效使用设备更大的价值。B2B 业务需要认识到客户不仅仅需要产品、系统甚至解决方案，它们还需要更好的商业模式。在成长和适应市场中的客户并不仅是因为需要设备而单纯地购买机器设备，而是要为它们创造更好和更能盈利的业务。凯斯工程机械的案例就说明了这一点（参见商业洞见 1-7）。

营销洞见 1-7

凯斯工程机械开始体验式营销

1999 年，凯斯纽荷兰公司（CNH）由凯斯公司和纽荷兰公司合并而成。纽荷兰以生产农业机械和工程机器为主，其产品涵盖全球 37 种设备，通过 11 500 个全产品系列经销商和分销商，分销到大约 170 个国家和地区。

其中纽荷兰旗下知名品牌之一是凯斯工程机械（www.casece.com）。

凯斯工程机械在南美洲北部的威斯康星州建立了战斧（Tomahawk）体验中心，使潜在客户可以在一天内试用体验挖掘机、装货机、铲车、锄耕机以及其他设备。它让平时运营建筑公司业务的所有者和经理人重新回归接触核心运作设备，为客户提供一个由凯斯的专家回答任何相关问题的机会，同时增进了经销商与客户之间的关系。

战斧体验中心从开始接待体验用户至今已超过60年。

回溯至20世纪早期，战斧体验中心是在德洛特工厂提供的土地上建成的。1968年在并购德洛特工厂之后，凯斯将战略属性变为世界级设备制造，服务于凯斯的客户。

今天的战斧客户中心以最先进技术的培训为特色，有超过60多种新设备的产品线向客户予以展示，使用木屋式风格的旅馆为客户创造舒适的住宿，并提供令人印象深刻的热情招待。

结果呢？凯斯做过统计，当公司直接接触潜在的客户负责人时，大约有20%的概率能够得到这笔业务，如果将客户带去体验中心，这份订单的成功率将提升至80%。

1.9.3　增强现实

增强现实（augmented reality，AR）已经被用于营销活动，被视为体验营销的一种形式，因为它不仅仅针对一种产品 / 服务，还可以为顾客创造整个体验。这种技术增强了顾客对现实的感知。相比之下，虚拟现实是取代真实世界的模拟。在先进的增强现实技术帮助下，关于使用者周围真实世界的信息可以被影响并数字化操控。

营销洞见 1-8

宜家家居对AR技术的使用

2014年，宜家家居试用AR技术开发了一款互动的网上产品展览目录。顾客能够在购买家具之前通过这个设计真切地看见产品在自己家中的摆放情况。消费者只需要使用智能手机或平板电脑，通过简单的拖拽，将目录中的某一件家具安置在仿真空间中即可完成。随后可以保存截图，以便消费者进行对比做出购买决策。

这种技术提供了更多人性化的互动产品目录，并能够增强购买的趣味性和便捷性，从而刺激消费者的购买欲并达到有效的品牌树立。

体验式营销被认为是为终端客户创造价值的重要方法，从而推动终端客户更快、更积极地做出购买决策。然而，AR体验式营销被认为主要影响购买前阶段，因为在这个阶段的作用最大。在这个阶段，顾客在做出最终购买决策前会评估他们的选择，而AR技术可以让顾客有机会测试产品，就如同“把产品放在手上”，用户已经拥有了一样。另外，AR技术可以为顾客提供他们期待的体验，从而让顾客告诉他的朋友。

总之，传统的营销结构将消费者视为理性决策者，关注产品的功能和性价比，而体验式营销将消费者视为感性决策者，关注达成令人印象深刻的体验。在这方面，使用新技术（如社交媒体），可以增加体验营销的潜力。这一点在奢侈品行业体现得尤为突出，互联网作为沟通和分销渠道的作用日渐显现。

最后，一家企业如果能在所有五感层面都创造出顾客体验，那么营销效果就会更有效，更令人难以忘怀。

1.10　信息产业和虚拟价值链

大多数的企业管理者都认为世界已经进入一个新时代——“信息时代”。这个时代与工业时代差异巨大。造成这些差异的驱动力是什么呢?

人们对信息时代达成的共识随着时间而发生着变化。开始，人们以为是计算机和计算带来的自动化能力；随后，转变为通过电信技术颠覆时间和时空的能力。最近，信息时代被认为是信息的价值创造能力，一种可以被再利用、分享、传播或交换且不会带来任何价值损失的资源；不仅如此，有时候价值还会倍增。如今，无形资产竞争的魅力意味着人们将知识及其与智力资本的关系视为关键资源，因为这些是创新和革新的基石。

一种从战略层面理解信息所带来机遇和威胁的方法，是将**虚拟价值链**（virtual value chain）看作实体价值链的补充（见图 1-16）。

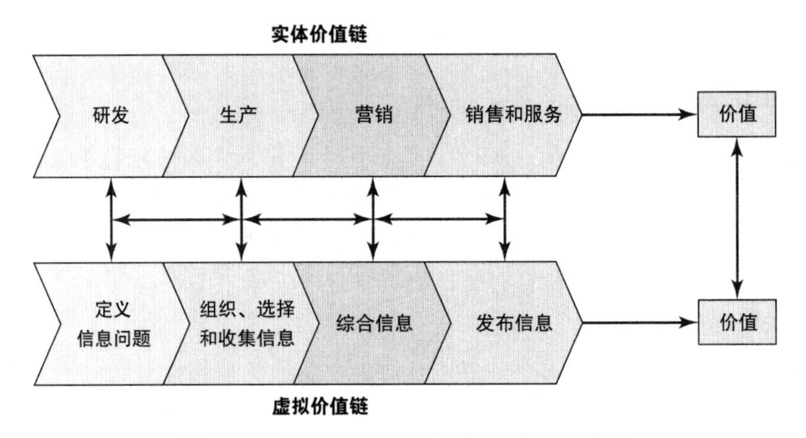

图 1-16　虚拟价值链作为实体价值链的补充

通过引入虚拟价值链，瑞波特和史维奥克拉（Rayport and Sviokla，1996）扩展了传统的价值链模型。传统模型将信息看成增值过程中的辅助要素，瑞波特和史维奥克拉则说明了信息本身是如何被用来创造价值的。

有四种利用信息技术创造商业价值的基本方法（Marchand，1999）。

（1）管理风险。在 20 世纪，风险管理的变革刺激了金融、会计、审计和管控等相关职能和专业的发展。这些信息密集型职能成为信息资源和人员时间的主要消耗者。

（2）降低成本。这里的重点是尽可能地高效利用信息达到业务流程和交易要求的产出结果。这种信息管理的流程观点与 20 世纪 90 年代的流程再造和持续改进运动紧密相关。常见的要素专注于消除不必要和不经济的步骤和活动，尤其是文书工作和信息流动。之后，对步骤和流程进行简化，如果可能的话，将剩余的部分进行自动化处理。

（3）提供产品和服务。本策略的重点是了解顾客，并与合作伙伴及供应商分享信息，从而提升顾客满意度。许多服务和生产企业都关注顾客关系的建立和需求管理，以此作为利用信息的方法。这种策略使得企业在销售点系统、账户管理、顾客档案和服务管理系统上进行了大量的投资。

（4）开发新产品。最后，企业可以利用信息进行创新——开发新产品，提供差异化服务和使用最新技术。例如，英特尔和微软等企业正在学习运用“持续开发模式”，来更快地开发新产品和使用市场情报，以保持竞争优势。在这里，信息管理就是通过调动人力及协调工作流程来实现信息共享，促进整个公司不断发展。

每个企业都追求以上策略的组合。

如图 1-16 所示，实体价值链的每项活动都可能会利用一个或所有四个虚拟价值链的信息处理步骤，以求为顾客创造附加的价值。这就是为什么在不同的实体价值链活动和虚拟价值链活动之间使用水平双箭头的原因，这样在实体价值链的所有阶段都可以获取信息。很明显，这样获取的信息可以被用来改善实体价值链每个阶段的表现，也可以协调各个阶段的要素。此外，还对这些信息还进行分析并进行重新包装来建立内容型产品或创造新的业务线。

一家企业可以通过这些信息来接触其他企业的顾客或业务，从而重构一个行业的价值体系。可能带来的结果就是传统行业边界的消失。亚马逊的 CEO 杰夫·贝佐斯（Jeff Bezos）就清楚地认识到，亚马逊不仅是图书销售商，而且还是信息经纪人。

1.11　总结

国际营销的概念被定义为：企业致力于对市场营销活动进行跨国协调，从而比竞争对手更好地发现并满足全球顾客的需求。这意味着公司能够：

- 基于不同市场的相似性和差异性制定国际营销战略；
- 利用总部（母公司）的知识在全球范围内进行扩散（学习）和适应性改变；
- 将知识和“最佳实践”从任意一个市场传递到其他国际市场。

波特的原始价值链模型被作为本书主要部分的框架模型。要理解价值是如何被创造的，单纯从企业内部价值链的角度来审视是不够的。在大多数的情况下，供应和分销价值链相互联系，我们需要分析和理解整个过程，然后再考虑价值链活动的最终国际化。这也涉及有关配置和协调全球范围价值链活动的决策。

作为对传统（波特）价值链的补充，我们引入了服务价值链（基于“价值商店”概念）。价值商店通过调集资源（人力、知识和技术）并把它们运用到具体的问题来创造价值。价值商店围绕在特定服务交互环境中制定和执行决策来进行组织——识别和评估问题或机会，开发供选择的方法或解决方案，选择其中一个实施并评估结果。这个模型可应用到大多数服务导向的组织中。

许多产品型企业试图通过嵌入服务来取得成功：当产品市场面临的同质化压力不断增加时，服务将在未来的几年成为价值创造的主要区分者。但是，企业要更好地理解这一新竞争游戏的战略规则，并将这些规则融入企业运营中，以实现其业务快速增长的预期。

当今，正确地将产品价值链和服务价值链进行融合并不足以创造竞争优势。当企业有意识地将产品和服务相融合时，可以将“顾客体验”加入其中，通过创造令人难忘的事件来吸引个体顾客。这种方法可以归结为四类：娱乐、教育、艺术和逃离现实。

本章的最后，我们介绍了将虚拟价值链作为实体价值链的补充，以此来运用信息创造更多的商业价值。

案例研究 1-1

绿色玩具公司：环保玩具制造商正在走向国际化

2006 年，旧金山风险投资家和电子玩具设计师罗伯特·冯·戈本（Robert von Goeben）

再次改变了战略路线，不再生产电动的且需要复杂配件的玩具，而是听从妻子的建议，设计了一条更为简单的玩具生产线，符合父母们对绿色运动的预期。越来越多的父母开始像审视食物一样审视玩具。过去的玩具就是一个塑料制品，父母从不质疑它的构成；可如今绿色成为玩具界的主流，父母开始想要了解孩子们爱不释手的玩具究竟由什么制成。

2006 年 8 月，美泰公司召回了 1 000 多万件玩具，包括流行的芭比娃娃和波利皮包玩具，一是因为玩具表面的漆里存在有害物质，二是微小的磁铁容易被孩子吞咽。美国政府向父母们保证，孩子们绝对不会接触到任何被召回的玩具。

2006 年，罗伯特・冯・戈本与劳里・海曼（Laurie Hyman）达成合作，创建了一家绿色玩具公司，名叫格林岛儿童玩具（Green Toys Inc.），并立即开始使用可回收塑料牛奶罐来生产环保玩具，开张首年即实现盈利。

2013 年 11 月，私人投资公司弗兰德集团（The Friend Group，由商人霍华德・弗兰德为代表）出资购买了格林岛儿童玩具的大部分股权。但直到今天，冯・戈本与海曼仍然坚持自己的开发理念，为孩子们生产环保玩具（2016 年 2 月）。

格林岛儿童玩具公司的创始人

格林岛儿童玩具公司的共同创始人罗伯特・冯・戈本（负责产品）和劳里・海曼（负责营销）拥有不同的背景和才能。

罗伯特・冯・戈本曾是一家行业领先的工作室 Propeller-head Studios 的创始人，专门从事电子玩具和游戏设计。在 Propeller-head 工作室，他曾与许多大型玩具公司合作，包括美泰和 Wild Planet。在那之前，他还曾任 Starter Fluid 的创始人兼总经理，那是包括康柏电脑和芝加哥大学等机构和企业投资人出资合办的一家种子阶段的风投公司。冯・戈本的职业生涯开始于娱乐行业，在那里他开始管理格芬唱片公司的在线部门。他拥有南加利福尼亚大学工商管理硕士学位和纽约州立大学数学学士学位，并在玩具和游戏领域拥有两项美国专利。

劳里・海曼曾经担任多家在线消费者营销公司的营销主管，包括最近的 Ingenio（率先将互联网和手机的力量结合在一起，成功连接买家和卖家）。在此之前，她还是 Webvan 营销团队的第一位成员，负责世界上最大快递消费品公司（包括宝洁、雀巢、可口可乐、卡夫、通用磨坊和皮尔斯伯里等）的往来业务。海曼还曾担任 Goodcompany.com 的营销总监，该公司是互联网的第一个在线社交网络。她拥有南加州大学工商管理硕士学位和印第安纳大学商业学士学位。

今天的格林岛儿童玩具公司

格林岛儿童玩具公司生产了一系列由回收塑料和其他环保材料为原材料的儿童玩具，这有助于减少化石燃料的使用和温室气体排放，提高地球的整体健康度。2014 年，公司营业额约 2 000 万美元，员工人数大概为 80 人。

与在海外生产或购买原材料的六大环保竞争对手不同，格林岛儿童玩具仅与加利福尼亚州的公司签订合约。本地采购意味着燃烧更少的化石燃料，同时为美国创造更多的工作岗位。格林岛儿童玩具还可以追踪玩具的化学成分，比同类玩具更具优势。

格林岛儿童玩具的客户和营销策略

格林岛儿童玩具的主要客户群由 25 ～ 40 岁的家长组成，其中多是女性。这些母亲中的大部分都受过良好的教育并是在线用户。博客用户群中，特别是家长，他们喜欢在线上发布和搜索和关于孩子们的产品和趋势，这个市场是巨大的。

格林岛儿童玩具的产品比同行主要企业的类似玩具贵30%。随着公司的发展，格林岛儿童玩具可以利用“规模经济”，应该能够将该价格差距缩小2/3，尽管它目前尚不清楚其多受市场欢迎。2014年，环保玩具的销售额为4 000万美元，仅占美国玩具行业220亿美元的一小部分。

格林岛儿童玩具的产品销往5 000家美国商店，包括Pottery Barn、Barnes & Noble、Whole Food和buybuy BABY。最大的几家格林岛儿童玩具零售商也在线销售，因此格林岛儿童玩具的大部分营销预算都花在线上。

格林岛儿童玩具的国际化战略

格林岛儿童玩具在35个国家都有经销商，但到目前为止，其销售的90%来自美国市场。至此，格林岛儿童玩具没有将产品销往海外的计划。然而，不排除未来它们在海外用当地材料生产的可能性。

以下报告解释了全球玩具行业当前和将来的趋势。

全球玩具业

2014年，全球玩具市场规模达840亿美元。

格林岛儿童玩具终端客户的开发：全球的孩子们

全球儿童人口由于家庭规模不断下降，出生率在2010年为每千人19.6人，2000年为21.8人；2010年的生育率（一个女性平均生育的孩子数量）为3.0，2000年为3.4。世界上0～14岁儿童的总数在21世纪前10年出现萎缩，平均每年下降0.1%。这是一个近期的趋势，因为儿童人口在1990～2000年每年增长了0.6%，1980～1990年增长0.1%。截至2010年，0～14岁的人口数量占全球总人口的26.3%，1980年则为35.2%（见表1C-1）。

表1C-1　全球人口年龄段（1980～2020年）

年龄段（岁）	1980（%）	1990（%）	2000（%）	2010（%）	2020（%）
0～14	35.2	32.6	29.8	26.3	24.5
15～64	58.9	61.2	63.2	65.8	65.9
65+	5.9	6.2	7.0	7.9	9.6
合计	100	100	100	100	100

资料来源：Adapted from Euromonitor.com and other public sources.

这一趋势反映了在发达市场和发展中市场，家庭规模变小的文化和社会的变化。在地区上，东欧的儿童人口减少幅度最大，2000～2010年的年均率为2%，部分原因是大规模移民从东欧到西欧，以及20世纪末和21世纪初东欧政治体制过渡，经济困难导致的生育率和预期寿命的下降。

然而，许多发展中国家仍然有着相当规模的儿童人口。一些发达国家的儿童人口也在上升。

全球儿童人口总体下滑意味着家庭规模更小，儿童消费支出增加，这在孩子的非必要消费项目上增加了自由支出比例。这对将0～14岁儿童的家长作为目标客户的玩具和游戏公司有重要的影响。65岁以上的老人2000～2010年平均每年增长2.5%，占全球总人口的7.9%。到2020年，该人群预计占的不到10%全球总人口。

按绝对值来说，亚太、中东和非洲是0～14岁人口最多的地区，其次是拉丁美洲。2014年，超过1.28亿婴儿出生，亚太地区超过一半。菲律宾、埃及和沙特阿拉伯是出生率排名前三的国家，每千人中有23～25名新生儿。2009～2014年，大多数国家的出生率下降，但2014年印度和南非等快速发展的新兴市场仍然居高不下，其中每千人中约有21名新生儿。

相比之下，在德国和日本这样老龄化的发达市场中，出生率极低，2014年每千人中只有8个新生儿。俄罗斯是罕见的在什么期间出生率都大幅上升的市场之一，从2003年的每千人中有10个新生儿，上升到2014年的13个。

2004～2009年，俄罗斯、西班牙、澳大利亚和英国0～4岁的人口数量都有超过10%的增长。西班牙是全球第三大5～9岁人口数量在过去五年增加了15%的国家。

多年来，在全球范围内出生率持续下降，因为女人生孩子的岁数比以前更大。年轻的成年人现在需要承担的是与大家庭不相容的兴趣和生活方式，这一现象不仅出现在富裕国家，也出现在大量发展中国家。她们经常选择推迟分娩，因为这有利于事业的建立或者只是为享受自由。

世界上分娩最晚的女人在西欧，特别是英国、德国、瑞士和荷兰。相比之下，在美国，首次分娩时妇女的平均年龄相对较低，2014年为25岁。部分原因在于西班牙裔看待家庭的重要性，他们喜欢在年轻时便拥有一个庞大的家庭。

在格林岛儿童玩具上消费的目标消费者：全球0～3岁儿童

0～3岁儿童（婴儿护理、婴儿服装、婴儿食品、尿布和玩具）的总支出分配情况如表1C-2所示。

表1C-2 0～3岁儿童的总支出分配情况（2014年） （单位：%）

	法国	英国	德国	俄罗斯	美国	巴西	南非	中国	日本	印度
婴儿护理	5	5	5	6	4	18	3	4	5	12
婴儿服装	18	35	30	12	35	16	30	10	20	6
婴儿食品	35	18	20	37	22	18	22	40	18	45
尿布	22	26	27	37	22	40	40	20	40	15
玩具	20	16	18	8	17	8	5	26	17	22
合计	100	100	100	100	100	100	100	100	100	100

资料来源：Adapted from Euromonitor and other public sources.

消费的“两个世界”：西欧、北美和日本市场，尽管出生率低，但支出高；亚太地区、拉丁美洲、中东和非洲等快速增长的市场，开支要低得多。排名前五位的国家（德国、英国、法国、日本和美国）在0～3岁的人均开支超过1 500美元。

当一个家庭中出生的婴儿越来越少，他们往往更加被珍惜，父母和祖父母都愿意花费更多的钱。其中最典型的例子之一就是中国所谓的“小皇帝”综合征。年轻时，中国儿童在玩具和衣服上被宠坏（根据表1C-2，0～3岁的玩具占该年龄组总支出的26%）。随着年龄的增长，他们以不同的方式被宠坏，包括手机、教育和休闲活动。但是也有很多特别是农村孩子，并没被宠坏。

亚洲的许多家长认为，学龄前玩具可以增加孩子的智力，提高孩子的认知力，让孩子在以后的学校生活中受益。城市中的大多数家长更加重视玩具和游戏在辅助儿童教育和刺激他们智力发展方面的作用，鼓励生产商为学前年龄组开发大量玩具。

中国是世界上最多元的传统玩具和游戏市场，虽然 2014 年整体单价呈现跌势，但由于“小皇帝”的存在，较昂贵的玩具已经涨价。几乎所有的跨国公司，包括美泰、万代南梦宫（Namco Bandai）、乐高和孩之宝，在中国的销售额都有很高的增长。

在每个家庭平均孩子数量高于 1 的国家，在一年中每个孩子的传统玩具和游戏支出不超过 50 美元。

总体而言，女性的平均分娩年龄越大，在每个孩子身上花费在传统玩具和游戏上的支出就越高。因为现代母亲仍坚持工作，出于各种原因，父母陪伴孩子成长的时间有限，因此会用玩具来弥补。

单亲家庭往往是较为贫穷的，从而需要更便宜的产品。廉价、大容量的玩具往往在单亲家庭更普遍的市场上能取得成功。

玩具分销

超市 / 大卖场继续扩大玩具和游戏产品数量，并开始自创品牌。然而，商店零售渠道受到正在崛起的新型分销渠道的影响，如互联网零售和电视购物等。

在北美，零售巨头沃尔玛和塔吉特的实力大大促进了零售商在 2009 年玩具市场的优势份额。然而，随着超市、药店、五金零售商和在线商店扩大传统玩具和游戏产品的供应，2014 年，沃尔玛在玩具市场上的份额增长变缓。

商店零售商越来越多地通过提供在线购物来支持它们的实体销售。它们发现，在线网站可以帮助它们推广利基品牌并获得更广泛的市场覆盖率。在线网站还能帮助消费者比较新玩具和游戏的价格和特色。在日本，互联网零售业的快速发展有助于推动最新视频游戏的发行。

家庭购物的便利性吸引了广泛的消费者，特别是老年消费者。对于经销商来说，这个渠道正在变得日益重要，因为它有助于打造品牌形象。

一般来说，在许多国家的玩具和游戏行业，杂货零售商的比例越来越高。杂货店正在慢慢成为西欧零售业最受欢迎的渠道。

意大利人仍然喜欢在实体店购买产品。过去 10 年来，意大利分销渠道的唯一重大发展是杂货零售商的兴起，杂货零售商的商品显著区别于其他零售商，包括玩具和游戏等非杂货类产品。在法国，增长最快的渠道是休闲产品和个人用品零售商，随之增长的还有玩具和电子游戏专卖店。2010 ～ 2014 年，法国大约有 800 个玩具和游戏专卖店开张，显示了该行业的活力。

德国领先的玩具分销渠道也是休闲产品和个人用品零售商。在德国，虽然网上购物有所增加，但大多数消费者仍然倾向于购买能够看得到和接触得到的商品。此外，消费者也更喜欢从店内人员那里获得产品质量和功能方面的专业意见和建议。

在俄罗斯，专业零售商正在急剧发展。购买玩具和游戏最受欢迎的地方是零售连锁店，其次是购物中心。专业分销渠道更多的分布于俄罗斯的主要城市，那里人口数量普遍在 100 万人以上。在较小的城市，非商店分销依然很受欢迎。

在拉丁美洲，大型超市和其他杂货零售商的玩具销售额增加了，特别是在年底假期和儿童节期间，当实施重要的广告宣传活动，以及打折和特价增多时。

在巴西，由于大城市玩具店的扩张，专卖店控制着市场的绝大部分。竞争环境强化了这种专卖店形式的集中，鼓励产品种类繁多，减少季节性对销售的影响。

一般来说，在拉丁美洲，专业玩具零售商仍然是最重要的渠道，因为它们能提供更多种类的产品。此外，消费者很容易访问它们的店面，因为它们更多的位于商业场所，特别是购物中心。

玩具行业竞争

2010～2015年，世界十大玩具和游戏公司占全球销售总额的近一半。美泰、乐高和万代南梦宫分列前三名。

总结和未来趋势

婴儿和学龄前玩具会保持衰退态势，因为父母选择持续投资于儿童时期的娱乐和教育。

环保、无危险的功能将继续是传统玩具和游戏的主要卖点之一。

跨国公司将平安渡过全球金融危机带来的风暴。该行业预计将实现对小型独立公司的并购。

互联网零售商的销售额预计在预测期内将大幅增长，特别是考虑到小型独立玩具和游戏零售商的消亡。

基于本案例和玩具产业趋势，回答下面的问题。

问题：

1. 全球玩具行业的关键成功因素是什么？
2. 格林岛儿童玩具在国际玩具市场的关键竞争优势是什么？
3. 格林岛儿童玩具公司是否应该考虑将产品进行高度国际扩张？
4. 如果是，它应该针对哪些国家/地区，如何做？

案例研究 1-2

猎人靴公司：标志性的英国品牌正在进入专属时尚

猎人靴（Hunter Boot）品牌（www.hunter-boot.com）已经成为英国乡村生活和名人时尚的象征，追溯猎人靴的设计已经超过150年，在设计之初它是为适应崎岖不平的地面和不可预测的天气，如今猎人已经成为深受好莱坞明星喜爱的品牌。

18世纪，阿瑟·威尔斯利（Arthur Wellesley），第一任惠灵顿公爵，命令他的制鞋人霍比（Hoby）对他的靴子进行适当的修整，去掉多余的装饰，把靴口紧贴大腿。虽然新靴子在战争中很难穿进去，但是据说惠灵顿公爵在1815年著名的滑铁卢战役中就穿了这种靴子，这种靴子被命名为“惠灵顿靴”或“威利靴”，并流传后世。

由于英国爱国绅士们效仿爱国英雄，惠灵顿靴迅速流行起来。原版的长筒靴使用小牛皮制作，然而在美国进行了很多关于制作靴子的实验，生产者开始用橡胶制作靴子。一位名叫亨利·李·诺里斯（Henry Lee Norris）的企业家，到苏格兰寻找适合建厂生产橡胶靴子的厂址，最后他在爱丁堡米尔城堡小镇的农场开设了制靴公司——英国北部橡胶公司（公司于2004年更名为“猎人橡胶公司”）。1856年，以合脚、舒适、耐穿性能为目标的猎人长筒靴获得两个珍贵的英国皇室奖章。

随着第一次世界大战（简称“一战”）的爆发，长筒靴的产量瞬间激增。由于战争中有许多浸水的壕沟，需要耐穿的靴子来适应这种环境，这使得长筒靴成为必需品。

到“一战”结束，英国北部橡胶公司为士兵生产了超过 180 万双长靴，靴子生产厂 24 小时不停歇地运转。

在第二次世界大战（简称“二战”）中，长筒靴也发挥了重要的作用。随着 1939 年 9 月“二战”的爆发，虽然不再有壕沟战，但是士兵们被分配去消灭荷兰的敌人，那是很糟糕的环境。随着战争的结束，由于长筒靴的性能，尤其在雨天的适用性，使靴子开始在男女老少中流行开来。靴子设计得越来越宽，厚底和圆头，同时由于当时的配给量，很多劳动的人也开始穿这种靴子工作。

公司最著名的威利靴，即原始的绿色惠灵顿靴，始创于 1955 年的冬天，距今已有 50 多年的历史。它和另一款皇家猎人靴一同被推向市场，其中皇家猎人靴现在仍然在猎人靴公司的产品序列中。

1966 ～ 2005 年，公司发生了一些所有权的变更问题。2006 年，猎人橡胶公司注入新的管理团队，结果导致了现金流困难。有报告指出，尽管营业额超过 500 万英镑，但是来自毕马威的会计师表示，该公司遭受到了制造成本上涨的压力，包括燃料成本，以及将业务扩大到美国所造成的损失。猎人靴公司发布的报告称从 2003 年 9 月～ 2005 年 2 月共损失 60 万英镑，其中净债务高达 203 万英镑。

2006 年，一个由罗德 · 马兰（Lord Marland）、彼得 · 马伦（Peter Mullen）和朱利安 · 泰勒（Julian Taylor）共同领导的私人财团购买了公司并接管了管理权，自此成立了猎人靴公司。经过快速的重组之后，公司在美国和英国都找到了新的供应渠道和分销伙伴，展示了公司的关键技术和传统核心产品，猎人的产品组合结构变得合理化。

2006 年，猎人靴定位自己作为一个强竞争者之后，在美国纽约第七大道和英国伦敦的卡纳比街开设了旗舰店，重新在英国等传统国家和休闲鞋子市场建立了自己领导者的地位。

一双猎人惠灵顿长靴需要 28 个人的合作劳动才能完成，每一部分都是个人量身定制并由手工整合起来，支撑专业部位，如足、腓或脚踝。猎人靴坚持使用天然橡胶手工完成。由于猎人靴在生产过程中手工制造的程度很高，因此管理层为了减少生产成本，将加工厂从苏格兰转移到了中国。因此零售价格增长了近 20%，而且可选择的现代色彩和种类也更多了。

2006 年，当凯特 · 莫斯在格拉斯顿伯里音乐节被看到穿了一双原始黑色的惠灵顿靴之后，猎人产品聚焦时尚领域而不是农场成为一个主要的突破性创新。从那以后，在名流中、在秀场或高街甚至在郊区，猎人靴变成一种标准的时尚搭配。

2008 年 9 月，随着中国 2008 北京奥运会的举行，猎人靴公司向英国奥运代表团的每个赢得冠军的成员送上了纯金打造的惠灵顿靴。

2010 年，英国首相卡梅伦为他的美国之行买了粉色和紫色的靴子，作为礼物送给奥巴马的女儿。

今天的猎人靴有限公司

自 2006 年的低迷，猎人靴开始快速地扩大销量和利润，如表 1C-1 所示。

表 1C-3 猎人靴公司 2011 ～ 2013 年的财务情况 （单位：百万英镑）

	2013	2012	2011
销售额（出口占比）	81.6 (62%)	74.4 (57%)	77.7 (53%)
销售成本	39.5	37.1	39.4
净利润	42.1	37.3	38.3
税前利润	14.6	13.8	22.1
税后利润	10.4	10.4	15.9
员工数量	125	85	73

资料来源：Based on various data on www.hunter-boot.com.

猎人靴在 30 个国家的国际分销业务强劲增长。

猎人开始转向与独家时尚设计师联盟

2009 年 1 月，猎人宣布将联合伦敦奢侈品时尚界设计师周仰杰（Jimmy Choo）设计一款限量版黑色惠灵顿靴，产品上印有周仰杰的鳄鱼印花签名，并带有金铆钉和豹纹衬里。另一款产品于 2011 年发布，以 250 欧元的价格在线上（www.jimmychoo.com）独家销售（原版通常在 80 欧元左右）。

周仰杰和猎人靴公司收到了用户巨大的反响；在线排队名单从 5 月 1 号开始，截止到 5 月 16 日已经有超过 4 000 名有时尚意识的用户已经确认参加。今天，奢侈品惠灵顿靴已经成为周仰杰品牌的一个经典款式，并且可以跨季购买。不仅有传统的黑色靴，还有很多不同的种类。

2012 年 3 月，J. Mendel 和猎人——19 世纪的两大标志性品牌—进行特殊的合作，共同生产最迷人的惠灵顿靴：专供北美市场，这些限量版的靴子集奢华的外表和 J. Mendel 触感于一身。这款靴子于 2012 年 11 月上架销售，零售价从 585 美元（366 英镑）到 795 美元（497 英镑）不等，在萨克斯第五大道、诺德斯特龙和猎人官网销售。

猎人靴公司总是高度依赖于名人因素，收集名人穿不同惠灵顿靴的照片已经成为一种乐趣。以下是一些名人偏好的惠灵顿靴：

Jennifer Aniston——经典黑雨靴

Drew Barrymore——经典海军雨靴

Kate Moss——经典黑雨靴

Sandra Bullock——经典海军雨靴

Alexandra Burke——经典黑短靴

Kings of Leon（团队）——水救援惠灵顿靴

Gwyneth Paltrow——经典茄子惠灵顿靴

Kelly Rowland——经典红雨靴

问题：

1. 猎人靴在当今国际市场上成功的主要原因是什么？
2. 近期，猎人靴在国际产品中加入了新元素水獭皮。这种产品扩展手段的优缺点分别是什么？猎人靴公司在未来的产品扩展方面是否应该加入眼镜和手表系列产品？

第 2 章

Chapter2

国际化的起源

□ 学习目标

通过本章的学习，你能够：

- 讨论企业走向国际化的原因（动机）。
- 解释主动动机和被动动机的区别。
- 分析触发出口的诱因。
- 解释触发出口的内部和外部诱因的区别。
- 描述阻碍出口启动的各种因素。
- 讨论出口过程中的主要障碍。

2.1 简介

当一家公司将研发、生产、销售和其他业务活动扩展到国际市场时，国际化就发生了。对于很多大型企业来说，国际化可能以相对连续的方式发生，在一段时间内，公司在循序渐进地扩张各种海外项目的同时，就推进了公司的各种国际化进程。然而，对于中小型企业（SME）来说，国际化往往是一个相对间断的过程，也就是说，管理层把每个国际化的商业冒险看作是不同的、独立的。

在预国际化阶段，中小型企业管理者要运用信息获取足够多的与启动国际化相关的知识（Freeman，2002）。图 2-1 展示了预国际化的不同阶段，本章的其余章节解释了图中所列的各个阶段。

2.2 国际化的动机

对大多数公司而言，出口的根本原因是为了赚钱。但是，大多数的商业活动很少会根据单一因素而采取行动。通常，企业要在某一方向上采取措施，需要参考若干综合因素，进行综合判断。

国际化动机的讨论可以追溯到约翰·邓宁（John H. Dunning）的研究，他论述了著名的四个主要动机理论（Dunning，1993；Benito，2015）：

（1）寻求市场：企业走向国际去寻找新的客户。

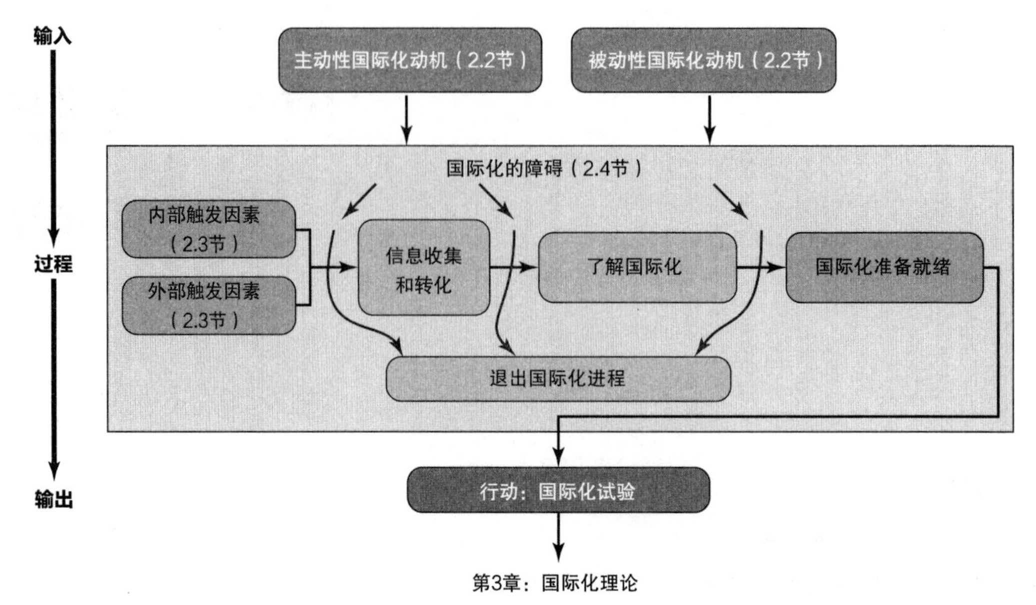

图 2-1　预国际化：中小型企业国际化的开始

（2）寻求效率：企业到国外去降低成本，执行经济有效的活动，和/或使其在不同地方的现有业务合理化。

（3）寻求资源：企业冒险去国外，以获取在国内不容易获得的资源，或者是可以在国外以更低的成本获得资源。

（4）寻求战略资产：企业到国外获取战略资产（有形或无形），这可能对它们的长期战略至关重要，但在国内却无法实现。

表 2-1 概述了主要的**国际化动机**（internationalization motives）。国际化动机可以被分为主动性动机和被动性动机。主动性动机代表想要尝试策略改变所带来的刺激，基于企业对于开发特有的能力（如一种特殊的技术知识）或市场可能性的兴趣。被动性动机是指企业对其在国内市场或国外市场所受的压力和威胁做出的反应，并在一段时间内被动地采取措施来调整适应。

下面我们来仔细观察每一个出口的动机。

表 2-1　出口的主要动机

主动性动机	被动性动机
• 利润与增长目标	• 竞争压力
• 管理层敦促	• 国内市场：规模小且已饱和
• 技术优势/产品独特性	• 过量生产/产能过剩
• 国外市场机会/市场信息	• 主动提供的国外订单
• 规模经济	• 扩大季节性产品的销售
• 税收优惠	• 接近国际顾客/心理距离

2.2.1　主动性动机

1. 利润与增长目标

刚刚对出口产生兴趣的中小型企业特别重视对短期利润的追求。实现增长的动机对企业启动出口也会具有特别的重要性。

长期利润的增加来自销售的增长和 / 或成本的降低。如果一个公司打算通过国际化增加销售，那么它要利用现有的资源和能力，获得更大的国际市场来增加收入。如果要降低成本，可以利用进入市场的比较优势和公司在当地的竞争优势。这样就可以使企业减少在国内市场的业务，增加海外业务，例如在低成本国家建立生产线。

随着时间推移，企业对增长的态度会受到来自以往努力反馈的影响。例如，利润率会决定管理部门对出口的态度。当然，计划进入国际市场时预期的利润率经常和实际获得的利润率大不相同。初始利润率可能会很低，特别是在国际化启动阶段。在企业没有从事国际市场活动之前，预期和现实之间的差距可能会特别大。

营销洞见 2-1

野格利口酒：一个家族企业由于“管理需求”使著名的草本利口酒走向世界

野格（Jägermeister）草本利口酒大约在 100 年前由柯特・马斯特（Curt Mast）在德国的沃尔芬比特尔发明。1918 年，在接管了父亲的醋厂之后，马斯特改变了公司的发展方向，开始经营葡萄酒。他还开始尝试为产品注入理念。到了 1934 年，他偶然发现了一种用 56 种药草、花、根和水果做成的利口酒配方。

马斯特像是一个富有激情的猎人。从字面上翻译，野格的意思是“狩猎大师”。野格的标志，是一只雄鹿和闪闪发光的十字架，由圣胡贝图斯演变而来，是猎人的守护神。

野格利口酒是一种称为草药利口酒的白酒。它类似于其他欧洲中部的利口酒，如来自德国的莳萝利口酒、丹麦的“老丹麦”药酒、匈牙利的乌尼古十字酒、捷克的冰爵利口酒、意大利的菲奈特・布兰卡比特酒和克罗地亚的巴德尔百龄草本利口酒。相对于这些饮品，野格利口酒拥有更甜的口感。

20 世纪 60 年代，野格利口酒开始流行起来，对一些国家和地区的出口开始增长，比如斯堪的纳维亚、奥地利、比荷卢地区和美国。随着时间的推移，它占领了远在南美洲、非洲、澳大利亚和亚洲的市场。野格利口酒在全球的销量从 2011 年的 8 710 万瓶（0.7 升 / 瓶）增长至 2012 年的 8 920 万瓶，略低于 2011 年的增幅 2.5%，在上百种具有国际影响力的烈酒中名列第七位。野格利口酒因此继续成为世界上最畅销的白酒品牌，也是唯一代表德国排在前 70 强的白酒品牌。2012 年，野格利口酒的销售遍布 90 个国家，却仅有大约 600 名员工，其中还包括马斯特家族。一个家族企业，由其高级管理人员在“管理层敦促”的推动下，走过了多年的国际化路程。

2012 年，野格利口酒总销售额的约 80% 来自德国以外的市场。野格最大的销售市场是美国，同时它也是美国最畅销的利口酒，其次是英国和德国本土市场（2012 年销售 600 万瓶）。

虽然产品耀眼的绿色瓶子和标志在所有市场上保持不变，但品牌形象是不同的。在欧洲大部分地区，野格利口酒仍然是作为餐后酒为人熟悉。例如，在荷兰的传统酒吧，它被放在一个独特的瓶子里，以适合吧台后面圆形冷冻的支架；在美国，野格酒是加冰的调制品；在英国，消费者通常把它跟红牛混合饮用。

野格的国际市场是通过赞助活动来推动的。通常，野格只做很少部分的国际化大众广告。相反，品牌依赖于商业促销（比如在酒吧）、体验营销和赞助活动。

1970～2000年，野格品牌与赛车运动建立了联系，它们赞助了各种欧洲车队，主要是宝马和保时捷车队。1970年，野格与德国足球队开始了合作，特别是德甲的法兰克福布伦瑞克队。

在英国，野格品牌主要是与摇滚音乐领域合作，赞助摇滚音乐会以及参加整个夏季的摇滚音乐节，利用这些营销活动来推动市场。其核心宣传理念是与朋友社交、享受美好时光。野格希望接触到更多年龄在20～30岁的目标客户群，但是也希望吸引新的年龄偏大的顾客，让他们体验"完美的冰爽刺激"，这被认为是野格品牌最大的增长机会。

野格利口酒在国外发展自己的品牌时，充分考虑到了每个市场的文化以及国家的具体境况，主要与当地分销伙伴合作，以适应当地市场的需求。野格将自己的品牌与欧洲、美国和澳大利亚的乐队联系起来。例如，在美国，野格通过赞助"野格音乐之旅"开始与Metallica、Mötley Crüe、Pantera、Megadeth和Slayer等重金属乐队联系在一起。

野格利口酒还赞助了超过160个摇滚乐队。野格为乐队提供各种免费的赠品，如海报、T恤衫和帽子，每样赠品都带有野格的标志和乐队的名字。野格还支持乐队在布景中宣传饮品，在舞台上畅饮，悬挂一些旗帜或穿着T恤。

资料来源：Based on www.jagermusic.com, www.jagermeister.com; http//newsroom.jagermeister.de.

2. 管理层敦促

管理层敦促（managerial urge）是反映管理部门对国际化营销活动的渴望、动力和热情。这种热情存在的理由很简单，就是管理者希望企业的一部分实现国际化运营。此外，就是可以为管理者国际旅行提供一个好的理由。在通常情况下，国际化的管理层敦促仅仅是综合创业动机的一个体现——一种对持续增长和市场扩张的渴望。

管理层的态度对企业的出口活动起着关键性作用。在中小型企业，出口决策可能是某个单个决策者的职责范围；在大型企业，这可能由一个制定决策的部门来做出。无论出口决策过程中涉及多少人，进入国外市场的战略仍然取决于决策制定者对国外市场的认知和预期，以及企业进入市场的能力。

国际化进程也可能得到管理者的文化社会化背景的支持。那些出生在国外或者有在国外生活旅行经历的管理者，通常比其他管理者更具有国际化意识。曾经在出口公司任职，或者在贸易和专业协会拥有的会员资格的经历，也可能加强这些关键决策者对外国环境的看法和评价。

3. 技术优势 / 产品独特性

一个企业应当生产对国际竞争对手来说还没有广泛普及，或者在专业领域技术上领先的产品或服务。另外，企业应当区分真实的优势和感知上的优势。许多企业认为它们的产品或服务是独一无二的，然而，实际上它在国际市场上的状况并非如此。如果产品或技术确实是独特的，那么它们当然可以保持长久的竞争优势，并在国外市场取得巨大的成功。但要考虑的一个问题是，这种技术或产品优势将持续多久。以往，一个具有竞争优势的公司可以期望在进入海外市场的几年时间里成为唯一的供应商。然而在近几年，由于技术竞争的加剧和经常性的国际专利保护不足，这种优势已经大大缩减了。

然而，生产优质产品的企业由于其产品的竞争力更容易收到来自国外市场的询价。产品的很多方面都会影响潜在买家购买的可能性。此外，如果一个企业在国内具有独特的竞争力，那么它将这独特的资产拓展到海外市场的可能性是很高的，因为在其他市场利用这些资产的机会成本很低。

4. 国外市场机会 / 市场信息

很明显，只有当企业具有或者有能力获取资源对市场机遇做出回应时，市场机遇才会成为刺激因素。由于市场进入成本高、风险大，决策者在计划进入国外市场的时候，可能只考虑很有限的几个国外市场机会。此外，这样的决策制定者通常会首先开发那些被认为与本国市场有着相似市场机会的海外市场（Benito，2015）。

有时某些海外市场会实现惊人速度的增长，为扩张型企业提供了诱人的机会。东南亚市场的吸引力基于它们经济上的成功，而东欧市场的吸引力则因它们新建立的政治自由，以及与西欧、北美、日本发展贸易和经济关系的愿望。当其他国家内部有重大改革时，它们的市场吸引力也会增加，包括中国和南非。

专业的营销知识或可获取的相关信息，可以将出口企业与其竞争对手区别开。这包括国外客户信息、市场分布或市场情况等未被其他公司广泛分享的知识。这种专业知识可能基于企业国际调研的特殊见解，或是从企业拥有的特殊资源中获得，或是仅仅得自于正确的时间和正确的地点的某个经历（比如在一次度假旅行中看到了一个好的商业形势）。过去的营销成功可以是未来营销行为的强大动力。在一个或多个重大营销活动中获取的能力往往是企业开始或扩大出口的催化剂。

5. 规模经济——学习曲线

在这种情况下，企业利用资源和能力为其在国内的竞争优势奠定基础，然后将其转移到海外市场并获益于规模经济（Cuervo-Cazurra et al.，2015）。

成为国际营销活动的参与者能够帮助企业增加产量，从而使其在学习曲线上走得更快。自从波士顿咨询集团发现产量加倍能够减少 30% 的生产成本之后，这种效应被越来越多的企业竭力追求。因此，因国际市场而扩大的生产也有助于降低国内销售的生产成本，使得企业在国内更具竞争力。这种效应往往导致企业将追求市场份额作为主要的目标（参见营销洞见 1-2 和 2-1）。在国际化的初始阶段，这可能意味着增加对出口市场的搜索。然后，它可能导致开设国外子公司和配置国外生产设施。

通过出口，可以使管理、设施、设备、员工和研发带来的固定成本由更多的组织单元分担。对一些企业而言，国外市场上最大限度地实现规模效应的条件，就是尽可能在国际范围内将营销组合标准化。然而，对其他企业来说，标准化经营对于规模经济并非必要。

营销洞见 2-2

日本企业的国际营销和规模经济

日本企业通过使用渗透定价策略来利用国外市场机遇。渗透定价策略是指低价进入以获得市场份额，并建立长期主导市场的地位。它们可以接受最初几年的损失，因为这被看作长期市场开发的投资。它们能够做到这一点，是因为很多日本企业（尤其是企业集团这种组织形式）有银行或其他金融机构的支持或者为其所有，使得融资成本大大降低。

此外，由于终生雇用制的存在，劳动成本可以被认为是一项固定成本，而不是像西方那样认为是可变成本。所有的边际劳动成本都维持在进入时的薪资水平，因此扩大规模是快速增加生产率的唯一途径。结果导致在日本企业中，追求市场份额而不是利润率成了首要理念。经营规模和经验能够带来规模经济，同时帮助企业降低分销成本。国际贸易公司通常负责国际销售和营销，这使得日本企业能集中精力发展规模经济，以降低单位成本。

资料来源：Genestre et al.（1995）.

6. 税收优惠

税收优惠也能起到主要的刺激作用。美国设立了外国销售公司税制（FSC）来支持出口企业。它遵照国际协定，为企业提供一定的税收延迟服务。赋税优惠使得企业能够在国外市场以较低的价格供应产品或者获得更高的利润，因此这与利润激励紧密相连。

事实上，世界贸易组织（WTO）实施的反倾销法案将惩罚那些以很低价格在当地市场销售产品的外国制造商，以保护当地生产者。每个签署了 WTO 协议的国家和地区（大部分国家都已签署）都必须遵循这项法律。

2.2.2 被动性动机

1. 竞争压力

被动动机的主要形式是对竞争压力的一种反应。一个企业可能会害怕竞争对手通过国际市场营销活动实现规模效应，从而导致自身失掉国内的市场份额。另外，它也可能担心国外市场被那些决定把精力集中于该市场的本土竞争者抢占，因为它们知道市场占有率最容易被率先抢占市场的企业保持。一旦公司意识到准备不够充分时，那么快速地进入也可能会导致快速地退出。除此之外，了解到其他企业尤其是竞争对手在进行国际化，这会成为企业国际化的强烈动机。竞争者是刺激国际化的一个重要外部因素。可口可乐比百事可乐进行国际化要早得多，毫无疑问，可口可乐进驻海外市场促使百事可乐朝着同一方向发展。

2. 国内市场：规模小且已饱和

一家公司可能因为本土市场潜力小而被迫走向出口。对一些企业而言，国内市场不能够保持有效的规模经济和范围经济，这些公司自动把出口市场作为其市场进入策略的一部分。这种类型适用于那些在全球范围内有少量、易识别客户的工业产品，或者是在许多国家对小的区域细分消费产品的生产商。

一个饱和的国内市场，无论从销量还是市场份额来看，都具有类似的激励作用。企业在国内销售的产品可能处于产品生命周期的衰退期。企业不是强行延缓产品的生命周期，而是选择通过扩大市场来延长产品的生命周期。过去，这种做法经常会获得成功，因为很多发展中国家的顾客要逐渐达到工业化国家顾客的需求水平和成熟度。发展中国家仍然经常需要那些在工业化国家需求已经萎缩的产品。通过这种方式，企业可以利用国际市场来延长产品的生命周期（第 11 章会有进一步的讨论）。

许多美国的家用电器和汽车制造商进入国际市场，就是因为它们认为国内市场已经近乎饱和了。对于美国的石棉产品制造商，国内市场已经从法律上禁止石棉产品进入甚至已经关闭了，但是由于一些海外市场却有比较宽松的消费者保护法，所以它们就能继续为海外市场生产。

另一个关于市场饱和的观点，也与理解为什么企业可以在海外扩张有关。国内市场饱和意味着企业内存在闲置的生产资源（例如生产和管理的淡季）。生产的淡季是企业获取新市场机遇的刺激因素，管理的淡季可以提供收集、解释和使用市场信息所需的知识资源。

3. 过量生产 / 产能过剩

如果一个企业的产品在国内市场的销售低于预期，库存就会在预期之上。这种情况可能会成为通过下调库存产品的短期价格启动出口销售的原因。一旦国内市场的需求恢复到原来的水平，国际营销活动就会削减甚至终止。由于很多国外客户对于临时的或者不定时发生的商业关系不感兴趣，使用这种战略的企业在再次尝试的时候可能会遇到问题。这种来自国外市场的反应久而久之很可能会导致这种动机的重要性减退。

然而在某些情况下，产能过剩可以成为一个有力的动机。如果生产设备没有完全利用起来，那么企业可以通过扩张国际市场来更广泛的分摊固定成本；或者，如果所有的固定成本都分摊给国内生产，那么企业可以用关注可变成本的价格方案来实现对国际市场的渗透。这种方法虽然在短期内有用，它使得国外产品的成本比国内低，相应地也可能刺激平行进口，但是从长期来看，必须恢复固定成本的分摊以保证生产设备的更换。因此，仅仅建立在可变成本基础上的市场渗透策略，长期来看是不可行的。

有时，由于国内市场的变化，会导致产能过剩。随着国内市场转向新产品和替代产品，旧的产品型号就会生产过剩，使得企业不得不寻求海外市场的机遇。

4. 主动提供的国外订单

许多小型企业意识到出口市场的机会，是因为它们的产品收到了来自海外市场的咨询。收到这些询价可能是因为公司在世界范围内发行的贸易期刊上做了广告、参加展会以及其他方式。导致出口企业最初订单中的很大一部分是不请自来的。

5. 扩大季节性产品的销售

需求状况的季节性在国内市场与在其他国际市场可能有所不同，这是成为开发国外市场的持久稳定的刺激因素，能够为全年带来更加稳定的需求。

例如，欧洲的一个农业机械制造商在国内市场的需求主要集中在春季。为了达到全年更加稳定的需求，它把市场定位转向了南半球（如澳大利亚和南非）。北半球是冬季的时候，那里是夏季，反之亦然。

6. 接近国际客户 / 心理距离

与国际市场的地理和心理距离在企业的出口活动中经常起着主要作用。例如，在奥地利边境线附近的德国公司可能都没有把它们在奥地利的营销活动看作国际营销。确切地说，它们只是将其国内活动的一种延伸，并没有特别注意到一些产品销售到了国外。

和美国企业不同，大多数欧洲企业会自动地成为国际营销企业，一个简单的原因是企业们相邻如此之近。举例来说，一个在比利时企业只需要走 100 公里，就能身处多个国外市场。与国外市场在地理上的接近不一定能转化为与外国客户真实的或是认知上的亲近。有时文化差异、法律因素和一些社会规范，使得国外市场在地理上很接近，但在心理上却很遥远。例如，调研表明，美国企业认为，在心理上加拿大比墨西哥亲近得多。即使是英国，由于语言相通，尽管地理位置遥远，也被很多美国企业认为比墨西哥或其他拉美国家近得多。最近很多希腊公司（尤其是银行）大量向巴尔干扩张，也是与国际客户拉近距离的例子。

在对英国小型企业走向海外的动机调查中，韦斯赫德等人（Westhead et al.，2002）发现，企业开始出口产品 / 服务的主要原因如下：

- 有国外客户下订单与之联系；
- 一次性订单（非连续性出口）；
- 能够获得国外市场信息；
- 作为企业增长目标的一部分；
- 主要创始人 / 业主 / 管理者主动确立以出口市场作为目标。

韦斯赫德等人（Westhead et al.，2002）的调研结果显示，企业越大，就越有可能使用主动刺激因素 / 动机。

苏亚雷斯 – 奥尔特加和阿拉莫 – 维拉（Suárez-Ortega and Àlamo-Vera，2005）认为，推动国际化的主要动机在企业内部，尤其取决于企业管理的优势和劣势。他们的结论是，影响企业国际化活动的主要因素不是外部环境，而是应该对公司内部的资源和能力进行合适的组合，以取得国际市场上的成功。因而，可以通过旨在提高管理者技术和能力的项目来加强国际化的速度和强度。同样，旨在让更多非出口企业对出口感兴趣的出口促进项目应该加强，以增加管理者对出口优势的认识。

营销洞见 2-3

海尔的国际化——主动动机和被动动机

中国家电（如冰箱）制造商海尔集团，在 1984 年张瑞敏被任命为厂长时濒临破产。张瑞敏是该厂一年内更换的第四任厂长。他带领公司成长为世界第六大家电制造商。

主动动机

张瑞敏在海尔发展的初始阶段就有着国际化的想法。1984 年，他加入企业之后不久，就从一家德国公司利勃海尔引进了技术和设备，打造在中国的知名冰箱品牌。同时，他积极地扩大与利勃海尔的合作，按照利勃海尔的标准来生产冰箱并卖回公司，从而进入德国市场。1986 年，海尔的出口额首次达到了 300 万美元。张瑞敏后来这样评论这一战略：“通过出口来换取外汇在那个时候是必要的。”

当海尔在美国投资建厂时，张瑞敏认为通过在海外设立工厂来避免关税并减少运输费用，可以让公司获得区域优势。通过控制服务和营销 / 分销获得了国际化优势，通过利用当地高质量的人力资源提升设计和研发能力，公司实现了所有权的优势。

2016 年 1 月，海尔集团宣布以 54 亿美元收购通用电气公司的家电业务，这是中国公司试图增加在美国市场的丰厚利润的最新尝试。

被动动机

全球家电制造商不断进入中国市场，迫使海尔寻求国际化扩张。特别是中国加入 WTO 之后，几乎所有的国际竞争者都在中国投资建立了独资企业。对海尔来说，最好的防御策略就是进军竞争者的本土市场。

中国家电市场的饱和、日益加剧的竞争成为海尔进军国际市场最主要的动机。20 世纪 90 年代以后，各类市场都接连不断地发生价格大战。2000 年年底，海尔冰箱、冷柜、空调和洗衣机在中国的市场份额分别达到 33%、42%、31% 和 31%。因此，海尔在国内市场进一步发展的潜力是有限的。

海尔国际化一个重要的外部因素是中国政府。作为国际化的参与者，海尔得到了其他中国公司不可能获得的特殊政策。例如，海尔被获准成立一家金融公司，成为区域性商业银行的大股东，并和美国的一家保险公司组建合资企业。如果不是积极寻求国际化并在家电行业中占有主导地位，通常情况下，一个生产商是不可能获准进入金融领域的。

资料来源：based on Liu and Li (2002) and other public sources.

2.3 启动出口的触发因素（促变因素）

国际化的发生，必须由公司内部或者外部的某个人、某件事（所谓促变因素）来引发这个过程并且贯彻执行下去（见表 2-2），这些被称为**国际化触发因素**（internationalization triggers）。相关调研结果表明，很少有一个单独的因素会触发公司的国际化进程。大多数情况下，都是一系列因素的结合引发了国际化进程（Rundh，2007）。

表 2-2 出口启动的触发因素

内部触发因素	外部触发因素
• 敏锐的管理层	• 市场需求
• 特定的内部事件	• 网络伙伴
• 内向型 / 外向型国际化	• 竞争企业
	• 行业协会和其他外部专家
	• 融资

2.3.1 内部触发因素

1. 敏锐的管理层

敏锐的管理者能较早地意识到海外市场的发展机会。他们了解这些市场，对公司应当何时何地进行海外扩张保持着开放的心态，并且勇于担当。敏锐的管理层中包含了很多世界主义管理者。

其中一个触发因素是经常国外旅行，在旅行中发现了新的商业机会，或者是接收到的信息让管理者认为存在投资机会。那些曾经居住在国外、学习过外语或者对外国文化特别感兴趣的管理者，会更早地研究国际营销机遇对公司来说是否合适。

通常，一个在之前的工作中已经有过国际营销经验的管理者进入公司，会试着利用这些经验进一步拓展新公司的业务活动。在新工作中制定目标时，管理者通常会考虑一整套新的选择方案，可能其中一项就是国际营销活动。

2. 特定的内部事件

一个重大事件可能成为另一个主要的促变因素。一个坚信公司应该进行国际营销的新员工可能会想办法去推动管理层。生产过剩或国内市场规模的萎缩，或是收到关于当前产品使用的新信息可以作为这样的事件。举例来说，一个公司的调研活动可能会开发一种适合海外销售的副产品，比如一个食品加工公司发现了一种低成本的蛋白质，刚好可以帮助非洲部分地区解决食品短缺问题。

调研表明，中小型企业最初的出口决定通常是由首席执行官基于市场部门提供的大量信息做出的。这些决定的执行——真正的国际营销活动的启动和实施，主要是营销人员的职责。只有在最后决定阶段，也就是评估国际营销活动时责任才落到公司的首席执行官。为了从内部影响一个公司，需要先将工作的重点放在说服总裁进入国际市场，然后说服营销部门，让他们认为国际营销是一项重要的活动。相反，如果一个人想要积极参与国际商业活动，营销部门对他来说是个好地方。

在一个对芬兰中小型企业国际化行为的最新调研中，福斯曼等人（Forsman et al., 2002）发现，启动国际化运营的三个最重要的触发因素如下：

（1）管理层对国际化的兴趣。

（2）国外企业关于公司的产品 / 服务的咨询。

（3）国内市场需求不足。

这个调研中有趣的发现是，公司并不认为与商会或其他支持组织的联系对于开展国际营销活动很重要。事实上，通常在最初的触发因素导致国际化的考虑之后，商会被用来进一步获取有关国外信息。

3. 内向型 / 外向型国际化

国际化在传统上被认为是一种外向流动，大多数国际化模型都没有明确解释早期的内向活动以及由此获得的知识，如何影响以后的外向活动。国际化比较自然的路径是，首先开始内向活动（进口），然后再开始外向活动（出口）。从进口活动中获得的关系和知识可以被公司用来从事出口活动（Welch et al., 2001）。

韦尔奇和鲁斯塔瑞恩（Welch and Loustarinen, 1993）认为，**内向型国际化**（inward internationalization）（进口）可能先于并影响**外向型国际化**（outward internationalization）（国际市场进入和营销活动）（见图 2-2）内向型国际化和外向型国际化之间存在着直接的联系，内向活动决定着外向活动的成败，特别是在国际化的初始阶段。内向国际化可能由以下情况之一引起：

- 买方：主动在国际上寻找不同的国外资源（买方主动反向营销）。
- 卖方：由国外供应商发起（传统卖方视角）。

从内向国际化到外向国际化的过程中，无论是对国内顾客（在国家 A）还是国外顾客，买方的角色（国家 A）变成了卖方。通过与国外供应商的互动，买方（进口商）得以接触供应商网络，所以在今后有可能向这个网络的成员进行外向出口。

向内的国际化运营通常涵盖各种不同的形式，用来加强公司的资源。当然，内向流动主要指进口生产加工所需的产品，如原材料和机器。但是，内向运营也可以通过不同的运营形式来获得资金和技术，如特许经营、直接投资和联盟（Forsman et al., 2002）。在某些情况下，内向的外商许可证交易会伴随着之后的外向技术销售。根据弗莱彻（Fletcher, 2001）和弗里曼（Freeman, 2002）的调研，内向和外向活动以及两者之间的联系可以通过多种方式开展。这种联系在反向贸易中尤其明显（核心企业在发生进口的同一市场开展出口），但联系也可能存在于跨国企业的子单位和战略联盟的关系网络之中。

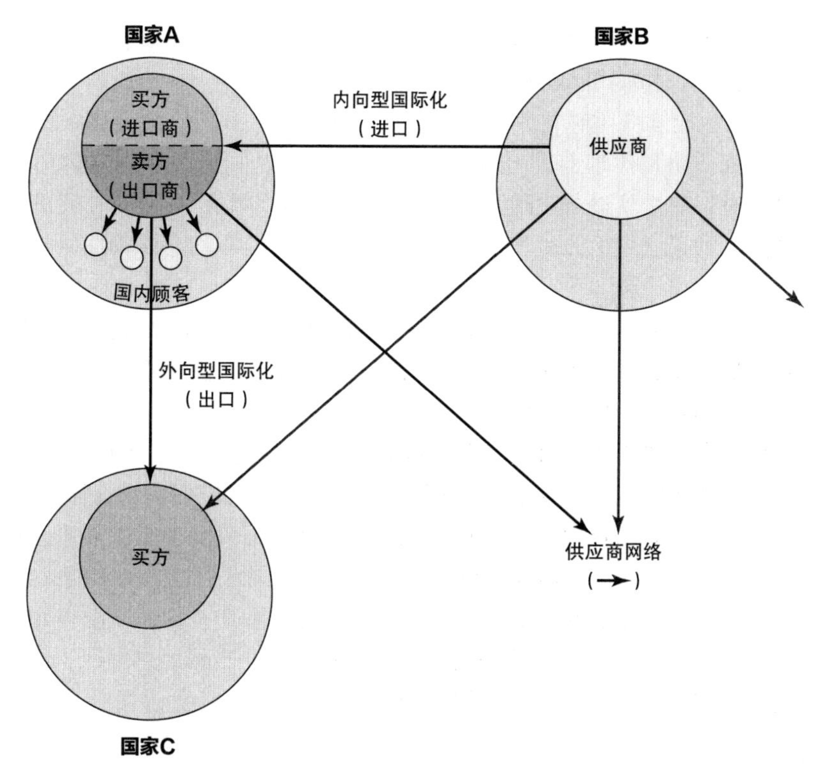

图 2-2　内向型 / 外向型国际化：一个网络示例

2.3.2　外部触发因素

1. 市场需求

国际市场的增长也带来了一些公司产品需求的增长，推动了这些产品的制造商走向国际化。很多制药公司就是在其产品的国际需求开始增长之初就进入国际市场。总部设于美国的施贵宝公司在其规模不足以盈利之前就进入了土耳其市场，但是之后这个市场快速增长，激励了施贵宝进一步国际化。

2. 网络伙伴

与网络伙伴的接触可以鼓励公司将此作为触发国际化进程的重要知识来源。例如，公司的合作伙伴可以通过它们在国外的分销和销售网络提供国际化销售的机会（Vissak et al.，2008）。

3. 竞争企业

获知竞争对手对某些国际市场的考虑以及执行方案，这是很有价值的信息，也值得引起管理层的注意。这类方案不仅信息来源有可信度，而且还会带来某种程度的担心，因为竞争对手可能最终会蚕食公司的业务。

4. 行业协会和其他外部专家

行业协会的会议上，那些来自不同公司的管理者进行的正式和非正式会面、集会或商业圆桌会议，经常会成为一个重要的促变因素。有人甚至认为，小型企业所做的出口决定是基于它们所属公司团体的共同经验。

其他外部专家也会支持国际化，其中包括出口代理商、政府、商会和银行。

- 出口代理商。出口代理商、出口贸易公司和出口管理公司通常是国际营销的专家。它们已经对一些产品进行过国际化操作，拥有海外联系，并且有权代理其他可以出口的产品。如果贸易中介机构认为公司的产品在有潜在的海外市场，它们会直接接近这些潜在的出口商。
- 政府。在几乎所有国家，政府都试图通过提供国际营销的专业知识（出口援助项目）来刺激国际贸易。例如，政府的刺激措施，不仅在公司直接融资方面，而且在提供信息方面也有积极的影响。
- 商会。商会和类似的产品出口组织对刺激国际贸易很感兴趣，不论是出口还是进口。这些组织试图激发私人企业参与到国际营销中去，并为它们提供这样做的激励措施。这些激励措施包括帮助潜在的出口商或进口商建立海外业务上的联系，提供海外市场信息，并将潜在的出口商或进口商推荐给能够为国际营销活动融资的金融机构。
- 银行。银行和其他金融机构经常在公司的国际化进程中发挥着重要作用。它们提醒国内客户关注国际机会，并帮助它们抓住这些机会。当然，它们期望国内客户进行国际化扩张时，能尽可能多地使用它们的服务。

5. 融资

金融资源需为国际化活动提供资助，比如去国际贸易展览会参展；也会带来国际化所需的企业内部的变化，比如公司能力的发展（特别是公司的生产、管理和营销能力）。公司获得可利用的金融资源可能受到多种因素的影响，包括公司向金融机构借款的意愿。

政府补助（以研发为目的，使产品和服务在世界范围内销售）在企业国际化的早期阶段可以是一个有效的金融（和知识）来源。然而，政府补助并不足以建立一个国际化的业务。除非公司愿意在国内市场占据主导地位，否则它还需要通过行业补助金、债务和 / 或股权融资筹集必要的资金。这就意味着承担更大的风险（Craves and Thomas，2008）。

2.3.3 信息收集和转化

在所有资源中，信息和知识可能是中小型企业开启国际化进程的最关键因素（见图 2-1）。

由于每个国际机会对中小型企业来说都是一次潜在的创新，因此管理层必须获得适当的信息。这对于通常缺乏像大型企业那样的国际化资源的中小型企业来说特别重要。因此，管理层展开信息搜索，并从与计划实施的国际化项目相关的一些来源获取信息，如内部书面报告、政府机构、贸易协会、个人联系或互联网。在信息转化阶段，国际化信息被管理者转化为公司内部的知识。通过收集信息并将信息转化为知识，管理部门才能更好地了解国际化。在这个阶段，企业已经进入了一个持续的收集和转化为国际化知识的循环过程。这个循环一直持续，直到管理层认为它已能有效减少与国际化项目相关的不确定性，以确保相对较高的成功率。一旦公司获得了足够的信息并将它们转化为可用的知识，该公司就结束这个循环，做好了国际化的准备。此时，公司开始国际化行动，即进行国际化试验。“行动”是指管理者在所获得知识的基础上采取的行为和活动。在这个阶段，公司可以说有了嵌入式的国际化文化，即使是最具挑战性的国外市场也可以攻克，这带来了进一步促进国际化进程，以及增加管理者头脑中国际化知识的“存储”。这种描述代表了公司或多或少是的孤立。事实上，网络理论认识到了公司作为企业和组织集群成员的重要性。通过在这样一个集群中的相互作用，企业获得的优势比它孤立时要大得多。

在最基本的层面上，知识是由个人创造的。个人通过具体的方法获得显性知识，并通过“亲身实践”经验（体验式学习），来获取隐性知识。

由于公司内部组织和个人层次这些因素，每个公司的前国际化过程（见图 2-1）都是独特的（Knight and Liesch，2002）。例如，对于中小型企业来说，管理者的人际关系网络可能会加速国际化进程。这些人际关系网络被用于帮助企业与供应商、分销商和其他国际合作伙伴建立跨境联盟（Freeman et al.，2006）。

在图 2-1 所描述的整个过程中，由于存在国际化的障碍，公司可以随时退出前国际化进程。管理者可能会决定“不做任何事”，这意味着从前国际化阶段退出。

2.4 国际化的障碍 / 风险

很多阻碍出口成功运行的障碍是可以被识别的。一些问题主要影响出口启动，另一些则会在出口过程中遇到。国际化渐进式的特征（根据乌普萨拉模型——见 3.2 节），很大程度上归因于市场信息的缺乏。这种市场信息的缺乏将强烈影响管理者从本国到东道国的心理感知距离（见第 3 章）。增加国外市场知识会缩短心理距离。然而，与心理距离相关的信息传递的失真意味着信任发展的必要性。这意味着，在成功克服与国际合作伙伴建立联系的挑战中，信任起着至关重要的作用（Khojastehpour and Johns，2015）。

2.4.1 国际化启动的障碍

阻碍国际化启动的关键因素包括以下（主要是内部）障碍：

- 资金不足；
- 市场知识不够；
- 缺少与国外市场的联系；
- 缺少出口热情；
- 缺少向国外市场扩张的融资能力；
- 缺少满足外国市场的生产能力；
- 缺少国外分销渠道；
- 管理层强调发展国内市场；
- 由出口生产、分销和融资的高支出造成的成本上升。

缺少海外潜在客户、竞争以及海外商业实践的相关信息，是积极的潜在出口商所面临的主要障碍。获得足够的海外分销和服务的充分展示，保证金、进口关税和配额，以及与国外分销商和客户沟通的困难，也是企业主要关注的问题。此外，海外市场对非标准出口产品的需求引发的生产分散，也会引起严重的问题。这会增加生产和分销的成本。

在英国和爱尔兰的微型工艺企业（少于 10 名员工）的调研中，菲利斯（Fillis，2002）发现，在国内市场具有足够的业务是企业决定不出口的主要因素。其他高于平均水平的重要原因是缺少出口调查，这与经营采取的被动的反应方式、复杂的出口程序复杂、出口援助程度低；政府激励力度有限有关。威斯赫德等人（Westhead et al.，2002）的研究得出了相似的结果，他们发现，小公司“对本土市场的关注”是它们不出口任何产品的主要原因。

2.4.2 阻碍进一步国际化进程的因素

从公司的角度来看，国际化过程中（有时导致成本高于收益）的关键障碍一般可分为三类：广义市场风险、商业风险和政治风险。

1. 广义市场风险

广义市场风险包括如下内容：

- 相对的市场距离：每个额外的外国市场都造成了额外的组织成本，文化和语言的差异将增加管理者必须收集的信息量，以便有效地管理和协调整个国外市场；
- 适应国外市场：公司在国外生产的产品和服务通常与国内相同，但是即使这样，在国外生产和销售还是比在国内需要更高的成本。它需要修改生产流程和营销组合；
- 在国外市场上与其他公司之间的竞争；
- 适应新的当地条件的产品和服务；
- 在国外市场难以找到合适的分销商；
- 国外市场产品规格的差异；
- 向海外买家提供服务的复杂性。

2. 商业风险

以下归于商业风险范围：

- 订立合约时使用的外币存在汇率波动；
- 出口客户因合同纠纷、破产、拒收产品或欺诈引起的未付款；
- 在出口装运和分销过程中出现的延误和／或损坏；
- 难以获得出口资金融通。

3. 政治风险

由于本国和东道国政府干涉所引起的政治风险如下：

- 外国政府的限制（试想俄罗斯和乌克兰在2014年的冲突，导致了由俄罗斯政府强制推行的进口限制）；
- 国家出口政策（试想俄罗斯和乌克兰在2014年的冲突，导致欧盟抵制某些产品出口到俄罗斯）；
- 东道国政府实行外汇管制，限制了国外客户的支付；
- 缺少政府支持来克服出口障碍；
- 缺少对出口企业的税收优惠；
- 本国货币相对于出口市场货币价值较高；
- 进口产品征收高额关税；
- 不清楚国外的进口法规和程序；
- 贸易文件复杂；
- 国家法律法规对规范出口的强制要求；

- 内乱、革命和战争扰乱国外市场。

我们不必过分强调这些风险的重要性，出口商可以选择各种风险管理策略。包括如下内容：

- 避免向高风险市场出口；
- 多元化海外市场，确保企业不过度依赖某一国家；
- 在可能的情况下尽可能投保，切关注政府规划；
- 结构化出口业务，使买方承担大部分风险。例如，用硬通货计价并要求预付现金。

弗里斯（Fillis，2002）的研究指出，超过 1/3 的出口工艺公司表示，它们一进入出口市场就遇到了各种问题。最常见的问题与选择一个可靠的分销商有关，其次是推销产品以及制定有竞争力的价格。

2.4.3 去国际化

以上阐述的障碍有时会很严重，以至于企业的国际化进程可能与预期的方向不同。**去国际化**（de-internationalization）过程可以定义为跨国公司将战略布局调整至较低的国际范围的过程（Turner，2012）。内部和外部因素都决定着去国际化策略的采用，其特点是在转型的各个阶段，重新定位公司的战略，是以战术上的撤退宣告失败，还是将战略上的撤退视为其他市场的增长机会。

例如，家乐福（世界第二大零售商）决定根据选定的标准，如市场规模、地理接近性和操作的通用性，进入许多新兴市场。进入如此多的新兴市场，意味着家乐福在宗教、文化和品位上也面临着不同的零售市场规则。为了恢复盈利能力，大约在 2005 年，家乐福决定剥离其非战略的和无利可图的资产，主要是撤离了欧洲（Buigues et al.，2015）。

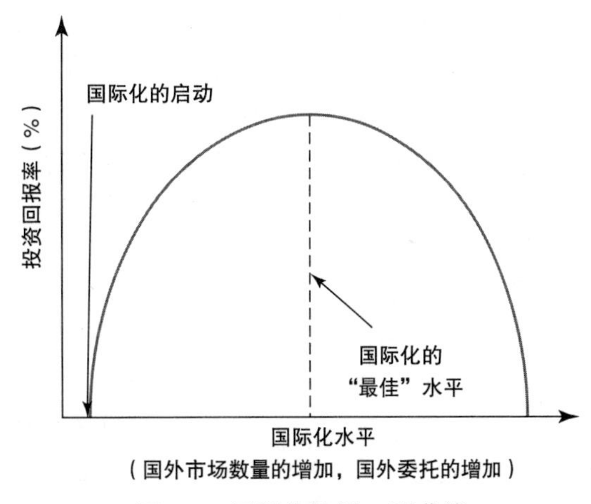

图 2-3 国际化的倒 U 形曲线

调研人员曾经质疑，如果这种策略并不总是有利可图，企业应该在何种程度上继续在国际上扩张。实证研究（Turner，2012；Buigues et al.，2015）证明了系列国际化的一个最佳点，得到了“倒 U 形曲线”（见图 2-3），也就是就一个公司而言，可以服务的最多的国家数量。扩张中的公司由于国际化所产生的费用可以解释为什么进一步国际化对盈利能力产生负面影响，以及为什么过度国际化的公司会降低它们国际化的程度。

图 2-3 表明，在企业国际化进程的某一阶段（“最佳”水平），进一步国际化扩张的成本超过边际资本收益，将产生较低的盈利，投资回报率（ROI）也是一样。图 2-3 的形状被布伊格斯等人（Buigues et al.，2015）的一项调研证实，调研表明，当国际化水平低于“最佳”水平时，公司一般继续进行国际化扩张。相反，当国际化水平超出了“最佳”水平（由盈利指标衡量，如投资回报率），大多数公司实际上降低了它们的国际化水平。从管理的角度来看，这意味着管理者应该始终密切关注国际化的成本和效益之间的平衡。参见营销洞见 2-4 以更深入地了解英国电信的去国际化进程。

营销洞见 2-4

英国电信的去国际化

20世纪90年代中期英国电信（BT）开始了它的国际化进程。在接下来的几年里，BT建立了国际化战略，以期将自己定位成为多个国家跨国公司提供电信服务的主要供应商。然而近年来，其国际业务的增长却有所放缓。1994，只有不到1%的营业额来自国际业务。2002年，增加到11%；2007年，增加到200亿英镑，占营业额的15%。因此，总的来说，虽然BT的国际业务实现了营业额的急剧增加，但它在国际化进程中也经历了一些挫折，尤其是在初期，如图2-4所示。

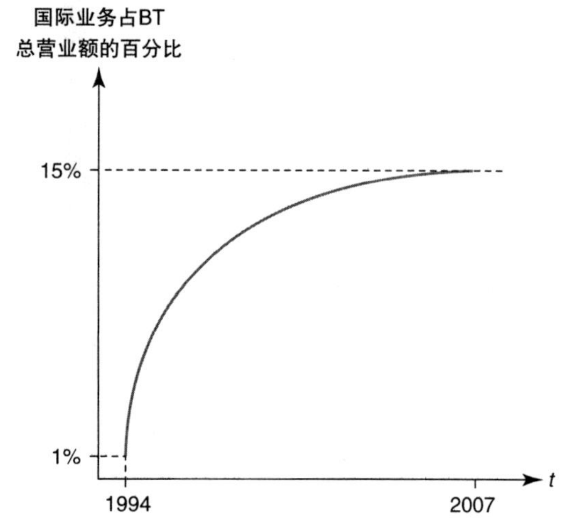

图2-4 BT的国际化图解，1994～2007年

在国际化进程之初，BT围绕三个指导性原则构建了它的国际化战略：

（1）不在运输流不确定的地方建立自己的基础设施，以免过度投入。

（2）通过分销伙伴和股份制合资企业的渠道，快速、可靠地进入目标市场。这种策略的风险相对较低，并且能够与熟知当地市场状况的伙伴合作而快速进入市场。

（3）确保该战略赋予BT足够的战略灵活性，能够迅速调整以适应快速变化的市场情况。

在1999年的高峰期，BT有25家股份制合资企业和44个分销伙伴。在股份制合资企业中，BT最初只持有少数股份，但其有意随着时间的推移逐步提升股份实现控股。BT也会经常在其分销伙伴那里持股，作为激励它们销售BT产品的一种方式。

BT的去国际化

2002年，BT推出了一个新的企业战略，被认为比以往的策略更具防御性。与一系列的合资企业和合作伙伴之间主要有两个问题：

（1）对不同的合作伙伴BT，需要不同的技术和能力。这使得在合作伙伴之间进行协调非常复杂。结果，BT发现，自己在有了大量的合作伙伴之后，处在一个陡峭的学习曲线上。

（2）在合资企业中仅拥有少数股权的策略反作用于BT。此外，只有很少的合作伙伴有动力完全支持销售BT的产品，特别是当这些产品与它们自己的产品之间存在竞争的时候。当BT试图增加其在合伙企业中的股份时，它往往发现其他股东有几乎一样的意图。

最终，BT从北美和亚洲市场上撤资。

资料来源：Adapted from Turner and Gardiner (2007); BT Financial Report (2007).

我们可以从BT案例中学到什么

BT的去国际化是由其账务状况驱动的，市场准入的高成本加上价格的下跌（电信行业的超额生产能力迫使）导致了整个20世纪90年代BT利润的减少。因此，当BT从美国和亚洲市场上退出时（参见图2-5中的“多项撤回”），新的防御战略代表了一个去国际化进程。BT新的国际化战略是基于欧洲市场的，那里与其英国的核心业务密切相关。这意味着，BT试图拥有并控制欧洲市场分销机制的所有方面。

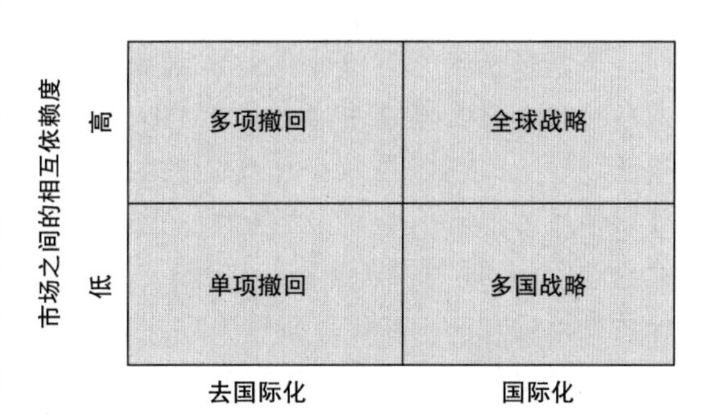

图2-5 全球战略选项

资料来源：Adapted from Hollensen, S. (2008) *Essentials of Global Marketing*, FT/Prentice Hall, p. 48. Copyright © Pearson Education Limited.

BT的案例表明，国际营销战略的未来发展可以朝向两个方向。如果一个公司的市场全球化进展顺利，那么可以进一步利用市场之间的相互关联和协同作用，以加强全球战略（见图2-5的右上角）。然而，这种情况也表明，从某个单独地区撤资而不损害公司的全球价值主张的现象不可能孤立地发生。因此，BT的国际化也意味着（由于市场之间的高度依赖性）它不得不进行多项市场撤回。

如果我们讨论的是中小型企业（BT不是），市场之间往往相互依赖性较少，这样的话如果我们要提高国际化程度，就要考虑多国战略（见图2-5右下角）；如果我们要降低国际化，就要考虑单项撤回（见图2-5左下角）。

2.5 总结

本章提供了一个前国际化进程的概述。开头引出了企业国际化的主要动机，这些动机被分为主动性动机和被动性动机。主动性动机是指公司尝试战略调整的内部刺激，这基于公司对开发独特竞争力或市场的兴趣；被动性动机是指公司在本国市场或在国外市场对压力或威胁做出消极的调整。

国际化的发生，必须由公司内部或外部的某个人或某件事（触发因素）启动并执行。要想在全球市场上取得成功，公司必须克服出口障碍。一些障碍主要影响出口的启动，另一些障碍会在出口过程中遇到。

问题讨论

1. 出口的动机可以分为被动性或主动性，给出各组出口动机的例子。你如何考虑这些动机的优先次序？除了章节中提到的那些，你能想到其他动机吗？都有哪些？
2. 国际营销中的“促变因素”是指什么？给出不同类型促变因素的例子。
3. 讨论出口过程中最关键的障碍。
4. 海尔的国际化中最重要的促变因素是什么？（营销洞见2-3）
5. 日本企业最重要的出口动机是什么？（营销洞见2-2）

案例调研2-1

生命吸管：韦斯特加德公司将污水变成干净的饮用水

创造产品来拯救发展中国家人民的生命，这是瑞典韦斯特加德公司（VF）（www.

vestergaard-frandsen.com）的使命。VF 的核心业务已经从“以盈利为目的”的做法转变为人道主义责任。该公司提供用于紧急救助和疾病控制的产品。

韦斯特加德公司始创于 55 年前丹麦的一家中等的生产酒店和餐馆制服的企业。目前，它的公司总部设在瑞士洛桑，有 150 名员工，致力于 CEO 韦斯特加德提出的“人道主义事业”。于 1957 年在丹麦创建的纺织公司不同，现在韦斯特加德公司正在开发防止由水和蚊虫传播的创新产品以预防疾病在发展中国家扩散。对于由水传播的疾病，VF 开发了“生命吸管”（后面的内容有详细描述）；对于虫媒疾病，VF 是世界领先的生产浸渍杀虫剂蚊帐的生产商之一，这种产品可以防止由蚊子吸血叮咬引起的疟疾。除了蚊子密集地区，该产品还用于世界各地的难民营和灾区。作为一个家族企业，韦斯特加德公司不披露财务数据，但多年来它已经售出超过 2.5 亿套的蚊帐，实现了公司盈利。

生命吸管的概念始于由吉米·卡特和罗丝琳·卡特创立的卡特中心的研究工作。自 1986 以来，在非洲和亚洲地区根除麦地那龙线虫病（GWD）一直是他们的使命。预防这种疾病的最有效办法就是过滤饮用水，这样就不会摄入小水蚤从而引起 GWD。生命吸管在这种疾病的预防上起到了重要的作用，还有其他许多发展中国家因缺少安全饮用水而引起的细菌和病毒感染。

安全饮用水的缺乏

饮用水在某些地方变得越来越稀缺了，水的可利用性成为一个重大的社会和经济问题。目前，全世界约有 10 亿人经常饮用不健康的水。地球上大约 99.7% 的水是以不能饮用的形态存在的，如海洋、地下水、冰盖和冰川。生命吸管过滤器在发展中国家的增加，去除了通过水传播致病的病原体，如霍乱、伤寒、腹泻，使人们能够获得安全饮用水。生命吸管技术已经分布于 64 个国家，对于 7.8 亿没有现成的安全饮用水的人们来说，它是一个重要的工具。

生命吸管过滤器使用方便，无须电力、电池或更换零件。个人版的生命吸管对于徒步旅行者、露营者或者由于自然灾害流离失所的人们，是理想的外出使用工具。家庭版的生命吸管，对于家庭使用，可以为平均人口为五人的家庭提供至少三年的安全饮用水。生命吸管社区版是专为学校、卫生设施和机构所设计的，在产品寿命期，它将提供 7 万～10 万升的安全饮用水。

每年有 500 万人（主要是儿童）死于由水传播的疾病。世界卫生组织（WHO）估计，安全的饮用水每年可以防止 140 万儿童死于腹泻。

像生命吸管这样简单而又廉价的产品可以改变上面的数字，人们可以在消费时就做出正确的选择。

生命吸管的功能如何

生命吸管采用了先进的中空纤维技术。水在高压下通过狭窄的纤维。清洁的水通过中空纤维壁的微小孔隙流出，但细菌、原生动物和其他污染物被困在中空纤维中，并通过反洗冲洗出。这是一种高效的过滤方法。

生命吸管个人版，用户通过生命吸管吸入未经过滤的水，与使用吸管的方法是一样的。对于生命吸管家庭版和社区版，未经处理的水倒入装置的顶部，其中有一个预过滤器，去除粗颗粒；然后超滤中空纤维膜滤芯，阻止所有浊度颗粒和较小的病原体，包括所有细菌、病毒和原生动物孢囊。大于20纳米的颗粒和微生物被留在膜上脏的一面，干净/纯净水通过纤维膜，并通过蓝色水龙头流出来。

生命吸管的客户和分布

它的客户主要是外国政府援助机构、国际救济和发展组织、基金会和慈善机构。在高风险地区，人们（最终用户）获得生命吸管最好的方式就是通过慈善组织，这些组织会有时也购买生命吸管。然后非政府组织（NGO）将该产品分发到最贫穷的农村家庭。

问题：

1. 麦克尼尔（2009）声明："韦斯特加德公司只是不同于与我们一起工作的其他公司。他们认为最终用户是消费者，而不是病人或受害者。"你认为这句话的意思是什么？
2. 韦斯特加德公司在进一步国际化过程中最关键的因素是什么？

案例调研 2-2

埃尔维斯·普雷斯利公司："偶像崇拜"的国际化

在普雷斯利（猫王）死后25年多的时间里，埃尔维斯·普雷斯利公司（EPE）是世界上最赚钱的娱乐特许经营公司之一。虽然普雷斯利（猫王）在1977年不幸离世，但埃尔维斯帝国却蓬勃发展起来，这在很大程度上得益于1980年他祖母去世后，那些管理他遗产的人们的共同努力，包括他的前妻普莉西拉·普雷斯利（Priscilla Beaulieu Presley)、他的女儿丽莎·玛丽（Lisa Marie）和埃尔维斯·普雷斯利公司（这家公司处理所有官方的普雷斯利财产）的CEO杰克·佐登（Jack Soden)。

普莉西拉·普雷斯利做了一个巧妙的决定，于1982年向公众开放了埃尔维斯的宅邸——雅园。根据EPE的网站显示，雅园每年有超过60万游客。这意味着，雅园在美国是游客量排名第二的私人住宅，仅次于华盛顿的白宫。参观人数从冬末的一个工作日几百名，到春季和夏初的每天2 000～3 500名游客，再到7月每天超过4 000人的旅行高峰期，雅园超过一半的游客年龄都在35岁以下。虽然游客来自世界各地，但大多数还是来自美国各地。游览雅园的花费是25美元，这就意味着EPE仅仅门票收入每年就有1 500万美元，此外还有照片、旅客住宿和纪念品的收入。

EPE的其他收入来源包括一个叫作"埃尔维斯·普雷斯利的孟菲斯"的主题餐厅；一个在孤独街尽头叫作"心碎旅馆"的宾馆；埃尔维斯相关产品的许可；埃尔维斯相关的音乐、电影、视频、电视和舞台制作的开发和更多其他内容。

具有讽刺意味的是，EPE从埃尔维斯的歌曲中赚的钱很少。这都是因为1973年埃尔维斯声名狼藉的前经纪人科洛内尔·汤姆·帕克（Colonel Tom Parker）与RCA进行的一次交易，埃尔维斯以极少的约540万美元出售了到那时为止他录制的所有歌曲的将来版税权，并且其中一半的钱他不得不给了帕克。

2002年，普雷斯利（猫王）逝世25周年纪念成了一个国际性的盛大活动。1968年，埃尔维斯的歌曲《时空对谈》的混音版成了全球的热门单曲，CD"埃尔维斯：30#1辑"连续三次成为白金唱片。2004年年中，为纪念普雷斯利第一张正式唱片发行50周年，《没关系》(*That's All Right*）重新发行，它在世界各地都挤进了音乐排行榜，稳居英国前三、澳大利亚前40。

2005年10月中旬，*Variety*杂志提名了20世纪最有名的100个娱乐偶像，普雷斯利名列前10，前10名中还包括披头士、玛丽莲·梦露、露西尔·鲍尔、马龙·白兰度、亨弗莱·鲍家、路易斯·阿姆斯特朗、查理·卓别林、詹姆斯·迪恩和米老鼠。

直到2005年，EPE都由埃尔维斯·普莉西拉信托/丽莎·玛丽·普雷斯利所有。2005年2月，传媒娱乐公司CKX股份有限公司获得了EPE 85%的股份，包括他的实体和知识产权。丽莎·玛丽·普雷斯利像她妈妈普莉西拉那样，在公司保留了15%的所有权并继续参与经营。先前的EPE管理团队保持不变，但是普莉西拉·普雷斯利已经退出EPE公司主席和首席执行官的位置。在2013年11月，EPE将85%的股份卖给了正宗品牌集团（Authentic Brand)，它们现在拥有摄影图像、视频和音频资产库的权利，包括电视节目和音乐特辑。正宗品牌集团还获得了雅园的经营管理权，雅园的所有权仍归丽莎·玛丽·普雷斯利。

相比2010年的5 700万美元，据报道EPE 2014年的收入是7 500万美元。运营收入相比2010年的1 000万美元，2014年达到了1 500万美元。

问题：

1. EPE国际化的主要动机是什么？
2. EPE如何做才能确保一个来自海外的稳定的收入来源？
3. 对于EPE进一步国际化，最明显的资产是什么？

资料来源：http://www.elvis.com/corporate/elvis_epe.asp；money .cnn.com/2002/08/15/news/elvis.

第3章

Chapter3

国际化理论

□ **学习目标**

通过本章的学习，你能够：

- 分析和比较解释企业国际化进程的三种理论：
  （1）乌普萨拉国际化模型；
  （2）交易成本理论；
  （3）网络模型。
- 解释中小型企业国际化进程中最重要的决定因素。
- 探讨影响服务国际化的不同因素。
- 解释和讨论网络模型对于作为分包商的中小型企业的相关性。
- 解释“天生国际化”这个词的含义及其与网络营销的联系。

3.1 简介

我们在第2章讨论了启动国际化的障碍，本章将介绍国际营销不同的理论方法，并选择其中的三个模型在3.2、3.3、3.4节进行进一步讨论。

3.1.1 国际化的发展历史

在许多早期的文献中，国际化是被一般的营销理论所启发。后来，国际化是在出口和外商直接投资（FDI）之间做出选择。在过去的10～15年中，重点聚焦到了网络的国际化，企业不仅与客户，而且与环境中的其他参与者有着不同的关系。

1. 传统营销方式

彭罗斯（Penrosian）传统理论（Penrose，1959；Prahalad and Hamel，1990）反映了传统营销注重企业核心竞争力与国外环境中的机会相结合。

这种基于成本的传统营销方式认为，公司必须具备“补偿优势”以弥补“外来者成本”（Kindleberger，1969；Hymer，1976）。这导致技术和营销技能的认可成为成功进入国外市场的关键要素。

2. 国际贸易的“生命周期”概念

弗农（Vernon，1966）的“产品周期假说”引入了国际化的序列模型。在这个模式中，企业首先经历出口阶段，然后转变为寻找市场的外商直接投资，接着是成本导向的外商直接投资。技术和营销因素结合起来解释了选址决策的标准化问题。

弗农的假设是，发达国家（ACs）的生产者比其他地方的生产者更“接近”市场，因此，这些产品最初的生产设备将会在发达国家。随着需求的扩大，通常会发生某种程度上的标准化。通过大量生产，发展“规模经济”变得更加重要。对生产成本的关注取代了对产品适应性的关注。有了标准化产品，欠发达国家（LCDs）作为生产地的竞争优势就会显露出来。其中一个例子就是，个人电脑的生产地从发达国家转移到欠发达国家。

3. 乌普萨拉国际化模型

斯堪的纳维亚的“阶段”进入模型认为，采用序列模式相继进入国外市场，再对每个市场的投入逐步深化。增加投入在乌普萨拉学院派的思想中尤为重要（Johanson and Wiedersheim-Paul, 1975; Johanson and Vahlne, 1977）。这种**乌普萨拉国际化模型**（Uppsala internationalization model）的主要结果是，随着对外国市场的经验增长，企业往往会加强它们对国外市场的投入。

4. 国际化 / 交易成本法

在 20 世纪 70 年代初，人们对国际化的中介模式（如授权许可）并不感兴趣。巴克利和卡森（Buckley and Casson，1976）扩大了企业选择，将授权许可作为联系国外客户的一种手段。但在他们看来，跨国公司通常更倾向于通过直接股权投资来“内部化”交易，而不是授权其生产能力。直到 20 世纪 80 年代中期，合资企业才被确认为公司治理的选项（Contractor and Lorange，1988；Kogut，1988）。

巴克利和卡森致力于比较基于市场（外部化）和基于公司（内部化）的解决方案，突出强调了授权许可在市场进入中的重要战略意义。国际化涉及两个相互依存的决策——区位和控制模式。

内部化视角与交易成本（TC）理论密切相关（Williamson，1975）。内部化理论中的经典问题是：如果决定进入某个国外市场，公司是应当在自己的范围内（子公司）推行国际化，还是与外部合作伙伴（外部化）进行某种形式的合作？内部化和交易成本的观点都关注交易成本的最小化以及导致市场失灵的条件，其目的是分析交易的特点，以决定怎样是最有效的，即交易成本最小化的管理模式。内部化理论可以看作交易成本理论在跨国公司的运用（Rugman，1986；Madhok，1998）。

5. 邓宁的折中方法

在邓宁折中的所有权—区位—内部化（OLI）框架中，邓宁（Dunning，1988）讨论了决定在海外投资时区位的重要性。“折中”这个词说明一个对公司跨国活动的完整解释需要借助几种不同的经济理论。根据邓宁的理论，如果满足以下三个条件，企业从事国际化生产的倾向会增强：

（1）所有权优势。与其他国家相比，拥有国外生产设施的公司具有更大的所有权优势。这些“优势”可能包括无形资产，如专有技术。

（2）区位优势。企业必须在国外市场上以要素禀赋（劳动、能源、材料、零部件、运输和沟通渠道）来维持这些资产的盈利。如果不是这样，国外市场就只能当作出口对象。

（3）内部化优势。企业运用自身优势要比出售它们或它们的使用权给外国公司更有利可图。

6. 网络方法

网络方法的基本假设是，国际公司不能被作为一个孤立的参与者进行分析，必须将其放在国际化环境中和其他参与者一起观察。因此，单个企业依赖于其他企业所控制的资源。一个公司在国内的关系网络可以用来连接在其他国家的其他网络（Johanson and Mattson，1988）。

3.1.2　文化距离与心理距离的区别

文化距离（将在第 7 章进行讨论）指的是一个国家的（宏观上的）文化水平，它的定义是一个国家的（真实）文化价值观与其他国家存在的差异程度，也就是国与国之间的"距离"。

心理距离（psychic distance）（本书中使用）可以定义为单个管理者对国内外市场感知上的差异，这是一种对现实很主观的解读。研究心理距离的目的是为了捕获单个管理者对于两个国际市场之间"距离"的看法和理解，而"文化距离"侧重于国家层面的分析（Avloniti and Filippaios，2014）。因此，心理距离不能只用实际指标来衡量，如公开的教育、宗教、语言等统计数据。苏泽和拉格斯（Sousa and Lages，2011）认为，"心理距离"的定义应该包括以下两个维度的"距离"：

- 国家特征距离：经济发展水平、通信基础设施、市场结构、技术要求、市场竞争力和法律法规。
- 居民特征距离：人均收入、顾客购买力、顾客生活方式和偏好、受教育水平、语言和文化价值观（信仰 - 态度和传统）。

通过评估在不同层面上的个体的心理距离，我们就能采取适当的步骤，来缩短管理者对外国市场的心理距离（Sousa and Bradley，2005，2006）。我们预计，管理者对国外市场的心理距离的看法，会影响国际市场营销组合中各种因素的适应化 / 标准化的程度。具体来说，两个市场之间的心理距离越远，国际化综合营销策略（产品、价格、地点和推广）就需要越多的适应。

3.2　乌普萨拉国际化模型

3.2.1　阶段模型

20 世纪 70 年代，瑞典乌普萨拉大学的一些研究者（Johanson and Wieder Sheim-Paul，1975；Johanson and Vahlne，1977）把他们的兴趣集中在了国际化进程上。通过研究瑞典生产企业的国际化，他们创建了一个关于公司在走向国外市场时，市场和进入形式的选择模型。他们的研究工作受到了阿哈罗尼（Aharoni，1966）开创性研究的影响。

考虑到这些基本假设，乌普萨拉研究人员解释了他们在瑞典制造企业所观察到的国际化过程的模式。他们注意到，首先，公司开始在国外经营的市场是地理位置相当临近的市场，然后逐渐渗透到更遥远的市场；其次，公司会通过出口进入新的市场。公司通过销售组织或自己的生产子公司进入新市场是非常罕见的。只有在向同一市场出口了若干年之后，公司才会建立全资或控股公司。

约翰逊和威德申姆－保罗（Johanson and Wiedersheim-Paul，1975）区分了进入国际市场的四种不同模式，更高的阶段代表了更高的国际参与 / 市场投入：

- 第一阶段：不定期的出口（零星出口）；
- 第二阶段：通过独立代理商进行出口（出口模式）；
- 第三阶段：设立国外销售子公司；
- 第四阶段：国外生产 / 制造企业。

假设企业的国际化是逐步进行的，最初支持该假设的证据就是四个瑞典公司的案例研究。国际化的阶段被限制在一个具体的国家市场中。图 3-1 对市场投入这个维度进行了展示。

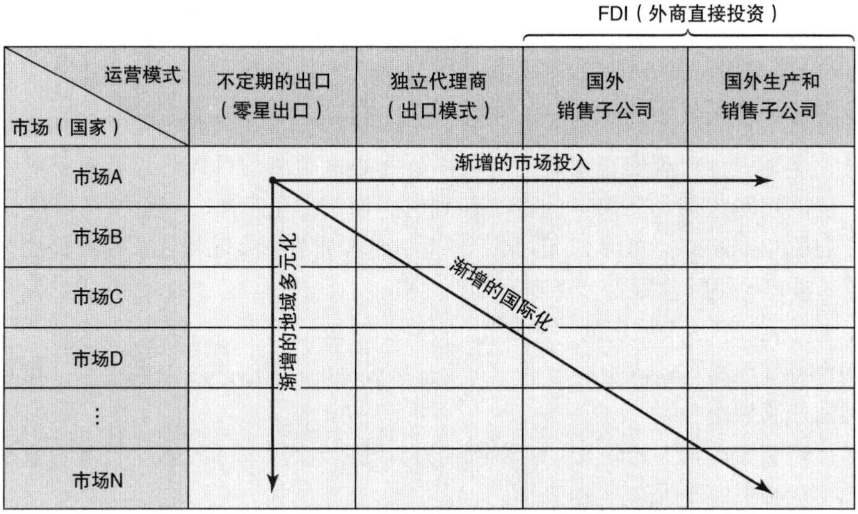

FDI（外商直接投资）

运营模式 / 市场（国家）	不定期的出口（零星出口）	独立代理商（出口模式）	国外销售子公司	国外生产和销售子公司
市场A				
市场B				
市场C				
市场D				
⋮				
市场N				

渐增的市场投入

渐增的地域多元化

渐增的国际化

图 3-1 公司的国际化：（系统的）渐进式

市场投入的概念被认为包含两个因素——资源的投入数量和投入程度。资源的投入数量是根据市场（市场营销、组织、人员等）的投资规模来进行操作的，而投入程度指的是为这些资源找到替代用途并把它们转化成替代用途的难度。

国际活动既需要常规知识，又需要针对特定市场的相关知识。特定市场的知识主要是通过在该市场中的经验来获得，而运营的知识则可以从一个国家转移到另一个国家，后者将促进图 3-1 的地域多样化。假设市场知识和市场投入之间有直接的关系：知识可以被认为是人力资源的一个维度。因此，对市场知识掌握得越多，资源就越有价值，对市场的投入就越大。

图 3-1 意味着额外的市场投入，无论是在市场投入维度还是在地域维度，通常将以小幅增量的步骤进行。实际上，有三种例外情况：首先，拥有大量资源的公司可以承担投入后收效甚微的结果，并且依然可以采取较大的国际化步伐；其次，当市场条件稳定且同质化时，可以通过经验以外的方式获得相关的市场知识；最后，当公司从相似的市场条件中积累了可观的经验之后，它就能够将这些经验推广到任意特定的市场（Johanson and Vahlne，1990）。

图 3-1 中的地域维度表明，企业进入新的市场，具有更大的心理距离。心理距离是指个体管理者对语言、文化和政治体系等因素的差异感知，它们干扰了企业与市场之间的信

息流动。因此，企业总是从那些它们最容易理解的市场开始国际化。在那里它们容易发现机遇，市场的不确定性会比较低（Brewer，2007）。

韦尔奇和洛斯塔瑞恩（Welch and Loustarinen，1988）扩展了最初的阶段模型，他们将国际化发展到了六个维度（见图 3-2）：

（1）销售对象（什么？）：产品、服务、专有技术和系统。

（2）运营方式（如何？）：代理商、子公司、授权许可、特许经营管理合同。

（3）市场（哪里？）：不同市场间政治 / 文化 / 心理 / 物理距离的差异。

（4）组织结构：出口部门、国际部。

（5）金融：提供国际金融资源来支持国际化活动。

（6）人员：国际化技能、经验和培训。

在图 3-2 中的六个维度中，其中有三个（4、5 和 6）与内部基础资源相关，这也与最近使用的以下六个维度的典型国际化分类相一致（Cerrati et al.，2015）：

（1）需求角度的国际化（国外销售与销售总额之比）。

（2）境外资源（海外资源总量）。

（3）地理范围（公司经营的国家或地区）。

（4）国际定位（有国际工作经验的管理者的比例）。

（5）业务网络［通过外部代理 / 分销商与自有子公司（FDI）的外国销售额的百分比］。

（6）金融国际化（外资持股比例）。

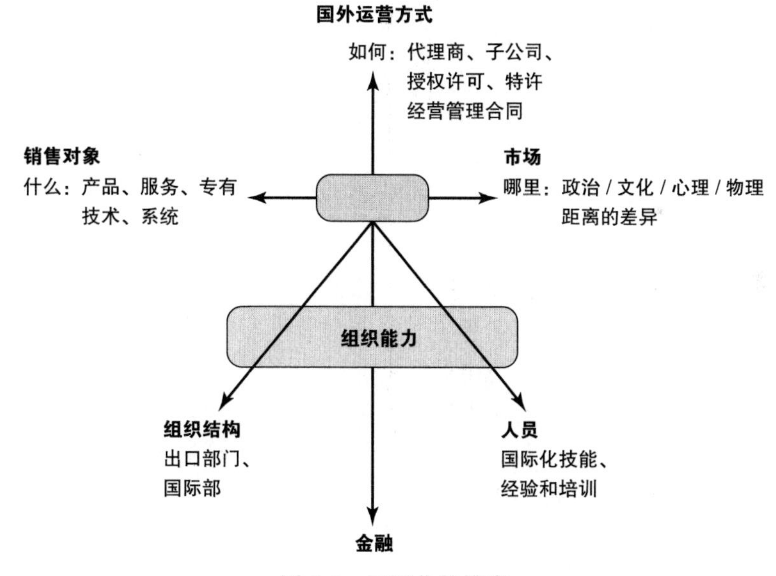

图 3-2　国际化的维度

乌普萨拉模型的基本假设是，国际化是一个缓慢、费时和反复的过程。最近的一个关于沃尔沃重型卡车业务的案例研究证实了这一点。瓦伦等人（Vahlne et al.，2011）断定，当行业高度复杂，涉及的不确定性巨大时，国际化决策做得太快、太大胆就有失败的风险，并且存在潜在、巨大的负面后果。沃尔沃重型卡车业务的全球化进程表明，学习起着重要的作用，创建新的结构、系统和联系是必需的。这意味着管理层必须承认，公司的全球化可能会以较慢的速度进行，以便进行学习和调整。

3.2.2 关于最初乌普萨拉模型的批判观点

关于乌普萨拉模型人们提出各种批评，其中之一就是模型过于绝对（Reid，1983；Turnbull，1987）。

除此之外，也有人认为，该模型没有考虑到不同国家市场之间的相互依存关系（Johanson and Mattson，1986）。如果一个企业意识到不同国家的市场是相互依存的，会比认为它们是完全独立的个体更加具有国际化特质。

研究表明，国际化进程模型对于服务行业是无效的。对瑞典科技咨询公司（一个典型的服务行业）的国际化研究已经证明，过程模型提出的渐进式的海外投入是不存在的（Sharma and Johanson，1987）。

一些新兴行业的国际化进程最近变得更加引人注意，同时也支持了这些批判的观点。最近，企业似乎更倾向于建立链式的跨越阶段，只有在早期阶段存在进入心理距离"遥远"的市场，并且现在企业国际化进程的步伐似乎已经加快了。

诺德斯特伦（Nordström，1990）的最初研究似乎证实了这一论点。英国、德国和美国已成为瑞典公司最早建立销售子公司的目标，而不是临近的斯堪的纳维半岛。

跨越式的趋势不仅仅涉及进入远距离市场。某个公司也可能采用跨越一些中间环节的进入模式（国外经营方式），这样是为了摆脱固有的序列模式，从而更直接进行一些国外投资（见图3-3）。

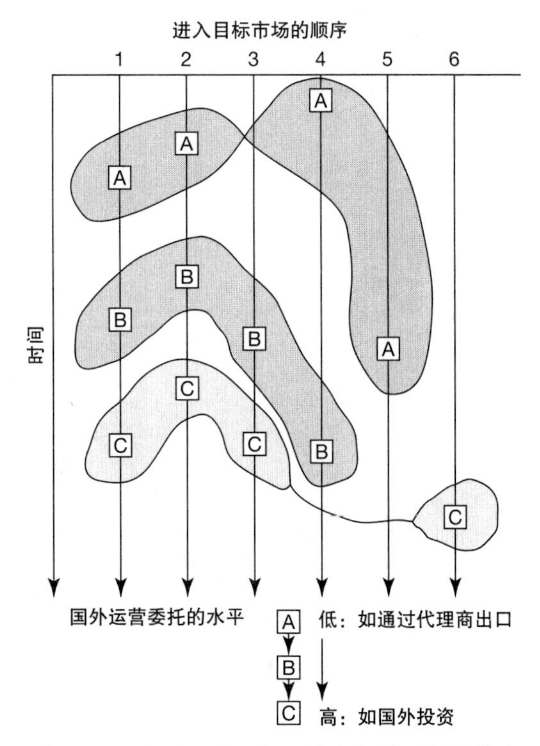

图3-3 企业进入各目标国家市场的国际化模式

在市场，企业遵循主流进化模式，但是到了市场6，该企业已经从以前的市场中学会了使用不同的操作方法，因此可以跨越一些阶段，直接开始国外投资。

也有人声称，乌普萨拉模型在高度国际化的企业和行业是无效的。在这种情况下，竞争力和竞争要素优先于心理距离，成为企业国际化进程的主要动因。此外，如果交易知识可以从一个国家转移到另一个国家，那么具有丰富国际经验的公司对于一个新的国家的心理距离可能会比没有国际经验的公司在感知上要近一些。

诺德斯特伦（1990）认为世界正变得更加同质化，因此心理距离有所下降。当今，公司可以更快更容易地了解到在国外做生意的知识，它不再需要知识在内部缓慢且渐进式的摸索过程。这是因为世界各地的大学、商学院和管理培训中心越来越重视国际商务。

更重要的是，世界贸易和外商直接投资的持续增长导致了在国外经商人数绝对值的增加。因此，企业雇用有经验、有知识的人变得更容易，不再用在内部培养这样的人才。

信息技术的迅猛发展，无论是绝对绩效还是性价比的下降，都使企业更容易了解国外市场，从而使跨越式战略更加现实（参见3.5节基于互联网的天生国际化企业）。

尽管这种说法面临很多批评，但乌普萨拉模型还是在许多国家和各种范围的研究中得到了强有力的支持。实证研究证实，投入和经验是解释国际商业行为的重要因素（Cumberland，2006）。特别是关于出口行为，该模型得到了强有力的支持，文化距离的相关性也得到了证实。

在最近的文章中，约翰逊和瓦伦（Johanson and Vahlne，2009）更新了他们的模型，并与企业国际化的最新发现进行了比较。在更新的模型中，他们把更多的重点放在了国际化进程中的网络（由约翰逊和马特森 1988 年提出）和机会识别。他们看到，一个公司的问题和机会不再取决于是否熟悉某些出口国，而是取决于关系和网络。他们认识到，新知识主要是在关系中发展，而不是在特定的国际市场中。

3.3 交易成本分析模型

交易成本分析（TCA）的基础是由科斯（Coase，1937）建立的。他认为，“当公司组织一个额外的交易，在公司内的成本等同于在公开市场上进行交易的成本时，公司就会采用扩张战略”。这种理论预计，公司会通过建立内部（“层级的”）管理控制和执行系统来以较低的成本来从事这些内部活动；同时依靠市场进行其他活动，其中独立的外部人员（如出口中间商、代理商或分销商）具有成本优势。

当市场不能在完全竞争（“无摩擦”）的条件下运营时，**交易成本**（transaction costs）就出现了。在完全竞争市场进行运营的成本（如交易成本）是零，也很少或根本没有组织会试图对自由市场交易施加限制或设置障碍。然而，在现实世界中，买方和卖方之间总是存在某种“摩擦”，从而引起交易成本（见图 3-4）。

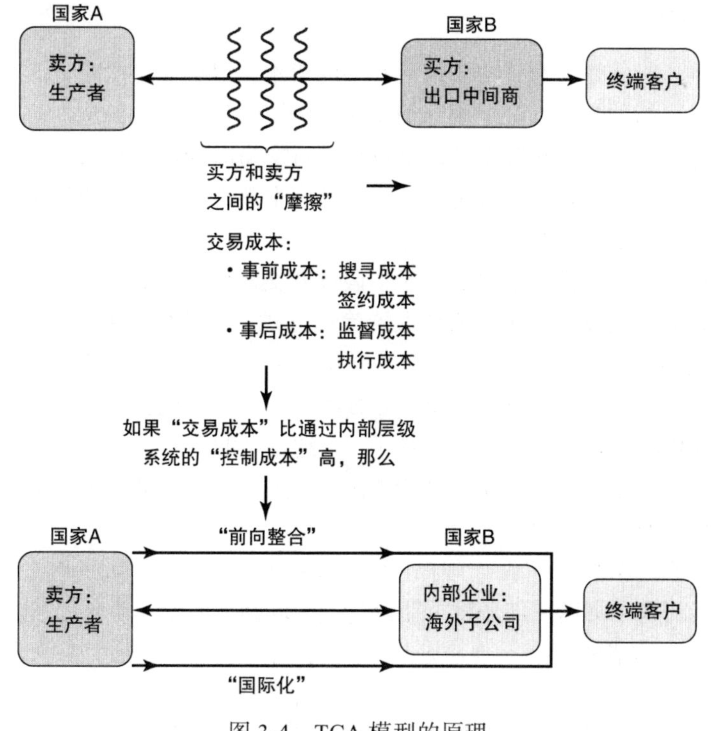

图 3-4 TCA 模型的原理

买方和卖方之间的摩擦往往可以解释为**机会主义行为**（opportunistic behaviour）。威廉森（Williamson，1985）将其定义为一种“欺诈性的自我利益追求”。它包括误导、歪曲、伪装和混淆等方法。为了防止机会主义的危险，各方可以采用各种保障措施或治理结构。这里所用的“保障措施”（或“治理结构”）可以被定义为一种控制机制，它的目的是给交易双方带来公平或公正感。保障措施的目的是，以最低的成本提供必要的控制和“信任”，使交易者相信参与交易会让他们的境况变得更好。其中，最主要的保障是法律合同。法律合同明确了各方责任，并且允许交易者要求第三方（法院）制裁某个机会主义贸易伙伴。

交易成本分析（transaction cost analysis，TCA）框架主张，成本最小化可以解释结构化决策。企业实施内部化（即垂直整合）来降低交易成本。根据买卖双方之间的交易关系交易成本可以分为不同的种类。各成本要素的基本条件等式是

交易成本 = 事前成本 + 事后成本 =（搜寻成本 + 签约成本）+（监督成本 + 执行成本）

3.3.1 事前成本

- 搜寻成本：包括收集信息以识别和评估潜在出口中介机构的成本。尽管这些成本对许多出口商来说望而却步，但对国外市场的了解是出口成功的关键。对于遥远且陌生市场的搜寻成本可能会特别高，因为往往缺乏这些市场可用的（公开的）信息，而且组织形态也不同（例如，从英国出口到中国）。相比之下，对附近熟悉市场的搜寻成本可能更容易让人接受（例如，从英国出口到德国）。
- 签约成本：指的是与卖方（生产者）和买方（出口中介）之间谈判和签订协议产生的相关成本。

3.3.2 事后成本

- 监督成本：指的是与监督协议执行有关的成本，以确保买卖双方履行签订的合同。
- 执行成本：指的是与制裁不按照约定执行的贸易伙伴相关的成本。

交易成本理论的一个基本假设是，企业在进行交易时会试图尽量使这些成本的组合最小化。因此，当考虑最有效的出口模式时，交易成本理论认为，企业将选择最大限度地减少事前和事后成本总和的解决方案。

威廉森（1975）的分析基于对交易成本假设和交易发生所处的不同形式的治理结构之上。在他的原著中，威廉森确定了两种市场治理方式：外部化和内部化（“层级”）。在**外部化**（externalization）的情况下，市场交易是由企业外部定义的，价格机制传递了所有必要的治理信息。在**内部化**（internalization）的情况下，国际化公司自己创造了一种内部市场，其中的层级化的治理是由一系列“内部”合约定义的。

外部化和内部化交易分别等同于中介机构（代理商、分销商）和销售子公司（或者其他涉及所有权控制的治理结构）。

这样，威廉森的框架为一系列关于组织的国际化活动和国际市场进入模式的选择研究奠定了基础。我们在本书第三部分将重新讨论这个问题。

交易成本理论的结论是：

如果通过外部化（例如，通过进口商或代理商）产生的交易成本高于通过内部层级系

统产生的成本，企业就会寻求内部化活动，即在全资子公司中实施国际营销战略。更通俗的解释是，如果买方和卖方之间的“摩擦”太多，那么公司应当以子公司的形式进行内部化。

3.3.3 交易成本分析框架的缺点

1. 狭隘的人性假设

戈沙尔和莫兰（Ghoshal and Moran，1996）批评了威廉森的观点，认为其对人性（机会主义及其对经济目标的解释同样狭隘）的假设过于狭隘。他们也不知道为什么主流理论对大内（Ouchi，1980）的社会控制这一理论重要的贡献视而不见。大内（Ouchi，1980）指出了中间形式（介于市场与层级之间）的相关性，如宗派，其中的管理是建立在双赢之上的（而不是一场零和博弈的情况）。

有时公司会与外在的代理商和分销商建立信任，把它们转变为合作伙伴。这样，公司就避免了在世界各地建立子公司的大规模投资。

2. 排除了“内部”交易成本

交易成本分析框架似乎忽略了“内部”交易成本，它假定跨国公司内部是零摩擦。我们可以想到，当需要确定内部交易价格时，公司总部和销售子公司之间会有严重摩擦（产生交易成本）。

3. “中介”模式对于中小型企业的相关性

我们也可以质疑交易成本分析框架与中小型企业国际化进程的相关性（Christensen and Lindmark，1993）。资源和知识的缺乏是中小型企业活动外部化的主要动力。但是，由于在利用市场的过程中经常会引发合同纠纷，所以在许多情况下对于中小型企业来说，市场并不能真正替代层级结构的选择。相反，中小型企业必须依靠中间形式进行治理，如合同关系以及类似宗族系统的关系，这些关系由共同的投资导向、技能和信任构建所建立。因此，中小型企业往往高度依赖于可获得合作环境。这种方法会在3.4节网络模型中进行介绍和讨论。

4. 生产成本的重要性被低估

可以说，交易成本的重要性被夸大，而生产成本的重要性并没有被考虑到。生产成本是在价值链中完成一项具体任务 / 职能的成本，如研发成本、制造成本和营销成本。根据威廉森（1985）的研究，国际化模式中最有效的选择就是能最大限度地减少生产和交易成本的总和。

3.4 网络模型

基本概念

商业网络（business networks）是一个处理几个相互依赖的业务主体之间的活动模式。

正如我们已经看到的，其他处理或者治理相互依赖商业领域的模式是市场与层级结构。

网络模型（network model）和市场不同，因为它的参与者之间的关系不同。在市场模型中，参与者之间没有特定的关系。相互依赖性是通过市场价格机制调节。相比之下，在商业网络中，参与者通过交易关系相互连接，它们的需求和能力是通过相互作用进行调节的。

商业网络与层级结构不同，参与者双方自主处理它们的相互依赖性，而不是通过一个更高层级的协调单元。一个层级作为一个单元是由上一层级管理和控制，商业网络是由每个愿意与网络中的其他一些参与者进行交易的参与者组织建立的。网络比层次结构更松散，它们可以更容易地改变模型。网络中的任何参与者都可以建立新的关系或者打破旧的关系，从而改变其结构。因此，商业网络可以更灵活地应对激烈的市场变化，例如，在技术变革非常迅速的情况下。

可以得出结论，在一些行业中，如果特定参与者之间的沟通协调能够带来巨大的收益，或者市场环境变化非常迅速，商业网络就会出现。因此，网络方法意味着不再把公司作为分析的对象，而是把企业之间或者企业集团之间的交易作为主要的研究目标。因此，这也意味着国际业务的发生和发展已经从简单的贸易转向了构建更加持久的交易关系网络。

显然，商业关系和随之而来的商业网络是很微妙的现象，局外人也就是潜在的进入者，不能很容易地观察到。参与者通过各种不同的纽带联系在一起，包括技术的纽带、社会的纽带、认知的纽带、管理的纽带、法律的纽带和经济的纽带等。

在网络模型中一个基本的假设是，单个的企业依赖于其他企业所控制的资源。公司通过它们在网络中的地位获得这些外部资源。由于地位的提高需要时间和资源的积累，所以企业必须根据国外网络中的对应物建立和提高自己的地位。

要从外部进入一个网络，需要激励其他参与者参与到互动中来，如果是资源需求型业务，可能需要几家公司在业务方式上进行调整。因此，公司进入国外市场或网络，很可能是由其他公司在特定国家网络内部的参与者采取的互动举措的结果。事实上，内部成员成为这种活动主体的可能性要大得多。

一个国家的网络很可能远远超出该国家边界。关于公司的国际化，网络观点认为，国际化公司最初往往立足于其在国内的网络。

一个公司在国内网络中的关系可以作为连接其他国家网络的桥梁。在某些情况下，如果供应商想保持在国内的业务，客户会要求它们跟随到国外市场。图 3-5 展示了一个国际化网络的例子。如图 3-5 所示，一个分供应商在国家 B 设立了一个子公司。这里的生产子公司是由当地的分供应商提供服务的。国家 E 和 F，国家 C 的一部分从国家 B 的生产子公司采购。一般情况下，可以假设，企业和不同的国家网络之间存在着直接或间接的联系。这些联系对于国际化企业而言，无论是初到海外开疆辟土还是选择新市场进入都很重要。

网络关系中的特征某种程度上取决于参与的公司，这主要是指技术、经济和法律上的联结关系。然而，更重要的是，从事商业活动的人之间形成了联系，构成社会和认知的关联。产业和国家对于关系的重要性与企业和个人的关系可能会有所不同。但可以预见的是，在人际关系建立的早期，个人对人际关系的影响最为强烈。在接下来的过程中，流程和系统将变得更加重要。

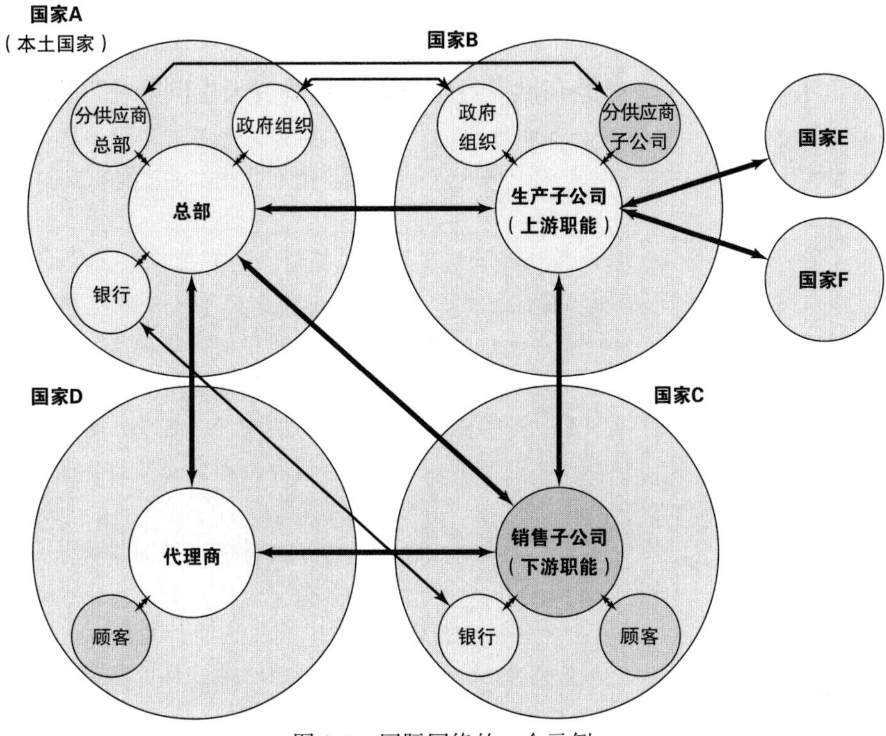

图 3-5　国际网络的一个示例

一旦进入网络，企业的国际化进程往往会进展得更为迅速。特别是在高科技行业的中小型企业往往直接进入更遥远的市场，并迅速建立自己的子公司。其中一个原因应该是这些公司背后的企业家拥有与新技术相关的伙伴网络。在这种情况下，国际化会利用这个网络所构建的优势。

3.5　天生国际化

近年来，研究发现越来越多的企业在国际化进程中不遵循传统的阶段模型。相比之下，从成立之时它们的目标就是国际市场，甚至可能是全球市场。

“天生国际化”（born global）企业被定义为“一个公司从成立之初就具备全球化视野，并且未经过任何长期的国内或国际化阶段就迅速实现了国际化”（Oviatt and McDougall，1994；Gabrielsson and Kirpalani，2004）。

天生国际化描述了一个有趣的案例，即公司在时间和空间压缩的条件下经营，使得它们从成立伊始就呈现出全球化的地理范围。这个“时间 – 空间压缩”（Harvey，1996）现象意味着贸易的地理流程可以减少并压缩成“此时此地”的全球贸易和信息交换——如果基础设施、通信和 IT 设备到位，同时具备熟练掌握技术的人员。全球金融市场就是一个很好的例子（Törnroos，2002）。

奥维亚特和麦克道尔（Oviatt and McDougall，1994）根据参与到价值链活动中的国家数量，将天生国际化企业（他们称为“国际新兴企业”）划分为四类。例如，他们将“进出口初创企业”与“国际化初创企业”区分开来，相较于前者，国际化初创企业有更多需要在跨国范围内协调的活动。

营销洞见 3-1

韩国流行音乐——已经在世界各地取得成功的“天生国际化”现象

韩国作为21世纪主要的流行文化输出国正在崭露头角。这股浪潮对韩国经济产生了相当大的影响，同时也影响着韩国的政治和文化。韩国的文化出口在2013年达到45亿美元，比上年增长10%。

K-pop（韩国流行音乐）是一种起源于韩国的包括舞蹈、电子乐队、嘻哈和R&B的音乐类型。这个词常用于韩国青少年偶像，如Super Junior和少女时代的歌曲。

许多韩国流行音乐的音乐视频有色彩缤纷的视觉效果和朗朗上口的节拍。舞蹈也是韩国流行乐的一个主要组成部分。当具有多名歌手时，歌手们往往在唱歌跳舞的同时，通过同步的敏捷动作来切换他们的位置。大家普遍认为，在韩国流行音乐中，男子和女子团体中的成员都是年轻且富有魅力的。事实上，一些批评者认为，韩国女孩组合通过容貌招募成员，然后再让她们接受整容手术。

大多数的韩国流行团体由少数娱乐机构所拥有。为了确保新人的高成功率，这些机构（例如，SM娱乐代表男子团体Super Junior和女子团体少女时代）出资扶持和监督团队成员的个人生活和职业生涯，培训和推出一个新的团体经常需要大量的花费。

韩国娱乐公司已经开发了一套训练团体中歌手和舞者的方法。在大多数情况下，潜在的团体成员在10岁进入这个系统，并且在严格的规则下生活在一个屋檐下。他们白天上学，晚上参加唱歌和舞蹈培训课程。

最大的生产公司——SM娱乐公司，2014的海外收入约为1亿美元，显著高于2008年的800万美元。该公司已经产生了两个迭代的最受欢迎的男子乐队：EXO-K的六名成员用韩语演唱，与此相对应的EXO-M用汉语演唱相同的歌曲来迎合巨大的中国市场。

韩国流行音乐通过互联网和社交媒体完成了全球化

自2005年起的崛起社交媒体（如Facebook），给韩国流行乐一个触及以前无法接近观众的机会，这种通过互联网和智能手机设备传播的方式比以往任何时候、任何传播方式都快。“韩流”已经迅速蔓延到欧洲、亚洲和非洲。

这一现象的另一个例子是，2012年由韩国说唱歌手PSY演绎的音乐视频《江南Style》。这个音乐视频在世界范围内像病毒一样传播，并成为第一个在YouTube上点击率达10亿的视频，也是唯一一个在美国和英国都位居第一名的音乐视频。

LG代言活动中K-pop（Super Junior）的使用

2012年4～5月，韩国的LG电子选择韩国偶像团体Super Junior作为其新的代言人，以支持它们新推出的L系列智能手机，以及在亚洲的推广活动。

为了庆祝它们推出的新款智能手机，LG电子与Super Junior在Facebook上合作举办了一场“LG擎天柱超级演唱会”。这次活动的主要目标群体是居住在南洋的歌迷。该活动在印度尼西亚、菲律宾、越南、新加坡、马来西亚和中国香港这些国家或地区持续了六周。每个歌迷在自己的国家或地区使用“LG手机”预装的Facebook页面点击“喜欢”按钮，就成为一个活动参与者，从而有机会收到来自Super Junior的虚拟信息，使歌迷感觉亲临了偶像的演唱会。

此外，LG电子选出其中约2 000名参与者获得Super Junior拍摄《简单先生》音乐录影带的片花。

天生国际化企业的典型特征是，员工少于500人的中小型企业，而且年销售额在1亿美元以下，它们依赖于利用尖端技术开发出相对独特的产品或工艺。然而，最有特色的是天生国际化企业往往被具有远见的创业者所管理，这些人从公司建立之日起就把世界看作一个单一的、没有边界的市场。这些小型的、技术导向型的公司从成立初期就在国际市场上运作。越来越多的证据表明，天生国际化企业多数出现在发达国家。

最近，**“重生国际化企业”**（born-again global）的概念已经被提出，即已经成立了很久的公司以前主要关注国内市场，却突然快速接受并且投身国际化（Bell et al.，2001）。国际化可能是一个关键事件所产生的结果，例如所有权和管理权的变化，收购了另一家公司或者为了追随客户。这些企业很可能是由于主要的客户走向海外市场而也开始国际化经营。所有权的变化有可能带来新的具有国际化思维的决策者。收购可以帮助公司获得更多的财务资源、管理能力、国际市场知识，而这些也将被公司现有的网络所接管（Kontinen and Ojala，2012）。

真正的天生国际化企业（同时关注近距离和远距离市场）是真的存在的，它们呈现明显的天生国际化特质。但是，还有一类天生国际化企业主要致力于近距离市场（Kuivalainen et al.，2007），即天生区域性。**天生区域性**（born regional）企业也从早期就开始了国际化活动，具有较高的国际市场占有率，但其国际活动只发生在本土周围地区，如欧洲、亚洲或南美洲（Lopez et al.，2009）。

3.5.1 基于互联网的“天生国际化企业”正在出现

支持天生国际化企业一个非常重要的趋势就是通信技术的快速发展，它加速了信息的传播速度。大型的、垂直一体化的公司中，信息流通成本昂贵且分享耗时的时代已经一去不复返了。随着互联网、电子邮件和其他通信工具(如智能手机、iPad和其他计算机辅助产品)的发明，即使是小公司的管理人员也可以有效地进行跨越国界的运营管理。现在每个人都可以便捷且快速地接触到信息。一切都变得越来越小且越来越快，让信息能够传递给更多的人，传遍世界各地。

互联网革命为年轻的中小型企业提供了新的机遇，使它们能够通过开发电子商务网站建立全球性的销售平台。现在，许多新型的小型企业都是天生国际化企业，因为它们在互联网上“启动”并且通过一个集中的电子商务网站与全球的客户进行贸易。最近的一个关于天生国际化企业国际销售渠道使用情况的研究表明，天生国际化企业相对来说能更快地接受基于互联网的销售渠道（Gabrielsson and Gabrielsson，2011）。事实上，这些公司中许多不仅依赖于基于互联网的渠道，也使用传统渠道与互联网的组合。例如，在混合销售渠道的情况下，渠道的功能由生产商和中间商共享，利用互联网对活动进行整合。客户和销售机会可能会基于互联网的推广而产生，但实际产品的流通（库存管理、分销控制和其他转售/零售功能）是“实体”中介机构的责任。

混合销售渠道的实施必须谨慎，以避免渠道冲突。

3.5.2 天生国际化企业正在挑战传统理论

天生国际化企业可能和“启动较晚的企业”或“现在国际化企业”相类似（Johanson and Mattson，1988）。在后一种情况下，外部环境和企业都已经高度国际化。约翰逊和马特森（1988）指出，在国际化的市场中，企业国际化进程会更快，原因之一是跨境协调和整合的需求很强烈。由于相关的合作伙伴/分销商往往已经占领了邻近市场，企业不一定遵循“水波扩散”的方法来选择市场。同理，它们的“发展链”也不需要遵循传统的观点，因为战略联盟、合资企业等更为普遍；公司可以寻找技能和资源互补的合作伙伴。换句话说，在国际化市场中，企业的国际化进程将更加个性化和具体化。

很多行业都以全球采购活动和跨境网络为特点。其结果是，创新产品可以很快地进入到世界各地的新市场——因为买家的需求和欲望变得越来越同质化。因此，分包商的国际化进程可能非常多样化，并且不同于阶段模型。换句话说，新的市场条件将公司迅速带入到许多市场。最后，金融市场也变得国际化，这意味着企业家可以在世界各地寻求资金资源。

卡瓦斯基尔和奈特（Cavusgil and Knight，2015）得出结论，天生国际化企业往往由变革推动者（创始人和员工）这些第一个发起出口的人来驱动。可以说，决策者（创始人）的背景对随后的国际化道路有很大的影响（Freeman and Cavusgil，2007；Hagen and Zuchella，2014）。市场知识、企业家的个人网络关系国际联系以及从以前的职业、人际关系和教育中获取的经验，这些都是在公司诞生之前需要具备的国际技能。受教育水平、海外生活经历、其他国际性工作经历等因素，塑造了创始人的心智，大大降低了其对特定产品市场的心理距离；创始人以前的经验和知识可以将网络扩展至跨越国界，从而展现出承担新商业风险的可能性（Madsen and Servais，1997）。

天生国际化企业往往通过专门的网络管理它们的销售和营销活动，它们在这个网络中寻找能补足自身能力的合作伙伴。这是必要的，因为它们的资源有限。

在许多方面，有机渐进式（乌普萨拉模型）的过程与天生国际化企业的加速路径是相反的，是一个范畴的两个极端（见图3-6），它们各自代表了单独完成国际化（有机渐进式路径）的选择。“天生国际化”路径则是基于不同类型的合作和伙伴关系，以促进快速增长和国际化。

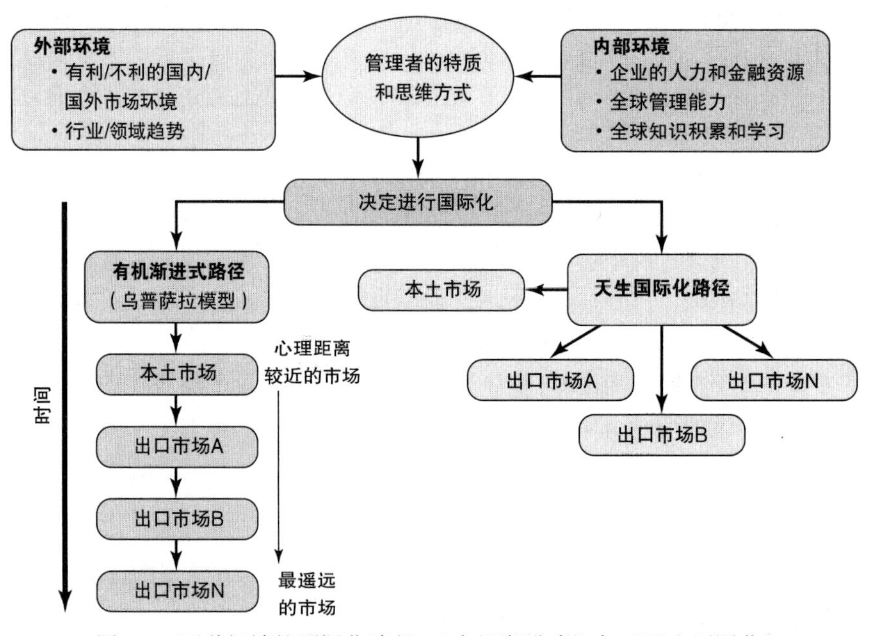

图3-6 两种极端的国际化路径：“有机渐进式”与“天生国际化”

尽管国际化的时间框架和路径的先决条件不同，但所有的模型仍然有一些共同特点。国际化是一个知识、学习和投入齐头并进的过程，即使在快速国际化中也是这样。过去的知识和经验有助于公司当前的知识结构（Johanson and Martin，2015）。目标定位在“天生国际化”的企业没有时间以渐进的方式（从公司内部）发展这些技能，它们需要事先拥有或是在国际化的同时获得这些技能，即通过与其他已经拥有这些互补型能力的公司合作。

通常，天生国际化企业必须选择同质化的且对综合营销策略有最小适应成本的市场区域。因为这些小公司不能像大公司那样采取差异化方法，一个简单的原因就是它们没有足够规模经营全球业务。它们是脆弱的，因为它们依赖于单一的产品（利基市场），它们必须利用先导市场来盈利，无论这些市场处于何种地理位置。因为这样的市场是产品广泛和快速进入大型市场的关键。这一点很重要，因为这些公司往往会产生相对较高的固定研发成本，这些费用会“预先”产生，即发生在销售之前。由于这是影响初始市场选择的关键因素，所以心理距离作为市场选择标准的重要性就降低了。为了生存，企业必须迅速抓住增长机会，以弥补最初的费用。最后，一个典型的天生国际化企业面临激烈的竞争，它们的产品可能很快会过时（如软件行业）。如果一个公司在它的“全球机会窗口期”想要充分利用其市场潜力，它可能会被迫同时进入所有主要市场（Aijö et al.，2005）。

最近的研究显示，一些天生国际化企业在最初选择心理距离近的市场，是为了降低风险，但它可以利用技术专长、网络与创业技能快速转移到心理距离遥远的市场，以获得更多的机会。

3.6 总结

本章的主要结论如表 3-1。

表 3-1 三种解释企业国际化进程的模型综述

	乌普萨拉国际化模型	交易成本分析模型	网络模型
分析单位	企业	交易者或系列交易者	企业间多元组织关系，某个企业集团与其他企业集团的关系
对公司行为的基本假定	该模型是基于行为理论和渐进式决策过程，受竞争性市场因素的影响不大。从简单出口到外商直接投资（FDI）的渐进式“干中学”的过程	在现实世界中，买卖双方之间存在着“摩擦”/交易困难。这种摩擦主要是由机会主义行为造成的：单个管理者的自我关注（例如，欺诈性地追求自我利益）	保持网络（关系）的“黏合剂”是基于技术、经济、法律，特别是私人关系之上。管理者对人际关系的个人影响在建立关系的早期阶段是最强的，在之后的过程中，日常工作和系统将变得更加重要
影响发展过程的解释变量	企业拥有的知识和市场投入，本国市场和海外市场之间的心理距离	当交易具有资产的特殊性、不确定性、交易频繁性的特点时，交易的困难程度和交易成本增加	单个企业是独立自主的。单个企业依赖于其他公司所控制的资源。在具体参与者之间经常需要协调或者环境变化迅速的领域，商业网络就会出现
对国际市场营销的规范意义	应当以较小的渐进式步骤增加对市场的投入： • 选择与现有市场心理距离较近的新的区域市场 • 选择边际风险小的进入模式	在上述条件下（即高昂的交易成本），公司应该寻求业务活动的国际化（即在全资拥有的子公司中实现国际营销战略）。总体而言，企业应选择交易成本最小化的进入模式	公司在国内网络中的关系可以作为连接其他国家网络的桥梁。在国际化的初始阶段和接下来的进入新市场阶段，这种进入不同国家网络的直接或间接的桥梁很重要。有时中小型企业可能被迫进入国外网络，例如，如果客户要求供应商（中小型企业）跟随到国外

天生国际化企业代表了国际市场营销中一个相对比较新的研究领域。它们有一些基本的相似之处：拥有独特的资产，专注于狭窄的全球市场细分，客户导向性很强，企业家的远见和能力也是至关重要的。最后，对于这些公司来说，全球化似乎不是一种选择，而是一种必然。它们被全球化的客户和过于狭小的国家 / 区域细分市场推向了国际化。多亏了企业家的远见和能力，以及对于其在国际市场上竞争优势的深刻领悟和认识，这些企业才能够在全球范围内保持目前的全球影响力，

问题讨论

1. 解释为什么国际化是一个持续的需要经常进行评估的过程。
2. 解释三个国际化理论之间的主要差异：乌普萨拉模型、交易成本模型和网络模型。
3. “心理”或“精神”距离的概念是什么？

案例研究 3-1

尊巴舞：一个正在走向全球的舞蹈现象

在 2012 年第五届尊巴舞（www.zumba.com）会议开幕的当天，在奥兰多、佛罗里达州进行为期 5 天的庆典，8 000 多名尊巴舞教练身着闪亮的带有霓虹灯的上衣和工装裤从世界各地聚集在一起。上午 10 点，有明显兴奋的嗡嗡声穿过大厅，人们穿着明亮的绿色和粉红色衣服满怀期待地上下轻摇着。一旦房间挤满了人，演讲者走上舞台，人群中便爆发出兴奋的声音。

今天上午问候他们的是公司的首席执行官兼联合创始人阿尔伯托·帕尔曼。穿着商务衬衫，戴着眼镜，帕尔曼常被称被背后的商业合伙人和联合创始人的大脑。掌声一停下来，帕尔曼——11 年前尚未加入该公司时从事 IT 行业——在闷热的会议厅向人群致意喊道：“我们是尊巴联合国！”观众又一次沸腾了。“谁是第一次来这里，请站起来，”他继续喊道，“现在，请坐在第一次来这里的人们的右手边的人，站起来转向你的邻居并且拥抱他们。这是尊巴式的欢迎！”在 2012 年，尊巴健身已经成为世界上最大的健身项目品牌，每周在 125 个国家的 11 万个场所内，大约有 1 200 万人在参加尊巴课程。在美国就有 82 500 处提供尊巴认证教练培训（所谓的 ZINs——见后面）。

这一切是如何开始的

佩雷斯在 7 岁时观看了一部 1978 年的电影《贿赂》，主演是约翰·特拉沃尔塔，他从此爱上了跳舞。16 岁时，他以每小时 1 美元的费用教健美操课程。有一天，他忘带他已经准备好的音乐。他的背包里仅有他从收音机里翻录下来的梅伦格舞和萨尔萨音乐的磁带。

他的上午班里都是把孩子送入学校的母亲。“我不能说，嘿，对不起，我忘带音乐了，”佩雷斯说，“我对人们说，‘我有一个新的课程，我准备了很长一段时间。’这并不是真的，我是即兴教了一个小时。”

他很快就搬到了哥伦比亚首都波哥大，在那里他继续教课，并成为索尼音乐和夏奇拉的编舞。

1999 年，佩雷斯第一次去了美国。他徜徉在南滩的人行道，从体育馆到体育馆。没

有人对这个不会说英语的人所创办的这个新舞蹈训练班感兴趣。

在他第四次到迈阿密的时候，他在奢华的威廉姆斯岛水疗中心找到了一份工作，这个中心由几个哥伦比亚人开发经营。有些人在波哥大上过他的课程。

不到一年时间，佩雷斯就应需求在佛罗里达州南部开设了22个培训班。与此同时，阿尔伯托·帕尔曼和阿尔伯托·阿吉翁，两个20多岁的哥伦比亚本地创业者，正在寻找互联网泡沫破裂之后的新商业投资，他们自己的互联网公司——Spydre实验室，作为与拉丁美洲相关的互联网初创公司的孵化器，业务出现下滑。

“尊巴健身”于2001年成立于佛罗里达州的阿文特拉，由“阿尔伯托三兄弟”(佩雷斯、帕尔曼和托阿吉翁儿时的朋友）共同创建。阿尔伯托三兄弟最初的计划很简单：生产佩雷斯在南美很受欢迎课程的家庭录影带和DVD，并通过电视购物销售至全国。

为了给投资者展示一个演示视频，三个年轻人彻夜不停地铺设木板，在阳光岛酒店外面的海滩上搭建舞池。佩雷斯的大约200名学生每人支付了20美元的学费，这样额外增加了4 000美元。

当广告片出现在电视上的时候，人们开始打电话给俄亥俄州的电话服务中心购买录影带，并且询问如何成为尊巴舞的培训师。这些呼叫被转接到了尊巴舞办公室——阿吉翁的家里。在夜里两点被几个电话吵醒之后，阿吉翁意识到这是另一个商业机会。

商业模式

2001以来，当帕尔曼、佩雷斯和阿吉翁在经历了起初的巨大失败之后，开始尝试出售他们欢快的拉丁舞蹈课程，此时他们的品牌已经走向世界。

今天，“尊巴”(这是一个注册商标）已经到处可见：在世界180个国家的20多万个地点，每周有1 500万人参与到舞蹈教室（教堂和社区中心和锡棚屋)，继美国之后，英国成为尊巴舞最大的市场。

尊巴舞现在是世界上最大的健身项目品牌，它的创造者已经证明了无限的可能性。尊巴课程的受欢迎程度，部分可以由世界各地的名人对它的接受来解释。珍妮弗·洛佩兹和柯尔斯迪·艾利都把尊巴舞作为自己锻炼例程的一部分，成龙也在影片中表演了这些锻炼。其他尊巴舞的名人“粉丝”还包括艾玛·沃特森，维多利亚·贝克汉姆和哈莉·贝瑞。

尊巴健身很大程度上也受益于互联网广告和社交媒体。许多人是通过YouTube视频发现了尊巴舞。大约一年前开始，尊巴健身启用了Facebook的网页，现在已经拥有超过300万的“粉丝”。尊巴在社交媒体平台上每隔11秒就会被提到。

除了传统的尊巴课程，还有为孩子们开设的尊巴米奇，为学生设置的金色尊巴、水中尊巴、尊巴健身操、金色尊巴健身操、尊巴循环健身，以及现在的尊巴胜道——一种新的结合椅子进行身体塑形锻炼的尊巴舞。尊巴舞看起来很容易，但是它融合了喧闹的音乐、旋转的椅子和想象中的套索，一个小时的课程之后，学生们既兴奋得喊叫，又处在崩溃的边缘。身体锻炼的结果是猛烈的，参与者把身体扔到大声的音乐中的同时，每小时燃烧了2 000卡路里。

尊巴健身从它的指导师的团体和课程中赚取费用，在指导师的网络和品牌销售中按月收取手续费。公司已经建立了独有的时尚线路，五颜六色的服装和鞋类、练习的DVD、两款视频游戏、原创音乐和一个生活杂志*Z-Life*。

关于世界各地的指导师的收费，每个学生每参加一个小时安排紧凑的课程，平均费用在8～16美元，绝对的现金交易，然而这些课程只占了这个迅速扩张的帝国的一小部分。到目前为止，四种不同的尊巴健身DVD已经在全球售出超过1 000万份。尊巴是第一个在三大游戏平台推出视频游戏的品牌健身项目：Wii、Xbox和PS3。它们最畅销的视频游戏已经售出600多万份，并占据了近40周的视频游戏排行榜。

服装产业是尊巴业务增长模式的另一个关键组成部分，这似乎与创造一个多元化品牌没有多相关，完全是自给自足的。2002年，他们推出了DVD，人们开始询问他们如何成为教练，于是他们便开始了他们的培训计划；五年后，他们打算卖几件衣服来宣传自己的品牌，在网上销售500件T恤和500条裤子，结果一个月就被抢购一空，他们于是决定在这方面做一些事情。相对于将服装生产授权出去，尊巴还是决定将其保留在内部。他们的市场调研很简单：不再关注团体，而是让25强的服装团队成员去尊巴庆典，观察人们的穿着以及他们如何定制自己的衣服，然后把这些想法反馈给消费者。这很有成效。在2007年启动的服装产业，迅速成为一个奇迹。2012年，尊巴在服装销售上有1 000万美元的收入，相比2011的180万件，该公司在2012年售出了300万件。

真正的现金交易 –ZINs

尊巴舞每周在全球有1 200万的观众通过教练的网络体系被吸引，这就是所谓的ZINs（尊巴舞教练网络成员），现在全世界已经达到3万个。从2005年开始，尊巴学院开始授权尊巴指导师教授尊巴课程。ZINs收取尊巴指导师每月大约30美元的会员费，作为回报，他们会得到品牌的众多资助者之一提供的著作和卡片，以及新的编舞和CD，并且有机会销售服装来赚取小额的利润。为了成为尊巴教练网络的会员，未来的尊巴指导师不得不为每天的训练支付大约480美元的费用，然后支付保险费和其他各种费用，包括正在进行的培训。注册成为会员，还可以提供一个特殊的社交网站，让会员可以即时链接到世界各地的其他狂热者。

尊巴不收健身房或健身中心的许可费——这是为了照顾尊巴教练网络中成为独立企业家的一部分人。

问题：

1. 在本章提及的几种国际化模型中，哪种最适合尊巴舞的国际化？
2. 为什么尊巴舞的全球商业模式能够如此成功？

资料来源：Based on www.zumba.com; Noel P. (2012), Zumba Instructor Certification, www.ehow.com/about_6304817_zumba-instructorcertification. html; Clark, C. (2012) “Zumba’s Latin rhythms on the move in the fitness world”, The Seattle Times, February 20, 2012,http://seattletimes.com/html/businesstechnology/2017556695_zumbabiz21.html.

案例研究 3-2

梦工厂的经典：《邮差帕特》的国际化

2012年7月23日，电影制片厂梦工厂动画（《史莱克》和《马达加斯加》票房收入背后的公司）以1.55亿美元的价格收购了经典媒体（Classic Media）。该公司成为梦工厂动画的一个部门，更名为“梦工厂经典”，现在控制着经典媒体超过450部电影和6 100集电视剧的投资，包括《莱西》《独行侠》《邮差帕特》《诺迪》和《飞鼠洛基冒险记》。

2012年，经典媒体的净收入为8 220万美元，营业利润为1 920万美元。通过收购经典媒体，梦工厂经典获得了“邮差帕特”的掌控权，他是学龄前儿童中最受欢迎的人物之一。

邮差帕特

场景设置在虚构的格林代尔的约克郡村，邮差帕特和他忠实的伙伴——小猫杰西，从1981年9月开始在英国的BBC1频道传递邮件。邮差帕特持续在英国广播公司播出，该剧的授权以及在广播平台上的播出延至2010年之后。节目的目标观众群是学龄前儿童（2～6岁）。

《邮差帕特》的电视节目现已在全世界100多个国家播放。既然在这么多的国际市场进行销售，开发电视平台的强大特许经营和纪念品来创建品牌意识就变得非常重要。例如，2004年，英国的玛莎百货获得了在其70家顶级门店中使用节目角色的权利。该项目包括一系列针对3～6岁儿童的睡衣、内衣、拖鞋、手表和游戏拼图。邮差帕特和小猫杰西被证明是父母、祖父母、监护人和其他人眼中最诱人的购买礼品。

2009年5月，经典媒体与英国最大的主题公园之一——约克郡北部的火烈鸟乐园建立了合作关系，以使特别快递服务中的邮差帕特和其他角色在园内定居。正如2009年所说，图书《邮差帕特》在全世界的销量达到1 200多万册，2013在英国发行了大约20个版本。这些日益增长的产品包括邮差帕特的故事书、整合的学习用书、绘本以及多种杂志。

期待已久的3D电影:《邮差帕特：你知道你就是你》在2013年5月底公映。该片讲述了大家最喜爱的邮递员帕特，在进入一个全国性的电视选秀节目，可能要离开家乡格林代尔和他的朋友们时，他如何面对金钱、地位和华服诱惑的故事。

问题：

1. 列出选择新的国际市场应当运用的标准。
2. 如果让你建议梦工厂经典，你会推荐使用“有机渐进式”还是“天生国际化”路径来实现《邮差帕特》的国际化？
3. 除了使用“邮差帕特”角色，梦工厂经典还能把什么价值/利益传送至消费品并授权给合作伙伴？

第 4 章
Chapter4

开发企业国际竞争力

□ **学习目标**

通过本章的学习，你能够：

- 从更广阔的视角在宏观和微观层面定义国际竞争力的概念。
- 讨论影响企业国际竞争力的因素。
- 解释波特传统五力模型是如何被延伸到协作（五种资源）模型的。
- 解释“竞争三角”背后隐含的概念。
- 分析竞争优势的基本资源。
- 解释标杆分析法的步骤。
- 解释一家企业是如何通过使用蓝海战略创造顾客价值的。

4.1 引言

本章的主题是企业如何在国际市场中创造和发展竞争优势。国际竞争力的发展与环境相互影响。企业必须能够适应顾客、竞争对手和公共管理当局。为了可以参与国际竞争的角逐，企业必须明确自身的竞争基础，包括资源、竞争力以及与国际市场中的其他竞争者的关系组成。

为了能够以更广阔的视角理解企业国际竞争力的发展，我们将介绍一个三阶段模型：

（1）国家竞争力分析（波特钻石模型）——宏观层面。

（2）行业竞争分析（波特五力模型）——中观层面。

（3）价值链分析——微观层面：

a. 竞争三角；

b. 标杆分析法。

关于国际竞争力的分析首先始于宏观层面，然后通过波特的五力模型进入企业竞争环境分析。基于企业的价值链，分析在讨论有关核心竞争力的相关问题后完结。问题包括：价值链中的哪种活动 / 职能构成了企业的核心竞争力（并且在企业内部发展）；哪些竞争力必须通过联盟或市场关系与其他机构合作。

图 4-1 使用的图形系统（将会贯穿于整章）以分层窗口的逻辑呈现了几个模型，通过图标方框“企业战略、结构和竞争”，你可以从第一阶段进入到第二阶段。在这里将会出现波特五力模型。从第二阶段到第三阶段，我们通过“市场竞争者 / 竞争强度”的方框，进而可以观察到价值链分析模型 / 竞争三角模型。

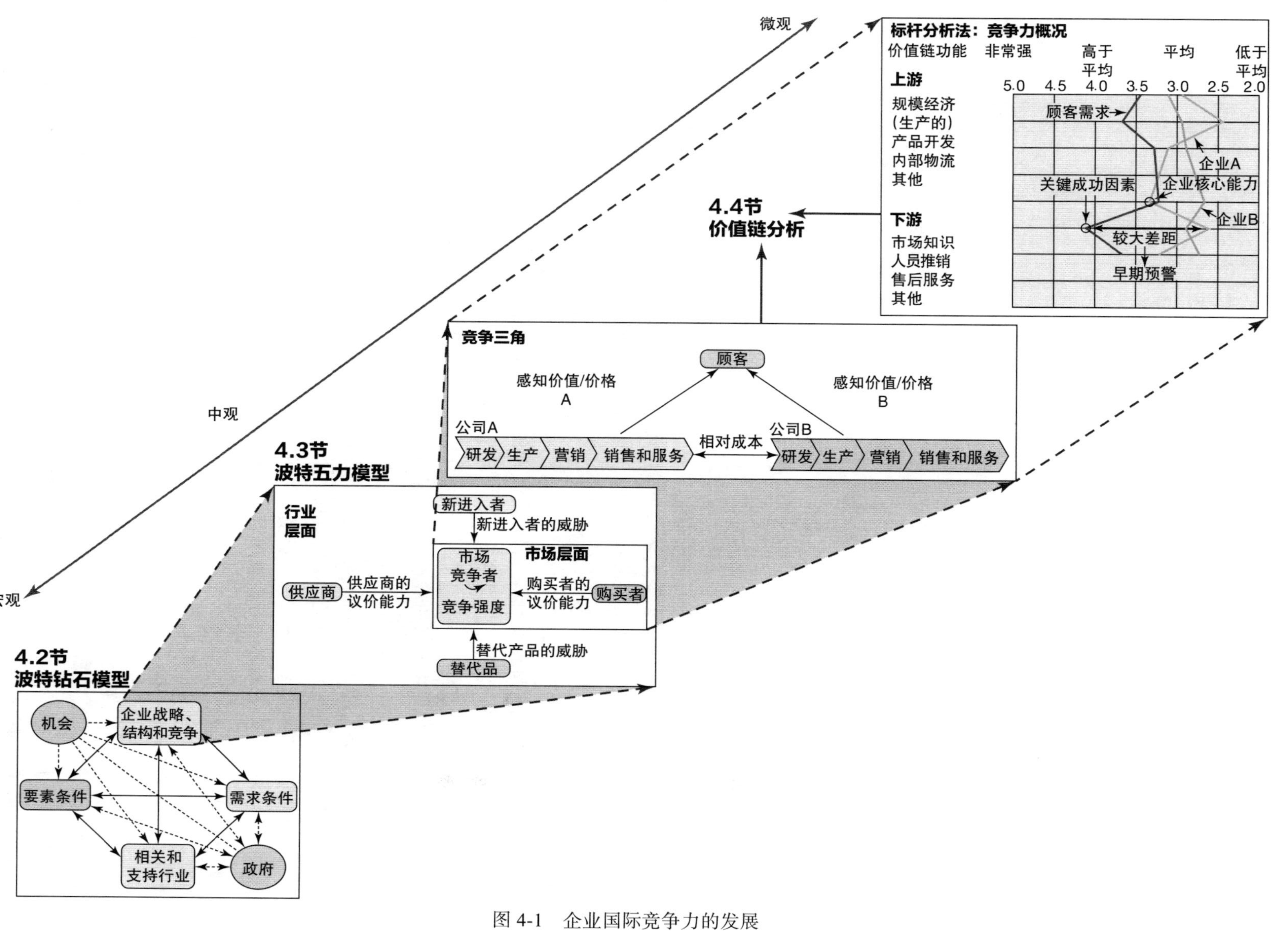

图 4-1　企业国际竞争力的发展

个人竞争力

本章中，分析止于企业层面，但是通过了解个体竞争力可以将分析更进一步（Veliyath and Zahra，2000）。影响个体能力成为企业竞争力的因素包括内在能力、技术、动机强度和所投入的努力。

4.2 国家竞争力分析（波特钻石模型）

对国家竞争力的分析，代表了整个模型的最高层次（见图 4-1）。迈克尔·波特（Michael Porter）将他的著作命名为《国家竞争优势》（1990），但是作为讨论的起点，我们仍然需要强调企业是在国际舞台中竞争的主体，而不是国家。然而，本土国家的特点在企业的国际化成功中发挥核心的作用。母国基地塑造了企业快速进行技术和方法革新的能力，并确保企业发展方向的正确。它是竞争优势最终产生的地方，也是竞争优势必须被保持的地方。竞争优势最终来源于国家环境和企业战略的融合。国家内部的条件可能会创造企业获取国际竞争优势的环境，但是起决定作用的还是企业把握机会的能力。国家钻石模型对选择竞争行业以及制定合适战略至关重要。母国基地是决定企业相较国际竞争对手优势和劣势的一项重要因素。

了解国外竞争对手的总部对于分析它们至关重要。竞争对手的母国为它们带来了优势和劣势，也决定了它们将来可能实施的战略。

波特（1990）将一个特定行业内的多家企业集中描述为产业集群。在这种产业集群中，企业和行业中的其他企业建立起关系网络，由顾客（包括从事半制成品的公司）、供应商和竞争者组成。这些产业集群可以扩展到世界范围，但是它们的起点通常在某一特定国家或地区。

如果企业的母国有世界级的购买者、供应商和相关产业，那么这家企业就能从中获取重要的竞争优势。它们能为企业提供关于未来市场需求和技术发展的有益洞察；它们能为企业转型和改进提供健康的环境，并且能在企业创新过程中成为合作者和结成联盟。母国的强大产业集群能够促进信息的流动，并且相较于与外国公司交易允许更深入、更开放的联系。如果企业是在一个较小地理区域内产业集群中的一员，那么会产生更大的价值。所以，我们要问的核心问题是：是什么造就了一个国家在全球某一行业中的位置？与所有经典贸易理论一样，答案始于国家要素禀赋和产业需求的匹配。

让我们更近距离观察一下**波特钻石模型**（Porter's diamond）的不同要素。在整个分析过程中，印度的 IT / 软件行业（特别是班加罗尔地区）将会被作为一个例子（Nair et al., 2007）。

4.2.1 要素条件

我们可以用“初级”和“高级”要素进行区分。初级要素包括自然资源（气候、矿产和石油），这些要素的流动性低，它们可以成为国际竞争力的基础，但是如果没有高级要素，如复杂的人力资源（技能）和研发能力，它们永远不能转化成真正的价值创造。这些高级要素因行业而存在差异。

在印度的软件行业，班加罗尔有几所工程和科学类的教育机构，其中，印度科技学院

（一所研究型的研究生院）被公认为在本地区软件行业发展中起到至关重要的作用。公共部门工程公司和私立工程学院吸引了全国各地的年轻人来班加罗尔，这创造了一种多元、多语言、包容和世界性的文化。软件行业成功的关键因素之一就是拥有通用技术的高级人才和受过高等教育的人才。这些多面手（而不是软件或编程方面的专家）可以被训练成为基于行业需求的特定领域的解决专家。

4.2.2 需求条件

这些因素出现在波特钻石模型的右边方框中（见图 4-1）。有助于行业成功的要素包括：早期出现的母国需求、市场规模、市场增长率和成熟度。

规模经济、运输成本和国内市场规模之间相互影响。如果规模经济足够大，每个生产商都想在单一的区域服务广泛的地理范围市场。为了减少运输成本，制造商会选择一个需求巨大的区域。然而，当规模经济限制生产选址的数量时，市场规模就会成为决定市场吸引力的重要决定要素。巨大的国内市场也会确保本土公司能够以规模优势以及积累的经验建立起竞争优势。

一个有意思的模式是：早期巨大的国内市场趋于饱和后，就会促使有能力的企业开始寻找海外市场进行业务拓展。例如，日本摩托车行业有着巨大的国内市场，在早期起步之后，就开始利用规模优势进入全球市场。

一个产品的基础或核心设计几乎总能反映国内市场的需求。例如，在电子传输设备行业，瑞典主导了国际高压配电市场。在瑞典，人口和产业集群的分布，对于远距离高压传输有着巨大的需求。在这种情况下，瑞典国内市场的需求塑造了整个行业，此后这个行业可以面对国际市场做出有效反应（ABB 就是电力行业国际市场中的领先生产商）。

购买者的成熟度同样重要。美国政府是电脑芯片的第一个购买者，而且作为唯一购买者的局面持续了很多年。政府缺乏弹性的价格鼓励企业在不用太担心成本的情况下开发技术先进的产品。在这种情况下，相比不成熟的购买者和价格敏感型购买者，前沿技术会被更深入和更快地推进。

由于千年虫（Y2K）问题（由于在旧系统中编码约定只给计年分配了两个数位，因此当日历变成 2000 年时，会出现潜在的混乱）的出现，印度软件行业开始起步。美国企业和一些印度软件公司签订合同，因为这些印度公司的员工熟悉旧的编程语言，如 COBOL 和 FORTRAN。这些员工在和美国公司的合作中积累了经验，伴随着千年虫 Y2K 问题的解决，印度的软件企业开始转型并且提供更多增值的产品和服务。服务要求高的美国客户推动印度软件企业开发高质量的产品和服务。这些为它们日后满足德国、日本和其他市场客户的需求提供了帮助。

4.2.3 相关和支持行业

一个行业的成功与地区内的供应商和相关行业的存在与否密切相关。在很多情况下，竞争优势来自可以使用的被吸引到一个地区服务核心行业的劳动力，但是这些劳动力必须是可获取的，而且具有服务相关行业的技术。此外，技术的协调也因地理位置相邻而变得容易。波特认为意大利之所以在珠宝行业持续占据领导地位，部分得益于该国的珠宝加工机械设备行业的存在。这里集群优势并不是得益于运输成本的降低，而是在技术和市场方面的合作。在半导体行业，日本聚集了大量的企业是由于与其相关的电子行业（半导体的采购方）力量强大。需要注意的是，产业集群离不开规模经济。因为，如果中间投入的生产不存在规模经济效应，那么小规模的生产中心就可以和大规模的生产中心直接竞争。现实是，不论是半导体还是电子行业都存在规模经济，两个行业间在技术和营销方面的联系使得集群优势不断显现。

班加罗尔一开始是缺乏电信和电力供应这样可靠的支持性行业的，这就成为制约集群的障碍。但是后来，很多软件公司安装自己的发电机和卫星通信设备。最近，班加罗尔出现了很多新型企业，如风险资本、招聘支持、网络、硬件维护和营销 / 会计支持公司，来支持软件行业的发展。另外，毕马威、普华永道和安永这样的咨询公司，也帮助引进跨国公司进入印度市场，解决他们有关融资、选址等问题。最终，班加罗尔形成了一套完整的与软件行业相关的支持系统。

4.2.4 企业战略、结构和竞争

此部分包含的因素较为广泛，包括如何组织和管理企业、企业的目标以及国内竞争对手的性质。

波特对 10 个国家中的成功行业进行了研究并得到一个令人信服的成果：国内竞争对于企业在全球市场的竞争力有强大且积极的影响。在德国的制药行业中，巴斯夫（BASF）、赫斯特（Hoechst）和拜耳（Bayer）之间的激烈竞争是众所周知的。竞争的过程会淘汰低端的技术、产品以及落后的管理方式，能够生存下来的是那些最有效率的公司。当国内竞争加剧时，企业会迫于压力变得更高效，采用节约成本的新技术，缩短产品研发时间，并且学会激励并更有效地控制员工。国内竞争在激发全球化企业进行技术开发起到异常重要的作用。

丹麦这个国家不大，但却有三家世界排名前十的助听器生产商［达蒙（William Demant）、唯听（Widex）和瑞声达 / 达纳福（GN Resound/Danavox）］。在 1996 年，奥迪康（Oticon，达蒙的前身）和唯听展开了一场激烈的技术战，它们都想成为第一家生产百分百数字化助听器的厂商。唯听（两家中较小的一家）最终获胜，但是同时也迫使奥迪康一直站在技术开发的前沿。

关于印度软件行业，班加罗尔的绝大多数企业都面临着激烈的竞争。它们为了赢得未来的顾客，所面临的竞争不仅仅局限在本国企业之间，也包括班加罗尔地区以外的企业以及像 IBM、埃森哲这样的跨国企业。竞争给企业带来的压力不仅是交付高质量的产品和服务，还要注重成本效益。这些竞争也激励这些企业去获取国际认证，在软件开发领域获取评级。如今，班加罗尔已经成为世界上聚集最多具备 CMM-SEI（卡内基梅隆大学软件工程研究所）五星级认证的公司的地区。

4.2.5 政府

根据波特钻石模型，政府这一要素可以影响其他四个要素，同时也会被这四个要素影响。政府可以发挥重大作用来鼓励行业在其境内的发展，并在将来支持企业取得国际地位。政府可以提供财政支持，可以提供类似于公路、机场、教育和医疗保健等方面的基础设施支持，也可以提供替代能源（如风能）或其他环境体系的支持，这些支持都会影响企业的生产。

关于印度软件行业，德里的联邦政府从 20 世纪 70 年代就把软件行业作为经济增长的

领域，因为政府发现软件行业有较高的技术需求和劳动密集型特征。在 20 世纪七八十年代，整个行业主要由 CMC 这样的公共部门公司主导。1984 年，印度政府开始放宽产业和投资政策，允许国外公司（如德州仪器）进入。其中一项新举措是建立了“技术园区”，如班加罗尔的软件技术园区（STP）。开放政策持续整个 20 世纪八九十年代。1988 年，印度国家软件和服务企业协会（NASSCOM）成立。NASSCOM 是 IT 企业的联合，通过 IT 研发和教育等支持措施成为行业发展的催化剂。1999 年，印度信息科技部成立，用以协调政府、教育和商业层面关于软件行业发展的活动。至此，班加罗尔成功地成为软件中心，其中印度联邦政府在早期和后期的行业发展过程中起到了积极的作用。

4.2.6　机会

根据波特钻石模型，国家 / 地区的竞争力也可以由随机事件引发。

当我们观察大多数行业的历史时，也会看到机会扮演的角色。关于机会最重要的实例可能涉及我们询问是谁最早提出了“核心创意”这一问题。企业家往往在本土国家开始它们的步伐，这其中的原因大多与经济无关。一旦一个行业扎根于一个国家，规模和集群效应就会增强该行业在这个国家中的地位。

关于印度软件行业竞争力的发展（特别是班加罗尔），我们发现了两个基本事件：

（1）千年虫问题（前面已经讨论），导致对印度软件企业服务需求的增加。

（2）2001 年美国和欧洲互联网泡沫的破裂，导致很多企业将软件功能业务外包给印度，以求降低成本。

从企业的视角来看，最后两个变量——机会和政府，可以被看作企业必须适应的外生变量。另外，政府也会被游说运动、利益集团和大众媒体轻易影响。

总之，我们已经确定了六种因素会影响全球化行业的分布：生产要素、本土需求、支持行业的分布、本土行业的内部结构、机会和政府。这些因素是相互关联的。随着行业的发展，它们对具体地理位置的依赖也会改变。例如，半导体用户从军事向电子行业的转变就对这个行业的国家钻石形状产生了深刻的影响。在某种程度上，当政府和企业认识到它们所具有的区位优势资源时，就会更好地挖掘竞争差异并预测行业转变。

关于印度（班加罗尔）软件行业，通过使用钻石模型分析，可以得到以下结论（Nair et al.，2007）：

- 班加罗尔的软件行业从一开始就不仅仅服务本土客户，而且还要满足北美客户的需求。软件行业的竞争本来也不是本土化的，而是偏向于全球化的。
- 软件服务业所需要的支持比制造业要简单得多。对于制造行业而言，非常重要的是拥有运行良好的实体基础设施（运输和物流等）。对于软件行业而言，这些基础设施并不那么重要，因为大多数的物流可以通过互联网来完成。这也就是班加罗尔软件行业形成了国际竞争力而制造业却没有的主要原因之一。
- 软件行业对受过良好教育的高端人力资源依赖程度较高，而这是对关键性要素的投入。

班加罗尔的企业是从价值链的底端开始（为应对千年虫提供编码工作），但它们开始向为新兴领域提供更多增值服务这一方向不断迈进。

4.2.7　“双钻石”和“多钻石”框架

波特钻石模型最大的局限就是它主要关注单一市场条件（Rugman et al.，2012）。**双钻石**

（double diamond）模型解决了这一问题。鲁格曼和狄克鲁兹（Rugman and D'Cruz，1993）建议，加拿大企业的国际竞争力不仅仅依赖于本国的钻石条件，还取决于贸易伙伴——美国的条件。因此，一家企业的国际竞争优势的资源不仅仅局限于母国优势，还可以从研究和开发几个主要国家"多钻石"模型的竞争优势中获取。

4.3 行业竞争分析（波特五力模型）

理解企业竞争力的下一步是要观察企业的竞争环境，它在钻石模型的最上方的方格中（见图 4-1）。

分析竞争结构最为常用的框架之一是由波特开发的。波特（1990）认为，一个行业中的竞争根植于其基本经济结构中，并超越了现有竞争者的行为。竞争状态依赖于五种基本的竞争力，如图 4-1 所示。这些力量共同决定了一个行业的最终潜在利润，这里的利润主要由资本投资的长期回报来衡量。每个行业的潜在利润都不尽相同。

为了使问题看起来更清晰，我们需要定义一些关键术语。行业是指一群可以提供一种产品或一类可以相互替代产品的企业，如汽车行业和制药行业（Kotler，1997）。市场是由提供某一产品的一系列实际或潜在买家和卖家构成。行业层面和市场层面有区别，因为我们认为一个行业会包含几个不同的市场。这也就是图 4-1 中外面的方框被定义为"行业层面"，而里面的方框被定义为"市场层面"。

所以，行业层面（波特五力模型）包含了所有类型的成员（新进入者、供应商、替代品、购买者和市场竞争者），它们在这个行业中存在潜在或现实利益。

市场层面包含在市场中有现实利益的成员，如购买者和卖方（竞争者）。在 4.4 节（价值链分析），这个层面会被进一步阐释，届时会讨论购买者对于不同竞争者的供应物产生的不同感知价值。

虽然以上两个层面的划分对波特五力模型的分析方法是合适的，但是莱维特（Levitt，1960）也指出，卖方将竞争领域（如市场）定义太狭窄，会带来**"营销近视症"**（marketing myopia）的危险。例如，欧洲豪华汽车制造商就表现出近视症状，将注意力放在彼此身上而忽视了日本汽车制造商，它们恰恰是豪华汽车市场的新进入者。

竞争分析的目标是为了发现自身在行业内的定位，使企业可以有力地面对五种力量的冲击，或者影响这些因素使之对自己有利。了解这些潜在的压力可以使企业更明确自己的优势和劣势，确定自己在行业中的定位，理清哪些领域的战略调整可以带来最大的回报。结构分析是制定竞争战略的基础。

波特五力模型的每一种力量都包含许多要素，这些要素相结合决定了每一种力量的优势，并且影响竞争的强度。多布斯（Dobbs，2014）为管理者和学生们提供了一套很具实用价值的模板来应用波特五力模型分析行业。下面，我们来具体讨论每一种力量。

4.3.1 市场竞争者

市场中现有竞争者的竞争强度取决于很多因素：

- 行业集中度。规模相当的竞争者越多，竞争强度就会越大。如果行业中存在一家明显的具有成本优势的领头羊企业（规模要比排名第二的企业至少大 50%），那么竞争就会少很多。

- 市场增长率。缓慢增长会带来更大的竞争。
- 成本结构。较高的固定成本会鼓励企业通过降价来充分利用产能。
- 差异化程度。一般性商品鼓励竞争，而高差异化产品则因很难被复制，竞争不那么激烈。
- 转换成本。产品专业化水平较高会造成高转换成本。消费者已经投入很多资源来学习如何使用该产品，或者进行了量身定制的投资，而这些投资对其他产品或供应商而言没有价值（资产专有性高），那么竞争就会随之降低。
- 退出壁垒。由于其他领域缺少机会、垂直一体化程度高、情感壁垒或关闭工厂成本高，导致离开一个市场的壁垒很高时，竞争会比低退出壁垒的市场更高。

企业要特别谨慎，避免破坏竞争稳定性。它们需要在自身和整个行业的稳定之间寻找平衡。例如，激烈的价格战和促销可能会使企业获得市场份额的微小提升，但是竞争者的反应可能会导致整个行业的长期盈利蒙受损失。有些时候，与其追逐短期的自身利益，还不如维持行业的现有结构。

4.3.2 供应商

原材料和零部件的成本会对企业的盈利能力产生巨大影响。供应商的议价能力越强，成本就越高。供应商的议价能力会在以下情况下有所加强：

- 供给掌握在少数几家企业手里，它们比购买者所处行业更为集中；
- 供应商的产品独特且差异明显，或者它们已经构筑起了转换成本；
- 供应商不用与销往该行业的其他产品进行竞争；
- 供应商威胁要通过前向一体化进入到下游产业的业务市场中；
- 购买者没有要威胁后向一体化进入供应市场；
- 该市场对于供应商群体来说并不是重要的客户。

一家企业当然也可以通过以下手段来削减供应商的议价能力，如寻找新供应商、威胁向供应渠道后向一体化，以及设计使很多供应商可以生产的标准化零部件。

4.3.3 购买者

在以下情况下购买者的议价能力较强：

- 购买者很集中且 / 或购买量巨大；
- 购买者威胁要通过后向一体化进入上游市场，生产相关产品；
- 购买者购买的产品是标准化的或无差异的；
- 有许多供应商（卖方）销售同类产品；
- 购买者利润低，从而具有强烈的动机来降低采购成本；
- 行业的产品质量对于购买者来说并不重要，但是价格却非常重要。

供应商企业可以尝试削弱购买者的议价能力，如增加购买者数量，威胁前向一体化进入购买者市场，或者生产高价值、高差异化的产品。在超市零售业，品牌领导者往往可以获得最高的利润率，部分因为成为第一意味着超市需要引进这一品牌，从而降低了超市在价格谈判中的议价能力。

那些购买产品却并非终端用户的顾客［如原始设备制造商（OEM）或分销商］，可以像其他购买者一样用同样的方法进行分析。非终端顾客若可以影响下游顾客的购买决策，将会获得重要的议价能力（Porter，2008）。多年来，原材料供应商杜邦（DuPont）不仅面向厨具设备制造商，还向下游的终端顾客（家庭）对其旗下品牌"特氟龙"（Teflon）进行持续的广告宣传，从而建立了巨大的品牌影响力。

4.3.4 替代品

替代品的存在会减少行业吸引力和盈利能力，因为它对价格水平进行了限制。

如果一个行业很成功并且能够获取较高利润，那么竞争者很可能会通过替代品进入这个市场来获取具有潜在利润的市场份额。替代品的威胁依赖于下列因素：

- 购买者购买替代品的意愿；
- 替代品的相对性价比；
- 转换为替代品的成本。

替代品的威胁可以通过加大替换成本来降低，这些成本甚至可以是心理层面的。例如，可以创造强烈且独特的品牌个性，保持与顾客感知价值相对应的差别价格。

4.3.5 新进入者

新进入者可以增加行业的竞争强度。反过来看，新进入者的威胁也具备一种反映进入市场壁垒程度的功能。下面将列举一些影响进入壁垒的关键因素：

- 规模经济；
- 产品差异和品牌识别，这些要素可以为现有企业带来顾客忠诚；
- 生产的资本需要；
- 转换成本——从一个供应商换到另一个供应商所需的成本；
- 获取的销售渠道。

即便进入的高壁垒可以使有利可图的市场对于新的竞争者来说变得没有吸引力（或不可进入），市场营销策划者也不应该被动响应，而应该积极寻求提高壁垒防止新进入者的方法。

提高进入壁垒的方法包括高昂的促销和研发费用、明确传达的对新进入者的报复行动。一些管理行为会无意识地降低壁垒。例如，新的产品设计极大降低了生产成本，这会使新进入者更容易进入市场。

4.3.6 战略组群

战略组群（strategic group）可以被定义为，在一个行业中运营的一组公司（或战略业务单元或品牌），使用相似的市场相关战略来竞争同一组顾客（同一细分市场）。如果一个行业中所有的公司都基本遵循相同的战略，那么该行业只能有一个战略组群。相反，另一个极端情况是，每个公司都是一个单独的战略组群。

在不同战略组群中的公司为不同的顾客竞争，所采用的战略也有所区别。所以，不同的战略组群间并不互相竞争，因为它们追求的顾客群并不相同。

因此，战略组群分析就成为一种技术，该技术可以为管理人员提供企业市场定位的信息，也成为一种确定竞争对手的工具。五力行业分析就是这一流程中的第一步（Porter，1980）。在明确了五力之后，行业中的主要竞争对手就会基于竞争变量而被划定出来。竞争者会基于战略的相似性和竞争地位被划分为战略群组。为了达到这个目的，我们可以使用波特的三种基本战略（低成本战略、差异化战略和专一化战略）。

例如，在轿车行业，那些购买低价品牌（如铃木、起亚和现代等）的消费者追求的就是价格便宜（低成本战略），而那些购买丰田凯美瑞或本田雅阁的消费者符合差异化战略，他们愿意为更大、更多性能 / 选择、更值得信赖而花更多的钱。最后，那些购买劳斯莱斯或捷豹的消费者则愿意花一大笔钱来购买独特和高端的属性（专一化战略）。

通常我们可以画一个二维的网格，根据行业中最重要的两个属性对企业进行定位，从而区别直接竞争者（使用相似战略或商业模式的竞争者）和非直接竞争者。企业可以尝试转移到一个更有利的群组中，此举的难易程度取决于进入目标战略群组壁垒的高低。

4.3.7　协同五种资源模型

波特的原始模型是建立在一个假设的基础上，该假设是：企业的竞争优势只有在一个充满激烈竞争关系的市场中才能发展得更好。

五力模型提供了一种分析方法来思考如何依赖五种竞争维度保证企业在商业环境中最大化地获取竞争收益，或避免自身利益被别的竞争对手挤占。

在过去的几十年中，出现了另一个学派（如 Reve，1990；Kanter，1994；Burton，1995），强调行业成员间协同（而不是竞争）的积极作用，进而强调了坎特（Kanter，1994）提出的“协同优势”这一概念的重要意义，协同才是优秀商业绩效的基础。

在要么竞争要么追求协同优势上纠结并做出孤注一掷的选择，本身就是一种错误。真正的战略选择问题应该是在什么地方（和什么程度）协同，在什么地方（和多激烈地）竞争。

换句话说，公司必须基于现实情况处理以下基本问题：

- 选择将竞争和协同战略进行组合，使其适应公司所处行业环境的不同维度；
- 将两种要素混合在一起，从而使它们以一种相互协调和促进的状态（而不是相互削弱的状态）下互动；
- 用这种方式，优化企业的整体定位，稳固基础，并充分利用竞争和协同优势。

这就需要在当前环境下，用重点关注协同优势和战略评估的同类框架对竞争战略进行完善，这种完善竞争战略的分析被称作五种资源模型（Burton，1995）。下面将进行概述。

为了呼应围绕在企业周围的五种竞争力——如波特方法所阐述的，公司的行业环境中同样存在构成协同优势的五种潜在的资源［**五种资源模型**（five-sources model）］。这些资源在表 4-1 列出。

表 4-1　五种资源模型与波特五力模型的对照

波特五力模型	五种资源模型
市场竞争者	与在相同的生产过程阶段其他进行操作 / 生产同一组紧密相关产品的企业进行横向协同（例如，当今汽车制造商之间的全球合作安排）
供应商	和公司的零部件或服务供应商之间的纵向协同，有时也被称作纵向一体化安排（例如，日本汽车、电子和其他行业典型的供应商与组装商形成企业集团）
购买者	选择特定渠道成员或顾客（如领先用户）进行合作，建立超过标准的、单纯的交易关系
替代品	与互补品及替代品相关的生产者之间的多元化联盟。替代品的生产者不是“天然盟友”，但这种联盟并不是不可想象的（例如，固定电话和移动电话公司协同发展它们的网络规模）
新进入者	与之前无关的部门建立多元化联盟，但这种联盟内部可能会导致行业界限的“模糊”；或者是一种技术 / 业务上的跨行业融合（通常是由于新技术上的可能性），能够带来以前没有的技术 / 业务（例如，新兴多媒体领域的协同）

为了打造一种有效且一致的企业战略，一家企业必须评估并形成自己的协同和竞争战略。这样做有两个目的：

（1）在行业环境的每一个维度上都能形成协同和竞争的平衡（例如，与供应商的关系、对顾客和渠道的政策）。

（2）对两者进行整合，从而避免它们之间的潜在冲突和可能的破坏性矛盾。

这属于合成战略的领域，这个领域关注的是努力将竞争和合作进行整合。

4.4 价值链分析

截至目前，我们已经从战略的视角讨论了企业的国际竞争力。为了更深入地了解企业的核心竞争力，我们现在看一下波特五力模型中的市场层面，也就是关注购买者和卖方的部分（市场竞争者）。这里我们要更仔细地观察是什么在同一竞争层面创造了市场竞争者面向顾客的竞争优势。

4.4.1 顾客感知价值

市场中的成功并不仅仅依赖于确定顾客需求并做出回应，而是取决于保证我们的回应被顾客认为优于其他竞争对手的能力［如**高感知价值**（perceived value）］。一些学者（如Porter，1980；Day and Wensley，1988）认为，造成市场中表现差异的原因可以从多个层面进行分析。其中，造成不同企业表现差异的直接原因可以归纳为两个基本要素（D'Aveni，2007）：感知价值和顾客感知利失（成本）。

感知价值是顾客从使用产品 / 服务中感受到的收益（图 4-2 中的分子）与他们在寻找、获取和使用产品时所付出的直接和间接成本之间的比例（图 4-2 中的分母）。比值越高，顾客的感知价值就越高，竞争力也会越强。

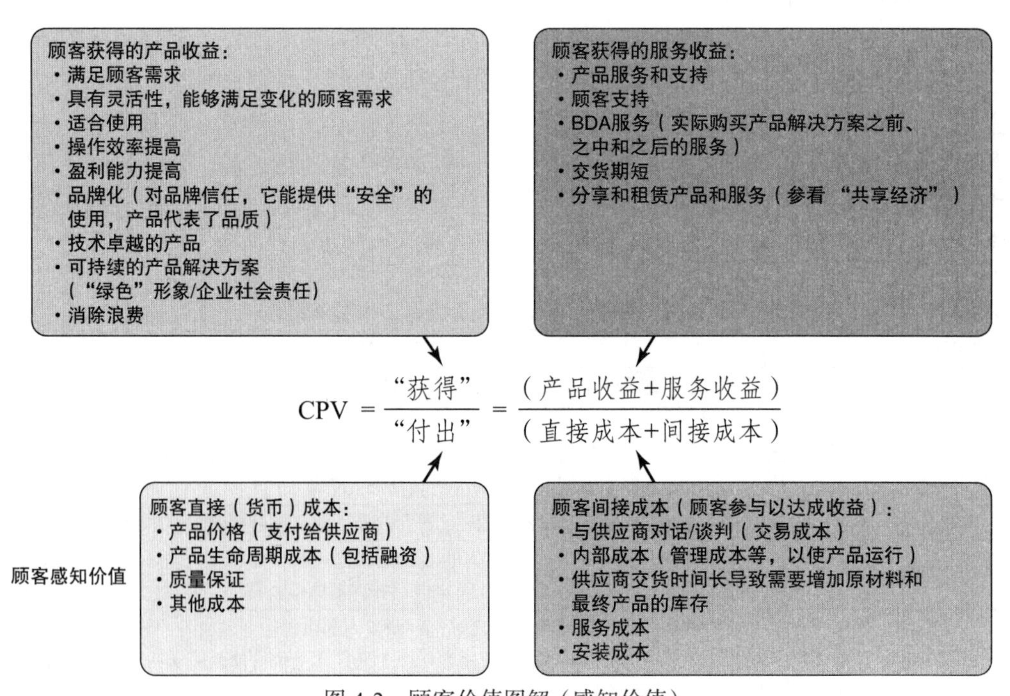

图 4-2 顾客价值图解（感知价值）

请不要认为图 4-2 是精确计算“顾客感知价值”（CPV）的数学公式。而是要思考顾客为了使用和消费产品 / 服务，相对于顾客的“付出”，顾客“获得”了什么。

当产品 / 服务被购买并被使用或消耗后，顾客的满意度水平就可以被评估。如果顾客对购买过程和产品质量的实际满意度高于一开始的预期，那么顾客就会再次进行购买，也可能会忠于企业的产品 / 服务（品牌忠诚）。

对顾客收益起推动作用的因素包括产品价值、服务价值、技术价值、承诺价值。但也请记住西奥多·莱维特（Theodore Levitt）的名言［他实际上把这句名言归于里奥·麦金尼拉（Leo McGinnera）］：

> 人们其实不是想买一个 1/4 英寸[㊀]的钻头——他们只想要一个 1/4 英寸的洞！
>
> （Levitt，p.128）

对成本起推动作用的要素也可以分为两个类别：一类与支付价格相关；另一类代表了顾客承担的内部成本。这些要素可以被细分到不同的属性中。例如，对价值的承诺包括对个人和顾客关系的投资；内部成本可能包含准备时间和花费、维护、培训和个人体能上。

如果收益超过成本，顾客至少会考虑购买你的产品。例如，对于一个企业客户的价值可能就反映到购买新设备的投资回报率上。如果通过设备产生的成本降低或收入增加能够用投资回报的方式证明采购价格和运营成本的合理性，那么价值就被创造出来了。

当我们讨论顾客价值时，应该认识到顾客价值并不仅由公司自身创造。有些时候，顾客价值是与顾客或供应商甚至是与互补者和竞争者在一个共创过程中创造的（Gronroos，2009）。“顾客价值创造”的扩展概念把我们引入到了价值网这一概念上，这将在 4.7 节中进行介绍。

4.4.2 共享经济

相比购买和占有产品，顾客越来越愿意外借和分享它们。企业可以通过创造新的方法定义和分销供应物从“协同消费”的趋势中获益（Stein，2015）。

所谓的**“共享经济”**（sharing economy）正迅速增长。2014 年，共享经济的规模达到 300 亿美元（Malhotra and Van Alstyne，2014）。著名的基于共享消费体系的初创企业包括：优步（Uber），一家总部位于旧金山的交通（出租车）网络公司；爱彼迎（Airbnb Inc.），一家旧金山的互联网旅游公司；资博卡（Zipcar），一个新泽西的汽车分享品牌，现在已经成为汽车租赁企业安飞士（Avis）集团的一部分。

例如，在资博卡的共享体系中，用户可以将他们不用的车外借并收取一定的费用。租赁客户可以就近选择负担得起的汽车，并且只为所使用的时间付费。这样双向的平台通过解锁嵌入在空闲资源中的利益和想使用它们的用户一起创造了许多优势。

在服务主导逻辑的主线中（Bettencourt et al.，2014），有一种趋势区别于向他人销售产品这一传统逻辑，它是企业通过销售某种东西的使用权而向顾客提供服务，进而，企业为顾客提供一种服务来帮助顾客完成一项工作（Slimane and Chaney，2015）。一家企业有许多方法来销售产品的使用权而不是所有权。例如，喜利得（Hilti，位于列支敦士登）是一家为全球建筑行业提供产品、系统和服务的企业，它不仅致力于销售手持式电动工具，

㊀ 1 英寸 = 2.54 厘米。

还致力于销售这些产品的使用权（Matzler et al.，2015；Slimane and Chaney，2015），详见营销洞察 4-1。

营销洞见 4-1

喜利得正在出售使用体验，而非产品

在 20 世纪 90 年代后期，喜利得基于体验的销售败给了竞争者的廉价小型工具的销售模式。之后，公司力求听取并借鉴顾客的意见——关于如何提升自己提供的产品和服务。在这一过程中，公司发现许多工人有时将便宜的小型工具视作一次性工具，他们基本上不会带其他的高端工具和昂贵的电动工具去工作。施工现场管理者看到工地上满是不相容的廉价手持式电力工具，这种景象十分令人沮丧。此外，由于不给力的电工设备，工地管理者经常遇到时间拖延和项目经费增长的问题。

尽管低成本的工具对于喜利得的销售是一种威胁，但是它凭借为顾客提供方便的服务，开创了一个巨大的市场竞争机会，如今这种服务形式被用户广泛称为"工具机队管理"。现在喜利得的建筑业顾客不必再购买单独的工具，取而代之的是，他们可以在固定的使用时间内以固定的月费率租赁。这样的租赁安排不仅能提高工具使用的灵活性和有效性，在此基础上，顾客还能够获得全方位维修服务。通过这种途径，喜利得计划充分利用最初对自己产生威胁的因素，将其转变为企业的核心竞争力。喜利得在战略和方法上的改变如图 4-3 和图 4-4 所示。

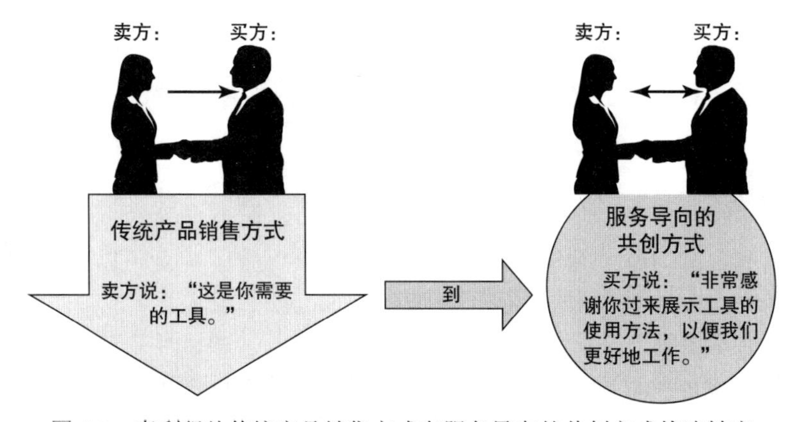

图 4-3 喜利得从传统产品销售方式向服务导向的共创方式战略转变

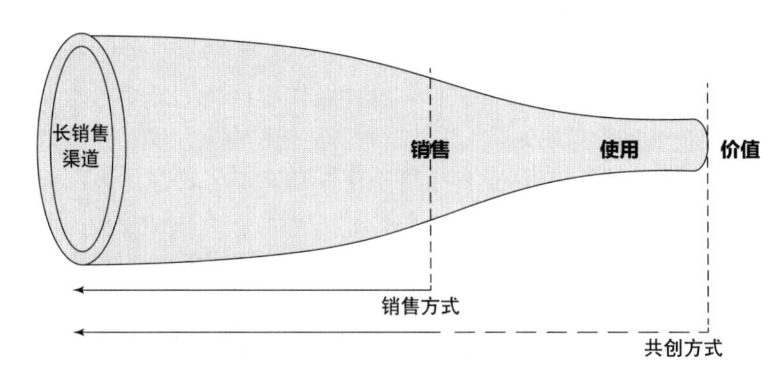

图 4-4 过程持续到顾客获得销售人员承诺的价值为止

资料来源：Based on Matzler et al. (2015); Slimane and Chaney (2015).

4.4.3　竞争三角

市场中的成功并不仅仅依赖于确定顾客需求并做出回应，而是依赖于保证做出的回应被顾客认为我们的能力优于竞争对手（如高感知价值）。一些学者（如 Porter，1980；Day and Wensley，1988）认为，造成企业在市场中表现差异的原因可以从不同层面进行分析。其中，直接原因可以被归纳为两个基本要素（D'Aveni，2007）：

（1）所提供产品 / 服务的感知价值与感知利失形成对比。感知利失包括买家在进行购买时所面对的所有"成本"，主要是购买价格，但是也包括获取成本，运输、安装、处理、维修和维护的成本（Ravald and Gronroos，1996）。在展示的模型中，(采购）价格会被用来代表感知利失。达维尼（D'Aveni，2007）提出了一个策略工具，来计算一名顾客愿意为产品 / 服务的感知利得支付多少钱。

（2）与企业相关的成本发生在创造感知价值的过程中。

这两个基本要素将会在本节后面进一步讨论。

在与竞争对手的市场供应物比较后，顾客能从一家企业的市场供应物上感知到更高的价值，并且生产价值的成本要比竞争对手低时，那么该企业绩效就会更为优秀。因此，企业相比竞争对手能生产更高感知价值和 / 或更低相对成本的市场供应物时，就被认为在市场中拥有了竞争优势。

这可以通过**竞争三角**（competitive triangle）来说明（见图 4-1）。理论上并不存在用单一维度测量竞争优势的状况，感知价值（相较于价格）和相对成本必须同时评估。由于竞争优势通过这两个维度测量，所以如果两个企业在竞争优势上进行比较，有时候很难分出高下。

请看图 4-5，公司 A 在情况Ⅰ中相比公司 B 有优势，但是在情况Ⅳ中却明显处于劣势，而在情况Ⅱ和Ⅲ中不能很快得出结论。情况Ⅱ中，如果市场中的顾客对质量敏感度较高，有差异化的需求，并且价格弹性较小，那么公司 B 就可能拥有竞争优势；如果顾客需求相近，价格弹性较大，那么公司 A 可能具有相似的竞争优势。情况Ⅲ中恰好相反。

		感知价值（相对于购买价格）	
		A更高	B更高
相对成本	A更低	Ⅰ	Ⅱ
	B更低	Ⅲ	Ⅳ

图 4-5　感知价值、相对成本和竞争优势

即使公司 A 比公司 B 有明显的竞争优势，但如果公司 A 采用增长战略，而公司 B 采用稳定战略，那么公司 A 也可能不会有更高的投资回报。因此，绩效表现要用投资回报和产能扩张这两者的结合来衡量，其中产能扩张可以被认为是延后的投资回报。

虽然感知价值和相对成本之间的关系错综复杂，但是我们仍然可以坚持基本观点，那

就是这两个变量是竞争优势的基石。让我们更深入地来了解一下这两个竞争优势的基本来源。

4.4.4 感知价值优势

我们已经发现顾客购买的并不是产品，而是收益。换句话说，顾客购买产品并不是购买产品本身，而是产品所“交付”的承诺。这些收益可能是无形的，即收益并不仅是产品的具体功能，而是产品所带来的形象或声誉等，或者交付的供应物被认为在某些功能方面超过了竞争对手。

感知价值是顾客对产品或服务的整体评价。因此，明确顾客从企业供应物中（价值链）实际寻求的价值是为交付正确价值所进行活动的起点。它可能是有关产品具体使用的物理属性、服务属性和获得技术支持的融合。这也要求企业能够理解构成顾客价值链的活动。

除非我们提供的产品或服务在某些方面区别于竞争对手，否则有很大的可能市场只把它当作一般的“商品”，而顾客只会选择价格最便宜的供应商。所以，想方设法为供应物增加附加价值从而区别于竞争对手就变得尤为重要。

那么，通过什么方法可以实现价值的差异化呢？如果从价值链的视角入手（参看第1章1.7节），我们认为商业系统中的每项活动都可以为产品或服务增加感知价值。对于顾客来说，价值是从获取产品或服务中产生的感知收益流。价格则是顾客愿意为一连串收益所支付的成本。如果一个产品或服务的价格高，那么它必须提供更高的价值，否则会被市场淘汰；如果一个产品或服务的价值低，那么价格必须低，否则也会被逐出市场。所以，在一个竞争环境中，在一段时期内，顾客愿意为一个产品或服务支付的价格就是其价值的一个很好的间接测量。

如果我们着重来看价值链的下游功能，差异化的优势可以从传统的“4P”营销组合中的各个方面来创造：产品、渠道、促销和价格都可以为顾客增加感知价值。改善营销的某一环节是否值得，关键在于了解其创造的潜在收益是否能为顾客创造价值。

如果我们扩展这个模型，以下方面必须加以强调（参见 Booms and Bitner，1981；Magrath，1986；Rafiq and Ahmed，1995）：

- 人员（people）。这既包括顾客，他们必须被教育从而参与到服务中，也包括雇员（员工），他们必须被激励和培训以保证维持高标准的服务。顾客能够确认服务人员的特质，并将这些特质与公司联系起来。
- 实物方面（physical aspects）。这包括交付地点的外观，以及能使服务更加有形化的要素。例如，游客通过所见所闻来体验迪士尼乐园，但是那些看不见的辅助设备对满足游客幻想实现却至关重要。
- 流程（process）。服务依赖于设计良好的交付方式。针对服务提供时生产和消费同时发生的状况，过程管理能确保服务的可行性和质量的稳定性。没有健全的过程管理，平衡服务需求和供给就变得极其困难。

在这增加的三个P中，企业人员是影响顾客对于产品质量预期的关键，因此，企业的形象在很大程度上受企业人员的影响。所以，特别关注员工素质并监督他们的表现就变得尤为重要。营销管理者不仅要管理服务的提供者——用户接触点，也要关注其他顾客的行为。例如，影响餐馆里用餐的其他人员的数量、类型和行为等。

4.4.5　相对成本优势

价值链中的每一项活动的执行都有成本。因此，顾客想要从产品或服务中取得一连串收益就需要支付一定的“交付成本”。如果商业系统想要保持盈利，那么“交付成本”就给产品或服务的价格设定了一个较低的限制。降低价格就意味着首先要通过调整商业系统降低交付成本。正如之前提到的，这场游戏的规则就是：以尽可能低的交付成本提供尽可能高的感知价值。

一个企业的成本水平取决于其相比竞争对手的价值链活动配置，以及每一项活动成本驱动因素的相对定位。当企业所有活动的成本总和低于竞争对手时，成本优势就会出现。关于相对成本水平的评估，要求对每一个主要竞争对手的价值链都要了解。现实中，完成这一步骤异常困难，因为企业并没有关于竞争对手活动成本的直接信息。但是，有些成本可以从公开数据或同供应商和分销商的访谈中估计出来。

创造**相对成本优势**（relative cost advantage），需要了解影响成本的所有因素。人们常说“做大做强”，这一方面是基于规模经济，使得固定成本能够分摊到更大的产量上，但最主要还是因为经验曲线的影响。

经验曲线是一种现象，它来自之前的学习曲线概念。学习对成本的影响可以从第二次世界大战中战斗机的制造中发现。随着学习地深入，制造每一架战斗机的时间都在缩短。规模效应和学习曲线的总效应被称为经验曲线。波士顿咨询集团（BCG）估算出，累计产量每增加一倍，成本平均减少 15% ～ 20%。

波士顿咨询集团的创始人布鲁斯・亨德森（Bruce Henderson）在随后的研究中扩展了这一概念。他证实了不仅是生产成本，所有成本都会随着产量增加而以一定比率降低。事实上，更准确地说，经验曲线描述的是实际单位成本和累计产量之间的关系。

这说明，当假设所有企业都遵从同一曲线时，拥有较大市场份额的企业会通过经验曲线获得一定的成本优势。然而，一种新兴技术降低经验曲线的趋势正在显现，即引进新兴技术的企业会超过越来越多的传统企业而获得成本优势，即便其累计产量很低。

图 4-6 展示了经验曲线的一般形式和超越到另一曲线的状态。

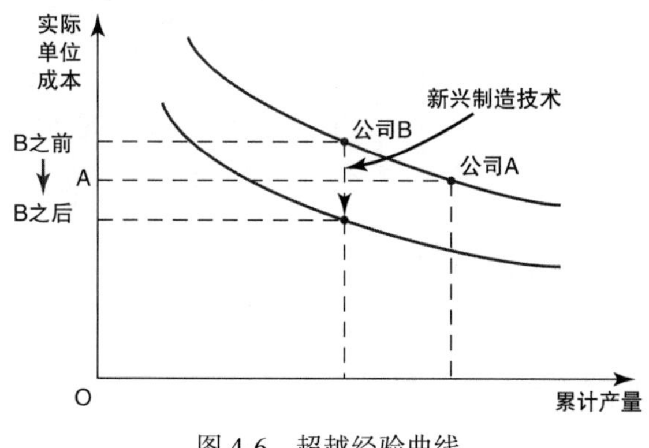

图 4-6　超越经验曲线

通过开发新兴技术超越经验曲线对于中小型企业和新进入者来说是一种特殊的机会，因为它们只有很小的市场份额，累积产量较少。

经验曲线对于价格策略的影响将在第 15 章讨论。波特（1980）认为，还有其他驱动因素影响价值链中的成本。

- 产能利用率。产能不足引发的成本。
- 联动。一项活动的成本会受到其他活动的影响。例如，提高产品质量保障会减少售后服务成本。
- 相互关系。例如，不同战略业务单元对研发、采购和营销的共享会降低成本。
- 整合。例如，对于各项活动的分拆（外包）给供应商可以降低成本并提升灵活性。
- 时机和时间压缩。市场中的第一个行动者会获得成本优势。时间压缩是一个降低成本并提升质量的因素，因为它减少了生产中的准备时间和停工时间，并且包含了在提升生产效率中涉及的人力资源。顾客可能会愿意花更高的价格购买一个比竞争对手更快投放市场的新产品。更短的上市时间等于对企业全球竞争力的改进（Demartini and Mella，2011）。
- 政策制定。产品宽度、服务水平和渠道决策都是能影响成本的策略。
- 地理位置。企业离供应商距离近会降低内部物流成本，企业离顾客距离近可以减少外部交付成本。有些生产商选址在东欧或远东地区，以利用低工资成本优势。
- 制度因素。政府法规、关税、地方规定等类似制度都会影响成本。

4.4.6 竞争优势的基本来源

感知价值的创造和成本的发生取决于企业的**资源**（resources）和**竞争力**（competences）（见图 4-7）。

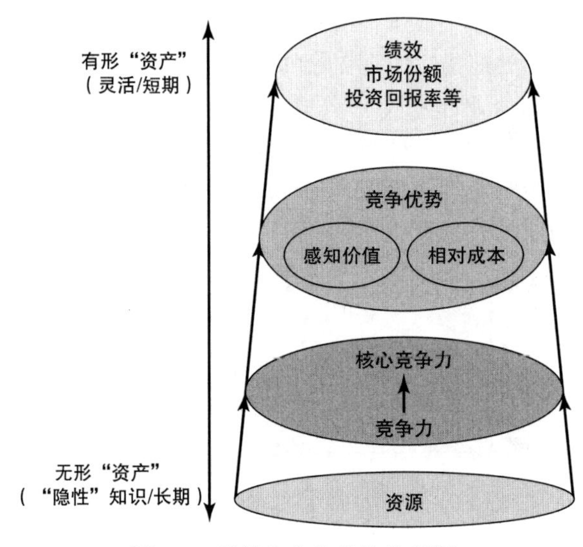

图 4-7 绩效和竞争优势的根源

1. 资源

资源是分析的基本单位。它包括所有业务流程中的投入——财务、技术、人员和组织资源。即便资源是竞争力建立的基础，单纯依靠其自身也几乎没有生产力。

对于企业进入市场来说，资源是必需的。因此，市场中的竞争者在技能和资源上大多没有显著差异，而资源也不能解释感知价值、相对成本和绩效方面的差异。它们可以阻止失败，但不能推动成功。但是，资源可能会给新进入者制造进入市场的壁垒，也会因此提升市场中平均绩效的水平。

巴尼（Barney，1997）提出了分析一个企业资源竞争潜力的 VRIO 模型：

- 价值（value，V)：资源对目标公司有价值吗？
- 稀缺性（rarity，R)：在一系列竞争对手中，资源是独一无二的吗？
- 不可复制性（inimitability，I)：资源是否难以复制？一家公司试图获取资源是否造成了巨大的劣势？
- 组织（organization，O)：企业是否有组织、有准备地来开发资源，从而获取资源？

只有当以上四个问题的答案都是“是”，才表明资源是“可持续的竞争优势”。

2. 竞争力

竞争力——层次更高的要素，来源于对各种资源的组合。竞争力的形成和质量来源于两个方面：一方面，企业在整合资源方面的特殊能力。这些能力是在集体学习的过程中得以开发和提升的；另一方面，竞争力质量的基础是资源组合。这构成了竞争力的潜质，应当被最大限度的开发。

卡尔迪和塞尔加（Cardy and Selvarajan，2006）将竞争力分为两类：个人能力和企业能力。个人能力是基于个体的，并包含一系列特质，如知识、技术、技能、经验和个性。企业能力属于组织，是组织中内嵌的流程和结构，存在于组织内部，即便个体离开它也依然存在。这两类能力并不是完全独立的，个人能力的汇集可以形成特殊的做事方式或文化，并嵌入到组织内部。此外，企业特征也可以确定哪种个人能力最适合组织。

一家企业可以有很多竞争力，但只有一些能成为**核心竞争力**（core competences)，例如，一家企业的价值链活动被认为比其竞争对手表现得都要优异（见图 4-8）。

在图 4-8 中，核心竞争力被一个战略资源（资产）所代表，它很难被竞争对手复制，并且具有帮助企业长期盈利的潜力。企业的目标是使产品或服务分布在右上角。左上角也代表盈利的可能性，但是竞争优势很容易被复制，所以高利润只是短期的。左下角代表价格敏感商品提供商的位置，在这里利润会很低，因为产品的差异化主要体现在渠道（分销）特别是价格上。

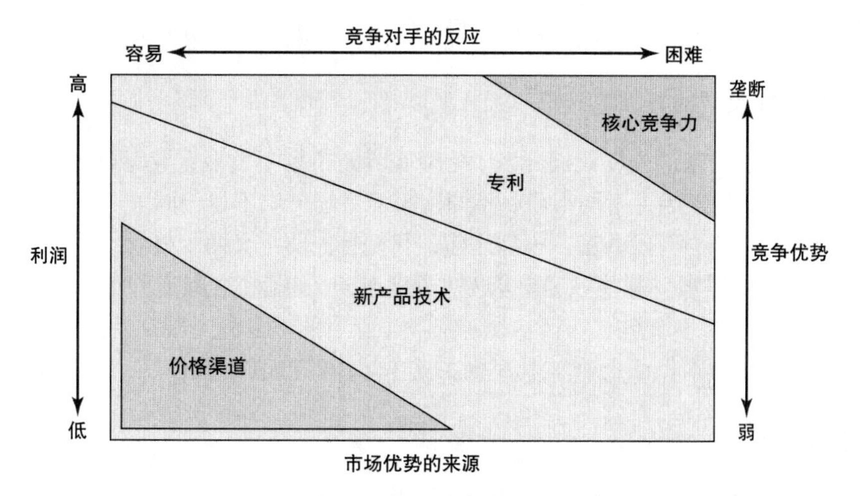

图 4-8　核心竞争力图示

4.4.7 竞争标杆分析法

对于任何营销战略有效性的最终测量，都应该使用“利润”这一专业概念。那些努力获取市场份额并用销量测量市场份额的企业，有可能导致自欺欺人的结果，因为销量是通过牺牲利润换取的。

由于市场份额是一种“事后”测量，因此我们需要利用竞争绩效的持续指标，这会帮助企业明确营销组合哪些领域可以改进。

近年来，很多企业开发了一种测量企业相对市场绩效的技术，也就是**竞争标杆分析法**（competitive benchmarking）。最初，竞争标杆分析法的理念实际上是为了将竞争对手的产品逐一拆解，并将其与你的产品从价值工程的角度进行比对。这种方法的使用源自日本人，但是后来很多西方公司也发现了这种细节对比的价值。

竞争标杆分析法的概念和波特所谓的运营效益（operational effectiveness，OE）非常相似，意思是比竞争对手更好地完成相似的活动。但是，波特还认为，运营效益是胜过竞争对手必要但不充分的要素。企业必须考虑战略（或市场）定位，也就是说，要考虑竞争对手不同行动的表现，或者考虑在相似的行动上有不同的表现。在相当长的时间内，只有少数的企业基于运营效益在竞争中获得了成功，主要原因是最佳实践的快速扩散。竞争者可以从咨询公司那里快速复制管理技巧和新技术。

尽管如此，标杆分析法的概念可以超越技术对比和成本效率的范畴而进行扩展。由于市场中的竞争是为了争夺“心智占有率”(share of mind)，所以我们必须测量顾客的感知。

在这种竞争标杆分析法中，我们使用的测量指标包括：交货可靠性、订购便利性、售后服务、销售代理的质量、发票和其他文件的准确性。这些测量指标并不是随便选取的，而是基于其对顾客的重要性。市场调查通常基于深入访谈，可以被用来确定哪些是“关键成功要素”。顾客认为最重要的要素构成了标杆问卷的基础（见图 4-9）。这个问卷之后应该定期进行样本抽样。例如，德国电信（German Telecom）针对本国企业客户进行了每日电话调查来测量客户对于服务的感知。对于大多数公司来说，年度调查可能就足够了。对于市场条件变化较快的公司，季度调查可能更合适。这些调查的结果应该以竞争态势的形式展示出来，如图 4-9 所示。

上面描述的多数指标都是与价值链的下游功能相关。当购买者和供应商的关系更加密切时，特别是在工业市场中，企业会更加重视供应商在价值链上游的竞争力。

1. 动态标杆模型的开发

在价值链功能的基础上，我们开发了一个在界定市场上发展企业竞争力的模型。该模型基于一个特定市场，因为不同市场、不同国家的市场需求不尽相同。

在介绍国际竞争力开发的基本模型之前，我们首先要定义两个概念：

（1）关键成功因素。哪些顾客要求 / 期望供应商（企业 X）具有强大竞争力的价值链功能。

（2）核心竞争力。保证企业 X 具有强大竞争地位的价值链功能。

2. 战略流程

图 4-10 展示了核心竞争力开发模型。

价值链职能的例子（主要是下游职能）	**顾客** 对顾客的重要性（关键成功因素）					**自己的公司（企业 A）** 顾客对我们公司的表现评价如何					**主要竞争者（企业 B）** 顾客对主要竞争者的表现评价如何				
	重要性强				重要性弱	好				差	好				差
	5	4	3	2	1	5	4	3	2	1	5	4	3	2	1
使用新技术															
高技术质量和竞争力															
使用成熟技术															
容易购买															
了解顾客的需求															
价格低															
准时交货															
易于咨询															
负完全责任															
灵活快捷															
公开联系人															
提供顾客培训															
考虑未来要求															
有礼貌且乐于助人															
专用发票															
提供保障															
ISO9000 认证															
一次性成功															
提供参考															
环保意识															

图 4-9　竞争标杆分析法（仅以少数指标为例）

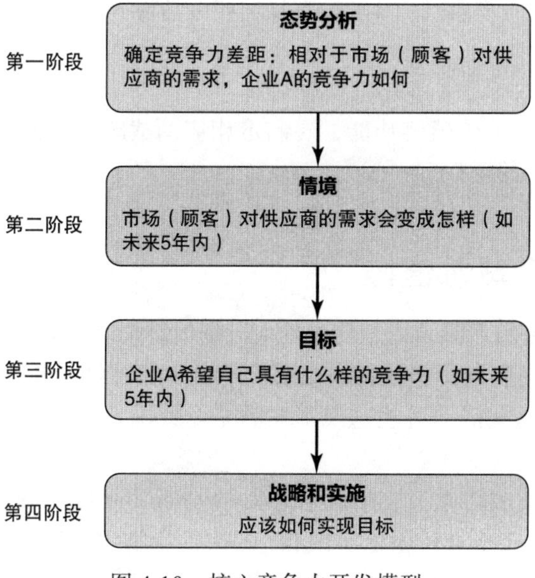

图 4-10　核心竞争力开发模型

第一阶段：态势分析（确定竞争力差距）

在这里，我们不讨论在测量价值链功能时遇到的细节问题。传统的思维方式不能保证测量的客观性，必须依靠由外部专家（关键知情人）补充的企业代表（对相关管理者进行访谈）所进行的内部评估。这些外部专家可以判断市场（顾客）现阶段和未来的需求。

图 4-1（右上角）所展示的企业 A 的竞争力情况就是一个企业与市场（顾客）需求不一致的例子。企业在部分价值链功能中有其自身的核心竞争力，但是对于顾客而言却并不重要（图 4-1 中的市场知识）。

一方面，如果想要关键成功因素和企业 A 的初始定位之间有较好的匹配，那么重点就是要企业 A 集中资源改善核心竞争力，以创造可持续的竞争优势。

另一方面，如果顾客的需求和企业在关键成功因素上的初始定位之间有着巨大的差距（如人员推销职能），那么就有以下备选方案：

- 改善关键成功因素的地位。
- 找到企业 A 的竞争力组合与市场需求和预期更相符的商业领域。

由于新的商业领域潜藏着风险，因此尽早确定关键成功因素中的最终差距通常非常重要。换句话说，必须建立“预警”系统来持续监测关键竞争因素，从而尽早开始限制最终差距的措施。

图 4-1 也展示了企业 B 的能力状况。

第二、三阶段：情境和目标

为了预测未来市场的需求，可以设定关于未来发展可能趋势的不同情境。首先粗略描述这些趋势，然后具体描述市场未来需求 / 期望对供应商价值链功能的影响。

用这种方法，我们可以更清晰地描述出市场预期和企业 A 初始定位之间的差距。同时，企业 A 最大的差距可能就会从人员推销转变为产品开发环节。依靠对市场领导者战略的了解，就有可能描画出市场领导者的未来竞争力组合的情景。

这些情境是讨论未来（如未来 5 年）目标和竞争力组合的基础。企业必须基于现实设定目标，并适当考虑企业资源（图 4-1 没有显示相关情境）。

第四阶段：战略和实施

基于企业 A 要开发的价值链功能，要制定相应的战略。由此产生实施计划，其中包括对组织现有能力水平的调整。

4.5 可持续的全球价值链

价值链包含了所有将产品从概念阶段带入市场销售阶段必需的活动。所以，它包含了产品开发，生产的不同阶段，原材料的提取，半成品的材料，零部件生产、组装、配送，营销甚至回收。由于这些活动可能遍及不同的企业或国家，所以价值链可以是全球化的（参看第 1 章）。

为了体现价值链的战略性，波特和克雷默（Porter and Kramer，2006）指出，企业社会责任（CSR）应该助力企业价值链实践和 / 或改善竞争力态势。基于此种论断，我们提倡将 CSR 方案设计成企业价值链中的一环，来助力企业的主要活动和 / 或辅助活动。这些

CSR 活动可以帮助企业获取采购投入、降低运营成本、捋顺物流体系，甚至有助于价值链中的营销和销售功能。同样，CSR 活动还可以巧妙地应用于价值链的辅助活动中，如采购、人力资源开发。

一个公司的价值链不可避免地会影响并受到一些社会问题的影响，例如，自然资源和水资源的使用，健康和安全，以及工作条件。在最近的文章中，波特和克雷默（2011）介绍了共享价值的概念。共享价值的创造聚焦于明确和扩展社会与公司附加值的联系上。共享价值可以定义为，提高公司竞争力的同时，提升其在运营社区中社会价值的策略和运营实践。许多所谓的外部事物实际上增加了企业的内部成本，即便在缺少法规和资源税的情况下。产品的过度包装和温室气体的排放，不仅消耗的是环境，也是对企业自身的消耗，降低这些成本就会带来“共享价值”。

波特和克雷默（2011）使用了沃尔玛的活动作为例子，说明企业通过减少包装和优化卡车运输解决了自身和环境两方面的问题。沃尔玛在 2009 年缩减了 1 亿英里[㊀]的运输路程，在运送更多产品的同时节约了 2 亿美元。沃尔玛超市在处理二手塑料方面的创新，也为企业节约了花在垃圾填埋上的数百万美元。

4.6 企业社会责任（CSR）

传统的企业范例一直都支持构建强大的顾客关系，因为顾客购买企业的产品，并最终将利润带给股东。而**企业社会责任**（corporate social responsibility，CSR）的概念在营销文献中却成了一种可视化的现象，它将从基于顾客的狭义营销概念转移到更广阔的企业层面的营销概念。

关于 CSR 的普遍理解是建立在利益相关者期望这一概念上的，它是企业营销应该关注的重要问题。这表示组织运营在由在不同利益相关者组成的网络中，这些利益相关者可以直接或间接地影响彼此。所以，CSR 的范畴应该集中在组织致力于避免伤害利益相关者并提升利益相关者和社会福祉上。

企业社会责任包含一系列关注利益相关者福祉而不是投资者利益的企业活动，比如慈善和公益组织、员工、供应商、顾客和下一代的福祉。

例如，20 世纪 90 年代，耐克被指控在亚洲存在血汗工厂的问题。耐克通过旗下的 Nikebiz.com 网站强调其致力于帮助欠发达国家的女性在经济上独立，来向受众宣传企业的核心价值，通过这种方式间接反击媒体关于耐克在亚洲对女性工人人权侵犯的指控。Nikebiz.com 成功地将耐克与那些致力于改善亚洲和非洲贫困女性生活状况的人或组织联系起来了（Waller and Conaway，20011）。

在实施 CSR 活动中，有一个非常重要的类别与“绿色”生产活动相关，如节约能源、减少排放、使用可回收原材料、减少包装材料、从地理位置上离工厂较近的供应商采购。例如，2006 年沃尔玛宣布一项计划来测量供应商减少包装的能力，目标是要在 2008 ～ 2013 年减少总量 5% 的包装；同样，惠普提供免费回收硒鼓的服务（Sprinkle and Maines，2010）。

CSR 的定义和每一项活动都因国家、地区、社会和团体的不同而不同。CSR 一个被广为接受的定义是，相对于从当地或国家经济中拿走的，企业返还了什么。许多关于 CSR

㊀ 1 英里 = 1.609 千米。

的定义都包含管理实践，将企业管理的内环和广泛社区的外环联系起来。管理者会直接影响企业的管理业务流程，从而在整体上对社会产生积极作用。

所以，CSR 的概念应该是一种信念，一种相信现代商业应当超越为股东或投资者创造收益，而对社会承担责任的信念。这些典型的其他利益相关者包括顾客、员工、整个社区、政府和自然环境。CSR 的概念适用于所有规模的组织，但是我们的讨论趋向于大型组织，因为大型组织更受关注也更有能力，而且就像人们普遍认为的——能力越大，责任也越大。

CSR 必须深深植根于企业的资源基础中（见图 4-7），也就是说，短期的获利应该让位于长期的思考。营销洞见 4-2 展示了金吉达将长远眼光融入资源基础中，进而提升了国际竞争力。

营销洞见 4-2

金吉达：将 CSR 融入资源基础

金吉达股份有限公司（CHIQUITA）是美国市场上的水果蔬菜生产商，也是世界上最大的香蕉进口商之一，其产量超过了绝大部分的当地合资企业。它证明了公司可以成功地将 CSR 嵌入一个品牌，然后得到投资回报。在事先考虑到其欧洲业务将受到低价竞争者的威胁之后，金吉达开始围绕道德责任认证对它的整个采购基础设施进行全面检查。这个项目开始于 1992 年，花费了公司 2 000 万美元，最终于 2000 年得到了雨林保护联盟的认可。但是，直到 2005 年，它才开始积极地向顾客传递其可持续和负责任的信息。

很多策略可能在它们部署的关键方面遭受了挫折——对于外部利益相关者来说，这加剧了资源基础的有形性和可视性。CSR 也一样。采取 CSR 是一回事，但是像所有的业务工具一样，为了带来成功，必须对它进行适当的监督。对于金吉达来说，这种持续的评估过程是价值链中最重要的一环。

1998 年，金吉达的总经理惊骇地看到报纸上都是有关他们公司的秘密调查，调查指出，公司在整个拉丁美洲运营中都存在“危险且违法的商业活动”。金吉达必须对它的全部业务进行全面检查。

金吉达的 CEO 承诺在 CSR 管理上要进行重大调整，并保证公司不仅要修复媒体带来的损害，还要做得更多。10 年过去了，尽管公司的管理层有变化，但金吉达的 CSR 策略仍然在全面开展，它的长期国际竞争力也得到了提高。

与此同时，金吉达也和许多地区和国际食品联盟签署了全球协议。另外，它使用了可持续的农场技术，并使它们的产品通过了环境和其他标准的认证。

资料来源：Based on Curtis (2006); *Economist* (2012).

接下来，我们分析一些特殊条件，在这些条件下可持续的全球价值链（SGVC）将能会获得国际竞争力。在本书中，我们使用国际竞争力的一个基本定义：只要企业的产品可以在出口市场出售并获利，即其全球价值链是具有国际竞争力的。另外，我们定义的 SGVC 是一条全球价值链，这条价值链上的产品和生产流程是基于对环境、社会和 / 或经济角度的思考和实践。考虑到在可持续发展和 CSR 的文献中不断有新的理论出现，因此，我们也认为有许多不同类型的 SGVC 可以基于不同的特征（与特殊的社会或环境问题相关）被定义。

当 CSR 的活动可以提高收益或降低成本时，企业价值就会因 CSR 而提升（见图 4-11）。

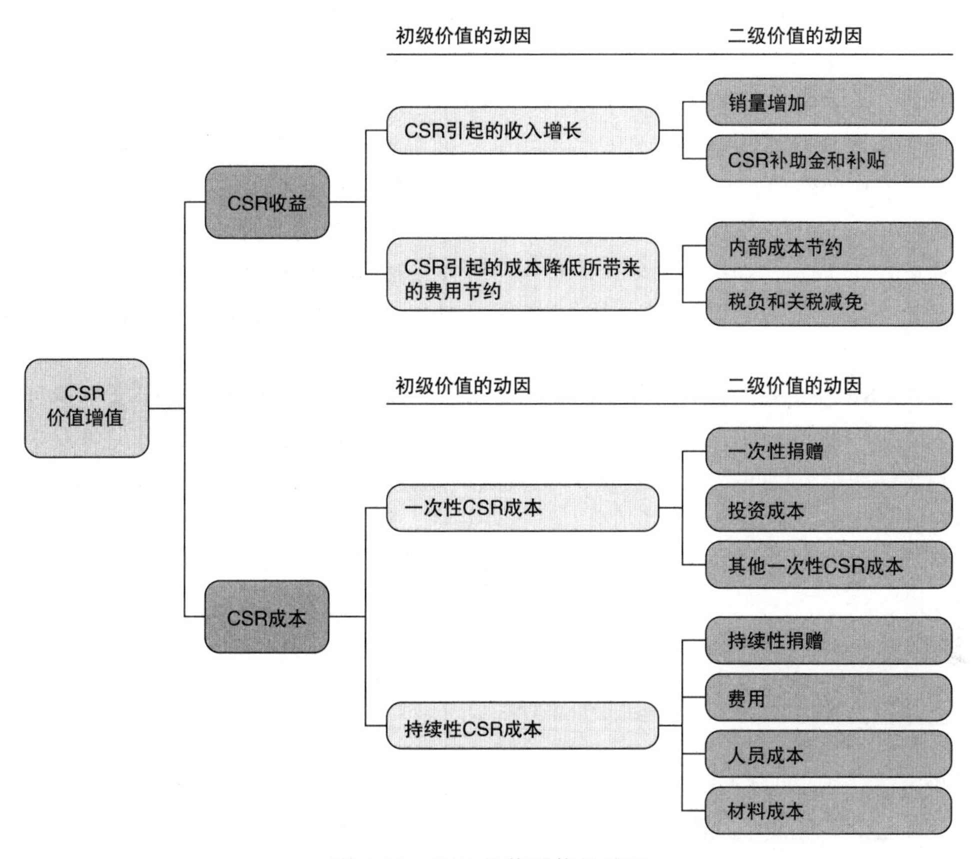

图 4-11　CSR 价值增值的动因

4.6.1　CSR 收益

CSR 导致收入增加可以来源于销量增长、价格提升、利润空间增加等引起的额外销售额。这可以通过与事件营销相关的活动来激发。CSR 特定产品线可以改变或提升在公开招标中的成功率，例如使用环保技术。销售额可以通过以下方法提升：

- 更好的附加值；
- 更高的顾客吸引力和顾客保留（更高的重复购买率、更高的市场份额）；
- 更高的就业吸引力（更多的职位申请、更高的雇用率）；
- 更高的员工积极性和留职率（低离职率、低旷工率）。

CSR 引起的成本降低所带来的节约，可能来源于效率提升或 CSR 具体合作，如非政府组织可以提供关于关键利益相关者如公共部门的知识或接触机会，从而减少产品或市场开发的成本。此外，成本节约也可以来自政府部门推广的 CSR 活动带来的税收减免，例如使用环保技术可以减免税收。

当评价 CSR 收益时，管理者需要仔细考虑时间和期限的问题，因为 CSR 收益的发生往往有时间延迟，所以 CSR 评估应该关注更长时期的效应。例如上面提到的，对于有些 CSR 收益，很难将 CSR 影响和其他影响因素区分开来。在这种情况下，对于 CSR 关键绩效指标和补充指标的分析将会非常有用。

4.6.2 CSR 成本

一次性 CSR 成本包括一次性捐赠，例如，2004 年为海啸受灾群众捐款的活动。一次性 CSR 投入也包括投资成本，例如，给香烟安装过滤嘴超出了法律要求的范畴，以及在 CSR 范畴内的其他一次性投入。

持续性 CSR 成本包括持续性支持一项活动的捐赠，以及其他类似于使用特殊商标或专利持续支付的费用。它还包括雇用人员和使用资源的成本，例如，管理者投入到 CSR 项目的成本，或者用于打印公益营销相关活动中宣传材料的成本。

评估 CSR 成本，如果使用传统的成本会计体系通常会比较困难，因为很难区分 CSR 和非 CSR 成本。传统的成本会计从总量指标（如产量）中提取间接成本，而 CSR 成本无法从产量中获取。

虽然 CSR 在企业的价值链和竞争力中是一些具体的活动，但是其他 CSR 活动也可以为企业创造新的商业机会。在接下来的两部分内容中，我们将更深入讨论。

现实存在着大量的不同类型和规模的社会问题和环境问题。有两个主要问题，同时也使商业机会广泛存在：贫穷和环境破坏——“绿色”市场。贫穷是对下一代健康生存的威胁。但是，这两个问题也可以创造出商业机会，霍伦森（Hollensen，2010）在本书第 6 章有详细描述。

4.7 价值网

价值链分析（见 4.4 节）说明的是一种线性的流程，忽略了价值链外部的投入——许多企业可能在不同的阶段都对该流程有所投入（Neves，2007）。所以，现实是价值链变成了价值网，一群相互关联的实体通过复杂的关系对整个价值的创造都有贡献，结果就形成了所谓的**价值网**（value net）（Brandenburger and Nalebuff，1996；Teng，2003；Holmberg and Cummings，2009）。

价值网揭示了两个基础对称性：纵向来看，顾客和供应商在价值网中是平等的合作者；在横向上是竞争者和互补者对称的。互补者犹如竞争者的一面镜子。一个产品或服务互补品是使该产品或服务更具吸引力的其他产品或服务，如电脑的硬件和软件、热狗和芥末酱、产品目录和全天快递服务、红酒和干洗店。价值网帮助你“从外到内”理解你的竞争者和互补者。谁是参与者，它们扮演什么样的角色，以及它们的相互依存关系如何？重新审视“谁是你的朋友，谁是你的敌人”这一传统问题。这些建议可以使你彻底思考自身业务，并且与其他参与者一起创建价值网。

通过图 4-12，我们可以思考不同的参与者是如何为整个全球价值链增加价值的。例如，瑞典的家具巨头宜家（IKEA）就提供了一个与顾客进行共创的例子。零售商可以让顾客花更少的钱来买家具，但同时鼓励顾客自行运输并组装产品。相比传统的家具商店，宜家的商业模式更依赖顾客的价值创造（Michel et al.，2008）。

关于价值网的概念在霍伦森（2010）著作中有更深入的解释和讨论。

营销洞见 4-3 提供了关于企业间既是合作者 / 补充者又是竞争者的例子。三家航空公司联盟表现出激烈的竞争关系，但是在特定航线上同一联盟的航空公司也可能存在激烈竞争。

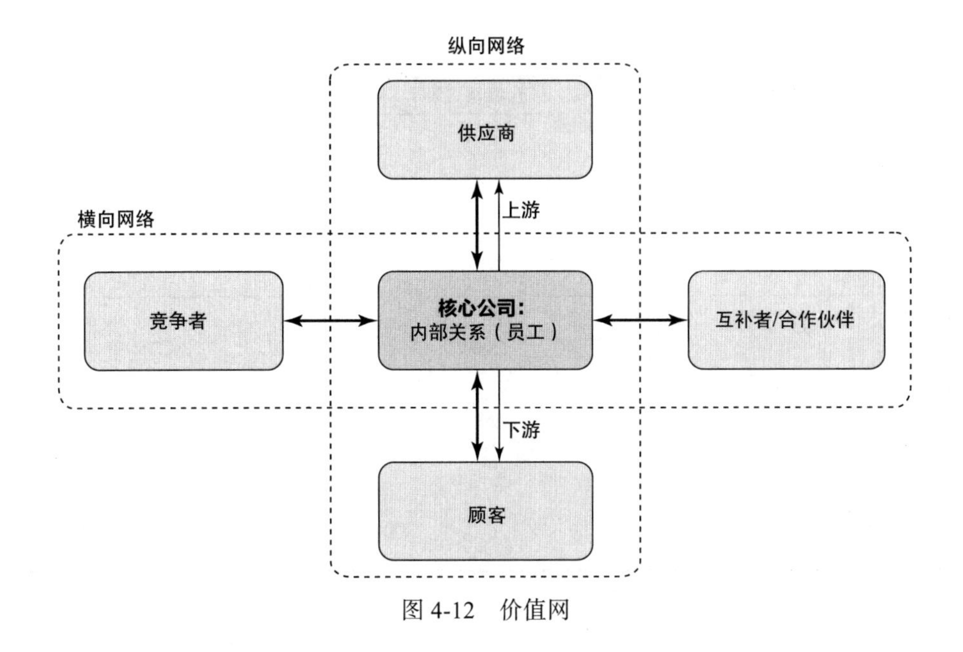

图 4-12　价值网

营销洞见 4-3

价值网：在每个航空联盟内竞争者间的合作与竞争

星空联盟成员	天合联盟成员	寰宇一家成员
阿德里亚航空公司	俄罗斯航空公司	柏林 / 尼基航空公司
爱琴海航空公司	墨西哥航空公司	美国航空公司
加拿大航空公司	欧洲航空公司	英国航空公司
中国国际航空公司	法国航空公司	国泰航空公司
新西兰航空公司	意大利航空公司	芬兰航空公司
全日空航空公司	中华航空公司	西班牙航空公司
韩亚航空公司公司	中国东方航空公司	日本航空公司
奥地利航空公司	中国南方航空公司	智利航空公司
中美洲航空公司	捷克航空公司	墨西哥航空公司
蓝天航空公司	三角洲航空公司	澳洲航空公司
布鲁塞尔航空公司	肯尼亚航空公司	约旦皇家航空公司
巴拿马航空公司	荷兰皇家（KLM）航空公司	西伯利亚（ST）航空公司
克罗地亚航空公司	大韩航空公司	
埃及航空公司	沙特阿拉伯航空公司	
埃塞俄比亚航空公司	罗马尼亚航空公司	
波兰航空公司	越南航空公司	
德国汉莎航空公司		
斯堪的纳维亚航空公司		
新加坡航空公司		
南非航空公司		
瑞士航空公司		
巴西天马航空公司		
葡萄牙航空公司		

（续）

星空联盟成员	天合联盟成员	寰宇一家成员
泰国航空公司 土耳其航空公司 美国联合航空公司 美国航空公司		
联盟关键数据		
始建于（年）： 1997	2000	1999
乘客数量（2001 年，百万）： 654	487	288
联盟内航班总数： 4 386	3 542	2 194
白天航班总数： 21 230	14 500	8 750

资料来源：Adapted from Ruff (2012).

4.8 蓝海战略和价值创新

金和莫博涅（Kim and Mauborgne，2005a, b, c）用海洋来比喻组织选择进入的竞争空间。**红海**（red oceans）是指被频繁进入的市场，这里的产品已经被很好地界定，竞争者都很明确，竞争主要集中在价格、产品质量和服务上。换句话，红海是代表所有存在于当下行业的旧范式。

相反，**蓝海**（blue oceans）是指产品没有被清晰界定的一种环境，竞争者结构并不固定，市场相对来说未知。在蓝海中的企业是通过集中开展引人注目的创新来竞争的，这些创新创造了未经测试的市场。蓝海战略的参与者相信，企业投身于激烈的正面竞争来获取可持续的利润增长已经不现实。

波特（1980，1985）指出，企业为了争夺竞争优势，为了抢占市场份额而开战，并且力争做到差异化。蓝海战略则认为残酷的竞争没有好结果，充满对手的红海只能带来收缩的利润空间。蓝海是一个通过确定还没有满足顾客需求而创造的市场，然后为这些顾客提出有说服力的新价值诉求。这需要企业通过重新配置供应物来更好地平衡顾客需求和为此付出的经济成本。这正好和红海相反，在红海市场中产品被非常好地界定，充斥着竞争。

蓝海战略不应该是一个静态的过程，而应该是动态的。想象一下，在 20 世纪 80 年代，美体小铺（The Body Shop）没有和大型化妆品公司正面冲突，而是开发了天然化妆品这一全新市场，从而获得了成功。到了 20 世纪 90 年代，美体小铺也遇到了困难，但是这没有削弱其最初战略转移的卓越成效。它的成功基于在长期竞争激烈的行业中创造了一个新的市场（Kim and Maubergne，2005b）。

金和莫博涅（2005a）的研究基于 30 个行业超过 100 年（1880 ～ 2000 年）的 150 个战略转变而完成的。他们区分战略的起点是始于在商业文献中的传统战略框架，该框架认为企业构建了分析的基本单位，而行业分析是进行企业定位的方法。他们的假设是，当市场的吸引力上持续变化时，企业的绩效也随着时间发生变化，那么就应该用企业特定的战略转变而不是企业或行业本身作为正确评价红海和蓝海战略的标准。

价值创新

金和莫博涅（2005a）认为，未来领军企业的成功并不是通过与对手竞争获取，而是通过做出战略转变来实现，他们称为**价值创新**（value innovation）。

价值和创新的融合并不仅仅是营销和分类定位，而是会产生其他影响。没有创新的价值倾向于扩大价值创造的规模，而没有价值的创新则倾向于技术驱动，其产品属于市场开拓产品或超前产品，这类产品往往超越了买家可接受或可支付的范围。传统的波特逻辑（Porter，1980，1985）引导企业仅仅为了市场份额的增长而竞争；价值创新的逻辑则始于通过提供巨大的价值跨越而占领市场的雄心。许多公司通过留住和扩大客户群来谋求增长，这通常会导致企业提供更为细分和更多定制的产品来满足顾客的特殊需求。但是，与关注顾客之间差别不同，价值创新者的关注点放在顾客价值特征的巨大共性上。

价值创新强烈聚焦于顾客，但并不是完全如此。就像价值链分析一样，价值创新也在交付价值主张的成本和顾客价值之间寻找平衡，并试图解决交付价值和成本之间的贸易困境。但是所不同的是，价值创新不会因为高额的交付成本而对顾客想要获得的价值妥协，即便提供给顾客的价值减少会降低甚至消除成本。价值创新是真正的并且令人瞩目的双赢解决方案。其本质是顾客得到他们真正想要的，同时卖家通过减少启动和 / 或运营交付成本获得更高的资本回报率。两者的融合结果是开创蓝海市场的催化剂。营销洞见 4-4 用一级方程式连锁酒店的案例说明了这一点。

价值创新分析的结果是，行业中不同参与人员的价值曲线［在金和莫博涅（2005a）的文章中被称为“战略画布”］（参看营销洞见 4-4）。这些不同的价值曲线为核心企业提出了四个问题：

（1）哪些要素应该被降低到显著低于行业标准？

（2）哪些行业内习以为常的要素应该被去除？

（3）哪些要素应该被提升到显著高于行业标准？

（4）哪些行业中从来没提供的要素应该被创造？

这四个问题可以被减少到两个简单的战略，用以进行“价值创新”（见图 4-13）：

- 降低成本（问题 1 和 2）；
- 增加顾客价值（问题 3 和 4）。

当这两个战略在同一时间被实现，图 4-13 中的重合区域就会增加（= 增加“价值创新”）。

新价值曲线的结果应该决定企业是否在向“蓝海”进发的路上。

在“蓝海战略”被提出 10 年后，金和莫博涅（2015）评估了他们与很多管理者之间关于执行市场创新战略中壁垒的对话。他们发现，虽然这些管理者的心智模式能够帮助他们做出对于生存至关重要的决策，但是也破坏了他们以新方式思考并创造新市场的能力。造成的结果可能是，这些管理者的心智模式创造了“红海陷阱”，将自己束缚在红海中，甚至阻碍他们进入未被测试但却充满潜力的“蓝海”市场。

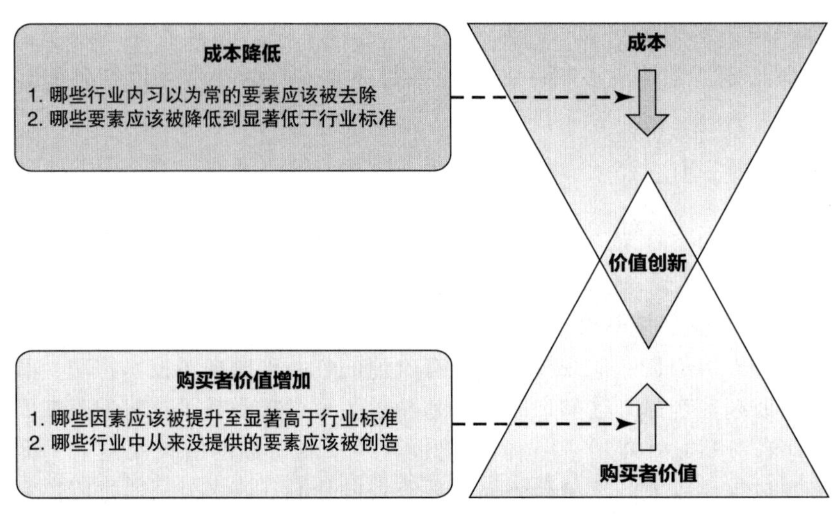

图 4-13 蓝海战略框架

营销洞见 4-4

酒店一级方程式：在活动中创造价值

当雅高（Accor）于 1985 年推出一级方程式（法国经济型酒店连锁）时，经济型酒店业正面临停滞和产能过剩的问题。最高管理层呼吁管理者要忘记他们所熟知的一切现存行业规则、做法和传统的认识。在经济型酒店行业中有两个不同的细分市场：一个市场是由无星级和一星级酒店组成（非常便宜，每间客房每晚约 20 欧元）组成，另一个市场则是由两星级酒店组成，平均房价为每间 40 欧元。这些更为昂贵的两星级酒店通过提供比廉价酒店更好的睡眠设施来吸引更多顾客入住。雅高的管理层进行市场研究后发现，大多数入住廉价酒店的顾客想要的是，以低廉的价格享受高质量的睡眠。然后他们问了自己（并回答）四个基本问题：

（1）哪些经济型酒店行业现有的因素应该被取消？雅高管理层取消了一些标准化的酒店设施，如昂贵的餐厅和有吸引力的休息室。雅高认为，它们可能会失去一些顾客，但它们同样也知道大多数顾客没有这些设施一样可以很好地入住。

（2）哪些标准应降低至行业标准以下？雅高同样认为，经济型酒店在一方面的表现得过于优秀，因此对一些不必要的要素进行了削减。例如，一级方程式酒店的接待员只有在入住和退房高峰时才上台工作，在其他时间段，顾客使用自动柜员机进行办理。一级方程式酒店的房间较小，只配备有一张床和必需品——没有书桌或其他装饰。房间内没有衣柜，只有几个衣服架子。

（3）哪些标准应被升至行业标准以上？如一级方程式酒店的价值曲线（见图 4-14）所示，以下因素被提高到一星级和二星级酒店的相对水平以上：床铺质量、卫生、房间隔音效果。而酒店的感知价格应该与一星级酒店的平均水平相同。

（4）哪些新的因素（业界从未提及过）应该被开发？这些应覆盖成本最小化要素，例如，通过自动柜员机获取房间钥匙。房间本身是工厂模块化式生产的，这种方法可能不会带来最佳的建筑美学，但在生产中具有规模经济和可观的成本优势。一级方程式酒店将房间的平均建筑成本削减了一半，人员成本（相对于总销售额）下降至 20% ～ 23%，达到行业平均水平（约 30%）以下。这些成本的节省能使雅高改善顾客最重视的功能——以低廉的价格享受高质量的睡眠。

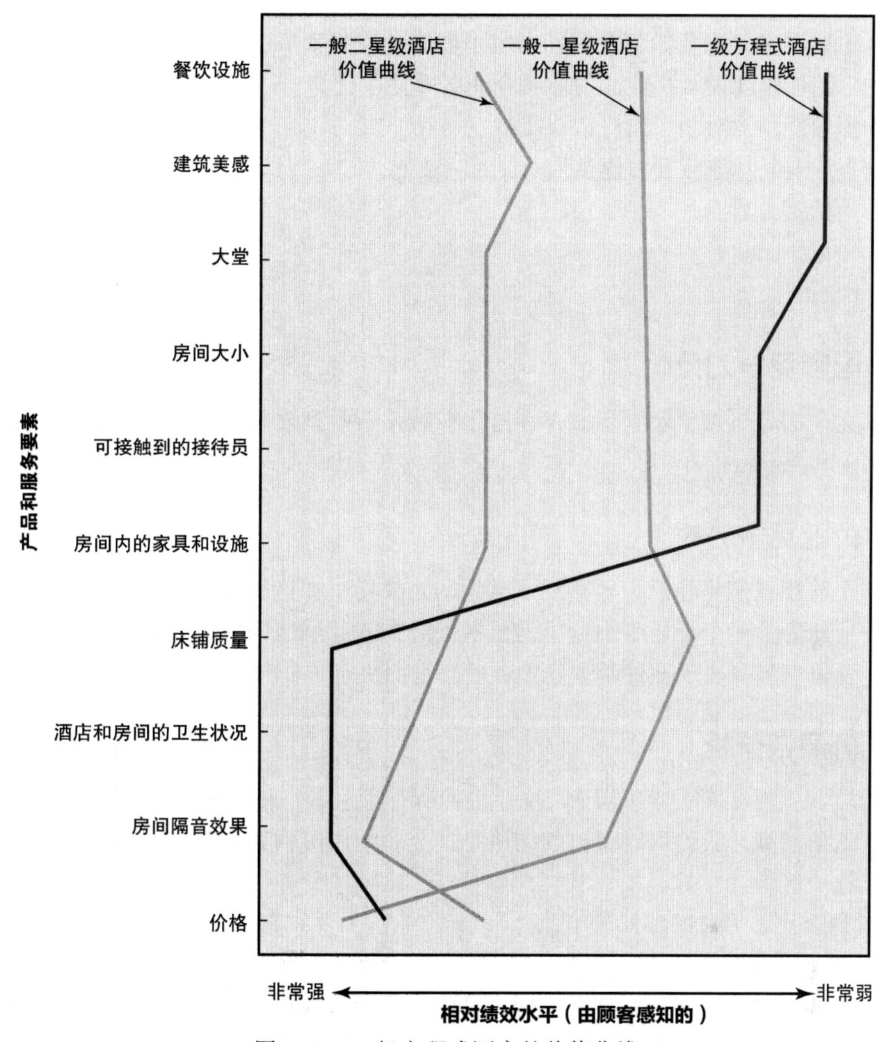

图 4-14　一级方程式酒店的价值曲线

资料来源：Adapted from Value innovation: the strategic logic of high growth, *Harvard Business Review*, Vol. 75(1), pp. 102–112 (W. Chan Kim and Renée Mauborgne, 1997), January/February, Copyright © 1997 by Harvard Business Publishing, all rights reserved, reprinted by permission of Harvard Business Review.

请注意，如图 4-14 所示，如果价格被认为是相对较低的，则被视为具有强劲的绩效。

雅高和一级方程式酒店发生了什么

雅高是几家连锁酒店（除一级方程式酒店之外）的所有者——伊塔普（Etap）、美居（Mercure）、索菲特（Sofitel）、诺富特（Novotel）、宜必思（Ibis）和汽车旅馆 6（Motel 6）。2008 年，雅高集团的销售额为 77 亿欧元，营业利润为 8.75 亿欧元。

在法国，一级方程式酒店将其名字缩写为 F1 酒店（Formule 1）。在欧洲的其他地区，该品牌名称已被纳入伊塔普酒店。在欧洲以外，有 55 个酒店以一级方程式的品牌运营（在南非、澳大利亚、巴西、印度尼西亚、日本和新西兰）。2008 年，雅高在欧洲经济型酒店市场中所占的份额约为 50%。

资料来源：www.accor.com; www.hotelformule1.com; Kim and Mauborgne (1997).

4.9 总结

本章主要聚焦于企业如何在国际市场中创造和发展竞争优势。一个三阶段模型可以让我们从更广阔的角度理解企业如何发展企业国际竞争优势：

（1）国家竞争力分析（波特钻石模型）。

（2）竞争分析（波特五力模型）。

（3）价值链分析：

a. 竞争三角；

b. 标杆分析法。

4.9.1 国家竞争力分析

国家竞争力分析始于宏观层面，在这里波特钻石模型表明母国的特征在企业国际化经营的成功中起到核心的作用。

4.9.2 行业竞争分析

第二个阶段我们将注意力转移到了竞争的主战场，在这里分析的基本单位是企业。波特五力模型认为，一个行业中的竞争是植根于潜在的竞争结构中，并且超出了现有竞争者的行为。竞争态势取决于五种基本竞争力量，它们决定了一个行业的盈利潜力。

4.9.3 价值链分析

本阶段我们将在同一竞争层面（行业中的所有竞争者）来审视是什么创造了竞争优势。基于竞争三角模型，我们可以得出的结论是，企业的供应物如果有以下特点，那么就会为企业创造竞争优势：

- 对顾客而言更高的感知价值；
- 比竞争企业更低的相对成本。

一家企业可以通过竞争标杆来发现自己的竞争优势或核心竞争力。竞争标杆分析法是顾客以“一流”的竞争对手为标杆，来评价企业在市场中表现的方法。价值链的测量可以使用交货可靠性、订购便利性、销售代理的质量。这些价值链行为的选择是基于对于顾客的重要性来确定的。由于顾客的感知随时间而变化，预测顾客未来对于供应商特殊产品的需求也可能与竞争标杆相关。

相较于蓝海战略，红海战略代表了目前存在的所有行业，是已知市场；蓝海描述的则是所有现在不存在的行业，是未知市场。

在红海中，行业边界被充分地定义和接受，竞争的规则无秘密可言。在红海中，企业都试图比对手表现得更优异来获取更大的市场份额。而当市场变得越来越拥挤，利润和增长的预期都会降低。产品变成了一般商品，竞争更加白热化。

相反，蓝海被定义为未被开发的市场，需要创造需求并有机会使利润快速增长。一方面，蓝海偶尔会超越现有行业的边界创造出全新的行业；另一方面，大多数情况都是对现有行业边界的扩展。在蓝海中，由于规则还没有完全设定，所以竞争反而无关紧要。

一旦创造了蓝海，企业就需要尽快地来打造自己的利润和增长的避风港，从而拉大与复制者的距离，并阻碍它们进入新市场。但是，当其他竞争者的战略汇聚到这个市场，蓝海就会因为激烈的竞争而变成红海，企业就需要创造新的蓝海，并打破竞争的态势。

案例研究 4-1

任天堂 Wii 在世界市场居首位，但不会维持太久了

几年前，几乎没有分析师会预测任天堂 Wii 在游戏机市场将战胜知名的 PS3 和"Xbox 360"品牌成为市场领导者。但是分析师可能错了：2007 年 8 月 23 日，基于全球零售商样本的 www.Vgchartz.com 的数据显示，任天堂 Wii（于 2006 年 11 月推出，继 Xbox 360 推出之后一年）的历史销量超过了 Xbox 360，成为游戏机领域新的全球市场领导者。

这对于第三方发行商有巨大影响，同时也影响了三大主要市场参与者（微软、索尼和任天堂）将来的决定。

使任天堂 Wii 如此快速发展的一个因素，无疑是游戏机对所有年龄段、人口和国家的广泛吸引力。但是，任天堂在全球市场中第一的位置受到了索尼和微软新型游戏传感器的大举进攻。

任天堂——关键要素和财务数据

任天堂公司创建于 1889 年，当时叫丸福公司（Marufuku Company），制作并销售日本游戏纸牌——花札（Hanafuda）。20 世纪 60 年，任天堂放弃了以前擅长的玩具领域，开始于 70 年代进军电子游戏。最终成为该行业内最具影响力的企业之一，市值达 850 亿美元，是日本第三大价值的上市企业。

现在，任天堂致力于互动式娱乐产品的开发。它为自己的家庭视频游戏系统生产并出售软件和硬件。公司首先在日本、欧洲和美国运营，总部位于日本的京都。任天堂集团（包括子公司）总共雇用了大约 5 200 人。

在 2014 财年，任天堂记录的收入为 56 亿美元，亏损了 2 亿美元。任天堂大约 80% 的收入来自日本之外地区。

历经数年，任天堂成功获得了高于行业平均水平的投资回报率、资产回报率、权益回报率。任天堂在过去几年间从未通过举债筹集资金。公司的负债总额比率从 2015 年开始就接近于 0，而行业平均值为 12%。无债务证明了公司有效运营其业务的能力。另外，无债务的状况为公司提供重要的流动性和财务灵活性。

电子游戏机行业

互动式娱乐软件市场的特点是产品生命周期短，新产品入市频繁。

游戏机在产品生命周期初期相对昂贵。只有铁杆游戏迷为了早日拥有游戏机在初期花大价钱购买，但销量在两三年后就会下降，因为摩尔定律和规模经济使得价格下降，而且第三方开发商会发行必备的游戏。四年后，下一代产品又开始流行起来，这时候游戏机就会在当地杂货铺打折销售。

任天堂从 1997 年开始用彩色电视游戏在电子游戏机市场运作，被认为是这个市场上最老牌的公司。它是世界上最大的游戏开发商之一，而且是掌机市场的领导者。在过去的 20 年，任天堂已发布了 6 代游戏机：任天堂娱乐系统、任天堂超级娱乐系统、任天堂 64、游戏盒子、Wii 和 WiiU。自从 1989 年发行了早版 Game Boy 掌机之后，任天堂就主导了掌机市场。任天堂 DS 是

当下的一款掌机，到 2014 年 12 月末，累计销量已经达到了 1.5 亿台。

任天堂推出 Wii

任天堂的游戏机 Wii 于 2006 年 11 月发布，任天堂采用这个品牌名称的理由是：

- Wii 听起来像“we”(我们)，强调这款游戏机是面向所有人的。
- Wii 很容易被世界各地的人记住，不管他们说的是什么语言。
- Wii 明显的“ii”拼写代表了其独特的控制器，也代表了人们聚在一起玩游戏的样子。

Wii 的聪明在于它改变了规则，创造了一种极大地加强玩家和游戏之间互动的游戏形式。

任天堂的蓝海战略

任天堂尝试通过创造独特的游戏体验和持续低于索尼和微软的系统成本开创蓝海。

在福布斯网站的介绍中，主管任天堂美国市场和运营事务的副总裁佩林·卡普兰，给出了他对于公司蓝海战略的补充：

> 在任天堂内部，我们将我们的战略成为蓝海战略，这与红海战略相对存在。蓝海的原则是创造一个原来不存在的市场，进入一个从未有人进入的领域。红海则是充满竞争者的领域，人们争先恐后地在产品缺乏新意、销量有限的市场攻击竞争者。我们开发各种游戏，以在日本和美国扩大我们的消费者基础。是的，那些总在玩游戏的人还是在玩游戏，但是我们要让那些没玩过游戏的人爱上任天堂的《任天犬》《动物之森》《脑力训练》等游戏，这些游戏就是我们所说的蓝海（Rosmarin，2006）。

部分蓝海战略涉及绘制战略画布，它能描绘当前的市场空间和各个公司所竞争的主要特征的相对共赢水平。它能形象化地指出哪种竞争成本更高，还能帮助公司辨别哪些价值可以消除、减少和提高。最终，帮助公司找出现今仍没有人竞争的新价值。

图 C4-1 显示了任天堂 Wii 在 2006 年年末引入时的策略草图，相较于微软的 Xbox 360 和索尼的 PS3。

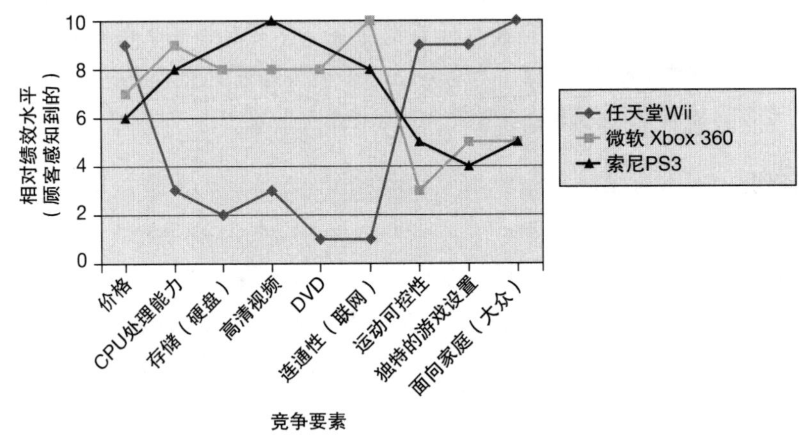

图 C4-1 价值曲线（战略画布）：Wii 对比 Xbox 和 PS3

图 C4-1 的底部列出了 Wii 推出时（2006 年年末）竞争优势的主要来源：

- 价格：Wii 比 Xbox 360 和索尼 PS3 要便宜 30% ～ 40%。

- CPU 处理能力：Wii 的处理速度相对较低，它没有 Dolby5.1（音响系统）。PS3 和 Xbox 360 都有比大部分个人电脑强大得多的处理器。
- 存储（硬盘）：在基本型号中，Wii 没有硬盘。
- 高清视频：PS3 和 Xbox 360 都使用高端图形处理芯片来支持高清游戏，并准备涉足高清电视。Wii 的图形处理比 PS2 和原版的 Xbox 稍好一点，但相比 PS3 和 Xbox 360 就相形见绌了。
- DVD：索尼和微软都提供 DVD 播放，索尼甚至还包括一个蓝光光驱。
- 连通性（联网）：Xbox 特别把自己定位为在线游戏游戏机，有多人游戏功能。
- 运动可控性：Wii 以它的创新运动控制杆为游戏增加了新的价值。这个控制杆能直接把游戏者的动作并入视频游戏中（网球、高尔夫、击剑等）。
- 独特的游戏设置：新 Wii 游戏机能够感应到游戏者的深度和动作，这就给游戏体验中增加了一个新的因素。
- 面向家庭（大众）：有了动作控制杆，任天堂开发了游戏机世界的全新大众群体：30 岁左右未被开发的不玩游戏的人。青少年的父母甚至是祖父母也能够很容易地了解如何使用 Wii 玩游戏取乐。

Wii 相比微软（Xbox）和索尼（PS3）的市场份额

表 C4-1 显示了 2005 ～ 2014 年全球游戏机的销量和相应的市场份额。

表 C4-1 全球游戏机的销量和相应的市场份额（单位：百万台，%）

	2005		2006		2007		2008		2009		2010		2011		2012		2013		2014	
索尼 PS4（+早版）	16.8	69	12.9	53	15.8	40	17.7	33	17.5	35	17.4	35	14.1	36	11.9	40	12.8	47	17.7	55
微软 Xbox One（+早版）	4.8	20	7.5	31	7.8	20	11.2	21	10.2	21	13.6	28	13.8	35	10.5	35	9.3	34	10.5	32
任天堂 Wii U（+早版，包括 Game Cube）	2.7	**11**	4.0	**16**	15.5	**40**	24.8	**46**	21.8	**44**	18.1	**37**	11.6	**29**	7.5	**25**	5.0	**19**	4.2	**13**
总计	24.3	100	24.4	100	39.1	100	53.7	100	49.5	100	49.2	100	39.5	100	30.0	100	27.1	100	32.4	100

Wii 当前的销量在三个主要市场分布非常平均：30% 在日本，美洲市场（包括加拿大和南美）占 40%，其他市场（包括欧洲、澳大利亚和一些利基市场）占 30%。索尼 PS3 和微软 Xbox 360 的销量分布则不均衡：微软的 Xbox 360 大部分在北美销售，而索尼 PS3 最大的市场在日本、中国和亚洲其他地区。

在零售方面，游戏机渠道是各种电子和音频 / 影像零售商、超市、折扣商店、百货商场和互联网零售商。

任天堂的策略

Wii 计划通过强调它的简易性和低价格（相对于索尼和微软）打破障碍来获取新顾客，成为市场领导者。

任天堂通过像《脑力训练》和《 Wii Fit 》这样简单易玩的游戏来吸引非传统用户，如妇女和年龄超过60岁的人。

任天堂硬件和软件方面都高度依赖于子供应商，公司委托很多子供应商和合同制造商来为游戏机生产关键组件或组装产品。由于供应商没有能力提升产能，致使任天堂在2006年11月推出Wii游戏机后，无法满足增长的需求。关键组件或成品的短缺对公司的收入造成了消极影响。

任天堂也非常依赖于软件供应商，这些供应商都在开发与任天堂有特许协议的新游戏。

虽然硬件市场被三个参与者主导，但软件市场却更加开放，被几个地区参加者和本地开发商分割。然而，游戏软件产业将要经历一个合并的时期。在2007年末，法国维旺迪收购了动视暴雪公司（Activision Btizzard）52%的股份，并创建了一个新公司——动作暴风雪，其规模与行业领导者艺电公司大小无异。

Wii的二次进攻——Wii U

在两大竞争者索尼和微软于2010年发布了它们新一代PS move和Xbox水果忍者之后，任天堂也推出了它们构思已久的新蓝海战略。

2012年11月，任天堂的新型Wii U在全球范围内发布销售。Wii U操控器和控制器原型曾在2011年E3展台上亮相。Wii U游戏平板是Wii U的主要控制器，它以触摸屏为特色，不仅能够增补还能够复制主要显示器上的游戏显示。当使用“线下TV游戏”功能时，控制者能够像脱机屏幕一样游戏，不需要使用任何TV设备。

表C4-1显示了从2005～2014年游戏操控器的全球销量（以百万台为单位），图C4-2给出了总共占据相当大的市场份额。

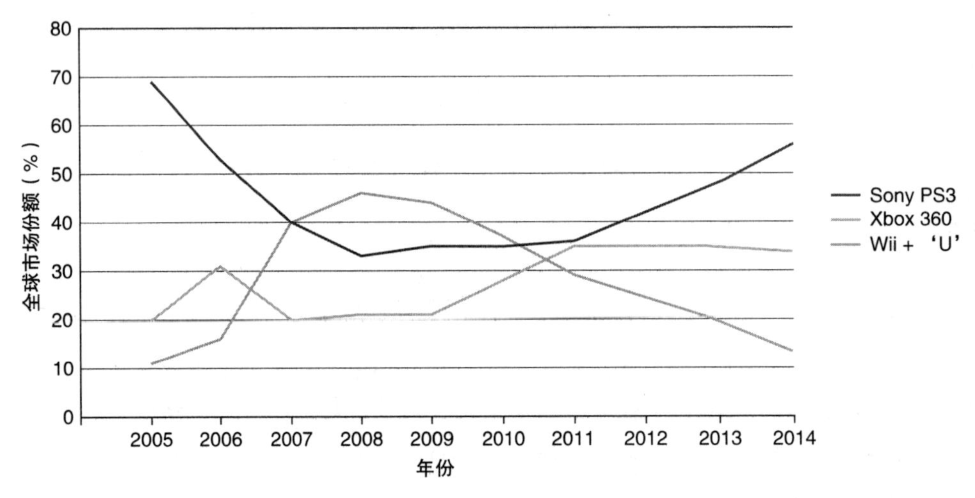

图C4-2 PS3（Move）、Xbox 360（Kinect）和Wii（‘U’）的全球市场份额发展

Wii U有两个可选价格：基本款价格（300美元）和豪华款价格（350美元）。任天堂的这种售价会使其在硬盘销售上蒙受损失，但是从消费者购买任意一款软件开始，代表利润的整体顾客关系就会建立。此种商业模式的目的是促进安装基础硬件，然后建立起牢固的顾客与软件之间的关系。

2013年，新《超级马里奥兄弟》成为Wii U销量最高的游戏之一。同样流行的还有于2013年发布的《乐高城市：卧底风云》。在原始的乐高游戏中，专门针对Wii U，玩家扮演追逐麦凯恩的角色，一个强悍的专门消除恶势力的警察。

当 Wii U 的计划于 2011 年年底发布时，股票市场有一点失望，现在的问题是任天堂是否能够创建另一个“蓝海”。这些有关任天堂 Wii U 的担忧同样来自智能手机和 PC 端，它们同样会抢占操控游戏的市场份额。

竞争者对 Wii U 的回应策略

Wii 的两个主要竞争者自从第一款游戏机上市后都经历了巨大的变化。

索尼 PlayStation

2008 年，PS2 的累计销量达到了 1.3 亿台，成为世界上最畅销的游戏平台。然而，2006 ～ 2007 年索尼发布的新一代 PS3 并没有像公司所期望的立即获得成功。PS3 不如任天堂 Wii 成功。索尼失败的原因是，它将 PS2 定义为专为对游戏狂热的年轻男性设计的独自在黑暗空间玩的复杂游戏机。其核心用户群体集中在 14 ～ 30 岁的男性。

2010 年 9 ～ 10 月，索尼推出了“PS move”，这是一个 PS3 结合摄像机的动态控制器。运用手持运动控制器，PlayStation move 使用玩家视线记录仪来追踪控制器的位置，而且控制器里的惯性传感器探测它的运动。

2013 年 11 月，索尼发布了新型游戏机 PS4，目前是全球市场领先产品。

微软 Xbox

最初的 Xbox 于 2001 年问世，比索尼第一代 PS 晚了 6 年。微软继续把 Xbox 360 定位在“正经”的游戏玩家。Xbox 的图形系统、游戏和 Xbox 网络现场游戏在核心用户中很流行，主要是年轻男性。至今，美国市场依然是最重要的，占全部销量的近 50%。

Xbox 是“游戏依附”率最高的一款游戏机。游戏依附率被定义为每个游戏机拥有者平均购买游戏的数量。对于 Xbox 360 来说，2008 年微软成功地做到了“平均每台游戏机中有 8 个游戏”，这在行业中是最高的。

微软软件销售网络的优势也使得公司在业务中保持了活力，让微软拥有比任天堂更广阔的世界市场。微软强势定位在中国、印度、马来西亚和南非这样的成长型市场，这让 Xbox 将来的销售大有可为。

2010 年 11 月，《Xbox 360 水果忍者》（或简称为《水果忍者》）在世界范围内推出。这是 Xbox 360 视频游戏的运动感应输入设备。与它的竞争者不同，微软的水果忍者没有使用控制器，而是一系列传感器让游戏者运用手势、动作和话语来控制行动。基于 Xbox 360 游戏机的外设——网络摄像头，使用者能够用手势和话语指令通过自然用户界面来控制并与 Xbox 360 互动，无须触摸游戏控制器。

最新型 Xbox One 于 2013 年 11 月发布。先于官方发布，新一季的 Xbox One 收到了不同的评价。

表 C4-2 给出了三个竞争者所有情况的对比。

表 C4-2 Wii U、SP4 和 Xbox One 的对比情况

品　牌	Wii U	PlayStation4（PS4）	Xbox One
制造商	任天堂	索尼	微软
发布日期	2012 年 11 月	2013 年 11 月	2013 年 11 月

（续）

品　牌	Wii U	PlayStation4（PS4）	Xbox One
发布价格（美元）	300	400	500（包括水果忍者）
累计销量（万台，截至2015年1月1日）	1 002	1 870	1 100

微软自发布以来极大地压缩了价格。2014年6月，从500美元降价到400美元，但同时将水果忍者从游戏包中剥离。2015年2月，继续降价到350美元。从2015年开始，销量快速地提升，因此行业专家认为索尼重新做出应对只是时间问题。

尼尔森的市场研究

在2015年早期，零售业检测企业尼尔森（Pike，2015）发布了权威的游戏研究结果，这项研究调查了当消费者购买新款控制器时所考虑的主要因素。这项研究叫作《尼尔森360游戏报告》，在美国挑选了4 400名被试，询问他们在购买前考虑的影响因素。对于大于等于13岁的游戏玩家来说，品牌是Xbox的领先质量的保证，“更好的分辨率”是购买PS4的最大影响因素。同时，影响人们购买的最主要因素是“有趣”，这也是Wii U在孩子们中非常流行的一大原因。除了有趣因素以外，Wii U的拥有者还受到具有竞争力的价格和任天堂闻名的儿童图书馆的影响。《马里奥·卡特8》和《粉碎兄弟》都是针对孩子推出的游戏。

严格来说，Wii U在处理能力和分辨率上并不如其他两款设备，但是除了“有趣”和竞争价格外，Wii U还有更多的卖点。任天堂花大量时间和旗舰特许经销商来开发游戏，并在新游戏开发上投入大量的时间和精力。

在PS4和Xbox One生命周期的第一年，一个主要的话题是分辨率。一些跨平台游戏能够在PS4上达到比Xbox One更好的分辨率。

尼尔森的游戏研究同样也表明，大量的新一代产品购买者之前曾经拥有过家庭戏机。事实上，在80%～90%的购买者之前曾经拥有过PS3、Xbox360或Wii。

研究表明，PS4不仅赢得了大量PS3的用户（66%），还赢得了Xbox 360（59%）和Wii（72%）的用户。这可能解释了为什么PS4在销售方面开始得如此顺利，从一开始就赢得了与Xbox One和Wii U的销量竞赛。

问题：

1. 2001年微软靠Xbox返回游戏机市场的动机是什么？
2. 微软Xbox one和索尼PS4的竞争优势分别是什么？
3. 早期Wii和新一代Wii U的竞争优势分别是什么？
4. 你如何看待任天堂继Wii U之后开创的新“蓝海”？

资料来源：Based on different public media; Pike N. (2015).

案例研究4-2

大疆科技有限公司：一个成立于中国的“天生国际化”企业，主宰全球无人机市场

中国无人机制造商大疆科技有限公司（DJI）在世界商业市场上建立了强大的领导地

位，因为公司转型出售低价轻便的飞行设备，主要用于从电影拍摄到地图和现场检查的多项用途中。

由中国企业家汪滔建立于 2006 年，大疆 2013 年仅有 1.3 亿美元的销售收入，2014 年却增长至近 5 亿美元，2015 年收入达到 10 亿美元。大疆 2014 年的净利润约 1.2 亿美元。在 2014 年，约 30% 的收入来自北美，30% 来自欧洲，另 30% 来自亚洲。南美和非洲保持在 10% 左右。北美市场的比例估计在未来几年会降低。大疆北美分公司在 2012 年 7 月建立。

追溯到 2006 年，汪滔还是香港科技大学的一名学生，原来的大疆致力于建造直升机模型的飞行控制系统，这是汪滔自小钟爱的东西。但是，自从多旋翼无人机开始变得流行，汪滔便聪明地转变了公司的市场方向。在大疆精灵之前，多用途家用无人机都售给强烈兴趣爱好者，他们要求具备许多相关知识和组装能力。法国公司派诺特（Parrot）在它们的 A.R. 无人机上有一款便携式简易化的产品，但是动力不足。大疆精灵作为第一个相对便宜的无人机准备剥茧而出时，却受制于其飞行控制系统。大疆精灵首次亮相于 2013 年 1 月，2015 年 4 月发布了大疆最新的精灵 3。

大疆拥有超过 2 800 名员工，目前在深圳、香港、洛杉矶、鹿特丹、东京和神户都有办事处。它销售许多不同种类的大疆精灵无人机，同时还有高端专业无人机悟 1（Inspire One），以及更大型的 S 级无人机。大疆还有一条陀螺仪生产线，用以稳定飞行过程中的相机成像，并将其技术应用到了手持摄像机稳定器——如影（Ronin）中，它被电影和电视专业人士使用。

大疆目前也正在募集新一轮高达 100 亿美元的资金，汪滔拥有 45% 的股份市值 45 亿美元。

大疆深圳基地生产的精灵 2 可视无人机销量最好，在美国零售价约 1 200 美元，估计在球范围内占七成的无人机市场（消费者市场占绝大部分，比商业市场还要大）。

大疆精灵对于初学者来说足够简单，同时对于强烈兴趣的爱好者、专业摄像人员和电影制作者来说也足够给力。

联邦数据也显示了大疆在美国市场快速扩张的市场份额，部分原因是新流程加速了联邦批准那些之前曾依照规定接受审查的无人机使用企业。联邦航空管理局自 2014 年 9 月～ 2015 年 9 月授予商业市场 100 个无人机使用权，大疆占了市场的大约一半。与其他市场相比，美国联邦航空管理局授予照相和视频用的商业无人机的数量是其他市场的两倍，由于有检查和监视的职能，成为第二大无人机的使用组织。一架仅花费几千美元的无人机能够提供高伸缩镜头，这在之前是绝不可能的，或者只存在于起重机、稳定设备和载人直升机上。

无人机上的镜头已经应用于电影如《饥饿游戏》《007：大破天幕杀机》和《黑暗骑士崛起》的拍摄中。

行业专家说像大疆这样的基础无人机似乎能够让美国商业市场向可预见的未来发展，满足航空摄影、进行现场视察、房地产促销和视频制作等业务的使用需求。

美国市场上更复杂的无人驾驶飞行器正在被 FAA 政策限制，限制商用无人飞行器飞到 500 英尺（约 152 米）或以下的高度。这些规定使电子商务巨头亚马逊和谷歌的开发长途包裹运输技术变得复杂和情况严重。这些并不具有成本效益的限制有效地避免了更大无人机的开发，并将无人机产品推向市场的低端。

无人机的全球市场（仅限于民用）

消费型无人机是典型的被定义为那些销售给个体消费者为民用的无人机，通常在足够低的价格购买和运行，这样就不需要企业预算进行购买。商务无人机则更复杂一点，因为其更为昂贵，企业购买的目的是用其来获取利益。用来区分消费型和商业型无人机的财务边界本身就有些不清楚。一些产业分析人士将花费低于10 000美元的无人机分在消费型类别中（除非它们被专门用于商业目的），然而其他人将线画到5 000美元。表4C-3中消费型和商业型无人机的界限就是5 000美元。

美国市场大约占无人机市场总量的50%，这个百分比将在未来下降。

表4C-3 全球无人机市场（国防市场已经排除，市场估计仅限于民用无人机）

	2015	2020（估计）
无人机的全球总体市场（仅限于民用）	15亿美元	50亿美元
	份额（%）	**份额**（%）
	商用（专业的）：70%	商用（专业的）：50%
	顾客（零售）：30%	顾客（零售）：50%
	总计100%	总计100%
制造商市场份额	**市场份额**（%）	**市场份额**（%）
大疆（中国）	70%	50%
派瑞特（法国）	15%	20%
3-D Robotics	5%	10%
其他	10%	20%
总计	100%	100%

创造竞争优势

一个公司怎样主导一个增速如此之快的市场？在大疆的案例中，它根据竞争对手的区别划分为四个关键“创新能力”。

（1）快速的样机设计。公司赢在快速的原型设计和新产品研发上，公司对市场方向有敏锐的嗅觉，并且它们每五年推出一个新的产品，比如当大疆知道顾客将GoPro摄像头装配在大疆风火轮无人机上时，公司便迅速推出了装配有摄像机的大疆精灵无人机，这种对消费者行为的快速回应，部分基于大疆对竞争对手采取先发制人行动的担忧，但这也正是公司成功的关键。

（2）灵活制造。一个灵活制造过程使大疆能够迅速转换，以适应新产品的生产。考虑到受欢迎的大疆精灵无人机售价在1 000美元左右，但其他竞争产品的售价在5 000美元左右或者更高。对平民买家来说低价是关键。一位来自新罕布什尔的摄影爱好者在知道大疆精灵售价如此低廉之后，就立刻在大疆公司预订了这款产品。

（3）水平市场。大疆已经利用现有产品来追求具有巨大潜力的水平市场。公司推出了具有先进驾驶性能和图像稳定系统特征的扩展机翼生产线。产品售价超过10 000美元，并且在工业中的用途从电影制造业转向了建筑业和农业。运用他们现有的实用技能和基础设备，降低了进入有关市场的费用。

（4）配套产品。除了相关市场，大疆也在追求无人机的零配件和辅助市场。公司出售无人机的零件和部分配件（提供经常性收入）、摄像头、图像、控制以及稳定系统。同时，也基于其经验和图像稳定的知识，为专业电影制作人设计了一个名为如影的手持相机支架。

在许多方面，大疆是高吸引力的行业中一个非常典型的初创型企业，在技术、位置和知识产权方面没有内在竞争优势。然而，公司建立统治地位并准备在可预见的未来继续它的快速增长。

所以，企业家们能够从大疆的例子中学到些什么呢？第一个经验就是创始人，在无线电遥控飞行器方面保持终身的兴趣。然而，公司刻画出了一个主宰地位，并在可预见的未来中沉着的继续快速增长。

所以，企业家们能够从大疆的例子中学到什么呢？第一点来自创始人，对无线控制飞行器始终抱有热情。天赋或天生的激情使企业家在行业中获得最大的成功。第二，灵活非常重要。大疆仅靠 2 800 个员工实现精益营运，这相当于每位员工超过 46 000 美元的销售额，使公司能够在其核心产品领域投入大量资源用于研发。第三，必须确定优先顺序。任何启动都需要权衡稀缺资源，在大疆的案例中，权衡意味着在顾客服务中投资较低，但更多关注增长和创新。从长期来看，公司需要解决顾客服务的问题，以求保留客户，但是就目前来看，它的关注点在它的即时目标上：获取压倒性市场份额和品牌认同。

大疆所面临的竞争与日俱增

在接下来几年，大疆将会有更多的竞争者，因此要保持现有的 70% 的市场占有率对于大疆来说是非常困难的。

派瑞特（法国）

派瑞特（PARROT）期待 2015 年的飞行器收益会是现在的三倍。在 2014 年推出迷你无人机和派瑞特比波普（PARROT Bebop）后，派瑞特在飞行器产业上收获颇丰。2015 年上半年，派瑞特共推出 13 种新型迷你无人机（市场零售价为 99 ～ 189 欧元含税）。而派瑞特公司的强力四轴飞行器比波普更是直接向大疆公司的大疆精灵系列发起挑战，抢占其市场份额。

3D Robotics（美国）

大疆是现在消费型无人机行业的领导者，但是在 3D Robotics 的 CEO 克里斯·安德森看来，他的公司可以改变这一现状。2015 年 6 月，3D Robotics（3DR）在北美百思买（在线有售）发行其最新的消费型飞行器 Solo。Solo 是专门针对消费型无人机与商业型无人机两者模糊的界线推出的。3DR 与其竞争者最大的不同在于——包括大疆的新大疆精灵 3（2015 年 4 月发行）对相关特性进行了集成——3DR 的新产品拥有更高程度的机载计算机智能和开源架构。个人消费者和企业用户都可以为他们的无人机购买不同的相机与传感器，为平台设计针对特殊任务的交互软件或定制 APP，将 Solo 真正为他们所用。所有令人兴奋的东西都集中于软件：更多 App、更多特性以及更多的云服务。3DR 喜欢将 Solo 比作智能手机，它们都是在第三方有能力在硬件上进行 App 生态环境开发后繁荣起来的。因此，3D Robotics 有望在这个竞争性的平台上，从大疆手中抢占市场份额。

GoPro（美国）

GoPro 公司（无人机制造商的主要动态相机供应商）将于 2016 年上半年推出四轴无

人机。而这家动态相机供应商，将可能是一个改变当下无人机市场中市场占有率的巨人。大疆的初代大疆精灵产线完全依赖于GoPro为其顾客在无人机上提供GoPro相机。但是，大疆现在正在着力研发自己的无人机相机，而3D Robotics仍然将GoPro作为其无人机相机的供应商。

你被汪滔聘为全球市场的专家，现在被要求解决下列问题：

（1）关于消费级与商业级飞行器消费市场，消费者的主要需要与价值差异体现在哪里？

（2）大疆在飞行器产业有竞争力的主要原因有哪些？

（3）大疆如何在竞争者大量出现的情况下保持其世界市场占有率？

资料来源：Based on different public sources.

PART 2

第 II 部分

决定进入哪些市场

在考虑过第Ⅰ部分提到的关于全球化决定的初始阶段后，本书第Ⅱ部分将阐述正确选择全球市场的流程。首先，第 5 章阐述了用于国际营销调研的内部及外部环境分析的重要工具。对政治和经济环境（第 6 章）和社会文化环境（第 7 章）的分析，为国际市场的选择提供了重要依据。环境分析的结果是公司正确选择能够作为发展国际营销组合的目标市场（第Ⅳ部分）。第Ⅱ部分结构如图 2-1 所示。

如图Ⅱ-1 所示，第 5 章所用的研究工具和第 6、7 章所用的方法能够为环境分析提供模板。此模板对选择正确市场（第 8 章）以及国际营销组合的发展是很有必要的。

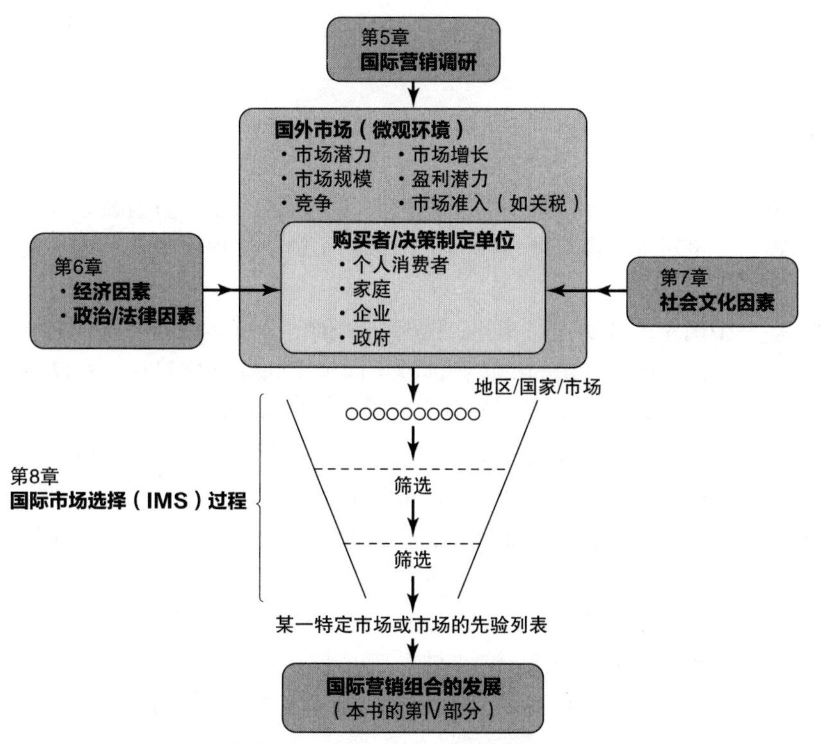

图Ⅱ-1　第Ⅱ部分的结构和进程

第 6、7 章主要讨论可以影响市场、顾客行为及企业国际营销组合的外部环境因素。

第 5 章

Chapter5

国际营销调研

□ 学习目标

通过本章的学习，你能够：

- 阐述拥有完善的国际营销信息系统的重要性。
- 将国际市场调研与决策制定过程相关联。
- 讨论收集和使用国际市场数据的关键问题。
- 区分不同调研方法、数据来源及数据类型。
- 讨论定性市场调研的机遇及问题。
- 了解网络问卷的执行问题。
- 了解互联网作为国际市场调研重要数据源的合理性；
- 了解社交媒体及其他网络社区（Web 2.0 作为信息来源）的日益重要作用。

5.1 简介

信息是成功建立国际营销战略的重要基础。随着国际市场的日益复杂和多变，由于公司缺乏对顾客、竞争对手、市场环境及其他国家的了解，使得收集相关的市场信息变得尤为重要。

与只关注一个国家的调研人员相比，国际市场调研人员必须同时研究多个具有显著差异的国家。所以，很多国际营销的决策都涉及不同国家间资源分配及优先权问题。

国际市场营销的主要功能不再是单纯地销售简单易得的产品，而是提供和销售国际客户所需的产品。所以，公司必须通过市场调研和建立决策支持系统来了解顾客需求。唯有如此，公司才能通过满足顾客需求更有效地指导其营销活动。

“市场调研”这个概念是指通过收集、分析和报告相关信息的方法来解决指定问题。因此，市场调研的核心是一个自始至终（调研人员）都要关注明确的问题或项目。

市场调研与决策支持系统（decision support system，DSS）或营销信息系统（marketing information system，MIS）不同。这两种系统是持续收集和分析数据的系统。在实践中，市场调研和 DSS/MIS 是很难区分的，所以在有些情境下它们是共通的，我们可以交替使用。

本章章末将说明公司要如何建立国际营销信息系统。

5.2　国际营销调研人员的角色变化

国际市场营销调研的主要作用是辅助决策。它既可以帮助减少由于环境不确定性以及国际市场知识的缺乏而引起的决策风险，又能保证管理者通过扎实的知识做出以市场需求为导向而非产品导向的战略思考。

早期的市场调研被认为是行政职能而非业务职能。市场调研人员与营销管理人员互动很少且不参与营销决策。相似地，外部的调研机构与营销管理人员的互动也很少。然而进入新世纪后，市场调研与市场营销的界限，以及市场调研人员与营销管理人员的区别越来越不明显。

随着业务及行政界限的模糊，营销管理人员在市场调研中的参与度越来越大。在不久的将来，公司运营逐渐变成“感知并响应”模式，可能继续并加快“营销调研向业务职能”的转变。因此，商业公司中传统市场调研的这种“狭隘的关注产品展示”及“通报管理层”的现象将不复存在。市场调研人员身份向“调研员兼决策者”的转变已经开始。而且，很多与顾客满意相关的高效率市场调研人员已经不仅仅参与决策，他们还是公司根据顾客满意度调研实施组织变革的团队成员。

由于市场调研管理人员能获得更好的决策工具及决策支持工具，所以他们向决策者的身份转变变得更为简单。高层管理人员可以直接通过电脑及互联网接触世界范围内的二手数据。

在 21 世纪，好的市场调研人员将会是好的市场营销经理，反之亦然。

5.3　国际营销调研与决策过程的关联

国际营销调研应该与企业内部的决策过程挂钩。决策过程的起点往往是企业意识到有必要采取行动来解决问题。

尽管大多数企业意识到国内营销调研的需求，但是这些对需求的了解不足以支撑企业对国际营销采取行动。很多中小型企业在进入国外市场之前并没有进行任何国际营销调研。在很多情况下，是否进入或扩张到国外市场以及渠道的选择和确认等相关的决定，都是在对情况主观分析的基础上做出的。相比大型企业，中小型企业的市场调研通常都不严谨、不正式且缺乏定量研究。并且，一旦中小型企业进入国外市场，它们很有可能终止对这个市场的调研。很多公司的总经理因此认为国外市场调研是不重要的。

公司不想进行国际营销调研的一个主要原因是，对跨文化的顾客偏好缺乏敏感性。那么，国际营销调研或决策支持系统应该提供什么信息呢？

表 5-1 总结了针对国际营销的每个阶段应该完成的主要调研任务。如表 5-1 所示，内部（公司）及外部（市场）信息都是必需的。公司经常忘记内部信息系统也能提供决策支持数据。

表 5-1　主要的国际营销决策所需的信息

国际营销决策阶段	所需信息
1. 决定是否国际化	● 公司产品的国际市场机会（全球需求）的评估 ● 管理层对国际化的承诺 ● 与当地或国际竞争者的竞争力对比 ● 国内与国际市场机遇的对比

（续）

国际营销决策阶段	所需信息
2. 决定进入哪个市场	• 根据国家 / 地区的市场潜力对全球市场进行排序 • 当地竞争态势 • 政治风险 • 贸易壁垒 • 与潜在市场的文化 / 心理距离
3. 决定如何进入国外市场	• 产品性质（标准化对比复杂产品） • 市场 / 细分市场的大小 • 潜在中间商的行为 • 当地的竞争行为 • 运输成本 • 政府的要求
4. 设计国际营销方案	• 顾客行为 • 竞争方式 • 可用渠道 • 媒介及促销渠道
5. 执行并控制国际营销方案	• 不同文化背景下的谈判方式 • 基于产品线、销售人员、顾客类型、国家 / 地区销量 • 边际贡献 • 每个市场的营销费用

本书将在不同章节中阐述不同类型的信息对主要决策的影响。除了内部和外部信息这一区分方式，主要信息源还可分为原始数据和二手数据两种类型。

（1）原始数据。原始数据是为了回答现有的、特定的调研问题所收集的第一手信息。其主要优势在于信息是非常明确（精细）的、相关的且是最新的。然而，其劣势是收集数据所涉及的花费较高且时间较长。

（2）二手数据。二手数据是指因为其他原因收集的可立即使用的信息。其主要劣势是数据本身通常是泛泛的、不精细的。其主要优势是收集数据的花费和时间较低。对那些不清楚这个术语的人，二手数据调研又被叫作案头调研。

这两种调研方式（原始及二手数据）将在本章后面章节中具体阐述。

如果我们结合内部 / 外部数据和原始 / 二手数据，可以将数据分为四类。如图 5-1 所示，我们可以通过这种方法来归类下列营销问题的指标变量。在国家 B 中某公司的产品 A 是否有市场？如果有，那么市场有多大以及潜在的市场份额多大？请注意，在图 5-1 中，只有少量的指标变量被标出。当然，图 5-1 中的单一国家市场的视角可以被扩展到包括国家 B 和其他国家（如欧盟）的视角。

通常，所有的初始调研都要建立在收集相关二手数据的基础上。当二手数据可用并适合调研目的时，应当使用二手数据。但大多数情况下，二手数据不能提供所需的所有信息，因此公司必须要收集原始数据。

在图 5-1 中，最困难且花费最高的数据是公司的优劣势资料（内部的原始数据）。因为这些数据要求对公司资料与其主要竞争对手资料的对比，这个象限展示了公司国际化竞争力的重要指标。接下来的两部分将讨论二手和原始数据调研方式的不同。

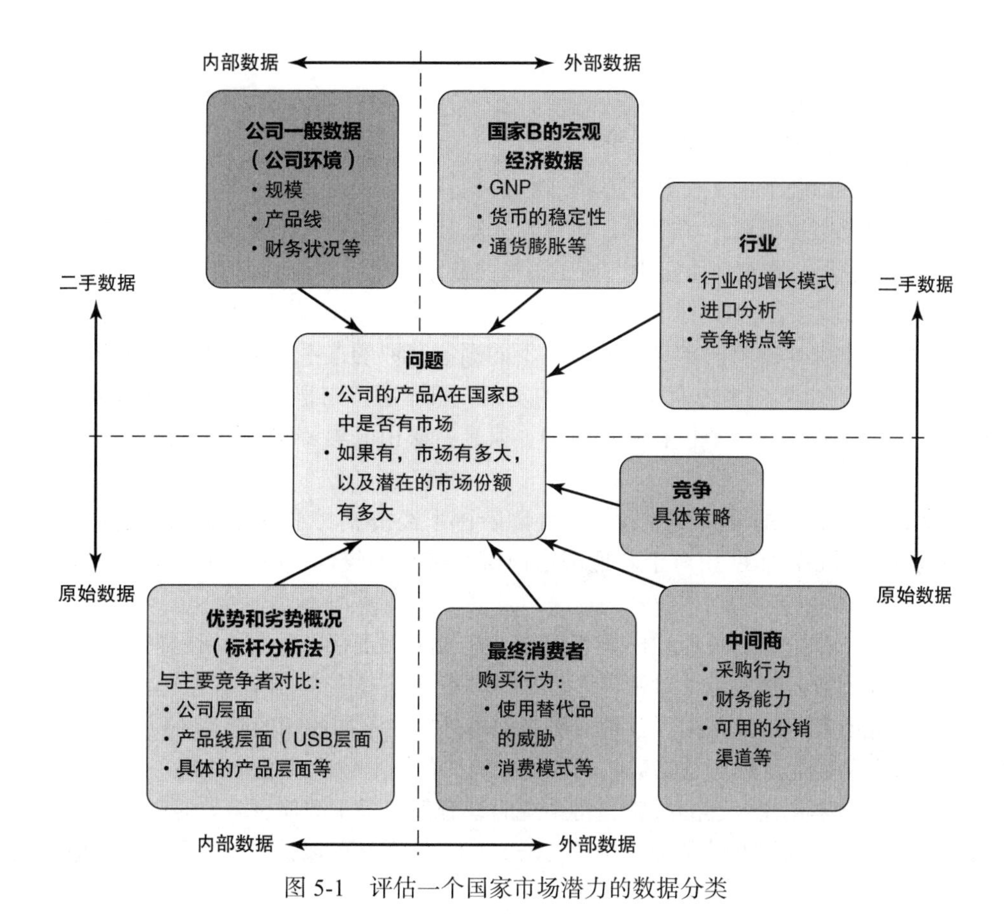

图 5-1　评估一个国家市场潜力的数据分类

如果公司需要考虑很多个海外市场，它有必要从寻求和使用二手数据开始进行市场调研。

5.4　二手数据调研

5.4.1　国外市场二手数据调研的优势

相比国外市场调研，对国内市场的二手数据调研更便宜、更省时。由于不需要同外国市场建立联系，国内调研对未来项目的投入较低。在国内进行的外国营销环境分析调研同样具备客观性的优势，此调研不局限于外国顾客。在市场筛选过程的初始阶段中，二手数据调研可以迅速提供市场背景信息并在查询范围内排除很多国家。

5.4.2　国外市场二手数据调研的劣势

外国市场的二手数据调研的主要劣势包括：

（1）数据的不可获得性。在很多发展中国家，二手数据是稀缺的。这些疲软的经济体通常提供较差的统计服务——很多国家甚至不进行人口普查。零售和批发的数据尤其难以获得。在这种情况下，原始数据的收集变得极为重要。

（2）数据的信度。很多时候，政治因素会影响数据的信度。在很多发展中国家，为了让国家经济数据看起来乐观，政府会夸大数据。并且，由于数据收集过程及人员的原因，很多数据缺乏统计准确度。在实际中，应该通过下列问题来检验数据源的信度（Cateora，

1993，p. 346）：

- 由谁收集的数据？是否存在故意扭曲事实的理由？
- 收集这些数据的目的是什么？
- 数据是如何收集的（收集方法）？
- 参照已知数据源或市场因素，这些数据是否具有内在一致性，是否具有逻辑性？

（3）数据分类。在很多国家中，由于报告的数据太宽泛，并不能用于微观层面的研究。

（4）数据的可比性。国际营销人员通常喜欢比较不同国家间的数据，遗憾的是，由于各个国家对于统计现象的定义不同，在不同国家获取的二手数据大多不可比较。例如，“超市”这个词在世界范围内有多种不同的定义。日本超市在很大程度上不同于英国超市。日本超市通常占两三层，销售食物、衣物、家具、家用电器及体育用品等日常必需用品，并配餐厅。

通常，二手数据的可获得性和准确性随着国家经济发展水平的增长而提高。当然也有很多例外。例如，印度相对于其他国家而言经济水平较低，但却有准确和完备的政府数据。

尽管收集二手数据的可能性已显著提高，但国际社会对数据隐私问题越来越敏感。很多易获得的大型数据库中包含对销售人员来说具有非常有价值的信息，但这些数据通常归提供数据的人所有。所以，国际营销人员必须格外关注不同国家的隐私法以及考虑顾客对使用这些数据的可能反应。忽略这些问题可能有反作用并使企业地位受损。

在做二手数据调研及建立决策支持系统时，有很多可用的信息源。通常这些二手数据源可以分为内部数据源和外部数据源（见图 5-1），后者又可以被划分为国际 / 全球的或地区 / 国家的信息源。

5.4.3 内部数据源

公司内部数据也可以成为很丰富的数据源。然而，公司并没有完全开发利用这些数据。

国际营销和销售部门是企业机构和国外消费者进行商业互动的主要结点。因此，该部门需要大量的信息，其中包括：

- 总销量。每个公司都保存了一段时间内的总销量记录，比如周销量、月销量和其他。
- 按国别划分的销量。销售数据需要按照国别划分。部分数据用来衡量外贸经理或销售人员的绩效和能力（由于佣金按照销量支付，有时会影响个人收入），部分数据用来衡量在特定国家的市场渗透率。
- 按产品类别划分的销量。很少有公司只卖一种产品，大多数公司销售一系列产品，并保留各种产品的销售数据或产品组合的销售数据（如果产品系列很大的话）。
- 按细分市场划分的销量。这种市场细分可能是按地域或根据行业类型进行的细分。这类数据能展示细分市场趋势，是平稳的、衰退的还是上升的。
- 按渠道类型划分的销量。当公司有多个销售渠道时，就可以计算每个渠道类型的效率和盈利性。这类信息可以帮助营销管理者识别和开发有潜力的渠道，并实现有效的渠道营销。
- 定价信息。与产品价格调整相关的历史数据，能帮助公司建立基于需求的价格调整机制。

- 营销沟通组合信息。这类信息包括广告活动、赞助及直邮广告对销量影响的信息。这类信息通常可以为未来营销沟通计划的潜在有效性做参考。
- 销售代表的记录和报告。销售代表需要保存每个“活跃”顾客的访问记录或资料。销售代表还要经常将那些输给竞争对手的订单的情况及原因，以及正在计划未来采购本公司产品的企业的情况发送给销售部。这类信息可以帮助公司改进营销战略。

5.4.4 外部数据源

通过公立图书馆或大学图书馆查找国际商业信息是一种收集外部数据的基本方法。互联网也可以帮助搜寻数据源。互联网能帮助获取数以千计的数据库用来进行智能信息收集（竞争者的情况）。并且，电子数据库涵盖从产品开发的最新新闻，到学术期刊及商贸杂志的最新观点，以及国际贸易数据的更新动态。然而，互联网并不能完全替代其他形式的二手数据源。相比数据质量，成本仍然是影响公司选择二手数据源的一个因素。

5.4.5 用来预测外国市场潜力的二手数据

二手数据经常被用来预测潜在外国市场的大小。在评估目前产品需求和预测未来需求量时，可靠的历史数据是很必要的。像前文所提到的，二手数据的质量通常不高且不易获得。然而，有效的营销计划要求公司预测市场大小。尽管有诸多缺点，公司仍有多种途径通过最少的信息来预测未来市场需求，这其中有很多可用的技术方法（参见 Craig and Douglas，2000）。在此将具体介绍四种方法：代理指标法、连锁比率法、超前滞后分析法以及类比估计法。

1. 代理指标法

代理指标法（proxy indicators）在很难获得测量结果的情况下是很有效的。这种方法中，间接变量相当于一个替代或代理。

家庭耐用品的拥有量被认为是一国经济发展水平的一个代理指标。例如，冰箱或其他家电的销量是洗衣机销量的代理指标。另外一个代理指标是开通居民电话线的家庭总数。在发展中国家，只有相对条件比较好的居民家中可以使用电话。此处的逻辑是有家用电话的家庭才有潜力购买洗衣机。

这种方法可以提供粗略的估计，而且相对便宜且方便。但是，代理指标的使用也会造成可信度问题。精确度往往取决于代理指标的选择（Waheeduzzaman，2008）。例如，巨无霸指数（Big Mac Index，不同国家巨无霸汉堡的相对价格）通常被用作某种货币相对于美元未来走势的代理指标。

2. 连锁比率法

连锁比率法（chain ratio method）是用比率减少人口基数的简单算术运算，这种方法的目的是为了推算实际需求。如果比率的选择是符合逻辑的并有实际意义，那么这种方法能提供一个合理的准确的估计量。例如，一个国家家庭空调的市场潜力取决于城市化比率（城市居民的比重）、家庭总数、能用上电的人口比重、可负担此产品的人口比重。将这些指标相乘可以大概估计出一个国家的空调市场需求。如果市场调研人员想要估计泰国洗衣机的潜在市场总量，他需要以下信息：泰国共有 1 760 万家庭，其中 82% 的家庭可用电，

50% 的家庭有自来水供应。将这些数字相乘，即 1 760 × 0.82 × 0.50，可得出潜在市场总量为 720 万台。

尽管这种方法较粗略，但它可以提供较接近于真实数据的估计结果。这种方法相对便宜且易执行（Waheeduzzaman，2008）。

3. 超前滞后分析法

这种技术基于一个国家的时间序列数据来估算其他国家的销量。这种方法假设这两个国家的需求决定因素是一致的，只是时间的先后不同。这种方法要求在各个国家的扩散过程，特别是扩散速率是一致的。当然，情况并不总是这样。研究发现，似乎越近期推出的产品，扩散速度越快（Craig and Douglas，2000）。

图 5-2 以视频点播（VOD）市场为例解析**超前滞后分析法**（lead-lag analysis）的原则。VOD 的主要市场参与者是 Netflix 及其推出的订阅服务。截至 2013 年年底，在 1.2 亿美国电视用户中，55% 的用户会访问 VOD；在意大利，只有 20% 的用户会访问 VOD。在图 5-2 中，我们假定美国和意大利市场的时间差为两年。所以，如果我们要预测意大利用户 VOD 的渗透率（以及最终需求），我们可以将美国渗透率的 S 曲线做两年的平移，如图 5-2 所示。然而，像 VOD 这类的网络产品，从原始市场（美国）到后续市场的扩散通常非常快，这也展示了当今新产品（尤其是信息技术产品）从一个市场到另一个市场的扩散速度之快。使用超前滞后分析法的难题包括识别相应时间滞后期以及可能影响未来需求等一系列问题。然而，这种方法对管理者有直观的吸引力，并更有可能影响他们的想法。

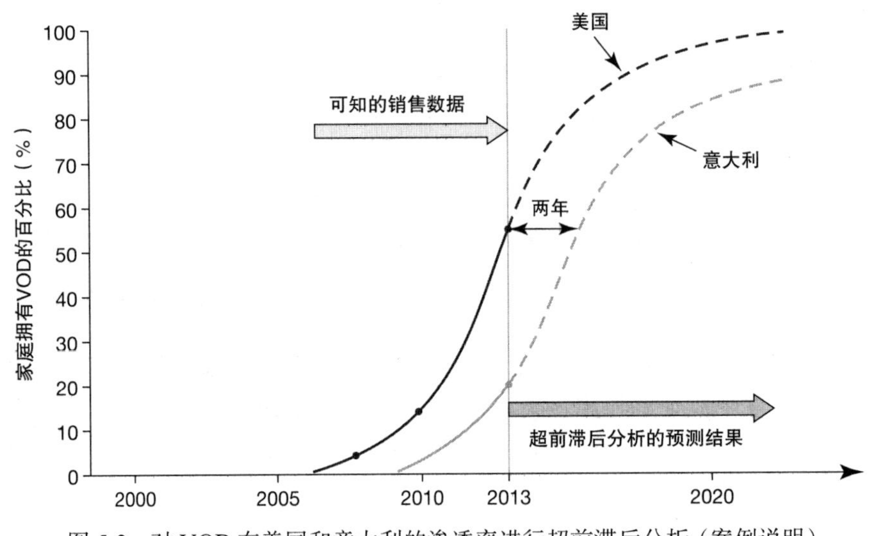

图 5-2 对 VOD 在美国和意大利的渗透率进行超前滞后分析（案例说明）

当常规的超前滞后分析的数据不可得时，也可以使用类比法做估计。

4. 类比估计法

类比估计法（estimation by analogy）基本上是一个单因素指标，这个指标将从一个国家获得的相关值（产品的需求量与一个因素的相关值）应用于目标国际市场。首先，需要建立待估市场需求量和用作类比基础的因素之间的相关关系。一旦建立这一已知关系，就可以用这个相关值来建立待估市场的需求和已知条件之间的类比。

例子

我们想要预测德国市场对冰箱的需求。我们已知英国市场规模，但德国市场未知。由于这两个国家几乎所有家庭都有冰箱，所以这两个国家的家庭数量或人口规模可以作为很好的相关因素。在这种情况下，我们选择人口规模作为类比的基础：英国人口规模 = 6 000 万；德国人口规模 = 8 200 万。并且我们已知英国 2002 年冰箱的销量为 110 万台。

通过类比，我们估算德国市场的冰箱销量为：

（8 200 万 /6 000 万）×110 万台 = 150 万台

注意事项

使用类比法时必须谨慎，因为这种方法假定：除了用来类比的相关因素（如上例中的人口规模）外，两个国家的其他因素是相同的，如相同的文化、顾客购买力、口味、税率、价格、销售方式、产品可用性、消费模式等。尽管这种方法有明显的缺陷，但当国际数据有限时，此方法仍然是有效的。

5.5 原始数据调研

5.5.1 定性和定量研究

如果二手数据无法回答一个市场调研问题，那么营销人员可能必须要通过原始数据的研究来获取其他信息。这些信息可以通过**定性研究**（qualitative research）和**定量研究**（quantitative research）获取。定性和定量分析法的区别是，定量分析法从大量具有代表性的受访者中采集数据。

定性研究方法的目标是为研究问题提供一个完整的观点。因此，此类研究方法必须有大数量的变量和少量的受访者（见图 5-3）。选择研究方法是一个在分析结果的广度和深度之间权衡的问题。

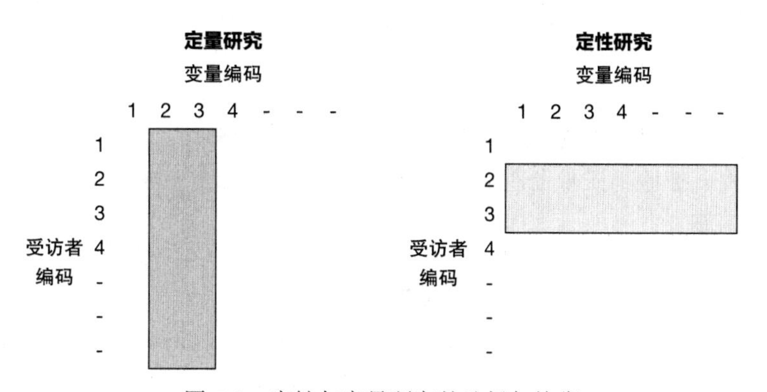

图 5-3 定性与定量研究的选择与均衡

关于定性和定量研究方法的区别如表 5-2 所示。定量数据的获取及分析是建立在比较所有受访者数据的基础上。这对测量手段（问卷）有很高的要求：这些问卷必须是结构化的（有不同的回答方式），而且在问卷开始前经过测试。所有受访者接受相同的刺激并回答相同的问题。只要受访者是同质的，这种方法通常不会出现问题。然而，如果受访者差异过大，很有可能不同的受访者对同一问题的理解差异很大。在跨文化研究中此类问题尤为突出。

表 5-2 定性和定量研究的对比

对比维度	定量研究（如邮寄问卷法）	定性研究（如焦点小组访谈或案例方法）
目标	量化数据，并将样本中获得的结果概括到总体样本中	对潜在动因的初步的定性理解
研究类型	描述性或 / 和随机性	探索性
研究设计的灵活性	低（由标准化的、结构化的问卷所致：单向沟通）	高（由于个人访谈，访谈者在谈话中改变问题所致：双向沟通）
样本大小	大	小
受访者的选择	可代表总体的样本	对研究问题有一定见解的人（关键信息提供者）
单个受访者提供的信息量	低	高
数据分析	统计汇总	主观的、解释性的
复制相同结果的能力	高	低
对访谈者的要求	不需要特殊能力	需要特殊能力（对访谈者和受访者之间互动的理解）
研究所花费的时间	设计阶段：高（研究的问题必须正确） 分析阶段：低（问题的答案可以编码）	设计阶段：低（访谈前不需要“确定”的问题） 分析阶段：高（大量的“软”数据）

然而，定性数据的获取及分析具有很高的灵活性，可根据受访个体的不同及其专业背景进行调整。定性和定量研究的另一个主要区别在于数据来源：

- 由于问卷的形成、数据获取及数据分析发生在不同阶段，定量研究方法在一定程度上是由相互独立的程序组成。数据的获取通常是由不参与问卷设计的人完成。在此，测量手段（问卷）是研究过程中的重要元素。
- 定性研究方法的数据源接近，即数据获取与分析是同一个人（也就是访谈者）完成。数据获取是由受访者和访谈者之间的互动决定的，而且每个新问题都在一定程度上取决于上一个问题的回答。在此，访谈者和他的能力（或无能力）是研究过程中的重要元素。

由于收集定性数据（例如，访谈中的下一个问题）取决于访谈者对上一个问题的理解，所以定性研究方法意味着数据收集及数据分析 / 理解不可分离。调研人员在实地调查（数据收集）中的个人体验，通常也作为数据分析阶段的重要依据。在以下章节将阐述两种重要的定性研究方法。

5.5.2 三角测量：结合定性和定量研究方法

定量及定性研究方法通常彼此互补。在同一现象中同时使用定量和定性研究方法被称作**三角测量**（triangulation）（Denzin，1978；Jick，1979）。三角测量这种比喻来自导航和军事策略，即用多个参照点来定位一个物体的准确位置。相似地，调研人员可以通过收集定性和定量数据来提高判断的准确性和有效性。有时定性研究方法可以解释或强化定量研究的结果，甚至提供新的信息。

有时可以用定性数据（如通过几个关键信息提供者的深入访谈收集的数据）来设计用来收集定量数据的最佳问卷。由此，在设计结构化和规范化问卷前，三角测量能丰富我们对一个调研问题的理解。

5.5.3　调研设计

图 5-4 展示了收集原始数据的设计所需要考虑的关于研究方法、联系方式、抽样计划及调研工具等问题。接下来将更详细解释图 5-4 中所提及的多个考虑因素。

1. 调研问题 / 目标

公司逐渐意识到全球市场原始数据研究的必要。随着公司国际化程度日益加深，其国际市场调研的重要性和复杂性也随之提高。原始数据调研应从定义调研问题及建立具体目标开始，此时的主要困难是将商务问题转化为具有一系列明确研究目标的调研问题。在初始阶段，调研人员通常只对总体问题有一个模糊的概念便开始调研进程。这时问题经常被误认为原因，由此所采取的行动通常是错误的。

调研目标可能包括获取详尽信息来使公司更好地渗透市场、设计和调整营销组合，或者是监控一国的政治环境，以成功扩展公司运营。调研目标越明确，调研人员就越能够更好地明确数据要求。

2. 调研方法

在图 5-4 中表明了三种调研方法：观察法、实验法和调查法。

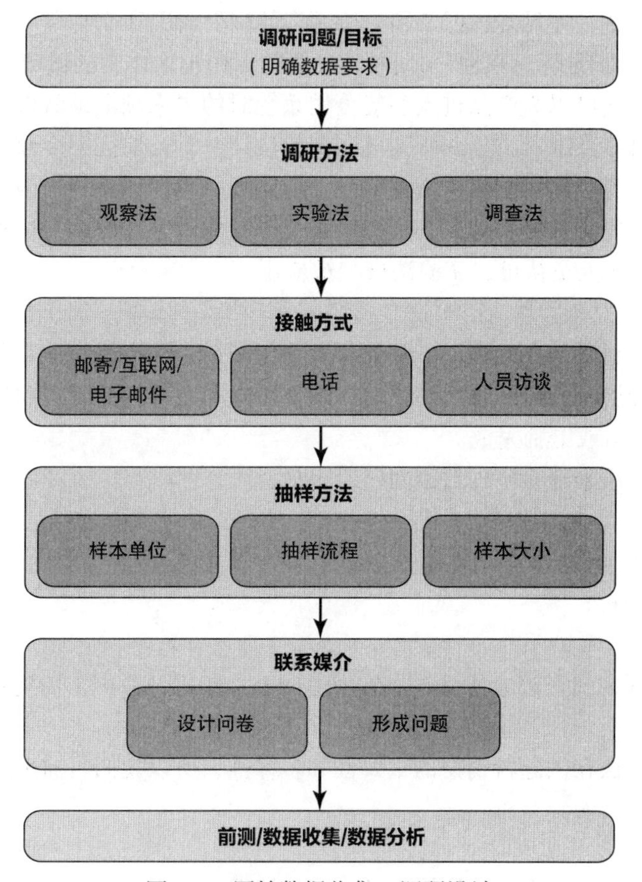

图 5-4　原始数据收集：调研设计

观察法

这种收集原始数据的方法基于对市场相关行为的观察和偶尔记录。相对于调研行为背后的原因，观察手段更适合调查行为本身。以下是观察法的几个例子：

- 门店检验：食品加工企业会派调研人员去超市调查竞争产品的价格或零售商为其品牌提供的货架空间和陈列支持的情况。例如，在欧洲做门店检验的店内调研，必须提前规划好货架拍照和门店访谈的时间，并且需要将调研人员全面地介绍给门店经理及员工。
- 机械观察法通常用来测量电视收视率。
- 收银扫描仪可以用来记录顾客购买情况和商品的库存。

观察法可以获取人们不愿或无法提供的信息。在一些国家，人们可能不愿去讨论个人生活习惯或消费情况。此时，观察法是获取此类必要信息的唯一途径。相比之下，有些事情根本无法观察到，比如感觉、态度、动机或个人行为。长期的或不频繁的行为也很难观察到。由于这些局限性，调研人员经常在使用其他数据收集方法的同时辅以观察法。

实验法

实验法可以收集偶发性信息。这类方法包括选择多个用于比较的实验小组，给他们不同的实验刺激，控制与实验无关的因素，并检查各组反应的差异。因此，实验法试图解释因果关系。

实验法在营销调研被广泛应用于测试营销。实验法通常在一个或多个被选择的地点或地区销售被测的产品，并观察、记录和分析顾客的接受情况和交易量。例如，为了排除广告活动对销售效果的干扰，有必要采用相对独立的营销地区作为测试市场。

测试市场的绩效可以为产品进入一般分销系统时的未来预期绩效做参考。然而，实验法在国际营销调研中很难实施。调研人员在实验设计时，要保证大多数变量保持不变或者保证这一实验可以跨文化比较，这是一个巨大的挑战。例如，在一个国家分销系统中确定因果影响的实验可能很难复制到另一个分销系统不同的国家。因此，尽管实验法的潜在价值已被国际市场调研人员认可，实验法极少被应用。

调查法

调查法是基于对受访者的提问，从数量及价值来讲，此方法可能是收集数据的最重要方法。通常，对受访者的提问是结构化的：准备正式问卷并按照既定顺序进行提问。问卷可以通过口头、手写或电脑完成。

调查法被广泛用来解答多种营销问题，包括：

- 顾客态度；
- 顾客购买习惯；
- 潜在市场规模；
- 市场趋势。

与实验法不同，调查法通常旨在收集描述性而非随机性数据。与观察法不同，调查法通常涉及受访者。

由于问卷调查法在国际营销中的重要性和多样性，所以我们目前重点关注这种方法。

3. 接触方式

接触（被试）方式的选择通常需要对速度、精准度和成本的权衡。原则上，有四种方式可供选择：邮寄调查、互联网 / 电子邮件、电话访谈和人员（面对面）访谈。每种方法有各自的优势及劣势。表 5-3 概述了其优势劣势。

表 5-3 四种联系方式的优势和劣势

问题 / 问卷	邮寄	互联网 / 电子邮件	电话访谈	人员访谈
灵活性（澄清问题的能力）	差	尚可	好	非常好
获取深入信息的可能性（使用开放式问题）	尚可	差	尚可	非常好
使用视觉辅助工具	好	非常好	差	好
广泛获取样本的可能性	非常好	非常好	非常好	尚可
问卷回收率	差	尚可	好	尚可
提问敏感问题	好	差	差	尚可
控制采访者的影响（无访谈者误差）	非常好	尚可	尚可	差
数据收集的速度	差	非常好	非常好	好
成本	好	非常好	非常好	差

邮寄调查

邮寄调查是最便宜的。问卷可以包含图片——这是在电话访谈中无法实现的。邮寄调查允许受访者自在地回答问题，而不像电话或人员访谈，可能在受访者不方便的时候联系他们。因此，邮寄调查法被认为不像其他方法那么扰人。然而，邮寄调查法比其他方法需要更长的时间。通常，在发出问卷之后与确定回收大多数问卷之前，研究者通常需要等待几周。在教育和文化程度较低的国家，问卷回收率通常太低而无法使用。

互联网 / 电子邮件调查（在线调查）

这种方法能获取大量可以量化的、可在电脑中编码的数据。互联网 / 电子邮件调研预算低，而且容易接触大量样本，成为调研人员不二的选择。电子邮件调查非常经济快速，附带图片和音频文件也是有可能的。然而，比起不请自来的普通邮件，很多人更不喜欢不请自来的电子邮件。

在国际营销调研中在线调查的一个优势是节省差旅成本。通常调研人员必须前往要进行调研的国家，特别是面对面访谈时（Adiham et al.，2009）。这导致了差旅成本的增加，以及延长了执行实地调研所需的时间。在线调查中，调研人员可以通过世界任何地方的一台电脑招募和采访受访者。大多数上网的人都知道如何使用聊天室并会说英语。

在线调查可以通过电子邮件或网站传播。当问卷是针对大范围受众时，可以设计成一个弹出式问卷。当用户浏览网站时，这种弹出式问卷可以显示为基于网络的问卷。这种基于网络的问卷适用于大范围受众，因为访问特定网站的用户可以有同等机会参与调查。然而，相对于电子邮件调查，调研人员对参与在线调查的受访者的控制会相对较低。

电话访谈

在某些方面，电话访谈介于人员访谈及邮寄调查之间。此方法的问卷回收率通常比邮寄调查高，比面对面访谈法低。通常，此方法的花费比人员访谈法更低，而且访谈时有一定灵活度。然而，此方法不可使用视觉辅助。在受访者结束访谈或者为加快速度给出快速（无效）的答案前，调研人员只能问少数几个问题。通过电脑辅助电话采访，调研人员从电脑显示器上读取问题，并通过键盘输入答案。调查的流程是电脑控制，可帮助访谈过程。

一些调研公司在购物中心建立研究终端。受访者可在终端设备前坐下，读取显示器上的问题，然后将答案输入电脑。

人员访谈

人员访谈有两种形式：个人访谈和小组访谈。个人访谈包括在受访者家中、办公室、路上或商场与其交谈。采访者必须获得受访者的配合。小组访谈（焦点小组访谈）可以邀请 6 ～ 10 人与有经验的主持人聚在一起，讨论产品、服务或某个组织，一般为几个小时。主持人必须客观，并对行业情况以及小组情况和消费行为有深入的了解。参与者通常会获得少许报酬。

人员访谈很灵活，可收集大量信息。有经验的采访者可以长时间吸引受访者的注意力并解释困难的问题。他们可以引导访谈、探讨问题，以及根据情景需要深入探究问题。访问者可以给受访者提供实际产品、广告或包装，然后观察其反应和行为。

人员访谈的主要缺点是高成本及抽样问题。小组访谈研究通常采用小样本来节省时间和成本，但结果很难具有普适性。在人员访谈中，因为采访者有更多的自由，所以采访者误差也更大。

因此，没有一个最好的联系方法。方法选择完全取决于情景。有时，组合方法甚至也是合适的。

4. 抽样方法

除了在非常有限的市场外，联系所有可能与调研问题有关系的人是不切实际且昂贵的。在统计中，这个总人数被称为“母体”或“总体”。在营销术语中，这一术语包括一个产品或服务的实际或潜在用户 / 顾客总数。

总体还可以通过抽样元素或样本单位来界定。假设一家口红生产商想要测试其消费者对新口红系列的反应，并想要选择 15 岁以上的女性为样本。直接对这个年龄层的女性进行抽样，在这种情况下，抽样单位与抽样元素相同；或者，可以以家庭做抽样单位，并对所选家庭中所有 15 岁以上的女性进行调查。在此，抽样单位是家庭，而抽样元素是 15 岁以上的女性。

实践中通常所做的是抽选出一组顾客 / 消费者作为总体的代表。所有可以调查的顾客总数称作“样本框”，而实际接受调查的顾客总数称作“样本”。

抽样流程

有多种抽样流程可供选择。其中主要的两类分为：概率抽样和非概率抽样。

- 概率抽样。尽管每个抽样元素被抽到的概率不一定相同，但还是有可能提前明确总体中各个抽样元素被抽取的概率。例如，简单随机抽样、系统抽样、分层抽样和整群抽样（详见 Malhotra，1993）。
- 非概率抽样。这种抽样方法不可能决定上述提到的抽样概率或预测抽样误差。这些抽样流程依赖调研人员的个人判断。此类抽样流程包含便利抽样、配额抽样和滚雪球抽样（详见 Malhotra，1993）。

鉴于非概率抽样的缺点（例如，调查结果不能反映总体情况，抽样误差不可估算），人们会疑惑为何营销调研人员还经常使用此类抽样方法？这是由于非概率抽样仍然有其内在优势：

- 相对于概率抽样，非概率抽样成本低廉；

- 如果精确度不重要，非概率抽样相对有吸引力；
- 相对于概率抽样，非概率抽样可以更快实施；
- 如果合理执行非概率抽样，可以抽取具有代表性的样本（Malhotra，1993，p.359）。

样本大小

一旦我们确立了抽样流程，下一步就是确定合适的样本大小。确定样本大小是一个复杂的决策问题，其中涉及财务、统计及管理的考量。同等情况下，样本越大，抽样误差越小。然而，样本越大，成本越高，而一个特定营销调研中投入的资源（金钱和时间）却总是有限的。

另外，随着样本规模的增加，抽样成本呈直线上升，而抽样误差却以样本量增加的平方根的速度减小。例如，如果一个样本规模翻四倍，抽样成本也会翻四倍，而抽样误差仅仅降低了一半。确定样本大小的方法如下：

- 传统的统计技术（假设是标准正态分布）。
- 可用预算。尽管看起来并不科学，但由于财务资源规划，这种方法也是现实商务环境的实际情况。这种方法要求调研人员要仔细考虑获得信息的性价比。
- 经验法则。选择一个合适的样本大小的理由通常是凭借“个人感觉”，或者是按行业的惯例。
- 需要分析的子群数量。通常需要分析的子群数量越多，所需的总样本越大。

在跨国营销调研中，抽样流程是一个相当复杂的事情。在理想情况下，调研人员要在所有国家使用相同的抽样方法，以保证统一性。然而，抽样需求往往需要让步于实用性和灵活性。为了保证国家间的合理比较，不同国家的抽样流程可能会不同。因此，抽样流程的适用性取决于这种方法是否有助于在一个特定国家中抽取可代表总体的样本，也取决于这种方法是否能在不同国家的相似群体中抽取可比较的样本。

5. 联系媒介 / 测量 I

设计问卷

只有明确了对所需信息的具体要求，才能设计出一个好问卷。这是将调研目标转化为具体问题的手段。所需的信息类型和被调研对象的类型都将影响联系方式的选择，从而影响在街头访谈中的问卷是否是相对非结构化的（开放式问题），是否旨在深入访谈，是否是相对结构化的（封闭式问题）。

在跨文化研究中，由于开放式问题能帮助确定受访者的参考系，因此这类问题很有用。还需要注意直接和间接问题的选择。不同国家的受访者对收入及年龄相关问题的接受度是不同的，因此调研人员必须要确定问卷问题在文化上是可接受的。这就意味着很多问题在一些国家可以直接问，但在另外一些国家需要间接地问。

形成问题（措辞）

一旦调研人员决定了问卷问题的类型，接下来的任务就是实际编写问题。针对问卷问题的措辞和次序需要注意以下几点：

- 表达要清晰。例如，避免一个句子中出现两个问题。
- 选择适当措辞，防止误导受访者。例如，避免使用诱导性的问题。
- 考虑受访者回答问题的能力。例如，如果询问消费者他们从没见过的品牌或商店的问题。由于受访者可能遗忘，时间节点必须相对较短。例如：“你上周是否购买过可乐？”

- 考虑受访者回答问题的意愿。当涉及诸如借钱、性行为和犯罪记录等尴尬的话题时，需要谨慎对待。一种方法是以第三人称提问，或是提问前向受访者说明这些行为或态度是常见的。例如：“数百万人患有痔疮，你或你的家人是否患有此病？”在访谈结束时提问尴尬问题也是一个可行的方法。

在问卷措辞上，语言和文化的影响是尤为重要的。国际营销调研人员的目标是保证将口述或书面语言中误解的可能性降到最低。语言和文化的差异使上述情况在国际营销调研中成为格外敏感的问题。

在很多国家，各地区使用的语言不同。例如，在瑞士，一些地区使用德语，而另一些地区使用法语和意大利语。并且词语的含义也因国家而异。例如，在美国，“家庭”概念仅指父母和孩子；在欧洲南部，中东和很多拉美国家，家庭包含了祖父母、叔叔、阿姨和表亲。

在最终评估问卷时，需要考虑以下问题：

- 某个问题是必要的吗？我们经常听到“如果能够知道……那最好不过”，但衡量问题时，类似的问题要么明确其目的性，要么删除。
- 问卷是否太长？
- 问题能否实现调查目标？

6. 前测

无论调研人员在国际调研活动中多么经验丰富，测量量表必须经过前测。理想情况是：**前测**（pretesting）需要由待调研的总体的一个子群来完成，或至少需要由经验丰富的专家或个人完成。前测必须与最终调查在相同的模式下完成。如果这个调研要在街头或商场完成，那么前测也应该如此。尽管前测意味着时间的延迟和成本的增加，但如果忽略此过程，调研的风险很高。

7. 数据收集

国际营销调研人员必须确认数据收集过程是否正确、高效且成本合理。营销调研人员需要确定进行调研的参数。如果没有清晰的标准，不同的采访者会以不同的方式进行访谈。因此，必须要让采访者对调研本质、起始和终止时间、抽样方式有清晰的了解。有时需要进行一个样本访谈，在样本访谈中让采访者对深入探讨的问题和指标有具体的了解。突击检查这些数据收集的过程对保证数据质量至关重要。

8. 数据分析和解读

一旦收集完数据，最后一步是对调研结果的分析和解读。跨国调研的数据分析需要大量的创造力和批判精神。不仅数据可能是有限的，而且调研结果也经常受文化差异的影响。这表明有必要让当地训练有素的人充当主监管人员和采访者，或者向当地专业的调研公司寻求建议。这些调研公司通常可以承担实际的数据收集工作。尽管跨国分析的数据通常是定性数据，调研人员需要用最好的、最合适的数据分析工具。此外，国际营销调研员不可使用过于复杂的分析工具来处理简单的数据，因为再好的分析工具也不会提高数据的质量。所以，数据质量必须要与调研工具的质量相匹配。

5.5.4 原始数据调研中的问题

国际营销调研中收集原始数据所涉及的大多数问题都源于国家间的文化差异。这些问题包括受访者不能清晰地表达其观点，或者问卷翻译质量不佳（Cateora et al.，2000）。

1. 实地调研的抽样问题

抽样的最大问题是缺少足够的人口统计信息和可供选择的有意义的样本名单。例如，在很多南美洲和亚洲的城市中，道路地图是不可用的；道路和房子没有进行标记和不可辨编号。在沙特阿拉伯，概率抽样所面临的困难非常严峻，以至于非概率抽样是不可避免的。生成一个随机样本可能存在很多问题：

- 没有官方认可的人口普查数据；
- 不完整且过时的电话号码簿；
- 没有人口中心的精确地图，因此不能生成地区样本。

另外，在沙特阿拉伯，挨家挨户的访问是违法的。

2. 无应答

无应答是指无法得到覆盖样本框中所选的样本元素的应答。结果，一些样本元素的观点不能获得或不能被合理地代表。一个好的抽样方法能够识别应该被选的样本元素，却不能保证这些样本元素一定被选中。

无应答误差的产生主要有两个原因：

（1）不在家。在很多以男性为主要劳动力的国家中，在工作时间内，经常只有家庭妇女或佣人在家，很难联系到户主。

（2）拒绝回答。很多国家的文化习惯是拒绝与陌生人沟通，特别是女人。这种情形在中东、地中海的很多地区和大多数东南亚国家非常普遍。事实上，类似情况大多发生在过于传统的社会中。此外，在很多社会中，卫生用品和食物的偏好问题往往被认为过于隐私而不能和外人谈论。例如，在很多拉美国家，女人会羞于同调研人员讨论卫生巾甚至洗发水或香水品牌的选择。受访者也有可能怀疑调研人员是政府代理人，来收集可以用作征收额外税收的信息。最后，隐私在很多国家都是一个大问题，例如，日本的中产阶级越来越关注个人信息的保护。

3. 语言障碍

这个问题包括了准确翻译的困难，从而造成无法收集所需信息或无法解释受访者答案等问题。

在一些文化程度较低的发展中国家，书面问卷是完全没用的。甚至在很多国家中，由于方言和语言不同的问题，全国问卷调查是很不实际的，像印度这种有25种官方语言的国家就是如此。

通常可以让一个对当地语言非常熟悉的人来准备和评价问卷，但这一明显的解决方案往往被人忽视。为了找出潜在的问卷翻译误差，设计者可使用回译这种方法。这种方法是将问卷从一种语言翻译成另一种，再重新翻译成原来的语言。例如，如果一个问卷要在法国发放，要先将英文问卷翻译成法文再由不同的翻译人员回译成英文。通过比较两个英文版本问卷的不同之处来对问卷的翻译进行彻底检查。

4. 测量

没有合适的问卷测量，再好的调研设计也是无用的。在某一文化中令人满意的测量方法可能无法在其他国家达到预期目的。因此，要特别注意保证测量方法的**信度**（reliability）和**效度**（validity）。

通常，信度指代“如何”测量，效度指代测量的“什么”。

如果我们用相同的测量工具反复测量同一现象并得到相似的结果，那么我们的方法是有信度的。有三种效度指标：

- 构建效度，建立研究概念的正确可操作的测量指标。如果一个测量方法缺少构建效度，那么它不能测量出本应该测量的概念。
- 内部效度，确定因果关系，从而证明某些条件能导致其他条件。
- 外部效度，关系着调研结果是否能推广到其他人群。例如，如果一个国家某一营销问题的调研结果能够用来解答其他国家相似的营销问题，那么外部效度就高。如果这个关系成立的话，就可以使用类比法估算不同国家的市场需求。利用类比做估计的前提是，一个国家产品需求的变化与其他相似国家的产品需求变化是非常相似的。

图 5-5 解释了效度和信度的概念。在图中，公牛的眼睛所代表的就是测量工具应该达到的标准。情景 1 中显示了测量结果散布在整个图像上，这可能是由于使用了不当的测量工具。如果测量工具不可信，结果也不可能是可靠的。然而，仅仅因为一个测量工具的可信度很高，也并不能说明结果就是可靠的。在情景 2 中，我们看到测量工具是可信的，但并没有测量本该测量的概念。这就像是说虽然枪手眼神很稳，但瞄准器调整不当。情景 3 是调研人员的理想情景，测量方法既可靠又可信。

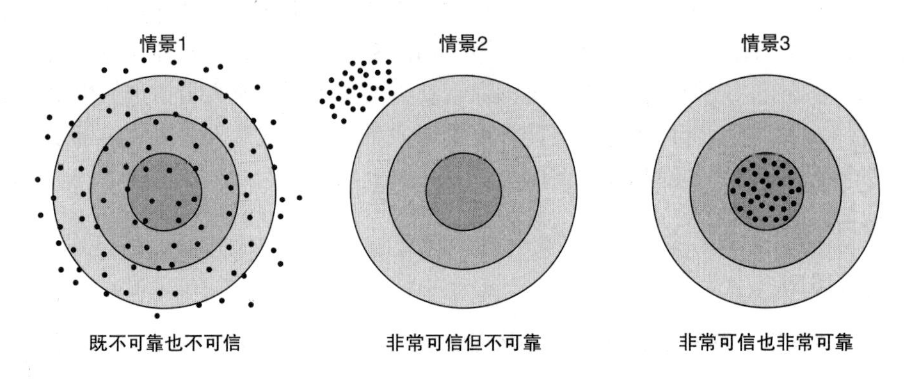

图 5-5 测量中可能的信度和效度的情景解释

资料来源：McDaniel and Gates（2007，p. 321）.

在一个国家中被证明可靠又可信的测量工具在另一个国家不一定如此。由于文化不同，顾客的产品知识水平也不同，相同的测量工具在不同的文化中可能有不同的信度。因此，简单的比较跨国调研结果是危险的。一个合理的方法是，通过在每个待调研的市场进行前测，开发适用于当地文化的令人满意的测量量表。

然而，由于不同的测量方法在不同国家造成的测量信度不同，在涉及跨文化问卷设计时很有必要考虑各种差异。因此，邮寄调查可能适用国家 A，而人员访谈适用于国家 B。在不同国家收集数据时，相比起在不同国家使用相同的测量工具，使用具有相同信度的测量工具更重要。

5.6　其他市场调研类型

本节我们将对专项调研和持续性调研做界定和区分。

5.6.1　专项调研

专项调研（ad hoc research）聚焦在一个特定营销问题，在一个时间点从一个样本中收集数据。专项调研的例子包括产品使用调查和态度调查，或者通过定制和多客户调查进行的产品和概念测试。更宽泛的营销问题（例如，产品组合的整体市场预测）则可以通过德尔菲法（如下）验证。

1. 定制调查

定制调查建立在客户的特殊需求基础上。这类调查是根据提供给市场调研机构或内部市场调研人员的调研简报而设计的。由于调查都是定制的，此类调研会很昂贵。

2. 多客户调查

如果公司想要回答特定调研问题但又不想亲自进行原始数据的收集，那么有很多低成本的方法。在此介绍两种多客户调查法：

（1）独立调研。这完全由调研公司（如 Frost & Sullivan）独立完成并报价出售调研结果。

（2）综合调研。代理公司会针对国外特定市场的某一细分市场进行调研，而客户会购买自己所需的调研结果。所以，访谈（通常是面对面或电话）能涵盖很多话题。客户会获得所购买问题的分析结果。为了让综合调研有用，调研人员必须要明确界定调研需求和相应的市场细分来获得有意义的数据。

3. 德尔菲调查法

这一调查法汇总专家意见，所以是定性而非定量调查。这种调查不是从有一般知识的普通人处获得信息，而是从那些拥有深厚专业知识的专家处获取答案。

需要关注的领域可能是在国际贸易环境中具有发展潜力的市场，或者对某种新产品市场渗透情况的长期预测。通常选择 10 ～ 30 个消息提供者，并要求他们识别所关注领域中存在的主要问题。也可以要求这些消息提供者根据问题的重要性对陈述进行排序，并解释排序的理由。接下来，这些汇总的信息返回给所有的参与者，并鼓励他们清楚地说明同意或不同意这些排序和注释。参与者可以质疑这些陈述，并在下一回合中回应这些质疑。通过几个回合的质疑和回应，可以达成一个高度一致的共识。

这种方法的一个缺点是步骤烦琐。因此，可能需要数月。然而，电子邮件的出现将加速这一过程。如果执行得合理，德尔菲调查法可以为公司的国际信息系统提供有见地的预测数据。

5.6.2 持续性调研（纵向设计）

纵向设计与专项调研的不同之处在于，样本或小组（panel）随着时间的推移保持不变。以这种方式，纵向调查能深入了解发展情况。小组数据包含了一段时间、指定间隔内同意提供信息的受访者样本。

主要有两种不同的小组类型：

（1）消费者小组。此小组提供顾客长期购物信息。例如，一个杂货店小组数据可以为超市品牌记录消费者购买的品牌、包装大小、价格和库存。通过在一段时间内使用相同的家庭为研究对象，可以测量其品牌忠诚度和品牌转换行为的数据，以及获得购买特定品牌的顾客或家庭类型的人口统计信息。

（2）零售商小组。通过与零售店（如超市）的合作，在顾客结账时通过激光扫描条形码测量某一品牌商品的销量。尽管顾客忠诚度和品牌转换情况不能通过这种方式测量，但是可以借此准确测算店面的销售。尼尔森公司是主要的零售信息提供商。

5.6.3 销售预测

公司可以通过两种方法预测销量：预测市场销量（又叫市场预测）来确定公司的市场份额，或者直接预测公司的销量。本章介绍的预测技术基于后一种方法。这意味着公司计划者只有在对公司的特定产品进行评估时才对销售预测感兴趣。

我们现在要从公司计划者及各个公司部门的角度来检验短期、中期、长期预测的适用性和有效性：

- 短期预测。这类预测通常时限为三个月，一般用在策略层面，如生产计划。短期波动比销量的总体趋势更重要。
- 中期预测。中期预测对计划者有直接的启示。中期预测在以销量预测为出发点的企业预算过程中尤为重要。所以，如果销量预测错误的话，整个预算也是错误的。如果预测过于乐观，那么公司会有存货，这些存货会占用公司的运营资金；如果预测过于悲观，由于公司无法生产可以满足市场需要的产品，可能会错失营销机会。更重要的是，如果让会计师来进行市场预测，他们通常会过于保守，并做出低于实际的预测。中期预测强调了销售预测是销售经理的责任。这些中期预测通常是时限为一年的预测。
- 长期预测。长期预测通常是时限为三年的预测，更多取决于行业类型。在计算机行业中，三年被认为是长期，但在钢铁类行业，10 年才被认为是长期。长期预测是基于政府政策和经济趋势等宏观环境因素而得出的。这些预测主要是财务会计人员对长期的资源需求的考量，也是董事会关注的问题。董事会必须对满足预测需求所需的生产水平做出决策。这些决策可能意味着建立新工厂或是对员工加强培训。长期预测可以从国际层面开始，接着延伸到国家层面，然后到行业、公司层面，直到单一产品层面进行预测。然后，在预测期间按照季节进行分解，并在地理区位上按单个推销人员的负责地区进行分解。这些后续的预测对销售管理具有特殊意义，或者说长期预测是从这些层面开始才出现销售预算和报酬制度。

图 5-6 是一个趋势预测的例子。单位销售额和趋势如图 5-6 所示，趋势线被延伸（这里必须要加入预测者的技能和直觉），然后将趋势的偏差应用于趋势线，这样可以提供销售额预测。

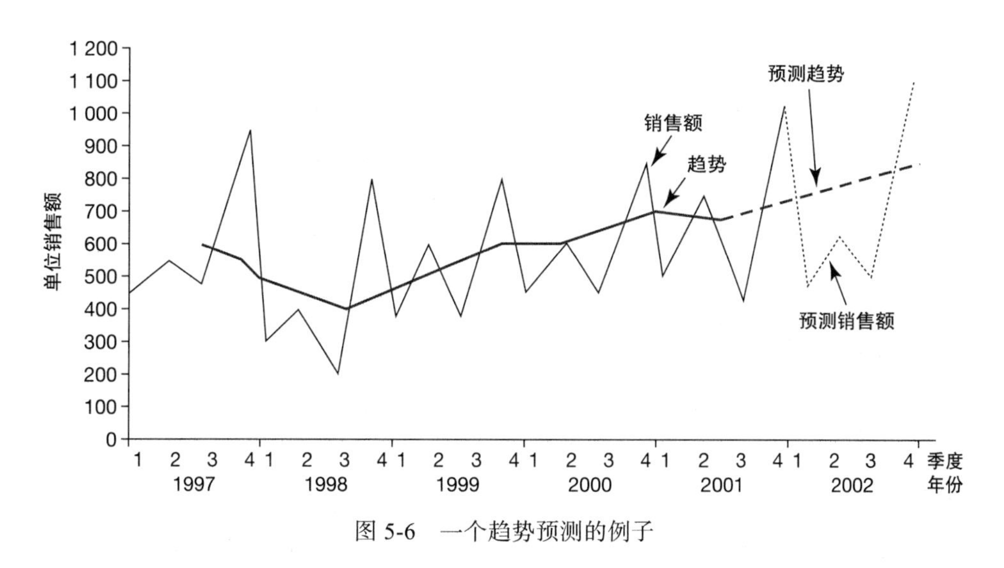

图 5-6 一个趋势预测的例子

从这个特殊的例子可以看出，与前几年相似，趋势线在慢慢地向上延伸。同其他方法一样，这种方法的缺点是无法预测下降或上升幅度，且这类数据必须由预测者通过绘制趋势线来主观地输入。

5.6.4 情境规划

情境（scenarios）是出现在未来所有可能性的描述（Wright，2005）。情境规划与预测的不同之处在于，这种方法是探索所有可能的未来情况，而不是预测某一时点的未来情况。图 5-7 显示了两个不同的情境——A 和 B。有两个维度测量的情境结果既受**收敛力**（convergent forces）又受**分散力**（divergent forces）的影响。

图 5-7 显示了收敛力和分散力的均衡。时间轴从左到右延伸，情境也要经过多个“时间窗口”，每个时间窗口都是情境创造者想要强调的重要维度。在图 5-7 中显示了两个时间窗口：一个距离现在两年，另一个是五年。两个维度可以假设是，公司一个主要产品的“全球市场占有率”和“全球市场增长率”。收敛力可以指代情境 A 和情境 B 随时间推移相互靠近；分散力有相反的作用。

收敛力的例子如下：

- 主要国际市场上宏观经济的高度稳定性；
- 逐渐增强的跨国的产品标准化程度。

分散力的一个例子是目标市场中的文化差异。

情境规划允许我们考虑很多的可替换的未来情境，每种情境都与其他情境及当前操作环境显著不同。相较于只是依赖一个“最可能”的预测，情境规划能比较行业发展的其他可能性。

由于外部导向，情境规划能有效识别公司的增长战略和影响其市场地位的潜在威胁。情境还能帮助识别导致市场份额或利润率降低的具体的外部行业变化。

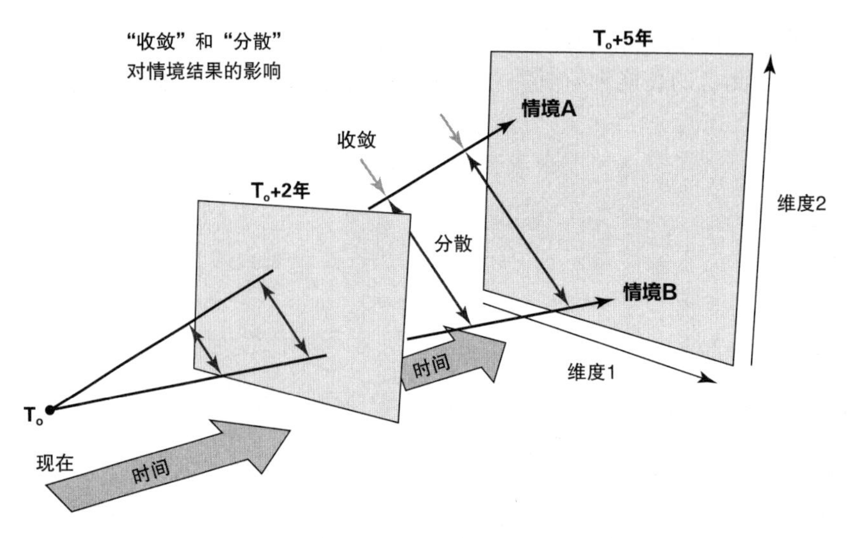

图 5-7 情境 A 和情景 B 随时间变化的发展

情境规划指南

- 建立一个核心规划团队。分析情境的战略意义分析最好在团队里完成。有效率的团队的创造力可能会给情境规划过程提供有价值的突破。对于一些人来说，很明显的东西可能对别人来说很意外。黄金法则是组建一个 5 ～ 8 人的规划团队。
- 培养不同领域的专家。规划团队要包含所有职能部门的负责人，如销售、营销、运营、采购、信息技术和人事等。当然，我们也建议团队中包含高管以外的人，这会有助于为公司或业务线提供新观念。这是一个让公司里新星和创新型思考者参与的一个好机会。
- 引入外部信息和外部人员。在讨论中要引入有趣的和富有挑战性的观念。在一个只有内部人员组成的团队中，想要取得突破性见解是很困难的。可以加入诸如消费者、供应商或顾问等的外部人员。如果可能，也可以加入一个其他业务的主管或外部批发商。然而，很多执行官不喜欢让外部人员参与本公司的规划过程。

5.7 基于 Web 2.0 的市场调研

如今，大概 80% 的国际市场人员对国际营销数据的需求是通过进行市场调研项目解决的。在未来领先的跨国企业（可能由日用品和技术驱动型公司）中，可以通过"抓取"可得数据回答 80% 的营销问题。

通过 Web 2.0 可获得的数据源和工具包括以下几种（Micu et al.，2011）：

- 移动数据。营销人员的最大机遇之一是能够获取消费者的实时地理信息并在地理区位上标记消费者。启用 GPS 的智能手机正在以指数式增长的速率渗透到全球市场。由于蜂窝带宽和数据处理速度的持续增长，这都将为公司在正确时间、正确地点、瞄准正确顾客提供机遇。主要的信息公司，如谷歌和创新型初创公司，正在领先使用这些现成的实时数据源。

- 用户产生的内容和文字挖掘。Web 2.0 在社交网络（如 Facebook、Twitter）、博客、论坛和聊天室中为互联网用户提供聚会场所。这些聚会点以文本数据的形式留下了大量的印迹。从网络用户产生的内容中获取有效见解的困难之处在于，消费者发布的消息都是非常非结构化的、规模极大且很难汇总。商业（如 Nielsen Online）和学术文本挖掘工具给市场人员和调研人员提供了一个可以倾听消费者心声的机会。由此，公司可以更好地理解消费者讨论的话题、消费者观点、市场结构和竞争环境。
- 网页浏览。包含点击次数和网页浏览信息的点击流数据的使用，可以追溯到互联网被应用到大众市场之时。直到现在，由于无法收集、存储和分析这些巨大的数据库（特别是实时数据），点击流数据的使用非常有限。然而，现在有公司利用跨公司技能来开发和转化这些数据，以期提高国际市场洞察力。
- 社交网络和网络社区。增速最快的信息部分来源于社交网络，其中最明显和强大的社交网络包括 Facebook 和 Twitter。在某种程度上，消费者正在由从新闻网站和搜索引擎收集信息转变为传统的询问朋友的方式。当然，社交元素意味着他们有一个比传统意义上更大范围的“朋友圈”。这个“朋友圈”可以用来进行更正式且快速的问卷调查。尽管社交网络无处不在，但这些网站还未完全用来进行国际营销。社交网络及其他数据源（如在线零售和媒体源）的融合，会扩大公司从口碑内容中获得可操作的营销见解的机会。而且，通过观察消费者的社交网络行为和购买行为，调研人员可以利用社会关系信息来识别和定位意见领袖。并且，随着 Web 2.0 的诞生，很多诸如耐克、哈雷 - 戴维森或宝洁等的日用消费品公司开始建立自己的品牌社区。品牌社区不仅为公司提供了与消费者加强互动的机会，也提供了完整观察消费者行为的机会，并且品牌社区也为消费者和公司开启了直接沟通的渠道。随着消费者转为向其他消费者获取大多数信息，品牌社区极有可能成为一个主要的信息源。
- 消费者决策信息。越来越多的公司不仅要了解营销工作的（或暴露出的）结果，而且还要了解消费者的决策过程。这是由诸如射频识别、视频识别工具和眼动追踪等领域的技术进步引发的。射频识别技术允许调研人员在零售环境下追踪消费者，这是一种通过追踪物品来提高供应链系统效率的能力。营销人员可以观察店内的全景，并追踪顾客和产品流动。将这些非常有价值的数据转化为国际营销洞察的困难在于数据量大小和分析的复杂程度。
- 消费者使用数据。越来越多的产品现在都装有传感和无线设备，因此营销人员可以很方便地追踪消费者的地理信息。例如，车辆上的传感器和消费包装产品都为产品购买、消费者使用和消费等提供了新的途径。
- 神经营销。神经营销，指将神经学用到营销中，潜在地提供了直接观察消费者想法的能力。神经营销通常被用来研究大脑对品牌、产品设计和广告的反应。由于技术障碍，将神经学结论转化为可执行的业务洞察中的困难，以及收集数据成本高等难题，使得神经营销对营销人员来说还相对较新。然而，我们估计下一个 10 年神经营销将有长足进步，并将成为顾客洞察工具中的一个普通的组成部分。

营销洞见 5-1

亚马逊：通过市场调研和分析来维持竞争优势

“分析”可被认为是从数据中提取有用信息的数据（包括市场调研数据）和算法。亚马逊是在内部流程中使用数据分析技术而维持优势的一个很好例子。现在亚马逊正在通过诸如亚马逊网络服务（AWS）向其他公司提供算法服务。

亚马逊创始人兼首席执行官杰夫·贝佐斯是工程师出身，这可能解释了为什么亚马逊会是一家率先使用事实方法和实验方法进行不断创新的数据驱动型公司。分析人员显然享有特殊的首席执行官支持，而且贝佐斯从头开始建立亚马逊的商业模式。他的战略是通过实验、数据收集和分析来持续支持创新。当亚马逊货架仓库和供应商名单获得很多头条关注时，其分析算法和能力可以说是最重要的战略资产。

例如，亚马逊网络服务提供一个叫作亚马逊移动应用程序分析的算法集合。这一算法集合被亚马逊卖给了App开发商以便其测量App使用、App收益、客户保留等。然后，App开发商可以通过数据驱动做出增加App的参与度和盈利的决策。

资料来源：Bell, 2015.

5.8 设立国际营销信息系统

一旦完成了调研、数据收集和分析，下一步是将这些信息整合到管理决策中。越来越多的公司在关注提高他们营销效率，特别是营销调研部门。

公司可以从各种渠道获得大量的数据，诀窍在于将这些包括统计、事实、意见和预测的数据改造成对公司营销决策有用的信息。由于发展与顾客密切关系的需求日益增长，做出错误营销决定的成本日益增加，市场环境越来越复杂且市场竞争日益加剧，建立一个及时和完善的信息系统的重要性逐渐凸显。对最新和相关知识的需求将促使信息系统的开发和实施。这些信息系统整合了包含生成新数据或收集现存数据、存储和检索数据、将数据处理成有用信息并将信息分配给需要的个人的数据管理流程。国际**营销信息系统**（marketing information system，MIS）是一个由人员、系统和流程组成的交互组织，用来设计创造一个对营销人员解决问题和制定决策有重要帮助的常规的、持续的、流程化的和有序的信息流。作为一个有计划的、有序的针对特定营销需求的信息流，国际营销信息系统可以被定位为包含四个流程的系统：定位信息、收集信息、处理信息和使用信息。图5-8阐述了在这四个阶段国际MIS流程中每一流程的核心问题。

在整个国际MIS模型中，数据流通过三个主要渠道输入系统：微观环境、宏观环境和公司内部职能部门。信息会被提供给管理层用于分析、规划、执行和控制的环节。该模型满足了MIS专业人员不断扩展职能的要求。他们的职能是为管理层能够在复杂且快速变化的业务全球化进程中找到前路而提供准确和客观的即时信息。在一个动态的商业环境背景下，公司正在加紧开发可以为经理提供即时市场信息的MIS。相似地，因为顾客的商品选择变得更加丰富，公司也要从当地运营变为全国运营，再到全球运营。

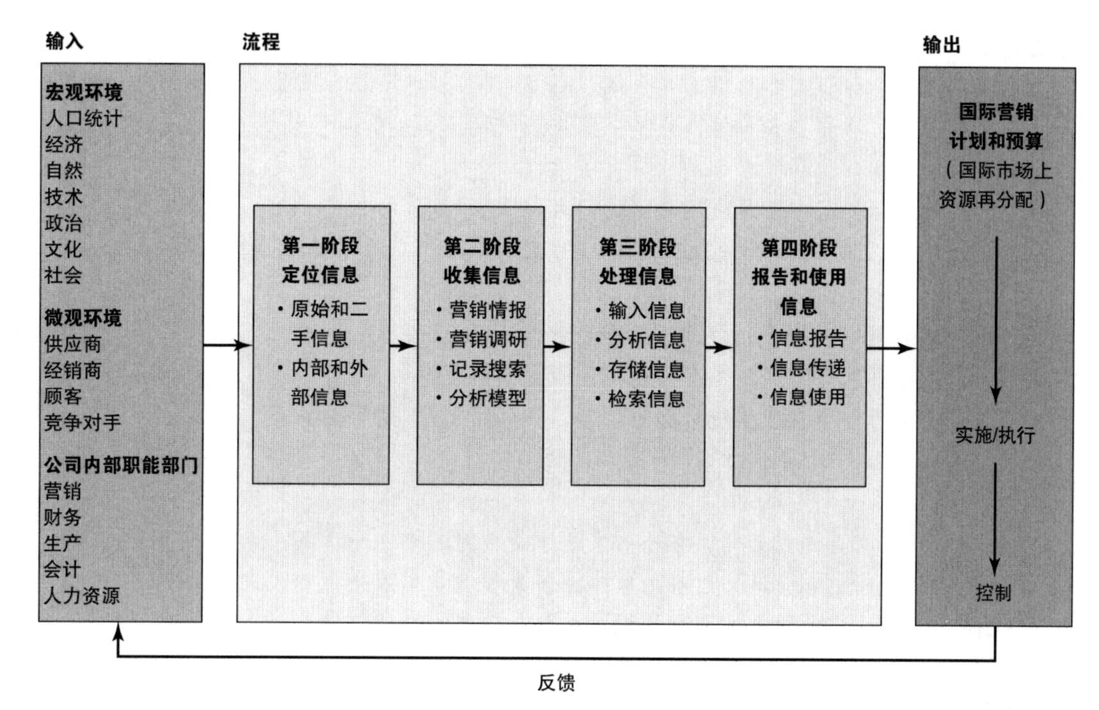

图 5-8　国际营销信息系统

资料来源：*Marketing Research: An International Approach*, FT/Prentice Hall (Schmidt, M.I. and Hollensen, S. 2006) p. 587, Copyright © Pearson Education Limited.

5.9　总结

国际营销调研的基本目标是为管理层更精确的决策提供相关信息。国内及国际营销的目标是一致的。然而，由于收集多个或不同外国环境的信息更困难，国际营销更复杂。

在本章中，我们着重介绍了信息收集过程和对营销信息的使用。这些内容远不详尽，读者需要根据特定调研问题咨询更多市场调研教科书。

国际营销人员应该从收集相关的二手数据开始调研工作。调研人员需要了解如何识别和定位国际二手数据源。

如果有必要收集原始数据，国际营销人员应该意识到将一个国家的方法复制到另一个国家是不可取的。通常有必要调整这种调研方法来适应不同的国家。

公司可以组建一个决策支持系统或国际营销信息系统来有效地处理收集的数据。这个系统需要整合所有内部和外部的信息。另外，国际营销信息系统可以为职能部门或国际事业部提供相互关联且整合的信息以支持管理者营销决策的制定。然而，在最终的分析阶段，每个国际营销人员都需要牢记信息系统不能取代理性的判断力。

Web 2.0 时代为国际营销人员使用新兴在线技术以获得相关的跨国顾客信息和制定更好的营销决策提供了大量机会。

问题讨论

1. 分析在国际营销中使用营销信息系统的原因。你会使用何种类型的信息？

2. 在建立一个中央营销信息系统时，国际营销经理可能会遇到哪些问题，应如何解决这些问题？
3. 在跨国调研中，直接翻译问卷（为某一国家设计的问卷）的潜在问题是什么，你将如何避免这些问题？
4. 识别并归类评估外国市场时应该考虑的因素。
5. 一个美国制鞋厂想要估算中国市场的潜在吸引力，讨论这个公司想要进行初步评估所需要的数据类型和来源。
6. 讨论调研活动集中进行或分散进行所需要考虑的问题。
7. 区分内部信度和外部信度。外部信度对国际营销人员意味着什么？
8. 东京是否会成为一个在全球进行销售的新品牌的试销市场？为什么？
9. 如果你有一项在沙特阿拉伯进行市场调研的合同，你收集原始数据时可能会遇到什么问题？
10. 人口统计变量有普遍意义吗？在不同文化下是否对其有不同理解？
11. 在预测国际市场的销量时，过去的数据在多大程度上可用来预测未来？
12. 公司应该如何决定是自己收集数据还是从外部购买？

案例分析 5-1

德国蒂派克特种机械公司：对客户满意度的全球调研

德国蒂派克特种机械公司（Teepack，www.teepack.com，简称“蒂派克”）是一家专门为世界知名的茶、草药和水果茶品牌——立顿（Lipton）、匹克威克（Pickwick）、川宁（Twinings）和里昂/泰特莱（Lyons/Tetley）——生产茶袋包装机的专业生产商。

蒂派克是德康纳的姊妹公司，德康纳是德国领先的茶叶、草药和水果茶包装公司，旗下拥有 Teefix、Pompadour 和德康纳品牌。德康纳集团在多个国家设有生产和销售分公司，该集团约有 700 名员工，营业额为 2.11 亿欧元（2011 年）。蒂派克有 200 名员工，营业额为 3 400 万欧元（2011 年）。蒂派克是唯一一家同时与主要茶袋品牌制造商（德康纳）有所有权关系的茶袋包装机器制造商。

1949 年，由蒂派克研发并推出的自动茶袋包装机使双室茶袋革新了茶叶市场，这意味着生产产量将迎来大幅度的增长。如今，最新一代的茶袋包装机每分钟能生产将近 400 个茶袋，即每年约 40 亿个茶袋。

通过蒂派克机器生产出来的茶袋是世界上销量最高的双室袋茶。蒂派克的主要优势是，两个茶室之间有相当大的空间，并且在不添加胶水和进行热封的情况下，提供最大的茶袋的稳定性和耐用性。

这种实用茶袋的流行度在持续增长。例如，在德国茶叶销售中 82% 是双室茶袋；在英国和欧洲，大约是 90%，如果你忽略英国，这个数字则接近 100%。即使在澳大利亚，双室茶袋也几乎征服了消费者。在这里英国茶袋和双室茶袋的销量大致相同。

1950 年以来，蒂派克一直是世界上最大的双室茶袋包装机生产商，并且已售出了超过 2 000 台“Constanta”包装机。正因为使用了蒂派克的包装机，立顿才成为国际茶叶市场的领导者。截止到 1957 年，蒂派克在美国已经售出 100 多台茶袋包装机。

蒂派克工程师通过不断的技术创新开发出一款新的更高效的机器——Perfecta。自

1990年以来，全球已售出200多台Perfecta。

2011年，蒂派克在全球双室茶袋包装机市场占有约70%的市场份额，它们的产品线包括200多种机器。

问题：

请在回答下列问题之前，访问www.teepack.com网站。

1. 你将如何预测全球市场对茶袋包装机的需求？
2. 如何利用蒂派克和德康纳彼此之间的关系收集相关的市场调研数据？
3. 如果你必须评估蒂派克在全球茶袋包装机市场上的竞争力，请阐述你所选择的市场分析方法。
4. 为了获得更好的客户反馈，蒂派克公司高层管理者有兴趣学习如何测量客户满意度。请针对客户满意度提出一些主题，并设计一份包括这些主题的问卷。

资料来源：Based on www.teepack.com.

案例分析5-2

乐高好朋友系列：世界上最大的玩具制造商之一进入了女孩市场

乐高（www.lego.com）是继美泰之后全球第二大玩具制造商，2014年总收入为286亿丹麦克朗（38亿欧元），净利润70亿丹麦克朗（9亿欧元）。其品牌主要集中在建筑玩具领域，并在绝大多数国家拥有领先的公司份额。

虽然大多数乐高产品属于建筑玩具类别，但该公司保持了多样化的产品组合，包括许可和非许可性质的组合，以及不同的玩具。乐高继续尝试砖块玩具的概念。该产品系列旨在吸引所有年龄群体。乐高与迪士尼和卢卡斯等许可持有者保持着密切的关系，并在其产品上使用许多许可证。

一般来说，大部分玩具生产都是外包给中国的。然而，乐高在内部保留了很大一部分的生产能力，而不是外包给远东地区，它更专注于产品质量和创新，而不是价格。这一战略已经取得了成效，客户就是最好的证明，只要产品质量被认为是高质量的，他们就愿意支付价格溢价。

随着数字游戏竞争的加剧，许多传统玩具制造商正经历艰难时期。欧洲人口老龄化是另一大挑战，玩具市场进一步萎缩。但乐高，丹麦最富有的家族，预计销售额在未来几年还会持续增长。对乐高城和乐高星球大战产品线的需求仍在继续。

2014年，乐高电影的成功使乐高的销量大幅提升。乐高不仅根据电影制作了一系列特定的玩具，媒体关注的“光环效应”也推动了乐高产品的销售。

乐高长期战略的一部分是转向东方，在亚洲玩具市场的增长中获得一定的市场份额。在2013年类似的市场扩张后，乐高在中国的销售额同比增长了50%。2014年4月，乐高为其第一家中国工厂奠基，计划于2015年开始生产，并在2017年达到全面生产。

乐高将与乐高好朋友系列进入“女孩细分市场”（http://friends.lego.com）

乐高产品的主要目标集中于5～12岁年龄段，但乐高拥有各种各样的产品和许可证，以保持其在不同年龄段的品牌吸引力。例如，作为得宝（Duplo）系列的一部分，乐高拥有适合学龄前儿童使用的迪士尼小熊维尼系列。随着孩子年龄的增长，其他系列变得更受欢迎。例如，乐高有加勒比海盗系列，在 5 ～ 12 岁的儿童中尤其受欢迎。对于年龄大一些的年龄组，乐高提供科技系列，这是特别针对 12 ～ 16 岁儿童的。

乐高的产品并不像洋娃娃或动作人偶那样具有鲜明的性别差异，但其主要产品还是以吸引男孩为主。在乐高好朋友系列（LEGO Friends）推出之前，乐高的终端用户中有 90% 是男孩，只有 10% 是女孩，这是乐高管理层决定推出乐高好朋友系列的主要原因，该计划旨在吸引女孩。

该主题于 2012 年 1 月推出，其中包括独特的"迷你娃娃"形象，与传统玩偶相同，但更为细致和现实。这一套装是粉红色和紫色的配色，并描绘了一个在心湖城（Heartlake City）的虚构小镇的郊区生活。

乐高好朋友系列取代了乐高以往的女性主题，例如，1994 年起就已经生产的乐高贝尔维尔公主（Belville）。乐高其他与女孩相关的产品包括家庭主妇（Homemaker，1971 ～ 1982 年）、度假天堂（Paradisa，1991 ～ 1997 年）和斯卡拉洋娃娃（Scala，1997 ～ 2001 年）。

乐高好朋友系列的故事集中在一个名为心湖城的虚构城市，主要展现五个性格各异女孩的日常生活。每个朋友都具有鲜明的个性和兴趣，如动物、表演艺术、发明和设计，这些都体现在模型中。建筑物反映出女孩冒险活动所在城镇的不同区域——市中心、郊区、海滩、露营地和山区。

乐高好朋友系列一经推出便引来了许多争议，有批评者认为，该产品迎合了性别的刻板印象。

乐高好朋友系列还发布了以好朋友系列命名的配套产品。2012 年 6 月，乐高基于好朋友系列的主题发行了一本书《乐高好朋友系列：欢迎来到心湖城》。女孩们可以与乐高好朋友系列在所有热点地区见面，如树屋、美容院、田园诗般的低语森林，以及她们最喜欢的咖啡馆。

从销售方面来看，乐高好朋友系列从推出以来就取得了惊人的成功。乐高好朋友系列前 6 个月销量是预期的两倍。因此，乐高在圣诞节前的关键时间点增加了产量以满足消费者对乐高好朋友系列的需求。

乐高好朋友系列的主题随着时间而改变：

- 2012 年发布的冬季浪潮的套装是郊区，同年的夏季浪潮继续延续了这个布套装，是女孩们在郊区冒险，聚焦于比较乡村的环境，艾玛和斯蒂芬妮前往心湖城和奥利维亚的骑马营进行了一次露营之旅。2013 年的冬季浪潮仍回到了郊区套装，但增加了两个以水为主题的套装，这些套装包括心湖城市的海滩和海洋。2013 年夏季浪潮里增加了高中和其他郊区主题的套装，同时扩大了人物角色的兴趣爱好，包括足球、音乐以及一个大型游艇。
- 2014 年冬季浪潮的主题是几个农场以及和农业有关，其中包括一个农贸市场、一个马厩和一个人在给新生羔羊做护理。同时增加了海滨别墅。2014 年夏天，增加了动物营救和护理套装，动物包括小熊、小老虎、鸟类和其他野生动物，这些都是丛林套装。野营房车和一个大型购物中心也将在这个主题中出现，这是迄今为止朋友们最大的一个套装了。
- 在 2014 ～ 2015 年冬季，乐高在旧版本中发布了几个新的套装，令人印象深刻的是一个新的兽医诊所和发廊。另外，艾玛的房子取代了奥利维亚的房子（上一套还是在2014年年底推出的)。全新套装包括一个热气球、一个海滨灯塔和比萨站;2015年夏天推出了私人飞机、机场、旅游信息亭、小杂货市场、滑板公园和酒店。

- 2015年夏天乐高推出了一个新的分主题:"明星"套装,主要围绕流行音乐录音艺术家Livi的生活展开,她居住在心湖城,并与乐高的朋友们的主要成员成为朋友。起初,这个套装中包含录音棚,后台更衣室,表演舞台和观光巴士。但到了2016年1月,Livi住的是豪宅,并添加了一个电视演播室。

问题:

1. 像中国、印度和印度尼西亚等新兴市场均有实现长期增长的机会。然而,乐高在发展中国家的市场份额仍然很小。为了增加这三个国家的市场份额,你会收集什么样的市场数据?
2. 推出乐高好朋友系列是个好主意吗?为什么?
3. 乐高好朋友系列已经成为当前产品系列的一个补充。你如何建议乐高管理层衡量乐高好朋友系列的市场成功程度?

资料来源:依据以下网站和公开数据,www.lego.com; friends.lego.com; www.euromonitor.com。

第 6 章

Chapter6

政治和经济环境

□ **学习目标**

通过本章的学习，你能够：

- 讨论政治 / 法律环境如何影响一个潜在外国市场的吸引力。
- 区分本土国家环境和东道国环境中的政治因素。
- 解释政治风险分析程序的步骤。
- 区分关税壁垒和非关税壁垒。
- 描述主要的贸易区。
- 阐述为什么不同国家的消费结构不同。
- 解释管理者如何能够影响当地政治。
- 对区域经济一体化进行定义并明晰不同层次的一体化。
- 讨论区域经济一体化的优势及劣势。
- 评估 EMU 和欧元对欧洲业务的影响。
- 解释 BRIC 代表的含义及“金砖国家”间的主要区别。

6.1 简介

本章致力于讨论宏观环境因素，这些因素能够解释公司所面临的很多困难。营销人员必须适应他们计划运营环境中的不可控因素。在本章中，国外市场中的环境因素被限定于政治 / 法律因素和经济因素。

6.2 政治 / 法律环境

这节将主要集中在政治问题上。政治 / 法律环境主要包括两个方面：

（1）本土国家的环境；

（2）东道国的环境。

除了这两个方面之外还有第三个：

（3）整体国际环境（见图 6-1）。

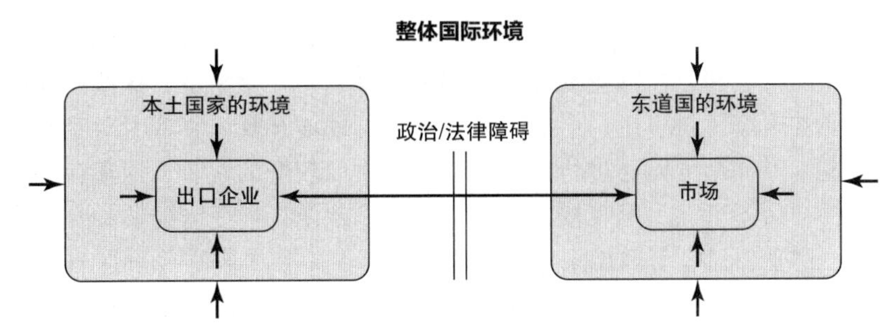

图 6-1　政治 / 法律环境中的障碍

6.2.1　本土国家的环境

一个公司的本土国家政治环境能够制约它的国际及国内运营，而且限制全球化公司所能进入的国家。

本土国家的政治环境能够影响国际化运营最著名的例子是南非。本土国家的政治压力迫使一些公司离开了这个国家。继美国公司离开南非之后，德国和日本公司成了南非主要的外国企业。德国公司在本国没有面临美国公司所面临的政治压力。事实上，日本成为南非的主要贸易伙伴之后，日本政府很尴尬。结果，一些日本公司减少了它们在南非的经营活动。

很多跨国公司面临的一个挑战是涉及第三国威胁的政治环境。即使本土国家和东道国之间不存在问题，它们也有可能在第三方市场面临威胁。例如，有些公司与本国政府或南非政府方面都不存在问题，但它们和南非相关的运营可能受第三方国家的干扰或抵制，比如美国政府。现在，欧洲公司如果在古巴做生意，它们在美国就会遇到问题。雀巢的婴儿配方争议在本土国家瑞士或非洲东道国并不是最严重的，但在第三市场——美国却很严重。

一些政府影响全球化营销的第三个方面和贪污受贿有关。在很多国家，付钱或惠赠是一种生活方式，为了获得政府服务就要“给车轮（政府）上油”。过去，很多在国际上做生意的公司会为了获得合同而给外国官员行贿或给好处。

很多企业管理者认为，他们的本土国家不应当把自己的道德准则施加到其他具有普遍贪污受贿特色的社会和文化中去。这些管理者认为，如果他们要在全球进行竞争，他们就必须能自由地使用东道国最普遍的竞争方法。特别是在那些面临有限甚至是萎缩市场的行业，这种激烈的竞争迫使公司为获取合同去寻找任何可能的优势。

此外，根据企业是在国外还是在国内经营而对管理部门和公司制定不同的标准是难以想象的。同时，行贿为管理人员和员工的粗劣表现和散漫道德标准打开了通路，其结果可能导致将注意力集中在如何更好地贿赂上而不是怎样更好地生产和营销产品上。

国际营销人员必须谨慎区分国际市场经营的合理手段（包括符合国外市场的期望）和贪污受贿。

1. 促销活动（由政府组织发起）

政府组织采取的促进出口的项目正在成为国际环境中一个日益重要的因素。很多这种活动涉及政府自身的执行和赞助，而其他活动则是政府和企业共同努力的结果。

此外，所谓的监管支持活动是政府为使本国的产品在全球市场上更具竞争力采用的直接手段。而且，也有一些其他手段来鼓励企业更多地参与出口，特别是小型企业。

政府补贴具有特殊利益：出口补贴有利于出口产业，关税则有利于国内产业。两种情况的目标都是保证产业和公司的盈利能力，如果完全暴露在竞争下，这些产业或公司的盈利能力就有可能被压垮。对于出口产业来说，补贴可以增补收入，或者对某些投入因素的补贴可以降低成本。补贴可以通过给出日销售利润收取较低的税收、退还各种间接税等方式发放。此外，补贴还可以采取直接发放的形式，这就使得接受者能够和具有成本优势的外国公司竞争，接受公司也可以用来作为特别优惠。

广义上来说，政府的出口促进方案和一般的国际营销活动项目的目标是用来消除以下几个内部障碍（Albaum et al.，2002）：

- 缺乏动机，因为国际营销被认为比国内业务更费时、成本更高、风险更大而利润更少；
- 缺乏足够的信息；
- 运营 / 资源方面的限制。

这些促进方案在发展中国家非常流行，特别是如果它们受到商界欢迎的话。

2. 融资活动

通过成为诸如国际货币基金组织和世界银行等国际金融组织的一员，本国政府就能承担它作为国际银行的作用。予以补贴是另一种基于融资的国家政府促进活动。

决定公司出口营销融资结果的一个最重要的因素是它的信贷政策。即使供应商的价格可能更高或者产品质量次于竞争者，但如果能够提供更好的付款方式和融资条件的供应商就可以开始销售。

如果信用期限被延长，拒付的风险就会增加，很多出口商不愿意承担这种风险。因此，通过信用保险将出口商的一些风险转移到政府机构的措施是有必要的。出口信用保险和担保降低了一些可能发生在出口贸易中的商业和政治风险。

3. 信息服务

很多大公司能够自己收集所需的信息。其他公司即使没有自主研究的能力，也能负担得起雇用外部研究机构来做必要的研究。然而，很多小公司没办法采取这两种方式。对于公司或国际营销的新人来说，本国政府就是基本市场信息的主要来源。

虽然在各个国家中和国际 / 出口市场人员相关的信息各有不同，但下面这几种信息在一般情况下都能获取（Albaum et al.，2002，pp.119-120）。

- 各个国家的经济、社会和政治信息，包括基础设施的信息；
- 总体国际营销交易的摘要和详细信息；
- 国外公司的报表；
- 特定的出口机会；
- 各种产品在不同国家的潜在海外买家、经销商和代理商名单；
- 本国和国外相关政策法规信息；
- 政府不一定能获得的各种信息来源，如国外信贷数据；
- 能够帮助公司管理经营的信息，如有关出口流程和技术的信息。

很多类型的信息可通过已发布的报告或是通过互联网获得。另外，政府官员经常参加旨在帮助国际营销人员的研讨会和论坛。

4. 出口促进活动

很多政府行为可以刺激出口。这些行为包括（Albaum et al.，2002，pp.119-120）：

- 国外的贸易发展办公室，可以作为一个独立的实体，也可以作为大使馆或领事馆常规运行的一部分。
- 政府发起的商品交易会或展览会。商品交易会是一个买卖双方可以会面的便利场所，而且出口商还可以在其中展示产品。
- 赞助商务贸易代表团去国外展开销售和 / 或建立经销处和其他国外代表处。
- 在国外市场地区经营永久性贸易中心，用来进行负责某个行业的贸易展览。

从国家政府的角度来看，这些活动中的每一项都代表一种刺激出口增长的不同方式。从单个公司角度来说，这些活动提供商以相对低成本的方式和海外市场的潜在买家进行直接接触。

5. 民间组织的推动

各种非政府组织在全球化营销推动方面也发挥了作用。其中包括（Albaum et al.，2002，p.120）：

- 行业和贸易协会：全国性、地区性和部门行业协会，贸易企业协会，制造商和贸易商的混合协会，以及其他机构。
- 商会：当地商会、全国性商会、国内和国际商会总会、国内商会的海外分支机构和跨国商会等国际组织。
- 其他与贸易促进有关的组织：从事出口调研的组织、区域性出口促进组织、世界贸易中心、地理导向的贸易促进组织、出口协会和社团、国际商业协会、世界贸易社团和与商务仲裁有关的组织。
- 出口服务机构：银行、运输公司、货运代理、出口商和贸易公司。

公司可获得的协助种类包括信息和公开出版物、“技术”细节的培训、援助以及在国外的推广。

6. 国有贸易

不论是通过合资企业还是由于国有企业的私有化，事实上，在某些程度上，有的国家国有贸易还是很活跃的，如古巴、中国。

私营企业关注国有贸易的原因有两个：第一，进口垄断的建立意味着出口商必须对他们的出口营销策略做出重大调整；第二，如果国有贸易商希望利用他的垄断权力，私营跨国企业就会经营困难。

6.2.2 东道国的环境

管理者必须持续关注东道国政府，特别是它的政策及其稳定性，以确定政治变化可能会对公司的运营带来的不利影响。

政治风险

每个国家都有政治风险，但是不同国家的风险范围差异很大。总的来说，历史上具有稳定性和一致性的国家的政治风险最低。公司可能遇到的三种主要类型的政治风险：

（1）所有权风险，影响人们的财产和生命安全。

（2）运营风险，指的是公司正在进行的运营所遇到的干涉。

（3）转换风险，主要在公司想要在国家之间转移资本时遇到的风险。

政治风险可能是政府行动的结果，但它也可能处于政府的控制之外。政府行动类型和它们的影响可以划分如下类别：

- 进口管制。对原材料、机器和零部件进口的选择性限制是迫使国外企业在东道国采购更多物资的常见策略，由此为当地企业创造更多市场。虽然这种做法的目的是支持国内企业的发展，但是结果经常束缚甚至干扰已有行业的运营。当国内没有充分发达的供应来源时，问题就会变得严重。
- 当地成分要求的法律规定。除了进口管制以强制在当地进行购买，有的国家还经常要求在国内出售的任何产品其中的一部分要有当地成分，也就是说，要包含当地制造的部件。这种要求经常强加在那些使用外国制造的组件组装产品的外国公司身上。当地成分要求并不仅限于发展中国家。欧盟对外资装配工厂要求要有 45% 的当地成分。这个要求对于远东的汽车制造商来说很重要。
- 外汇管制。外汇管制是由于国家持有的外汇短缺。当一个国家面临外汇短缺时，可能会对所有的资本流动施加控制，或者选择性地针对最容易在政治方面受伤害的公司进行控制，以保护最基本用途的外汇供应。外国投资者面临的问题是将利润和投资转化成母国的货币（外汇转换风险）。
- 市场控制。国家政府有时会施加控制来阻止外国公司在某些市场进行竞争。许多年前，美国政府威胁要抵制和古巴进行交易的外国公司，欧盟国家对此进行了抗议。
- 价格控制。具有相当大的公众利益的必需品，如药品、食品、汽油和汽车，经常是价格控制的对象。政府可以在通胀时期利用这种办法来控制消费者的行为或生活成本。
- 税收控制。当税收被作为一种控制国外投资的方式时，它就成了一种政治风险。很多情况下，税收的征收没有预警并且违反了之前的正式协议。在不发达国家，经济经常受到资金短缺的威胁，对成功的外国投资征收不合理的税款对一些政府来说就成为寻找周转金最方便和快捷的途径。
- 劳动力管制。在很多国家工会是很强大的且具有政治影响力。运用工会可以说服政府制定严格的法律来让企业付出巨大代价支持劳工。传统上，拉丁美洲的工会可以阻止裁员和工厂关闭。西欧工会也逐渐变强，例如，德国和很多其他欧洲国家要求董事会中有工会代表。
- 政党更迭。一个新政府可能不会履行先前政府与公司之间的协议。执政党变化很频繁，在发展中国家尤为突出。
- **国有化**（nationalization）（征用）。被定义为官方扣押外资财产，这是控制外国企业的终极政府工具。幸运的是，这种针对外国企业最激烈的行动正在减少，因为发展中国家开始把吸引外商直接投资视为非常重要的事情。
- 本国化。这可以被认为是逐渐征用的过程，是一个对国外企业施加控制和限制并逐渐减少所有者控制的过程。公司仍然在这个国家运营，但是东道主政府能够通过施加不同的控制手段对国外企业保持杠杆作用。这些控制包括：予以本国企业更大的决策权力；在当地生产更多的产品而不是进口组装；将所有权逐渐转移给本国企业（要求东道国本地人员参与到合资企业）；将众多本国企业推进到更高的管理层次。

本国化使得东道国有充足的控制力来谨慎地对国外企业的活动进行规范。通过这种方式，公司运营中的任何真正消极影响都能被发现，并能迅速采取纠正措施。

6.2.3 本土国家和东道国之间的贸易壁垒

国家之间的自由贸易使得国际分工成为可能。它也使得高效的公司能够将产量增加到新的水平，这比将销售限制在自己本国市场要高得多，由此带来可观的规模经济。竞争加剧了，进口国的产品价格下降了，而出口国的利润却增长了。

虽然各个国家有很多理由希望彼此之间进行贸易，但在很多情况下，进口国家会采取措施通过实施**贸易壁垒**（trade barriers）来抑制产品和服务的流入，这也是事实。

国际贸易与国内贸易不同的原因之一是，它是在不同的政治体之间进行的，每个政治体中都有一个主权国家对自己的贸易施加控制。虽然所有的国家都对它们的国外贸易进行控制，但是它们的控制程度各不相同。每个国家或贸易集团都不可避免地设置有利于本地公司而排斥外国公司的贸易法规。

国家征收关税主要有两个主要原因：

（1）保护本国制造商。首先，因为进口关税提高了进口产品的实际成本，本国制造的产品就会显得对买家更具吸引力。通过这种方式，本国制造商就得到了针对进口的保护性贸易壁垒。贸然得到关税保护的制造商能够获得价格优势，但长期来看，也阻碍了它们提高效率。如果贸易保护助长了被保护行业的自满和无效率，在之后这个行业陷入国际竞争时，它就会被摧垮。

法国的产业政策保护主义最明显。2005年8月31日，法国宣布对11个国内行业作为战略性行业进行保护，以阻止国外企业的收购。被保护的行业包括国防、生物科技、移动通信、赌场、加密技术、咨询安全和解毒剂生产。这种做法主要是为了挫败意大利能源集团意大利国家电力公司对苏伊士的并购，这是法国担心的问题。法国总理把这一措施描述为经济爱国主义的典范。巴黎方面声称它的行动将会遵守欧盟的经济法规，欧盟经济法规允许各个国家根据国家利益定义“战略”行业（Enderwick，2011）。

（2）产生收益。用关税来产生政府收入是相对欠发达国家最常用的措施。主要原因是欠发达国家正规的国内经济一般较少，目前缺乏准确记录国内交易的能力。准确记录的缺乏使得在国内收取销售税非常困难。国家简单地通过征收进口和出口关税来解决这个问题。那些通过国际贸易税收来获得更大部分政府收入的主要是较贫困的国家。

贸易扭曲的实践可以划分为两个基本的类别：关税壁垒和非关税壁垒。

1. 关税壁垒

关税（tariffs）是对进口施加的直接税收和收费。关税通常简单、直接而且易于国家进行管理。虽然关税是贸易的壁垒，但是具有可见和已知性，所以公司在制定营销策略时可以对此进行考虑。

较贫困的国家把关税作为获取收入和保护某些本国行业最简单的方式。对于政治家来说，关税是一种有效的工具，可以向本国制造商显示它们正在积极地保护国内市场。

最常见的关税形式包括：

- 从量税。对特定的产品征收费用，按重量或体积计算，通常用本国货币进行规定。例如，欧盟按照乳制品中乳酸物质的重量对特定乳制品征收关税。

- 从价税。费用直接按照货品价值（进口价格）的比例进行征收。例如，5% 的关税意味着按报关产品预估价值的 5% 征收关税。
- 歧视性关税。在这种情况下，关税是针对来自某个特定国家产品征收的，也许是由于贸易不平衡或是出于政治目的。基于世界贸易组织的协议，国家通常情况下不可歧视贸易伙伴。如果一个国家给另一个国家特别优惠，比如对某产品较低的关税，这个国家必须对所有世贸成员国提供相同的优惠。这一规则被称为最惠国待遇。当然也有特殊情况，国家可以给发展中国家进入其市场的特殊权利，或者通过提高壁垒来抵制某些国家不公平贸易的产品。

2. 非关税壁垒

在过去的 40 年中，世界上大多数发达国家已经逐渐减少了关税壁垒。然而与之并行的是非关税壁垒大大增加了。**非关税壁垒**（non-tariff barriers）更加不可捉摸，而且更易进行伪装。然而，在某些方面其影响更具毁灭性，因为它们具有不可知性并且难以预测。

在非关税壁垒中，最重要的（之前没有提到）如下所述。

配额

对在某一段时期内可以进入或离开一个国家的货物的数量（通过单位 / 重量测量）做出限制就称为配额。仅次于关税，配额是第二种最常见的贸易壁垒类型。政府通常把配额许可授予其他国家的公司或政府（进口配额情况下）和本国制造商（出口配额情况下），来对它们的配额制度进行管理。政府通常逐年签发这样的配额许可证。

政府实施进口配额有两个原因：

（1）它可能希望通过对允许进入国家的货物数量做出限制来保护本国制造商。由于抑制了竞争，这样就能帮助国内制造商保有他们的市场份额和价格。这种情况下，本国制造商由于市场保护而获得成功。消费者由于低级别竞争带来的更高价格和更少选择而遭受损失。其他损失者包括自己的生产对进口有配额需求的国内制造商。依赖进口所谓的“中间”货品的公司会发现其产品的最终成本增加了。

（2）通过施加进口配额来迫使其他国家的公司相互竞争数量有限的进口配额。这样，那些想分一杯羹的公司就会降低要价。在这种情况下，消费者从低价中获利。如果外部制造商没有降低它们的价格，竞争商品的国内制造商就会获利，反之受损。

同样，一个国家对自己的国内制造商施加出口配额至少也有两个原因：

（1）它希望在国内市场保持充足的产品供应。这个动机对于那些出口对国内业务或国家长期生存至关重要的自然资源的国家来说最为普遍。

（2）通过限制出口进而限制世界市场的供应，由此增加产品的国际价格。这就是石油输出国组织（OPEC）组成和行为背后的动机。这个来自中东和拉丁美洲的国家团体试图限制世界上的原油供应来获取更多利润。

一种特殊形式的出口配额叫作自愿出口限制（voluntary export restraint，VER）——一种通常是一个国家为响应另一个国家的请求而对出口施加的配额。在正常情况下，一个国家会自动施加自愿出口限制，来回应进口配额的威胁或进口国家对产品的完全禁止。使用自愿出口限制的一个经典案例是 20 世纪 80 年代的汽车行业。日本汽车制造商在美国市场获得了巨大的市场份额。美国本国汽车制造商的停产在民众和美国议会中制造了一种不稳定的反日情绪。由于惧怕一旦日本不限制对美汽车出口美国议会就会颁布惩罚性法律，日本政府和汽车制造商自动施加了针对出口美国市场的自愿出口限制。

如果制造商不缩减生产，那么施加出口配额国家的消费者就能从更多的供应和由此引发的更低价格中获益。因为出口国家制造商的商品受到了限制，所以进口国家的制造商就能通过提高价格获取利润。但因为选择减少，价格提高了，出口配额伤害了进口国家的消费者。然而，如果进口威胁到要将国内制造商淘汰出局，那么出口配额可以使这些消费者得以保留他们的工作。此外，要确定某一特定出口配额案例中的受益者和受损者需要进行详细的经济研究。

禁运

禁运是指针对一种或多种产品完全禁止和某个国家进行贸易（进口和出口）。禁运可以适用于一种或几种商品或者完全禁止所有商品的贸易，这时可以利用的最具限制性的非关税贸易壁垒来达成政治目标。禁运可以由单个国家或者如联合国这样的超国家组织进行颁布。由于执行难度会很大，与以往相比，现在禁运减少了。完全禁止与另一个国家进行贸易的一个例子是美国对古巴的禁运。

行政延迟

旨在减少国家快速进口流动的控制章程和政府规定被叫作行政延迟。这种非关税壁垒包括许多种不同的政府行动，例如，要求国际航空公司在便利性低的机场着陆；要求进行会损坏产品本身的产品检查；故意让海关办公室人手不足来引起不正常的时间延误；要求需要很长时间才能获得的特别许可证。一个国家实施这种行政延迟的目标是排斥进口产品。总之，其实质上是一种保护主义。

虽然日本已经去除了一些贸易壁垒，但很多针对进口的微妙障碍依然存在。很多如感冒片、维生素、农产品和建筑材料等的产品都难以渗入日本市场。

当地成分要求

规定产品和服务中指定数量的材料要由本国市场上的制造商来提供的法律被叫作当地成分要求。这种要求可以规定最终产品中的某一部分包含当地生产的产品，或者是产品最终成本中的一部分要有当地原料。

当地成分要求的目的是迫使其他公司在它们的生产过程中使用当地资源，特别是劳动力。和其他对进口的限制一样，这种要求使本国制造商免受其他低工资国家公司的价格优势之害。现在，公司可以通过把生产设备置于规定这种限制的国家内来规避当地成分要求。

3. 壁垒的历史发展

在经济衰退时期，非关税壁垒变得更加普遍。在美国和欧洲，我们已经见证了势力强大的政治游说团体替本土行业游说。当它们受到威胁时，会游说政府来采取措施使它们免受国际竞争之害。保护主义的最后一个主要时代是在20世纪30年代，在那个年代，在历史上最具灾难性的贸易萧条的影响之下，世界上大多数国家都采取了高关税策略。

第二次世界大战之后，有了针对20世纪30年代高关税政策的应对策略来推动世界恢复到自由贸易。人们建立了各种世界组织（如GATT及其继承者WTO），来推动国际贸易并提供了可以减少这种壁垒的贸易环境。

6.2.4 政治风险分析过程

这一过程的目标是帮助公司根据风险回报比率来制定有根据的决定，以便当这一比率可观时公司能够进入或者留在这个国家，而当这一比率低时，公司可以规避风险或离开这个国家（见图 6-2）。

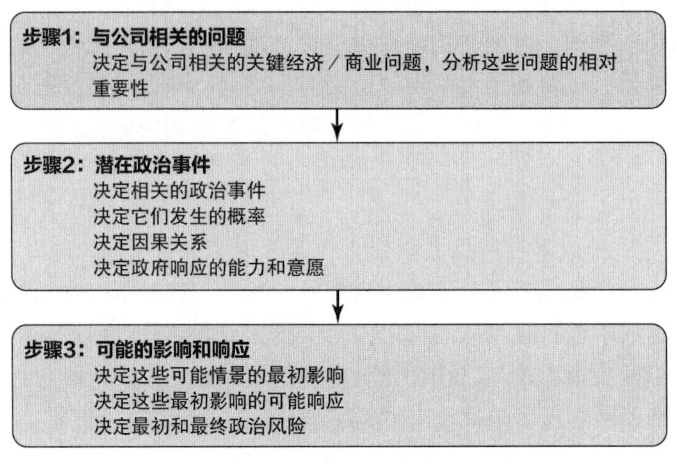

图 6-2 政治风险分析的三个步骤

通常政治风险通过与公司不同的利益相关者建立关系来规避（Erevelles, 2005）：政府、顾客、员工、当地团体。

1. 与政府建立关系

企业管理者必须能够处理适用于各个国家经济环境的政治风险、条款和规则。并且，很多国家的法律经常变化，新法律不断颁布和旧法律逐渐修订。为了能对企业有利，管理者应该积极参与当地活动，以便能够影响法律的修订：

- 游说。影响当地政治通常包括直接或通过说客与当地立法者和政治家打交道。游说是一种雇用在政治事务上可代表公司观点的他人的方式。说客与当地政府官员见面并试图影响他们在与公司相关问题上的立场。他们描述公司能给当地经济、自然环境、基础设施和劳动力带来的好处。他们的终极目标是让有利的法规通过，不利的法规被驳回。
- 腐败 / 贿赂。尽管在大多数国家是违法的，行贿是赢得政治影响力和与政治决策者建立关系的普遍做法。这一问题将在讨论关于跨文化谈判中跨国行贿的 18.6 节中进一步讨论。

2. 与消费者建立关系

当地消费者支持能够为他们提供令人满意的产品或服务的公司。例如，在征用的情形下，那些在与消费者建立关系方面擅长的公司会得到消费者相当大的支持，因为他们害怕失去这些公司提供的好处。

3. 与员工建立关系

当地员工可能非常维护公司，就算在不稳定的情况下，特别是当他们觉得他们的工作会被政府干预所影响时。因此，受到好的待遇的员工通常对公司生存感兴趣，因为他们觉得公司生存与自身生存休戚相关。

4. 与当地社会团体建立关系

当地团体可能担心外国企业利用原料和劳动力来获益，但是忽略回报当地环境和当地人民。因此，公司需要成为一个好的“当地公民”和再投资当地团体。

6.3 经济环境

市场规模和增长是受很多因素影响的，但国家的总购买力、电力、电话系统、现代化公路以及其他基础设施的可用性或不可用性会影响开支的方向。

经济发展来源于以下三种经济活动类型之一：

（1）第一产业。这类活动涉及农业和提炼制造过程（如煤、铁矿石、黄金和渔业）。

（2）第二产业。这些是制造活动，包含几种演化形式。通常国家会通过对初级产品产出的加工开始制造。

（3）第三产业。这些活动建立在服务业之上，如旅游业、保险业和医疗保健。随着一个国家平均家庭收入的增加，花费在食品上的收入比例会减少，住房和家政活动上的花费比例保持不变，而服务活动（如教育、交通和休闲）上的比例会增加。

6.3.1 汇率如何影响商业活动

危机出现的次数并不是公司受到汇率影响的唯一结果。实际上，一种货币的汇率变动会影响本国和国际公司的活动。现在让我们仔细观察汇率变动是如何影响公司的经营决策，以及为什么稳定和可预测的汇率是必需的。

汇率会影响全球市场对一个公司产品的需求。当一国货币比较疲软（相对其他货币价值低），它在国际市场上的出口价格就会下降，进口价格上升。较低的价格使得这个国家的出口在国际市场上更具吸引力。较低的价格也给了公司从那些产品价格相对较高的公司那里拿走市场份额的机会。

此外，在强势货币（相对其他货币价值高）国家进行销售，并在疲软货币国家支付工人工资的公司可以提高利润。

一国政府在国际上降低货币价值叫作货币贬值；相反，一国政府在国际上提升货币价值叫作货币升值。这些概念不能和疲软和强势货币术语混淆，虽然它们的作用是相似的。

货币贬值降低了一国在国际市场上的出口价格并增加了进口价格，因此政府可能通过货币贬值使本国公司与其他国家公司竞争更具优势。它也可能通过贬值促进出口，本国从此消除贸易逆差。然而，这种政策并不明智，因为货币贬值减少了消费者的购买力。它也使得低效率现象在本国公司存留，因为现在关注生产成本的压力小了。在这种情况下，可能导致通货膨胀增加。货币增值具有相反的效果：它提高了出口价格并降低了进口价格。

如我们所看到的一样，汇率的不利变动对本国和国际公司来说都会产生很高的代价，所以管理者更喜欢维持汇率稳定。汇率稳定可以提高金融计划的精确性，其中包括现金流预测。虽然的确有办法可以免受潜在汇率变动带来的不利影响，但对中小型企业来说，大多数的汇率变动代价过于昂贵。而且，随着汇率的不可预测性增加，防范伴随性风险的成本也会增加。

6.3.2 一价定律

汇率告诉我们应当为获取一定数量的另一种货币应支付的货币量，但它并没有告诉我们某一具体产品在某一特定国家实际上会花费我们更多还是更少（以本国货币来计算）的货币。当我们到另一个国家旅行，我们会发现自己的货币比在国内能买到更多或更少的东西。换句话说，我们很快得知汇率并不能保证或稳定我们货币的购买力。因此，我们在一些国家会损失购买力，而在另一些国家则会增加购买力。

一价定律规定：当价格以统一货币衡量时，相同产品在所有国家必须具有同样的价格。为了适用这一法则，所有国家的产品在品质和内容上必须完全一致，而且必须完全在某一国家内进行生产。

6.3.3 巨无霸指数 / 巨无霸货币

一价定律的作用是帮助我们确定一种货币是估值过高还是估值过低。每年《经济学人》杂志都会发表它的“巨无霸货币”（Big MacCurrencies）汇率指数表。

这个指数是建立在购买力平价（PPP）理论之上的，即意味着一美元在所有国家的购买数量应该相同。购买力平价不只是为单一产品计算，而且为“一篮子”产品计算。购买力平价只有当用于这样“一篮子”时才有意义。这个理论自然依赖于某些假定，例如运输成本可以忽略，产品和服务必须“可交易的”，并且一个国家的商品与另一个国家的相同商品并没有实质上的差别。因此，从长远来看，两种货币之间的汇率应该朝着某一方向移动，从而使得在两国购买相同一篮子的货物和服务的价格相等。这里的“一篮子”是麦当劳的巨无霸汉堡，它在大约 120 个国家生产。巨无霸 PPP 是指能够代表汉堡的价格在美国和在国外一样的汇率。将实际汇率和 PPP 做比较就能看出一种货币是估值过高还是估值过低。

这个指数使用一价定律来决定美元和其他主要货币之间应有的汇率。它用麦当劳的巨无霸作为它检测一价定律的唯一产品。为什么是巨无霸呢？因为各个国家市场的每个巨无霸在品质和内容上都相当一致，而且几乎全部在出售国进行生产。基本的假定是以任何一种世界货币计价的巨无霸价格在被转换为美元之后，都等于巨无霸在美国的价格。如果巨无霸的价格（转换为美元之后）高于美国价格，那么这个国家的货币就估值过高；相反，如果巨无霸的价格低于美国价格，这个国家的货币就估值过低。

由于多种原因，一种货币在货币市场上的汇率和巨无霸指数预测的比率之间存在如此大的差异并不让人惊讶。首先，在大多数国家，食物的售价受到农产品补贴的影响。其次，一个人不能从低价国家买入巨无霸，然后在高价国家卖掉它们，从这种意义上来说，巨无霸也不是“贸易”产品。由于各国巨无霸的价格取决于不同成本价格及不同国家的营销策略，售价也会受到影响。最后，各国对餐馆征收的销售税水平不同。

巨无霸指数的缺点反映了这样一个事实：将一价定律适用于单一产品是一个过于简单的估计汇率的方法。整体上，巨无霸的价格会反映它的当地生产和运送成本、广告成本（在某些地区是相当大的），最重要的是当地市场所能承受的范围。至今为止，对汉堡标准的假定是巨无霸价格（以美元计算）的相对差别可以用汇率差别来解释。然而，如果我们抵消并将原始指数根据人均 GDP 做出调节，就可以更好地预测将来可能的汇率变动，因为人均 GDP 低意味着巨无霸的相对价格低，因为那就是当地市场所能承受的。

然而，最近的一项研究发现，货币价值的确有朝着巨无霸指数显示的方向进行变化的趋势，尤其是在中长期内（Clements et al.，2010）。例如，当 1999 年发行欧元时，当时多数预测认为欧元会立即对美元升值。巨无霸指数则显示欧元已经在很大程度上估值过高了，在之后的几年中，欧元的确对美元下跌了。

6.3.4　收入分类

国家的分类有很多方式。大多数分类是建立在国家收入和工业化程度上的。对经济发展的播报指标是**国民生产总值**（GNP），即一个国家一年内生产的所有商品和服务的价值。这个数字包括国家生产和国家的国际活动的收入。**国内生产总值**（GDP）是一年内国内经济生产的所有产品和服务的价值。换句话说，当我们用 GDP 加上出口、进口和国内公司的国际运营所得收入时，我们就得到 GNP。一个国家的人均 GNP 就是简单地用他的 GNP 除以它的人口数量。人均 GDP 也是一样的算法。

人均 GNP 和人均 GDP 都是用来测量一个国家的人均收入的。在这方面，GNI（国民总收入）可以被认为和 GNP 一样。

1. 欠发达国家

这个群体包括**欠发达国家**（LDCs）和发展中国家。其主要特点是人均 GDP 低（少于 3 000 美元），生产基础设施缺陷存在于交通、通信、教育和医疗保健方面。另外，公共部门效率低下且官僚化。

经常可以发现欠发达国家严重依赖于一种产品和一个贸易伙伴。单一产品依赖最典型的形式是依靠一种农作物或矿业，哥伦比亚（咖啡）和古巴（糖）是对农业极端依赖的例子。欠发达国家改变供应和需求结构的风险是很大的，商品价格降低可以引起整个国家收入的大幅减少，由此导致的经济和政治调整会通过关税和非关税壁垒的可能变化，并影响面向哪个国家的出口商。

世界上很多的经济环境会影响欠发达国家的发展。没有经济快速发展的前景，私人资本就不愿意在这样的国家进行投资。对长期基础设施项目来说尤其是这样。结果，重要的资本支出项目严重依赖于世界援助项目。

各个国家销售渠道的质量有很大不同。欠发达国家小规模、投资不足的分销渠道和发达国家的分销商之间经常存在巨大差别。例如，零售商更有可能成为市场交易商，而大规模、自助服务网点的存在率相对较低。

2. 新兴工业化国家或地区

新兴工业化国家或地区（NICs）是有新兴工业基础，有能力出口的国家或地区。其中典型的例子是东南亚的“四小龙”：新加坡、韩国、中国香港和中国台湾。巴西和墨西哥是南美洲新兴工业化国家的代表。虽然基础设施有了极大发展，但是经济的高增长导致了生产国内外顾客所需产品的困难。

3. 发达工业化国家

发达工业化国家有相当可观的人均 GDP、广泛的工业基础、长足的服务业发展和对国家基础设施的大规模投资。试图将世界经济进行标准的划分是不能完全成功的。例如，一些发达工业化国家（如美国和法国）有重要的农业部门。

6.3.5 区域经济一体化

经济一体化已经成为第二次世界大战之后影响世界市场的主要经济发展之一。许多国家想参与经济合作以更有效地利用各自的资源，并为成员方的制造商提供广阔的市场。

一些一体化的努力有着宏大的目标，如政治一体化；一些一体化的努力由于认识到了协议中的不平等利益或是在政治上的分歧而失败了。图 6-3 是区域市场经济合作主要形式的一个总结，展示了一体化发生的各种不同程度。这些经济一体化的努力正将世界划分为贸易区。

现在我们描述经济一体化的各个层次。

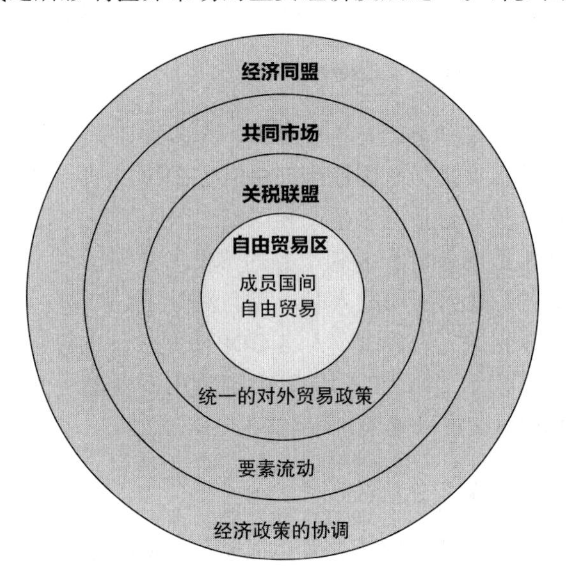

图 6-3 区域经济中的经济一体化形式

资料来源：来自 Czinkota and Ronkainen，global marketing.

1. 自由贸易区

自由贸易区是国家之间限制性最小和形式最松散的经济一体化。在自由贸易区内，成员方之间的所有的贸易没有壁垒。每个成员方都对非成员国保持各自的贸易壁垒。

欧盟自由贸易区（EFTA）成立于 1960 年，有 8 个欧洲国家参与了协定。从那时开始，由于其他成员加入了欧盟，EFTA 失去了很多其最初的意义。所有的 EFTA 国家都通过双边的自由贸易协定与欧盟合作，而且从 1994 年开始，通过欧洲经济区（EEA）协定，使得在欧盟和 EFTA 之间的 EFTA 国家都结合领域中人员、产品、服务和资本可以自由流动。在 EFTA 国家中，冰岛和列支敦士登决定不申请成为欧盟成员国，挪威在 1994 年的全民公投之后拒绝加入。瑞士也决定置身欧盟之外。

在三次失败的尝试之后，美国和加拿大签署了一个自由贸易协定，于 1989 年生效。1994 年，北美自由贸易区加上墨西哥扩张为《北美自由贸易协定》(NAFTA)。

2. 关税联盟

关税联盟是经济一体化范围中的更进一步。和自由贸易区一样，成员方之间的商品和服务可以自由进行贸易。然而除此之外，关税联盟针对非成员国建立了统一的贸易政策。在通常情况下，成员方必须采取统一对外的关税形式，也就是说，从非成员方那里进口的关税要和出售给任何成员方的关税相同。比利时、荷兰、卢森堡（比荷卢）国家于 1921 年成立了一个关税联盟，之后成为更广泛的欧洲经济一体化的一部分。

3. 共同市场

共同市场和关税联盟有相同的特征。除此之外，生产要素（劳动力、资本和技术）在成员国之间具有流动性。移民和跨境投资方面的限制被废除了。当生产要素可流动，资本、劳动力和科技就能以最有效的方式被使用。

1987年通过的《单一欧洲法案》批准了消除欧洲内生产要素（人员、资本、技术）自由流动的障碍，目标是于1992年12月31日完成内部市场。1991年12月，在马斯特里赫特通过的EEC，也就是所谓的“1992进程”，是向经济层面之外合作迈出的一步。虽然很多旨在开放边境和市场的指令都按时完成了，但一些领域，如汽车行业，开放需花更长时间。

4. 经济同盟

要创造真正的经济同盟，除了商品、服务和生产要素的跨境自由流动，还要求有一体化的经济政策。在经济同盟中，成员方协调货币政策、税收和政府开支。另外，成员方会使用统一货币，这就涉及固定汇率制度。1993年年末通过的《马斯特里赫特条约》使得欧盟从1994年1月1日起生效。很明显，一个完整经济同盟的形成要求在很大程度上放弃国家主权以成为一个超国家组织。这样一个同盟距离政治统一只有一小步。但是，欧盟的很多国家（特别是北欧国家）都对这种发展持怀疑态度，因为它们害怕丧失国家认同感。

5. 欧盟的扩大

欧盟已经可以回顾成功扩大的历史了。《巴黎条约》（1951）建立了欧洲煤钢共同体（ECSC）、《罗马协议》（1957）建立了欧洲经济共同体（EEC）和欧洲原子能共同体（EURATOM），由6个创始国成员国签署：比利时、法国、德国、意大利、卢森堡和荷兰。欧盟之后经历了四次连续扩大：1973年，丹麦、爱尔兰和英国加入；1981年，希腊加入；1986年，葡萄牙和西班牙加入；1995年，奥地利、芬兰和瑞典加入。

从6个成员增加到15个之后，欧盟在范围和多样性方面开始准备它最大的扩张。13个国家已经申请成为新成员，其中的10个（塞浦路斯、捷克、爱沙尼亚、匈牙利、拉脱维亚、立陶宛、马其他、波兰、斯洛伐克和斯洛文尼亚）于2007年1月1日加入，而土耳其目前没有就其成为成员国问题进行谈判。然而，土耳其想成为欧盟的一员，这个问题将在未来被再次提出。

截至2015年7月1日，欧盟的28个成员国分别是：奥地利、比利时、保加利亚、克罗地亚、塞浦路斯、捷克共和国、丹麦、爱沙尼亚、芬兰、法国、德国、希腊、匈牙利、爱尔兰、意大利、拉脱维亚、立陶宛、卢森堡、马耳他、荷兰、波兰、葡萄牙、罗马尼亚、斯洛伐克、斯洛文尼亚、西班牙、瑞典和英国。

想加入欧盟的新国家需要满足被称为“哥本哈根标准”（Copenhagen criteria）的经济和政治条件。根据这一标准，未来的成员国必须是一个民主的、尊重人权的、法制的、对少数族裔进行保护的国家；有运营良好的市场经济，采用构成欧盟法律主体的共同规则、标准和政策。

营销洞见 6-1

欧盟反垄断监管者投诉谷歌的竞争行为

2015年4月，欧盟竞争负责人玛格丽特·维斯塔格（Margrethe Vestager）正式对谷歌提出反垄断投诉，投诉谷歌为突出自己的服务——谷歌应用商店的不正当行为，即将其排名排在提供相似服务的其他竞争对手之前的不正当行为。

这种“搜索误差”非常重要，因为欧洲超过90%的网络搜索是通过谷歌进行的。由于其主导地位，推销自己的服务而贬低其他竞争者服务的行为在欧盟法律下是违法的。欧盟法律企图为消费者提供公平开放的市场。

从谷歌立场来看，它声明说它们与其他搜索服务提供商。例如，苹果公司的Siri和微软公司的Cortana、亚马逊及eBay提供的专业服务及其他服务，一同竞争。谷歌辩解道：它们的竞争对手也和它们做相同的事情。声明道：运营其他比较购物网站的竞争者，以及纵向领域（如旅游、地图和当地服务）的竞争者，也在那些领域内推广自己的产品并将用户引向自己的网站，而不是其他竞争者网站。

除了谷歌商城外，欧盟反垄断监管者还对谷歌的移动系统（安卓）开展了正式调查以确认谷歌是否：

- 要求手机生产商专门预安装自己的应用程序或服务。
- 防止手机或平板电脑生产商开发安卓系统的竞争版本。
- 通过将谷歌应用与其他谷歌服务捆绑在一起来阻止对手应用。

资料来源：Barr，2015.

6.4 欧洲经济、货币联盟和欧元

《马斯特里赫特条约》(The Maastricht Treaty）建立了欧洲经济和货币联盟（EMU），它也包括新的欧洲共同货币——欧元（于1999年1月1日推出）。欧元涉及将“一价定律”扩展到一个包含3.2亿消费者，代表了1/5世界经济的市场，它能够推动贸易增长并引起更激烈的竞争。因此，“新”欧洲发展的重要性超越了它当时创始时涉及的相对较小的国家群体。

如今，欧元是世界上最强势的货币之一，在23个国家被3.2亿欧洲人使用。截至2015年1月1日，官方使用欧元的19个欧元区国家是：

- 比利时、德国、爱尔兰、西班牙、法国、意大利、卢森堡、荷兰、奥地利、葡萄牙和芬兰（1999年加入）；
- 希腊（2001年加入）；
- 斯洛文尼亚（2007年加入）；
- 塞浦路斯、马耳他（2008年加入）；
- 斯洛伐克（2009年加入）；
- 爱沙尼亚（2011年1月1日加入）；
- 拉脱维亚（2014年1月1日加入）；
- 立陶宛（2015年1月1日加入）。

值得注意的是，英国、丹麦和瑞典至今为止决定不加入欧元区。其他新的欧盟成员国正为成为欧元区的一员而努力。

另外，安道尔、科索沃、黑山、摩纳哥、圣马力诺和梵蒂冈城不是欧盟成员，但使用欧元作为它们的官方货币。这样，截至2015年1月1日，共有25（19 + 6）个国家在使用欧元。

欧洲经济一体化的结果不仅限于所谓的“欧洲”业务。最明显的是，EMU的发展会对新欧元市场内的所有国外子公司有直接影响。这些公司不得不调整它们的会计、人事和财务程序以适应新的货币。

EMU也会影响欧洲公司的国际竞争力。交易成本及汇率风险的减少，国内竞争的加剧和收集额外规模经济的可能性都能帮助减少欧洲公司的成本结构，因而不可避免地影响外部竞争者。事实上，这些可能会因工资均等要求和法规限制的影响而无效。

EMU存在很多重要问题，因此关于欧洲经济的发展并没有单一的经济舆论。

EMU的支持者认为，由于名义汇率稳定性更强、交易成本更低（和欧元的启动有关）和价格的透明性（跨越欧洲边境），信息成本的降低会增加欧洲公司的国际竞争力，并提高消费者的福利和对更便宜产品的需求。独立的欧洲中央银行（ECB）的成立是为了确保低通货膨胀率，减少实际利率并由此刺激投资、产出和就业。

EMU的反对者有如下理由：

- 国家经济政策工具的缺失会产生不稳定的影响；
- 缺乏参与经济体的“真正”融合，有可能会增加非对称性冲击的问题；
- ECB希望通过使用单一工具（共同利率），以达到稳定的做法可能会被证实是不够的。由于包括所有者占有资源的集中和借款利率变化要素的不同，共同货币政策对欧盟成员的影响是不同的。

主要贸易区

表6-1展示了主要的贸易区和它们的人口数量、GNI和人均GNI。

表6-1 2015年1月1日主要贸易集团

组织	类型	成员国	人口（百万）	GNI（十亿美元）	人均GNI（美元）
欧盟（EU）	政治和经济联盟	奥地利	8.5	427.3	50 390
		比利时	11.2	528.0	47 030
		保加利亚	7.2	53.6	7 420
		克罗地亚	4.2	55.2	13 020
		塞浦路斯	1.2	22.5	26 370
		捷克	10.5	199.4	18 970
		丹麦	5.6	345.8	61 310
		爱沙尼亚	1.3	24.3	18 530
		芬兰	5.5	266.0	48 910
		法国	66.2	2 851.7	43 080
		德国	80.9	3 853.5	47 640
		希腊	11.0	242.0	22 090
		匈牙利	9.9	132.9	12 470
		爱尔兰	4.6	206.0	44 660
		意大利	61.3	2 102.8	34 280
		拉脱维亚	2.0	31.2	15 660
		立陶宛	2.9	45.0	15 380
		卢森堡	0.6	38.0	69 880
		马耳他	0.4	8.9	21 000
		荷兰	16.9	863.0	51 210

（续）

组织	类型	成员国	人口（百万）	GNI（十亿美元）	人均 GNI（美元）
欧盟（EU）	政治和经济联盟	波兰	38.0	521.8	13 730
		葡萄牙	10.4	221.7	21 320
		罗马尼亚	19.9	186.6	9 370
		斯洛伐克	5.4	96.4	17 810
		斯洛文尼亚	2.1	47.8	23 220
		西班牙	46.4	1 395.9	29 940
		瑞典	9.7	596.9	61 600
		英国	64.5	2 754.1	42 690
		总计	**508.3**	**18 133**	**35 673**
东南亚国家联盟（ASEAN）	有限的贸易和合作协议	文莱	0.4	15.1	36 710
		柬埔寨	15.4	15.6	1 010
		印度尼西亚	252.8	923.7	3 650
		老挝	6.9	11.0	1 600
		马来西亚	30.2	321.0	10 660
		缅甸	53.7	68.1	1 270
		菲律宾	100.1	344.0	3 440
		新加坡	5.5	301.6	55 150
		泰国	67.2	363.4	5 410
		越南	90.7	171.9	1 890
		总计	**622.9**	**2 536.1**	**4 071**
亚太经合组织（APEC，不包含ASEAN、美国和加拿大）	正式机构	澳大利亚	23.5	1 519.4	64 680
		中国	1 364.3	10 069.2	7 380
		日本	137.1	5 339.1	42 000
		新西兰	4.5	174.6	39 300
		韩国	50.4	1 365.8	27 090
		总计	**1 569.8**	**16 948.7**	**10 797**
北美自由贸易区（NAFTA）	自由贸易区	加拿大	35.3	1 836.9	51 690
		墨西哥	123.8	1 235.7	9 980
		美国	318.9	17 601.1	55 200
		总计	**478.2**	**20 673.7**	**43 232**

数据来源：世界银行，2014 年。

GNI（= GNP）是世界银行现在使用的收入指标。以前，世界银行使用国内生产总值（GDP），它是一个国家的资本和劳动力生产的所有商品和服务的总价值。GNI 是 GDP 加上国外资产（如子公司）的净收入。这就意味着 GNI 是一个国家的居民和公司生产的所有商品和服务的总价值，不论它们的地理位置（世界银行，2015a）。

欧盟、美国、中国和日本的经济规模和经济重要性引人注目。小国家卢森堡和丹麦富足的标志是人均 GNI 高。

除了表 6-1 中提到的主要贸易集团，将来最重要的全球市场会是欧美日“三大经济体”（triad）。

6.5 “金砖国家”：世界新的增长市场

“金砖”(BRIC）这个缩写是 2001 年由高盛投资创造的。它代表的是巴西（Brazil)、俄罗斯（Russia)、印度（India）和中国（China)。这些新兴市场是要关注的国家，从中我们会看到未来的高增长。公司也经常用金砖这个术语来指这四个国家，作为它们新兴市场策略的关键。“中印”这个词语也经常被使用。

“金砖国家”总共占了地球上 42% 的人口和 20% 的地理范围 GNP（GDP，世界银行，2015b)。

事实上，一些人从开始就质疑金砖国家这个分类。从根本上说，这四个国家的相同点很少。两个国家是以制造业为基础的经济体，两个国家是进口商（中国和印度)，两个是自然资源的出口巨头（巴西和俄国)。

学者和专家认为，相对于其他“金砖国家”，中国一枝独秀。中国和其他大的新兴经济体，如巴西、俄罗斯和印度之间的“发展差距”，很大程度上可以归结为中国很早就重视宏大的基础设施项目。

与此同时，金融市场已经开始注意查看下一代新兴国家。南非、韩国、印度尼西亚和墨西哥有时会被加到这个名单。有人则建议密切关注非洲。

2009 年，“金砖国家”的政治领袖会面开了一次“金砖国家峰会”。2010 年，在巴西利亚的一场会议上，南非被邀请为嘉宾，2011 年，组织邀请南非加入成为正式会员，以前被称为 BRIC 的金砖四国变成了 BRICS——“金砖五国”。

在未来，“金砖国家”会面临下述挑战：

- 增速缓慢的世界经济。
- 投资者风险偏好反转，从“金砖国家”(及其他新兴市场）转移到避风港。
- 对“金砖国家”信心的缺失。

因此，2012 ～ 2015 年，“金砖国家”的发展增速减缓。然而，这些经济体的政府和权威有充足的空间放宽货币政策和提供财政支持，因此人们预计政策方针在未来几年会为“金砖国家”提供其他的经济刺激。

例如，2015 年，由于服务业和制造业放缓，中国经济增长放缓至 6.5%。这种缓慢增长持续到 2016 年。中国经济前景的主要风险来自受制于欧洲经济增长放缓及其房地产价格的急剧调整，但中国政府有足够的财政措施来应对可能的经济急剧下滑。中国权威正在控制减速，因为它正试图将国家的增长模式转变为一个由消费支出而不是大量基础设施投资驱动的模式。

俄罗斯官方预测其经济将在 2016 年陷入衰退。消息伴随一大堆不良的经济数据，西方制裁、卢布疲弱和油价下跌。

在过去几年里，巴西经济不景气。平均来说，在总统迪尔玛・罗塞夫（Dilma Rousseff）在 2011 ～ 2014 年的第一任期间，巴西经济增长率为 2.2%。这一增长率比其他“金砖国家”要低。2014 年，国民生产总值基本没有增长。2015 年，预计的经济增长率为 –2%。

印度经济——如今国民生产总值（购买力）第八大的经济体，在 2030 年将成为世界第三大经济体。当中国增长减缓时，印度国民生产总值仍旧在增长（2015 年大约为 7%)，成为“金砖国家”中增速最快的主要经济体。

营销洞见 6-2

小凉冰箱：印度格德雷吉公司正在为金字塔底层市场制造破坏性创新（低价冰箱）

破坏性创新是一种技术，其性能目前不符合主流市场的要求（图 6-4 中 B 点）。然而，这些创新符合低端市场的要求（图中 A 点）。低端市场的顾客通常有较低的产品要求但对价格很敏感。这些低端市场之前并不存在，是由破坏性技术的出现造成的。

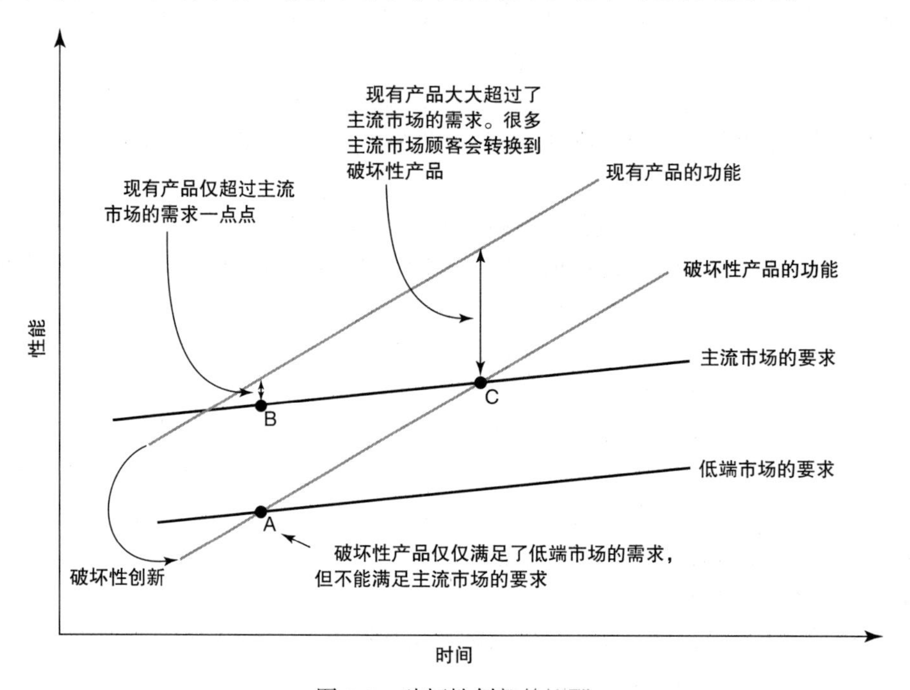

图 6-4 破坏性创新的原理

从图 6-4 中可看出，随着时间推移，主流和低端市场的性能不断增长。然而，关键的是现有产品和破坏性产品的性能发展更快。在某一点（图中 C 点），破坏性创新的性能符合现有市场的性能需求。现有产品仍然有更好的性能，但它提供的不仅仅是主流市场的需求。在某一点，大量主流顾客开始移动到破坏性创新，这些创新能以更低价格满足客户需求。

在初期阶段进行破坏性创新的公司具有以下特点：毛利率更低、目标市场较小、与现有解决方案相比可能不像传统的性能指标那样具有吸引力的更简单的产品和服务。

印度冰箱市场现状

如今在印度城市，大概 50% 的家庭都有冰箱，而在印度农村，只有 8% 的家庭有冰箱。几个因素对印度农村传统冰箱的低购买力有影响，比如农村家庭的低购买能力及常规电力供应的缺失。然而，这些因素也为印度冰箱的破坏性创新提供了机遇。

格德雷吉公司（Godrej，印度家电最大的制造商之一，总部位于孟买）决定通过为金字塔底部消费者开发一款创新产品来解决这一问题。

格德雷吉公司的研发团队在 2007 年着手研发“ChotuKool”（意为“小凉”）。这个团队采用不同的方式开发这一产品。为了更好地了解消费者需求，格德雷吉团队决定不用市场研究机构，而是让村民参与确定新产品的主要特点。根据乡村女人的反馈意见，产品原型经过多轮反复修改。

2009 年，研发过程的结果是一个高度便携的冰箱塑料立方体、容量为 40 升、拥有从安静的蓝灰到鲜明的糖果红等多种颜色。它在顶部打开以保存冷气。这种反传统的打开方式保证了冷空气留在冰箱底来减少热损耗和能耗。电源插座嵌入盖子，旁边两个轴流风扇来散热。空箱净重 7 千克。通电时它可以将冰箱内容物冷却至低于环境温度 20 摄氏度。“小凉”冰箱立志成为一个服务全国的冰箱。不同于传统冰箱，“小凉”冰箱是基于使用 12 伏直流电或外部电池保持冷却温度的热电芯片。

“小凉”冰箱定价为 56 美元，比入门级冰箱价格低了一半。“小凉”冰箱创造了新的产品分类，以服务金字塔底端顾客为目标价值主张。

格德雷吉公司计划让农村女孩以每件 3 美元的佣金来参与产品销售。这一计划将有助于降低 40% 的分销和营销成本。这一社区计划将会推动市场的包容性发展。

在 2012 年，格德雷吉公司计划在印度市场销售 10 万台“小凉”冰箱。格德雷吉公司也正在寻求国外市场机遇。

资料来源：www.godrej.com；www.chotukool.in; Christensen (1997).

6.6 作为市场机遇的“金字塔底层”

贫困是现代世界存在的广泛现实。世界上 2/3 的人口每年的收入少于 2 000 美元。贫困人口的市场一直被看作收获商业利润的金矿，它被称为是“金字塔底层”（bottom of the pyramid，BOP）市场（Prahalad，2004）。根据普拉哈拉德的说法，聚焦 BOP 市场应该是公司核心业务的一部分，而且不仅是企业社会责任行动：迎合 BOP 市场（通过符合未满足的社会需要和新的消费者偏好），公司就能创造带有巨大价值的市场机遇。小额贷款业务的发展就是一个例子。

根据普拉哈拉德（2004）的说法，那些认为 BOP 是一个有价值但未被服务的市场营销人员也相信即使是穷人也可以成为好顾客。虽然他们的收入水平低，但他们是有辨识能力的顾客，他们需要价值而且充分意识到富裕消费者所喜爱的品牌的价值。这种学派认识到了低收入所产生的障碍，它假定如果公司采取正确的步骤并投入足够的资源来满足 BOP 的需求，它们就能克服消费障碍。

普拉哈拉德认识到，要服务低收入阶层就需要有能回应这些人们需求的商业策略；要获得成功，需要其他参与者的介入——主要是当地政府和中央政府、金融机构和非政府组织（NGO）。他提出了在低收入市场茁壮成长的四个关键要素：

（1）创造购买力；

（2）通过产品创新和顾客教育形成产品需求；

（3）通过更好的分销和通信系统来增进与接触；

（4）制订本土化方案。

在接下来的讨论中，我们主要关注以下和 BOP 市场有关的内容：

- 穷人作为顾客；
- 穷人作为产品和服务的市场人员。

6.6.1 穷人作为顾客

贫困是一个和程度有关的问题，涉及主观论断。普拉哈拉德（Prahalad，2004）使用的是1999年价格的购买力平价（PPP），即每天2美元的标准（相当于2008年3.5美元）。在这个贫困层次，可以满足生存的基本需要，但仅仅是勉强维持。

普拉哈拉德认为，BOP潜在市场的PPP是13万亿美元。根据卡纳尼（Karnani，2007）的说法，这高估了BOP市场的规模。贫困人口的平均消费是每天1.25美元。假定有27亿贫困人口，那么2002年BOP市场的PPP就有1.2万亿美元。卡纳尼提出这个可能也是一个估计过高的数字，他认为全球BOP可能只有0.3万亿美元，而美国自身的经济规模就有11万亿美元。

根据哈蒙德等人（Hammond et al.，2007）的观点，BOP集中在四个区域范围：非洲、亚洲、东欧和拉丁美洲及加勒比海地区：12.3%的BOP生活在非洲，72.2%的在亚洲，6.4%在东欧，剩下的9.1%在拉丁美洲和加勒比海地区。非洲和亚洲的乡村地区是主要的BOP市场，而在东欧及拉丁美洲和加勒比海地区主要是城市地区。

为延伸至BOP顾客，格拉科塔等人（Gollakota et al.，2010）提出一个两步模型：

（1）深度成本管理。很明显需要减少成本，但在这之前必须找出BOP顾客产品和服务的核心价值。BOP人群的生活方式和环境与西方市场最贫困的人口也有很多不同。文化规范不同，而且BOP顾客对价值认知的体验也不同。公司需要理解产品/服务要满足的基本需求。一旦组织能够根据BOP顾客的需要和欲望找出它的核心价值主张，下一步就是重新构造价值链来降低成本。这涉及要去掉那些只会增加成本的要素，并避免所有的虚饰。例如，使用更廉价的投入或减少包装尺寸（以小数量重新包装）来降低成本。其他节省成本的方案包括使用信贷（当可用时）来减少预付款，支付时接受分期付款。另一种可行方案是付费使用策略，这样顾客只需要为资产的使用付款，而不用为全额资产成本付款（Karamchandani et al.，2011）。

（2）深度利益管理。即使深度成本管理策略可能仍不能够获取BOP顾客；相反地，公司经常需要认识到BOP顾客的需要和欲望与更富裕顾客的有很大不同。在这些情况下，一个更加基础的重新设计可能就是必要的。在某些情况中，这意味着要增加对BOP顾客来说重要的新特点；在另一些情况中，这可能意味着要提供更便利的位置、运输或其他对BOP顾客来说基本的服务。

营销洞见 6-3

沃达康：在非洲延伸至BOP顾客和企业家

沃达康（Vodacom）是一个泛非移动通信公司，曾是南非第一个蜂窝网络。它为南非坦桑尼亚、莱索托、莫桑比克和刚果共和国的逾5 000万顾客提供GSM服务。

在某段时间内，沃达康认识到虽然非洲的金字塔底层没有几人能够买得起自己的专属手机，但几个使用者可以通过共享手机和分担费用来买手机。这种被共享的手机可以满足基本的通信需求但不能满足隐私需求，也不能使BOP顾客总是能够接触到手机。超越了手机作为通信设备的价值，沃达康通过将手机定位为获取收入的资产而增加了新的价值主张。有了这个新的价值主张，手机就可以卖给当地企业家，他们将会作为沃达康（特权授予者）的特许经营者，在当地社区针对手机使用收取费用。这样，沃达康就为手机增加了价值。它不仅是一种通信方式，也成为一种谋生方式。

资料来源：Based on Gollakota et al.，2010.

6.6.2 穷人作为产品和服务的市场人员

为了使BOP能够产生成功的企业家，应满足三个关键方面以服务BOP市场（Pitta et al.，2008）：

- 能够获得信贷（小额贷款）；
- 建立联盟；
- 使用营销组合策略（在这里不进行讨论，但请看营销洞见6-2和营销洞见6-3，它们是使用营销组合策略的好例子）。

1. 能够获得信贷（小额贷款）

一个贫穷的消费者可以获得小额贷款并成为对家庭收入和独立有贡献的生产者，这个概念是能让人充满希望的。有证据表明，小额贷款在援助BOP方面获得了成功；也有证据表明，很多想要成为企业家的人在利用这种信贷方面失败了（Karanani，2007）。

正式的商业信贷在这个市场得不到，而且在非正式金融市场接触并获得金融服务的成本是相当大的。

2006年的诺贝尔和平奖决定授予穆罕默德·尤努斯（Muhammad Yunus）和孟加拉国的格莱珉银行（The Grameen Bank），突出了发展中国家小额贷款的潜力。在过去10年中，大多数非洲国家都已经成立了小额贷款银行，但格莱珉银行运营的绝对规模仍然步履蹒跚。为个人或小微企业提供很小数目的金钱看起来好像对经济发展的贡献极小，但是它可以扩展一个国家的经济基础并能够促进发展，提高生活水平。

格莱珉银行现在已经为700万人提供了贷款，其中97%是妇女。大多数贷款数额很小，很少超过100美元。在孟加拉，银行通常在寺院或村庄大厅办理业务。贷款通常用来改善灌溉或购买新工具来提高效率。作为诺贝尔奖的一部分，尤努斯获得1 000万瑞典克朗（135万美元）的奖励，这些钱将被用来寻找新的途径以帮助穷人开展业务。

营销洞见 6-4

Voltic Cool Pac：在加纳的水销售

2000年早期，加纳瓶装水的领先生产商Voltic专注于加纳的高收入人群，服务于高端批发商，比如宾馆、酒吧和餐厅。然而，对于Voltic的管理者来说，bop水市场有巨大的潜力。但由于价格低和消费者的品牌忠诚度差，所以水市场一直被认为是一个容量很大但价值很低的细分市场。

为了竞争，公司显然需要对它的商业策略进行重新思考。Voltic认识到，将水从集中的瓶装机运输到各个市场和人口流动多的地区成本太高。而且，由于包装尺寸更小，每升的运输成本就会增加，因为小袋（袋装）的填装性并不好。新兴市场薄弱的基础设施和运输使用情况很可能使问题更加严重。所以，Voltic采取了激进的做法将它的瓶装过程分散到十多个加盟商，并在这一过程中将它的水产品带到了离市场更近的地方。

Voltic对它的商业模式进行了彻底的改变，通过特许经营分散生产并成立了独立品牌。通过使用非正式的街头小贩来兜售价值0.03美元的500ml小袋装，以优化销售。加盟商是有能力投资和发展业务的当地企业家。这包括瓶装（包括质量监控）和销售。在这种合作关系中，Voltic只需要支付资本成本的一半多，剩下的费用由企业家承担。Voltic

和加盟商分割营业利润。

Voltic 开发了一个叫作“Cool Pac”的新品牌，并将价格定得比众多非正式竞争者稍高。在 BOP 市场中，水原本只是日常品，而 Voltic 经过着力强调品牌和质量改变了这一切。即使 Voltic 将装瓶和销售外包，公司仍然对所有的品牌构建活动保持紧密控制。

小袋装通过非正式街头小贩网络进行销售。袋装（500ml）以 0.03 美元的售价卖给顾客，现付自运。现在，每天有 1 万多个街头小贩卖出将近 48 万包 Cool Pac。

随着 Voltic 的成功，私人直接投资公司欧瑞斯于 2004 年开始在 Voltic 进行了两项成功的投资。2009 年，Voltic 被南非米勒公司并购。

资料来源：Based on Karamchandani et al.，2011.

2. 建立联盟

BOP 市场要求涉及多个参与者，包括私人公司、政府、非政府组织、金融机构和其他组织（如社区）。

通过将利润动机注入价值创造，希望私人公司能够在服务 BOP 市场中起主导作用，这样消除贫困的目标就更有可能成功。

最后，公共部门在发展 BOP 命题方面有重要作用，其重点是从传统的政府协助转变为用不同的方式创造可持续的环境来援助 BOP。例如，提供资金和企业家培训就是政府在 BOP 扶持顾客和生产商的一种方式。

与卫生保健部门的联盟也很重要。例如，10 天剂量的救生用抗生素的成本在现实中不能通过使用“较小的包装剂量”来降低。这意味着要减少每天的剂量或是让全效剂量更少。这两种方式有可能产生抗药菌并由此威胁病人生命和社会。为改善这一状况，其他参与者（如政府和非政府组织）就很重要，营销人员也必须意识到与他们合作的重要性。

6.7 总结

在本章中，我们着重分析了政治 / 法律和经济环境，因为它能在国际市场上对公司造成影响。大多数公司不能直接影响它们市场的环境，但它们商业行为成功的机会很大程度上取决于环境的结构和内容。因此，一个服务于国际市场或计划这样做的营销人员就需要对其服务或考虑服务的市场的政治和法律环境进行仔细评估，以取得适当的管理结果。

1. 政治环境

由于国内、国外和国际政治的交互影响，国际营销人员所面对的政治环境是复杂的。在国外进行投资时，公司必须对那个国家的政治问题保持敏感。公司应当准备一个监控系统来对政治风险——例如对进口商和 / 或出口商的没收、国有化和进出口管制——进行系统评估。通过巧妙的调整可以减少或抵消政治风险。

关税一直被用作国际贸易的壁垒。20 世纪最后 10 年的国际贸易自由化导致了关税壁垒的大量减少。因此，政府开始更多的使用非关税壁垒来保护它们认为的不能够承受自由国际竞争的本国产业。政府也可以通过投资政策来支持或阻碍国际经营活动，也就是说，制定通则对本国企业与外国参与者在企业或本国其他组织中的股权或所有权比例进行律法约束。

有各种各样可以妨碍国际化营销的贸易壁垒。虽然各国已经通过加入 WTO 来减轻诸多限制，但毫无疑问，壁垒仍然存在。

可以用如下的要素来研究一个国家的政治风险：

- 政府政策的变化；
- 政府的稳定性；
- 东道国政府经济管理的质量；
- 东道国对外国投资的态度；
- 东道国与其他国家的关系；
- 东道国与母公司所在国政府的关系；
- 东道国对任用外国人士的态度；
- 政府和民众之间的亲密度；
- 行政程序的公平和诚实程度。

对国家和公司来说，这些要素的重要性各不相同。然而，有必要将它们全都进行考虑，以保障能完全掌握在特定国家开展业务的政治前景。

国际恐怖主义是一个日益严峻的问题，但是通过适当的战略和运营思考，恐怖主义的影响是可预测和计划的。而旨在尽量减少恐怖主义危害的新程序被证明是昂贵的，它们必须权衡公司准备应对恐怖主义直接和间接影响所产生的巨大成本。从长远来开，生产商应该越来越多地介入产品价值链，以便当政治环境对关键投入品产生供应冲击的情况下，可以快速转向替代供应商。

2. 经济环境

经济环境是市场潜力和机遇的一个主要决定因素。各个国家市场的巨大差异起源于经济上的不同。人口特征当然代表了一个重要的维度。国家中人民的收入和财富也相当重要，因为这些关键要素能够决定人们的购买力。各个国家和市场可能处于经济发展的不同阶段，每个阶段都有不同的特征。

《马斯特里赫特条约》催生了欧洲经济和货币联盟，也包含了新的欧盟通用货币、欧元。尽管欧盟现只包括 28 个成员国中的 19 个，然而它却是“单一定价”法在一个包含 3 亿消费者、覆盖全球 1/5 市场的延伸。该市场要促进贸易及刺激竞争。结果，这个“新”欧洲的发展有了超越它创始时所涉及的相对较小的国家群体的重要意义。

估计其他国家经济发展的正规方法有：①国民生产，如国民生产总值和国内生产总值；②购买力平价，或者是两种国家货币在两个国家购买相同的“一篮子”商品时的相对能力。这个指标被用来修正造成的对比。“金砖国家”的代表国家是巴西、俄罗斯、印度和中国。这些国家的经济增长和新兴中产阶级对其他国家产生巨大影响。

问题讨论

1. 识别阻碍产品和服务自由流动的贸易壁垒的类型。
2. 解释欧盟共同货币的使用对在欧洲市场销售产品的公司的重要性。
3. 国民生产总值在对世界市场进行比较分析时有多么重要？你会推荐什么其他的方法？
4. 请讨论人均收入在评估市场潜力中的局限性。

5. 请区别自由贸易区、关税联盟、共同市场、经济联盟、政治联盟。
6. 为什么国际营销人员对一个市场的人口年龄分布感兴趣?
7. 请描述外汇波动对贸易、投资、旅游的影响方式。
8. 为什么政治稳定对国际营销人员尤为重要? 请用近期的例子来帮助解释你的观点。
9. 一国主要政治目标的改变会对国际营销人员的成功潜力有何影响?
10. 请讨论一国的自然环境影响其对工业产品国际营销人员的吸引力。
11. 解释为何国际营销人员会对一个国家的贸易平衡感兴趣。

案例研究 6-1

G-20 和经济金融危机:全球化到底是什么

二十国集团(G-20)财政部长和中央银行行长于1999年成立,旨在将重要的工业化国家和发展中经济体聚集在一起,定期讨论全球经济中的关键问题。G-20的创立是为了回应20世纪90年代末的金融危机,并越来越认识到主要的新兴市场国家(八国集团为代表)没有充分纳入全球经济的讨论和治理的核心。G-20首次会议于1999年12月15～16日在柏林举行,由德国和加拿大财政部长主持。G-20由各国的财长和央行行长组成:阿根廷、澳大利亚、巴西、加拿大、中国、法国、德国、印度、印度尼西亚、意大利、日本、墨西哥、俄罗斯、沙特阿拉伯、南非、韩国、土耳其、英国、美国和欧盟(G-20的第20位成员)。

2014年11月15～16日,G-20领导人在澳大利亚布里斯班举行会议,这20个国家的总产量占世界产量85%。他们由于欧元危机和2014年早些时候在乌克兰支持俄罗斯的行动中走到了一起。欧洲领导人面临很大的压力,这些压力来自他们可以阻止希腊退出欧元区以及欧元区内(如西班牙和意大利)更大经济体的威胁。他们一直并且继续要求表明,他们可以采取措施来解决困扰欧元的基本问题。

正如其他世界银行或八国集团会议所发生的那样,大规模的抗议示威活动在不断地被计划着。然而,由于在布里斯班峰会召开前几周,昆士兰政府实施了新的抗议法律,因此,可能在布里斯班G-20峰会上多达12万人的示威活动减少到了1 000人。

G-20峰会的抗议动机是多方面的:抗议者包括反战者、环保主义者(希望G-20考虑放弃化石燃料)反全球化活动家。支持和反对全球化的观点概述如下。

支持全球化

对于消费者和公开的资本家来说,全球化在很大程度上是一件好事。保护主义贸易壁垒的减少刺激了资本的自由流动,为企业在世界各地建立若干基地铺平了道路。互联网的兴起和近来电信业发展促进了火车的进一步发展。蓬勃发展的贸易使得在高速公路上拥有更多的选择,更多的开支,更高的生活水平和国际旅行的增长。全球化的支持者表示,全球化促进了信息交流,增强了人们对其他文化的更加深刻的了解。

反对全球化

正如街头抗议所指出的那样,越来越多的人反对全球化的力量。反全球化运动是在20世纪后期发展起来的,旨在对抗企业经济活动的全球化和与发展中国家可能产生的自由贸易。

批评者认为，欧美地区的利益一直是以发展中国家为代价的。示威者说，富裕国家应该放弃最贫穷国家的债务。一般来说，抗议者认为，这些全球机构和协定（世界贸易组织、世界银行、国际货币基金组织、八国集团、G-20）破坏了当地的决策方法。许多政府和自由贸易机构被视为跨国（或跨国）公司（如微软、联合利华）的行为。

在过去10年里，世界上最贫困人口的全球收入份额已经下降了很多，但在发达国家，并非人人都是赢家。全球化赋予的自由导致工作场所更加不安全。随着公司将生产线转移至低工资经济体，体力劳动者正受到威胁。

发展中国家要求欧盟和美国削减它们的农业补贴计划，并为中美洲糖和巴西橙汁等产品提供市场准入。然而，由于农业企业集中在欧盟的几个国家和美国，并且在这些领域涉及数千农业就业岗位，因此美国或欧盟政府不太可能在不久的将来就这些问题进行认真谈判。

示威者关注的核心问题是，大型跨国公司正在变得比民主选举产生的政府更具影响力和冲击力，它们使股东利益高于社区甚至顾客利益。生态活动家表示，企业在全球巨额利润的冲击下无视环境。人权组织称，企业权力正在限制个人自由。即使是小企业背后的商业人士也对这一运动表示同情，因为他们担心全球规模经济会使他们失去工作。

然而，这场辩论可以在各个国家和地区同时进行的事实表明，这个著名的地球村已经形成了。

问题：

1. 反全球化组织的主要论点是什么？
2. 这些抗议活动将如何影响跨国公司的运营？
3. G-20应如何在向全球受众传达其观点方面做出更好的营销工作？

资料来源：http://www.theguardian.com/world/2015/apr/18/g20-laws-cut-protest-numbers-from-likely-120000-to-1000-inquiry-told.

案例研究6-2

丹佛斯动力系统公司：哪些政治/经济因素会影响液压元件制造商

丹佛斯动力系统公司（www.powersolutions.danfoss.com）是移动液压解决方案的全面子供应商，可作为组件或集成系统应用于农业，建设，材料处理和道路建设以及林业和公路上的特种车辆制造商。

2013年9月17日，该公司的名称从萨澳－丹佛斯变更为丹佛斯动力系统公司，当时丹佛斯A/S公司收购了尚未上市的萨澳－丹佛斯公司所有股份。如今，丹佛斯动力系统公司是丹佛斯私人控股集团的一部分，2014年，丹佛斯集团实现净销售额46亿欧元，息税前利润为5.84亿欧元。并在全球范围内拥有约24 000名员工。

丹佛斯动力系统公司在美国北部、欧洲和东南亚拥有约20家工厂，是当今世界最大的液压制造商和供应商之一。丹佛斯动力系统公司已经在艾姆斯，爱荷华州（美国）、新明斯特（德国）和诺德堡（丹麦）等地设有主要业务中心。

丹佛斯动力系统公司在移动液压解决方案方面的竞争对手包括博世力士乐（德国）、派克汉尼汾公司（美国）和伊顿公司（美国）。

问题：

1. 全球环境中的哪些政治因素和经济因素将对丹佛斯动力系统公司的液压元件/系统的未来全球销售产生最大的影响：
   a. 建筑和采矿设备制造商（如卡特彼勒）？
   b. 农业机械制造商（如约翰迪尔）？
2. 预测丹佛斯动力系统公司等子供应商未来需求的最大问题是什么？

资料来源：www.powersolutions.danfoss.com/home/ 以及其他公开资源。

第7章

Chapter7

社会文化环境

□ **学习目标**

通过本章的学习，你能够：

- 讨论社会文化环境如何能够影响一个潜在市场的吸引力。
- 对文化进行定义并指出它的一些构成要素。
- 解释霍夫施泰德模型中的“4 + 1”纬度。
- 解释霍夫施泰德模型的优势及劣势。
- 讨论世界文化是在趋同还是在分化。

7.1 简介

文化对国际营销人员的意义是深远的。文化对社会行为和交流的各个方面都有普遍影响，这种影响体现在日常生活所使用的物品和社会的交流模式之中。文化的复杂性反映在对文化的多种定义之中（Craig and Douglas，2006）。很多学者在论述文化时给出了不同的定义。泰勒（Tylor，1881）的定义是最为广泛接受的一种：“文化是一个复杂的整体，包括知识、信仰、艺术、道德、法律、风俗，以及作为社会成员的个人所获得的任何其他的能力和习惯。”

文化是国际市场之间明显差异的来源。一些文化差异相比其他差异更易于管理。例如，在处理消费者语言不同或信仰不同的市场时，国际营销人员可以预先制订计划来管理具体的差异点。通常情况下，更大的困难是如何理解不同国家消费者的潜在态度和价值观。

文化的概念很广泛也很复杂，它实际上包含了一个人生活的各个方面。人们在社会中的共同生活方式受到宗教、教育、家庭和参照群体的影响，它同时也受到法律、经济、政治和技术因素的影响，这些影响间存在着各种各样的相互作用。我们可以通过不同的社会交流方式来看待文化间的差异：使用的语言不同，那么使用语言和其他交流方式（例如，人与人之间空间的使用）的重要性也不同。工作的重要性、对休闲的享用，以及人们所重视的奖励与认可的类型也随文化不同而不同。在一些国家，人们对金钱奖励有很高的积极性，而在另一些国家和文化中，社会地位和被人认可则更加重要。

文化在反复构建的社会关系中发展，在这种社会关系中形成了最终被整个群体的成员所内化的模式。换句话说，文化不是静止不动的，而是随着时间缓慢变化的。最终，文化差异未必看得见，但却非常微妙，而且可能在人们从来没有注意的情况下存在。

一般认为文化有以下三个特点：

（1）文化是习得的，也就是说，文化是人们作为群体中的一员随时间而获得的并将代代相传的。对于国家文化，你会在自己的生命早期进行最集中的学习。到5岁时，你已经是一个使用母语的专家了。你已经将与下列功能有关的价值内化了：

- 与家庭中的其他成员进行互动；
- 追求奖励并避免惩罚；
- 为自己的需求进行谈判；
- 制造和避免冲突。

（2）文化是相互联系的，即文化的一部分和其他部分紧密相连，如宗教与婚姻、商业与社会地位。

（3）文化是共享的，即文化的原则会延伸至群体中的其他成员。文化价值是由文化群体中的其他成员传递给某个个体的，这些成员包括父母，其他成年人、家庭、学校等机构以及朋友等。

文化可以被认为具有三个其他层级（见图7-1）。文化的有形部分，即你能看到、听到、闻到、尝到或接触到的东西，是一个群体所共享的潜在价值观和设想的人为现象及表现形式。这些文化要素的结构就像是一个冰山结构一样。

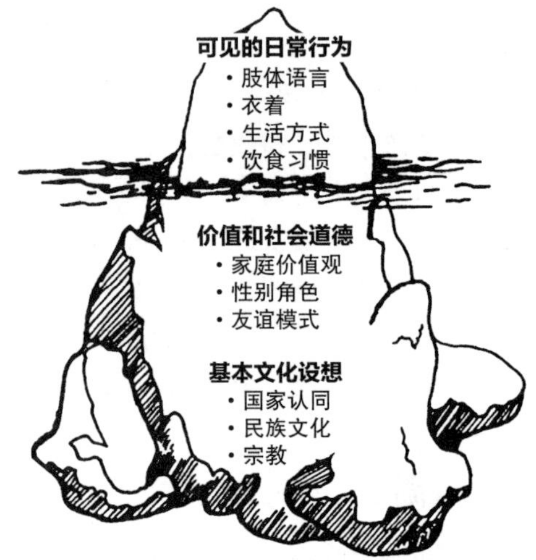

图7-1 文化的可见和不可见部分

你所看到的水面以上的部分仅仅是冰山的一小部分，看不到的是价值观和设想，如果你不小心撞到了它们就可能沉船。人们的日常行为受到价值观和社会道德的影响。相比于基本的文化设想，价值观和社会道德离表面更近。价值观和社会规范能帮人们调整短期日常行为；这些标准会在较短的时期内（10年或20年）发生变化，而基本的文化设想很可能在数个世纪内才可以形成。

从本书的目的出发，我们将**文化**（culture）定义为一个社会相互理解、做出决定和进行交流的可习得方式。

分析文化影响力的一种方式是通过高语境/低语境分析来审视文化。因为语言是文化的重要组成部分和交流的重要方式，所以我们要剖析一下口头语言和无声语言。

一些文化间的差异可能是巨大的。例如，瑞士和中国文化的语言和价值观差异就相当大；西班牙和意大利文化之间也有差别，但要小得多，因为两者的语言都基于拉丁文，它们使用相同的书面交流形式，而且有虽不尽相同但极其相似的价值观和社会规范。

各种文化中交流技巧的使用也不一样。在一些语言中，交流完全建立在所说或所写的词汇之上；在另一些语言中，有更加模糊的因素，如语境或信息表达者的社会地位，则成为理解传达的重要变量。霍尔（Hall，1960a）对这一发现做了普遍性的区分，他称为“低语境文化”和“高语境文化”。

7.2 文化的层次

被公司组织成员所接受的行为规范，在公司的国际化进程中变得越来越重要。当国际化公司雇用的人具有日益多样化的国家文化背景时，文化的不同层次可以提供一个通用的框架，来理解多样的个体行为以及他们在如何开展业务时的决策制定过程。

个体的行为方式会受到不同层次文化的影响。国家文化决定了商业 / 行业文化的价值观，商业 / 行业文化又能决定一个公司的文化。

图 7-2 展示了一国卖方与另一国买方之间进行谈判的典型场景。个体买方或卖方的行为受到不同层次文化的影响，这些文化层次以一种复杂的方式相互联系。不同的文化层次都会影响个体可能采取的行为。

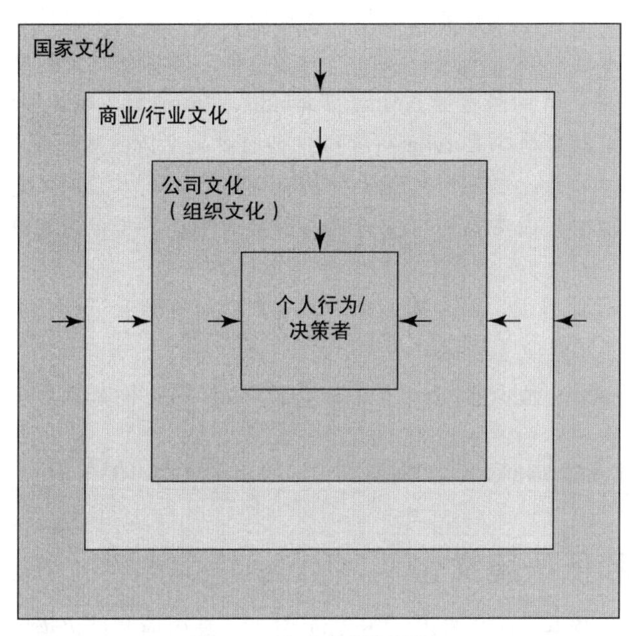

图 7-2 文化的不同层次

图 7-2 以一种“嵌套式”的角度来看待这些不同的文化层次，它们之间相互嵌套以掌握文化各个层次之间的文化互动。整个嵌套包含以下层次：

- 国家文化。这给商业活动提供了一个文化概念和法律法规的整体框架。
- 商业 / 行业文化。每种业务都是在某一竞争框架和某一具体行业（或服务业）内进行的。有时可能会有重叠部分，但总体来说，一个公司应当能够清楚地说出自己处于哪一行业。这一层次的文化有自己的文化根源和历史，而且这一层次的参与者都知道游戏规则。行业文化与某一行业密切相关，而且这种商业行为和伦理文化在各个国家都差不多。例如，不同国家的航运业、石油产业、国际贸易和电子行业都有相似的特点。
- 公司文化（组织文化）。整个组织通常包含多种职能的亚文化。职能文化通过组织内某个职能部门成员的共同价值、信念、意图和行为方式（如营销、金融、运输、采购、高层管理者和蓝领工人）表现出来。
- 个人行为。个人行为受到其他层次文化的影响。在互动环境中，个人成为在行业营销情境其他参与者“互动”的核心。由于每个人对世界的认知不同，个人被认为是很重要的。文化是习得的，而不是天生的。由于学习环境和个性不同，学习的过程创造了不同的个体。

营销洞见 7-1

伊莱克斯为日本市场调整吸尘器

伊莱克斯（Electrolux）是世界上最大的吸尘器生产商之一。早在1926年，它便在瑞典外建立了第一个吸尘器工厂。如今，它的吸尘器已销往世界上50多个国家。

吸尘器适合“全球化”，因为每个吸尘器的运费相对较低。因此，吸尘器行业的全球化水平比其他厨房洗衣用品行业高，而且大多数吸尘器在低成本国家制造。

然而，这不意味着一个生产商只需要在全球销售同一款吸尘器，品牌也可能随地区不同而变化。所有在亚洲和拉丁美洲销售的伊莱克斯吸尘器都是伊莱克斯品牌。在欧洲，伊莱克斯是最大生产商，其品牌包括Volta、Tornado、Progress、Aeg-Electrolux和Zanussi。在美国，大多数吸尘器都是在Eureka品牌和专有的伊莱克斯品牌下销售的。

伊莱克斯在日本市场上的适应过程十分具有挑战性。日本家庭相对较小，所以吸尘器噪声要小以防止惊动家庭成员或邻居。同时，日本消费者又非常注重清洁，因此他们经常做清扫。

为了满足所有这些需求，研发团队（同伊莱克斯的营销和设计团队一起）开发了一款适合日本市场的超紧凑型吸尘器。

这个新款“Electrolux Ergothree”吸尘器在2011年年末推出，共有超过100名日本记者到场见证。

资料来源：Based on Electrolux Annual Report（2011）; and www.electrolux.com.

7.3 高语境和低语境文化

爱德华 T. 霍尔（Edward T. Hall，1960a）引入了高语境和低语境的概念作为一种理解不同文化导向的方法。表7-1总结了一些高语境和低语境文化的差别形式。

表7-1 文化可比较的特征

特 征	低语境 / 个人主义（如西欧、美国）	高语境 / 集体主义（如日本、中国、沙特阿拉伯）
交流和语言	明确、直接	含蓄、间接
自我和空间的意识	非正式的握手	正式的拥抱、鞠躬和握手
衣着和外表	穿着体现个人成功，种类多样	社会地位的象征、宗教规则
食物和饮食习惯	吃饭只是必需品、快餐	吃饭是一种社会活动
时间观念	线性的、精确的，追求准时，时间＝金钱	弹性的、相对的，时间花在享受上，时间＝关系
家庭和朋友	核心家庭，自我导向，重视青少年	大家庭，他人导向，忠诚和责任，尊重长者
价值观和规范	独立，冲突对抗	群体一致性，和谐
信仰和态度	平等主义，挑战权威，个人掌握自己的命运，性别平等	等级观念，尊重权威，个人接受命运，性别角色不同
思维过程和学习	横向的、全方位的、同时的，接受生活的磨难	线性的、有逻辑的、连续的、解决问题的
商业 / 工作习惯	交易导向型（“很快开始处理业务”），基于成就进行奖励，注重工作价值	关系导向型（“先交朋友，然后达成交易”），根据资历进行奖励，工作是必需品

- **低语境文化**，依靠口头和书面的语言来表达意义。信息发送者将他们的信息进行编码，并希望接受者能够准确地对这些词汇进行解码，以更好地理解要表达的信息。
- **高语境文化**，使用并解读更多的与信息相关的要素以形成他们对信息的理解。在高语境文化中，个人的社会重要性和知识以及社会背景会附加很多额外的信息，并且被信息接受者感知。

图 7-3 展示了世界上各种文化的语境区别，其中一个极端是北欧的低语境文化，另一个极端是高语境文化。例如，日本人和阿拉伯人根据他们的社会人口背景有着复杂的交流方式。

在分析阿拉伯国家的工业品买家行为时，索尔伯格（solberg，2002）发现，阿拉伯国家和西方国家相比，与认可自己产品的合作者建立信任所花的时间通常更长。建立关系网，即利用其他合作者的力量，似乎对阿拉伯买家发挥的作用要大得多。在阿拉伯国家，代理商的地位以及与显赫家族的关系网可能对成功至关重要。“爱上”错误的代理商，可能会因此破坏出口商在花费很长时间才换来的市场机会。

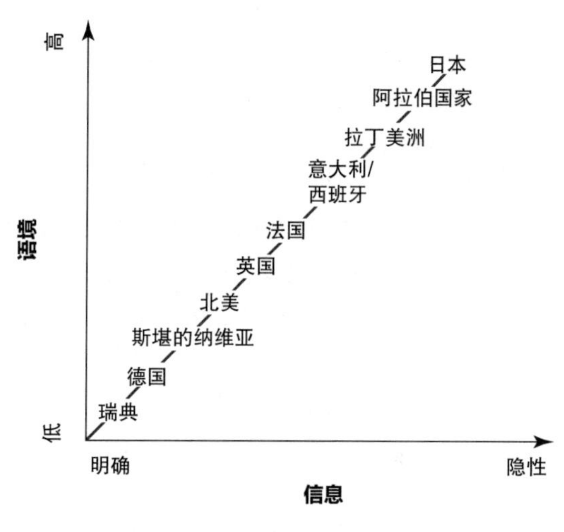

图 7-3 不同文化的语境区别

营销洞见 7-2

在中国，雪铁龙 C4 品牌被更名为雪铁龙 c-Quatre

由于发音与“死”字相近，中文中的数字 4 被认为是不吉利的数字。因此，很多编号生产线都不用数字 4，如诺基亚手机（不包含以 4 开头的系列）。在东南亚，一些楼层并没有 4 楼（类似于很多西方楼层没有 13 楼，因为 13 被认为是不幸的数字）。在中国香港，一些高层住宅区不仅没有 13 楼，也没有带 4 的楼层，比如 4 楼、14 楼、24 楼、34 楼和所有的 40～49 楼。

延续雪铁龙 C4 在欧洲市场的成功，雪铁龙想以此车型渗透中国市场。但是由于 4 是个敏感数字，雪铁龙决定在 2012 发布此车型时将其更名为 c-Quatre（世嘉）。这款车是基于第一代雪铁龙 C4，由 Dongfeng-PSA 合资在中国制造。

资料来源： Based on Feyter, T.（2012）facelifted Citroen C4 hits the China car market, 19/05/2012, CarNewsChina.com, www.carnewschina.com/2012/05/19/facelifted-citroen-c4-hits-the-china-car-market/.

7.4 文化的因素

文化因素的定义多种多样，其中包括默多克（Murdoch，1954）提出的 73 种“文化普遍性”。

以下这些因素通常会被涵盖在文化的概念中。

7.4.1 语言

一个国家的语言是文化的钥匙，是文化的一面镜子。因此，如果一个人的工作与任何一种文化广泛相关，那么学习这种语言就非常有必要。学好一门语言意味着学习了一种文化，因为语言中的词汇反映了该文化。

语言可以被分为两个主要要素。有意义的有声口头语言是一个明显要素；非口头语言不那么明显，但是它能通过肢体语言、沉默和社会距离等一些要素进行有力的表达。

1. 口头语言

口头语言是一种重要的交流方式。在各种形式中，如戏剧和诗歌书面语言被认为是某一群体文化的一部分。在口头形式上，实际说出的话和说话的方式为信息接收者提供了可以了解说话人类型的线索。

语言表达能力在国际营销中扮演了四个独特的角色：

（1）语言对于信息收集和评估工作很重要。管理者能够自己观察和倾听正在发生的事情，而不是完全依赖他人的意见。人们在讲自己的语言时会舒服得多，这可以被当作一个优势。要收集最好的市场情报，就要身处市场之中，而不是从外部进行观察。例如，一个全球化公司的当地管理者应该成为公司评估潜在风险的政治信息的首要来源。但要小心，他们也可能带有偏见。

（2）语言提供了融入当地社会的机会。虽说英语被广泛使用，甚至可能是许多公司的官方语言，但能使用当地语言就会让事情变得有很大不同。例如，用当地语言翻译促销材料和信息的公司，通常被认为是认真地在这个国家开展业务。

（3）语言能力在公司的交流中变得日趋重要，不论是在公司内部还是与渠道成员沟通时都是如此。设想一下，一个国家的管理者如果必须通过翻译人员才能和员工交流，那将会遇到多少困难。

（4）语言提供的不只是交流能力，它还延伸至技能之外的语境解释。

文化的一个重要维度是不同文化下沟通的明确或含蓄程度。在明确语言文化中，管理者被教导为了有效地沟通应当“心口合一，言出必行”，含糊的指令通常被看作沟通能力差的表现。在明确语言文化中，通常假定说话者对有效沟通负有责任。相反，在含蓄语言环境中(大多是高语境)，通常假定讲话者和聆听者双方都对有效沟通负有责任。含蓄地沟通也能帮助避免不愉快以及直接的冲突和分歧。

表 7-2 是对世界上主要几种语言使用人数的统计。以汉语为母语（或第一语言）的人数是第二大语言英语的三倍。然而，如果考虑口头商业语言人口的数量，英语就会超过汉语。

应当注意的是，官方语言并不总是被一个国家的所有人使用。例如，法语是加拿大的官方语言，但很多加拿大人只会一点或者法语流利程度却很差。

因此，英语经常成为不同国籍商务人士的通用语言。

表 7-2　世界上的官方语言和口头语言

母语（第一语言）	使用人数（百万）
汉语	1 000
英语	350
西班牙语	250
印度语	200
阿拉伯语	150
孟加拉语	150
俄语	150
葡萄牙语	135
日语	120
德语	100
法语	70
旁遮普语	70

注：汉语包括很多方言，其中最主要的是普通话。

资料来源：Adapted from Phillips et al.（1994）, p.96.

2. 非口头语言

根据霍尔（Hall，1960a）的研究，非口头语言（non-verbal language）是一种有效的交流方式。高语境文化的国家中，非口头语言在交流中具有十分重要的作用，在这样的文化下，人们对各种各样的信息系统往往更加敏感，而在低语境的盎格鲁 – 日耳曼（Anglo-Germanic）文化中，人们则不会注意这些非口头语言所传达的信息。

霍尔（1960b）的研究认为，非口头语言信息在高语境文化的交流中使用率可达 90%。表 7-3 描述了一些主要的非口头语言形式。

表 7-3　国际商务中的主要非口头语言

非口头语言	对国际营销和商务的启示
时间	“守时”的重要性。在高语境文化中（中东、拉丁美洲），时间是有弹性的，不被看作有限的商品
空间	人们的会话距离。例如，个人对与他人的距离尺度方面有差异。阿拉伯人和拉美人喜欢和对话者站得比较近；如果是一个美国人，他可能对这种亲密的距离感到不舒服，但躲开这个阿拉伯人，则会被错误地认为是消极反应
物质财富	物质财富的相关性和对最新技术的兴趣。这在低语境和高语境文化国家都有重要意义
友谊模式	在压力和紧急时刻，信任的朋友作为社会保证的重要性。例如，在高语境文化国家，扩展社会熟人关系并建立适当的人际关系对开展业务至关重要。给人的感觉是，在交易发生之前，应先在私底下了解其业务合作伙伴
商业协议	协商规则建立在法律、道德规范或非正式社会习俗上。例如，直接开展业务活动在高语境文化中是不可取的，因为生意的达成不仅建立在最优的产品或价格之上，还需要其资产或个人被认为是最可靠的。合同的达成可能会通过握手而不是复杂的协议——这种情况让很多人尤其是西方商业人员感到不适应

营销洞见 7-3

沙特阿拉伯和欧洲广告的感官和接触文化

虽然沙特阿拉伯的人口只有 900 万（包括 200 万移民），但这个国家却是世界上仅次于美国、日本、德国、法国和意大利的第六大香水市场。沙特阿拉伯也是世界上人均香水消费量最高的国家，把其他国家都远远地甩在后面。

在推销香水时，大的进口商通常使用和欧洲营销人员一样的广告素材。广告中具有的阿拉伯特色，经常是根据阿拉伯人的道德观念进行调整。

沙特阿拉伯是一种高接触文化，但在广告信息中不恰当地运用两性之间的接触可能会导致问题。图片中展示了两个版本男士香水的广告，在阿拉伯版本中姬龙雪（Guy Laroche）（通过广告代理商 Mirabelle）降低了感官性。欧洲广告展示了一个男士的手中紧握香水瓶，一个女士的手抓住了他裸露的前臂；在沙特版本中，男士的手臂上套有黑色的西装袖子，而且女士只用指尖轻触男士的手。

资料来源：Field (1986). Photos from Guy Laroche.

7.4.2　行为方式和风俗习惯

行为方式和风俗习惯方面的变化必须被仔细监测，特别是在人们之间的文化差异似乎在缩小的情况下。像麦当劳和可口可乐这样的公司适应了文化差异问题，在世界范围内获得成功。

在谈判中理解行为方式和风俗习惯尤其重要，因为基于个人自身参照标准的解读可能会导致完全错误的结论。一个人如果要在国外进行有效的谈判，就需要正确理解所有类型的交流方式。

在很多文化中，国外商务人员需要注意一些基本的风俗习惯。其中一个就是关于左手和右手的使用。在所谓的右手社会中，左手是“厕所手”，如果用它来吃饭，就会被视为不礼貌。

7.4.3 技术和物质文化

物质文化源自技术，与社会经济活动的组织方式直接相关。它表现在基本的经济、社会、金融和市场基础设施的可用性和充分性上。

技术进步带来文化融合。黑白电视机广泛地进入美国市场十多年后，它们在欧洲和日本达到了相似的水平；彩色电视机进入市场的延迟减少到了五年；录像机进入时间的间隔只有三年，但这一次欧洲人和日本人领先了，因为此时美国人正专注于有线电视系统；光盘的渗透率仅一年就达到了相同水平。现在，整个欧洲通过互联网或卫星都能获得互联网或 MTV，时间上根本就没有延迟。

7.4.4 社会机构

社会机构——与商业、政治、家庭和阶级相关——会影响人们的行为和人们之间相互联系的方式。例如，在某些国家，家庭是最重要的社会团体，家庭关系有时会影响工作环境和雇用活动。

在拉丁美洲和阿拉伯国家，如果一个管理者给他的亲属以特殊待遇，这会被认为是在履行义务。从拉美人的角度来看，只有雇用你能够信任的人才合乎情理。而在美国和欧洲，这被认为是徇私和任人唯亲。印度也存在相当数量的启用亲戚的现象，但这也与文化规范一致。了解家庭关系在工作环境和商业交易中的重要性，就可以避免关于任人唯亲的尴尬问题。

世界范围内消费者社会化过程的一个重要方面就是“参照群体”。这些群体会在行为塑造方面提供有影响的价值观和态度。主要参照群体包括家庭、同事和其他亲密组群，次要的参照群体是有较少持续互动的社会组织，如专业协会和贸易组织。

社会组织也同样决定了管理者和下属的角色，以及他们相互之间的沟通方式。在一些文化中，管理者和下属是分离的；在另一些文化中，管理者和下属在一个平等的位置上，并且以团队的形式共同工作。

7.4.5 教育

教育包括传递技能、想法、态度以及针对具体学科进行训练的过程。从这种广义的观点来看，即使是原始人也接受过教育。例如，南非的布须曼人也接受了他们的文化教育。

教育的一个功能是将现有的文化和传统传递给下一代人。事实上，教育也可以用来改变文化。教育程度对各种商业职能都有影响。生产设备的培训计划必须考虑到受训者的教育背景。

全球营销经理在招收合适的销售人员或辅助人员时也应当做好准备克服面临的各种障碍。例如，日本文化认为忠诚度是最可贵的，而且员工认为他们自己是公司大家庭的一员。如果一个外国企业决定离开日本，该企业的员工就可能觉得自己的事业半途而废，不能再在日本的商业体系中找到一席之地。因此，日本的大学毕业生只愿意加入那些最大且最知名的外国公司。

如果销售的是技术，那么产品的复杂程度取决于未来用户的受教育程度。产品的适应性决定经常受到目标客户恰当使用这一产品或服务程度的影响。

7.4.6 价值观和态度

态度和价值观能帮助我们判断什么是正确的和合适的、什么是重要的、什么是可取的。其中一些和营销有关，在这里我们要看一下这些态度和价值观。

核心信念（如宗教）中的态度和价值观越根深蒂固，国际营销管理者的行动就越要谨慎。在工业化国家，人们对待改变的态度基本上是积极的，然而在更受传统束缚的社会中，人们对社会变革持有很大的怀疑，特别是当变化来自外国公司时。

在一个保守型社会中，人们通常不愿意承担变革的风险，因此营销人员必须寻求减少顾客和分销商在尝试新产品时所感知的风险。在某种程度上，这可以通过教育来实现，可以使用担保、代销或其他营销技巧实现。

7.4.7 审美

审美（aesthetics）指的是人们对一种文化的艺术、音乐、民俗和戏剧中的美和品位所持的态度。某种文化的审美对于解读各种艺术表达形式中的象征意义可能很重要。即使在其他方面高度相似的两个市场，对于什么是可以接受的和什么是不可接受的也可能有巨大的差别。广告中有关性的问题就是一个例子。

深度评估产品和包装设计、颜色、品牌名称和标志等审美因素，对于公司来说很重要。例如，一些在美国传达积极含义的常规品牌名称，在另一个国家却有着完全不同的意义，这可能会大大有损公司形象和营销效果（见表 7-4）。

表 7-4 美国的品牌名称和口号翻译为外语后带有冒犯性

公司	产品	品牌名称或口号	国家	含义
ENCO	石油	以前的名字是 EXXON	日本	“抛锚的汽车”
美国汽车	汽车	Matador	西班牙	“杀手”
福特	卡车	Fiera	西班牙	“老丑女人”
百事	软饮料	“Come alive with Pepsi”（百事使你心旷神怡）	德国	“从坟墓里出来”

7.4.8 宗教

许多国家文化中共享的几大宗教：

- 基督教是最为广泛信仰的。大多数基督教徒生活在欧洲和美洲，不过非洲的信仰人数正迅速增长。
- 伊斯兰教主要存在于非洲、阿拉伯国家和地中海周边国家以及印度尼西亚。
- 印度教在印度最为普遍。其教义强调每个人灵魂的历练过程，而不是努力工作和创造财富。
- 佛教在中亚、东南亚、中国、朝鲜半岛和日本都有信徒。像印度教一样，它强调精神成就而不是财富，但这些地区持续的经济发展显示出它不一定会阻碍经济活动。
- 儒家思想主要植根于中国、朝鲜半岛和日本。它强调上级和下属之间的忠诚与责任，这影响了这些地区家族企业的发展。

在伊斯兰教、佛教或基督教的共同信仰下宗教可为跨文化相似性提供一些共识。宗教在很多国家都极为重要。在美国和欧洲，人们做了大量的努力来使政府事务和宗教事务分开，但个人的宗教差异仍然被尊重。在一些国家，如黎巴嫩和伊朗，宗教可能是政府存在的基础，也是商业、政治和教育决定的主导因素。

宗教可以通过以下方式直接影响国际营销策略：

- 各个国家的宗教节日显著不同，不仅是基督教和伊斯兰教的节日不同，甚至是基督教国家之间也不同。总的来说，在基督教为主要宗教的国家，星期天是宗教节日。在伊斯兰世界，斋月这一整月都是宗教节日。

例如，在斋月期间，沙特阿拉伯的穆斯林从日出到日落需要禁食，因此工人生产力降低了。很多穆斯林日出之前早起吃饭，并且可能会吃他们认为足够坚持到日落的饭量，这会影响他们工作所需的体力和精力。管理部门如果想要保持正常的工作效率就可能行不通，因此管理者必须保持对这种习俗和类似的习俗的敏感性。

- 消费模式可能会受到宗教要求或禁忌的影响。对天主教徒来说，在星期五吃鱼曾经就是一个经典的例子。印度教徒对牛肉的禁忌以及穆斯林和犹太教教徒对猪肉的禁忌是另一个例子。以色列和中东的伊斯兰国家（如沙特阿拉伯、伊拉克和伊朗）、东南亚国家（如印度尼西亚和马来西亚）都禁食猪肉。
- 伊斯兰教的礼拜者每天要面向圣城麦加做五次祷告。旅行的西方人必须意识到这种宗教仪式。在沙特阿拉伯和伊朗，管理人员和工人经常在地板上放置地毯，并在一天中数次跪下进行祷告。
- 各种文化中女性的经济角色不同，宗教信仰是其中一个重要原因。在中东，女性仅限于顾客、工人或市场调研中的调研对象等角色。这些区别要求那些习惯于西方市场的管理部门对方法做出大幅调整。除此之外，女性被要求穿着：她们的胳膊、腿、躯干和脸要遮起来。美国女性到访这些国家要尊重这种着装准则。

营销洞见 7-4

宝丽莱在穆斯林市场的成功

在过去的30年中，宝丽莱（Polaroid）即时成像相机是打破阿拉伯世界对拍照禁忌的很大原因，特别是它关系到蒙面女性展示她们的面容。

当宝丽莱20世纪60年代中期进入市场时，它发现即时成像相机有着特别的吸引力。由于宗教限制，这些国家只有少数照相馆。但有了宝丽莱的即时成像相机，阿拉伯男人就能够给他们的妻子和女儿们拍照，而不用担心照相馆里的陌生人看到自己的妻子和女儿，消除了别人复制照片的风险。

资料来源：Harpe（1986）.

7.5 霍夫施泰德模型（“4 + 1”维度模型）vs. GLOBE模型

一个国际营销经理可能既没有时间也没有资源去全面了解一种特定的文化，但是熟悉最普遍的文化“差异”却能为公司的战略发展提供有利指导。霍夫施泰德（Hofstede，

1983）提供了一种方法来认识这些不同民族文化之间的基本差异。霍夫施泰德试图为以下的事实找到一种解释：一些关于动机的概念在不同国家所起作用的方式并不一样。霍夫施泰德的研究建立在 IBM 的大量数据（1967 ～ 1973 年）之上，他在 72 个国家使用 20 种语言进行了 116 000 份调查问卷（来自 IBM 员工）。

根据霍夫施泰德的研究，不同国家的人们认知和解读他们世界的方式有四个不同的维度：权力距离、不确定性规避、个人主义和男性气质。

（1）权力距离，指的是人们在物质和教育方面的不平等程度（例如，从相对平等到极其不平等）。在权力距离大的国家，权力集中在顶层少数可做决策的人手中，处于下层的人们只是简单地执行这些决定，他们更容易接受权力和财富的差别；在权力距离小的国家，权力分散，而且人们之间的关系更加平等。权力距离越小，个人就越期望参与组织的决策过程。日本是权力距离较大的国家。美国和加拿大在权力距离方面处于中游，但丹麦、奥地利和以色列等国的权力距离水平排名则低得多。

（2）不确定性规避，与一个国家的人们喜欢通过正式规则和固定生活模式来增强安全性的程度有关，如职业结构和法律。不确定性规避的另一个重要方面是风险承担。高不确定性规避可能和不愿承担风险有关。在低不确定性规避中，组织人员勇于面对未来，认为未来的实现不需要经历不必要的压力。在高不确定性规避中，管理者会通过制定长期规划这样的活动来建立防护屏，以便将与未来事件相关的焦虑降到最小。在不确定性规避方面，美国和加拿大的得分较低，这说明它们有能力在应对未来变化方面反应更迅速。但是日本、希腊、葡萄牙和比利时的得分较高，说明它们渴望以更加结构化和有计划的方式面对未来。

（3）个人主义，指一个国家的人们学习以个人身份而不是作为集体成员活动的程度。在个人主义社会中，人们往往以自我为中心，并且很少感到需要依赖他人，他们寻求完成个人目标而不是集体目标。在集体主义社会中，社会成员都有团队精神，他们相互依赖并寻求彼此之间的融通来保持团体和谐。集体主义下的管理者对他们的组织高度忠诚，并且遵守集体决策。英国、澳大利亚、加拿大和美国在个人主义方面有着非常相似（高）的评级，而日本、巴西、哥伦比亚、智利和委内瑞拉的评级则很低。

（4）男性气质，指的是一个社会中，诸如成就、事业、成功、金钱和竞争等“男性”价值，胜过诸如生活品质、保持温暖人际关系、服务、关心弱者、保护环境和团结等的“女性”价值。男性气质文化显示了男性和女性的社会角色差异，并且认为任何大的东西都是重要的。女性文化则认为“小即美”，并且强调生活和环境的质量而不是物质。美国、意大利和日本的男性气质指数相对较高。在男性气质指数低的国家，如丹麦和瑞典，人们基本上受更加高品质目标的推动，作为一种改善工作质量的方式。男性气质得分的不同也反映在组织中可获得的职业机会类型和相关的岗位流动性上。

（5）时间观念。霍夫施泰德的最初研究问世几年后，在一项 23 个国家的研究中，霍夫施泰德和邦德（Hofstede and Bond，1988）发现了第五个维度，最初他们称为“儒家动力学说”，之后更名为“时间导向”。这个时间导向被定义为某一组织中的成员表现出一种实用的未来导向的观点，而不是一种传统历史的或短期的观点。在长期导向（LTO）指数中得分高的结果是：坚持不懈，按资排辈并遵守这一顺序。与之相反的是短期导向，包括个人坚定性和稳定性（Minkov and Hofstede，2011）。

大多数东南亚市场，如中国内地、中国香港、中国台湾和韩国的 LTO 指数得分都较高。这种趋势与盛行的儒家传统有一定的关系。儒家传统通过决定人们在社交网络系统中的社会角色、责任和地位来强调关系层次，以及包容社会中各式各样的关系（Venaik and Premer，2013）。另外，很多欧洲国家是短期导向的，主张快速结果而不是长期成就。在LTO指数得分高的国家中，受访者表示他们重视节约，事实上，这些国家的储蓄率的确比短期导向国家高。更多的储蓄意味着有更多的钱来进行未来的生产性投资（Hofstede，2007）。

GLOBE模型的简介

全球领导力和企业行为效力（GLOBE）研究的设计是为了复制和扩展霍夫施泰德（1980）的研究，并测试原来提出的各种假设，特别是针对领导力的课题。

GLOBE项目是一个旨在探索文化对领导力、组织效能、社会经济竞争力以及社会成员人格状况的复杂影响的长期指导性研究工作（House et al.，2004）。GLOBE研究在19世纪90年代中期开展，主要目的是增加对跨文化交互的知识和理解。GLOBE研究的研究者测量了行业水平上的（金融服务业、食品加工业、电信业）、组织层面上的（各行业中的几家公司）和社会的（62种文化）文化实践和价值观。结果以定量数据方式展示，这些数据来自全球62个国家和地区的951家公司的1.7万名经理人。这些经理人的问卷报告通过访谈结果、焦点小组讨论和对正式出版物的内容分析来完成。

GLOBE研究共提出了九个维度：不确定性规避、权力距离、社会集体主义、群体内集体主义、性别平等、自信、未来导向、绩效导向和人性化导向。

GLOBE项目研究者用两个构念测量了霍夫施泰德的"集体主义"：社会集体主义和群体内集体主义。相似地，霍夫施泰德的"男性气质"通过性别平等和自信两个构念测量。霍夫施泰德的LTO与全球项目中的未来导向相似。最后，GLOBE研究两个霍夫施泰德模型中没有的额外维度：绩效导向和人性化导向。

总之，GLOBE项目研究者在选择变量测量时深受霍夫施泰德的影响。九个社会性指标中有些与霍夫施泰德维度相同。

营销洞见7-5

宝矿力水特：一种日本软饮料在亚洲扩张销售

宝矿力水特（Pocari Sweat）是一种日本流行的运动型软饮料，由大冢制药有限公司生产。这个品牌于1980年开始在日本销售并且获得了进行国际化扩张的良好立足点。目前这种饮料也在其他国家和地区进行销售，包括中国内地、中国香港、中国台湾、韩国、泰国、印度尼西亚、越南和阿拉伯联合酋长国。另外，在世界上很多城市的"中国城"也能买到。

宝矿力水特的口号是：宝矿力水特——一种含有人体体液成分的饮料。

"人体的大约60%是由体液构成的"，这种表述方式也出现在广告之中。

与这个奇怪的品牌名称以及灰色半透明的液体颜色不同的是，宝矿力水特的味道并不像汗水，它是一种口感温和、相对清淡的甜饮。

- 你认为品牌名称（宝矿力水特）和它的口号如何？

资料来源：Otsuka Pharmaceutical Co. Ltd；www.otsuka.co.jp/poc/; Pocari Sweat's official website.

7.6 管理文化差距

既然已经知道了文化环境对公司业务最为重要的影响因素，那么对这些因素进行分析，国际营销人员就能够做出相应的决策了。

与第 8 章一致，吸引力较小的市场不会被进一步考虑。然而，在更具吸引力的市场中，营销管理部门必须决定如何针对特定的文化做出适当的调整。

例如，考虑守时性。在大多数低语境文化中，如德国人、瑞士人和澳大利亚人，守时被认为极其重要。如果你有一个定于上午 9：00 的会议，而你在 9：07 到达，那么你就被认为是“迟到”了。守时在这些文化中被高度重视，开会迟到（这样就“浪费”了其他被迫等你的人的时间）是不合适的。

相比之下，在南欧和拉美一些国家，则是一种较为“松散”的时间观念。这并不意味着某一类文化群体“是错的”，而另一类“是对的”，它只是证明了不同的文化组体在几个世纪的演进中，由于多种原因，形成了不同的时间观念。文化能够而且确实影响了世界不同地区商业活动的不同运作方式。

另一个关于文化差异影响商业活动的例子是呈送名片的方式。美国有一种非常“非正式”的文化，人们通常以一种相当随便的方式呈送名片。名片经常被快速发放，而且被迅速放入接受者的口袋或钱包中，以备将来使用。

在日本，则一种相对“正式”的文化，呈送名片是一件更加精心安排的事情。日本人呈送名片时要用两只手递出卡片，而接受者则要仔细阅读它所包含的信息。这个过程能够确保一个人的头衔被清楚地了解：这对日本人来说极其重要，因为一个人在组织“层级”中的职位意义重大。

简单地接过日本人递过来的名片并立即将它放入名片盒中会被认为（从日本人的角度来看）是不尊重人的。然而，在美国，花几分钟仔细并阅读一个美国人的名片，也可能会有一种负面的解读，或许暗示了这个人的可信性受到了怀疑。

这些关于时间观念 / 守时性和名片的呈送的例子，只展示了文化因素影响商业关系的众多方面中的两个。

在试图理解另一种文化时，我们不可避免地会以对自身文化现有的知识的理解来解读新的文化环境。

在国际营销中，以与那个市场的买家或潜在买家相同的方式来理解新市场尤为重要。为了使营销概念真正可行，国际营销人员需要理解每个市场的买家并能够有效地使用营销调研。

李（Lee，1996）用“自我参照标准”（self-reference criterion，SRC）这个术语概括了我们无意识地参照自己的文化价值观这一现象。他提出了一个消除 SRC 的方法，主要包括四个步骤：

（1）以本土文化、特征、习惯和规范来定义问题或目标。

（2）以外国文化、特征、习惯和规范来定义问题或目标。

（3）将问题中的 SRC 影响分离出来并仔细研究，看它如何使问题变得复杂。

（4）在没有 SRC 的影响下，对问题进行重新定义并解决国外市场的情况。

因此，在目标国家的环境中认识它的文化是至关重要的。最好是认识到这种文化与本国文化不同的，而不是比较孰好孰坏。这样就可以发掘不同文化间的不同点和相似性，而且可以寻求并解释产生差异的原因。

7.7 世界文化的趋同或分化

就像我们之前在本书中看到的一样，国际营销成功的关键是将不同文化的知识与全球化/一体化相结合，并进行恰当的组合。

不同的年龄群体对待文化全球化的态度似乎有很大差异，年轻人的文化比其他年龄群体更加国际化/全球化（Smith，2000）。

青年文化

各国的某种产品和服务可能处于不同的发展阶段，但在大多数情况下，各国市场的年轻人正在趋于同质化。青年文化更加国际化而不是民族化，尽管仍然有一些很强势的民族特征和信仰，但它们正在被侵蚀。麦当劳文化扩展至南欧，同时我们看到卫星电视正在取代 MTV,《辛普森一家》和“瑞奇・雷克”风靡全球，英语文化也正在苏醒。

专家们一致认为，青年人市场和成年人市场之间的区别在几个关键方面正在发生变化。青年消费者和成年人不同，他们注重品质，并且有辨识能力、懂得技术。青年消费者现在更加独立而且更勇于承担责任。他们更加敏感、老练且早熟。

代际界限现在变得非常模糊。很多青年人的风格领袖，如音乐家、体育明星等，年龄经常在三四十岁。文化和家庭的影响在欧洲和世界其他地区仍然很强烈。很少有青年人有“楷模”，但他们尊敬成功者，特别是音乐和运动方面的成就者以及他们的父母，尤其是白手起家获得成功的父母。

缺乏清晰的年龄群体定位会妨碍跨境一致性的发展，但是营销人员应当谨防策略太过直白地定位于年轻顾客。青年人常常会排斥那些明显针对“青年人”的营销和促销，他们认为这样的活动是错误和虚伪的（Smith，1998）。

如今的青年人比上一代人有更大的自由，他们更具文化意识，而且不愿根据外表来判断任何事或任何人。帕斯卡（Pasco，2000）认为，让青年人对名人产生敬佩之情正变得越来越困难。名人常常辜负青年人或使他们失望，此外他们又“背叛”了，放弃了他们原本被人尊敬的诚信。

对名人的幻想破灭使得青年人向别处寻求鼓舞。他们从不同的人那里选择和吸收价值观，而不是全盘接受。虽然他们不信任企业，但年轻人正日益追求并接触品牌，看起来似乎对品牌进行情感投资比对名人进行投资更加安全。

7.8 文化维度对道德决策的影响

随着越来越多的公司进行全球化运营，理解文化差异对道德决策的影响是避免潜在商业误区以及设计有效国际营销管理方案日益重要的问题。

文化是道德决策的一个根本决定因素，它直接影响个人对道德问题、备选方案和后果的看法。要在当今的国际市场上获得成功，管理者必须识别并理解不同文化中思想、价值观和道德标准的不同，以及这些是如何转而影响营销决策的。

我们知道在有些国家（如印度），海关人员如果允许货物入境会“要求”小额费用。虽然这可能的确是一种贿赂并且不合法，但是这个国家的道德似乎允许这样做（至少在某种程度上）。于是公司面临一个问题：是要贿赂官员，还是等待正常清关，让自己的产品在海关仓库停留更长时间呢？

企业为国外中间商或咨询公司的服务支付费用和佣金也是一个特殊的问题——合法的费用在什么情况下会变成贿赂？雇用国外中间商或咨询公司的原因之一就是要从他们和决策者的联系中获益，特别是与国外管理部门接触中。如果出口中间商使用部分费用来贿赂管理人员，那么企业也无能为力。

因此，每一种文化，不论是国家的、行业的、组织的或专业的，都给商业行为建立了一整套道德标准，也就是商业道德准则。这套标准会影响一个公司所有的决策和行为，包括生产（或不生产）什么、如何生产、应付多少工资、员工工作条件和工作时长、如何竞争、应当遵守什么样的交流指导方针等。商业行为中哪些行为被认为是正确的或错误的、公平的或不公平的，哪些特别容易受到道德规范的影响，这些都极大地受到其所处的文化环境的影响（贿赂这个主题将在第 18 章进行进一步的讨论）。

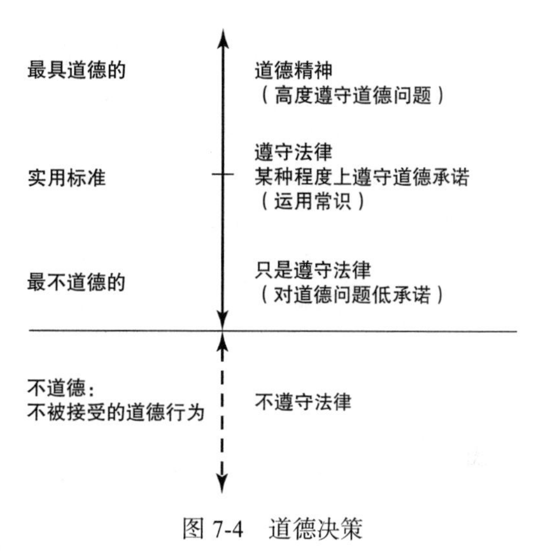

图 7-4　道德决策

图 7-4 展示了国际化公司的道德承诺，它是一个连续统一体，从最不道德的到最具道德的行为决策。

只遵守法律条文反映了可接受的最低程度的道德行为，“最具道德”的公司要求公司的道德准则应该可以解决以下六个重要问题：

（1）组织关系，包括竞争对手、战略联盟和当地信息来源。

（2）经济关系，包括财务、税收、转让价格、当地再投资、参股。

（3）员工关系，包括薪水、安全、人权、非歧视、集体谈判、培训和性骚扰。

（4）顾客关系，包括定价、质量和广告。

（5）行业关系，包括技术转让、研发、基础设施建设以及组织的稳定性及长远发展。

（6）政治关系，包括遵纪守法、贿赂和其他腐败行为、补贴、税收优惠、环境保护和政治参与程度。

营销洞见 7-6

对美的追求打开了亚洲美白产品的市场

在亚洲，美貌被认为可以打开通往成功的大门，特别对女性来说。年轻女孩幻想着有一天可以对眼睛和鼻子进行整形，以此来变得更迷人。有些人承认，一张漂亮的脸蛋是获得工作机会和优质配偶的关键。尽管这种想法对外人来说很奇怪，但由于很多文化强调外在美，这一点其实并不为奇。

例如在韩国，美容院接受青少年整容者是很常见的，父母也非常乐意为他们付账。作为考试表现好的奖励，很多父母奖励青少年去做美容手术。

特别是较富有的亚洲女性，她们对整容手术有着极大的兴趣，这可追溯到亚洲人对美貌的定义。脸颊尖、大眼睛双眼皮、高鼻梁、白皮肤和厚嘴唇被认为是理想的，很少有亚洲女性生来具有上述特点，这也部分解释了为何她们愿意尝试进行整容手术。

亚洲最重要的美貌特征之一是白皮肤。其中一个原因是传统的韩国皇室皮肤白皙。上流社会在热的时候很少外出，工人阶层则因为在太阳下辛苦劳作而皮肤黝黑。这就造成了一个根深蒂固的将白皮肤与上流社会挂钩的心理认知。

对白皮肤的喜爱导致了护肤业的蓬勃发展，包括最新的激光治疗、高科技面部护理以及非处方配方的使用等。鉴于追求白皮肤的文化理想，以及亚洲新兴国家个人可支配收入的增加，美白品的需求也随之上涨。

这也引起了热衷于占据市场份额的跨国企业的兴趣。结果，市场涌入大批面部护理品牌推出的含有美白成分的新产品。很多领先的个人护理品牌，比如宝洁和欧莱雅，在2011年大力推广它们的美白护肤产品。

结果，2011年，主要的皮肤美白市场的增长率远远高于全球面部护理市场3%的增长率。例如，泰国的增长率为9%，印度为13%，中国为11%。

在很多亚洲国家，销售的所有面部保湿产品中，超过一半含有美白作用的化学成分。

美白产品的主要消费群体仍是年轻女性，特别是都市中普遍收入较高且愿意多花钱买高端美白产品的女性。受亚太经济衰退的冲击，工人就业市场的竞争加剧。这意味着，由于工人将白皮肤和就业成功挂钩，美白趋势不可能减退。西方市场经济的衰退可能造成相同的趋势，因为整容手术随着对工作的不安而明显上升，这反映了西方消费者也想通过外貌的优势来保持领先。

资料来源：Based on various public media and informal interviews in Asia.

要概括有关政治贿赂和其他类型给付的道德标准很容易，但当不付钱就可能会影响公司盈利能力或业务的开展时，要做出拒绝付钱的决定则更加困难。不同文化有各种各样的道德标准和道德水平，因此，除非更多的国家决定有效应对这一问题，否则国际商务所面临的道德和实用主义的两难困境就不能得到有效解决。

7.9 总结

对于国际营销人员来说，理解顾客的个人价值观和可接受的行为规范从而恰当地对他们进行营销是很重要的。同时，为简化他们的任务，营销人员必须寻找有共同认知的群体，他们对产品有相同的观点并有相似的行为方式。这样的群体甚至是跨境存在的。

我们对其他文化的认知源于自身的文化思维定式。当我们对其他文化进行分类时，很难不采取民族中心主义的观点。文化分类对于在全球市场中实施营销和广告策略来说是很有必要的。根据不同的维度对文化进行分类被证明是最有效的方法，它对列举不同文化的差别和相似性有帮助，很多文化差异都反映在所使用的文化交流的方式上。本章讨论了不同的分类模型。

7.9.1 高/低语境文化

高语境文化与低语境文化之间的差异帮助我们理解这样的问题：为什么亚洲人（高语境）和西方人（低语境）的风格是如此不同，为什么亚洲人沟通比较含蓄而西方人比较直接。其他维度，如不同的时间观念，也能够解释东西方文化之间的主要差别。

7.9.2　霍夫施泰德模型

为了构建一个更加精确的分类体系，基于大量研究数据，霍夫施泰德开发出了“4 + 1”维度模型来比较和工作有关的价值观。这个模型也被证实对于比较不同文化的消费价值观也很有用，因此它可以理解不同文化中营销和广告所使用的各种价值观和动机。

它还可以解释实际消费行为和产品使用的差异，因而能够协助预测其他文化中的消费行为和营销策略的成效。这对于想要制定全球化营销和广告策略的公司来说尤为有效。

国际市场中的商业道德问题要复杂得多，因为多元的文化群体有着大不相同的价值判断。在一个国家被普遍认为是正确的行为，在另一个国家可能是完全不被接受的。例如，赠送高价值的商务礼品在西方国家普遍会受到谴责，但世界上的许多其他国家，礼物不仅被接受而且还被期待。

问题讨论

1. 既然英语是国际通行的商务语言，那么英国管理者是否有必要学习一种外语呢？
2. 根据霍夫施泰德和霍尔的观点，亚洲人更具群体导向型，更加家庭导向，对社会地位更加关注。这些导向型如何影响你对亚洲顾客进行营销的方式？
3. 你认为国家之间的文化差异和一国内部的文化差异相比哪个更重要？分别是在什么情况下？
4. 找出对传统穆斯林进行营销的一些限制。使用本章中的一些例子来证明。
5. 哪个文化层面对商务人员的行为有最强烈的影响？
6. 本章的重点是文化对国际营销战略的影响。请试着讨论一下营销对文化的潜在影响。
7. 自我参照标准在国际商业道德中发挥什么样的作用？
8. 比较一下你所在国家女性的角色和其他文化中的角色的差异。这种差异会如何影响女性作为顾客和商务人士的行为方式？

案例研究 7-1

太阳马戏团：革命性的马戏艺术正在扩大其全球范围

太阳马戏团（www.cirquedusoleil.com）是一个加拿大的娱乐公司，自称为“马戏艺术与街头娱乐的戏剧性组合”。该公司总部位于魁北克蒙特利尔，由两名前街头艺人盖·拉里伯特（Guy Laliberté）和吉列·斯特 – 克洛伊克斯（Gilles Ste-Croix）于 1984 年创立。现在，拉里伯特是该公司的 CEO。

太阳马戏团是一个独特的组织，对马戏艺术进行了革新，并为此获得众多的奖项的荣誉。自 1984 年以来，太阳马戏团一直以一种非传统的新颖表演概念吸引大众：马戏艺术和街头表演惊人地戏剧性融合，包裹在华丽的服饰和仙境舞台布置中，并运用引人入胜的音乐和神奇的灯光效果。太阳马戏团的节目中没有动物——只有纯粹的人类能量在起作用。

太阳马戏团的国际化

太阳马戏团成立于 1984 年，是为了纪念雅克·卡蒂埃发现加拿大第 450 周年而在魁北克安排的一次献艺。为此，加拿大政府赞助了 130 万美元。

第一年，太阳马戏团多次陷入严重的财务困境，1986 年它几乎濒临破产。最初两年，太阳马戏团多在魁北克省和邻近的安大略省巡回演出。然而，到1986年年底，太阳马戏团的管理层开始相信这一概念的广泛吸引力，并准备将其出口到其南部邻国。因此，在1987年，太阳马戏团首次在美国亮相。

公司的管理人员具有前瞻性和客观性，制订并实施了连续五年的计划。这些表演本身是艺术和运动能力的表现，但公司的管理工作却是按一种商业的模式进行的。这种方法推动了太阳马戏团巡演的地理扩张，将公司的多元化活动作为新的创收领域，并最终使太阳马戏团的名字成为众所周知的大众消费品牌。直到20世纪90年代中期，太阳马戏团这一新奇而强大的营销力量才获得成功，但从20世纪80年代后期开始，该公司开始有一些利润丰厚的项目。1988年，该公司开始了谈判，未来四年内将继续在亚洲进行巡回演出。1989年，太阳马戏团将其在欧洲表演的概念出售给Knie马戏团（瑞士），随后开始在欧洲创作自己的版本。

太阳马戏团于1990年开始了其首次亚洲巡回演出，由富士电视网络投资4 000万美元，并负责售票和促销活动。这部作品可与百老汇主要音乐剧的预算相媲美，其中包括72位国际艺术家和音乐家。

太阳马戏团也开始与Knie马戏团合作进行巡演，它们在瑞士的60个城镇进行演出。太阳马戏团在各方面都处于忙碌的状态，其首次在拉斯维加斯进行演出，将新体验带入幻影酒店，并在酒店后面的帐篷中进行为期一年的演出活动。

1994年，在太阳马戏团庆祝其成立10周年之际，管理层制定并实施了两个五年计划。在接下来的五年里，管理层制定了一个多元化的增长蓝图，这一计划的实施将大大提高公司的财务实力。

太阳马戏团结束了在20世纪90年代的七个节目，这些节目曾在亚太平地区、北美和欧洲的22个国家进行演出。展望未来，该公司打算利用其在全球的曝光度将太阳马戏团的名字打造成为国际知名品牌。

21世纪初，太阳马戏团迅速扩大，除南极洲以外，它在全球超过271个城市进行演出，并且每次演出从1场增加至19场。

太阳马戏团的今天

每个节目都是来自世界各地的马戏风格的综合体，都有自己的中心主题和故事情节。它们通过连续的现场音乐吸引观众观看表演，是由演员而不是舞台管理改变道具。

拉斯维加斯的多个永久性演出主场的每晚的观众人数超过9 000人，占全市访问者的5%。2000年，拉里伯特收购了Gauthier，并拥有了95%的所有权，他继续扩大品牌。2008年，拉里伯特在迪拜两家投资集团Istithmar World和Nakheel之间平均分配了20%的股份，继续为公司的目标融资。与这两个团体合作后，太阳马戏团计划在2012年之前在阿拉伯联合酋长国建立一个秀场剧院。然而，由于2008年全球经济衰退，2010年迪拜遭遇严重的财政问题，因此该项目被搁置。拉里伯特正在寻找另一个财务合作伙伴来资助该公司的未来计划。与此同时，更多的节目正在全球开展，包括电视节目，女性服装系列，以及有可能进入其他领域，如水疗中心、餐厅和夜总会等。

太阳马戏团的马戏已经让人兴奋不已，但它还融合了街头娱乐、奇特的服装和歌舞表演。在五大洲300多个城市有1亿多名观众观看了它们的演出。20个节目中有“O”（在米高梅度假村的贝拉吉奥水上表演）；“爱”，一个在拉斯维加斯根据披头士乐队的音乐制作的演出（在保罗·麦卡特尼和林戈·斯塔尔，还有乔治·哈里森和约翰·列侬遗孀的支持下)；以及巡回演出的节目《奇幻之旅》(*Quidam*) 和《飞跃之旅》(*Alegría*)。

该公司最新的合作是与迈克尔·杰克逊庄园，并由一系列基于“流行音乐之王”的项目组成。该项目包括一个巡回演出（2011年秋季在北美推出的《迈克尔·杰克逊：不朽传奇世界巡演》)，以及2013年在拉斯维加斯米高梅度假村的曼德勒海湾酒店开发的永久性产品。拉斯维加斯的表演采用全息图、3D和运动模拟等尖端技术。

与杰克逊庄园的合作是太阳马戏团迄今为止规模最大的投资，价值约8 000万美元。太阳马戏团也一直忙于使其业务多元化，超越现场娱乐。它为私人派对、企业聚会以及重大公共活动（2010年上海世博会）提供特别活动。

该公司还通过太阳剧团电影公司（Cirque du Soleil Images）创作了电视和DVD的原创内容，并制作了艾美奖得奖纪录片和电视特辑。通过与制片人詹姆斯·卡梅隆（《阿凡达》）的合作，该公司正在开发一系列3D项目。卡梅隆与安德鲁·亚当森（《怪物史莱克》和《怪物史莱克2》的导演以及前两部《纳尼亚传奇》电影的导演）一起合作，拍摄了第一部电影《太阳马戏团：遥远的世界》，这部电影于2012年11月上映。

2010年，太阳马戏团的营业额为8.25亿美元，2011年增至9.5亿美元，利润约为2亿美元。其5 000名员工中有来自50个国家的1 300多名艺术家，其中包括舞者、演员、杂技演员。

迈克尔·杰克逊：不朽传奇世界巡演

《迈克尔·杰克逊：不朽传奇世界巡演》一直是太阳马戏团的官方作品，也是太阳马戏团最大的成功之一。《迈克尔·杰克逊：不朽传奇世界巡演》在观众面前展现了迈克尔·杰克逊的艺术魅力。该演唱会采用迈克尔·杰克逊的音乐以及太阳马戏团独特的杂技表演所呈现的视觉效果，共同为观众呈现出逼真的音乐会体验。不论是迈克尔·杰克逊的终身“粉丝”，还是第一次感受迈克尔·杰克逊创作天才的人，这场演出都展示了流行之王的精髓、灵魂和灵感，并纪念了这一延续至今的不朽传奇。

这场演出是与迈克尔·杰克逊庄园合作制作的。因此《迈克尔·杰克逊：不朽传奇世界巡演》是由马戏团 – 杰克逊 I.P. 有限责任公司所拥有的，该公司由迈克尔·杰克逊公司和太阳马戏团分别持有一半的股份。舞台表演（与摇滚音乐会非常相似）于2011年10月2日在蒙特利尔开始巡回演出。在北美巡回演出两年后，它继续前往欧洲和世界其他地方。当它离开北美时，2013年在内华达州拉斯维加斯的曼德勒海湾度假村和赌场开设了更具戏剧性的常驻演出。

为了保证演唱会的质量，迈克尔·杰克逊公司已与太阳马戏团合作。直到2017年，作为2.5亿美元合同的一部分，一张名为《不朽》的专辑由索尼公司制作并发行。迈克尔杰克逊庄园最初开放了50个场地，并提出如果歌迷想要让演唱会去他们的城市，就可以提出相应的要求。较高的需求促使迈克尔·杰克逊庄园增添了多个场地和额外的展出时间。

截至2013年7月，《迈克尔·杰克逊：不朽的世界巡演》已经售出价值超过4.5亿美元的门票。2013年4月巡演在欧洲结束时，已经售出超过200万张门票。此时，总共演出了273场，北美洲218场，欧洲55场。

问题：

1. 哪些社会文化因素影响太阳马戏团节目门票在全球的销量?

2. 是什么让太阳马戏团的全球商业模式如此成功？
3. 太阳马戏团下一个世界巡演主题的选择标准是什么？

资料来源：Based on www.cirquedusoleil.com/;other public media.

案例研究 7-2

宜家《家居指南》：有无文化差异

宜家（IKEA）于1943年由英格瓦·坎普拉德（Ingvar Kampard）在瑞典阿姆霍特成立。公司名称除了来自他成长的村庄名字（Ingvar Kamprad Elmtaryd Agunnaryd）的第一个字母之外，还由他自己名字的第一个字母组成。

宜家的经营理念是：为尽可能多的顾客提供他们能够负担，设计精良、功能齐全、价格低廉的家居用品。

20世纪40年代末，宜家的第一则广告出现在当地报纸上。宜家产品的需求开始飙升，很快便超过了英格瓦·坎普拉德做个人电话销售的能力。随后，他开始邮购产品目录，并通过县牛奶车配送他的产品。这一难题的巧妙解决方案促成了年度宜家《家居指南》。

宜家《家居指南》于1951年首次以瑞典语出版。2010年出版的第55期，是以36个国家27种语言出版的，被认为是零售巨头的主要营销工具，占公司年度营销预算的70%。在出版数量方面，这本《家居指南》已超过《圣经》，成为世界上出版量最高的作品——全球估计有1.6亿册（2010年），这是对应其产品销量的三倍。然而，由于《家居指南》是免费的，《圣经》仍然是购买量最大的非小说类作品。

仅在欧洲，每年都会有超过2.5亿人收到该《家居指南》。《家居指南》超过300页并包含约1.2万种产品，它在商店和邮件中均免费发放。此外，2010年宜家网站的访客人数也超过5亿。年度《家居指南》每年8、9月分发，全年有效。在《家居指南》有效期内，《家居指南》中所有产品保持价格不变。大部分产品目录都是由宜家家居城市瑞典阿姆霍特的宜家产品目录服务公司生产的。

2011年年初，英特宜家系统公司（Inter IKEA Systems B.V.）在特许经营的25个国家共有276家宜家商店。2010年宜家的总营业额为235亿欧元。

宜家在其经营的每个国家仅占其家具市场份额的5%～10%。然而，更重要的是，宜家品牌的知名度远远大于公司的规模。这是因为宜家不仅仅是一个家居商家，它出售斯堪的纳维亚人的生活方式，受到世界各地客户的欢迎。

文化差异

宜家产品系列中约有1.2万种产品。每个门店根据自己商店的规模从这1.2万种产品中进行选择。核心产品在全球范围内是相同的，但宜家《家居指南》在不同国家版本中所展示其产品的方式存在差异。

资料来源：IKEA Ltd.

问题：

1. 讨论在全球所有宜家《家居指南》中展示相同产品范围的优缺点。
2.《家居指南》是宜家国际营销策划中最重要的元素。讨论《家居指南》作为营销工具的有效性是否存在文化差异。

资料来源：www.ikea.com.

第 8 章

Chapter8

国际市场选择过程

□ **学习目标**

通过本章的学习，你能够：

- 定义国际市场选择，并识别要达到这一目标所面临的问题。
- 探索国际营销人员如何运用二手数据和原始数据（标准）来筛选潜在的市场 / 国家。
- 区分初步筛选和“精细”筛选。
- 认识市场细分对于制定国际营销战略的重要性。
- 在可行的市场扩张战略中进行选择。
- 区分市场扩张中的集中化和多元化。

8.1 简介

找出要进入的“正确”市场是很重要的，原因如下：

- 这是决定成败的重要因素，特别是在公司国际化的早期阶段。
- 这将影响所选国家的市场营销项目的性质。
- 所选市场的地理位置能够影响公司协调国外运营的能力。

本章展示了一种国际市场选择（IMS）的系统方法。一项对国际化的美国公司的研究表明：通常情况下，公司不会采取高度系统性的方法。但事实上，那些在国际市场中选择使用系统化流程化的公司表现较好（Yip et al.，2000；Brouthers and Nakos，2005）。

8.2 国际市场选择：中小型企业 vs. 大型企业

中小型企业（SMEs）和大型企业（LSEs）的国际市场选择过程是不同的。

在中小型企业中，国际市场选择通常只是针对促变因素带来的应激反应。这个促变因素通常是中小型企业收到订单。政府机关、商会和其他促变因素也可能会带来能引起公司关注的国外商机。这些情况构成了外部驱动决策，出口商只是简单地对某一给定市场的机遇做出反应。

在其他情况下，中小型企业的国际市场选择是基于如下标准的（Johanson and Vahlne，1977）：

- 低心理距离：国外市场的不确定性小，感知到的获取相关信息的难度小。心理距离是指在语言、文化、政治体系、教育水平或行业发展水平方面的差距。
- 低文化距离：本土和目的地之间可感知的文化差异小（文化距离通常被认为是心理距离的一部分）。
- 低地理距离。

使用其中任何一个标准进行国际市场选择，通常都会导致公司相继进入心理距离较大的新市场。国际市场的选择经常局限于中小型企业的邻国，因为地理相邻性很有可能反映文化的相似性、对国外市场的更多认知，以及信息获取的便易性。当使用这个模型时，决策者会基于渐进主义来进行决策，即公司预计通过进入那些它们最容易理解的市场来开始国际化进程。通常情况下我们认为，处于国际化进程早期的中小型企业比有国际化经验的大型企业更有可能运用心理距离或其他经验法则（Andersen and Buvik，2002）进行市场选择。

通过把考虑范围限制在邻近国家，中小型企业实际上将国际市场选择缩小到一个决策问题：是否进入一个邻近国家的市场。这种行为的原因可能是中小型企业的管理人员通常缺乏人力和金融资源，不得不凭直觉来选择目标市场的诱惑。

在对丹麦中小型企业国际化进程的研究中，西尔维斯特和林霍尔姆（Sylvest and Lindholm，1997）发现，“老的”中小型企业（1960 年之前成立）和“年轻的”中小型企业（1989 年之后成立）的国际市场进入过程很不同。后者比前者进入国外市场的时间要早得多，后者遵循更为传统的循序渐进式国际市场选择过程。年轻的中小型企业国际化进程更快的原因可能是它们作为大型企业子供应商的地位，它们被自己的大型客户和自身的国际网络拉入了国际市场。

中小型企业通过在众多未知市场中进行选择来做出先期进入的目标市场的决策，而在很多国家已开展业务的大型企业则需要决定在哪些市场引入新产品。通过利用现有业务，大型企业可以很容易获取和产品相关的详细的原始数据，这种信息比任何二手数据都更加精确。这样，大型企业就可以更加主动。虽然基于直觉和实用主义来选择市场对中小型企业来说是令人满意的办法，但剩下的工作要建立在更加主动的国际市场选择过程上，这个过程需要系统的和逐步的分析。

然而，在现实生活中，国际市场选择过程并不总是一个符合逻辑和渐进的活动序列，而是一个涉及多重反馈循环的迭代过程（Andersen and Strandskov，1998）。而且，在很多小型的分包商，出口企业并不主动选择它们的国外市场。有关国际市场选择的决策是由获得主合同的合作伙伴（总承包商）制定的，这样就把中小型企业拉入了国际市场（Brewer，2001；Westhead et al.，2002）。中小型企业通常面向全球顾客（所谓的国际客户）进行销售，这些客户在全球范围内的经营，它们期望中小型企业能在多个国家进行产品和服务的生产和分销。那些已经在很多业务中心建立全球分销网络和生产工厂的中小型企业，通常在供应这些全球客户时处于更有利的位置，例如汽车行业（Meyer，2009）。

8.3 为国际市场选择构建模型

乌普萨拉学派关于公司国际化过程的研究，提出了公司进行国外市场选择的几个潜在决定因素，这些因素可以被分为两类：①环境因素；②公司特征因素（见图 8-1）。

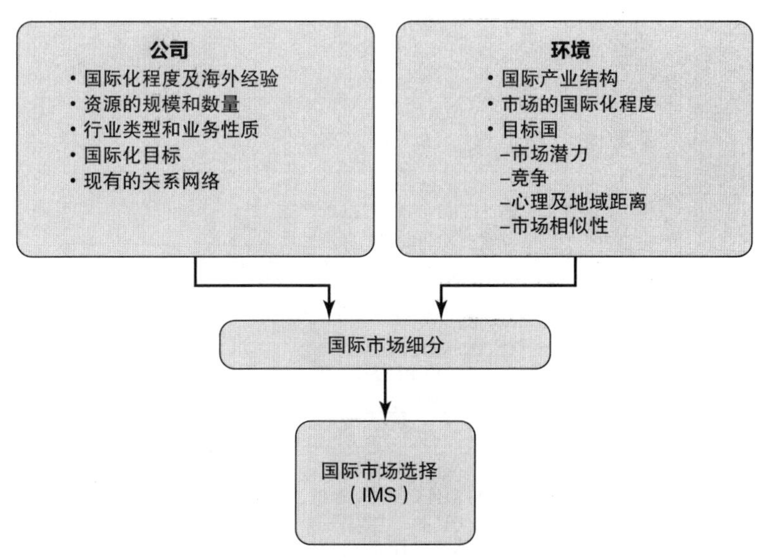

图 8-1　国际市场选择的潜在决定因素

让我们首先来看一下环境因素。我们如何对“国际市场”进行定义？以下有两个不同维度的定义方法：

（1）以一个国家或若干国家作为国际市场。

（2）以具有几乎相同特征的顾客作为国际市场。

根据第二种定义，市场可以由多个国家的顾客构成。

大多数国际营销方面的书籍和研究都试图将世界市场细分为不同的国家或不同的国家群。这样做有两个主要原因：

（1）以国家为单位获取国际化数据更容易（有时是现成的）。要获取精确的跨国数据则非常困难。

（2）分销管理和媒体推广也是以国家为单位进行的。在某一国家运营的代理商 / 分销商仍然只是在某一单独国家代表他们的制造商，很少有代理商可以跨国销售产品。

然而，按国家市场或多国市场来划分国际市场并不十分合适。在很多情况下，国界线仅是政治协议或战争的产物，并不能反映边境两边买家特征的相似与不同。

8.3.1　市场筛选模型的展示

图 8-1 展示了一个国际市场选择的概要模型。在下文中，我们将更加详细地探究被标记为“国际市场细分”的那个方框中的内容。图 8-2 展示了国际市场选择的要素。下面讨论图 8-2 的不同步骤。

8.3.2　步骤 1 和步骤 2：定义标准并设计细分市场

总的来说，有效的市场细分标准有：

- 可测量性：选定的细分市场的规模和购买力的可测量程度。
- 可达成性：选定的细分市场可以被有效接近和服务的程度。
- 可持续性 / 盈利能力性：细分市场足够大和 / 或可盈利的程度。
- 可实施性：组织有足够的资源来形成有效的营销计划并成功实施的程度。

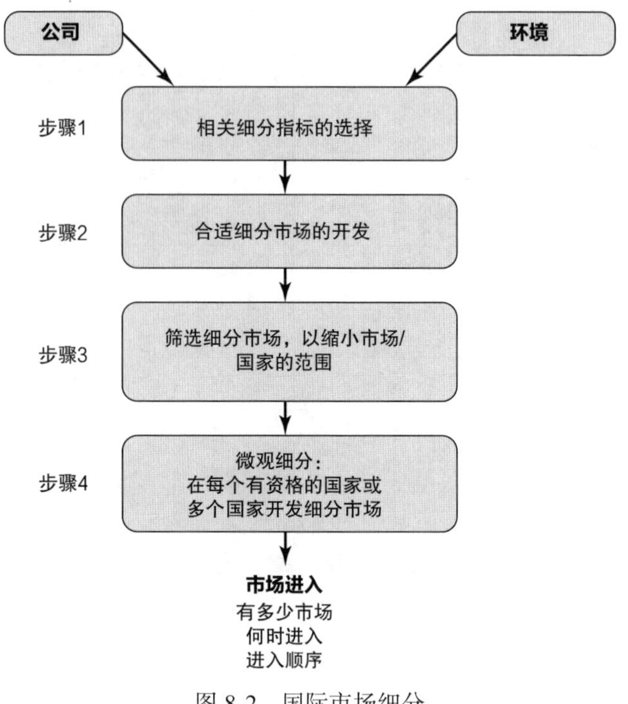

图 8-2　国际市场细分

可测量性和可达成性高说明其作为标准的一般特征多（见图 8-3 的上层），反之亦然。值得注意的是，在市场细分过程中可以同时使用不止一个标准，这点很重要。

第 6 和 7 章根据 PEST 方法讨论并调整了在国际环境中不同的市场细分标准：

- 政治 / 法律；
- 经济；
- 社会 / 文化；
- 技术。

现在，我们要更加详细地描述图 8-3 中提到的一般的和具体的标准。这种方法采用了两步模型，将市场划分为一般特征的和具体特征的市场（Gaston-Breton and Martin，2011）。

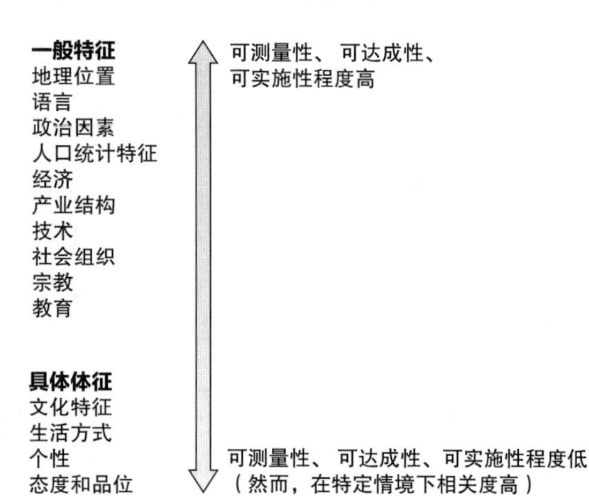

图 8-3　国际市场细分的基础

1. 一般特征

地理位置

市场的位置在考虑国际市场细分时很关键。斯堪的纳维亚国家或中东国家可能会根据它们的地理相邻性和其他相似性而集群。而且，仅地理位置就可以成为一个关键因素。例如，一些阿拉伯国家的空调需求可能会使一个生产商认为这些国家是一个特定的市场集群。

语言

语言被称为文化的镜子。在某种程度上，它对国际营销人员的影响是不言而喻的：广告必须被翻译成本土语言；品牌在国际上的可接受度；商务谈判必须通过昂贵的翻译人员才能进行或者通过获得更昂贵的外国译者来进行谈判。在后一种情况中，流利程度是必不可少的；即使用母语进行说服和合同谈判也会遇到很多困难。

外语在某种程度上意味着不同的思维方式和不同的客户动机。在这种情况下，更好地掌握一门语言，不只是促进交流，它还会无意识地强化关于相关文化的洞察力。

政治因素

我们可以根据宽泛的政治特征对国家进行分类并对国际市场进行细分。像最近，铁幕（Iron Curtain）一直是这样区分的基础。通常情况下，中央政府的权利限度可以作为市场细分的一般标准。例如，一个公司生产某种化学产品，但由于政府监管，很多国家的市场被认为是难以进入的。

人口统计特征

人口统计特征是市场细分的关键基础。例如，根据老年人或儿童在总人口中的比例来对人口特征进行分析是十分必要的。如果一个国家的人口正在老龄化，并且每千人中婴儿的数量正在下降，就像一些欧洲国家一样，那么婴儿食品公司就不会考虑进入这个国家。在欧洲，出生率正在下跌，且人均寿命正在延长。基于婴儿的行业，从玩具、食品到尿布都面临着激烈的竞争。个人电子产品和住房产业可能也会受到同样影响。

经济

像之前研究所显示的那样，经济发展水平可能会成为国际市场细分的关键变量。洗碗机或洗衣烘干机要求市场有一定的经济发展水平，这些产品在印度市场的销量就不太好。然而，在西欧国家这些产品几乎在成为一种基本的生活必需品。基于经济发展水平，会呈现出一定特定的消费模式。人均收入高的社会在服务、教育和娱乐方面会花费更多的时间和金钱。因此，将不同国家的某一收入群体归为集群是可能的。

产业结构

一个国家的产业结构是由它的商业人口特征来描述的。一个国家可能有很多小的零售商；另一个国家可能依赖众多的商场进行零售分销。一个国家可能靠小生产商生产；另一个国家可能以非常集中的、大规模的生产为主。批发层面的竞争类型可能会成为国际市场集群的特定关键因素，因为国际营销人员可能希望与一系列强大的批发商进行合作。

技术

技术进步或农业技术的程度可以很容易地成为市场细分的基础。一个计划进入国际市场的软件公司，可能会希望根据每千人拥有的电脑数量来对它们进行细分，如果一个市场每千人拥有的电脑数量低于一定的量，那么这个公司有可能就不值得进入这个市场。例如，它可能会发现，要进入巴基斯坦、伊朗和大多数阿拉伯国家，以及所有非洲国家和整个东欧的市场都不尽如人意。

社会组织

在任何一个社会，家庭都是一个重要的购买群体。在欧洲，营销人员习惯于所谓的核心家庭，即父亲、母亲和孩子在一个屋檐下生活。但随着社会变革，出现了越来越多的单亲家庭。在其他国家，社会主要单元是大家庭，三四代人居住在同一所房子里。

例如在美国，人们广泛使用社会经济阶层作为市场细分的工具。人们使用一种六个类别的分类：上上层、上下层、中上层、中下层、下上层和下下层。美国的高收入专业人士被归为上下层，他们不是通过继承而是通过工作获取财富的新富人群。

相比之下，在俄罗斯，除了白领工人、蓝领工人和农场工人外，就难以找到更有用的社会经济划分方式。

宗教

宗教习俗是营销中的一个重要因素。最明显的例子就是基督徒在圣诞节赠送礼物的传统，但即使是这个简单的事情，对国际营销员也可能是陷阱：在一些基督教国家，传统的礼物交换不是发生在圣诞节那天，而且在 12 月或 1 月上旬的其他日子。

宗教中伊斯兰教对营销的影响最明显。基于《古兰经》的伊斯兰律法对大量的人类活动都给予了指导，包括经济行为。

教育

教育程度从两个主要方面对国际营销人员具有重要意义：青年市场的经济潜力和发展中国家的识字率。

各国的教育体系不尽相同，在职培训的补偿也有很大区别。因此，各国年轻人市场的经济潜力是非常不一样的。

在大多数工业化国家，识字率接近 100%，而且所有的沟通媒介都对市场人员开放。在发展中国家，识字率可能低至 25%，有一两个国家甚至是 15% 或更低，实际数字有可能比预测的还低。在这些国家，电视机甚至收音机都超出了大多数人的购买力。营销人员在决定这些国家的推销策略以及相关视觉化的材料使用方面都将面临一定的挑战。

2. 具体特征

文化特征

文化特征在世界细分市场中发挥着重要作用。为了利用全球市场或全球细分市场的优势，公司需要全面了解是什么驱动了不同市场的顾客购买行为。它们必须学习洞察相似性存在的程度，或者通过营销活动提高的相似性程度。某一社会成员的文化行为经常是受到一系列动态变量的影响，这些动态变量可以作为市场细分的标准，其中包括语言、宗教、价值观和态度、物质因素和技术、审美、教育和社会机构。这些不同的因素已在第 6 和 7 章中有更广泛的论述。

生活方式

通常情况下，活动、兴趣和观念的研究被当作分析人们生活方式的工具。事实上，这样的研究工具尚未形成国际化用途。某些消费习惯或做法本身就可以作为研究生活方式的指标。例如，食品消费习惯可以作为一个国际化食品公司应当准备考虑的指标。例如，印度风格的咖喱可能不会在德国流行，因为德国人喜欢清淡的饮食；很辣的阿拉伯菜同样也不可能在西欧非常流行。

个性

个性反映在某些行为类别中。通常个性特征可能就是指性情，因此市场细分可以建立在人们的普遍性情上。众所周知，拉美人或地中海地区的人有一些个性特征，或许这些特征可以作为世界市场细分的基础。其中一个例子是进行讨价还价的倾向。例如，在价格方面，在讨价还价盛行的地区，国际化公司必须使用一种非常具有弹性的价格。在有些国家，如土耳其，讨价还价几乎是一种全国性的消遣方式。在伊斯坦布尔的地下市场，如果顾客接受了第一次的开价，就几乎等于冒犯了卖主。

态度和品位

这些都是复杂的概念，但是它们也可以被用作市场细分。身份地位可作为一种指标，说明某些文化中人们认为为什么可加强他们的自我概念，以及他们在其他人中的认知程度。

8.3.3 步骤 3：筛选细分（市场 / 国家）

这个筛选过程可以分为两步（Gaston-Breton and Martin，2011）：

- 初步筛选。这一步要根据外部筛选标准（市场状况）对市场 / 国家进行初步筛选。对于中小型企业来说，必须考虑有限的内部资源（如财务资源），这是内部筛选标准之一。
- 精细筛选。这里要考虑公司在不同市场的竞争力（和特殊技能）。

1. 初步筛选

通过以下标准的粗略、宏观的筛选方法，就能减少市场数量：

- 人口规模；
- GNP；
- 人均 GNP；
- 从一个国家向另一个国家进行出口的限制；
- 连接互联网的人口比例；
- 每千人拥有的手机数量；
- 每千人拥有的轿车数量；
- 政府支出占 GNP 的百分比；
- 每张病床的人口数量。

根据产品 / 服务或行业不同，初步筛选的标准选择也会不同。大多数情况下，研究人员会从对某一特定产品 / 服务的购买力着手，这也暗示着使用 GNP 或人均 GNP 等标准。

购买力的另一项代理指标是所谓的**“国家响应性”**（country responsiveness）（Ozturk et al.，2015）。国家响应性被定义为与特定产品（和工业用户）相关的支出的“收入弹性”。它反映了当顾客工资上涨时，他们对于某一产品消费的倾向。如果这种倾向很高时，这个国家被归为响应型。识别响应型国家和非响应型国家也是初步筛选过程的一部分。这也使得国家响应性成为很多行业 / 产品部门的有利指标。例如，在手机行业，如果在相同收入增长的情况下，一国顾客比其他国家顾客花费更多的钱购买手机，那么前者比后者在收入增长时对手机更具响应性。这也支持了公司应在前者国家中扩展手机市场。

很多国家可以提前被筛除，以此为目的的筛选标准被称作“剔除”标准（“knock-out” criteria）。在营销洞见 8-1 中，博世（Bosch）安全系统在第一轮筛选中使用了如下“剔除”标准：

- 这个国家必须要政治稳定且对宗教不是太保守（伊朗被剔除）。
- 这个国家必须不是博世火警探测的既定市场（埃及被剔除）。

当筛选市场时，对一个国家的政治风险进行评估至关重要。近些年来，营销人员发明了各种指数来帮助评估潜在市场机遇中的风险因素，其中一个就是**商业环境风险指数**（BERI）。其他组织，如国际商业检测（BMI，www. businessmonitor. com）和经济学人智库（www. eiu. com）也提供了国家风险测量服务。或者你可以参考《欧洲货币》（*Euromoney*）的国家风险指数（country risk index）：它每年发布两次国家风险调查报告，监控 185 个主权国家的政治和经济稳定性。其结果主要是关注经济方面，特别是主权债务违约风险和 / 或出口商的支付违约风险。这些国家风险分析报告的用户通常需要为订阅服务付费。

《欧洲货币》、BMI、BERI 和其他服务能够测量一个国家商业环境的总体质量。它们每年数次根据不同经济、政治和金融因素，以 0 ～ 4 的等级对国家进行评估。综合 BERI 指数在 0 ～ 100（见表 8-1）。BERI 指数已经被质疑只能作为一种管理决策的基本工具，因此应当由深度国家报告对其进行补充，然后再制定最终的市场进入决策。

表 8-1 商业环境风险指数中的标准

标 准	权重	与 0 ～ 4 的等级相乘①	综合 BERI②
政治稳定性	3		
经济增长	2.5		
货币可兑换性	2.5		
劳动力成本 / 生产率	2		
短期信贷	2		
长期贷款 / 风险投资	2		
对外国投资者和盈利的态度	1.5		
国有化	1.5		
货币通胀	1.5		
收支平衡	1.5		
合同的强制性	1.5		
官僚延误	1		
沟通方式：电话、传真、互联网	1		
本土化管理和合作伙伴	1		
专业服务和承包商	0.5		
总计	**25**	**×4（最大值）**	**= 最大值 100**

① 0= 不可取的；1= 较差的；2= 一般；3= 较高；4= 很好。

②总分：大于 80，投资者青睐，发达经济体；70 ～ 79，投资者不是很青睐，但仍是发达经济体；55 ～ 69，具有投资潜力的不成熟经济体，可能是新兴的工业化国家（NICs）；40 ～ 54，高风险国家，可能是一个欠发达国家（LDCs），企业的管理质量必须很高，以识别其投资潜力；小于 40，非常高风险，除非有很有利的理由否则不能投资。

在众多宏观筛选方法中，有一种被称为“偏离 – 份额法”（the shift-share approach）（Green and Allaway，1985；Papadopoulos et al.，2002）。这种方法的基础是找出各个国家国际进口份额的相对变化。这种方法首先计算“一篮子”国家的特种产品的平均进口增长率，然后将每个国家的实际增长率与平均增长率进行比较，得出的差距叫作“净转移”(net shift)，可以分辨出正在增长或正在衰退的市场。这个方法的优点是：它既考虑到了一个国家进口的绝对值，又考虑到了进口的相对增长率。另外，它只检查这些标准而不考虑其他宏观标准。

2. 精细筛选

由于 BERI 只关注进入新市场的政治风险，所以经常需要一种能够涵盖公司竞争力的更广泛的方法。

为达成这一目的，可以使用市场吸引力 / 竞争能力矩阵来识别具有“最佳机遇”的目标国家（见图 8-4）。这个市场组合模型将波士顿咨询集团（BCG）的增长—份额矩阵中的两个单独维度替换为适用于国际营销问题的两个综合维度。对这两个维度的测量建立在如表 8-2 中所示的可能变量的基础上。下面，我们将对其中一个重要维度进行描述和评论。

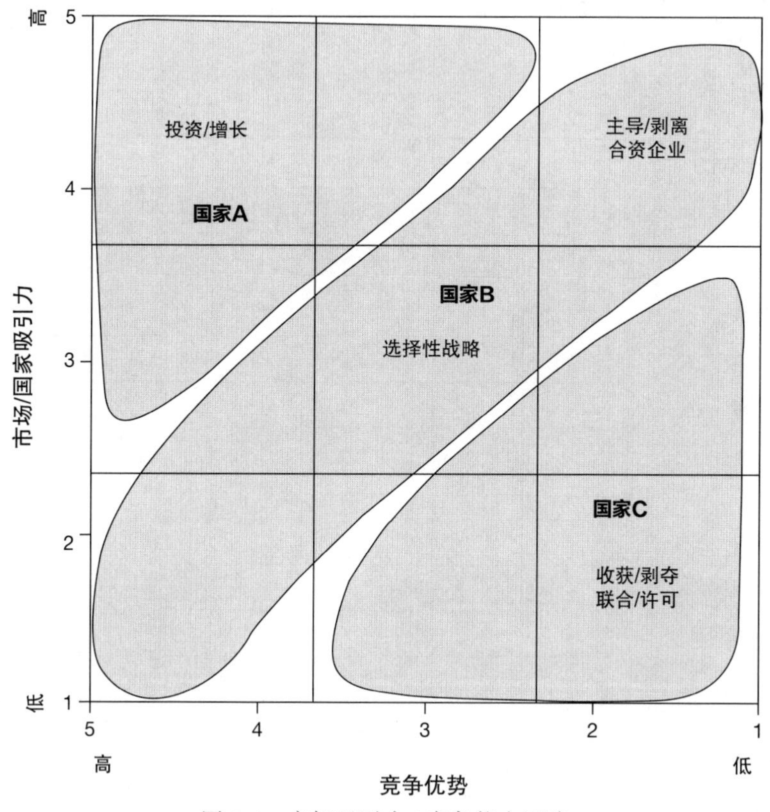

图 8-4　市场吸引力 / 竞争能力矩阵

表 8-2　市场 / 国家吸引力和竞争能力的维度

市场 / 国家吸引力	竞争能力
市场规模（总体和细分市场）	市场份额
市场增长（总体和细分市场）	营销的能力和技能（特定国家的专业知识）
顾客购买力	产品满足市场需求
市场季节性和波动	价格
平均行业边际利润	边际贡献
竞争条件（集中度、密集度、进入壁垒等）	形象
市场抑制性条件（关税 / 非关税壁垒、进口限制等）	技术地位
政府规定（价格控制、本地内容、出口补贴等）	产品质量
基础设施	市场支持
经济和政治稳定性	分销商和服务质量
心理距离（从总部到国外市场）	财务资源，进入分销渠道的途径

市场规模

某一国家 / 市场每一年的市场容量计算如下：

产值（某个国家的一种产品）+ 进口 – 出口 = 理论市场规模 +/– 库存规模的变化
= 有效市场规模

如果是在海关有备案的标准化产品，那么通常可以在特定国家的统计资料中找到产值、进口和出口的数据。

可以使用图 8-5 中的调查问卷更加精确地确定特定国家的位置（在图 8-4 中）。

分析时间：
产品领域分析：
国家：

A.市场吸引力

	1 非常差	2 差	3 一般	4 良好	5 很好	权重 （%）	结果 （分数×权重）
市场规模							
市场增长							
购买结构							
价格							
购买力							
市场准入							
竞争激烈程度							
经济/政治风险							
其他							
总计						100	

市场吸引力=结果：100=......

B.相对竞争能力

与最强竞争对手相比=......

	1 非常差	2 差	3 一般	4 良好	5 很好	权重 （%）	结果 （分数×权重）
产品满足市场需求							
价格和条件							
市场形象							
市场营销							
沟通							
可获得的市场份额							
财务结果							
其他							
总计						100	

相对竞争优势=结果：100=......

图 8-5　根据市场吸引力 / 竞争能力矩阵划分国家的问卷

图 8-5 的结果对应着图 8-4 中的“地点 / 位置”，它们代表竞争能力（横坐标）和市场

吸引力（纵坐标）。可参考营销洞见 8-1 国际市场选择工具的实践。

如图 8-4 所示，这个过程是将国家 / 市场优先分为不同的类别：

- 国家 A。这些是一级市场（即关键市场）。它们为长期战略性发展提供最佳机遇。在这里，公司可能会想要永久性存在，因此应当着手进行全面调研项目。
- 国家 B。这些是二级市场，这里有机遇，但是政治或经济风险太高，不能做长期的不可撤销的投入。由于风险的存在，所以要用一种更加实用的方式对这些市场进行处理。公司需要一个综合性的营销信息系统。
- 国家 C。这些是三级或所谓“尽你所能”的市场。它们被认为具有高风险，所以资源的分配是最少的。在这类国家的营销目标应当是短期和机会主义的；公司不会做真正的投入，不会开展重大的调研。

8.3.4 步骤 4：微观细分：在每个合格的国家和国家间开发细分市场

一旦找到了主要市场，公司就应用标准的技术在国家内部利用以下变量对市场进行细分，如：

- 人口统计特征 / 经济因素；
- 生活方式；
- 消费者动机；
- 地理位置；
- 购买行为；
- 消费心态等。

因此，初步市场细分的依据是地理因素（根据国家）划分，二级细分是在国家内部进行的。这里的问题是根据基础信息，可能难以完整地制定二级市场细分。而且这种过于细分方法可能会使差异化营销策略产生风险，从而使公司的国际化策略变得支离破碎。

传统细分方法的缺点在于很难用于跨国市场的划分。如果公司试图在其所有市场使用一个一致的且可控的营销策略，那么它的市场细分策略就需要一个跨国方法。

可以说，在国际上竞争的公司应当根据顾客而不是国家来对市场进行细分。单纯依照地理因素的市场细分会导致模式化，它忽视了一国内部不同顾客的差别，也忽视了不同国家顾客之间的相同点。

集群分析可以用来确定有意义的跨国市场细分，每个细分的集群市场内实施的营销策略都会引发消费者相似的反应。图 8-6 试图对西欧市场分为六个集群。

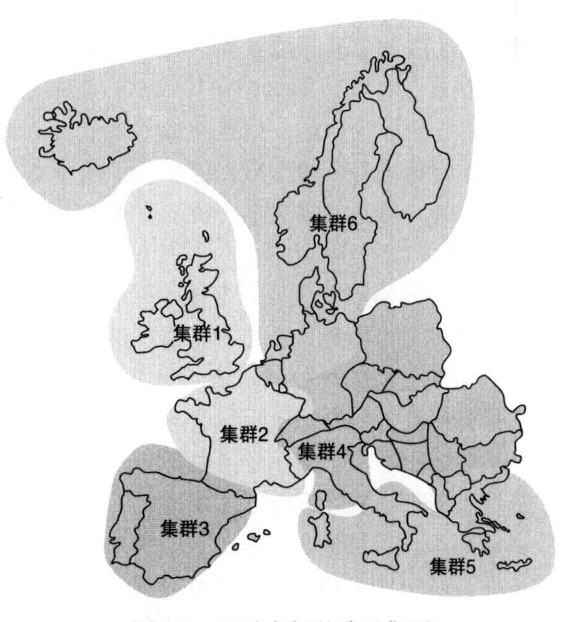

图 8-6 西欧市场的跨国集群

一旦公司选择了某个国家作为目标市场，下一步的微观市场细分过程就要决定公司想要在每个国家销售哪种产品或服务。在这里做一个细致的市场细分是必要的，特别是在更大和更加重要的国外市场，其目的是为了能够通过差异化充分地挖掘市场潜力（见图 8-7）。

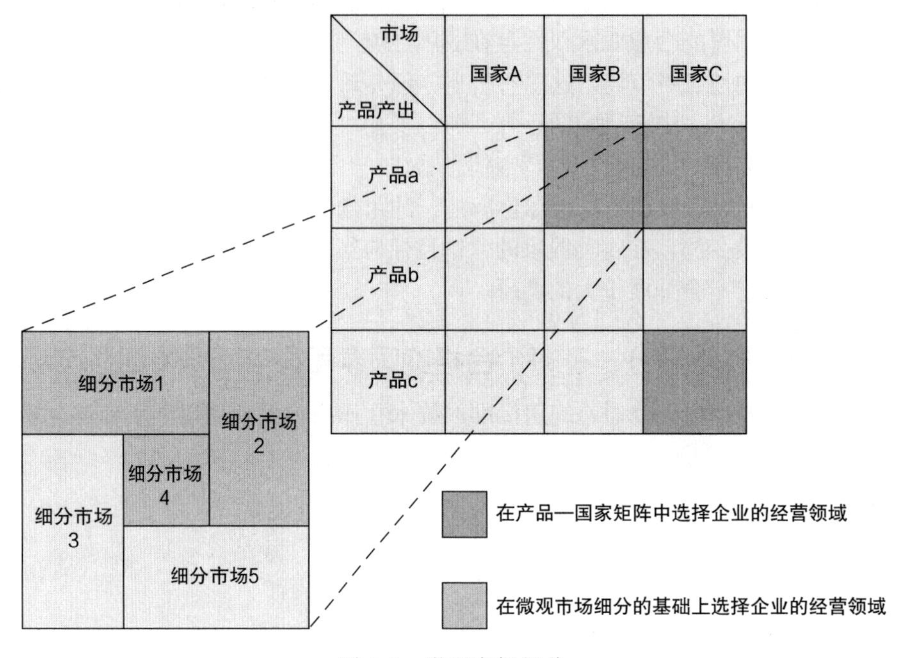

图 8-7 微观市场细分

在这种情况下，有必要将注意力集中在某一具体的营销战略程序上，这种战略程序针对相似的细分市场面向全球。这里影响具体市场决策的不是各个国家的市场吸引力，而是对于不同的细分市场（可能只有在小的细分市场）中存在相似需求结构和相似消费习惯的认知。

图 8-8 中展示了（图 8-2 中步骤 1 ～ 4）整个国际市场细分 / 筛选的过程。

图 8-8 中的模型开始将全球市场看成一个公司产品的潜在市场。事实上，如果只是把西欧看作潜在市场，那么公司可以从较低的层次开始筛选。西欧市场的六个集群是基于图 8-6 中的跨国集群的。越是在模型的底部，运用的原始数据（个人访谈、实地调研等）和根据内部标准进行的筛选就越多。而且，公司可能会在一些地理细分市场发现有高市场潜力的市场，但这不意味着公司产品的高销售潜力，某些国家可能会对出口产品进行限制（如贸易壁垒）。而且，公司的管理部门可能只选择和本土市场文化相似的市场，这可能就排除了将遥远国家选为目标市场的可能性，虽然这些国家可能有较高的市场潜力。此外，为了能够将高市场潜力转化为高销售潜力，公司必须协调自身的竞争力（内部标准）和顾客认为对其重要的价值链功能。只有在这种情况下，顾客才会将公司作为其可能的供应商。换句话说，在进行国际市场选择时，公司必须在可能的新目标市场与其自身优势、目标和战略之间寻求协同。公司对新的国际市场的选择，很大程度上受到市场的互补性以及在这些市场获得的营销技巧的影响。

总的来说，图 8-8 是基于公司主动和系统的决策行为。但这并不适用于所有现实情况，尤其在中小型企业，因为中小型企业需要一种更实用的方法。通常，公司并不能以自己的标准独立地进行细分，而是必须寄希望于可以被更大的公司评估和选择（为分供应商）。国际市场选择的实用主义方法也可能会导致公司选择与管理者自身个人网络和文化背景相似的顾客和市场。偶然性、运气和“管理直觉”（management feel）在国际市场选择的早期和晚期都有重要作用。在对澳大利亚公司的定性研究中，拉赫曼（Rahman，2003，p.124）发现，公司在对国外市场吸引力进行最后评测阶段会考虑一个重要因素是“管理直觉”，有公司这样表示：

> 事实上，最终很多决策都取决于管理层对市场的感觉。当要做出有关未来的决定时，市场中总有一些不确定性，国际市场也是如此。所以，在管理者不得不用目前有限的信息做出决策的过程中，“直觉”发挥了巨大作用。

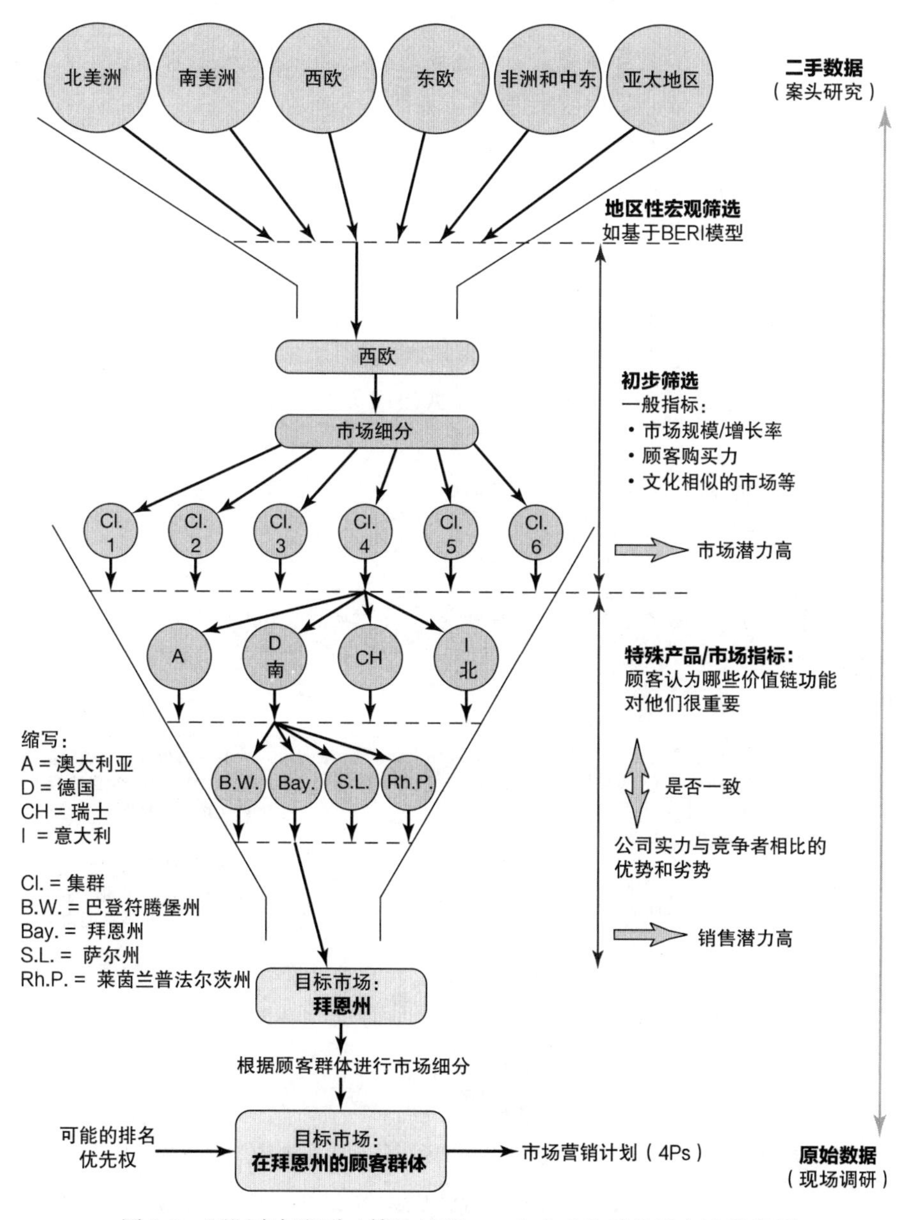

图 8-8　国际市场细分 / 筛选过程：一个主动和系统性方法的案例

营销洞见 8-1

博世安全系统：中东地区火警探测系统的国际市场选择

（对中东八个重要国家进行市场筛选：埃及、伊朗、约旦、科威特、卡塔尔、沙特阿拉伯和阿拉伯联合酋长国）

以下是博世安全系统（www.boschsecurity.com）在2006年进行国际市场选择（IMS）过程的结果。[⊖]那时，博世安全系统在中东只有零星的出口。因此，公司想要增加它在该地区的总体市场份额及销量。这一增长战略需要集中市场营销资源，因此一个系统和主动的国际市场选择方法，让博世对中东地区火警探测行业中最具吸引力的市场进行了排序。

建筑物的火警探测系统大致可分为：

- 涉及生活的安全市场；
- 法律推动的市场：大多数国家具有非常严格的火警安全系统的法律；
- 非常大的市场。

典型的建筑物火警探测系统需要以下功能：

- 火警探测——烟雾和热检测、信号装置、消防警报、手动通话点；
- 报警跟踪——外部警报拨号器、消防寻呼系统（SMS），如耳聋人士；
- 建筑物疏散——记录消息，紧急逃生出口的LED指示灯等；
- 消防——喷水灭火系统、消防门等。

除了消防外，博世安全系统包含上述所有服务功能。

博世安全系统管理层与中东当地销售经理共同经历的全部市场选择过程如图8-9所示（与图8-8相似）。

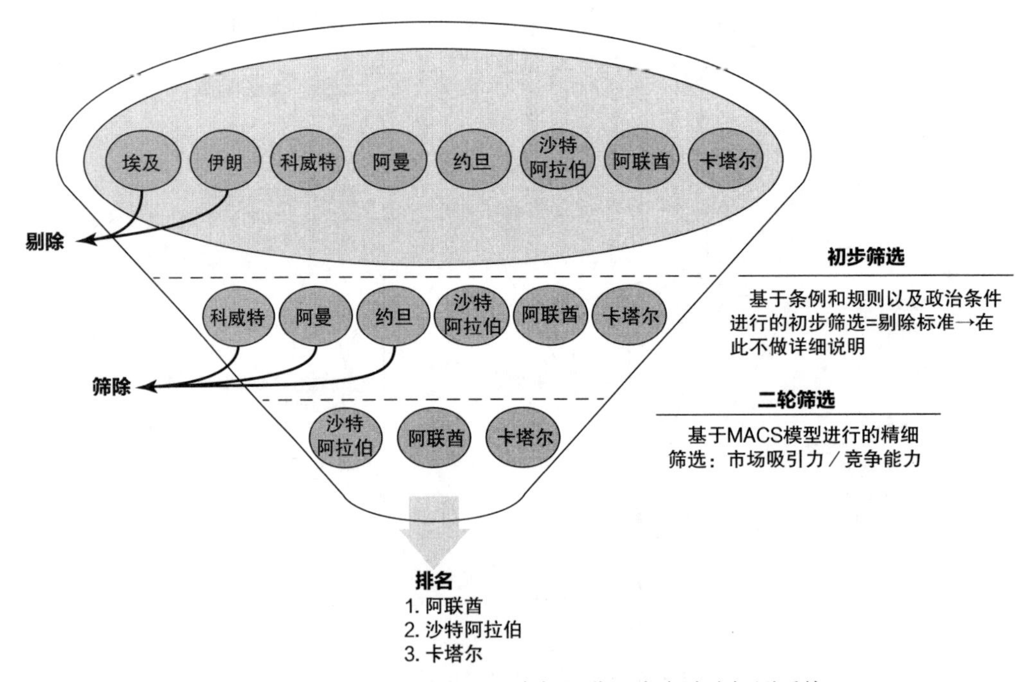

图8-9 博世安全系统的国际市场细分：中东消防探测系统

⊖ 在解释过程中，国际市场筛选过程中的原始数据可能被修改。这一国际市场选择过程的结果可能不能反映博世安全系统在中东火警探测系统市场的战略。作者对此负全责。

国际市场选择的过程非常费时（几天的会议），这些市场分析的花费应该与制定错误的市场选择所造成的大规模负面影响做比较。博世安全系统的结论是：他们最好提前做好功课。博世安全系统严格遵循第 8 章提出的国际市场选择过程。

初步筛选

在这一过程中，一些“剔除标准”被建立。如果国家不符合这些标准，就不会进入下一轮的筛选过程。在初步筛选中，两个剔除标准为：

- 这个国家必须要政治稳定且对宗教不是太保守（伊朗被剔除）
- 这个国家必须不是博世火警探测的既定市场（埃及被剔除）。

剩下的六个国家进入下一轮筛除。

二轮筛选

第二轮筛选中决定你要如何“测量”变量。为此我们使用 MACS 模型：即市场吸引力 / 竞争能力（这一模型与图 8-4 和表 8-2 类似）。

- 市场吸引力筛选变量——市场吸引力：
  - 经济地位：人均 GDP。
  - 建筑行业的发展：规划超过 10 亿美元的建筑项目的数量。
- 竞争能力筛选变量——竞争能力：
  - 强大的本地网路：评价本地联系的质量
  - 足够的本地销售和技术支持：当地的博世销售顾问的数量。

这一过程的后续是：

- 确定每个筛选变量对一个国家的吸引力和公司的竞争优势有多大影响，并为每个变量赋予比重。
- 逐个调查每个国家绩效的筛选变量并打分。

筛选变量的比重总和为 100% 或 1。在测量每个变量之前，博世针对这些变量的归类是很重要的。这些分数在 1 ～ 5 的范围衡量，但只可能给出 1、3、5 分。表 8-3 提出了给定 1、3、5 时需要满足的条件。表 8-4 给出了对不同国家的特定分数。

表 8-3　MACS 模型中的分类变量

市场吸引力（MA）			
得分	1	3	5
经济地位（人均 GDP，美元）	0 ～ 10 000	11 000 ～ 20 000	≥ 21 000
市场焦点（质量或价格）	价格	50/50	质量
建筑—计划的建筑项目（10 亿美元项目）	0 ～ 5 个项目	6 ～ 10	≥ 11
市场规模（消防业务，百万欧元）	0 ～ 10	11 ～ 20	≥ 21
市场增长（消防业务）	0% ～ 4%	5% ～ 9%	≥ 10%
消防安装人员 / 经销商的数量	0 ～ 15	16 ～ 30	≥ 31
消防安全意识（1 ～ 10）	1、2、3、4	5、6、7	8、9、10
符合欧盟标准[①]的顶部垂直[②]产品	1 ～ 2	2 ～ 3	>3
符合欧洲合格认证产品（CE）[③]的市场比例	0% ～ 33%	34% ～ 66%	67% ～ 100%
合作伙伴的排他性	一个排他的经销商	一个优质经销商 + 支持经销商	没有独家规定
竞争能力（CS）			
得分	1	3	5

（续）

市场吸引力（MA）			
当地消防经验（消防销量，欧元）	<10 000	10 000 ～ 100 000	>100 000
当地市场知识（1 ～ 10）	1、2、3、4	5、6、7	8、9、10
当地业务网络 / 与政府联系	坏	中等	好
当地博世消防销售代表的存在	不	短期少于一年[4]	是
当地技术支持（前台）	不	短期少于一年	是
可得的潜在当地消防合作伙伴的联系方式	不	部分	是

①垂直行业，如旅游（酒店）、媒体、银行、时尚、医疗和政府。

② EN（欧洲）标准：由欧洲标准委员会维持的欧洲标准。

③ CE：欧洲合格认证产品，意味着产品符合欧洲指令。

④当地人员在一年内可用（3）对比当地人员已经可用（5）。

表 8-4 筛选变量的测量和衡量

市场吸引力（MA）							
	比重 × 得分						
		约旦	科威特	阿曼	卡塔尔	沙特	阿联酋
经济地位	0.05	0.05	0.05	0.05	0.25	0.15	0.25
市场焦点（质量或价格）	0.05	0.15	0.15	0.05	0.15	0.15	0.25
建筑	0.10	0.10	0.30	0.10	0.30	0.50	0.50
市场规模（消防业务）	0.15	0.15	0.45	0.15	0.45	0.75	0.75
市场增长（消防业务）	0.15	0.75	0.45	0.45	0.75	0.75	0.75
消防安装人员 / 经销商的数量	0.10	0.10	0.30	0.10	0.30	0.50	0.50
消防安全意识	0.05	0.05	0.15	0.05	0.25	0.25	0.25
符合欧盟标准的顶级垂直产品	0.15	0.45	0.45	0.75	0.75	0.45	0.75
符合欧洲合格认证产品的市场比例	0.15	0.75	0.45	0.45	0.75	0.45	0.75
合作伙伴的排他性	0.05	0.15	0.25	0.05	0.15	0.25	0.25
总计	**1.00**	**2.70**	**3.00**	**2.20**	**4.10**	**4.20**	**5.00**
竞争能力（CS）							
	比重 × 得分						
当地消防经验	0.15	0.45	0.15	0.15	0.15	0.45	0.75
市场知识	0.15	0.15	0.15	0.15	0.15	0.45	0.45
当地业务网络的质量	0.20	0.20	0.20	0.20	0.20	0.60	0.60
当地博世消防专家的存在	0.20	0.20	0.20	0.20	0.60	0.60	0.60
当地技术支持	0.20	0.20	0.20	0.20	0.60	0.60	1.00
可得的潜在当地合作伙伴的联系方式	0.10	0.30	0.50	0.10	0.50	0.10	0.30
总计	**1.00**	**1.50**	**1.40**	**1.00**	**2.20**	**2.80**	**3.70**

在对不同变量进行分类后，下一步需要分析每个国家的各个筛选变量。在这一过程中，博世与当地营销专员坐下来（长时间会议）来打分。

表 8-4 没有给出对每个标准的打分，只有比重 × 得分的数据。例如，沙特阿拉伯的经济地位被打 3 分，此项最终分数为 $0.05 \times 3 = 0.15$。

表 8-3 的结果在图 8-10 的中央的气泡（与图 8-4 中的 MACS 模型相似）。因此，沙特阿拉伯（图中 SA）得到（x，y）=（2.8，4.2）。气泡的大小代表火警探测系统在不同国家的市场规模。

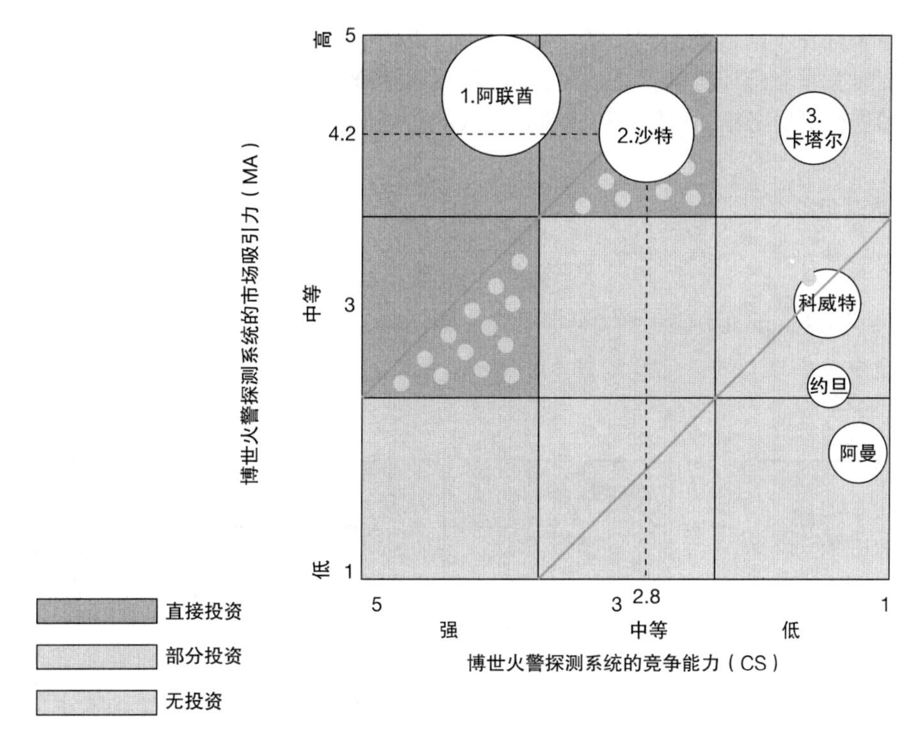

图 8-10 博世火警探测系统 MACS 矩阵

国际市场选择过程的结果

这项目的结果及所有分析都基于博世安全系统（火警探测）的中东最有吸引力国家的排行：

- 阿联酋（UAE）；
- 沙特（SA）；
- 卡塔尔（QA）。

这些排行只是真正国际市场计划的开始。主要流程是公司需要选择列表中排行第一的国家并决定：

- 进入模式（本书第Ⅲ部分）；
- 特定市场的营销计划（本书第Ⅳ部分）。

在渗透到排行第一的国家之后，公司可以选择相同的流程进入排行第二、三的国家，并以此类推。

有些时候，可以启动对所有营销活动的跨境协调，这一阶段在本书第Ⅴ部分讨论。

公司也需要考虑竞争者在潜力市场的当前位置。即使是在潜力市场非常大且显然具有吸引力的情况下，竞争者可能也会非常强大，所以如果公司想要进入市场并从竞争者那里获取市场份额就需要耗费许多资源。

8.4 市场扩张策略

选择市场扩张策略是出口营销中的关键决策。一方面，不同的模式久而久之会导致不同的竞争条件在不同市场上的发展。例如，进入以产品生命周期短为特征且快速增长的新市场，能对竞争者形成进入壁垒，并且能够产生更高的利润。另一方面，有目的地选择较少的市场进行更加密集的开发，可以创造更大的市场份额，这也就意味着更强的竞争地位。

营销洞见 8-2

“新的”的瀑布法

“新的”（Sunquick）的生产商可罗食品（CO-RO），是丹麦领先的生产超浓缩水果汁饮料公司。如图 8-11 所示，它专注于开发与许可瓶装合作伙伴的密切关系。

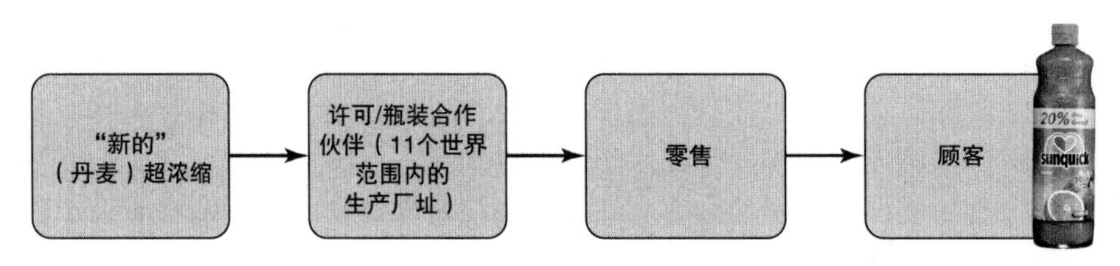

图 8-11 “新的”全球价值链

“新的”在 20 世纪 60 年代问世后，主要关注于国内市场和欧洲市场。在 20 世纪七八十年代，“新的”主要在欧洲其他地区销售。如图 8-12 所示，从 20 世纪 80 年代到 2000 年，“新的”开始向新兴市场和欠发达国家扩展。

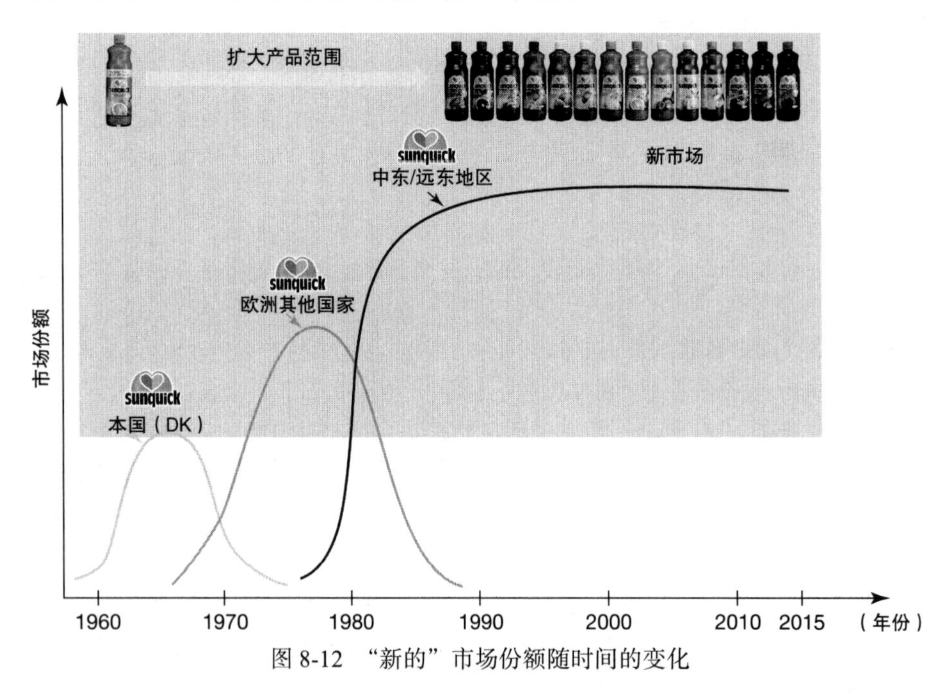

图 8-12 “新的”市场份额随时间的变化

截至 2010 年，“新的”成为马来西亚和中国市场的领导者，其市场地位逐渐扩展到欠发达地区。(比较图 8-12 与 14 章图 14-9 相似的产品生命周期的概念，这也显示了不同国家的不同产品生命周期)。

资料来源：Based on www.sunquick.com; www.co-ro.com.

企业要设计它们的市场扩张策略，必须回答以下两个基本问题：

（1）它们是以渐进式方法（瀑布法 = 涓滴效应），还是要渗透式方法（淋浴法）进入各个市场（见图 8-13）？

（2）在整个国际市场，企业应采取集中化战略还是多元化战略？

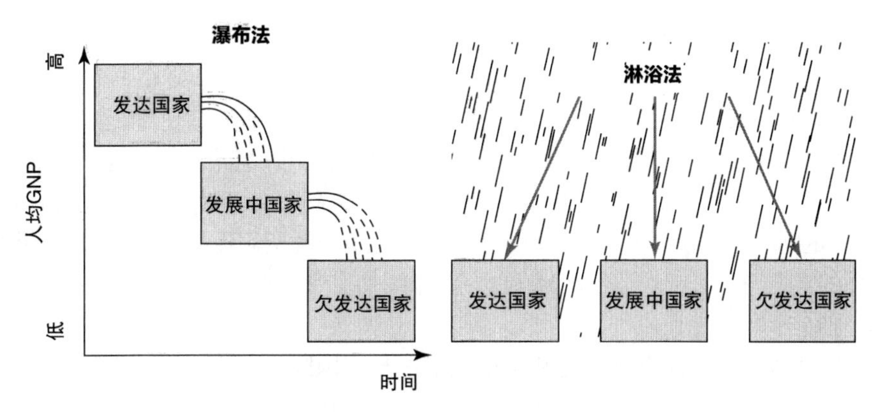

图 8-13　渐进式战略（瀑布法）和渗透式战略（淋浴法）

营销洞见 8-3

一个"向上渗透"战略的例子

根据瀑布法（涓滴效应），跨国公司去除最初为发达国家顾客设计的新产品的部分技术特点后，在对当地用户习惯和需求进行调研后加入了一些细节，然后将这些产品以低价格提供给发展中国家的顾客。现在，一个与此相反的过程出现，叫作"向上渗透"策略。跨国公司正在对最初为新兴市场开发的低成本产品进行修改来服务北美、欧洲、日本和澳大利亚那些爱好折扣的顾客。让我们来看一下现实中的向上渗透。

XO 笔记本电脑

尼古拉斯·尼葛洛庞帝（Nicholas Negroponte）于 2005 年创立了"每个孩子一个笔记本电脑"（One Laptop per Child，OLPC）项目，其宗旨是向不能接受正规教育的孩子销售小巧便捷的笔记本电脑（可连接网络）。这个概念随后被发展为简单的"XO 笔记本电脑"，于 2007 年推出并（通过国际机构）销售到很多发展中国家。

2008 年，主流电脑制造商，如戴尔，以自己的品牌面向发达国家的主流顾客推出了便宜的上网本。此举正是受到了在发展中国家低价推出 XO 的启发，戴尔在美国以 300 美元的价格向那些对价格敏感的顾客推出此款产品。

2010 年 5 月，OLPC 宣布了一项改变市场供应的计划。OLPC 和电子产品制造商圆满地达成了合作伙伴关系，开发并生产高容量的 XO-3 平板电脑，降低设备成本，使价格低至 75 美元。OLPC 预想通过降价和提供更灵活的产品（包括和 Adobe Flash 合作的能力）来吸引更多的客户，包括政府客户。因为政府购买 XO 笔记本电脑作为它们对发展中国家援助项目的一部分。

OLPC 的主要供应商，中国台湾 OEM 企业广达，在构建"规模经济"和扩展上网本市场中发挥了关键作用。广达说服宏碁（Acer，广达的另一个客户）营销一个类似于 XO 笔记本电脑的上网本。这样，广达既是 OLPC 的生产组件供应商，同时又是竞争者。广达努力为其他客户转化设计理念，特别是那些已经成为 OLPC 竞争对手的上网本。

资料来源：Adapted from Yujuico and Gelb（2011）；http：//images.businessweek.com/ss/09/04/0401_pg_trickleup/11.htm.

8.4.1 渐进 vs. 同时进入

瀑布法是基于这样一个假设：起初，一种产品或技术可能太新或太昂贵，只有先进（富裕）国家才能使用或买得起。然而，随着时间的推移，价格会下降，直到这个价格便宜到发展中和欠发达国家都能买得起。因此，根据这种方法，公司可能会决定渐进式或试验性地进入国际市场：首先进入一个重点市场以累积国际运营的经验，然后相继进入其他市场；或者，公司可能决定同时进入很多市场，以快速利用核心竞争力和资源优势开发更广阔的市场基础。

对大的国际公司，这两个战略可以被理解为如图 14-8 所示的国际产品生命周期（Vernon，1966）。

当一个公司缺乏国外市场经验并希望逐渐参与到国际运营中去时，渐进式进入尤其是进入小市场可能是首选。这样就可以逐步获取关于国外市场运营的信息。如果一个公司进入国际市场较晚并且面临强势的当地竞争，这个策略就变得更加可取。同样，如果一个公司很小并且资源有限，或者它高度规避风险，那么它很可能愿意进入一个或数量有限的市场，并以一系列渐进式的行动逐步扩张，而不是立即重点致力于国际扩张。

一些公司喜欢快速进入国际市场，以抓住新的机遇或者进行垄断竞争。快速进入可以在很多市场进行早期的市场渗透，并使公司能够迅速地积累经验。它也使公司通过在这些市场进行整合和合并运营来达到生产和营销中的规模经济。如果所涉及的产品或服务是创新型的或具有技术上的巨大突破，那么就更加可取，因为可以由此预先阻止其他竞争对手的制约。虽然全球信息技术的发展增加了同时进入多个市场的可行性，但同时进入多个市场要求大量的金融和管理资源，运营风险会更高。

8.4.2 适合中小型企业的扩张策略

中小型企业经常通过开发国内市场机遇来加强公司资源，这些资源将来可以运用于国际市场（见图 8-14）。公司的市场扩张战略应当重点关注产品市场细分。在产品市场细分中，公司的核心技能产生竞争优势（这里是产品 A、B 和 C 和市场 1 和 2）。

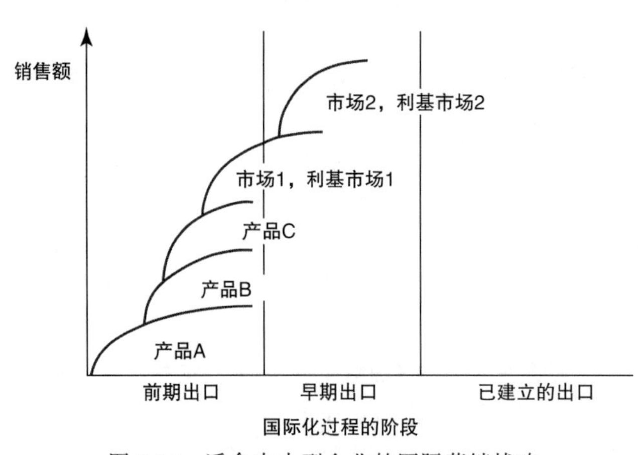

图 8-14 适合中小型企业的国际营销战略

这个过程可能会逐步发展，每次选取一个市场（市场 1，利基市场 1），并将这个市场作为一个滩头阵地，通过学习将核心技能传递到下一个相同的利基市场（市场 2，利基市场 1）。公司可以逐步开发新市场，并由此实现国际化运营，从而巩固原有市场并保证收益性。

8.4.3　集中化 vs. 多元化

公司也必须决定是将资源集中于少数的相似市场，还是在多个不同市场进行多元化的运营。公司可以集中精力进入那些在市场特征和基础设施与国内市场高度相似的国家。管理层也可以重点关注一些邻近的国家。或者，公司可能更愿意通过进入在环境和市场特征方面不同的国家来分散风险，一个国家的经济衰退可以通过另一个市场的增长来抵消。各个市场的竞争强度通常也不一样，相对受到保护或竞争较小的市场的利润，可能会流入竞争更加激烈的市场。在世界不同区域进行投资及运营也可以分散风险，因为在某些行业，不同区域的市场并不是相互依赖的（也就是说，一个区域的趋势不会发展到另一个区域中）。

国家层面的集中化或多元化问题可以与顾客（细分）层面的集中化或多元化相结合加以使用。由此产生的矩阵（见图 8-15）显示了四种可能的策略。

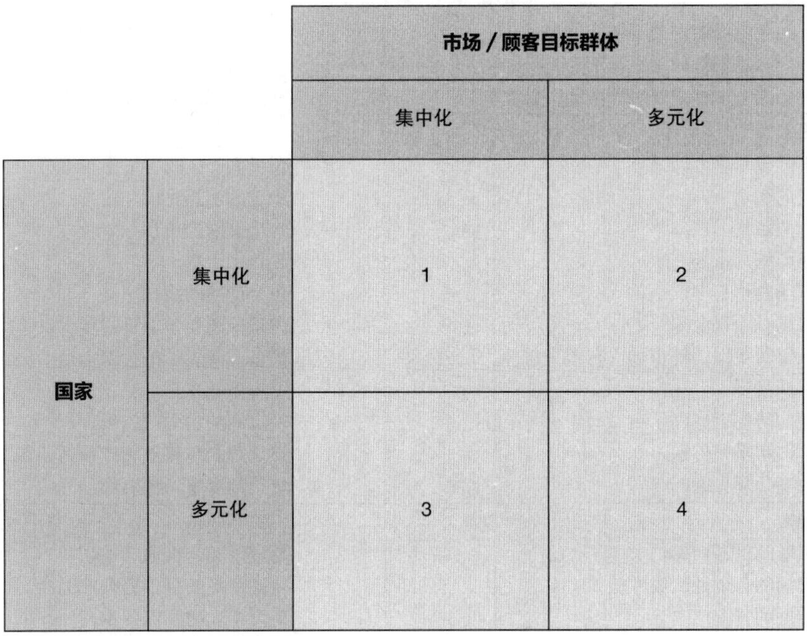

		市场 / 顾客目标群体	
		集中化	多元化
国家	集中化	1	2
	多元化	3	4

图 8-15　市场扩张矩阵

从图 8-15 中可以找到四种扩张策略：

（1）少数国家中的少数顾客群体 / 细分市场。

（2）少数国家中的很多顾客群体 / 细分市场。

（3）很多国家中的少数顾客群体 / 细分市场。

（4）很多国家中的很多顾客群体 / 细分市场。

公司可以使用赫芬达尔指数来计算它的出口集中程度，并在不同时间或与其他公司进行比较。这个指数被定义对单个国家的出口额占公司总出口额的百分比的平方和。

$$C = \sum S_i^2 \quad i = 1, 2, 3, 4, \ldots, n \text{ 个国家}$$

式中 C——公司的出口集中指数；

S_i——第 i 国的出口占公司总出口额的百分比（以 0 ～ 1 的小数计量）。

$$\sum S_i = 1$$

当所有的出口都只针对一个国家时，就会产生最大集中程度（$C = 1$）；当所有出口均等的分布在很多国家时，就会有最小集中程度（$C = 1/n$）。

国家市场多元化或集中化的有利因素如表 8-5 所示。

表 8-5 国际市场多元化 vs. 集中化

有利于国际多元化战略的因素	有利于国际集中化战略的因素
企业	
管理部门风险意识高（风险偏好）	管理部门风险意识低（风险规避）
通过市场开发达到增长目标	通过市场渗透达成增长目标
市场知识有限	有能力挑选“最优”市场
产品因素	
有限的专业用途	一般用途
小批量	大批量
非重复购买	重复购买
处于产品生命周期中的早期或晚期	处于产品生命周期的中期
可在多个市场销售的标准化产品	产品需要调整以适应不同市场
可引发新的全球客户解决方案的突破性创新	渐进式创新——市场范围狭窄
市场因素	
市场小——专业市场细分	市场大——高容量市场细分
不稳定的市场	稳定的市场
许多相似市场	数量有限的市场
新兴或萎缩的市场	成熟的市场
各个市场的增长率低	各个市场的增长率高
大型市场竞争很激烈	大型市场竞争并不过度
现有竞争对手在关键市场占有很大份额	很多竞争者瓜分关键市场
顾客忠诚度低	顾客忠诚度高
国家间的协同效应高	国家间的协同效应低
知识可在市场间传递	缺乏对全球机遇和威胁的认知
较短的竞争领先时间	较长的竞争领先时间
营销因素	
新增市场的沟通成本低	新增市场的沟通成本高
新增市场的订单处理成本低	新增市场的订单处理成本高
新增市场的物流成本低	新增市场的物流成本高
很多市场的标准化沟通	沟通需要适应不同的市场

营销洞见 8-4

巴贾杰正在挑选被全球领导者所忽视的新的国际市场

专注于开发被全球领导者所忽视的市场也能获取国际市场的成功。印度摩托车制造商巴贾杰公司（Bajaj）通过重点关注能提供额外价值的小型摩托（200cc 或更小的发动机），将运营扩张至 50 多个国家。巴贾杰众多系列的摩托车以不同价位满足不同偏好的顾客。

2008 ～ 2009 年，巴贾杰售出了大约 190 万辆摩托车，其中 1/3 用于出口。当世界三大摩托车制造商（本田、雅马哈和铃木）重点关注美国和西欧这样的发达市场时，世界第四大摩托车制造商巴贾杰选择以发展中国家为目标市场。

巴贾杰的经销网络覆盖 50 个国家。它在斯里兰卡、哥伦比亚、孟加拉、中美洲、秘鲁和埃及占据市场主导位置，并且在非洲也正获得更多的立足点。因此，该公司已经在尼日利亚委派了一个装配车间，以满足非洲市场日益增长的需求。

更靠近运营市场是公司策略的一部分。除了在印度尼西亚的子公司 PT BAIl，巴贾杰汽车在蒙特雷（墨西哥）、迪拜和科隆坡（斯里兰卡）也都有自己的销售办公室。

资料来源：Sirkin *et al*.（2008）；www.bajajauto.com.

8.5　全球产品 / 市场组合

产品 / 市场组合分析为如何跨地域及跨产品经营范围分配资源提供了一个重要的评估工具（Douglas and Craig，1995）。全球产品 / 市场组合代表了最高程度的组合分析，它可能包括根据产品业务或地理区域进行的运营分析。

如图 8-16 所示（基于图 8-4 中的市场吸引力 / 竞争能力矩阵），联合利华最高的组合分析层次是它的不同产品业务。将此分析作为一个出发点，对单个公司产品业务根据产品维度、地理维度或两者结合后的维度进行进一步的分析。

从图 8-16 中的全球产品 / 市场组合来看，联合利华食品业务的特征是市场吸引力和竞争能力强。事实上，通过分析潜在的层面可以得到不同见解。这种更加细致的分析通常要求针对具体营销计划来提供有关运营方面的信息。

通过产品和地理两个维度的结合，我们可以从以下层面对全球产品 / 市场组合进行分析（图 8-16 中的例子用箭头进行了表示）：

（1）按区域归类的产品类别（反之亦然）；

（2）按国家归类的产品类别（反之亦然）：

（3）按品牌归类的区域（反之亦然）；

（4）每个品牌的国家（反之亦然）。

当然，我们也可以进行进一步的详细分析。例如，在国家层面分析某些国家的不同顾客群体（如食品零售商）。

因此，对跨国或跨区域的各种组合单位的相互关联性进行评估也可能是很重要的。一个公司（如一家大的食品零售连锁店）可能在其他国家有销售点，或者与大零售商在零售方面可能已经形成跨国联盟，从供应商（如联合利华）那里集中采购，具体参考 16.9 节。

8.6　总结

国际市场选择只是简单地针对促变因素带来的刺激而做出的反应，特别是在中小型企业中。促变因素可能是突然接收到的订单。国际市场选择一个更加主动和系统化的方法包括以下四个步骤：

（1）选择相关的市场细分标准。

（2）开发合适的细分市场。

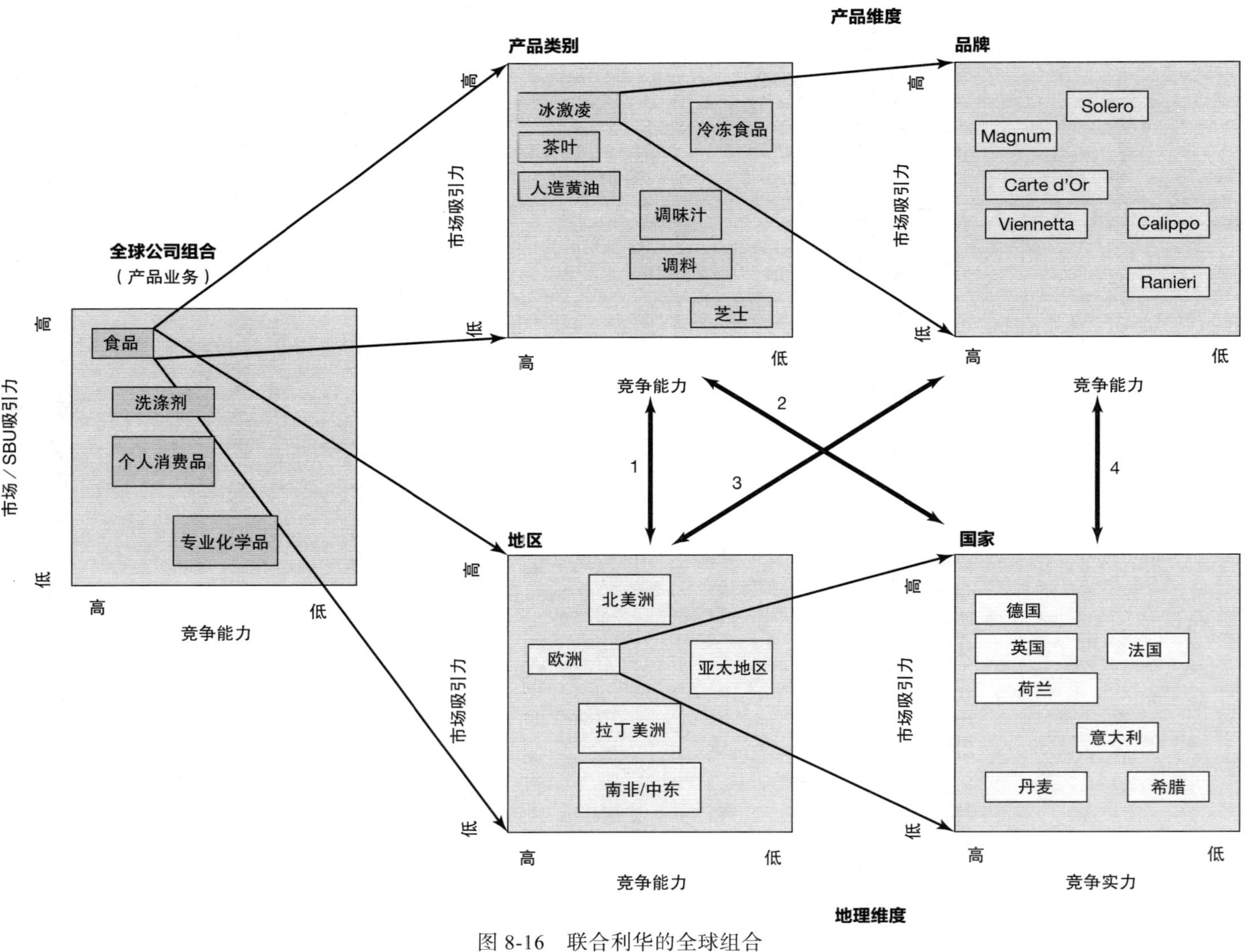

图 8-16 联合利华的全球组合

（3）对细分市场进行筛选，缩小合适国家的范围（选择目标）。

（4）微观市场细分：在每个符合条件的国家内部或国家之间进行进一步的细分市场。

然而，公司不能总是成功运用国际市场选择的实用方法。高层管理者的直觉和个人网络在公司的第一个出口市场的“筛选”中发挥着重要作用。在进行国际市场选择时，公司必须在可能的新目标市场和公司自身能力、目标和策略之间寻求协同。公司对新国际市场的选择很大程度上受到市场的互补性以及在这些市场积累的营销技能的影响。

完成以上四个步骤之后，所选市场的市场扩张策略成为一个关键决策。在设计这个策略时，公司必须回答以下两个基本的问题：

（1）它们是要渐进式战略（瀑布法）还是要渗透式战略（淋浴法）进入各个市场？

（2）在整个国际市场，企业应采取集中化战略还是多元化战略？

公司的产品 / 市场组合分析是一种将国际市场选择（地理维度）和产品维度进行结合得非常好的方法。它对评估如何在各个地理区域 / 产品业务进行资源分配是很重要的。并且，它也是评估跨国或跨区域各种组合单位相互关联性的重要方法。例如，一个公司（位于某个国家）可能在几个国家都有业务。

问题讨论

1. 为什么对国外市场进行筛选很重要？概述很多公司不系统地筛选国家 / 市场的原因。
2. 探究影响国际市场选择过程的因素。
3. 讨论在国际市场选择过程中只使用二手数据作为筛选标准的优点和缺点。
4. 对国际市场进行机会主义选择有何优点和缺点？
5. 全球市场细分与国家市场细分之间有什么区别？这些区别对于一个在世界范围内服务细分市场的公司来说，在营销方面有什么启示？
6. 讨论公司选择地理扩张策略会对国外子公司的当地营销经理制定和实施营销项目的能力产生哪些影响？

案例研究 8-1

塔塔 Nano 汽车：世界上最便宜汽车的国际市场选择

未来 10 年，全球汽车业的增长将主要来自新兴经济体，如印度、中国和东欧。在这些国家的汽车市场增长中，做出最大贡献的应来自快速增长的小型车市场。中产阶级可支配性收入的增加是发展中国家小型汽车市场发展的主要驱动力。然而，在像美国和欧洲西部这样的发达地区，严格的环保标准增加了对这种节能汽车的需求。

塔塔汽车公司

2012 年，印度塔塔集团（www.tata.com）在 85 个国家共拥有从业人员近 455 000 人，成为印度最大的集团公司。2011 ～ 2012 年，该公司获得大约 1 000 亿美元的收入（相当于印度 GDP 的 5%）。塔塔集团的七个业务部门拥有近 100 家公司。

塔塔汽车公司是塔塔集团旗下的一家公司。作为印度最大的汽车制造商、公交车、商用卡车、拖拉机拖车、客车、轻型商用车和多用途车等汽车制造商，塔塔汽车公司正在为全球市场提供动力。该公司主要在印度销售汽车，但其销售额的20%来自其他亚洲国家、非洲、澳大利亚、欧洲、中东和南美洲。2008年，塔塔汽车公司花费约23亿美元从福特汽车公司收购了捷豹和路虎品牌。现在，塔塔汽车在印度的三家工厂和在其他国家和地区的办事处共拥有22 000名员工。

塔塔汽车在印度乘用车市场的占有率低于20%，并且最近正遭遇销售下滑。2012年，该公司生产了25万辆汽车和30多万辆公共汽车和卡车。除印度之外的其他国家，塔塔汽车只销售了很少的汽车，可以说该公司的国际营销经验很薄弱。

然而，与作为竞争对手的其他跨国公司相比，该公司确实有一些明显的优势。首先，该公司具有一定的成本优势，其劳动力成本仅占销售额的8%～9%，而在发达国家这项成本占到了30%～35%；其次，塔塔汽车公司拥有较为宽泛的后向和前向联系，与塔塔集团的机床和金属部门都有着紧密的联系；最后，印度政府出台了促进汽车工业的政策和法规，包括对研发的鼓励与支持。

尽管塔塔汽车公司表示，它希望在接下来的四年里花费大约15亿美元来扩大制造奢侈品牌的设施，但捷豹和路虎的收购还是给它带来了财务压力。与此同时，路虎和捷豹除了使塔塔汽车公司拥有了全球认可的产品，品牌的收购也使塔塔汽车公司进入了美国市场。通过与菲亚特进行合作，塔塔已经在印度分销意大利汽车，并将该产品扩大到对菲亚特品牌认可的美国南部。

塔塔 Nano 汽车的发展

2008年，在新德里举行的汽车博览会上，塔塔展示了世界上最便宜的汽车Nano。这辆车可容纳五人，每加仑可以行驶55英里，售价约为2 230美元。起初Nano仅在印度销售，但塔塔希望经过几年前期生产后Nano可以出口，并在不远的将来出口到欧洲。2010年年初，塔塔首次向其印度本国的客户发货。

塔塔Nano开始与塔塔集团（塔塔汽车公司的母公司）合作，创建一个专门针对印度消费者的超低成本汽车：在印度，很多人买不起当时市场上标价5 000美元的最便宜汽车，大多数家庭只能负担得起1 000美元的摩托车。所以，在印度街头看到一家四口人骑摩托车是再平常不过的事了。

仅在印度就有5 000万～1亿人处于汽车断层。到目前为止，印度汽车制造商没有把重点放在这里，而在这方面，Nano是蓝海战略一个很好的例子。

客户一直存在于Nano技术的发展中。塔塔并不是通过计算生产成本和添加利润来确定Nano的价格，而是考虑到消费者仅可以支付2 500美元，并将其作为售价，然后与那些愿意冒险的合作伙伴一起生产一个能从2 500美元中获取少量利润的汽车。

Nano的工程师和合作伙伴并不是简单地剥离现有汽车的功能——追随者雷诺Dacia Logan在印度的售价为1万美元。相反，他们着眼于目标客户削减生活成本的想法。例如，Nano的发动机比其他车小，因为在印度拥挤的城市里，平均时速为10～20英里即可，更多的马力将是浪费。

Nano旨在为数百万印度人带来驾驶乐趣，就如同大众甲壳虫对德国以及Mini对英国一样。然而，这个计划使环保主义者陷入恐慌，他们担心印度不断增长的中产阶级人口（总人口11亿，中产阶级人口占到了5 000万）对汽车的需求会增多，从而加剧环境污染和全球气候变暖。

全球汽车工业

2012 年，世界客车生产量为 8 100 万辆。不同国家的分布情况如表 8C-1 所示。

表 8C-1 2012 年全球客车分布

国家	2012 年汽车生产量（百万辆）
美国和加拿大	17
西欧	13
东欧	5
日本	5
中国	19
韩国	2
印度	3
巴西 / 阿根廷	4
其他	13
全球总量	81

全球低成本汽车（LCC）的市场细分

毫无疑问，全球汽车市场的竞争格局已经发生了戏剧性和永久性的改变。Oxyer 等人（2008）预测全球低成本市场（如图 8C-1 所示的超低成本 + 普通低成本汽车市场）将从 2008 年的 200 万辆增长到 2020 年的 1 750 万辆。

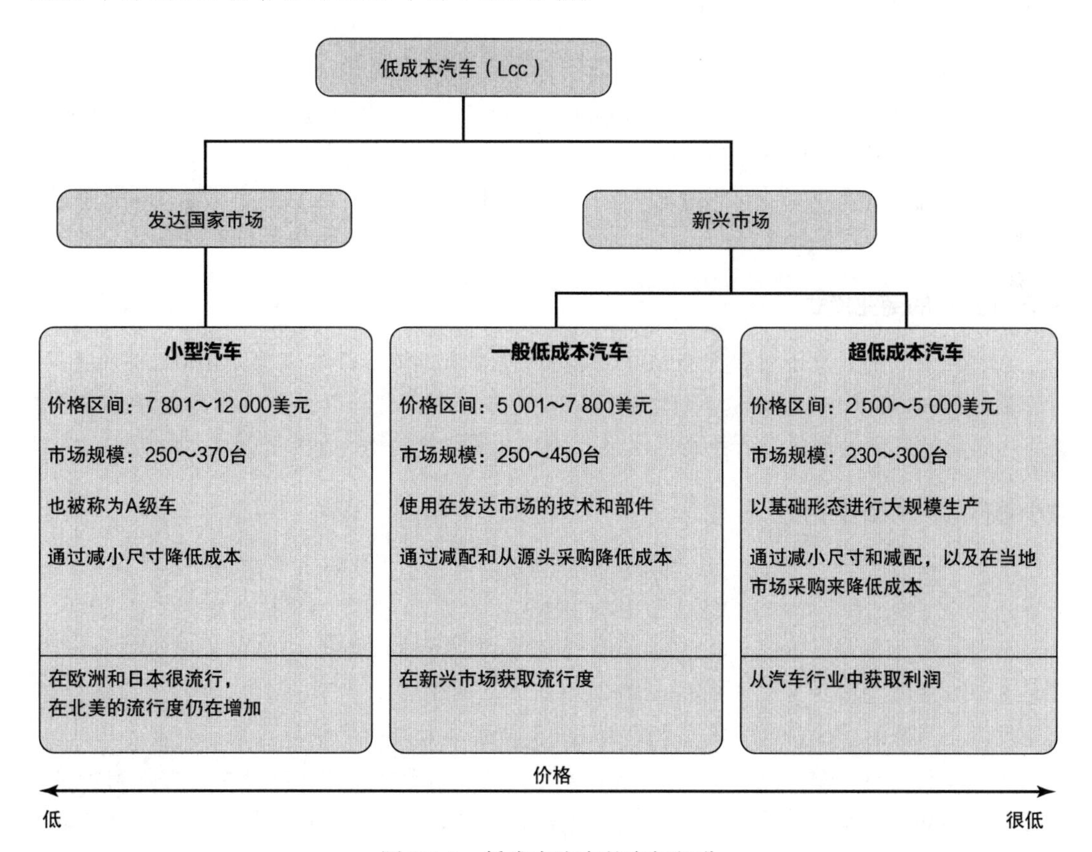

图 8C-1 低成本汽车的市场细分

此外，这个市场的巨大潜力吸引了世界各地制造商和供应商的注意，近年来有一些全球参与者进入了LCC行业。毫无疑问，先行者将有机会获得市场份额，并建立消费者忠诚度。动态和强大的超低成本汽车（英国）市场正迫使汽车制造商重新考虑自己的战略。毫无疑问，使用传统的设计、制造和分销方法使超低成本汽车（ULCC）的入门价格低于3 500美元是一个极其艰巨的任务。低价位、低利润率——基本模型水平约为3%左右——将会在ULCC市场上形成激烈的竞争。

塔塔Nano最有前途的市场是在印度、中国和日本，预计未来ULCC的生产和需求将占到60%～70%。

印度

印度很可能会演变成小型汽车制造业的全球枢纽。目前，塔塔Nano是最大的小型车生产商之一，小型汽车市场约占印度汽车市场的3/4。快速增长的小型车市场带动几家全球汽车公司（雷诺－日产、丰田、现代）宣布在印度推出小型车的计划。随着塔塔Nano的推出，该平台将在未来两年内在印度推出十几款小型紧凑型轿车。

2012年，印度最大的汽车制造商玛鲁蒂铃木（Maruti Suzuki），已经拥有国内小型车市场超过60%的份额。

Nano汽车等廉价汽车在印度城市交通中的意义必须从印度机动车的总体趋势来看。截止到2012年年底，印度已拥有近5 000万辆轿车。2012年，在印度市场售出约300万辆新客车，预计这一数字将在2015年增至400万辆。与此相比，仅在2012年就有近1 000万辆两轮摩托车在印度销售。

中国和日本

中国的小型车需求有望在长时间内增加。然而，小型车和中型车之间的价格差距使得中型车成为消费者更具吸引力的选择。

小型车占日本汽车市场总销量的1/3以上。铃木和大发是日本小型车市场的领导品牌。由于环境标准和天然气价格的上涨，大量的日本消费者放弃了豪华轿车而转到微型车上来。

塔塔Nano的商业模式

塔塔在最初的开发过程中拥有600个紧密联系的供应商，现在只剩下100个。独立供应商提供Nano零部件的80%，汽车97%的部件都来自印度。博世等供应商与塔塔合作，通常聘请印度有设计摩托车而不是汽车经验的工程师，来为Nano制造低成本的部件。

减少零件的数量和复杂度

塔塔汽车公司专注于生产重点部件，鼓励创新制造更小、更轻、更便宜的零部件，并避免设计非功能性、非必需部件。例如，博世为Nano改装了一种更小更轻的摩托车启动器。

当塔塔汽车开始为Nano寻找合作伙伴时，在印度拥有生产能力的欧洲供应商相对于其他竞争对手具有很大优势。Nano之所以是世界上最便宜的汽车，是因为97%的部件都是印度本土制造的。把西欧的低成本部件运送到世界其他地方是不可能的。

该项目的100家供应商中，有一半与塔塔一起位于辛格尔的142公顷的供应商园区，并与生产Nano的新工厂相邻。辛格尔是印度东部加尔各答的郊区。以下是一些为Nano提供关键部件的欧洲供应商：

安全带	奥托立夫（Autoliv）
暖通空调	贝洱（Behr）
起动机、发动机控制组件、喷油嘴、传感器	博世（Bosch）
变速传感器、燃油油位传感器、燃油泵	大陆（Continental）
燃油滤清器、空气过滤器	马勒（Mahle）
玻璃	圣戈班（Saint-Gobain）
速度传感器	TT 电子（TT Electronics）
离合器	法雷奥（Valeo）

大多数供应商只能在Nano的零部件上获利，因为：一方面，它们在印度这样的低收入国家生产大量的零部件；另一方面，它们也在那里进行一系列的研发。

每个阶段价值链的标准化

与亨利·福特的“顾客要任何颜色都可以，只要它是黑色的”的观念类似，塔塔Nano在颜色上为消费者提供了较少的选择，而这几乎对生产过程没什么影响。

塔塔Nano在印度的分销模式也是较为新颖的。公司动员了大量第三方接触偏远农村的消费者，定制产品和服务来满足他们的需求，并通过辅助服务来增加核心产品或服务的价值。例如，一家工厂生产车辆模块，然后将这些模块送到一些战略定位的卫星迷你工厂，在那里Nano组装并交付给买方。中央仓库储存备件和配件。

塔塔 Nano 出口到欧洲和 / 或北美

要出口到这两个地区，塔塔Nano有两个明显的障碍：

- 排放标准。十多年前，西欧、日本和北美制定了排放标准。中国和印度等新兴市场都采用欧洲标准，但有五年的滞后。拥有小型发动机、耗油量适中的轻型低成本汽车能够符合目前的排放标准。
- 安全法规。北美和欧洲各国政府在安全带、侧翻以及后部、侧面和正面保护标准方面也制定了相似的安全条例。在发展中国家，这些标准较低，超低成本汽车能够较好地满足这些标准。但随着欧洲和北美各国政府继续制定更高的标准，合规问题将会出现。

塔塔Nano印度市场上的目标基准价格为2 500美元，而由于壁垒（关税）等其他一系列问题，其在欧洲市场上的价格就涨了一倍：

塔塔 Nano	美元
基本价格	2 500
+转换（符合排放标准和安全条例的成本）	500
+物流成本	375
+营销	125
+厂商利润	105
+经销商利润	108
+进口关税	93
预期 MSRP（厂商建议零售价）	3 806
+销售税	400
总成本	**4 206**

事实上，在丹麦等一些对私家车征收重税的国家，塔塔 Nano 的实际价格会更高。

竞争

2012 年年初全球价格最便宜的五款车型：

编号	型号	生产商	价格（美元 / 欧元）
1	Nano	印度塔塔汽车	2 500/1 688
2	QQ3	中国奇瑞汽车	5 000/1 726
3	M800	印度玛鲁蒂铃木汽车	5 200/3 451
4	Merrie Star	中国吉利汽车	5 500/3 796
5	S-RV mini SUV	中国吉利汽车	5 780/3 989

资料来源：Based on www.timesonline.co.uk.

现在，在超低成本汽车领域开始有竞争者进入。

（1）雷诺 - 达西亚洛根。2004 ～ 2012 年，雷诺售出了 45 万辆价值 7 200 美元（4 969 欧元）的洛根轿车。这辆精简型家用轿车的标价仅是竞争车型成本价的一半。

（2）现代。现代汽车也正在开发一种超低价汽车，它将与塔塔 Nano 展开竞争。现代汽车在印度是第二大汽车制造商。目前，现代是印度汽车市场领导者——玛鲁蒂铃木印度的最大竞争对手。

（3）大众。大众汽车还计划在印度和俄罗斯推出一款名为“UP”的低成本汽车！这款低成本汽车将与大众紧凑型 Polo 汽车共享一些部件，是一款为发展中国家设计的经济实惠型汽车。

（4）丰田。丰田也有意进入印度的 LCC 市场。在印度南部城市班加罗尔的郊区，丰田价值 350 亿日元（3.43 亿美元）的新生产线于 2010 年开始生产，初期的产能为每年 10 万台，每辆车的单价约为 6 000 美元。尽管丰田在未来可能会通过使用大发（Daihatsu）的技术进入 LCC 市场，但目前还不会立即对印度塔塔汽车公司 2 500 美元的平民价汽车产生威胁。丰田在美国汽车市场占有 16% 的市场份额，但在新兴市场的销量仍然很小（例如，丰田在印度的市场份额仅为 3%）。

问题：

在第一年（2010 ～ 2011 年），塔塔 Nano 销售了约 7 万辆汽车。这一数字在 2011 ～ 2012 年略增至 8 万辆左右，但自 2012 年以来，塔塔 Nano 的销量有所下降。2012 ～ 2013 年的销量下降到 5.4 万辆，2013 ～ 2014 年下降到 2.1 万辆，2014 ～ 2015 年下降到 1.7 万辆汽车。印度工厂每年可生产约为 30 万辆 Nano。到目前为止，Nano 主要销往印度市场，只有一小部分汽车用于出口。但现在，塔塔 Nano 的国际营销经理将与你——作为一个国际营销专家——联系，以扩大塔塔 Nano 的国际销售。

1. 塔塔汽车进入全球超低成本汽车市场的主要原因是什么？
2. 塔塔 Nano 在新兴市场中有哪些竞争优势？
3. 你会为塔塔 Nano 的 IMS 流程推荐哪些筛选标准？
4. 进入印度和中国以后，你认为塔塔 Nano 还应该进入哪些国家或地区的市场？

资料来源：本案例来源于多个公开资料：包括 www.tatanano.com, www.tatamotors.com and Oxyer, D., Deans, G., Shivaraman, S., Ghosh, S. and Pleines, R. (2008) ‘A Nano car in every driveway? How to succeed in the ultra-low-cost car market’, A.T. Kearney Business Journal – Executive Agenda, XI(2), pp. 55–62。

案例研究 8-2

飞利浦照明：在中东筛选市场

荷兰皇家飞利浦电子是世界上最大的电子公司之一，也是欧洲最大的电子公司之一，在100个国家拥有12.2万名员工，2011年的销售额为226亿欧元。

1891年，荷兰机械工程师杰拉德·飞利浦（Gerard Philips）在埃因霍温的一个旧鹿皮工厂开始生产碳丝灯泡。他的第一个大客户是早期的电力公司，在供电合同中提到它们为飞利浦提供了照明设备。

今天，飞利浦在世界照明市场上排名第一。它们的照明产品（灯泡和灯具）遍布世界各地：不仅在家里，而且在许多专业设备中，例如，30%的办公室照明，65%的世界顶级机场照明，30%的医院照明，35%的汽车照明以及55%的足球场馆照明。

竞争

飞利浦照明是全球照明产品生产的领导者。它在欧洲的市场占有率为50%，北美洲为36%，世界其他地区为14%。自20世纪80年代以来，飞利浦通过收购其他国家的小型国有企业，如Companie des Lampes（法国）、AEG（德国）、Polam Pila（波兰），从而积极促进了这一工业部门的集中化发展。同时，它还与西屋电气灯具（Westinghouse Lamps）、科诺尼亚（Kono Sylvania）和EBT中国。

通用电气照明

1988年，通用电气照明（GEL）在美国市场占有50%的份额，但在欧洲市场的份额仅为2%。为了在2010年达到30%的市场份额，GEL收购了一些欧洲国有企业，如Tungsram（匈牙利）、Thorn Emi（英国）、Sivi（意大利）和Linder Licht（德国）。1994年，GEL在法国建立了一个物流单元，用来供应法国、德国、比荷卢经济联盟、瑞士、意大利和奥地利。现在，GEL打算降低在连锁超市销售的产品的价格。

欧司朗

由德国西门子百分之百控股的子公司欧司朗，通过出口实现了86%的营业额（北美洲46%，欧盟41%，南美洲6%，亚洲6%）。欧司朗未来几年的战略是通过增加亚洲的营业额来增加在亚洲市场的份额。

其他重要的制造商是Syvinia照明国际和松下。

飞利浦在中东的市场筛选

21世纪初，飞利浦需要为整个中东地区制定一个一致的营销策略。第一项任务是选择该地区最具吸引力的市场。多年来，飞利浦开发了一个模型，能呈现一个国家对照明的需求与其人均GDP之间关系。以前，在与许多国家的代理商/分销商讨论时，飞利浦完全依赖于它们所反馈的市场规模信息。如果飞利浦低估了市场规模，那么它就错过了市场机会。这就是这个模型被开发出来的主要原因，根据这个模型，公司可以交叉检查其代理商/分销商对市场的估计。

图8C-2显示了照明（对灯具和灯泡的需求）是一个国家的基本需要，一旦一个国家开始发展，这种基本需求就会增加。然而，随着国家财富的增加，需求的增长会放缓，

因为在经济发展的后期阶段，基本的照明需求已经基本覆盖了，如图中所示的以色列的例子。

为了找到最具吸引力的市场，飞利浦照明采用了该模型。一个国家的人均照明需求必须乘以这个国家的居民数量。以色列和科威特的人均 GDP 是最高的，但是他们的人口规模很小（见表 8C-2）。而伊拉克和伊朗曾是（现在仍然是）照明需求的大市场，但由于他们政治上的混乱局面，飞利浦很难进入这两个国家。

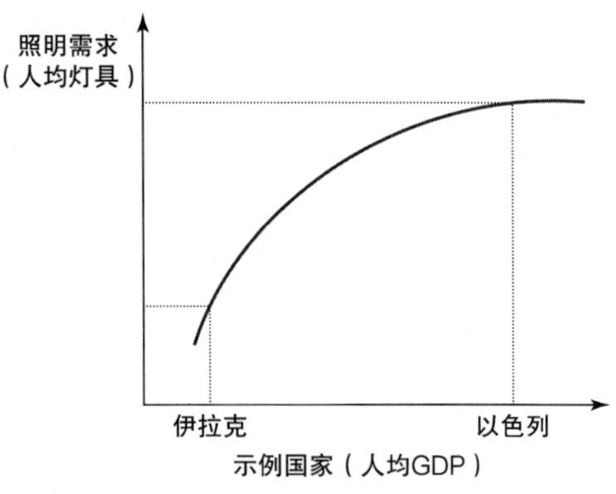

图 8C-2 国家财富与照明需求之间的关系

然而，飞利浦照明的中东负责人并没有把市场规模作为唯一的市场选择标准进行优先考虑，而是将这些模型作为与各国代理商和分销商讨论的起点。如果飞利浦在大型照明市场的销售额非常低，这就意味着飞利浦市场份额很低（除非市场规模也小），这将使其与当地代理商和经销商就如何通过与当地分销商合作来增加飞利浦在当地市场份额的讨论。

表 8C-2 中东地区基本人口统计数据

市场	人口（百万）	2007 年 GDP 增长率（%）	人均 GDP（美元）
巴林	0.6	3.0	8 620
埃及	61.9	5.0	1 232
伊朗	66.0	3.0	1 670
伊拉克	19.7	–5.0	758
以色列	5.5	7.1	15 700
约旦	4.6	5.0	2 359
科威特	2.2	3.5	15 970
黎巴嫩	3.2	4.0	4 250
利比亚	5.5	3.5	4 982
阿曼	2.4	4.3	6 268
巴勒斯坦	2.1	–5.0	630
卡塔尔	0.6	2.0	13 520
沙特阿拉伯	20.6	3.5	5 943
叙利亚	17.0	6.0	982
阿联酋	2.5	0.5	17 840
也门	15.0	3.0	793
中东	229.4	—	—

资料来源：Wim Wils, Eindhoven, Fontys Export Day, 13 October 2004, update via www.worldbank.org.

问题：

1. 讨论本案例中市场筛选模型的适用性。
2. 是否有其他适合飞利浦照明在中东使用的相关筛选模型？

资料来源：Based on PowerPoint presentation from Wim Wils, Eindhoven, Fontys Export Day, 13 October 2004; www.philips.com; www.worldbank.org.

PART 3

第 III 部分

市场进入战略

第 III 部分简介

一旦公司选定了国外目标市场（参考第 II 部分），剩下的问题就是选择进入这些市场的最好方式。在第 III 部分，我们将考虑主要的市场进入模式和选择标准。一个国际市场进入模式的选择应该成为企业的制度，重点考虑公司进入国外市场的产品、技术和人力资本。

为将第 III 部分和后面的章节分开，图 III-1 展示了国内消费市场的经典分销体系。

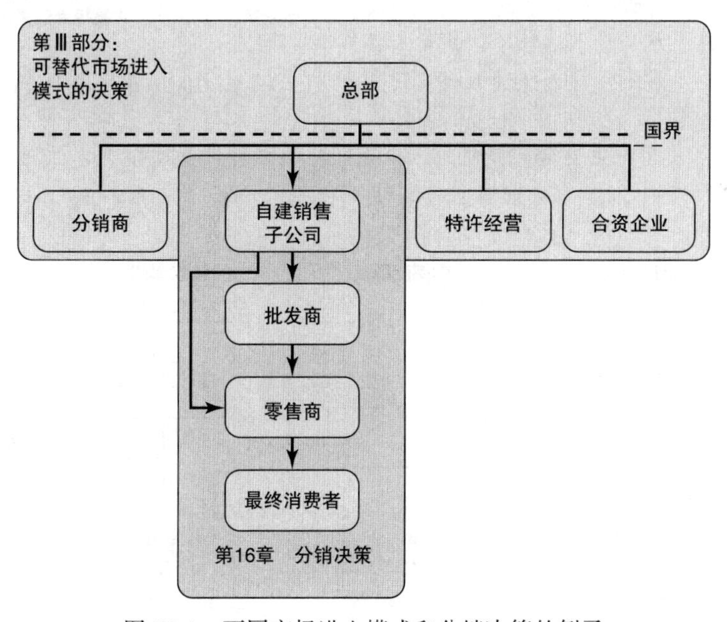

图 III-1　不同市场进入模式和分销决策的例子

在这个部分，选择的市场进入模式（这里指自建的销售子公司）是公司在纵向价值链中为下一个参与者提供营销和分销的第一个决策层面。在第 12 章中，我们会探讨在单一国家层面对不同分销系统的选择。

许多公司发现，如果在国际化初始阶段选择了错误的市场进入模式，将直接威胁到其未来的市场进入和扩张活动。由于公司在经过一段时间后通常可以将最初选择的进入模式制度化，随着产品销售途径及市场进入模式的同一化，有问题的初始进入模式会通过制度化而延续下来。进入模式在替换过程中存在惰性，这不利于公司向新的进入模式转变。很多公司一旦确定一个进入模式，便不愿轻易改变这种进入模式，即使改变也困难重重，这也让进入模式决策成为公司在当今快速发展的国际化市场中取胜的关键战略战术（Hollensen，1991）。

对大多数中小型企业来说，市场进入是非常重要的第一步，但对成熟企业来说，问题不在于如何进入新的新兴市场，而在于在现有国际业务网络的条件下如何更有效地开发商业机会。

然而，没有任何一种市场进入模式是最理想的：不同公司在进入同一市场时可能选择不同的市场进入模式，或者同一公司在进入不同市场时可能选择不同的市场进入模式。公司经常合用多种模式进入或开发一个特定的国外市场（Petersen and Welch，2002）。这种“模式包”通过整合、互补的方式实现不同运营模式的联合（Freeman et al.，2006）。在一些情况下，公司联合使用相互竞争的模式。当一个公司试图在出口市场恶意收购时，可能会采取这种方式。

根据弗罗纳和查普金斯基（Wrona and Trapczynski，2012，p. 301）的进入模式分类，当企业进入国际市场时，有三种分类可以选择（见图Ⅲ-2）。不同模式的控制程度、风险大小和灵活性是不同的。如图Ⅲ-2所示，这三个标准是选择进口模式的重要标准。例如，层次模式（投资模式）的使用体现了企业所有权——导致较高控制权，但大量资源投入国外市场也会带来潜在的高风险。同时，大量资源投入导致退出壁垒很高，削弱了公司快速有效地改变选定进入模式的能力。鉴于公司不能同时有高控制和高灵活性，因此公司选择进入模式时需要权衡这两个因素。

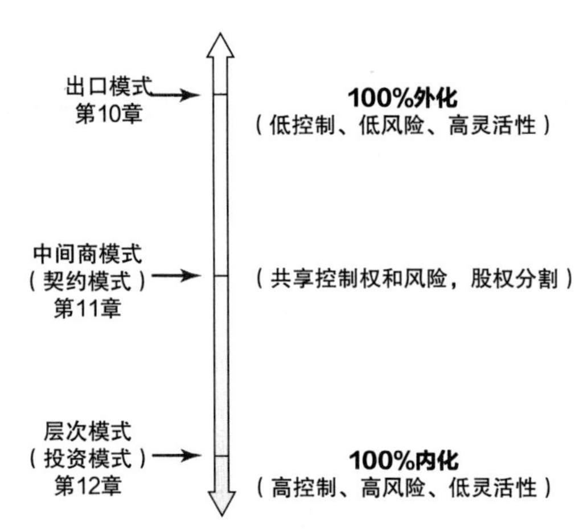

图Ⅲ-2 市场进入模式的分类

图Ⅲ-3展示了几种主要进入模式的三个例子。通过使用层次模式，独立参与者之间的交易被公司内部交易所代替，市场价格也被公司内部转移价格替代。

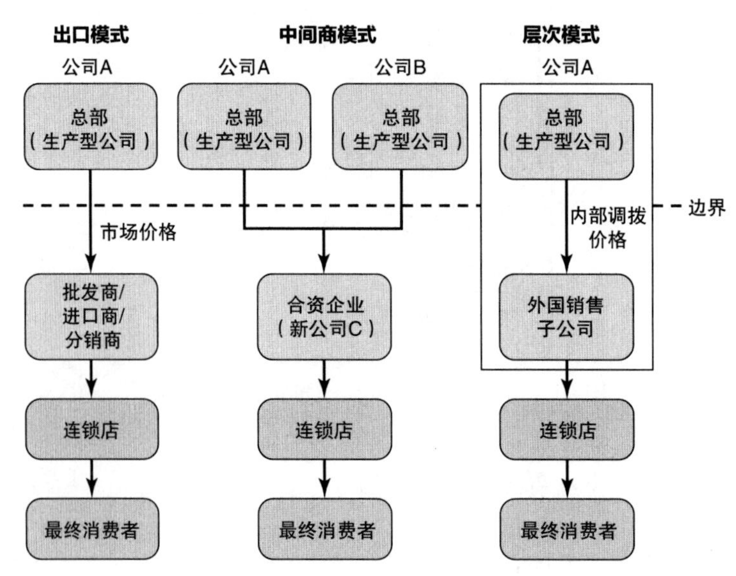

图Ⅲ-3 消费市场上不同市场进入模式的例子

当决定合适的市场进入模式时，需要考虑很多因素，这些因素与市场环境和公司遇到的问题有关。

第 9 章将探讨不同决策标准，以及其对公司选择进入模式类型的影响。第 10 ～ 12 章具体讨论三种主要的进入模式。对于中小型企业而言，面临的一个特殊问题是如何将国际化进程与大客户管理、采购和进入模式决策联系在一起；在第 13 章我们将进一步讨论这个问题。

在第 10 ～ 12 章，我们将利用简化的价值链架构不同的进入模式（见图 1-11）。

第 9 章

Chapter9

进入模式的选择方法

□ **学习目标**

通过本章的学习，你能够：

- 识别和划分不同的市场进入模式。
- 探究选择市场进入模式的不同方式。
- 解释机会主义行为如何影响生产商 / 中间商之间关系。
- 识别选择市场进入战略时需要考虑的因素。

9.1 简介

我们已经了解，一个公司如果想要进入国际市场可以选择的几种市场进入模式。现在，我们关心的问题是：在选择进入模式时，应该采取什么战略？

根据鲁特（Root，1994）的观点，可分为三种不同原则：

（1）无经验原则：决策者对所有国外市场采取同一种进入模式。这一原则忽视了不同国外市场的差异性。

（2）务实原则：决策者对不同的国外市场采取可行的进入模式。在出口初期，公司通常采用低风险的进入模式开展业务，只有在初始模式行不通或无利可图时，才会寻求其他可行的进入模式。在这种情况下，并非所有的可选择模式都是适用的，而可行的进入模式也不一定是“最好的”。

（3）战略原则：该方法要求在做出选择前，对所有可用的进入模式进行系统地比较和评估。这一决策原则是战略规划期内选择能够使利润贡献最大化的进入模式，通常受公司可用资源、风险和非营利目标的影响。

尽管很多中小型企业采用务实原则甚至无经验原则，但这一章主要分析战略原则。

9.2 交易成本方法

第 3 章（3.3 节）已经阐述了交易成本分析原则。这一章将继续深入探讨“摩擦”和机会主义。

分析的单位是交易而非公司。交易成本法的基本理念是，现实世界中的买卖双方在进行市场交易时总会产生摩擦。这一摩擦产生的原因，在于生产者和出口中间商之间存在机会主义行为。

就代理商来说，出口中间商为了获取佣金，需要完成生产商规定的销售及促销任务。

就进口商来说，因为出口中间商在某种程度上可以操纵销售价格，然后根据生产商的销售价格（进口商的购买价格）及进口商的销售价格之间的利润确定盈利，所以出口中间商的自由度更高。

无论出口中间商是谁，一些周期性元素都可能会导致摩擦和机会主义行为：

- 出口中间商的库存水平；
- 出口中间商为消费者提供的技术和商业服务水平；
- 生产商和出口中间商之间的营销成本（广告宣传、展销会等）划分；
- 定价：从生产商到出口中间商的价格，从出口中间商到消费者的价格；
- 给代理商的佣金。

9.2.1　出口中间商的机会主义行为

在这一点上，出口中间商的机会主义行为体现在两大活动上：

（1）在大多数生产商—出口中间商的关系中，销售—促销的成本分摊是固定的。因此，如果出口中间商声称销售促销活动过多（比如造假发票），那么会导致生产商给出口中间商较高的报酬。

（2）为了从生产商那里获得更低的出厂价，出口中间商会故意操控产品市场规模及竞争产品价格方面的信息。当然，如果生产商只支付给出口中间商实际营业额的佣金（代理商案例），那这种机会主义是可以避免的。

所以，为了保护品牌资产不受当地合作伙伴经营不善的影响，高控制权模式（例如，以子公司形式存在的独资外贸公司）更受青睐（Lu et al.，2011）。

9.2.2　生产商的机会主义行为

在本章，我们假设出口中间商存在机会主义行为。但是，由于出口中间商在为生产商的产品建立市场时同样需要资源（时间和金钱），所以生产商也可以表现出机会主义行为。这一点尤其在生产商想要卖出高价和产品是高科技产品时更为明显。

因此，出口中间商也承担了一大部分的经济风险，并且会受到产品进入模式改变的威胁。如果出口中间商的销售额没有达到生产商的预期目标，那么中介就会有被替换的危险，或者生产商会更改为自主的出口组织（销售子公司），这种情况下增加的交易频率（市场规模）可以轻易地弥补增加的交易成本。

最后一种情况，也是生产商深思熟虑的战略的一部分，即向出口中间商寻求市场知识和顾客联系，以便建立自己的销售组织。

9.2.3　为了应对生产商的机会主义行为，出口中间商应该怎么做

海德和约翰（Heide and John，1988）认为，代理商应该进行一系列深入的“弥补性”投资，达到平衡双方关系的目的。这些投资有利于建立一种联系，致使生产商必须付出昂贵的代价才能与中间商解除关系。也就是说，中间商对生产商（委托人）设置了“退出壁垒”。这类投资行为的例子如下：

- 与生产商的重要员工建立私人关系；

- 创立一个与销售生产商产品相关的独立身份（形象）；
- 增加产品的附加值，如售前—售中—售后（BDA）服务，这样的话可以与代理商的顾客建立密切联系。

如果不能进行这类弥补性投资，海德和约翰建议，代理商可以通过代理更多的产品减小风险。

这些情况生产商都可能反对，而当这几种情况同时出现时，该理论建议公司（生产商）进行内化操作，放弃外部化。

9.3 影响进入模式选择的因素

针对特定产品或特定目标国家的进入模式的选择，是一个公司多种力量制约（经常是多种相互冲突的力量）的最终结果。在制定进入模式决策时，需要预测不同力量的强度和方向并在各种模式之间不断权衡，这也导致决策的过程尤为复杂。

通常来说，在选择进入模式时需要以预期利润为基础。但是说起来容易做起来难，尤其对于那些缺少相关数据的国外市场。大多数选择标准在本质上是定性的，实现量化处理难度很大。图 9-1 展示了进入模式的选择，是基于内部资源（内部因素）和外部环境（外部因素）的安排，并由“期望的模式特征”及“特定交易因素”所调节的。这一模式的另一个重要前提是，一个国家的进入模式的选择与这个公司在国际化进程中已经完成的另一种进入模式的选择是相互独立的。当然，这不是一个完全现实的假设（Shaver，2013）。这也就要求进入模式的研究人员要更广泛地研究纵向进入模式之间的相互依赖性（Hennart and Slangen，2015）。

如图 9-1 所示，四组因素对进入模式的选择过程产生影响。

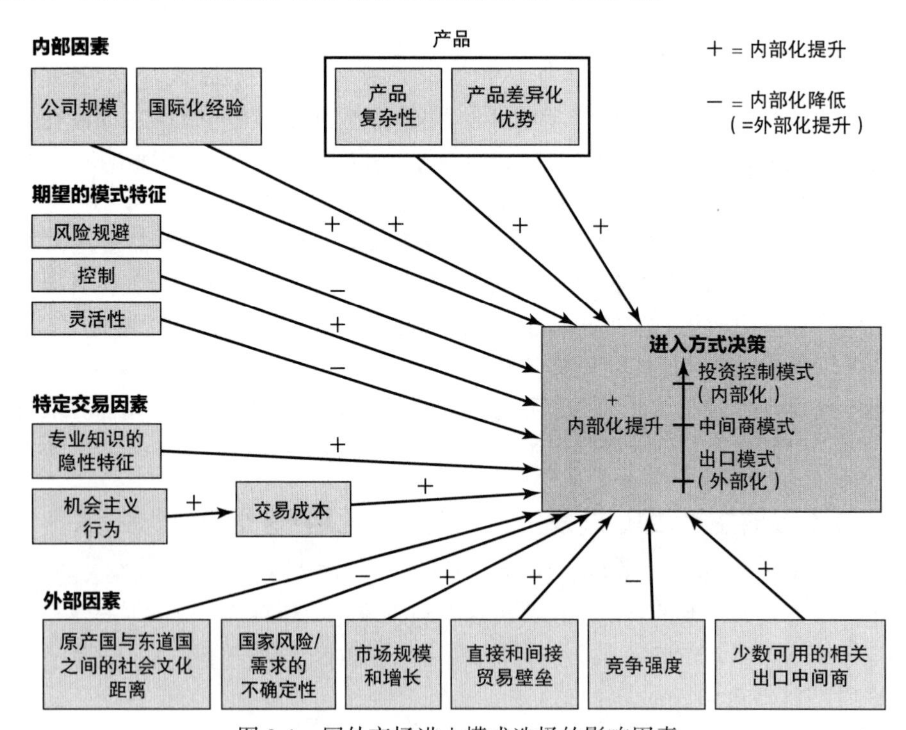

图 9-1 国外市场进入模式选择的影响因素

（1）内部因素；
（2）外部因素；
（3）期望的模式特征；
（4）特定交易因素。

在下文中，我们针对每一个因素提出假设：这些因素是如何对国外市场进入模式的选择产生影响的？正文和图 9-1 同样指出了这些影响的方向。由于进入模式决策的复杂性，假设的前提条件是其他条件保持不变。

9.3.1　内部因素

1. 公司规模

公司规模是一个公司资源可获得性的指标；资源可获得性的增加，为一个公司国际参与程度的增加打下了基础。尽管中小型企业希望加大对国际业务的控制力度，也希望将大量资源投入国际市场，但由于它们没有足够的资源来加大控制力度或资源投入力度，所以中小型企业更有可能通过出口方式进入国际市场。出口进入模式（市场模式）由于资源投入较少，可能更适合中小型企业。但随着公司业务的发展，公司会更倾向于采用层次模式。

2. 国际化经验

另外一个影响模式选择的公司特有因素是管理者以及公司的国际化经验。经验是指一家公司在国际化经营中的参与程度，是可以通过在某一特定国家或在国际大环境中的经营活动来获取的。国际化经验能降低成本，减少服务于市场的不确定性，从而增加公司对国外市场投入资源的可靠性，有利于发展以全资子公司模式进行的直接投资（层次模式）。

资深的国际化经验在随后的进入模式决策中加强对偏好进入模式的使用（Swoboda et al.，2015）。一旦公司的某一特定进入模式获得成功，它便会将此模式用于新市场，但也有可能随着公司的国际化经验越丰富，规避风险的倾向越低，因此导致在随后的进入模式决策中使用更高控制权的模式。

道和拉里莫（Dow and Larimo，2009）通过研究得出结论：从业者应该懂得，并非所有形式的经验都是一样的。从相似国家（低感知性心理距离）得到的国际经验与高控制的进入模式成正相关（即通过全资子公司的模式进入）。这说明公司可以对一个地理区域进行连续开发，而不是在不同地区之间“跳跃”，这样做可以最大化群内经验。

在发展国际化理论的过程中，约翰逊和瓦尔尼（Johanson and Vahlne，1977）推断，在国际市场中进行实际运营（经验性知识）可以减少国际市场的不确定性，但学习客观知识却不能减少这种不确定性。他们认为，正是由于国际市场方面的直接经验，才增加了公司在国外市场的额外资源投入的可能性。

3. 产品 / 服务

产品或服务的物理特性是决定生产区域的重要因素，如价值 / 重量比、易腐性和产品构成等。价值 / 重量比高的产品（如昂贵的手表），通常直接出口，尤其是该产品具有明显的规模经济时；或者管理层希望保持对生产的控制，也会直接出口。相反地，像软饮料和啤酒等行业，由于装运成本高（特别是远距离市场），公司通常会签订特许权协议，或者投资当地瓶装厂或生产工厂。

由于不同产品的特性、用途及市场营销的截然不同，所以产品属性会影响进入模式的选择。例如，一种产品（高复杂性）的技术特性要求售前和售后服务，但是在很多国外市场，营销中间商无法提供相应的服务，这时公司可以采用层次模式。

布洛姆施泰莫等人（Blomstermo et al，2006）对硬服务和软服务进行了区分。硬服务是指生产和消费可分离的服务。例如，软件服务可以转换到CD或其他有形媒介中，这些媒介可以通过大批量生产实现标准化。对软服务而言，其生产和消费同时进行，消费者在其中充当共同生产者，因此生产和服务是不可分离的。从国外业务开展的第一天开始，软服务提供者必须在国外。布罗姆斯提莫等人总结道，硬服务和软服务提供商选择的国外市场进入模式截然不同。相比硬服务的管理者而言，软服务的管理者更有可能选择控制程度高的进入模式（层次模式）。软服务提供者与国外消费者之间的互动很重要，所以他们一般选择控制程度高的进入模式，以便对服务的合作生产进行监控。

以物理属性、品牌名称、广告宣传和售后服务（如保修、维修和更换）为特征实现产品的差异化，提升消费者对产品的偏好，同时有助于公司吸收在国外市场的较高成本。产品差异化优势助力公司将价格提高到高于正常利润（准租金）。产品差异化优势也让公司通过建立进入壁垒来控制市场竞争，这是其竞争战略的基础，也可以更好地满足消费者需求并提高公司的竞争实力。由于产品差异化优势代表“自然垄断”，所以为了防止竞争优势外传，公司通常采用层次进入模式。例如，陆等人（Lu et al.，2011）强调，高控制的进入模式对时装零售商保证公司专用资产和品牌价值在国际市场的成功转化具有重要意义，这也是时尚品牌做出国际扩张决策的重要考虑因素。

9.3.2 外部因素

1. 原产国与东道国家之间的社会文化距离

社会文化背景相似的国家，其商业和行业惯例相似，语言相同或相似，教育水平和文化特征相当。公司所属的原产国和东道国家之间的社会文化差异为公司带来内部的不确定性，这种不确定性会影响其所需的进入模式。

从文化、经济体系和商业惯例角度感知的原产国和东道国家间的距离越大，公司避开合营协议式的直接投资，甚至像代理商或进口商这样的低风险的进入模式也不被选择。这是因为公司一旦不适应新的市场环境，后面的制度模式可以帮助其迅速撤离东道国。总之，在其他条件不变的情况下，当原产国和东道国之间的感知距离较大时，公司一般选择资源投入相对较小、灵活性较高的进入模式。道和拉里莫（Dow and Larimo，2009）发现，感知的文化距离（心理距离）远远大于霍夫施泰德的五个文化维度。特别是语言差异，似乎是最不重要的因素之一。其他因素，如宗教差异、民主化程度、工业发展水平等都对进入模式的选择产生较大影响。

2. 国家风险 / 需求的不确定性

人们通常认为，国外市场比国内市场风险大。公司面临的风险大小不仅与市场自身有关，并且和其参与方式有关。除了投资，公司还冒着存货和收不回货款的风险。公司在规划进入方式时，必须对市场和其进入方式做一份风险分析。汇率风险是另一个可变因素。此外，公司面临的不仅仅是经济风险，还有政治风险。

当某个国家风险比较高时，公司同样可以限制在该国的资源投入比例，从而达到规避风险的目的。换句话说，在其他条件不变的情况下，当某个国家风险较大时，公司会选择资源投入相对较低的市场进入模式（出口模式）。

东道国政治和经济环境的不可预测性也增加了感知风险和公司所面临需求的不确定性，所以越来越多的公司不愿通过资源投入大的进入模式进入市场。相反地，公司都喜欢灵活性高的进入模式（Lu et al.，2011）。

3. 市场规模和增长

国家大小和市场增长速度是决定市场进入模式的主要参数。一方面，国家和市场规模越大，增长率越高，管理者越可能投入更多的资源促进发展，并考虑建立全资销售子公司或加大持有多数股权的合资公司。保留对经营管理的控制，允许管理者直接接触并更有效地规划和促进发展。

另一方面，如果市场规模小，特别是地理位置偏远，无法接受邻国提供的服务，可能就无法受到关注或获取资源。因此，供应这类市场最好采用出口或许可权协议的方式。虽然这种方式不能刺激市场发展，也无法实现市场渗透率最大化，但可以使公司投入最少的资源进入市场，为更有利可图的市场保留资源。

4. 直接和间接贸易壁垒

对国外商品和部件的关税和配额限制，有利于进行本化生产或装配业务（层次模式）。

产品或贸易规则和标准以及不同公司对当地供应商的偏好，都会对进入模式和经营决策产生影响。如果消费者倾向于选择当地供货商，或者倾向于“购买国货”，公司会考虑建立合资企业或与当地公司（中间商模式）签署契约协议。本土的合作伙伴有利于开发当地消费者，发展业务，建立销售渠道，并宣传自身的企业形象。

相似地，产品和贸易规则以及海关手续也鼓励当地公司的参与，当地公司可以提供市场和消费者信息，并且可以轻易进入这一市场。如果某些国家的产品规则和标准要求进口产品进行大的修改和调整，公司则需要在当地建立生产工厂、装配厂或成品工厂（层次模式）。

因此，直接和间接贸易壁垒的净影响，很可能会使公司在当地市场履行采购、生产和营销策略等不同职能之间转换。

5. 竞争强度

如果出口国市场竞争很激烈，公司更应该避免使用内部化策略，因为这类市场通常利润较低，无法确保大量的资源投入。因此，在其他条件不变的情况下，出口国市场竞争越激烈，公司越倾向于资源投入较小的进入模式（出口模式）。

6. 少数可用的相关出口中间商

高度集中的市场导致“少数讨价还价”，如果少数出口中间商意识到其目前正处于“垄断地位”，可能会进行讨价还价。在这种情况下，市场受少数出口中间商机会主义行为的影响，为了减少这种机会主义行为的范围，最好采用层次模式。

营销洞见 9-1

根据与新市场的心理距离，Zara 正在调整其优先进入模式

Zara（www. inditex. corn）是由西班牙大亨阿曼西奥·奥特加（Amancio Ortega）创建的印第纺织旗下的一个时尚零售连锁品牌。Zara 的优先进入模式是在欧洲大多数国家采用层次模式（即直接投资），这样可以完全掌控其名下店铺的所有权。2014 年，85% 的 Zara 店铺实现了自主经营管理。采用层次模式的市场特点是，这些市场具有巨大的增长潜力，并和西班牙的社会文化距离相对较近（国家风险低）。

中间商模式（通常是合资和特许经营）主要用于社会文化距离相对较远的国家。

合资企业

合资是指当地公司的设备和专业技术与国际快时尚巨头 Zara 实现联合的合作战略。在有些竞争激烈的大型市场，企业很难获准创建零售店，或者与当地公司合作遇到其他阻碍时，公司需要采用这一特殊模式。例如，1999 年 Zara 与德国公司奥托邮购（Otto Versand）联合成立各持股 50% 的合资企业，奥托邮购对欧洲最大市场之一的德国的分销渠道和市场非常熟悉。

特许经营

Zara 选择特许经营这一模式，以进入高风险、社会文化距离远、市场规模小、销售潜力低的国家，如科威特、安道尔公国、波多黎各、巴拿马或菲律宾。

无论 Zara 选择何种进入模式，其特许经营模式的主要特点是专卖店自主经营管理，在产品、人力资源、培训、橱窗布置、室内设计和物流优化等方面实现一体化，这样可以保证店面管理的一致性以及在全世界消费者眼中的形象。

资料来源：Adapted from the Zara case study and different public media.

9.3.3 期望的模式特征

1. 风险规避

进入模式（如间接出口和直接出口）或特许经营（中间商模式）通常不需要太大的财力和管理资源投入，所以如果决策者不想承担风险，会选择这两种模式。虽然合资企业的双方需要花费大量的时间和精力进行协商和管理，但合资企业可以实现共同分担金融风险以及在当地创建销售网络和雇用当地员工的费用。但是，如果某种模式只需要付出极少的资源投入并且风险度极低，那么这种模式一般无法促进国际业务的深入发展，反而会导致公司丧失很多机会。

2. 控制

选择进入模式时，同样需要考虑到对国际市场运营的控制程度。控制通常和资源投入程度有密切联系。资源投入最低的进入模式（如间接出口），对产品或服务的海外营销条件有很少或几乎没有控制。在特许经营和合同制造的例子中，管理者必须确保生产满足质量标准。合资企业同样限制了国际贸易中经营管理的控制程度，而且是导致与合伙伙伴在合作目标上产生分歧和重大冲突的原因。全资子公司（层次模式）的控制程度最高，但同时需要大量的资源投入。

3. 灵活性

管理者必须权衡特定进入模式的灵活性。层次模式（包括大量股权投资）通常最昂贵，但灵活性最差，而且在短期内最难改变。而出口模式灵活性更高，因为公司可以在短时间内终止与中间商的合同，尽管公司可能需要根据合同支付国外中间商 1 ～ 2 年的佣金作为赔偿。

9.3.4　特定交易因素

第 3.3 节和本章前一部分讨论了交易成本分析方法，所以我们这里只涉及其中一个因素。

专业知识的隐性特征

当公司特定的专业知识在转移过程中具有**隐性**（tacit）特征时，很难将其表述清楚，这使得起草合同（转移此类复杂的专业知识）会遇到很多问题。转移隐性专业知识过程中遇到的困难和花费的财力也成为公司采用层次模式的诱因。投资模式可以更好地促进企业内部隐性专业知识的转移。通过使用层次模式，公司可以利用人力资源和组织框架解决知识转移问题。因此，公司专业知识的隐性成分越大，公司从层次模式中受益越多。

9.4　总结

从制造商（国际营销商）的角度来看，市场进入模式可以分为以下三类：

（1）出口模式：控制程度低，风险小，灵活性高。

（2）**中间商模式**（intermediate modes，契约模式）：共担控制权和风险，分散所有权。

（3）层次模式（投资模式）：控制程度高，风险大，灵活性小。

我们无法确定哪一种模式是最好的。公司进入模式的选择受很多内部和外部因素的影响。需要强调的是，制造商如果想要参与到国际营销中，可能需要同时采用多种进入模式。生产线不同，需要的进入模式可能也不同。

问题讨论

1. 为什么对于国际营销人员来说，选择最合适的市场进入模式和发展战略是最困难的决定之一？
2. 大型企业用理性分析的方法（战略规则）来决定进入模式，但中小型企业通过更加实用主义 / 机会主义的方法来决定。你同意这个观点吗？
3. 利用图 9-1 来识别影响国外市场进入模式的最重要因素，并对这些因素进行排序。

案例研究 9-1

亚尔斯堡：挪威奶酪之王正定夺新的市场进入模式

亚尔斯堡奶酪（Jarlsberg，www.jarlsberg.com）已在美国（市场）取得了很好的反响。它进入美国市场有 50 年之久，如今，在竞争激烈的美国超市市场中，这种进口奶酪在挪威奶酪品类中占据着最大的市场份额。

然而，由于 WTO 规定了挪威和美国之间的出口限额，亚尔斯堡只能从挪威出口有限数量的奶酪到美国。挪威奶酪出口到美国的配额约为 8 000 吨。

为了增加销量，2000 年亚尔斯堡在美国俄亥俄州建立了有许可证的生产工厂，年产量约为 5 000 吨。质量控制是通过采用一种挪威生产的干酪发酵剂（根据 1956 年的秘密配方），以及优质的牛奶、特制的生产线和拥有乳品技术 / 科学的专业技能和知识的关键人才。

2008 年，亚尔斯堡奶酪（对所有国家）的出口总量为 16 000 吨。同年，挪威出口到美国的奶酪总量约为 8 000 吨，其中大多数（70%）为亚尔斯堡品牌。这意味着 WTO 给出的挪威和美国之间的出口配额已经用尽，如果超过了这个配额，挪威将不得不为奶酪支付额外的进口税。因此，亚尔斯堡不得不找寻其他途径来扩大其在美国的奶酪销售。

传说

20 世纪 50 年代，挪威农业学校的教授 Ole M. Ystgaard 及其员工研发出了亚尔斯堡。这种奶酪依据的是瑞士奶酪生产商的传统制作工艺。这些奶酪生产商在 19 世纪 30 年代就已经研发出了有孔的奶酪。

亚尔斯堡奶酪在 1963 年开始销往美国市场。最初，亚尔斯堡管理团队在世界各地巡回展示如何在日常饮食和派对上使用奶酪。仅两年之后，亚尔斯堡在市场上的销量达 450 吨，管理者认识到他们拥有了一个“爆品”。

亚尔斯堡已经成为高端产品，在上流社会的名人中甚为流行。

挪威公司

挪威公司（Norseland Inc）成立于 1978 年，该公司主要是在美国出售和分销亚尔斯堡以及其他挪威奶酪。挪威公司是 Tine Norwegian Dairies 的一家全资子公司，主要负责亚尔斯堡奶酪的生产和营销。2008 年，挪威公司的净销售额为 1.4 亿美元，其中约有一半（净销售额）来自从挪威进口的亚尔斯堡奶酪，25% 来自俄亥俄州的亚尔斯堡，其余的来自其他公司的产品销售，其中包括法国联合利华公司。挪威公司的战略是独家销售奶酪，并且该公司在美国零售市场上的分销覆盖率已经达到了 90%，可谓是炙手可热。挪威公司在加拿大的蒙特利尔设有一个地区办事处。2008 年，在该地又额外销售了 1 350 吨的亚尔斯堡奶酪。

美国奶酪市场

2008 年，美国硬奶酪的市场潜量大约为 40 万吨，并且市场也消耗了大量的软奶酪。尽管亚尔斯堡奶酪在整体的硬奶酪市场中只占一小部分市场份额（2008 年，该公司在美国销售了 12 600 吨，包括本地生产的），但是这相当于瑞士奶酪类中最大的市场份额。

美国市场上最大的奶酪生产商是卡夫（Kraft），它生产和销售了受消费者欢迎的软奶酪——菲力（Philadelphia）。美国市场上的第二大奶酪生产商是康尼格拉食品公司（ConAgra Foods），该公司 2008 年在美国的总销售额为 130 亿美元。

总的来说，美国东部地区的奶酪消费倾向性更高，而“健康”食品（消费）则更多地集中在美国西部地区。随着个人收入的增加，人们更倾向于吃进口奶酪。

亚尔斯堡奶酪的客户和市场

亚尔斯堡奶酪能吸引一些爱慕虚荣之人。客户想要表现出他们有很好的品位，同时接受了亚尔斯堡奶酪与其他竞争产品相比更高的价格，并且没有任何抱怨。这种温和的奶油味对美国人很有吸引力，很多人认为传统的瑞士奶酪［如埃曼塔尔（Emmenthal）］的味道太过浓郁。

典型的亚尔斯堡买家的特点是：

- 女性；
- 年收入超过9万美元；
- 年龄在40岁以上。

对买家来说，重要的是它是进口奶酪。事实上，挪威奶酪在本国市场上的消费量很小，挪威人并不使用它。

挪威公司的目标是为亚尔斯堡奶酪吸引新的客户与更年轻的客户。为了实现这一目标，它想要与7-11这样的零售连锁店签约，这些零售连锁店也会销售三明治等其他商品。

除了拥有约25人自己的销售力量外，挪威公司任用了近500名“奶酪经纪人”（分销商），使得销售遍布美国。这些外部的销售代表通过走访商场、零售连锁店和餐馆来销售和推广亚尔斯堡奶酪等产品。

亚尔斯堡计划至少在五个新的国家市场上销售，要么通过现有的装备生产（例如，在美国和爱尔兰），要么从挪威进口。

问题：

1. 你一般会建议亚尔斯堡采用哪种市场进入模式？
   a. 在斯堪的纳维亚半岛（欧洲）？
   b. 在亚洲？
2. 在美国，选择层次模式（自己建立子公司）的一般动机是什么？

资料来源：Based on different public sources.

案例研究9-2

安思尔避孕套：收购是获得欧洲市场份额的正确方式吗

安思尔有限公司（Ansell Limited）是前太平洋邓禄普有限公司（Pacific Dunlop Limited）的新名称。2002年4月，该公司的名称发生了改变，原因是公司的战略重新定位为专注于其核心业务，即广泛的医疗保健领域内的防护用品和服务，并剥离一系列不符合该战略的其他业务。安思尔有限公司是一家澳大利亚上市公司，总部位于澳大利亚的里士满。

1905年，埃里克·安思尔（Eric Ansell），一位邓禄普的前员工，接管了机器设备，并在澳大利亚的墨尔本成立了自己的公司——安思尔橡胶公司（Ansell Rubber Company）。公司的主营业务为玩具气球和避孕套。接下来，讲一下公司的发展历程：安思尔进行了战略性的收购和扩张，并投资了必要的研发活动，从而为全球市场带来大量的新产品。如今，安思尔是全球领先的防护用品制造商。公司的业务遍布美国、欧洲和亚洲，安思尔在全球拥有超过11 000名员工，并且在天然乳胶、合成聚合物手套和避孕套市场中保持领先地位。

安思尔避孕套品牌通过安思尔医疗保健公司的个人医疗保健部门及其在美国新泽西州的雷德班克的主要办事处，在全球范围内进行销售。

这家拥有百年历史的公司在乳胶避孕套和手套（领域）已经培育出了一些创新点。它生产和销售各种各样的避孕套，包括不同香味、颜色、杀精剂、颗粒状和棱纹。安思尔在全球范围内销售各种品牌的避孕套，每个市场都有针对特定国家和地区量身定制的独特的营销战略。它们的品牌遍布全球，包括 LifeStyles（美国市场）、Mates（英国市场）、kamaSutra（印度市场）、Contempo、Manix、Primex、Pleasure 和 Chekmate。

此外，该公司还进军公共部门市场，主要在发展中国家，通过卫生和社会福利项目和机构向市场提供避孕套。安思尔还参与了广泛的研究和教育活动，并持续推出新产品以扩大市场占有率。例如，使用杀精剂的 LifeStyle 超敏感安全套，是为了满足对更薄避孕套的需求，其中包括一种杀精剂，能最大限度地防止性传播疾病（STDs）。

全球生产

据估计，全球避孕套的年产量约为 160 亿个（2014 年）。目前，全球大约有 100 家生产工厂。大多数的工厂只生产天然橡胶制成的避孕套，有些工厂还生产其他乳胶制品，如手套、医用指套和导管。因此，大多数的工厂位于拥有天然橡胶种植园和较低劳动力成本的地区。

由于需要更严格的测试、更复杂的包装和更显著的产品差异化，生产避孕套比制造手套更加具有劳动密集型特征。

2014 年每个国家的避孕套预估产量如表 9C-1 所示。

表 9C-1 2014 年各国避孕套预估产量

国家	每年生产量（十亿个）
印度	3.3
泰国	2.8
中国	2.7
日本	2.0
马来西亚	1.5
美国	1.2
欧洲	1.0
韩国	0.5
印度尼西亚	0.3
南美	0.4
越南	0.2
其他	0.1
总计	16.0

资料来源：Based on different public sources.

男用避孕套的全球市场

避孕套可以防止意外怀孕（避孕）和性病（预防），后者是避孕套特有的属性。尽管不同类型的避孕套有相当多的外观（如有棱纹的、薄的和厚的），但多年来，乳胶避孕套几乎没有发生根本性变化。

全球公共卫生部门下属的组织机构目前分发了大约 100 亿个男用避孕套。这些避孕套通常是免费的或费用相宜的，主要提供给发展中国家的性活跃人士。据估计，另有 50 亿个男用避孕套通过商业渠道分发，主要集中在美国、日本和欧洲等发达国家。表 9C-2 显示了男性避孕套的全球市场规模及其构成。

表 9C-2 2014 年男用避孕套的全球市场

	每年销量（十亿个）
全球公共卫生部门（联合国、世界卫生组织和地方政府）	10
商业渠道（主要在美国、日本和欧洲国家）	6
全球市场	16

资料来源：Adapted from different public sources.

2014 年，联合国人口基金会购买了 35% 的避孕套。世界卫生组织也是客户之一。

除表9C-3中提到的直接竞争对手外，替代品一类的间接竞争对手同样重要。根据杜蕾斯性别调查，男用避孕套是全球最流行的避孕方式（41%的人使用避孕套）。在59%的非避孕套使用者中，大多数人使用避孕药或者根本没有采用避孕措施。

表9C-3 2014年各公司男用避孕套的全球市场份额

公司	国家	主要品牌	核心战略	市场份额（%）
SSL集团公司	英国	杜蕾斯（Durex）、Durex Avanti、Durex Pleasure、Durex Fetherlite和Durex Extra Sensitive等	一个真正的全球品牌，除了美国（15%）和日本（5%），在所有主要市场都占据着强势地位。杜蕾斯在英国拥有85%的市场份额	24
安思尔有限公司（Ansell Limited）	澳大利亚/美国	LifeStyles、Mates、Contempo、Manix、Primex、kamaSutra、Pleasure和Chekmate	在美国、英国、亚洲和澳大利亚/新西兰市场，拥有相对强劲市场地位的半跨国公司。本地/地区品牌，如美国的LifeStyles和英国的Mates	13
丘奇&德怀特股份有限公司（Church&Dwight）	美国	Trojan、Trojan Magnum、Trojan Pleasure和Trojan Enz	美国市场上市场领导者，在英国市场处于次要地位	8
冈本株式会社（Okamoto Industries）	日本	Beyond Seven和Skinless Skin	国内市场定位：在日本拥有60%的市场份额，但几乎没有出口，主要是面向美国	10
其他：Sagami rubber Industries（日本）、Fuji Latex Co（日本）、DKT（印度尼西亚）、Mayer Laboratories（日本）、以及世界范围内的70多家制造商			国内和区域性定位的公司，在本地市场有很强的地位	45
总计				100

资料来源：Estimations based on different public sources.

安思尔是全球第二大避孕套生产商，在全球的避孕套市场中占有14%的市场份额。该公司在波兰占50%的市场份额，在德国占8%的市场份额，在巴西（第三大市场）占20%的市场份额，在澳大利亚市场上排名第一，在加拿大市场上是增长最快的品牌。

在商业领域中，男用避孕套的分销已经从药房向零售连锁店（超市）转移。例如，在20世纪90年代早期，超市占了英国避孕套零售额的25%，而药店占了一半以上。如今，超市占零售额的40%左右，其中大部分市场份额是从药房流失到超市的。如今，药房的份额已降至30%。因此，在英国，全国零售连锁店（超市、博资和屈臣氏）目前的安全套销售额至少占到65%。

在全球男用避孕套市场的主要竞争对手（生产商）

SSL国际集团公司

1929年，伦敦橡胶公司（LRC）注册了杜雷斯（Durex）避孕套商标，其名称的内涵是耐用性（durability）、可靠性（reliability）和卓越性（excellence）。作为全球安全套供应商，首先是在1951年引入了第一个完全自动化的生产线，两年后研发了第一台电子检测机器。

由于人们对艾滋病的恐惧，20世纪80年代，开始在英国本土市场的公共场所（如超市、酒吧）出售杜蕾斯避孕套。通过1982年的第一次杜蕾斯海报宣传活动，以及第一次在电视上投放避孕套广告（1987年），10年间，杜蕾斯在市场营销方面有了迅猛的发展。

在20世纪90年代，杜蕾斯采取了一些营销措施，旨在提高品牌知名度，包括在户外设立单独的杜蕾斯自动贩卖机（1992年）；赞助MTV的活动（1995年）；第一次进行杜蕾斯性调查（1995年）；首次推出在同一包装内装有不同颜色、香味和棱纹的避孕套（1996年）；首次推出了命名为Avanti非乳胶安全套（1997年）。

在21世纪初，杜蕾斯在30多个国家创办了杜蕾斯网站（www.Durex.com）。这些网站以本地化的页面为特色，特别是使用当地语言提供性行为的信息，允许人们向专家进行询问，并且提供杜蕾斯避孕套的细节信息和赞助活动概况。

杜蕾斯目前是SSL国际集团公司的一部分，该公司于1999年由Seton-Scholl Group和伦敦国际集团公司合并成立，是伦敦橡胶公司的前身。它是一家全球性公司，生产一系列的品牌产品，如爽健（Scholl）和金盏花（Marigold）手套，销售给医用和消费者医疗保健市场。

杜蕾斯的市场份额接近24%，因此可以被定义为该行业的全球市场领导者。显然，在不同的国家，排名可能略有不同。例如，在英国的市场份额为80%，在意大利的市场份额为55%，在美国的市场份额为10%～15%，在日本的市场份额为5%左右。

在全球范围内，有15家工厂生产杜蕾斯避孕套。

Church& Dwight股份有限公司

Armkel、LLC、Church & Dwight公司的五五股权的合资公司与私人股权集团kelso & Company，在2001年收购了Carter-Wallace有限公司消费品业务的其余部分，其中包括特洛伊（Trojan）安全套。

特洛伊品牌在美国避孕套供应中所占比例最大，市场份额为60%～70%。

该公司在加拿大、墨西哥销售特洛伊品牌的避孕套，最近也在英国市场上限量出售。在加拿大，特洛伊品牌拥有领先的市场份额。它于2003年进入英国避孕套市场，但目前只占很小的市场份额。该公司通过与国内避孕套业务类似的分销渠道来销售避孕套。

冈本

冈本（Okamoto）从1934年就存在了。在日本，避孕套是优选的节育方法。该公司在日本成功拥有60%的市场份额。

1988年年底，冈本在美国市场推出了避孕套，但直到最近才取得巨大的成功。

最近的发展——可能收购欧洲的一个关键的避孕套厂商

2014年，拥有相对强势本土品牌的欧洲避孕套生产商出现了财务问题，因此，安思尔正在考虑收购其中的一家。

问题：

1. 安思尔的全球战略与其他三个竞争对手之间有什么区别？
2. 你会推荐安思尔在采购（购买或生产）避孕套时，采用哪种进入模式？
3. 安思尔收购欧洲竞争对手的利与弊是什么？在你看来，这是一个好主意吗？

资料来源：基于一般公共媒体，如安思尔网站（www.ansell.com）、杜蕾斯网站（www.durex.com）。

第 10 章

Chapter10

出口模式

□ **学习目标**

通过本章的学习，你能够：

- 区分直接出口模式、间接出口模式和合作出口模式。
- 说明并理解间接出口的五种主要进入模式：
  - 出口采购代理商；
  - 经纪人；
  - 出口代理公司／出口行；
  - 贸易公司；
  - 背驮式出口。
- 描述两种直接出口模式：
  - 分销商；
  - 代理商。
- 讨论主要出口模式的优势和劣势。
- 讨论制造商如何与中间商成为有效的营销合作伙伴。

10.1 简介

出口模式，即企业在国内市场或第三方国家生产产品，然后以直接或间接的方式将产品转移到东道国市场进行销售。在初期，大多数企业采用出口模式进入国际市场。有时，也有可能是一种自发的刺激，即收到来自外国市场买家的需求，或本国顾客向国际市场扩展的需求并在外国市场发出订单，这都有助于公司考虑国际市场并探究其增长潜力。

因此，出口通常用于国际运营的初始阶段并逐渐向国际运营演化。在一些情况下，比如在当国际市场上有超大规模经济或买家人数很少时（如航空航天），产品的生产可能局限在一个或少数几个地区，随后被外销往其他市场。

由于东道国市场的特点以及可用的中间商数量和类型不同，出口途径是千变万化的。在零售业，出口商和进口商在功能上有很大的区别。有些等同于全服务的零售商，并具备与出口相关的所有功能，如出口代理公司。其他公司则非常专业化，只负责货运代理、单据处理或清关。

在建立出口渠道时，企业必须决定哪些职责需要外部代理商去履行，哪些需要企业亲力亲为。虽然出口模式有多种不同形式，简单起见，这里只介绍三种主要类型：

（1）间接出口。当制造企业不直接参与出口活动时，即间接出口。当制造企业不参与其产品在国外市场的销售时，其他国内企业代而执行这些活动，比如出口行或贸易公司。

（2）直接出口。当制造企业参与出口活动并直接联系国外目标市场的一级中间商时，即直接出口。这类企业通常参与文件处理、安排发货和定价，并将产品卖给代理商和分销商。

（3）合作出口。在这种模式下，企业会和其他企业（出口营销集团）签订有关履行出口职能的合作协议。

图 10-1 为基于价值链的视角，举例说明了不同类型的出口模式。

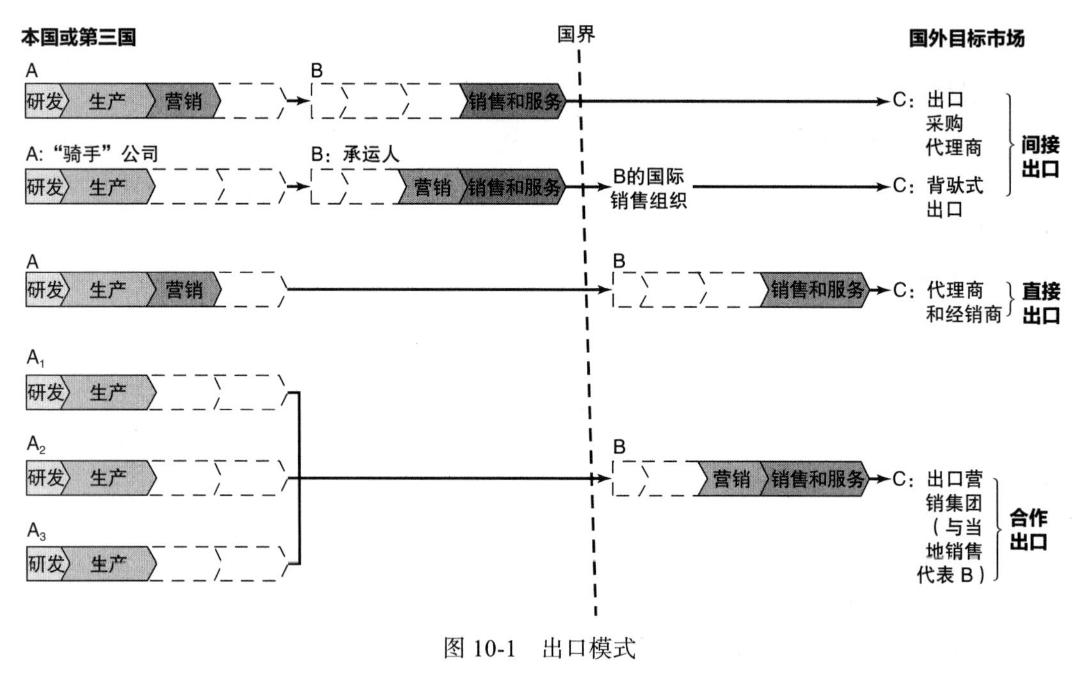

图 10-1　出口模式

注：A，A_1、A_2 和 A_3 代表产品 / 服务的生产商；B 代表独立的中间商（代理商）；C 代表顾客。

合作伙伴心智占有率

不管制造商采用这三种出口模式中的哪一种，都必须考虑其在出口合作伙伴心中的份额，即“心智占有率”。**合作伙伴心智占有率**（partner mindshare）是衡量其在信任感、承诺和合作方面的标准。心智占有率的程度与出口中间商将一家公司的品牌置于其他品牌之前的意愿或中间商解除合作关系的可能性之间有密切关系。心智占有率也可以清楚地从中间商的销售业绩中反映出。通常情况下，心智占有率高的中间商，其销售业绩比大脑占有率低的中间商更好。

心智占有率可以有三方面的动因（Gibbs，2005）：

- 承诺和信任；
- 合作；
- 利益和共同目标的互利共生。

只有各个方面表现都很好，才会有高的心智占有率高。例如，有的制造商沟通能力强，但是不可靠。

除了心智占有率的这三个方面，还有第四个方面需要测量，即产品、品牌和利润。这一组指标衡量了中间商对供应商产品的感知吸引力，制造商可以将其看作“保健型驱动因素”（hygiene driver）。一般来说，制造商需要表现得和其竞争对手一样优秀，只有这样才能获得高大脑占有率所带来的全部利益。

很多制造商虽然生产的产品名气大、质量好、效益高，但因为出口合作伙伴认为其自大傲慢、不可信赖且无益，所以这些制造商也举步维艰。换句话说，这些制造商在出口合作伙伴那里心智占有率很低。

我们可以将这三个方面进一步分解。例如，实现合作的基础部分取决于制造商在合作销售产品过程中的表现，部分取决于其合作营销的能力。另外还需要考量能否及时对相关信息进行沟通、有多少真正的合作规划，以及出口中间商对这一合作的重视程度。

当供应商拒绝与合作伙伴共享资源时，心智占有率会遭到严重破坏。合作伙伴可能感觉受到排挤——感觉不是合作群体中的一员。如果中间商对制造商没有长期投资，并且对其竞争对手的心智占有率更高，那么制造商会选择慢慢减少与该中间商的业务。制造商也有可能将产品和宣传活动合并到中间商业务规划中，并想方设法向中间商表明对它的承诺。例如，在甲骨文公司，它们就是采用这种方式，并称：“我们的方法是将营销材料送到合作伙伴手中，我们企业内部职员手中有什么资料，他们手里就有什么资料。”（Hotopf, 2005）。

制造商需要理解合作伙伴的商业模式、商业目标及其对制造商的价值，以及更换合作伙伴的代价。但是，制造商同样需要考虑合作关系的长期价值（生命周期价值＝与上一年同期相比的价值 × 制造商与出口中间商合作的年数）。我们可以用长期价值证明合作关系中的投资。

10.2 间接出口模式

如果出口制造商通过本国的独立机构进行出口，则采用的是间接出口模式。间接出口下的销售类似于内销。实际上，因为制造商的产品由他人安排出口，该企业并没有真正进入国际市场，这种出口方式更适合那些不打算进行国际市场扩张的企业。如果企业出口的主要目的是处理过剩生产，或者国际贸易只是企业销售方式中可有可无的一种模式，那么选择**间接出口模式**（indirect export modes）是正确的。如果企业想通过最低限度的资源投入进行国际市场扩张，也会采用这种模式。在这种情况下，企业可以慢慢打入国际市场，并在了解市场后再投入主要资源和精力来开发出口组织。

然而，企业必须清楚地意识到使用代理商或出口代理公司的风险性，这是非常重要的。首先，企业完全或几乎无法控制产品或服务在海外市场的销售。产品可能通过不适当的渠道进行销售，最后造成服务和售后差、产品推广力度不够、定价偏低或偏高等问题，这种方式有损产品或服务在国外市场的声誉或形象。而且，中间商开发市场的积极性不高，会丧失潜在发展机会。

特别对那些想逐渐挤进国际市场的企业而言，采用间接出口，企业与国外市场之间基本建立不了联系。因此，企业对国外市场发展潜力知之甚少，不能获得国际市场扩张规划所需的足够资源。企业将无法为其产品选择有潜力的销售代理商或分销商。

相比其他进入模式，这种出口模式虽然可以实现成本最低化和风险最小化，但是企业不能控制产品营销的方式、时间、地点，以及销售给谁。在有些情况下，国内企业甚至可能不知道自己的产品正在出口。

此外，对于在传统出口贸易方面有经验的中小型企业来说，受限于已有资源，自身无力开发大量出口市场。所以，通过间接出口模式，它们可以借助其他有经验的出口商资源将自身业务扩大到多国。

间接出口共有五种主要进入模式：

（1）出口采购代理商；

（2）经纪人；

（3）出口管理公司 / 出口行；

（4）贸易公司；

（5）背驮式出口（如图 10-1 间接出口的特殊案例中所示）。

10.2.1 出口采购代理商（出口代办行）

只有当自身的产品或服务被国外买家或公司采购时，有些企业或个人才会意识到其产品或服务具有潜在的出口价值，国外公司可能采取初级的办法——从工厂采购产品，然后出口到一个或多个海外市场并进行产品营销和分销。

出口采购代理商（export buying agent）代表外国的采购者在制造商的本土进行采购。也就是说，代理商本质上属于海外客户在出口商国内市场雇用的采购代理，负责操作客户的订单。既然出口采购代理商维护的是客户的利益，那么需要支付佣金的就是客户。出口制造商不直接参与采购条件的决策，出口采购代理商和海外客户共同决定采购条件。

出口代办行本质上是国内采购者。代办行针对采购者需要采购的特定商品进行市场调研，然后告知相关制造商产品标准信息并进行招标。在其他条件不变的情况下，出价最低的投标者得到订单，中间不涉及情感、友谊或销售游说因素。

从出口商的角度看，通过出口代办行出口是一种简单易行的办法。采用这种方式，不仅可以确保及时付款，而且出口商通常不必负责货物的运输。另外，出口商只需要按照产品标准完成订单即可，信用风险小。但其中存在的一个主要问题是，出口商几乎不能直接控制产品的国际营销。

在小型企业看来，这种方式是获得国外销售订单最简单的方式，但是如果完全依赖采购者，它们无法敏锐地觉察到消费者行为和竞争对手方面的变化，甚至不能觉察到采购企业想终止合作的意图。如果一家公司想寻找长期可靠的外贸业务合作关系，必须采取更主动的方法，这样必然包括对其销售产品所属市场的深刻理解。

10.2.2 经纪人

另一种基于母国的代理商类型是出口 / 进口经纪人。经纪人的主要作用是将买卖双方联系一起。因此，代理人是履行合同的专家，而不需要负责产品的销售或采购。经纪人为委托人提供此类服务，经纪人支付其佣金（约 5%）。通常情况下，经纪人专门代理特定产品或产品类别。作为商品代理专家，经纪人倾向于只代理一两种产品。鉴于经纪人主要代理基础产品，所以对很多潜在的出口商而言，这类代理商并不代表实际可替换的分销渠道。出口经纪人的显著特点是他们可以成为买卖双方任意一方的代理商。

10.2.3 出口管理公司／出口行

出口行或出口管理公司（EMC）是为众多不直接竞争的公司专门创建的“出口部”（Rosenbloom and Andras，2008）。出口管理公司以其代表的制造商的名义开展业务。出口代理公司都以制造商的名义对涉及买方和与合同相关的事宜进行沟通解决，所有与报价和订单相关的事宜也必须经过制造商的确认。

通过代理多家企业，出口管理公司可以将其销售和管理成本分摊到更多的产品和公司身上，同时通过多家公司一起装运大量货物来降低运输成本。

出口管理公司会处理必要的文件资料，在进入难度较大的市场上，出口管理公司对当地采购惯例和政府规定的相关信息的把握是特别有用的。所以，选出口管理公司做代理商，可以让个人公司生产的产品在国外市场获取更大的曝光率，其总成本也远远低于当地市场。当然这种方式也有弊端：

- 出口行在地理区域、产品或顾客类型上（零售、工业或机构）比较专业，但可能与供应商的目标不一致。所以，在选择市场时可能会考虑对出口管理公司而非制造商有利的因素。
- 既然出口管理公司的酬劳是佣金，在利益的驱使下，它们的注意力可能更集中于具有销售潜力的产品上，而不是那些需要更多顾客教育的产品，也不是那些为获得长久成功而需要进行持续市场营销的产品。
- 在利益的驱使下，出口管理公司可能会代理多种产品系列，这样制造商的产品不会吸引销售人员足够的目光。
- 出口管理公司可能会代理竞争性产品，而这可能会凸显某一特定企业的劣势。

所以，制造商应该认真选择合适的出口管理公司，并做好投入资源的准备，以维护双方的关系，并监督对方的绩效。

当销售增加时，制造商会认为如果能通过自主出口的方式更多地参与到国际市场交易中，它们会更受益。然而，这并非易事。第一，除非这家企业已经与国外顾客建立业务联系并已经积累了目标市场的知识，否则企业有可能更加依赖出口管理公司，并且越来越难摆脱出口管理公司；第二，企业可能发现它们很难撤回与出口管理公司之间的合同契约；第三，管理出口公司可以用其他制造商的产品替代现有产品，然后销售给现有顾客，造成其与原制造商的产品相互竞争的局面。

10.2.4 贸易公司

贸易公司属于殖民地时期历史遗产的一部分，虽然现在发生了本质的变化，但在非洲和远东地区它还是重要的贸易力量。虽然国际贸易公司在全球表现很活跃，但贸易公司在日本应用得最成功。在日本有成千上万家进出口贸易公司，最大的公司（由于来源不同，估计有9～17家）是指一般的贸易公司或综合商社（general trading companies 或 Soge Shosha）。这些公司包括伊藤忠商事（C.Itoh）、日本三井会社（Mitsui & Company）和三菱商事会社（Mitsubishi Shoji Kaisha），操纵了日本 50% 的出口业务和 67% 的进口业务。在日本，规模较小的贸易公司通常在外贸方面受限，所以较大的综合商社会较多地参与到国内分销和其他活动中。

贸易公司在诸多领域都发挥中心作用，如运输、仓储、金融、技术转移、计划资源开发、建筑和地区发展（如工程总承包项目）、保险、咨询、房地产和一般交易（包括设备投资和合资企业)。实际上，要想将综合商社与其他公司区别开，主要看其提供的金融服务范围。这些服务包括贷款担保、应付与应收账款的融资、发行本票、主要外汇交易、股本投资甚至是直接贷款。

其业务的另一个方面是从事补偿贸易（以物易物），即在一个市场中某种产品是由该市场中其他产品交换而来。贸易公司的本质作用是迅速为需要交换的产品找到买家。但有时，这是一个非常耗费资源的过程。

由于补偿贸易不需要硬通货支付，所以这一贸易形式仍被东欧和发展中国家广泛使用。东欧国家青睐补偿贸易的原因之一是，资源生产和企业自身生产所用原材料的低成本化（Okoroafo，1994）。

10.2.5 背驮式出口

在背驮式出口中，没有出口经验的中小型企业［“骑手”(rider)］与规模较大、有一定海外市场且愿意代表它们出口到这些市场的大公司［“运送者”（carrier)］进行交易。这种方式允许运送者充分利用已建立的出口设施（销售子公司）和海外分销系统。运送者如果扮演代理商的角色，可获得佣金，或者直接采购制造商的产品，扮演独立分销商的角色。一般而言，**背驮式**（piggyback）营销用于非竞争性（但相关）且互补性（同盟）的不相关公司所生产的产品。

考虑到需要处理技术查询和提供售后服务，“运送者”有时会坚称“骑手”的产品与自己的产品有相似之处。在背驮式出口中，品牌和推销策略是变动的。在有些案例中，“运送者”采购该产品，冠以自己的品牌，然后当成自己的产品（自有品牌）进行营销。更常见的是，“运送者”保留制造商的品牌，然后双方共同制订推销方案。选择适合的品牌和推销策略，对体现品牌对产品的重要性以及品牌建设的完善非常重要。

对“运送者”和“骑手”而言，背驮式出口有如下优点和缺点。

1. 运送者

（1）优点。对于在其出口业务中的产品线或产能过剩方面有差距的企业而言，有两种选择：一种选择是在内部研发产品，增加产品线，增强出口能力；另一种选择是从外部背驮式出口中采购（或收购）必要产品。背驮式出口可以让企业缩短产品交货期，所以这种方式对企业有吸引力。采用这种方式也可以帮助运送者节省成本，因为它们不需要为研发、生产设备或市场测试进行投资，运送者可以直接从另一家公司提货。这样的话，企业无须研发和生产额外产品，即可扩宽其产品范围。

（2）缺点。虽然背驮式出口对运送者极具吸引力，但运送者也对其质量管理和担保存在担忧。运送者可以保证另一家公司销售的产品的质量吗？这在某种程度上取决于产品的品牌。如果产品上贴的是运送者的品牌，那么就可能更好地保证产品质量。另一个担忧是能否保证产品的持续供应。如果运送者开发了可持续的海外市场，在必要情况下运送者公司会提高其生产能力吗？双方在签署协议时会将这些问题一一列出。如果背驮式出口进展顺利，运送者又具备了一个潜在优势：运送者会是一个优秀的收购候选人或是能建立更牢固合作关系的合资伙伴。

2. 骑手

（1）优点。“骑手”公司无须建立属于自己的销售系统便可以随时安排出口。“骑手”

公司可以仔细观察运送者处理货物的过程，学习运送者的经验，最后甚至可以独立操作出口交易。

（2）缺点。对于规模较小的公司，签署这种协议意味着放弃对产品营销的控制，这是很多公司都不情愿做的事情，至少以长远来看是这样的。此外，运送者缺少承诺，无法把握不受运送者控制地区所具有的有利可图的销售机会。

总之，背驮式营销为公司提供了一种简单易行且风险系数小的出口营销操作方式。这种方式特别适合不能直接出口的小型制造商，或者不想在出口营销方面大量投资的制造商。

10.3 直接出口模式

当制造商或出口商直接向国外市场的进口商或买家销售产品时，就是**直接出口模式**（direct export modes）。在对间接出口模式的讨论中，我们探讨了省时省力的国外市场进入方式。事实上，间接出口中的国外市场销售采取与国内销售同样的方式：制造商只通过代理人（也就是将其产品销往海外的公司）进行国际营销。然而，采用间接出口方式，公司获得的国际营销隐性知识和实现的销售额是有限的。

当出口商发展日益成熟后，它们可能会独立执行出口业务。这就需要确定国外市场负责人、进行市场调研、处理文件资料、安排货运以及制定营销组合策略。通过国外代理商和分销商（独立中间商）进行出口也属于直接出口模式。

“分销商”和“代理商”经常被看作同义词。但是这种想法并不可取，因为两者存在明显不同：不同于代理商，分销商拥有产品的所有权可以为库存融资，并承担相应的运营风险，而代理商不具有上述特点。分销商的酬劳来自买价和卖价之间的差价，而不是佣金（代理）。如果某种产品或服务需要售后服务，出口商通常选择具备必要资源的分销商，而非代理商。

10.3.1 分销商

出口企业可能通过**分销商**（distributors）[**进口商**（importers）] 出口，分销商是该公司产品在国外市场的独家代理，通常也是唯一进口商。作为独立贸易商，分销商可以完全自由地采购产品，自由地选择顾客并制定销售条款。出口商在每个国家有一个分销商做业务，承担一定的信用风险，并负责货物运输。很多时候，分销商拥有并经营批发和零售机构、仓库、维修和服务设备。一旦分销商与出口商在价格、服务和销售等方面达成一致，其就会专注于自身的操作和经销上。

分销商种类繁多，差别也很大，但是分销商通常寻求某一特定销售领域的专有权，并且在涉及该领域的所有销售和服务时一般都独家代表制造商。作为交换，分销商需要投入大量资金以管理和销售产品。

10.3.2 代理商

代理商（agents）具有排他性，是指在特定销售领域具有专有权；或者具有半排他性，即代理商处理出口商的产品并代理其他公司的非竞争性产品；或者具有非排他性，即代理商负责处理多种产品，包括可能与出口商产品形成竞争的产品。

代理商代表出口公司将产品销售给进口国家的批发商和零售商。出口商直接将产品运送到顾客手中，出口商和买方共同负责融资、信贷和促销等问题。很多公司通过独家代理进入国际市场。在次级代理商的帮助下，它们将业务覆盖到偏远地区。代理商和次级代理商在之前协议的基础上分享佣金（由出口商支付）。有些代理提供金融和市场信息，另一些同时也保证结清顾客账款。根据代理商的服务水平、市场规模、重要性以及出口商和代理之间的竞争激烈程度，代理商收取佣金。

代理商和分销商的优势在于熟悉当地市场、顾客群体和习俗，有商业网络，可以雇用外籍职员。它们销售的直接动机就是获取佣金或利润率。但由于其酬劳与销售额有关，它们可能不情愿花费大量时间和精力为新产品开发市场。同样地，由于代理或分销商可能将自己看作顾客的采购代理，而非出口商的销售代理，所以市场反馈可能很有限。如果代理商或分销商表现良好且可以开发市场，其可能面临被委托方的子公司替换的风险。所以，需要制定长期战略，以便将代理商纳入新的进入模式决策中（例如，建立子公司），从而避免被替换的不利局面。

10.3.3 中间商的选择

在选择合适中间商的过程中可能会遇到一些问题，但是以下方式可以帮助企业找到适合自己的中间商：

- 询问潜在顾客推荐合适的代理商；
- 通过贸易协会、商会和政府贸易部门等机构推荐；
- 运用商业代理机构；
- 挖走竞争对手的代理商；
- 在合适的贸易类报纸上刊登广告。

在选择中间商时，出口商需要考察每一个候选公司对产品和当地市场的了解程度、经验和专业知识、对利润的要求、信用等级、顾客服务设施，以及能否以高效和吸引人的方式推销出口商的产品。

图 10-2 给出了，制造商的匹配和其“愿望”曲线，以及潜在中间商及其在特定市场上绩效的曲线图。

由图 10-2 可知，其中一个重要评估标准是中间商的产品项目不能包括竞争产品。如若不是，出口商会经历与中间商其他产品的内部竞争（Obadia and Stottinger，2015）。

如果制造商只有合作伙伴 1 和合作伙伴 2 两个潜在候选公司，该制造商可能会选合作伙伴 2，因为合作伙伴 2 的绩效曲线图与制造商预期的市场表现（“愿望”曲线图）更接近。

图 10-2 中所列举的标准可能不是选择过程中的唯一标准，其他可参考的标准（决策制定过程中需考虑）如下（Root，199）：

- 企业规模；
- 物理设备；
- 保有库存的意愿；
- 促销的了解或运用；
- 在供应商、顾客和银行的信誉；
- 销售绩效的记录；
- 运营成本；

- 总体经验；
- 掌握英语或其他相关语言；
- 对制造商所在国家商业方式的了解。

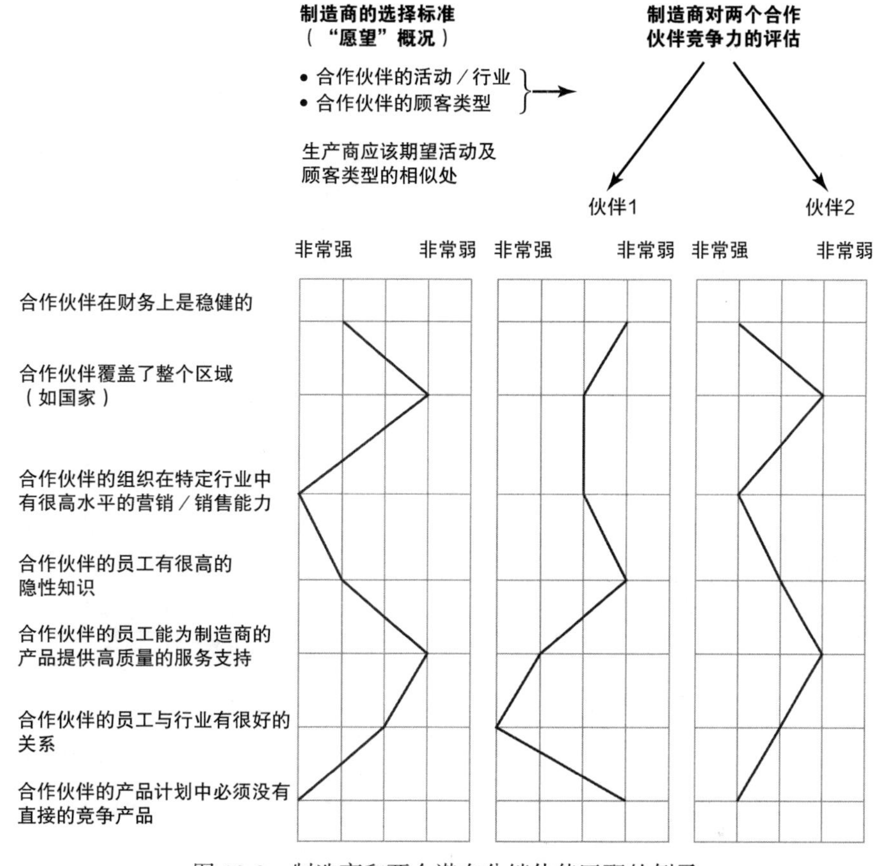

图 10-2 制造商和两个潜在分销伙伴匹配的例子

营销洞见 10-1

渔夫之宝选择新分销商的决策标准

Lofthouse of Fleetwood 公司是一家家族企业，于 1865 年在兰开夏郡的弗里特伍德正式推出名为“渔夫之宝”(Fisherman’s Friend) 的含片。弗里特伍德是英国的渔港之一。“渔夫之宝”最初是为了帮助渔夫对抗那些困扰他们长途航行所出现的咳嗽、流感和支气管炎等疾病。“渔夫之宝”为全球市场开发了 13 种含片，其中 7 种在英国销售（无糖黑加仑口味、超强原味、茴芹口味、樱桃口味、无糖薄荷味、无糖原味及无糖柠檬味）。“渔夫之宝”的核心价值是：全球统一的独特外包装（纸包）和浓味医疗糖果。“渔夫之宝”的超强原味含片仍使用 1865 年的原始配方生产，但营销组合的其他因素随国家不同而改变。

直到 1974 年，“渔夫之宝”首次出口到挪威，至今挪威仍是世界上人均销量最高的市场。截至 2009 年，这种含片在全球 120 个国家销售，“渔夫之宝”也成为一个主要的国际品牌：欧洲市场占总销量的 80%，其中 4% 的生产来自英国。德国是最大的市场，亚洲市场占有率为 15%，位居第二，然后是北美及其他地区。由于该品牌的国际化口味，“渔夫之宝”在俄罗斯、中国和印度市场也有增长。“渔夫之宝”的口味被世界上大多数国家所接受，除了日本，因为日本人觉得味道过重，他们更倾向于如土耳其软糖偏甜的含片类。

Lofthouse 将它的营销活动外包给一个独立公司——英佩仕（Impex），这样它只需要专注于研发和生产（见图 10-3）。在新的国际市场上，Impex 选择了六个候选分销商进行面试，对它们进行了详细的 SWOT 分析。经过面试，Impex 和 Lofthouse 共同决定特定市场的理想合作伙伴。

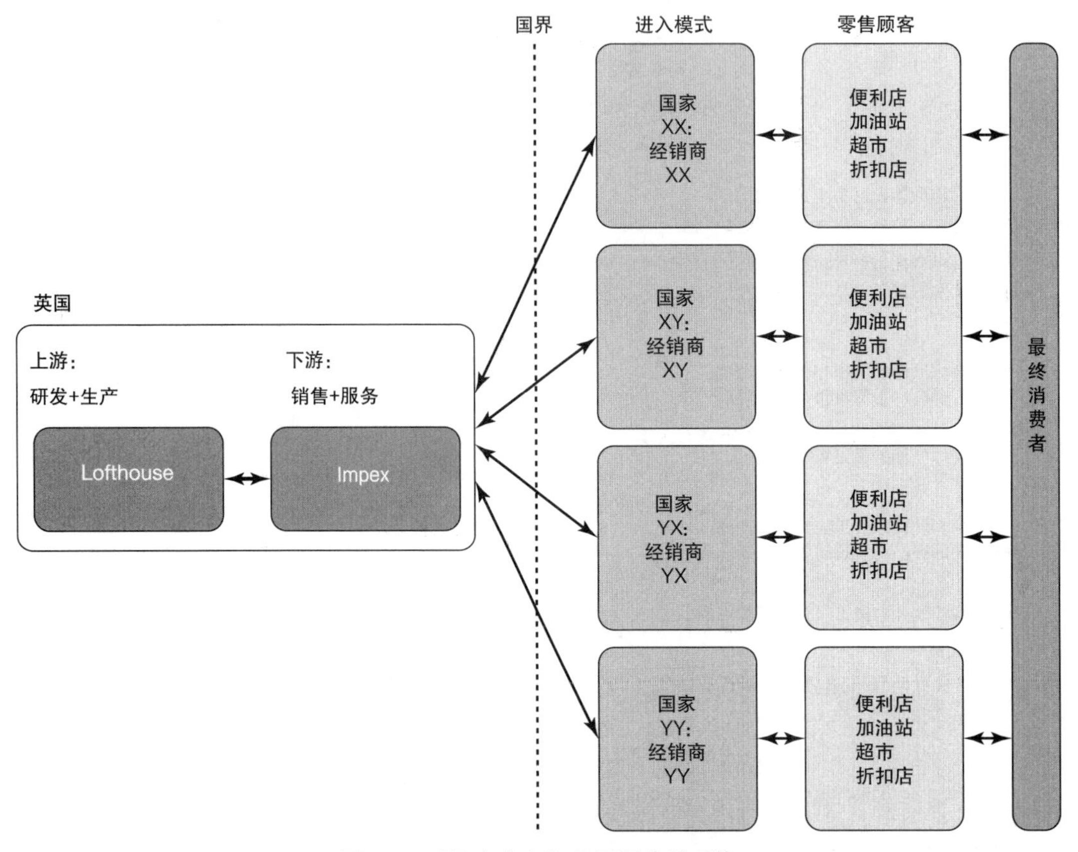

图 10-3 “渔夫之宝”的国际分销系统

在选择分销商的标准中，Lofthouse 和 Impex 同意以下标准：

- 规模。Lofthouse 希望选择一个小的分销商，以保证“渔夫之宝”能在分销商的总收入中占很大的比重，从而作为很重要的角色——Lofthouse 希望是“小池子中的大鱼”。这就需要在与零售商有很好关系的大分销商之间做出平衡。
- 产品。分销商应该销售互补产品，并且在相应的产品市场上经验丰富且有合适的联系人。但他们不可以销售直接竞争者的产品，Lofthouse 希望独家销售。
- 销售的组织架构。销售代表的数量及其市场覆盖率（哪个地理区域和哪种零售渠道？频率如何？）。
- 财务状况。Lofthouse 希望分销商财务稳健且安全。
- 文化和价值观。Lofthouse 寻求长久关系，因此与 Lofthouse 有相同价值观和文化的分销商是很重要的。

家族企业。因为 Lofthouse 是家族企业，它要求分销商也最好是家族企业。

其中一个与Lofthouse有长久和成功的关系的分销商是荷兰分销商——康可公司（Concorp，前身为Nedean Zoetwaren BV），它符合以上大多数标准。该公司在荷兰市场销售糖果，“渔夫之宝”在1974年加入。康可公司有近40名员工，一半都是荷兰市场的日常销售人员。销售团队分为两部分：

（1）便利销售网点：便利店、加油站和烟草制品零售店。

（2）零售渠道：超市、折扣店等。

大约40%的“渔夫之宝”通过便利销售网点销售，剩余的（60%）通过零售渠道销售。

如今（2009年），康可是以下品牌在荷兰的主要分销商：

- 益齿口香糖（箭牌/玛氏口香糖，美国）；
- 彩虹糖（箭牌/玛氏糖果，美国）；
- 甘草糖（康可自己生产的甘草糖和酸味糖果）；
- 叙旧（荷兰的甘草糖）；
- 利口乐（瑞士的含片）；
- 渔夫之宝（英国含片）。

当由分销商在荷兰和其他国际市场进行销售时，Lofthouse不能决定产品转售或零售价格，也就是说，没有统一的分销商价格单，但分销商可以根据当地的市场状况，自由设定转售价格。但当价格差异过大时，Lofthouse或Impex会对其进行管理。欧元的存在意味着欧洲市场中价格的透明度更大。家乐福、特易购、利多、奥乐齐等大型国际零售连锁的买家，非常了解欧洲不同市场的价格，并可以在价格差异较大时，选择在价格低的市场购买。

Lofthouse的分销合同中规定，它们需要持有一个月的库存。通常，“渔夫之宝”的需求相对可预测，除非有爆发性流感或其他未知事件发生。

资料来源：www. fishermansfriend. com; Brassington and Pettitt, 2006; http: //www.lz-blog.de/spotlight/2009/08/27/talk-with-fishermans-friend/.

出口制造商在确定中间商后，双方需要协商并签署协议，这一点很重要。国外代理协议是出口商和中间商关系的基础，所以该协议需要清楚地列出所有相关问题，并写明双方关系存在的基本条件。双方互相协议商定权利和义务，协议的主要条例必须本着互利互惠的原则。这一协议应是包含表10-1中的条款。

表10-1 制造商与中间商的协议条款

1. 通用条款	
识别合同双方	区域或多个区域的定义
合同期限	单独或独家权利
涵盖货物的定义	争议仲裁
2. 生产商的权利和义务	
终止条件	经销商文件的调查
单独或独家权利的保护	商标和专利
销售和技术支持	为经销商提供的信息
纳税义务	广告/促销
销售条件	索赔/保证责任
货物交付	库存要求
定价	终止和取消
拒绝订单	

（续）

3. 经销商的权利和义务	
保证制造商的利益	海关许可
付款安排	销售状况观测
合同转让	售后服务
竞争行	为制造商提供的信息

对大多数出口商而言，在与国外代理签署协议时需考虑以下三大方面：独家或独家代理权、有竞争力的产品线和协议的终止。由于在很多市场上分销商的数量在减少，规模在变大，活动趋于专业化，这也日益凸显了销售区域的重要性。区域化倾向的出现，导致越来越多的分销商通过有机增长以及合并和收购的方式实现区域扩张，增加了企业在单个邻近市场中指定不同分销商的难度。

一般地，在所有国家都能应用到代理法规的原则是：

- 在未通知委托人或未经委托人同意的前提下，代理商不能以与委托人约定的价格收到所购货物后，再重新大批量卖出。
- 代理商必须对其委托人的商业信息严格保密，而且必须传递所有相关信息。
- 代理商“以他的名义”所犯错误对第三方造成的损失由委托人负责（例如，如果代理商采用欺骗手段曲解委托人的意图）。

在履行协议期间，对中间商提供支持和激励是非常重要的。通常是根据销售额提供经济奖励，但也有其他方式：

- 供应商（出口商）在当地进行广告宣传，并树立品牌意识。
- 与当地中间商合作，（出口商）如有可能参与当地展览和商品交易会。
- 定期实地拜访或电话联系代理商或分销商。
- 供应商（出口商）在其所在国定期安排代理商与分销商的会面，并支付费用。
- 给予销售额最高的中间商现金奖励、假期奖励等。
- 为中间商提供技术培训。
- 有计划性地从代理商和经销商方面收集反馈意见。
- 概述（通过授权连接出口商局域网）供应商企业的现有活动、员工变动、新产品开发和营销方案等。

这些方式能使中间商感受到自己是出口商的一分子。

10.3.4 评估国际分销合作伙伴

即使企业在选择中间商时非常小心谨慎，但如果这种关系无法继续下去，企业需要迅速从中抽身。

在评估国际分销合作伙伴时，需要用到图 10-4 的矩阵。根据图 10-4 评估国际分销合作伙伴的两个最主要标准如下：

（1）分销合作伙伴的绩效。

（2）分销合作伙伴所在市场的整体吸引力。

评估分销合作伙伴的表现，可以根据以下标准：已经完成的营业额、市场占有率、为制造商创造的利润，以及与潜在顾客建立的网络等。评估一个国家（市场）的吸引力时，可以参考第 8 章（见表 8-2 和图 8-5）讨论的标准，如市场规模和市场增长。

- 如果合作伙伴的绩效低，再加上国家吸引力低（图 10-4 中 1 单元格），公司应该考虑退出该国家市场，尤其是在吸引力低成为一种常态的情况下。
- 如果合作伙伴的绩效高，但是国家吸引力低（3 单元格），公司应该考虑选择别的进入模式（如合资企业），这样面对如此残酷的市场（低吸引力），公司可以给予合作伙伴一份比例较大的利润分成，以减少合作伙伴的不满。
- 如果合作伙伴在有吸引力的市场中绩效欠佳（7 单元格），公司应该考虑更换（更好的）合作伙伴。
- 如果市场具有吸引力，合作伙伴绩效也很好（9 单元格），公司考虑前向一体化，即将现有进入模式（分销商）转变为子公司，将分销商提升为子公司的新 CEO，前提是他能够胜任该职位并具备足够的管理天赋。

图 10-4 中的其他单元格主要与保持现有位置或“发展”现有合作伙伴有关。为了向企业总部证明你为占领当地市场所付出的努力，可以到总部提供有关公司产品或服务解决方案的培训，或者拜访当地合作伙伴。

中间商对制造商来说可能是未来有用的合作伙伴，公司可能有兴趣找到一个有很好工作关系的中间商。

图 10-4 是站在中间商的角度。从中间商的角度来看，如果替换或收购是从中间商的兴趣出发，中间商可能会积极通过建立转换成本来阻止。例如，控制客户关系，建立自有品牌，限制中间商对市场知识的获取，以及让中间商的产品成为中间商总体业务中的很小一部分（Heide and Hohn, 1988，详见 9.2 节）。因此，当中间商准备通过更高的控制模式（如销售子公司）替换中间商时，控制本地资源（如客户关系、品牌和本地技术水平）对中间商是有利的，这让中间商有了更大的与制造商议价能力（Nes, 2014）。

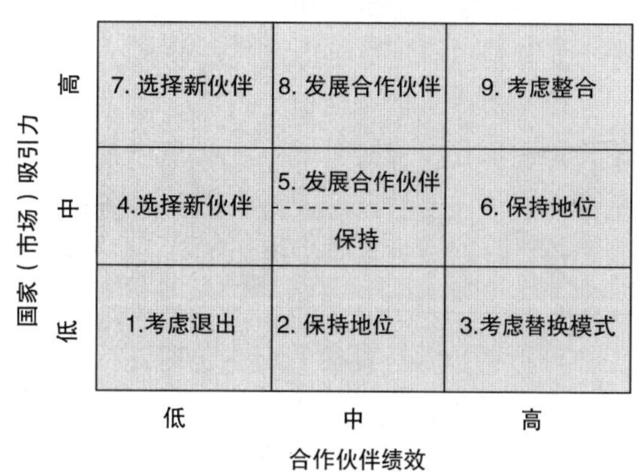

图 10-4 国际合作伙伴矩阵

10.3.5 终止与分销商合作关系的协议

通常情况下，分销商合作伙伴协议中的终止条款会涉及当地立法规定的权利，所以在签署协议之前最好请当地律师审核一下，避免在协议终止后为了赔偿问题打官司。

终止条款因各国而异。但是，欧盟的情况基本上因代理商指令的出台而得到缓解，该指令自 1994 以来在所有欧盟成员国都有效。该指令规定，协议被终止的代理商享受以下权利：

- 对于代理商业务费用，必须全额支付（即使代理关系已经结束）。
- 一次性支付一年的佣金（参照过去的平均佣金）。
- （在适当情况下）赔偿由于擅自终止协议对代理商商业信誉所造成的损失。

在西欧之外，有些国家认为，代理商本质上是客户组织的职员，另外一些则认为代理商独立的且可以自给自足的商业机构。在企业考虑出口时确认代理协议在该国的法律地位是很必要的。例如，沙特阿拉伯制定了非常严格的保护代理商的法律。

10.4 合作出口模式 / 出口营销集团

出口营销集团常见于初次尝试进入出口市场的中小型企业。由于当地市场规模较小或可用的管理和营销资源不足，这些企业无法在产品生产和营销过程中实现充分的规模经济。这些行业的特点是传统、成熟、高度分散，如家具和服装业。同样的特点也常见于刚创建的小型高科技企业。

图 10-1 显示了出口营销集团，包括制造商 A1、A2 和 A3，每家制造商都有单独的上游功能，但也会通过常见的外国代理与下游功能合作。

中小型企业加入与他企业合作最重要的目的之一是，借机将其互补性产品项目介绍给较大的客户。以下例子来自家具行业。

制造商 A1、A2 和 A3 在互补性产品线的下游功能中具备核心竞争力，分别为：A1 起居室家具；A2 餐厅家具；A3 卧室家具。

同时，它们形成了更广泛的产品概念，其整体概念的目标是吸引家居零售连锁店的顾客，尤其是具有特定生活方式的顾客。

制造商之间的合作可松可紧。在比较松散的合作关系中，集团中的单个企业通过同一家代理商推广其品牌，而在比较紧密的合作关系中，它们一般会建立一个新的出口协会。这种协会代表制造商形成打入国际市场和获得显著规模经济的统一战线，成为所有成员公司的出口武器。其主要作用如下：

- 以协会的名义出口；
- 合拼出运、商定费率、包船；
- 进行市场调研；
- 指定国外销售代理商；
- 获取信贷信息和收回债务；
- 制定出口价格；
- 制定统一格式的合同以及销售条款；
- 允许合作投标和销售谈判。

加入协会的企业可以更高效地进行国外市场调研，并找到更好的代理商。协会的建立替代了个体卖家，可以实现更稳定的价格，减少销售成本。通过合拼出运以及避免重复操作，企业可以节省运费，实现产品的标准化升级，创造更强势的品牌，正如美国加利福尼亚果农与新奇士（Sunkist）产品的例子。

虽然中小型企业加入出口营销集团有这么多优点，但现在这种组织的数量很少，这种现状令人吃惊。其中一个原因在于企业对该集团的职责和功能存在分歧。在很多中小型企业中，在其创始人和创业伙伴观念的影响下，它们非常看重企业的独立性，这与出口营销集团设定的共同目标等相悖。出口营销集团的主要任务之一是平衡组织中不同股东之间的利益。

10.5 总结

主要出口模式的优势和劣势如表 10-2 所示。

表 10-2 制造商不同出口模式的优势与劣势

出口模式	优 势	劣 势
间接出口（如出口采购代理商、代理商、中间商或出口管理公司）	只需要有限的投入和投资；因为公司使用有经验出口商进行国际化，所以高度市场多样化是有可能的；最低的风险（市场的和政治的）；不需要出口经验	除了产品控制外，对其他营销组合元素没有控制力。在分销链中增加一个国内成员会增加成本，只能留给制造商更少的利润。与市场缺少关联（不需要市场知识）；缺少产品经验（基于商业销售）
直接出口（如分销商和代理商）	获取本土市场知识及与潜在顾客的联系；更短的分销链（与间接出口模式相比）；需要市场知识；对营销组合控制更大（特别是代理商）；可获得本地的销售支持和服务	由于关税及分销（特别是经销商）控制的缺失，对市场价格的控制很低；对销售组织的投资（与分销商和代理商的联系）；文化差异带来的沟通问题和信息过滤（交易费用的产生）；可能的交易限制
出口营销集团	共担国际化的费用和风险；提供给顾客一个完整的产品线或销售给系统	不平衡关系（不同的目标）的风险；参与的公司不愿放弃其完全的独立性

问题讨论

1. 为什么出口通常被看作进入国外市场的最简单的方式并备受中小型企业青睐？
2. 企业在选择分销商时应该按照什么程序？
3. 为什么很难从金融或法律上终止与海外中间商的关系？应该怎么做才能预防或尽量减少此类难题的发生？
4. 请给出通过国内销售来接触国外市场的方式。
5. 直接出口和间接出口的区别是什么？
6. 探讨激励国外分销商积极性的财务和定价方法。
7. 出口商和中间商应该在国外市场实现的营销任务分别是什么？
8. “运送者”和“骑手”公司如何从背驮式出口模式中受益？
9. 如果公司开始直接出口，必须要做什么？
10. 探讨与外国分销商沟通的不同方式。
11. 讨论“当向某市场出口时，只需做得与当地中间商一样好”。
12. 国际营销人员和中间商对双方之间关系的期望是不同的。为什么这些期望需要在合同中加以说明？

案例研究 10-1

利肖姆利尼阿夸维特酒：挪威阿夸维特酒品牌的国际营销

利肖姆利尼阿夸维特酒（Lysholm Linie Aquavit）是由挪威烈酒制造商阿克斯集团（Arcus Group，www.arcus.no）负责销售的。2010年，其销售额约为16亿挪威克朗（2.12亿欧元），净利润1.32亿挪威克朗，拥有450名员工。阿克斯集团约一半的销售收入都是在挪威境外创造的。

阿夸维特（意为“生命之水”），是一种淡黄色或无色的蒸馏酒，产自斯堪的纳维亚国家，通过再蒸馏由谷物、马铃薯以及辅以葛缕子调味而成的中性烈酒制成，常作开胃酒食用。

在不同的阿夸维特酒中，酒精含量有所不同，但都不低于37.5%。大多数品牌的酒精含量都在40%左右，但利肖姆利尼阿夸维特酒的酒精含量为41.5%（利肖姆是特隆赫姆的一家生产阿夸维特酒的酒厂的名字，自此我们将这种烈酒称为利尼阿夸维特酒）。

阿夸维特酒的历史

阿夸维特酒最初为药用，但从18世纪开始，其在斯堪的纳维亚人的家中就变得很常见了。

当你试图将阿夸维特酒与北方气候中盛行的其他烈性酒进行区分时，其定义就变得十分复杂。例如，“schnapps”这个词在德国、瑞士和斯堪的纳维亚等地被广泛用于指代任意一种中性烈酒（丹麦语说“snaps”）、调味酒或其他皆可。而在瑞典，“brannvin”一词也同样被使用（与荷兰语中的“brandewijn”一词类似，“brandy”一词也源自于此，意为燃烧的葡萄酒）。瑞典著名的绝对伏特加（Absolut Vodka）于1879年问世，其产品被命名为“Absolut Renat Brannvin”，意为“绝对纯净的伏特加酒”，据说该酒经过10次蒸馏而成。然而，由于瑞典政府的酒精垄断，绝对伏特加到1979年才成为一个国际品牌。

利尼阿夸维特酒的酿制

葛缕子是阿夸维特酒中的一种很重要的草本，不同品牌中混合的草本原料有所不同。利尼阿夸维特酒是从挪威的马铃薯中提炼出酒精，混以葛缕子和茴香为主的香料和草本。酒精和草本混合后，将其倒入500升橡木桶内。挪威的酿酒人士会专门到西班牙去，从用于生产欧罗索雪莉酒（Oloroso sherry）的桶中挑选出最优的带回。使用雪莉桶主要是因为它可以去除酒中原始的不稳定成分。阿夸维特酒泛着金色的光泽，残留的雪利酒散发出柔和的甜味。

利尼阿夸维特酒的制造者尤尔根·利肖姆（Jørgen Lysholm）提出，将阿夸维特酒装在雪莉桶中在船上环游世界，从而酿造出特殊的香味。对于这一想法是如何提出的，已经有许多解释。19世纪初，该家族就试图将阿夸维特酒出口到西印度群岛，但是这艘名为特隆赫姆（Trondheim’s Prøve）的船却带了一整船未售出的货物返航。这时，他们发现了长途航行和特殊的贮存方式对阿夸维特酒产生了有利的影响：旅程的长度、船只持续的轻微晃动和甲板上的温度变化共同赋予了利尼阿夸维特酒独特的味道。利肖姆将其成熟方法商业化并沿用至今。

利尼阿夸维特酒与挪威一家历史悠久的航运公司成为长期的合作伙伴。1927年，第一艘载有利尼阿夸维特酒的威尔森号（Wilhelmsen）班轮启航。自此，威尔森就成为这一著名产品的唯一运输公司。整个旅途中集装箱都会在甲板上，在装载到集装箱之前，盛酒木桶被紧紧固定在特殊设计的木栏上。从挪威到澳大利亚来回需要四个半月，旅程中两次穿越赤道（水手们更喜欢称为界线）。事实上，这就是利尼阿夸维特酒得名由来。在每个木桶的背面都会有船只的名字和它首次越过赤道的日期。

利尼阿夸维特酒和维京湾伏特加的国际销售

阿克斯集团（Arcus AS）是挪威唯一的烈性酒生产商，也是生产利尼阿夸维特酒的公司。该公司还从世界各地的葡萄酒生产商那里采购（瓶装）葡萄酒，并进口一系列精选瓶装葡萄酒。阿克斯集团的市场份额约为30%，是挪威葡萄酒和烈酒的市场领导者。

国际阿夸维特酒市场（主要是瑞典、挪威、丹麦、德国和美国）由当地阿夸维特酒品牌主导（除了美国）。目前，利尼阿夸维特酒是挪威的市场领导者，占20%的市场份额；

丹麦和瑞典的市场份额是5%；德国是最重要的出口市场，在Malteserkreutz和Bommerlunde等品牌的竞争下，利尼阿夸维特酒占据了10%的阿夸维特酒市场。

阿克斯集团在瑞典建立了一个子公司，但在其他地区只使用出口模式（国外中间商）。

直到2009年，利尼阿夸维特酒才由德国百人城集团（Berentzen Group）分销。2009年4月，它将其德国的分销部门转让给了Racke Eggers & Franke公司（位于德国不来梅）——位于美因茨的Racke GmbH Co. KG公司的一家子公司。Racke公司提供各种各样的烈酒品牌，特别是为零售商和餐厅、酒店和餐饮行业，不仅是向德国供应，也提供给欧洲其他国家。目前德国利尼阿夸维特酒的销量每年约为75万瓶。它们的目标是将这个数字升至100万瓶。有了Racke公司作为其分销合作伙伴，阿克斯集团希望利尼阿夸维特酒能够加强其在德国南部以及迄今为止相对较弱的一般销售部门（酒吧、餐厅和酒店）的市场地位。

利尼阿夸维特酒一直是挪威的国民烈酒和阿克斯产品组合的旗舰产品之一。阿克斯集团作为烈酒和葡萄酒的供应商和生产商已有80多年的历史，拥有非常多元化的产品组合，其中包括维京湾伏特加（Vikingfjord vodka）等国际顶级品牌。尽管美国市场通常被形容为全球最难打开的伏特加酒市场，但维京湾伏特加已经成为其近几年来进口伏特加酒八大品牌之一，2008～2011年，每年的销量大约增长30%。

问题：

1. 对利尼阿夸维特酒来说，阿克斯集团所使用出口模式与其他进入模式相比有哪些主要的优点和缺点？
2. 阿克斯集团在新市场中选择利尼阿夸维特酒的新分销商或合作伙伴的主要标准是什么？
3. 利尼阿夸维特酒是否有可能采用国际品牌战略？
4. 哪个品牌可能会成为美国市场的主要品牌：利尼阿夸维特酒还是维京湾伏特加？

资料来源：www.arcus.no；Arcus Financial Report 2010.

案例研究10-2

佩尔勒产品：一家正在新的出口市场寻求代理商和合作伙伴的印度饼干生产商

很久以前，当英国统治印度时，在孟买市郊区建立起一家小工厂，生产糖果和太妃糖。这一年是1929年，市场主要由可以自由进口的著名国际品牌主导。尽管存在许多不利条件和不平等竞争，但这家名为佩尔勒产品（Parle Products，以下简称“佩尔勒”）（www.parleproducts.com）的公司仍然存活了下来，并通过坚持高质量和不断适应外部变化获得了成功。

现在，佩尔勒在印度饼干市场上占有40%的市场份额，在糖果市场占有15%的市场份额。Parle G、Monaco和Krackjack等佩尔勒饼干品牌以及Melody、Poppins、Mangobite和Kismi等糖果品牌在顾客中有着良好的形象并受到青睐。

如果你认为一个典型的印度家族企业无法在世界排行榜上领先，那就需再想想。本土饼干品牌Parle G已经通过成为全球最大的饼干品牌，就证明了这一想法是错误的。然而，在大多数欧洲市场，佩尔勒则需要打败一个特别的竞争对手——英国联合饼干公司

(McVitie’s 的生产商)。佩尔勒在欧洲市场上的市场份额还非常小。

英国联合饼干公司(UB)

UB 成立于 1948 年,主要是兼并了 McVitie & Price 和 McFarlane Lang 两家苏格兰家族企业。1960 年,UB 收购了 Crawford’s Biscuits 和 MacDonald’s Biscuits 两家饼干公司,从而增加了其产品种类。2000 年,UB 被投资财团 Finalrealm 收购,并转为私人有限公司。

品牌力量

UB 的品牌在七个国家中排名数一数二,在英国、法国和西班牙的十大饼干品牌中,它占了五个,在英国排名前十名的顶级小吃品牌中占了四个。英国有超过 89% 的家庭在 2001 年采购了 McVitie’s 的产品。其强大的品牌力量得到了所有人的认可。

顾客洞察

UB 有着作为英国最大休闲食品公司的独特地位,拥有和风味食品品牌相均衡的产品组合,这使它对如何有效地应对不断变化的顾客需求有独特的理解。

佩尔勒

佩尔勒是甜味和咸味饼干领域的领导者,但在高端市场中,Hide-n-Seek 是唯一的品牌,而佩尔勒却没有很强的存在感。

多年来建立的广泛分销网络是佩尔勒的主要优势。即使在印度最偏远的地方和最小的村庄也能买到它的饼干和糖果,哪怕有些地方只有 500 人。

佩尔勒拥有近 1 500 个批发商,直接或间接地满足 425 000 个零售店的需求。一支由 200 人组成的专业团队为这些批发商和零售商提供服务。此外,还有 31 个仓库和货运代理商向广泛的分销网络供应货物。

佩尔勒的营销理念强调迎合大众。该公司一直致力于设计能够为每个人提供有营养又有趣的产品。同时,基于对印度顾客心理的了解,大多数佩尔勒的产品都处于中低价位市场,这种物有所值的定位给其产品带来了大量的销量。

其他全球性的饼干品牌还有纳贝斯克的奥利奥和 UB 的 McVitie’s。据市场报道,佩尔勒(以 Parle G 为市场领导者)在印度 3 500 亿卢比的饼干市场中占有 40% 的市场份额。在糖果市场中,该公司仅占有 15% 的市场份额,并面临着来自包括营养饼干(Britannia’s Tiger)品牌在内的其他品牌的竞争。

该公司的旗舰品牌 Parle G 为公司贡献了逾 50% 的总营业收入。佩尔勒的其他饼干品牌还有 Marie、Cheeslings、Jeffs、Sixer 和 Fun Center。

问题:

1. 你会推荐世界上哪个地区作为佩尔勒产品市场渗入的第一选择?
2. 什么样的出口模式最适合佩尔勒产品?
3. 佩尔勒产品如何在国外市场对潜在的分销商或代理商进行系统的筛选?
4. 在合同的最后筹划阶段,佩尔勒产品与潜在分销商 / 代理商讨论的最重要的问题是什么?

资料来源:Adapted from Jain and Zachariah (2002); http: //www. bsstrategist.com/archives/2002/mar/.

第 11 章
Chapter11

中间商进入模式

□ **学习目标**

通过本章的学习，你能够：

- 描述并理解主要的中间商进入模式：
  - 合同制造；
  - 许可经营；
  - 特许经营；
  - 合资企业或战略联盟。
- 讨论主要的中间商进入模式的优势和劣势。
- 解释合资企业形成的不同阶段。
- 探讨合资企业中合作关系破裂的原因。
- 探讨管理合资企业或战略联盟的不同方法。

11.1 简介

目前为止，我们假设公司进入外国市场是为了从本国或第三方国家获得供应。这在各种出口模式中是很收敛的。然而，有时候公司可能觉得通过本国或第三方国家生产来供应所有国际市场是不可能的或不可取的。中间商进入模式区别于出口模式，是因为中间商进入模式最主要的是知识和技能转移来创造出口销售的机会。中间商进入模式区别于层次模式的原因在于其不涉及全部所有权（由母公司所有），但母公司和当地合作伙伴可以共享所有权和管理，比如（股权）合资企业的案例。

中间商进入模式包括一系列安排，如许可经营、特许经营、管理合同、全包合同、合资企业和技术知识或合作生产安排。图 11-1 从常见价值链的角度说明了大部分适用的中间商模式。

总体而言，当有竞争力的企业由于资源局限性无法发挥其优势但可以将该优势转移到另一方时，需采用合同管理。这种安排为企业建立了长久的合作伙伴关系，通常为了实现不同国家的企业之间知识和 / 或技术等中间产品的转移。

11.2 合同制造

鼓励企业将产品生产搬到国外市场有以下几个因素：

- 希望拉近与国外消费者之间的距离。在当地建厂生产，可以更好地了解当地消费者对产品设计、交付和服务的需求。
- 国外生产成本（如劳动力）低。
- 重量或体积大的产品运输成本高可能会导致其失去竞争力。
- 关税或限额会阻止出口商产品的进入。
- 有些国家政府更偏爱国内供应商。

通过**合同制造**（contract manufacturing），企业无须做出最后承诺获取国外货源（生产）。管理者由于缺少资源或不愿投资股权而不愿去建立和完成制造和销售活动。然而，当时机成熟时，合同制造为实施长期国外发展战略提供了可能。对资源有限的公司而言，这些考虑至关重要。合同制造允许企业控制其产品在国际市场上的研发、营销、分销、销售和服务，同时负责当地企业的生产（见图 11-1）。

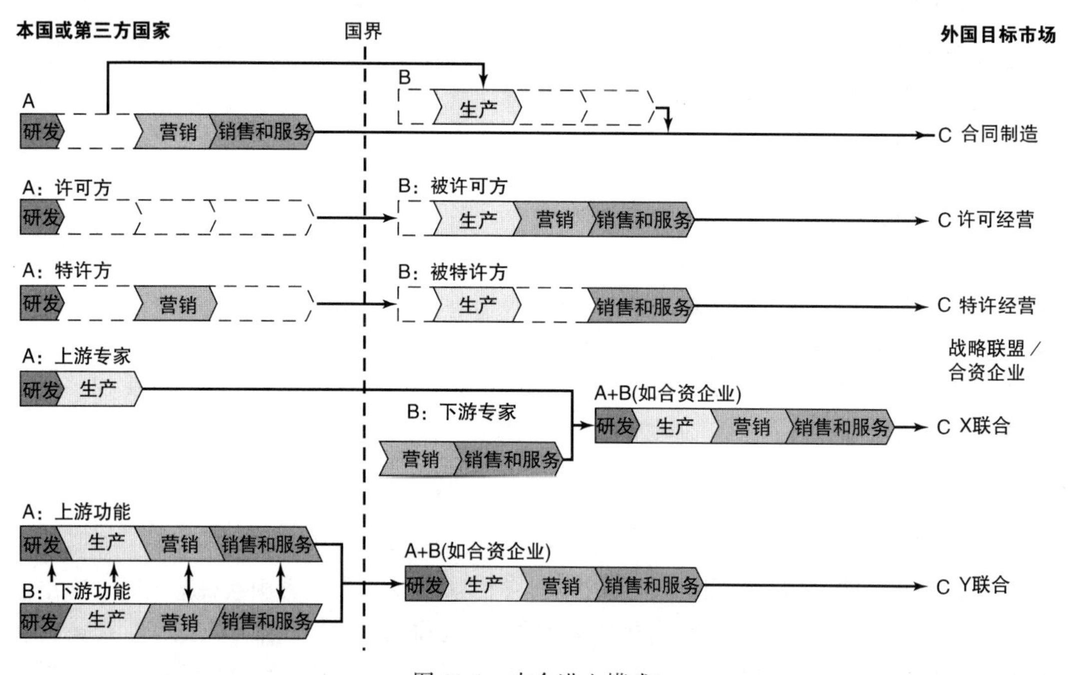

图 11-1 中介进入模式

立合同者给承包方付款时一般按单位计算，因此其产品或服务的质量和规格要求至关重要。立合同者可以将其产品销售到制造商所在国、原产地国或其他国外市场。

在特殊行业中，这种商业组织形式非常普遍。例如，贝纳通（Benetton）和宜家（IKEA）非常依赖国外小型制造商的合同网络。

合同制造同样具有高度灵活性。如果企业对产品质量或交货稳定性不满，可以根据合同的有效期更换制造商。此外，如果管理层决定退出该市场，在生产设备方面不会有损失。另外，企业需要控制产品质量，以达到公司标准。企业可能在交货、产品保障或完成额外订单方面遇到难题。制造商可能没有合同企业那么划算，或者可能达到生产能力，或者可能尝试利用这一合同。

所以，虽然合同制造具备很多优点，尤其对在营销和分销方面有优势的企业，但在协商合同时必须小心谨慎。由于企业无法直接控制产品制造过程，应制定有关机制以确保合同制造商达到企业质量和交付标准。

11.3　许可经营

许可经营（licensing）是企业在无须资本投资的前提下在国外市场建立当地生产基地的另一种办法。许可经营与合同制造的区别在于前者更长远，而且由于许可方将更多价值链功能转移到被许可方，所以其对国内企业负更大的责任（见图 11-1）。

许可方可以使用两种主要的授权许可方式（Davis，2008）：

（1）"独立"许可协议。在此，许可协议主要用来明晰权利交换的法律基础并让许可方获得佣金收入（或其他形式的报酬，如一次性付款）。这些许可费用可以为许可方持续的发明活动提供资金。

（2）"附加"许可协议。在此，许可方利用许可协议不仅能够获得佣金收入，还能够支持与被许可方的长期关系。许可协议通常通过涵盖研发合作和 / 或资产交易的其他方面的合同来补充。发明过程是根据双方要求量身定制的。为许可方工作的科学家和工程师也必须有意愿来根据协议认为重要的方面来调整研究议程。

11.3.1　许可协议

许可协议是许可方通过给被许可方一定价值的东西来换取被许可方的表现和付款的协议。许可方可能给予被许可方以下一种或多种权利：

- 允许其使用产品或生产流程专利；
- 提供非专利性的生产技术；
- 提供技术建议和帮助，有时包括产品制造中必需的零部件、材料或工厂；
- 提供营销建议和帮助；
- 允许其使用商标或商品名称。

在商标许可案例中，许可方应该尽量避免产品过度许可对产品的破坏。比如皮尔・卡丹（Pierre Cardin）允许 800 种产品在获得许可证的基础上使用其商标，从而稀释了其品牌价值。过度许可会带来短期效益，但从长远角度看，这一行为无异于杀鸡取卵。

有时作为协议的一部分，许可方会继续向被许可方出售重要部件或服务。在这种情况下可以扩展协议内容，成为交叉许可，这样双方可以相互交换知识和 / 或专利。交叉许可可能不涉及现金付款。

因为许可证也允许原许可方使用被许可方的技术和产品，所以可以把许可经营看作一条双向过程。由于被许可方依赖于许可方提供的信息，所以这一点很重要。有些许可方对回授感兴趣，甚至会主动减少专利权使用费以求改进产品并从新产品中获利。当牵扯到产品或服务时，被许可方对特定市场中的生产和营销负责任，这些责任伴随风险与利益。作为交换，被许可方向许可方支付专利税或费用，这是许可方从许可经营中获得的主要收入，该费用通常包括：

- 与产出无关的一次性付款。包括签订协议时最初转让特殊设备、零部件、设计图纸、知识等所付的钱。
- 最低特许权使用费：可确保许可方每年都有收入。
- 浮动特许权使用费：通常用正常销售价格的百分比或固定的产出金额表示。

付款的其他方式包括将特许权使用费变成股权、管理和技术费用以及互购，常见于东欧国家的许可经营。

如果国外市场潜在的风险系数太大，许可方应明智地提高首期付款并缩短许可证的经营时间；或者如果市场相对没风险，被许可方也已经准备好抢占高的市场份额，那么许可方相对可以放松付款条件，因此付款条件也有可能受其他许可方竞争对手的影响。

许可经营或合同需要形成正式的书面文件。合同细节包括双方的具体谈判和讨价还价，这一过程没有标准。

在下文中，我们分别从许可方（对外许可）和被许可方（引入许可）的角度看许可经营。这一部分主要从许可方的角度描述，但引入许可可能是小型企业发展战略中的一个重要因素，所以我们对此也给予关注。

11.3.2 对外许可

总体而言，采用许可经营战略的原因有很多。对外许可的最主要动力如下：

- 许可方企业会在产品研发过程中保持技术先进性。企业希望专注于其核心竞争力（产品研发活动），然后将生产和下游活动外包给其他企业。
- 许可方规模太小，缺乏财力、管理或营销专业知识以进行海外投资（自己的子公司）。
- 在发达国家，因为技术或模型持续的更新换代，所以产品位于其产品生命周期的最末端。通过在欠发达国家签署特许权协议，可以延长产品全生命周期。
- 虽然直接的特许权使用费并不高，但被许可方在关键部件（由许可方生产）上获取的利润非常可观。
- 如果政府法规限制了国外直接投资，或者如果政治风险比较高，许可经营可能是唯一可行的进入模式。
- 在进口到被许可方国家时，可能会有限制因素（关税或非关税）。

当设定协议价格时，许可经营的成本不应被低估。表11-1展示了澳大利亚企业对外授权成本的分析。

表 11-1 海外许可经营相关成本

（单位：%）

海外许可经营总成本明细	
工业产权的保护	24.4
许可经营协议达成	46.6
许可经营协议维护	29.0
	100.0
许可协议签订成本明细	
搜索合适被许可方	22.8
与相关方沟通	44.7
被许可方设备投入及测试	9.9
被许可方人员培训	19.9
其他（额外营销活动和法律成本）	2.7
	100.0
许可协议维护成本明细	
被许可方审计	9.7
被许可方市场的持续调研	7.2
被许可方的备用服务	65.0
在被许可方领域工业产权的维护	11.0
其他	7.1
	100.0

11.3.3 许可引入

实验证据表明（Young et al., 1989, p.143），很多许可协议其实起源于被许可方提出的方法。这说明在与许可方谈判过程和整体关系中，被许可方一开始便处于明显劣势。在其他情况中，许可引入是很方便的选择，只需定期更新许可证，被许可方非常依赖技术支持

（许可方）。

如图 11-2 所示，许可引入可以改善被许可方的净现金流量，但从长远来看利润较低。因为技术许可允许企业更快地将产品引进市场，所以企业受益于正向现金流。此外，许可意味着开发成本低。许可经营的直接好处包括快速获取新技术、低开发成本和相对较早的现金流。图 11-5 总结了对许可方的优势和劣势（详见 11.6 节）。

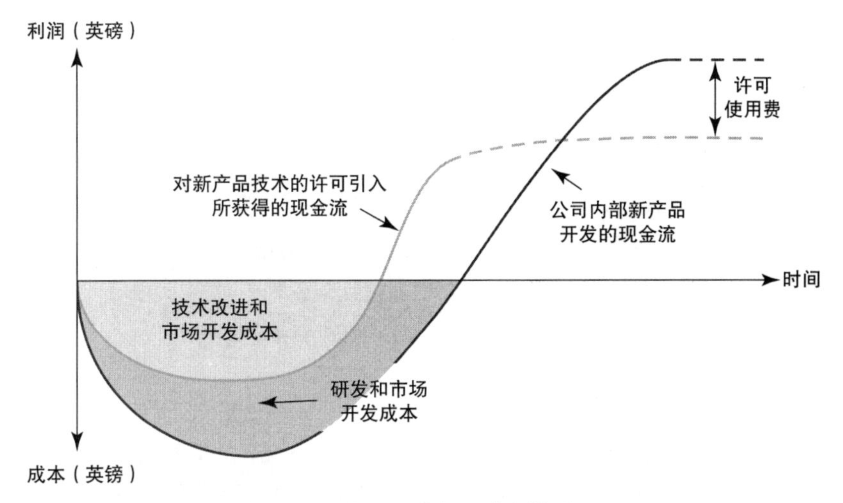

图 11-2　许可经营的生命周期收益

资料来源：*International Marketing Strategy*, 2nd ed., Prentice Hall (Bradley, F. 1995) p. 388, Copyright © Pearson Education Ltd. Adapted from Lowe, J. and Crawford, N. (1984) *Technology Licensing and the Small Firm,* England: Gower.

11.4　特许经营

“特许经营”（franchising）源自法语，意为“免于奴役”。从 20 世纪 70 年代初开始，欧洲才慢慢开始了解特许经营活动。该定义盛行于美国，其中超过 1/3 的零售销售来自特许经营，相比而言，在欧洲只有约 11%（Young et al., 1989, p.111）。

特许经营的快速发展得益于以下几个因素。首先，全球整个传统制造业都在衰退，其替代物服务行业的出现促进了特许经营的发展。这一方式特别适合服务行业和劳动力密集的经济活动，尤其是需要大量分散服务当地市场的专营店。其次，个体经营越来越流行，也促进了特许经营的发展。很多政府为提高就业率，改善了小型商业的整体气候。

瑞典家具制造商宜家家居通过向西方市场，尤其是欧洲和北美出售特许经营权，很好地体现了特许经营的价值。根据零售店经营面积和去零售店购物的消费者数量可以看出，宜家家居最近几年通过特许经营发展迅速。

特许经营以市场为导向，通常向有周转资金但缺少或无业务经验的小型独立投资人销售业务服务。但是在某种意义上，特许经营属于涵盖性术语，表示有权将一个名称用于整个商业理念中。因此，主要有两类方式的特许经营权：

（1）产品和商标的特许经营。这种方式和商标许可经营很类似。一般情况下，这是一种供应商与经销商洽谈购买或销售产品或产品线的分销系统。经销商使用商品名称、商标和生产线。采用这种特许经营方式的例子是饮料瓶装公司，如可口可乐和百事可乐。

（2）商业模式“打包”特许经营。

第二种是本节的重点。

国际经营模式特许经营是一种涉及进入者（特许者）和东道国实体之间关系的市场进入模式。在这一模式下，进入者按照合同规定将自己研发并具有所有权的业务包（或模式）转让给东道国实体。东道国实体可以是被特许方或主加盟商（子特许方）。特许经营系统可以设置为直接的也可以是间接的（见图 11-3）。

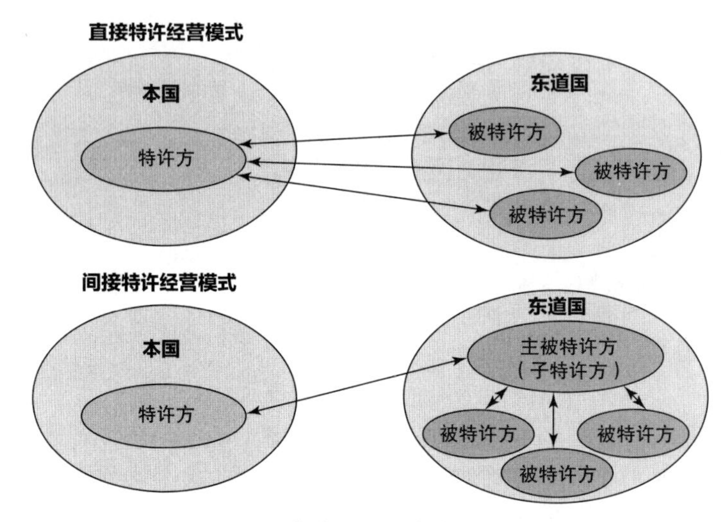

图 11-3 直接和间接特许经营模式

资料来源：Based on Welsh *et al*. (2006) in Hollensen, S. (2008) *Essentials of Global Marketing*, FT/Prentice Hall, p. 233.

在直接系统中，特许方直接控制并协调被特许方的活动。在间接系统中，主加盟商（子特许方）被指定在其范围内建立属于自己的子系统并为其提供服务。

直接系统的优点包括获取当地资源和知识，适应性更强，开发一个成功的主加盟商（子特许方）并将其作为向该国其他潜在被特许方销售该概念的一种手段的可能性更大。间接系统的缺点包括由于失控导致的监控问题。持有子被特许方抵押品的主加盟商有时会利用其与特许方竞争。最终，间接系统成功与否取决于主加盟商的能力和保证（Welsh et al., 2006）。

营销洞见 11-1

熊宝宝工作坊在德国 – 奥地利 – 瑞士使用间接特许经营模式

熊宝宝工作坊（BBW，www.buildabear.com）是全球零售体验行业领先也是唯一提供 DIY 服务的跨国企业。

熊宝宝工作坊于 1997 年在美国成立，全球共有约 400 家，主要基于特许经营的概念。熊宝宝工作坊在 2014 财政年的收入为 3.92 亿美元，净收入为 1 430 万美元。

熊宝宝工作坊的间接特许经营模式如图 11-4 所示。

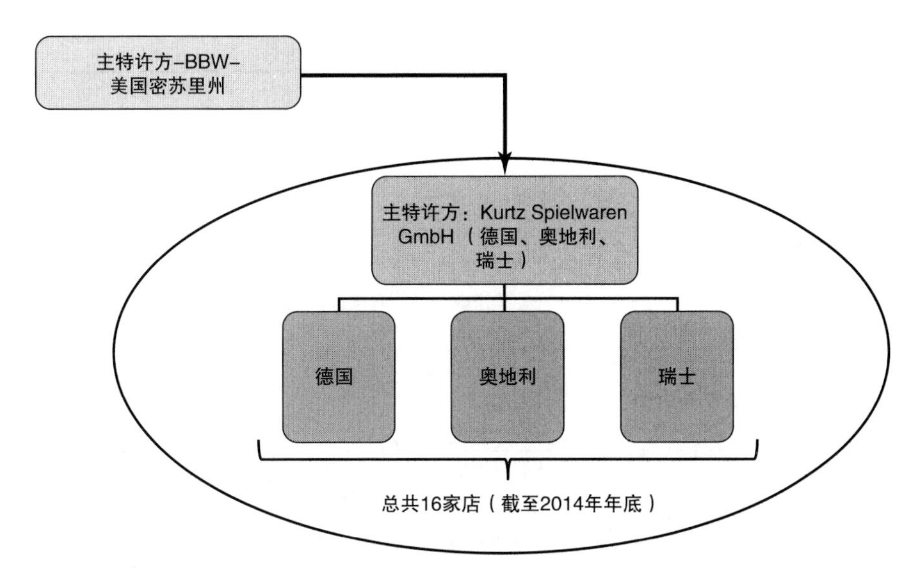

图 11-4　熊宝宝工作坊的间接特许经营模式

起初，丹麦公司 choose holding aps 从德国以 75 万美元购买特许经营权利。2006 年，德国汉堡的最早两家熊宝宝工作坊成立。然而，choose holding 发现从丹麦视角运营德国公司很困难。因此将德国公司出售。

2014 年，最新的德国公司（Spielwaren Kurtz GmbH）成立。这个公司已经将奥地利及瑞士的特许经营权收购。现在这个地区已有 16 家店。

资料来源：www.buildabear.com 和其他公众服务。

特许方打包转让包含了大多数有利于当地实体在原产地国加盟并按照约定方式进行有利可图运营的因素，但是这个过程受特许方的管理和控制。打包的内容包括以下：

- 商标 / 商品名称；
- 版权；
- 设计；
- 专利；
- 商业机密；
- 业务知识；
- 地区排他性；
- 门店设计；
- 区域市场调研；
- 选址。

除了这个打包，特许方一般还会给当地实体提供建立和管理当地运作方面的管理帮助。所有本地的被特许方也将从特许方或主加盟商（子特许方）那里获得次级供应，并从集中制作的广告宣传中受益。作为接受该商业打包的回报，被特许方或子被特许方预先给特许方加盟费和 / 或根据年营业额的比例给特许方延续加盟费。

目前关于特许经营和许可经营两者区别的争论仍在继续，但是如果我们在一个更广泛的“商业模式”（就像现在）中定义特许经营，可以看到两者的不同，如表 11-2 所示。

表 11-2 许可经营和特许经营的不同

许可经营	特许经营
通用术语为“许可使用费”	合适术语是“管理费”
共同要素是产品，甚至可能是单一产品	覆盖整个业务，包括专门知识、知识产权、商业信誉、商标和业务联系（特许经营无所不包，而许可经营只是其中一个部分）
成熟的企业通常采用许可经营	倾向于初创企业，当然与被许可方有关
常见期限为 16 ～ 20 年，尤其在技术知识、版权和商标方面。这些条款与专利权类似	特许经营的协议期限通常为 5 年，有时会延长至 11 年。特许经营可频繁续签
被许可方倾向于自己选择。通常被许可方是已建立的企业，凭借强大的实力运营有问题的被许可方。被许可方可以将其许可证转让给伙伴或无关联的公司，与原许可方无关或基本无关	特许经营的选择者无疑是特许方，特许方同时也控制被特许方的更换
通常与特定的现有产品相关，许可方传递给被许可方的由进行中的研发带来的利益很少	特许方将进行中的研发方案所获得利益作为协议的一部分送给被特许方
因为许可方完全保留商业信誉，所以被许可方与商业信誉完全无关	虽然特许方保留主要的商业信誉，但被特许方代表该企业在当地市场的商业信誉
被许可方享受自由谈判权。作为谈判利器，被许可方可利用其贸易手段和在市场的地位	有标准的收费结构，单个特许经营体系中的任何变动都会引起混乱

商业模式特许经营类型包括商业和个人服务、便利店、汽车维修和快餐。美国快餐特许经营是全球知名的几个特许经营模式之一，包括麦当劳、汉堡王和必胜客。

图 11-1 将快餐模式作为价值链方法中特许经营的例子。特许方将生产（如汉堡的组合）、销售和服务功能转让给当地直销店（如麦当劳餐厅），但仍然控制核心研究与开发和市场营销（如麦当劳在美国的总部）。特许方会制订整体营销方案（与整体广告宣传），并适应当地环境和文化。

如前文所说，商业模式特许经营权是一种持续的关系，这种关系不仅包括提供产品或服务，也包括提供商业概念。商业概念通常包括发展和营销、商业运营指导、标准和质量控制的详解、对被特许方持续的引导以及一些控制被特许方的措施。虽然特许方为被特许方提供了多种帮助，但是每个特许方提供的支持程度不同。特许方提供的帮助可以包括经济、选址、房租洽谈、合作广告、培训和加盟店开业等方面。特许方对被特许方提供的持续支持的范围也各有不同。支持领域包括中心数据处理、集中采购、实地培训、现场运营评估、简报、地区和国家会议、咨询热线和特许方 / 被特许方咨询委员会。这些服务的实用性通常是决定购买特许经营权的关键因素，从长远来看可能对边际区域或边际准备所有者的成功起关键作用。

11.4.1 特许经营的全球扩张

特许方像其他商业一样，在决定进行特许经营体系的全球扩张之前，必须考虑相关的成功因素。其目标是寻求促进合作和减少冲突的环境。考虑到特许经营协议的长期性，国家稳定性是一个重要因素。

国际扩张应该从哪里开始呢？在感知到当地市场有发展机遇时，特许经营开始，或许是作为特许经营概念应用于另一个国外市场。在这种情况下，市场最初的焦点肯定放在当地。此外，当地市场为特许经营模式的测试和发展提供了更好的环境。在沟通方便时，市场和被特许方的反馈更加稳定。而且由于与当地客户联系方便，可以快速做出调整。

在随后战略特许经营合作伙伴（被特许方）的选择过程中，影响这一选择的关键因素包括财政、商务隐性知识、当地知识、在商业和品牌方面达成的共识以及最重要双方之间的默契程度（Doherty，2009）。

因为在选址、特许经营选择、培训、供应商组织、促销和加盟店装修等方面的早期经验，可能只需要对模式进行一系列微小的改动。特许经营发展初期对特许方而言是非常关键的学习期，这一时期不仅涉及如何使整个打包适应市场需求，同时也与特许经营模式自身的特点有关。最终，在打包发展成熟并深入理解其运营后，特许方可以更强势地进入国外市场，特别是当特许方在国内市场获得成功时。

11.4.2　发展和管理特许方与被特许方之间的关系

特许经营提供了一种独特的组织关系，在这种关系中，特许方和被特许方都为商业带来重要特质。许可方根据当地市场信息和被许可方的创业能力创造了规模经济优势，而特许经营体系正是综合了这一优势。这一共同贡献可能会给双方带来成功。特许方依赖被特许方来快速发展，因为它可以从被特许方那里获取特许经营加盟费来增加自己的资本。同时，如果被特许方在当地建立了良好的商业信誉并且提出适合的改进建议，特许方也会从中受益。但是，最重要的因素是被特许方努力开创成功独立商业的积极性。被特许方在商标的影响力、技术建议、支持服务、营销资源和涉及耳熟能详的全国性广告宣传方面都依赖特许方。

此外，还有两个成功的关键因素与特许方和被特许方之间的相互依赖关系有关：

（1）整个商业体系的统一性。

（2）商业体系的更新能力。

1. 整个商业体系的统一性

特许方只有为被特许方提供良好成熟的商业概念，并且被特许方积极遵守这一体系的设计理念时，才会在多变的市场中取得成功，并因此保持该体系的整体性。标准化是实现特许经营的基石：消费者希望在所有地方买到同样的产品或享受同样的服务。如果单一被特许方在经营时偏离特许经营商业理念，会损害特许方的商业声誉。特许方对体系完整性的需求，要求其对特许经营的关键运营方面施加控制（Doherty and Alexander，2006）。

2. 商业体系的更新能力

尽管大多数特许方选择在母公司进行产品研发，但被特许方进行改革创新的比例最高。被特许方最了解消费者的喜好。他们可以敏感地感知市场新动向，并能抓住最佳时机引进新产品和服务。问题是如何让被特许方将新观点分享给母公司。出于一些原因的考量，有些被特许方并不愿意与特许方分享观点。最常见的原因是特许方与被特许方联系不紧密，甚至被特许方对特许方缺乏信任感。为了实现互利共赢，特许方需要创建一个相互信任、配合协作的环境。

3. 处理潜在冲突

鉴于对特许方有利的因素并非都对被特许方有利，所以冲突是特许方与被特许方关系中所固有的。最基本的冲突之一是特许方或被特许方达不到双方签署的法定协议的要求。

双方在目标上存在的异议可能是特许方沟通不足，或者被特许方不了解特许方的目标。特许方和被特许方在寻求商业利润方面达成一致，不仅为了挣钱也是为了保持竞争力。然而，双方可能在获取利润的方式上意见不同。为了减少特许方与被特许方之间发生冲突的次数，可以对被特许方进行大量监控（如在电子记账、电子采购和电子库存系统）。减少冲突的另一个办法是将特许方和被特许方看作管理上的合作伙伴；目标和操作步骤都需要保持一致。这种观点需要通过不同国家的特许方和被特许方之间（如跨国或地区会议、跨国或跨地区咨询委员会）在不断沟通的基础上建立强大的文化和共享价值。

11.5　合资企业或战略联盟

合资企业（joint venture）或战略联盟是两方或多方之间的合作关系。国际合资企业的几方来自不同国家，这也无形中增加了管理难度。

建立合资企业的原因有很多：

- 双方提供的补充技术或管理技术在现有行业创造了新的机会（如在多媒体行业，出现了信息处理、通信和传媒的交融）。
- 很多企业在东道国寻找合作伙伴，以便更快地进入当地市场。前人研究发现，合资企业能够弥补国际经验的不足。合资企业的合资方共享管理责任并因此降低总体运营和行政成本。
- 很多欠发达国家试图限制外国股权。
- 虽然进行研发及生产的全球化运营非常昂贵，但对实现竞争优势是必要的。

合资企业和战略联盟之间的区别在于，战略联盟通常是非股权合作，即合作伙伴不对联盟投入股权或资金。合资企业既可以是契约式非股权式合资企业，也可以是股权合资企业。

在契约式合资企业中，合资企业没有独立法人资格。两个或多个公司形成合作关系，以共同承担投资成本、风险和长期利润。股权合资企业创建新公司，在新公司中外国和当地投资者共享所有权和控制权。所以根据这些定义，战略联盟和非股权合资企业或多或少是相同的（见图 11-5）。

是否使用股权或非股权合资企业的问题，是如何使合作形式化的问题。更有趣的是考虑合作伙伴在这一合作中应该扮演的角色。

图 11-6 从价值链的角度说明了两种不同类型的联合。这些联合是基于价值链中的潜在合作模式。在图中，我们看到两个合作伙伴 A 和 B，每一方都有自己的价值链。价值链合资企业的三种不同类型如下：

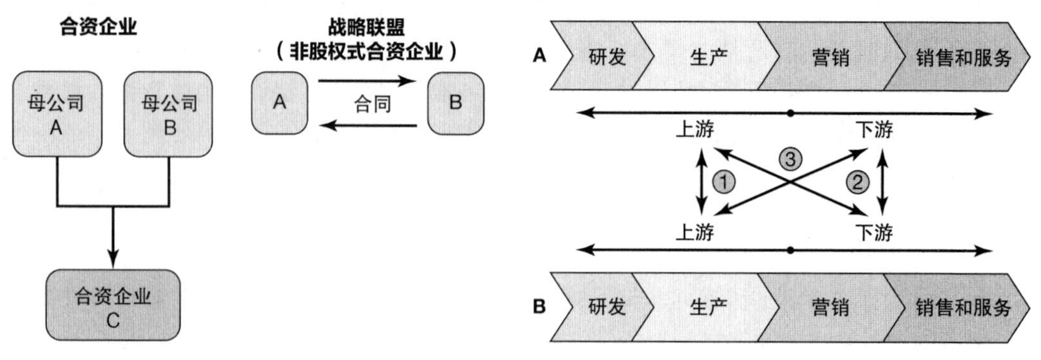

图 11-5　合资企业和战略联盟　　　图 11-6　在价值链中合作伙伴 A 和 B 的合作可能性

（1）基于上游的合作。A 和 B 在研发和或生产上合作。

（2）基于下游的合作。A 和 B 在营销、分销、销售和 / 或服务上合作。

（3）基于上游或下游的合作。在价值链的每个末端，A 和 B 有不同但又互补的能力。

类型 1 和 2 代表所谓的 **Y 联盟**（Y coalition），类型 3 代表所谓的 **X 联盟**（X coalition）（Porter and Fuller，1986，pp. 336-337）：

- Y 联盟。合作伙伴共同承担一个或多个价值链活动的实际表现。例如，合作生产型号或部件有助于实现规模经济，降低每单位的生产成本。另一个例子见联合营销协议，在该协议下两家企业的互补产品线通过现有或新的分销渠道进行销售，扩大了两家企业的市场覆盖率。
- X 联盟。参与方它们之间的价值链活动进行划分。例如，其中一方负责开发和制造产品，另一方负责销售产品。在建立 X 联盟时，需要识别企业实力和核心竞争力所在区域的价值链活动。以 A 为例，A 的核心竞争力位于上游功能，但在下游功能的实力比较薄弱。A 想要进入国际市场，但不了解当地市场信息，也不清楚如何在当地销售其产品。所以，A 在寻求合作伙伴，B 的核心竞争力在下游功能，上游功能实力薄弱。在这种情况下，A 和 B 可以形成联盟，B 帮助 A 在国外市场分销和销售，A 帮助 B 进行产品研发或生产。

总之，X 联盟说明合作伙伴在价值链活动中的能力不对称：一方在某领域实力强大；另一方在该领域实力薄弱，反之亦然。但是在 Y 联盟中，合作伙伴在价值链活动中基本势均力敌，实力强大和薄弱的领域更类似。

营销洞见 11-2

Irn-Bru 与百事瓶装集团（PBG）在俄罗斯的分销联盟（Y 联盟）

巴氏（A.G. Barr）是英国领先的独立品牌软性饮料生产商，于 1875 年创建于苏格兰福尔柯克。该公司于 1887 年扩张至格拉斯哥，目前总部位于格拉斯哥市外的坎伯诺尔德。巴氏于 1901 年开始推出这款著名的软性饮料，于 2014 年在全英碳酸饮料市场占据 5% 的市场份额。尽管国内竞争激烈，这款饮料依旧是苏格兰最畅销的单一口味碳酸饮料，并且是英国仅次于可口可乐和百事可乐之后的第三畅销的软性饮料。

在 2014 年，巴氏的营业收入为 2.54 亿美元，净收入为 2 820 万美元。Irn-Bru 的配方是高度保护的秘密，只有 A. G. Barr 的两个董事会成员知道。Irn-Bru 因其独特的口味，新奇的广告和古怪的亮橘色外观而出名。这些独特特征让 Irn-Bru 非常容易识别，就算没有包装亦是如此。

在 20 世纪 80 年代末，巴氏积极地寻求国际扩张。它考虑了法国、德国和比荷卢经济联盟国家，但它发现可口可乐和百事可乐已经主导了这些成熟市场，竞争非常激烈且盈利很低。因此，它考量了其他新兴市场，觉得俄罗斯市场很具吸引力。随着苏联解体，俄罗斯市场因其人口众多、经济发展、生活质量提升，以及对消费品的需求增长而显得非常有潜力。并且，俄罗人同苏格兰人一样，都喜欢甜食，因此其软性饮料消费很高。作为国际扩张战略的一部分，巴氏于 1994 年起开始向俄罗斯出口 Irn-Bru 这款饮料。

巴氏最终与其特许经营商分道扬镳，但由于这款饮料非常出名，在 2002 年，巴氏与俄罗斯百事瓶装集团签订特许经营合同，继续生产、分销和销售这款饮料。俄罗斯百事瓶装集团有超过4 000名员工，并在俄罗斯经销百事品牌。从2002年2月起，通过使用百事瓶装集团的零售空间和零售店内的冷却器其分销网络被大幅扩大。结果，这一举措极大地提高了巴氏品牌在贸易、零售商、经销商及俱乐部的可获得性。该品牌生产250毫升、330毫升、600毫升、1.25升和2升的塑料瓶。

分销联盟对双方的价值如下。

Irn-Bru：

- Irn-Bru在俄罗斯是巴氏国际扩张计划的一部分；
- Irn-Bru提高了巴氏的收入及盈利。

百事瓶装集团：

- 在很多俄罗斯的零售店（有更广泛的百事产品线），Irn-Bru阻碍了百事可乐的主要竞争对手可口可乐的可获得性；
- Irn-Bru为百事瓶装公司提供了额外的收入和盈利；
- Irn-Bru成为俄罗斯领先的软性饮料品牌之一。

资料来源：A.G. Barr（www.agbarr.co.uk），Irn-Bru（www.irn-bru.co.uk）

11.5.1 合资企业建立的阶段

建立合资企业包含了表11-3中的几个阶段。

表11-3 建立合资企业的各个阶段

1. 合资企业的目标
建立合资企业的战略目标并明确实现目标的时间期限
2. 成本—收益分析
评估合资企业相对于其他战略对于完成目标所具有的优势和劣势：
（1）财务承诺
（2）协同性
（3）管理承诺
（4）降低风险
（5）控制
（6）长期市场渗透
（7）其他优势/劣势
3. 选择合作伙伴
（1）建立候选合作伙伴的理想特征档案
（2）识别合资企业候选者并建立初选名单
（3）筛选和评估可能的合作伙伴
（4）初始接触/讨论
（5）选择合作伙伴
4. 制订商业计划
在不同的问题上达成广泛共识
5. 合资协议谈判
对商业计划达成最终协议
6. 签订合同
将协议整合为具有法律约束力的合同，并允许后续对其进行修订
7. 绩效评估
建立评估系统来测量合资企业的绩效

阶段1：合资企业的目标

建立合资企业的战略目标有很多：进入新市场、降低生产成本、开发和迅速扩散新技术。合资企业也会被用来加速产品推广及迅速地克服法律及贸易壁垒。在高新科技和国际市场，迅速执行战略是很必要的。建立联盟通常是最快且最有效的方式。公司必须保证联盟的战略目标同公司的既有业务是一致的，如此便可将他们的专业技能转移到联盟中。企业通常是因为机遇而非与总体战略的联系而进入联盟中。如果公司现金过剩，则风险是最大的。

建立合资企业有以下三个目标：

（1）进入新市场。很多公司意识到他们缺少进入新市场所需的营销技能。相比试图在内部发展这种技能，公司更有可能识别另一个拥有期望营销技能的公司。通过对另一个公司的产品研发技能和营销技能的资本化过程，可以形成联盟并迅速有效地服务市场。由于广泛的文化差异，公司第一次进入新市场时，联盟尤其重要。当进入地域性或民族性国内市场时，联盟可能也十分有效。

（2）降低生产成本。合资企业允许公司通过共用资本和现有设备来实现规模经济，以提高设备使用率并最终降低生产成本。

（3）开发和扩散新技术。合资企业可能也会被用来联系两个或多个公司的技术技能来开发新产品，这类产品的开发通常在技术上超过某个单一公司的技术能力。

阶段 2：成本—收益分析

合资企业／战略联盟可能不是最好实现目标的方式。因此，进入模式应该与其他模式进行比较评估。这种分析应该考虑影响进入模式选择的因素（详见第 9.3 节）。

阶段 3：选择合作伙伴

如果认为合资企业是实现公司目标的最好进入方式，接下来应该选择合作伙伴。通常包括以下五个阶段。

（1）建立候选合作伙伴的理想特征档案。

公司通常期望从合作伙伴处获得以下的一个或多个资源：

- 开发专业知识；
- 销售及服务技能；
- 低成本的生产设备；
- 战略性的关键生产能力；
- 声誉及品牌资产；
- 市场准入和相关知识；
- 现金。

（2）识别合资企业候选者并建立初选名单。

通常合伙人选择的这一阶段并不会深入完成。第一个候选人通常是通过邮件联系发现，并由在该国家扎根的银行或经济伙伴安排的。这个候选人通常是公司进行讨论的对象，几乎不会进行筛选，也并不会对其动机及能力进行深入考察。另外的候选人是通过管理者与其他公司的高层管理人员的个人关系网形成的一些合资企业候选。企业会大致考虑这些合资企业候选。然而，更多的时候，联盟由公司高层通过非正式的方式达成一致，他们并不会格外关注合伙人是否符合条件。相较于这种反应性方法，公司应该主动搜寻合资企业候选方。可能的候选方可以从竞争对手、供应商、顾客、有联系的行业和贸易机构成员中挑选。

（3）筛选和评估可能的合作伙伴。

如果合作方相互了解，关系就有了很好的开始。表 11-4 中列举了一些用来裁定潜在合作

表 11-4 评估预期合作伙伴：通过评估既有业务及商业态度来裁定合作伙伴效率标准的例子

1. 财务
财务历史和整体财务状况（所有通常的比率）
某些业务领域成功的可能原因
某些业务领域不成功的可能原因
2. 组织
组织架构
高层管理人员的素质和流动率
员工状况／劳资关系
信息和报告系统；规划的经验
实际拥有者与企业之间的工作关系
3. 市场
在市场上和竞争对手中间的信誉
调研的经验／对服务和质量的关注
销售方法：销售人员的素质
处理疲软市场行情的经验
开始新业务的成效
4. 生产
现有厂房／工作的状况
生产效率／布局
资本投资和提高
质量控制流程
研究的经验（内部和外部）；新技术的推出
与主要供应商的关系
5. 机构
与政府和业界的联系（影响）
与银行、许可机构等的成功协商
与非政府组织和企业的主要联系
地域的影响
6. 可能的谈判态度
灵活或强硬
合理的开放或封闭和保密
短期／长期导向
精明的或客观的谈判者
积极迅速地制定决策或犹豫不决
谈判经验和团队支持的能力

伙伴效率的标准。这些标准也仅是对合作伙伴评分的概要。它们涵盖了一些方面，这些方面是通过对已发布的信息进行评估或通过合理的观察和质疑而形成的。

（4）初始接触/讨论。

由于公司的关系就是人员的关系，那么公司高层人员与剩余的两三个可能的合作对象的高层人员会面是很重要的。强调业务关系中的人员关系是十分必要的。这包括讨论个人及社会兴趣来看能否与合作伙伴产生“化学效应”。

（5）选择合作伙伴。

选择的合作伙伴必须要能带来所期望的互补能力。理想情况是，合作伙伴贡献的能力是独特的，且只有这些能力能长期的保留和保护。目标是将合作方的贡献进行协同来形成双方互赢的局面，而且双方必须兼容且愿意信任对方。

很重要的一点是，合作伙伴并不想去获得另一方的优势，否则会破坏彼此之间的相互信任。陶氏化学公司（Dow Chemical Company），一个频繁且成功的联盟实践者，利用谈判过程来判断其他公司的文化并最终判断其兼容性与信任度。

对合资企业的承诺也是很必要的。这份承诺必须是经济及心理上的。除非有高层推荐或执行层的热情，否则联盟必然会举步维艰，特别当难题出现时更是如此。

阶段4：制订商业计划

在建立合资企业前需要协商及决定的问题包括：

- 所有权分离（多数、少数、50-50）；
- 管理部门（董事会等机构的构成）；
- 生产（设备安装、人员培训等）；
- 市场营销（4Ps、组织）。

阶段5：合资协议谈判

如图11-7所示，最终协议是由双方议价能力决定的。

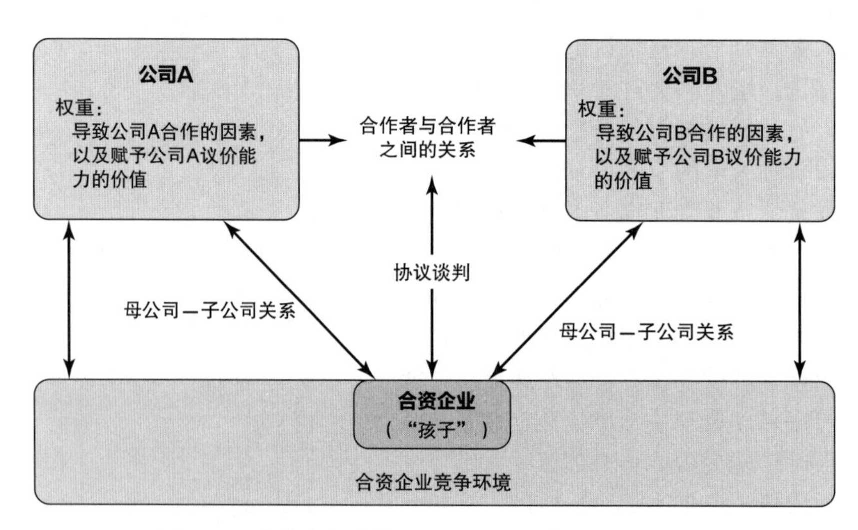

图11-7 合作者与合作者之间的关系建立的合资企业

资料来源：Harrigan (1985, p. 50).

阶段 6：签订合同

一旦合资企业达成协议，需要将其写成具有法律约束力的合同。当然，合同必须包含“结婚”条款，也需要涵盖“离婚”条件，例如对“孩子”（合资企业）的处理。

阶段 7：绩效评估

评估合资企业的绩效是一件难事。经理人通常落入绩效评估的陷阱，好像他们是在低风险稳定环境下经营的内部公司部门，具有明确的目标。最低利润、现金流、市场占有率及其他传统财务导向的产出指标成为绩效测量的标准指标。这些指标可能不合理，原因有两个：其一，这只反映了短期导向，在过短时间内最大化初始产出可能损害合资企业的长期目标；其二，很多联盟的目标可能无法量化。例如，一个合作伙伴的目标可能是获得市场准入或阻碍竞争对手。

很多联盟在根据常规产出指标进行判断前需要考虑相当长的时间。只有当这段合作关系成熟后（即当联盟很好的建立及理解运营时），管理者才能逐渐转换到测量产出，如利润及现金流。

在短时间内，对在高风险下运营的联盟期望高的产出，如利润及现金流，可能会阻碍其未来的发展。

11.5.2　管理合资企业

近年来出现了越来越多的跨国合资企业。然而，如果忽视联盟平均寿命只有七年的事实是十分危险的，而且近 80% 的合资企业最终都被合作者一方独有。

哈里根（Harrigan）提出的模型（见图 11-8）可以用来解释“离婚率”高的原因。

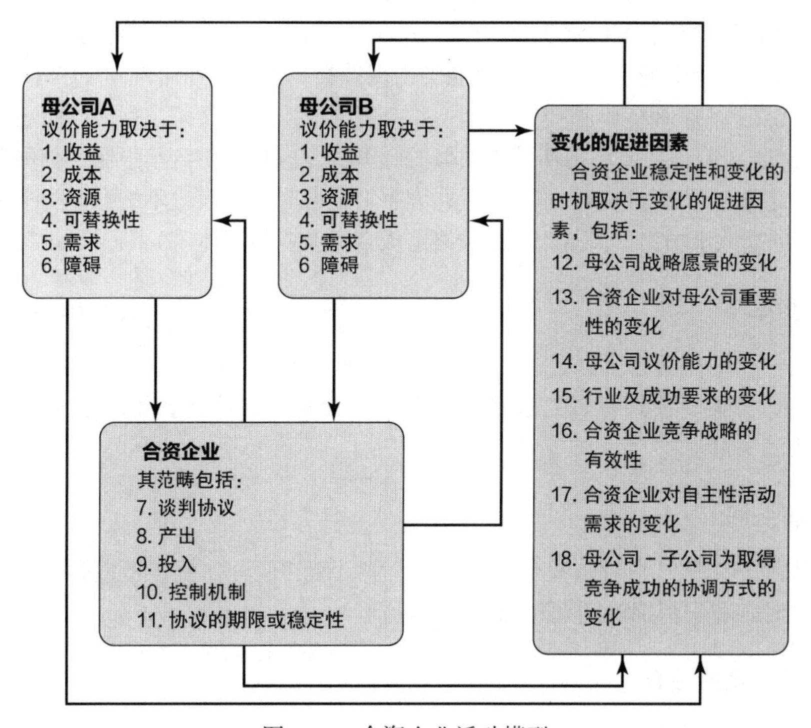

图 11-8　合资企业活动模型

议价能力的变化

根据布利克和恩斯特（Bleeke and Ernst，1994）的研究，理解造成双方“离婚”的关键在于其各自议价能力的变化。假设我们建立了一家合资企业，任务是将新产品打入市场。在这一关系的初始阶段，产品和技术提供者一般能力最强。但如果这些产品和技术不属于品牌专卖，也没有独一无二的特点，销售渠道参与者会慢慢承担起这一议价能力，然后是消费者。

议价能力在很大程度上也受学习和教学之间平衡关系的影响。善于学习的公司能够更容易地利用和内化其合作伙伴的能力，而且随着联盟的出现也会可能减少对其合作伙伴的依赖性。在进入合资企业之前，有些公司将其看作收购其他合作伙伴的中间阶段。通过进入合资企业，合作伙伴的潜在买方可以更好地了解商标、销售网络、人力和体系等无形资产。这些经验可以帮助买方理智决策，避免购买昂贵的“柠檬”(Nanda and Williamson，1995)。

11.5.3 其他变化的促进因素和潜在冲突

1. 目标分歧

随着合资企业的发展，双方目标可能会出现分歧。例如，当其中一方的自身利益与合资企业的整体利益发生冲突时，当地市场会出现不可接受的变动，如单一来源或原材料定价的变动。

在当地市场准入的合资企业中会经常出现分歧目标。当跨国公司（MNEs）联合当地合作伙伴进入国外市场时，便出现了合资企业。跨国公司通常希望实现全球收入最大化，也即实现其所有联盟净收益的最大化。这意味着，即使有些联盟出现亏本但其存在有利于增加整个网络的净收益，跨国公司仍愿意继续经营该联盟。然而，当地合作伙伴愿意实现其部分拥有的特定联盟利润的最大化。当这两个目标不相容时会出现冲突，因为全球收入的最大化不一定与每一个联盟单独利润的最大化一致。例如，当涉及合资企业在跨国公司网络中发挥的作用时（尤其在出口市场定位方面），可能会出现冲突。例如，通用汽车（GM）针对韩国市场收购大宇集团（Daewoo），推出微型车，并向美国市场出口庞蒂亚克；然而通用汽车的德国欧宝（Opel）子公司在欧洲市场销售类似的微型车，但是通用汽车限制了韩国合资企业向美国庞蒂亚克子公司（Pontiac）的出口量；大宇对庞蒂亚克的表现不满意，为了与德国欧宝竞争，决定向东欧市场出口。这一决策最终造成合资企业的解体（Hennert and Zeng，2005）。

2. 双重管理

控制是一个潜在问题。由定义可知，合资企业必须实行双重管理。如果一方拥有的股权少于 50%，就需要让拥有多数股权的合作伙伴决策。如果董事会各持 50% 的股权，则很难做出任何决策。

3. 利润汇回

如果当地合作伙伴想对合资企业进行再投资，而其他合作伙伴希望调资或将资金投到别的运营中时，利润汇回的问题也可能出现冲突。

4. 不同文化的融合

企业文化是指对员工的行为和目标产生影响的价值观、信仰和习俗的综合。这与东道国和合作伙伴组织的文化截然不同。所以，发展共享文化对合资企业的成功很重要。

合作伙伴具有以人为本的特点。如果合作伙伴各自的文化不同，可能会给联盟的运营带来困难（Buck et al.，2010）。文化差异经常导致"我们对他们"的局面。文化规范应与联盟理想文化中的管理理念保持一致。这可能需要创建文化规范并培育已有的规范。文化发展的关键在于认识到它的存在并用心管理。简单地将两个组织合并在一起，并任其发展，这样最终会导致失败。

忽视当地文化几乎一定会破坏接受联盟产品或服务的机会。在建立合资企业之前，认真研究当地文化是至关重要的。此外，应该大量雇用当地管理者。

5. 股权共享

在股权共享中，也可能出现不均等的责任分担。在合资企业中各持 50% 股份的跨国公司，可能会认为自身在资金、技术、管理技能等方面的投入超过 50%，却只分到一半的利润。当然，当地合作伙伴提供的当地市场信息和其他无形资产有可能被低估。即便如此，有些跨国公司仍认为当地合作伙伴"占了大便宜"。

6. 在合资企业中建立信任感

信任感的建立需要时间。不同公司之间的首次合作，成功率非常低。但是一旦找对方法，合资企业会发现很多发展机会。首次合作如果选择相对较小的项目，有助于建立相互信任，确定兼容性并在最大限度上降低经济风险。每家合作公司都有机会考察其他合作者的技术水平和贡献，然后考虑是否参与进一步投资。当然，在任何规模的项目上实现共赢，都可以很好地建立信任感和克服差异。通常情况下，只有合作企业之间互相建立了信任感，才会开始大范围投入。

7. 准备退出战略

如前文所提到的，新建立的合资企业很有可能会破产，即使它们遵循了上述主要原则。市场没有按预期地发展、高估了其中某个合作伙伴的能力、某个合作伙伴的企业战略发生变化或者合作伙伴之间出现矛盾等情况的发生都有可能造成破产的局面。无论是什么原因，合作企业都应该在合作伙伴契约中注明这一可能出现的结果。在契约中，还应该说明合作资产的清算或分配，包括对合资企业共同技术的清算或分配。马塔和葡萄牙（Mata and Portugal，2015）区分了三种终止国际合资企业的方式：关闭、由外国合作伙伴兼并或由国内合作伙伴兼并。当国际合资企业被其合作伙伴兼并时，它们更有可能是被外国伙伴而不是国内伙伴所兼并。

8. 控制机制

控制机制可能是积极的，如母公司利用这些机制来促进相关行为；也可能是消极的，如当母公司利用这些机制来阻止或防止合资企业执行某项活动或决定时。积极的控制通常通过非正式机制来实施，包括安置员工及规划过程中汇报关系及参与度。另外，更官僚化的负面控制包括正式协议、母公司同意或否决以及董事会的使用。

当控制行为没有重新评估或进行调整来适应环境变化时，控制有可能失败。这是双方合作伙伴的责任。临时响应问题会造成控制的失败（Vaidya，2009）。

9. 分离控制（50-50）或主导控制框架

最后，合资企业双方经常讨论的问题就是合资企业是否应该进行分离控制（50-50）或主导控制（如 60-40）。一些研究人员（Anderson and Grinegon，1986）认为，主导控制通常更易管理合资企业，并且可能比由双方共同分担的决策控制更容易成功执行。另一些研究人员（如 Geringer and Hebert，1991）不同意这个观点，他们认为分离控制可以让合作伙伴对价值链上不同活动进行主导控制（负主要责任），这对双方都有好处。

营销洞见 11-3

塞呋盾：中国安全套生产商需要合作伙伴进入欧洲市场

自 2006 年成立以来，中国安全套生产商塞呋盾（Safedom）在国内发展迅速。2012 年，塞呋盾期望在中国销售 10 亿只安全套，占领约 8% 的市场份额。在中国，很多人过去都是从政府那里获得免费的安全套，但现在越来越多的人选择从安全套品牌生产商处购买。2011 年，塞呋盾决定从低利润、保销量的领域转到中国政府家庭计划项目，也决定将业务转至盈利的领域：高端消费市场。

在中国，塞呋盾通过定位女士市场获得了成功。它的女性客户占到了 85%，然而在大多数西方市场只有 40% ～ 50% 的安全套购买者是女性。塞呋盾通过品牌名称突出其品牌的女性价值。西方品牌（如杜蕾斯、特洛伊和澳大利亚的安思尔），主要是提供对男士有吸引力的安全套品牌，它们的名字大多为 Performa、Magnum 和 Jissbon（中文意思是“詹姆斯 · 邦德”）。相反地，塞呋盾的品牌名称为优雅冬日、漂亮女孩、和绿色柠檬。外观为椭圆形，有佩斯利图案。

塞呋盾声称自己生产了第一款完全防细菌的安全套。然而，当进入中国之外的市场（如欧洲市场）时，这一声明需要国际机构的认证。这使塞呋盾意识到要想取得中国市场之外的成功他们必须要有欧洲的合作伙伴。

缺乏品牌信任是塞呋盾进入国外市场一大难题。中国品牌在国际市场上总体来说并没有好的质量信誉，而避孕产品需要消费者极大的信心。

2016 年，安全套的国际销量达到 270 亿只，总价值 60 亿美元。杜蕾斯占有国际市场 35% ～ 40% 的份额。

资料来源：Based on “Domestic condom maker targets Europe”, www.beijingtoday.com.cn/tag/safedom; “Chinese condoms: Reds in the bed”, *The Economist*, 27 January 2012.

11.6 其他中间商进入模式

管理合同强调了服务和管理隐性知识的日益重要性。管理合同的典型案例是：一家企业（订约方）提供管理隐性知识，而另一家企业提供资金并负责合资公司的操作价值链。一般情况下，合作伙伴履行的合同内容涉及管理操作或控制系统以及对当地员工的培训，这样做有利于完成契约后当地员工可以接管该企业。如果合同到期，订约方通常不会继续经营该合资企业，而是将专业技术转移给当地员工，然后离开。这样做，当地会为争取其他管理合同展开激烈竞争。

当一家企业向另一家在某一领域具备丰富经验的企业寻求管理知识方面的帮助时，双方一般会签署管理合同。在发展中国家，企业普遍缺乏管理能力。订约方在管理服务方面获得的经济补偿是固定的管理费，不需要考虑其财政情况或者是利润率（Luostarinen and Welch，1990）。管理合同的优缺点如表 11-5 所示。

表 11-5　不同中间商模式的优缺点

中间商进入模式	优　势	劣　势
合同制造（从订约方角度来看）	• 允许低风险市场进入 • 没有当地投资（资金、时间或管理人才），不存在国有化或征收的风险 • 保留对研发、营销、销售和售后服务的控制权 • 避免汇率风险和融资问题 • 在当地塑造企业形象，有利于促进销售，尤其是对政府或官方机构的销售 • 避开关税壁垒或其他壁垒进入市场 • 如果当地成本（主要是劳动成本）比较低，可能获得成本优势 • 可以避免因子公司而出现的公司内部转移定价问题	• 转移生产专业知识的难度加大 • 只有找到满意且值得信赖的制造商才能进行协商合同制造，而要找到这样的制造商难度很大 • 需要经常对当地制造商的员工进行大量技术培训 • 在合同到期时，转包商可能发展为对其构成威胁的强大竞争者 • 虽然企业可以通过拒绝接受不合格产品以示惩罚，但还是很难控制或保障生产质量 • 如果在发展中国家进行产品生产，可能遭遇供应限制 • 在合同有效期内，许可方让出一部分销售市场给被许可方。如果被许可方在该领域没有达到预期业绩，双方再重新协商，此时成本会较高 • 当许可协议到期时，许可方发现之前的被许可方已经成了竞争对手
许可经营（从许可方角度来看）	• 较大研发投入生产出的产品增加了收入 • 可进入有高关税、进口配额壁垒的市场 • 选择的制造商靠近消费者市场 • 不需太多投资，投资回报率高 • 如果许可方能销售其他产品或零部件给被许可方，可能会创造出有价值的衍生产品。如果这些部件用于当地生产的产品或设备，在进口时也会有关税优惠 • 许可方没有资产国有化或被征收的风险 • 由于不需要太多资金，可以促进新产品在全球范围的开发，抢占市场先机 • 许可方可以直接从被许可方在当地市场营销和分销组织以及现有顾客关系中直接受益 • 保护专利权，尤其对外来产品保护不足的国家 • 在当地生产有利于获得政府合同	• 被许可方在营销或其他管理活动中表现出的能力可能不尽如人意。成本增长快于利润增长 • 即使被许可方实现双方约定的最低资金周转率，也可能没有完全占有市场，使竞争对手有机可乘。因此，许可方失去了对营销运营的控制力 • 被许可方可能面临资金短缺的困境，尤其当为了维护某个项目需要大规模扩张或注入大量资本时。当许可方通过合作伙伴关系获取足够的资本进行业务扩展时，这个困境也可以转化为优势 • 许可使用费一般只占营业额很小的比例，约为 5%，与企业自身生产所得相比微乎其微 • 缺少对被许可方经营的控制 • 实现产品质量控制难度较大。很多时候产品以许可方的品牌名称进行销售 • 与被许可方或当地政府的沟通协商成本昂贵 • 政府经常对许可使用费转移或零部件供应施加限制条件
特许经营（从特许方角度来看）	• 与许可经营相比，控制度高 • 低风险、低成本的进入模式（被特许方投入必要的设备和专业知识） • 合同的签订主要基于有资金和当地营销知识，具备相关经验 • 有能力开发距离较远的国际市场，与其他方式相比，开发速度快且市场规模更大 • 在国际营销过程中实现了规模经济 • 为未来向国际市场直接投资开了先河	• 寻找合格的被特许方费时费钱 • 无法完全控制被特许方的运营，导致合作、沟通、质量控制等方面出现问题 • 研发和营销国际认可的独特产品和服务的成本较高 • 保护商业信誉和品牌名称的成本 • 地方立法带来的问题，如资金转移、特许经营费用的支付和政府对特许经营协议的限制等 • 内部商业信息的共享可能导致以后出现潜在的竞争对手 • 如果有些被特许方表现不佳（搭最有价值品牌的“顺风车”），可能会破坏公司的国际形象和信誉

（续）

中间商进入模式	优 势	劣 势
合资企业（从母公司角度来看）	• 可以了解当地市场的状况和客户群。合资企业的每个参与方都可共享其他参与方的技术和资源。通常国际合作伙伴投入金融资源、技术或产品；当地合作伙伴提供在该国运营的技术和知识。在企业核心竞争力所在的价值链中，每个合作方都履行自己的职责 • 降低市场和政治风险 • 共享知识和资源：与全资子公司相比，不需投入太多资金和管理资源 • 联营技能和资源，从而创造出规模经济（如降低营销成本等） • 克服东道国政府的限制 • 规避当地关税和非关税壁垒 • 分担失败的风险 • 与收购相比，成本更低 • 通过当地合作伙伴与当地政府建立更良好的关系（共同面对东道国的压力）	• 合作伙伴间追求的目标不同，可能导致冲突 • 不同合作伙伴对合资企业的贡献不均衡 • 无法控制国外运营情况。通过大量投入资金、技术或管理资源的方式来加大控制，对于合资企业来说是不大可能的 • 为了实现目标，公司员工可能需要超负荷工作 • 合作伙伴可能受困于长期投资而无法脱身 • 当产品在合作伙伴之间流通时，可能导致价格转移问题 • 随着时间的流逝，合资企业对每个合作伙伴的重要性可能发生变化 • 文化差异可能导致合作伙伴之间存在不同的管理文化 • 丧失灵活性和机密性 • 造成管理结构和合资企业员工受双重母公司领导的问题。裙带关系可能是已建立合资关系的标准
管理合同（从订约方角度来看）	• 如果直接投资或出口太冒险（由于商业或政治原因），这种替代方式比较实际 • 和其他中间商进入模式相比，管理合同能与国外市场的其他运营方式联系在一起 • 允许公司保持市场参与，以更好地开发潜在机会 • 组织学习：如果公司处于国际化发展的初始阶段，管理合同可以提供了解国外市场和国际业务的有效方式	• 培养了未来的竞争对手：管理方法的打包可能为立合同方树立竞争对手 • 造成对关键员工的大量需求。这些员工难得，尤其对中小型企业而言更难找到 • 在当地建立沟通渠道需要投入大量努力和精力 • 订约方和当地政府在契约式合作政策方面可能出现冲突 • 控制力很弱，这也限制了订约方发展合资企业能力

其他管理合同可能是以项目或全包合同方式卖掉处理工厂协议的一部分。这个问题将在 13.8 节中详细介绍。

11.7 总结

中间商进入模式区别于出口模式，是因为中间商进入模式最主要的是知识和技能转移的工具，以此来创造国外销售。中间商进入模式区别于层次模式的原因在于其不涉及完全所有权（由母公司所有）。母公司和当地合作伙伴共享所有权和控制权，比如（股权）合资企业的案例。

问题讨论

1. 为什么东道国更喜欢将建立合资企业作为其进入国外市场的一种进入战略？
2. 为什么通过建立战略联盟来进行新产品开发？
3. 在什么情况下应该考虑特许经营？选择特许经营还是许可经营的情况有什么不同？

4. 你认为，对一家公司而言，许可经营是一种切实可行的开发产品的长期战略吗？与内部产品研发进行对比并讨论。
5. 为什么企业会考虑与竞争对手建立合作关系？
6. 除了管理费用，企业还能从国外管理合同中获得什么收益？
7. 为什么东道国在外资企业的进入战略中首选合资企业？
8. 为什么在新产品开发中使用战略联盟？
9. 在什么情况下应该考虑特许经营？这些情况与那些导致许可的情况有何不同？
10. 你是否认为许可证代表了公司可行的长期产品开发战略？讨论与内部产品开发的关系。
11. 为什么企业会考虑与竞争对手建立合作伙伴关系？
12. 除了涉及的管理费外，企业还可能从海外签订管理合同中获得哪些利益？

案例研究 11-1

Hello Kitty：卡通猫能在世界各地的热议中存活吗

1974 年，日本设计公司三丽鸥（Sanrio）的员工创造了一种小巧的圆形卡通猫 Hello Kitty（凯蒂猫，www.sanrio.com/characters/HelloKitty/），她的耳朵之间有一个红色的蝴蝶结，他们当初不知道她会成为今天的全球巨星。Hello Kitty 的面孔装饰了 50 000 种产品，销往 130 多个国家和地区。三丽鸥通过 26 家子公司开展业务。它在日本、美国、英国、巴西、德国、韩国、中国都有业务。

历史

无论产品是什么，Hello Kitty 的创作重点都是将其作为一个小礼物。其独特的销售主张（USP）一直是“小礼物，大微笑”。

Hello Kitty 的创造者三丽鸥公司，1960 年由辻信太郎（Shintaro tsuji）创立；辻信太郎是个有资质的药剂师，13 岁时失去了母亲，与不愿和他的亲戚生活在一起，所以他度过了一个不快乐的童年。他参加了一个加拿大传教士创办的幼儿园的活动，在那里他第一次看到与日本传统庆生不同的生日习俗。他决定用他的公司来培养送礼文化。

这只半日半英的小猫变得如此全球知名，以至于日本旅游局已经将她任命为中国内地和中国香港的官方旅游大使。这已经不是 Hello Kitty 第一次担任大使了；1983 年她曾出任美国儿童基金会儿童大使。

Hello Kitty 于 1974 年首次被绘制。那时的她就没有被画上嘴巴，这使她成为完美的跨文化代表。她没有嘴，因为她用心说话。她是三丽鸥的世界大使，不与任何特定的语言挂钩。

Hello Kitty 部分是英式的，因为在初次绘制的时候，外国（尤其是英文）关联非常流行。在 20 世纪 80 年代，Hello Kitty 文具（铅笔、铅笔盒、圆珠笔、纸）和日记本在女学生中风靡一时，不久之后该公司便扩展到其他花哨的商品。

在 20 世纪 90 年代，Hello Kitty 迎来了一次复兴。由出口品牌 Vivitix 经营的商店，向青少年和成年人出售 Hello Kitty，迎合她们的怀旧情怀。

她们 8 岁的时候，会在教室里使用 Hello Kitty 的铅笔和铅笔盒；在她们十几岁和二十出头时，她们用 Hello Kitty 的公文包和化妆镜。Hello Kitty 代表童年的天真和真诚以及世界的纯粹。Hello Kitty 的形象代表了一个在有安全感的邻里间彼此信任、充满爱心的童年形象，因此，世界各地的女性和女孩都很乐意购买。她们不想失去那个形象，所以长大后，她们怀着一种怀旧的态度对待着 Hello Kitty——仿佛保留了一个象征性的东西，就可以存有自己童年时代的片段。

虽然 Hello Kitty 最初定位是一个吸引青春期女孩的角色，但现在它不再被认为只适合儿童了。与可口可乐和耐克一样，她已经成为一个品牌现象。

从技术上讲，Hello Kitty 只是一个生活在由三丽鸥虚构出来的一个完整的虚拟世界里的人物形象。她住在网络空间（www.sanrio.com/characters/HelloKitty/）。Hello Kitty 有自己的生日，11 月 1 日（这使她成为一个天蝎座），并且作为她的英国传统，她与父母和孪生姐妹咪咪（Mimmy）一起生活在伦敦。她有许多爱好包括旅游、音乐、阅读和“吃母亲玛丽烤的美味饼干”。

其他分享 Hello Kitty 世界的角色包括亲爱的丹尼尔（Dear Daniel）、凯西（Kathy）、蒂皮（Tippy）和托马斯（Thomas）。

1990 年，三丽鸥的主题公园 Puroland 开业；它以三丽鸥最受欢迎的角色为特色，以 Hello Kitty 为主角，每年来自世界各地的游客达 150 万人次，是日本最受欢迎的旅游景点之一。

Hello Kitty 甚至成了一个动画人物。1987 年，她首次出现在美国动画片《 Hello Kitty 的毛绒故事剧场》中；1981 年，她还出现在一部木偶动画《Kitly 和妈妈的新雨伞》中。

当 Hello Kitty 首次在美国上市销售时，文化上的差异意味着日文版本必须要有所改变。三丽鸥的市场调查显示，美国消费者对粉红色和紫色小猫的反应最好，对蓝色、黄色或红色的反应最差。美国观众也不喜欢 Hello Kitty 的朋友之一，一个小蜗牛，因此不得不将其从商品中淘汰。

然而，三丽鸥最终做到了这一点，现在美国和日本的商品没有什么差别。事实上，当三丽鸥试图为中国台湾和中国香港市场定制 Hello Kitty 时，让她穿上当地的服装，融入当地的环境，产品却无法出售。她的英日混血文化是她魅力的一部分。

Hello Kitty 今天的业务

其主要业务是制作和营销所谓的社交礼品。该公司还在日本经营餐厅和两个主题公园，制作电影，出版书籍和杂志——这些都以其众多可爱的角色为基础。三丽鸥许可经营出售成千上万的物品——包括 Hello Kitty 文具学校和书桌配件，服装化妆品和房间装饰——这些产品在世界各地都有销售。仅在美洲就有超过 4 000 家商店出售这些产品，其中大约有 50 家三丽鸥精品店。

在全球 130 个国家和地区有超过 5 万种 Hello Kitty 产品。其理念是为了不断改变产品种类，以适应全球不同的、新兴的市场、商业和文化趋势。在中国，三丽鸥的代理商和加盟商经营着约 160 家商店。

对于 Hello Kitty 品牌来说，手机是在授权方面很有吸引力的产品：孩子们现在使用手机和青少年、成人一样多。手机或智能手机是每个人随身携带的物品，而且始终可见。

三丽鸥已经在日本经营了两家 Hello Kitty 主题公园，而在马来西亚、韩国和中国则由被许可方经营主题公园。

市场营销和广告

虽然授权合作伙伴可能会宣传 Hello Kitty 的产品，但三丽鸥完全依赖合作伙伴的营销和口碑。Hello Kitty 并不依赖动画、电影或电影放映进行推广，它可能是世界上唯一一个完全依靠合作伙伴的广告和口碑营销的品牌。

特许经营

通常情况下，特许经营是一项非常具有技术性和商业性的交易。但是，三丽鸥很在意创意方面，它与被许可方的合作更多地取决于它们创造出吸引忠诚消费者且延续品牌理念的产品的能力。

竞争

三丽鸥不需要过多的担心竞争，因为 Hello Kitty 品牌已经有 30 多年的历史了。然而，三丽鸥尊重新来者，如美国文身艺术家唐·埃德·哈迪（Don Ed Hardy），他在加州南部出生和长大，哈迪在作品中融入了日本文身的美学和技巧。例如，在 2004 年，法国时装设计师克里斯蒂安·奥迪吉耶（Christian Audigier）授权生产高端埃德·哈迪服装系列，就是基于哈迪的形象（Varley，2009）。

销售发展

该公司在欧洲和美国的销售额一直在下降，而产品在日本、亚洲和巴西的流行度持续增长。世界某些地区的下滑趋势可能是由于经济疲软和金融危机。尽管目前存在问题，但三丽鸥相信 Hello Kitty 现象还没有结束。总之，Hello Kitty 的吸引力是不可忽视的。她的明星好友的名单中有 Lady Gaga，她身穿 Hello Kitty 的长毛绒舞会礼服，并装饰了一束迷你的 Hello Kitty 玫瑰花。海蒂·克拉姆也在公共场合被看到在一款小巧的 Hello Kitty 镜子前化妆。Hello Kitty 也深受其他名人的喜爱，比如妮琪·米娜、维多利亚·贝克汉姆和玛丽亚·凯莉。

尽管目前还存在问题，但三丽鸥相信 Hello Kitty 现象还没有结束。只有未来将会告诉人们，几十年后，这个形象是否还会存在，但是目前它的品牌资产是三丽鸥的一个坚实的商业平台。

问题：

1. 你认为 Hello Kitty 会继续统治世界吗？利与弊分别是什么？
2. 为什么 Hello Kitty 被授权给这么多不同的产品制造商？
3. 为 Hello Kitty 建议未来的许可策略。

案例研究 11-2

Kabooki：乐高品牌的授权

丹麦玩具生产商乐高（LEGO）因其乐高积木闻名世界。乐高是一个强大而知名的品牌。在 20 世纪 90 年代，乐高管理层收到了（其中包括）三项消费者调查的结果：

（1）“形象力量”是衡量品牌影响力的一个指标，消费者对世界领先品牌的认知度与他们对品牌质量的判断相结合。在美国和日本，乐高并没有跻身前十名，但在欧洲的成绩却令人印象深刻。在这里，乐高排名第五，排在四个汽车品牌之后：梅赛德斯－奔驰（Mercedes-Benz）、罗伊斯（Rolling-royce）、保时捷（Porsche）和宝马（BMW）。LEGO 领先于雀巢（nestle）、劳力士（rolex）、捷豹（Jaguar）和法拉利（Ferrari）等品牌。

（2）在欧洲，美国和日本进行的一项美国调查显示，乐高在最受欢迎品牌榜单中位列第13名。

（3）德国市场分析机构（German market analysis institute）的一项调查显示，乐高是德意志联邦共和国最知名的玩具品牌之一，知名度达67%。火柴盒（Matchbox）位居第二，知名度为41%。

乐高管理层决定利用这一强大的品牌形象，并为新业务领域乐高授权的认证供应商任命了一个常务董事。该公司的目标是通过授权合适的合作伙伴获得收入，这些合作伙伴将使用乐高品牌销售自己的产品。

乐高管理层注意到可口可乐公司仅凭授权许可就可获得30亿丹麦克朗的收入。可口可乐公司的战略可以被定义为“品牌挤奶”，即品牌被出售给每个产品领域的出价最高者。

想法变得可行

1993年，随着丹麦纺织公司Kabooki在生产和销售儿童服装时获得使用乐高品牌的使用权，乐高品牌的授权想法变得可行。Kabooki的常务董事托本·克劳森（Torben Klausen）先前曾在乐高国际市场部门工作，负责协调乐高积木的欧洲市场营销工作。在这个职位上，他能够跟随许可概念的发展。自1993年起，事情进展很快。到1997年年中，Kobooki已经在乐高儿童服装的研发上投入了大量资金，产品主要销往斯堪的纳维亚和英国的约900家商店。

托本·克劳森说：

我们从第一天就收获了一个强大的国际品牌。但是，出售乐高儿童的产品，我们就有义务满足乐高公司独特的质量要求。乐高必须批准投放市场的所有新型号，即每年有350～400个。

乐高儿童服装因其强大的功能，鲜明的色彩和不含糊的质量区别于其他品牌。这意味着衣服的价格相对较高，并且产品不在折扣商店出售。这些衣服以店中店的概念为基础进行销售，其中商品交易和设施展示非常重要。

问题：

你刚刚被乐高授权的认证供应商聘用，负责开发许可数据。你被赋予以下任务：

1. 决定着Kabooki制作的乐高儿童服装未来市场需求的最重要因素是什么？
2. 还有哪些产品可以考虑用于授权乐高品牌？
3. 为选择合适的持牌人和乐高品牌未来产品列出一些标准（除了对外许可）。
4. 除使用乐高品牌之外，乐高还可以向被许可人（如Kabooki）转让什么价值/好处？
5. 持牌人可以向许可方转让什么价值/好处？

第12章

Chapter12

层次模式

□ **学习目标**

通过本章的学习，你能够：

- 说明并理解主要层次模式：
  - 国内销售代表；
  - 驻地销售代表；
  - 国外销售子公司；
  - 销售和生产子公司；
  - 区域中心。
- 对照和比较两种可替换的投资方式：收购和绿地投资。
- 解释影响企业从国外市场撤资的不同因素。

12.1 简介

最后一种市场进入模式是层次模式。在这种模式下，企业对国外市场进入模式具有全部所有权和管理权。企业的管理和控制体现在哪里，这是一个问题。总部对子公司的控制程度取决于转移到市场的价值链数量和种类。这又取决于总部和子公司的责任分配和能力，同时也取决于一家企业在国际市场中寻求发展的渴求。这里的非全资（即 100%）组织被看作出口模式或中间商模式。但是下面这个例子揭示了这一严格区别中的某些问题；根据定义，持有多数股权（如 75%）的合资企业是中间商模式，但事实是拥有 75% 股份的企业基本拥有了所有控制权，与层次控制模式类似。

如果制造商对当地营销造成比出口模式更大的影响和控制，可以考虑在国外市场建立自己的公司。然而，这种转变需要投资，除非该企业拥有自己的销售力量，但这也被认为是运营成本（见图 12-1）。

图 12-1 展示了企业选择将价值链更多的活动分散到主要的国外市场。换句话说，企业将履行价值链的职责转移到不同国家的当地管理层手中，当企业慢慢进入图 12-1 时，意味着该企业从一种国际化阶段进入另一阶段（Perlmutter，1969）。

- 民族中心主义导向：以国内销售代表模式为代表。这种导向代表了从原产国进入国外市场的营销手段的延伸。
- 多中心导向：以国家子公司模式为代表。这一导向基于以下假设：全球市场或国家的情况大不相同，导致在国际市场获得成功的唯一办法是将每个国家都看成一个拥有自己子公司和适合营销组合的独立市场。

- 区域中心导向：由世界某个地区为代表（详见 12.6 节）。
- 全球中心导向：由跨国组织代表。这种倾向基于以下假设：全球市场既有相似之处，也各有不同，可以采用跨国经营战略，即充分利用不同市场的相似之处所产生的协同效应，在全球范围内进行学习。

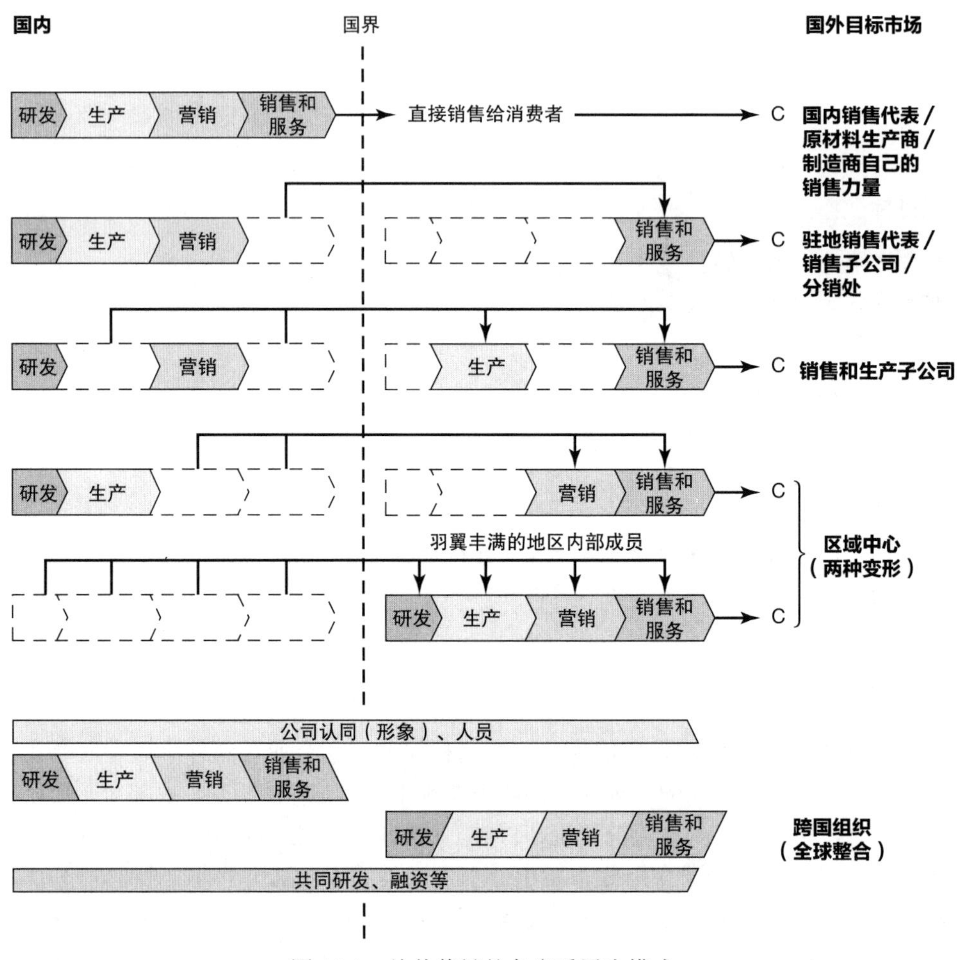

图 12-1 从价值链的角度看层次模式

以下对层次模式进行描述和讨论，并以图 12-1 为切入点。

12.2 国内销售代表或电子商务渠道

国内销售代表（domestic based sales representative）指定居在一个国家（通常是雇主的本国）并经常出国以履行销售职责的人。销售代表是公司员工，所以相比起独立中间商，采取这种方式可以更好地控制销售活动。当公司对代理商或中间商给予他们产品的关注度或他们给予公司的市场反馈程度没有控制时，那么这些活动可以通过销售代表进行控制。

使用公司员工（自己的销售力量）也表明了公司对顾客的承诺，这是代理或经销商所缺少的。所以这种方式常见于企业对企业市场，在企业对企业市场中，通常只有几个大客户（如原材料生产商）要求与供应商保持密切联系，其订单量也足以换回销售代表出国的费用。这种市场进入方法通常在向政府买家和大型零售连锁销售时使用。原因相似。如果客户的订单量不足以抵消出国的费用，或者如果公司将比较简单的产品销售给大量国外顾客，也可以选择电子商务渠道。很多传统企业将互联网作为其自身销售力量的辅助渠道，所以通过多种渠道销售。相反，“专营公司”只通过互联网进行销售活动。

12.3 驻地销售代表 / 国外分销处 / 国外销售子公司

在上述所有情况中，销售活动的实际绩效都转移到国外市场进行。与国内销售代理相比，采用以上三种方式可以给予顾客更好地承诺。企业在进入某一特定国外市场时，无论是选择可随时出差的国内代表还是选择驻地销售代表，都应该考虑以下因素：

- 下单或接订单。如果企业认为其国外市场所需的销售工作类型更倾向于接订单，可能会选择可随时出差的国内销售代表，反之亦然。
- 产品特征。如果产品具有科技性和复杂性的本质特征，并且需要提供大量服务或产品配件，出差式销售代表并不是一种有效的进入方式，企业需要永久性的国外基地。

如果企业认为可以建立正式的分公司，就会指定一个常驻销售员。**国外分销处**（foreign branch）是一家企业的扩展，法律上也隶属于企业。国外分销处一般雇用推销员所在国的职员。如果国外市场销售发展势头良好，企业（在某种意义上说）可能会考虑建立全资子公司。国外子公司归当地公司所有，并根据东道国的法律由国外公司进行运营。

销售子公司（subsidiary）全面控制销售功能。企业也经常在国内执行核心的营销职能，但有时当地营销职责由销售子公司负责。如果销售子公司履行销售职责（或进行销售时），说明所有国外订单都以子公司为渠道，子公司收到订单后按照正常批发或零售价卖给国外买方。国外销售子公司从母公司高价购买产品。当然，这样做会产生公司内部转让定价。本书15.4节将继续深入探讨这个问题。

选择销售子公司的主要原因之一是，可以将更大的自主权和责任转移给予顾客距离近的子单元；另一个原因可能是税务优势。这一点对于总部设在高税收国家的公司而言格外重要，如果规划合理，公司可以在企业所得税较低的国家建立子公司，并因在国外所得税中不缴纳本国税款而获得优势，直到在国外赚取的收入回流到总部。当然，此类子公司带给企业的精确税务优势取决于与东道国相比的原产国税法。

对在国外市场有业务的企业而言，需要做的最有意思的决定之一是何时将身份从代理转变为建立自己的销售子公司和拥有自己的销售力量（Ross et al.，2005）。图12-2表明使用这两种不同进入方式的总销售额和营销成本：

（1）代理商。该曲线建立在合同的基础上，合同规定了在不考虑年销售额的前提下，代理商每年可获取的最低佣金。无论其年销售额是多少，代理商每年都可以得到相同比例的佣金。

（2）销售子公司。该曲线的建立基于以下假设：销售子公司的销售人员每年工资固定（无论年销售额是多少），但是如果他们能完成特定销售目标，即可得到额外奖金。

在这种情况下，总会有一个明确的收支平衡点，在这个平衡点下如何以更有利的方式（从金融的角度）实现从代理商到建立自身销售子公司的转变。当然，在进行转变之前，还需要考虑控制程度、灵活性和投资水平等因素。

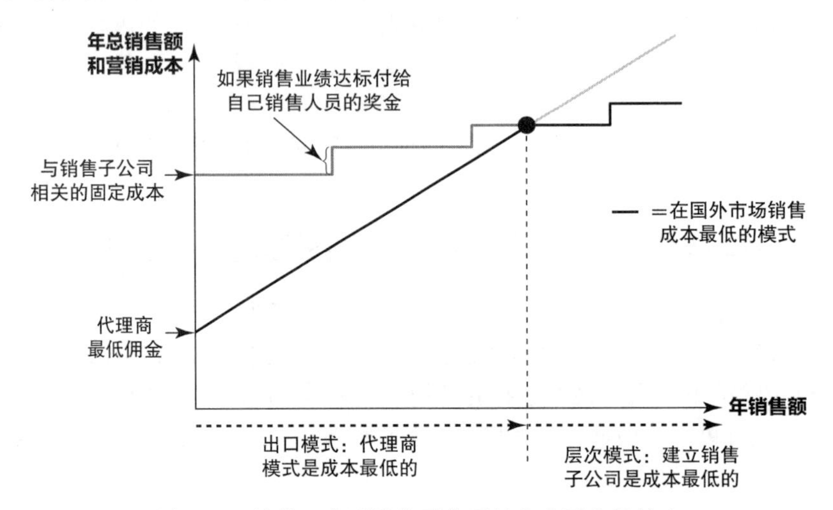

图 12-2　从代理商到销售子公司的收支平衡的转变

12.4　销售和生产子公司

特别是在发展中国家，销售子公司可能被看作从该国家挣钱，并对其东道国家没有任何价值可言。在这些国家，销售子公司通常不会存在太久，除非当地对其制造或生产基地有需求。

一般而言，如果一家公司认为其产品在政治相对稳定的国家具有长期市场潜力，那么销售和生产的全部所有权是唯一能够控制并完全满足该公司战略目标的要素。然而，这一进入模式要求公司投入大量的管理时间、承诺和资本。公司也承担了相当大的风险，尤其是最后从该市场撤离时成本昂贵——不仅仅是财政支出方面的花费，还会损害其在国际和国内市场的商业信誉，尤其是顾客和员工心目中的商业信誉。

长期以来，很多日本公司利用该战略在国际市场建立了强大的地位。它们的耐心得到了回报：高市场份额和可观的利润，但这些回报并非一蹴而就。有的日本公司可能花费5年多的时间来了解市场、顾客和竞争情况，或者为制造基地选址，然后才会迈出重要的一步。

进行当地生产的主要原因如下：

- 保持现有业务。鉴于欧洲对日本出口车的限制，当其销量在当地市场增加时，日本车就容易受到限制。随着欧洲市场一体化的发展，尼桑和丰田在英国建立了生产线。
- 拓展新业务。在当地市场建立生产能够展示出口商对当地的强有力承诺，也是说服顾客更换供应商的最好方法，尤其对工业市场而言，在制定购买决策时公司的服务和可靠性通常是最主要的考虑因素。
- 节省成本。通过在国外建立生产基地，可以节省很多方面的成本，如劳动力、原材料和交通等成本。
- 避免政府出台限制某种产品进口的规定。

装配操作

装配操作是生产子公司的变体。在国外市场建立生产工厂，可能只是市场或其他地区生产的组件。企业可能会继续让国内工厂制造关键零部件，集中研发，提高生产技术和进行投资，并维护规模经济的利益。为了利用不同国家的相对优势，有些零件或组件可能由好几个国家生产（多方外包）。资本密集型零件可能在发达国家生产，劳动密集型零件可能在劳动力充足且成本低的发展中国家进行装配。这一战略在消费性电子产品制造商中很常见。当某种产品技术成熟、价格竞争激烈时，公司有必要将其所有的劳动密集型业务转到发展中国家进行。这是国际产品生命周期的原则（见第 14 章图 14-8）。

12.5 子公司发展及一体化战略

随着跨国企业面临越来越激烈的竞争，他们在发达国家的子公司也越来越接近关闭并向成本低的东部和亚洲国家迁移。为了应对成本差异，子公司经理正被要求在超出其核心业务范围之外的领域为公司做出贡献，以便将子公司业务向价值链上游移动，变得更具创新和创业精神。

由于系统和流程的持续全球化，总部为了保证生存和发展，对开发独特的子公司的市场位置有越来越多的约束。在这个过程中，子公司必须清楚界限，因为很多活动可能很费钱，在战略层面也并不有利。然而，子公司的 CEO 必须明确能创造出更强的可提升价值的业务，并且将这些问题和解决方法带回总部，而不是等待总部做出行动。如下所述，子公司可以采取多种方式对母公司（HQ）采取行动。

将总部文化向子公司传输

一个公司宝贵的、稀有的、难以复制的组织文化能为公司提供国际竞争优势（Barney, 1997）。图 12-3 举例说明了跨国企业总部、子公司和东道国家之间的关系。一个强势的本土文化更可能帮助子公司形成自身的强文化和身份认同。此外，较强的国家文化意味着在本土社区中存在独特的文化价值和行为，这很有可能成为子公司发展独特公司文化的障碍。

如图 12-3 所示，跨国公司的子公司在东道国运营，因此与当地人员（如供应商和顾客等）建立关系。它们的文化价值与本国文化或总部文化都不同，图 12-3 展示了分析具有不同文化价值观的不同国家组织之间的文化交互的框架。根据这个框架（矩阵），有四种不同的组合方式：

（1）一体化。跨国企业总部的价值在分公司中保留了下来。同时，子公司发展了与东道国文化和当地文化之间的更高水平的外部联系。因此，子公司与当地人员（如供应商）具有亲密关系。乍一看，这个战略非常吸引人，但是将两种文化一体化不是易事。

（2）分离化。公司（总部）文化被保留了，但子公司与当地人员（如供应商）的外部联系很有限。例如，当日本汽车制造商，如丰田、本田和尼桑，建立北美生产基地时，它们从日本带去了自己的供应商。事实上，很多公司在自己公司内部生产主要部件。这限制了它们与当地人员（如当地供应商）交流的需要，这些角色嵌入了国家和地方的价值观和做法。

（3）同质化。这个选择意味着高度的外部关联和缺乏对跨国公司总部自身身份和文化的维护。子公司更多的是自己行动，并与当地文化和价值融合同化。在硅谷建立子公司时，这种策略也被日本跨国企业（如索尼和 NEC）采用。子公司的员工（尽管有来自日本的员工）迅速的采用了硅谷的冒险和迅捷的文化，这些文化与日本总部的控制风险的文化大相径庭。

（4）边缘化。在此，总部文化在子公司没有建立起来，而子公司与外部文化的关联也受限。这不是获取成功的最好战略。

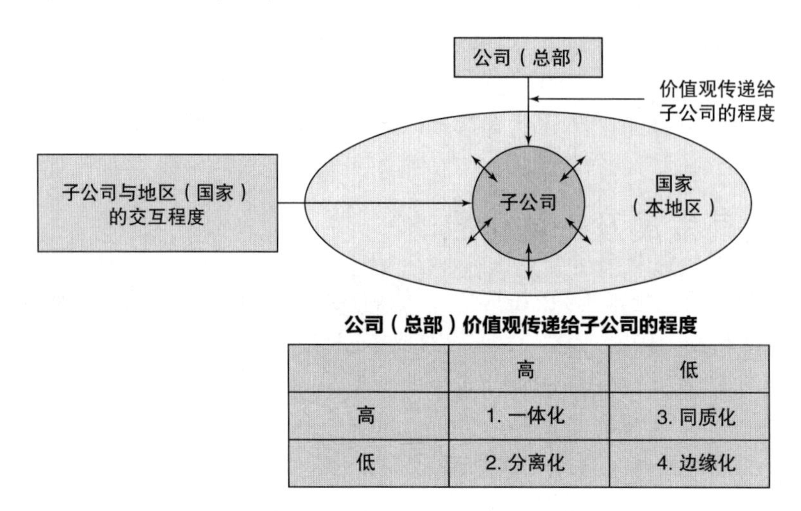

	高	低
高	1. 一体化	3. 同质化
低	2. 分离化	4. 边缘化

图 12-3 将公司总部文化向子公司传递的方式

在跨国企业决定子公司的位置时，评估当地文化的本质和在目标市场的优势是有益的。这种评估对想追求与当地人员积极互动且希望子公司与总部积极合作的跨国企业尤为重要。因为这种战略需要两种文化的交融。另外，缺乏全球化经验也让这种评估变得更为必要（Sasaki and Yoshikawa，2014）。

12.6 区域中心（区域总部）

到目前为止，本书已经讨论了进入某一特定国家的方式。如果暂时忽略这一情况，随着很多群体的形成，如欧盟、北美自由贸易区（NAFTA）和东盟（ASEAN），世界区域化特征越来越明显。

图 12-1 介绍了**区域中心**（region centres）的两个例子。第一个变体说明了下游功能已经被转移给该地区。第二个变体表明对该地区做出了更大的承诺，因为所有的价值链活动都转移到该地区，而该企业也据此成为该地区羽翼丰满的内部人员。这一阶段，企业已在该地区具备所有能有效对抗当地和区域性竞争对手的功能。同时，企业可以回应区域顾客的需求。图 12-4 中的下半部分也举例说明了这种情况，即很多活动都是跨国界协作完成的。

区域中心的形成意味着区域性总部的形成，或是“领导国家”的任命，它通常需要扮演某一同类产品中的协调者和促进者（见图 12-5）。

扮演协调角色需要确保以下三件事：

（1）国家和商业战略相互一致。

（2）任何一个子公司不能伤害其他子公司的利益。

（3）充分识别并开发跨行业和跨国家的协同效应。

促进者的角色具有以下两种功能：

（1）促进“全球性”产品向当地国家战略的转化。

（2）对当地子公司的发展提供相关支持（Lasserre，1996）。

		涉及国家数量	
		少数	多数
价值链活动的协调	跨国协调少量活动（主要是物流）	新的国际市场创造者 出口／进口创业公司 ①	跨国交易者 ②
	跨国协调大量活动	③ 专注区域性的创业公司	④ 全球创业公司

图 12-4　国际化新企业的类型

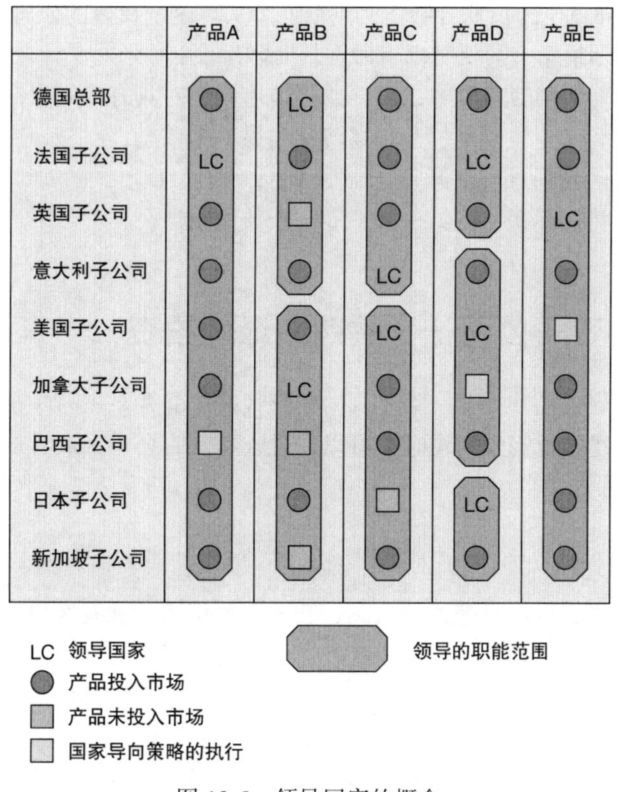

图 12-5　领导国家的概念

图 12-5（以总部设在德国的跨国公司为例）表明，不同国家或子公司可以对不同产品组合产生不同的作用。在该图中，对于世界市场中的产品 A 和 E，只有一个国家或分公司在全球范围内有协调功能（法国和英国）。对于产品 D，共有三个地区市场，每个地区都有一个领导国家。

领导国家的选择受几个因素的影响：

- 国外子公司的营销能力；
- 该国的人力资源质量；
- 该国的战略重要性；
- 生产所在地；
- 东道国的法律限制。

具备“领导”能力的国家应该被选为领导国家。

12.7 跨国组织

在国际化的最后阶段，公司尝试进行跨国界的协同和整合运作，从而在全球范围内形成协同效应。管理层将世界看作一系列相互关联的市场。在这一阶段，公司职员应该更好地维护其所在公司，而不是所在国家。

跨界共同研发和人力资源的频繁交换是**跨国组织**（transnational organization）所具备的两个特点。跨国组织的总体目标是通过辨别跨市场的相同和不同之处，并结合跨国组织的能力，从而提高国际竞争力。联合利华是少数几个实现这一目标的公司之一，见第 8.5 节。

总之，管理跨国组织，需要对以下因素具有敏感度：

- 一个全球性品牌何时被顾客认可，或当地市场何时具有优先权；
- 何时将创新和专业技能从一个市场转移到另一个市场；
- 何时一个地区性创意可以具备全球性潜力；
- 何时快速地将国际团队团结一致，专注于关键机遇。

12.8 建立全资子公司——收购或绿地投资

本章介绍的所有的层次模式（除了国内销售代表）都需要在国外投资建立设施。当企业决定在某个国家建立全资子公司时，可以通过收购现有公司，或者从零开始建立自己新公司（绿地投资）的方式。

12.8.1 收购

采取收购的方式，可以迅速进入市场，获取分销渠道、现有客户群，甚至在有些情况下，可获得已建立的品牌名称或企业知名度。有时前公司的管理层也会继续留在全资子公司，这也为进入市场提供了桥梁，并且让公司在处理当地市场环境上有经验可寻。这一点对国际管理经验不足或不熟悉当地市场的企业而言特别有利。

当市场饱和时，这一行业竞争激烈，或者存在大量进入壁垒，所以留给新进入者的空间很少。在这种情况下，收购可能是在东道国奠定基础的唯一可行方法。

收购的方式多种多样。根据鲁特（Root，1987）的观点，收购可以是水平的（被收购企业和收购企业的产品线和市场类似）、垂直的（被收购企业成为收购企业的供应商或顾客）、同心的（被收购企业面对的市场相同但技术不同，或者技术相同但市场不同）或混合的（被收购企业与收购企业属于不同领域）。无论怎样的收购形式，国外投资者和当地管理团队之间的协作和管理类型都可能出现问题。

12.8.2 绿地投资

收购过程中所遇到的困难可能使企业宁愿从头开始操作，尤其是当生产物流成为行业成功的关键因素，或者企业没有找到合适的收购对象，或者收购成本太过昂贵时。

在很多情况下，虽然建厂比收购花费的时间更长，但跨国界的综合运营能力以及对未来国际扩张方向的决策都是建立全资运营的主要动因。另外，东道国的鼓励政策也进一步促进了绿地投资。

此外，如果企业建新工厂，不仅要投入最新技术和设备，还要避免出现改变公司传统做法的局面。对跨国公司而言，投入新设备意味着新的开始和机遇，这代表企业将自己的形象和要求注入本地企业。

12.9 总部的选址 / 迁址

以总部选址标准的传统检查表为出发点（Baaij et al.，2005）：

- 公司所得税优势；
- 投资激励；
- 投资环境；
- 公司规定（内部限制——必须遵守所有者的规定）；
- 经营成本；
- 劳动力的素质、供给情况和成本；
- 生活质量和水平（大型宾馆和饭店、高级住宅的邻近程度、文化生活和娱乐活动、学校质量、文化多样性、安全性、犯罪和健康因素、个人所得税以及生活成本等）；
- 基础设施水平（尤其是交通运输、通信和信息技术）；
- 高级商业服务（如会计、法律和管理咨询）；
- 充足的代表处办公空间；
- 当地其他的大型企业。

使用这一清单不是为了寻找合适的地点，而是为了淘汰不合适的地点。在对以上因素逐一进行评估后，总部在选址时会考虑更多的战略评判标准。

影响总部选址的三大战略性动力如下：

（1）企业的合并与收购。

（2）领导层和所有权的国际化。

（3）战略更新。

12.9.1 企业的合并与收购

当规模相同的企业合并后，双方需要为合并后的公司总部寻找中间地带。1987年，来自瑞典韦斯特罗斯（Vasteras）的阿西亚公司（ASEA）和瑞士的布朗勃法瑞公司（BBC Brown Boveri of Baden）合并成立了ABB阿西亚布朗勃法瑞公司（ABB Asea Brown Boveri）。新的总部没有设在原址，而是设在苏黎世。

12.9.2 领导层和所有权的国际化

在收购的情况下，一个显而易见也是最有效的解决方案是新总部属于收购者，被收购企业迁址（如戴姆勒 – 克莱斯勒）。第二个动力是领导层和所有权的国际化，可以降低企业对民族情感的敏感性。国外董事会主管和股东不能单纯依赖本土国家，也不应抗拒跨境迁移总部。

12.9.3 战略更新

进行战略更新是总部迁址的最后一个原因。这也是创建于埃因霍温的飞利浦电子公司在建立 106 年之后选择迁址到阿姆斯特丹的一个重要原因。迁址是一种变化机制，标志着过去的结束和新的开始。

12.10 国外撤资：退出国外市场

大量理论和实证文献检验了进入国外直接投资的决定因素，这在很大程度上导致很少有人关注退出国外市场的决策。

大多数研究证明，相当多的国外子公司遭受了相当大的“损失”。

- 1967～1975 年，美国 180 家大型跨国公司新建了 4 700 多家子公司，但在此期间，共有 2 400 多家子公司倒闭（Boddewyn，1979）。
- 1966～1988 年，荷兰大型跨国公司共进行了 225 项对外直接投资，截至 1988 年，仅有一半的投资项目仍然存在（Barkema et al.，1996）。

营销洞见 12-1

特易购 9 年后于 2012 年从日本市场退出

2003 年，特易购通过收购了一家当地企业 C Two-network 从而进入日本市场。特易购管理层起初讨论每周开一家店的计划，想要在 2010 年建立 500 家分店。然而，在 2012 年 6 月，这家英国零售商决定退出日本市场。

尽管在 2006 年推出了自有品牌产品，2007 年退出快捷店模式，并且这两种模式在亚洲其他地区很成功，但是特易购最终还是决定退出日本市场。自从进入日本市场，特易购共计投入超过 1.5 亿美元，但其经营并没有获得收益。在日本市场，特易购门店最高纪录为 140 家分店，截止退出时，仍有 129 家分店。

特易购在日本市场遇到了其他零售商都曾遇到的巨大困难。法国的家乐福在五年后退出日本市场，美国的沃尔玛和德国的麦德龙在成功前也历经波折。

为什么特易购在日本不成功

错误的当地合作伙伴

特易购想通过与亚洲当地强势企业结合的方式获得成功。例如，在韩国与三星合作，在日本收购 C Two-network。当时这家企业在日本有 78 家门店，年营业额仅为 5 亿美元。所以很显然，它不是日本当地的强势企业。

竞争激烈

正如其他国际零售商发现的，日本是独特的零售市场。顾客快速变化的品位是一个很大的挑战。考虑到现有的门店资料和便利店模式在其他地区的成功，采用便利店模式是合理之举。然而，这也意味着将要面临来自当地巨头的竞争，如 7-11 便利店、罗森、全家便利店和迷你岛。

有限的规模经济

对于食品零售，日本的高成本，特别是租赁及人员的高成本，也是另外一个威胁。在高成本背后的一个原因是顾客对于当地新鲜食材的高偏好。规模对于降低成本很重要，这也最终导致特易购的失败。与永旺 1 900 家门店相比，仅剩 129 家的特易购在大型的日本超市集团面前，规模太小而无法竞争。

在决定退出后，特易购将日本子公司 50% 的门店出售给了永旺。永旺是日本主导的零售商。2012 年，特易购出售了剩余的 50% 给永旺。

现在，特易购重点关注英国和美国市场。

特易购在亚洲共有 1 400 家店，在中国、韩国、马来西亚和泰国占有较大市场，而这些也是特易购发展最快的市场之一。

资料来源：Based on different public media.

关闭国外子公司或将其卖给其他企业属于战略性决策，这一结果可能改变了国外进入模式（例如，从集销售和生产于一身的当地子公司到出口模式或合资企业），或者彻底退出东道国家。

最明显的退出原因是，利润太低（反过来也可能是成本太高），当地市场需求的永久性降低，或者该市场进入实力更为强大的竞争对手。除了自愿退出，也可能是由于国外市场的征收或国有化政策而被迫退出。

为了进一步调查出现国外撤资的原因，需要考虑可能影响退出动机和障碍的特定因素，以及从国外子公司退出的可能性。贝尼托（Benito，1996）将这些特定因素划分为四类（见图 12-6）。

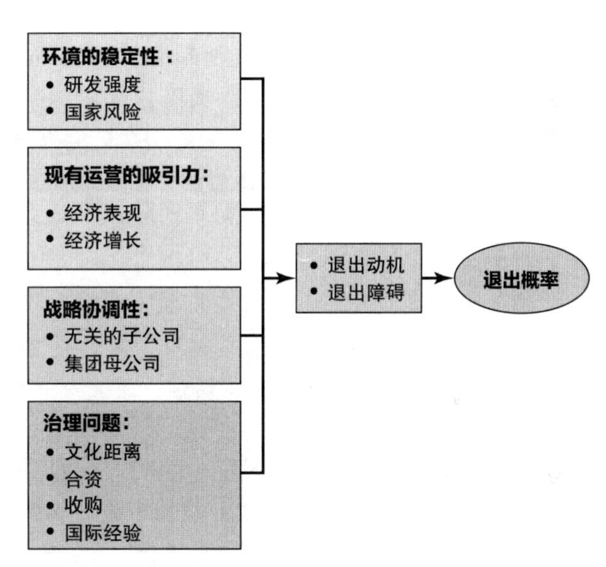

图 12-6 国外撤资：框架

12.10.1 环境稳的定性

这是对国外子公司运营的竞争性或政治性环境预测的问题：

- 研发强度。由于对产品研发和营销进行了大规模市场投资，可能增加退出的感知障碍。
- 国家风险。一般而言，这些风险不在企业的控制范围内。政治风险可能导致被迫撤资，继而导致被征收。

12.10.2 现有运营的吸引力

- 经济表现。不尽人意的经济表现（例如，不能创造整体利润的净增长），是关闭或转让子公司的最明显原因。换句话说，如果子公司效益良好，所有者可能会看到获取利润的好机会。

- 经济增长。东道国的经济增长通常会吸引更多的外商直接投资，从而也增加了从该国的“退出障碍”。然而，如果市场位置比较好，可以吸引更多的投资商。

营销洞见 12-2

沃尔玛从德国市场退出

随着第一家沃尔玛折扣店的诞生，山姆·沃尔玛于1962年创建沃尔玛（www.walmartstores.com）。今天，全球16个国家（阿根廷、巴西、加拿大、中国、哥斯达黎加、萨尔瓦多、危地马拉、洪都拉斯、印度、日本、墨西哥、尼加拉瓜、波多黎各、英国和美国）中有超过55个不同品牌的8 100家沃尔玛门店。沃尔玛2009财年的收入为4 010亿美元（仅有20%来自国外市场），雇用员工210万。当1997年通过收购拥有21家超级市场的韦特考夫（Wertkauf）进入德国市场时，沃尔玛对德国市场（仅次于美国和日本的第三大零售市场）有很高的期待。随后一年，沃尔玛收购了Spar旗下的74家店。

然而，9年后，沃尔玛必须从德国市场退出。发生了什么？

对于此次退出，有如下几个解释：

（1）沃尔玛任命了一个不会德语的首席执行官。不仅如此，他还坚持让他的管理人员说英语。他的继任CEO是英国人，试图在英国遥控海外经营。沃尔玛高层误解了他的员工和顾客。沃尔玛的另一个惊讶是德国的购物时间很短，而且周末几乎不营业。沃尔玛（德国）对此非常失望，令人无奈的《商店停止营业时间法》规定了商店的营业时间及折扣限制。

（2）沃尔玛美国的经理人对德国管理人员施压，要求他们在工作场所实行美式管理理念。例如，在具有影响力的职位任职的同事之间是不能约会的。员工之间更不能调情。

（3）沃尔玛（德国）的管理层威胁，如果员工不能增加超过法律规定的工作时间或者不允许在工作场合安装监控的话，就要关闭一些门店。结果，沃尔玛（德国）与工会有很多冲突。

（4）沃尔玛也存在一些文化误解：德国人不喜欢由他人帮忙打包，而且喜欢自己寻找折扣，而不是通过那些微笑的店员帮助。

（5）一些美国产品不适合德国家庭：例如，美国枕套与德国的尺寸不同。结果导致沃尔玛（德国）库存了很多无法卖给德国家庭的枕套。

（6）沃尔玛并没有达到“临界规模”。在德国的基础设施中，包含两个总部（有段时间内）和三个物流中心，增大成本的同时并没有达到规模经济。由于门店数量较少，沃尔玛仅仅占有德国食品市场2%的份额。同时，沃尔玛还面临来自两个折扣连锁店——奥乐齐和利德——的竞争。例如，比起沃尔玛100家门店，奥乐齐有4 000家门店。

所以，在9年后，沃尔玛将85%的门店卖给了德国的竞争对手麦德龙。

沃尔玛试图将美国成功的配方一成不变的搬到德国市场，看来是失误的。这个案例告诉我们，在建立国际运营时考虑文化差异是多么重要。

资料来源：*The Economist*, “after struggling for years, Walmart withdraws from Germany,” US edition, 5 August, 2006; *The Independent*, “ mighty Walmart admits defeat in Germany ” , 29 July 2006, London ; www.walmartstores.com.

12.10.3 战略协调性

不相关的扩张（如分散投资）增加了管理成本，而无关的子公司也不利于形成规模经济和范围经济。所以，这些因素加速了企业退出的步伐。

同样地，集团母公司也是一样的道理。

12.10.4 治理问题

- 文化距离。如果产地国和东道国在文化方面相似，有利于监控和协调不同地点的生产和营销活动。所以在文化距离较小的国家，会遇到更大的退出障碍，反之亦然。
- 合资和收购。与当地合作者合办的合资企业可以在短时间内了解当地市场信息，这一点有利于降低打入国外市场的障碍。另外，当合资企业随着合作伙伴创建时，不同国家和企业文化可能影响其成功。合资企业和收购在一体化进程的最初关键阶段中处于困难时期。因此，如果母公司或公司缺少承诺，会加速企业退出该市场。
- 国际经验。企业吸取经验，学习如何在国外经营以及问题出现时如何寻求解决方案。随着经验的积累，他们更容易避免很多外国子公司运营所遇到的问题，并且当问题不可避免时，他们更容易找到解决问题的可行方案，当然也包括做出宣布子公司倒闭等令人不快的决定。

12.11 总结

表12-1列举了不同市场进入模式的优缺点。另外，本章也讨论了何种情况下，外国企业撤资可能会发生。最明显的原因看起来是市场的利润过低。

表12-1 不同层次进入模式的优缺点

层次进入模式	优　点	缺　点
国内销售代表	• 与独立中间商相比，国内销售代表可以更好控制销售活动 • 与靠近产地国的国外市场的大客户保持密切联系	• 差旅费高 • 国外市场远离产地国，花费高
国外分销处／分公司／销售和生产子公司	• 完全控制经营 • 排除国内合作者“搭顺风车”的可能性 • 市场准入（销售子公司） • 直接获取市场信息（销售子公司） • 减少运输成本（生产子公司） • 减免关税（生产子公司） • 获取原材料和劳动力（生产子公司）	• 创办资本投资大（子公司） • 缺乏灵活性 • 风险高（市场、政治和经济方面的风险） • 纳税问题
区域中心／跨国组织	• 在地区／全球范围实现潜在协作 • 实现地区／全球范围的效益 • 可以在全球范围内进行学习 • 资源和人员灵活性高，可在全球范围内随意支配	• 可能的威胁： – 官僚主义盛行 – 国家层面的响应和灵活度不够 • 子公司可能认为它们没有影响力 • 总部和区域中心缺乏交流
收购	• 可以迅速进入新市场 • 可以快速获取： – 分销渠道 – 高质量的劳动力 – 现有的管理经验 – 当地知识 – 建立与当地市场和政府间的关系 – 已建立的品牌／商业声誉	• 通常成本高 • 风险高（接受那些被视为国家财产的公司可能导致该国人民的普遍不满，因为他们会认为这些公司被外资企业收购了） • 可能的威胁： – 现有运营缺少整合 – 收购及被收购公司的沟通和协调问题

（续）

层次进入模式	优　点	缺　点
绿地投资	• 可能建立“最佳”模式，即采取满足企业利益的方式（例如，实现生产与国内生产的一体化） • 可以整合尖端技术（从而提高运营效率）	• 投资成本高 • 进入新市场的时间长（过程耗时）

问题讨论

1. 通过什么标准判断某一项外商直接投资活动成功了还是失败了？
2. 企业决定在国外建立生产机构的主要动机是什么？
3. 建立国外全资子公司，对中小型企业而言是合适的国外市场发展渠道吗？
4. 在某一地区指定“领导国家”这一行为背后的理念是什么？
5. 为什么收购通常是建立国外全资子公司的首选方式？选择采购作为进入方式有哪些局限？
6. 子公司汇回利润存在的主要问题是什么？

案例研究 12-1

拉夫·劳伦：Polo 向东南亚内部分销

由拉夫·劳伦（Ralph Lauren）在 1967 年创立的拉夫·劳伦品牌，在男装、女装、童装、饰品、香水和家居用品等高端生活用品的设计、营销和分销都处于行业领先地位。

2009 年的总销售额达到 50 亿美元，净利润达到 5.95 亿美元。

2007 ～ 2009 年的净收入变化，如表 12C-1 所示。

表 12C-1　2007 ～ 2009 年拉夫·劳伦在不同地区的净收入　（单位：百万美元）

净收入	2009	2008	2007
美国和加拿大	3 589	3 653	3 452
欧洲	1 028	945	768
日本	393	272	65
其他地区（包括东南亚）	9	10	11
合计	**5 019**	**4 880**	**4 296**

拉夫·劳伦在三种不同又相互协调的模式下经营：

（1）**批发业务**。批发业务（占 2009 年净收入的约 57%）主要由遍布美国、欧洲和亚洲的各大百货公司、专营商店、高尔夫专卖店组成的批发渠道。拉夫·劳伦批发商店的数量约 6 097 家。

（2）**零售业务**。零售业务（占 2009 年净收入的约 39%）主要由遍布美国、加拿大、欧洲、南美洲和亚洲的全价零售店和厂家直销店以及 www.RalphLauren.com 和 www.Rugby.com 在线商城组成的零售渠道，直接销售到顾客。拉夫·劳伦拥有 163 家自营全价零售店和 163 家自营厂家直销店，共占地约 2.5 万平方英尺。

（3）**许可经营**。许可经营（占有约 4% 的 2009 年净收入）主要是在特定地区的指定时限内，授权第三方生产和销售相关指定商品（如服装、眼镜及香水）的各种商标特许使用权。

RalphLauren.com 向顾客提供一系列拉夫·劳伦的服装、饰品和家居用品，使这些商品通过多渠道到达零售顾客手中，并强化品牌的奢侈品形象。RalphLauren.com 月均有290万访问量并赢得35万新顾客，使得2009年总客户量达到170万人。

2008年8月，企业正式推出第二个电子商务网站 Rugby.com。Rugby.com 不仅提供以前只能在商店购买的服装和饰品的线上购买服务，还提供时尚秘诀、视频和博客等内容。Rugby.com 为年轻男士与女士提供丰富的橄榄球相关产品。

通常商业活动会受到季节性流行趋势的影响，零售领域的销量高峰往往都是伴随着主要假期的旅游活动，返校以及节日采购（如圣诞节）。

截至2009年3月，拉夫·劳伦拥有12 000名美国员工和5 000名海外员工约17 000名，其中既包括全职员工，也包含兼职员工。

自1967年起，在不断扩张的产品量、价格段和市场中，形成了一个独特的品牌形象。这也深刻影响了人们的着装方式以及时尚品的宣传方式，反映出在国际著名设计师拉夫·劳伦的引领下形成的一种独特的美式生活方式。

由四种产品构成企业的产品组合：

（1）服装：产品包括种类齐全的男装、女装和童装。

（2）饰品：产品涉及范围广泛，包括鞋类、眼镜、手表、珠宝首饰、帽子、皮带和手包和箱包等皮制品。

（3）家居用品：产品包括床上用品、洗浴用品、家具、装饰织品、墙纸、绘画、桌面配件和礼品。

（4）香水：香水产品包括浪漫（Romance）、保罗（Polo）、劳伦（Lauren）、莎筏旅（Safari）、拉夫（Ralph）、黑色（Black）等系列。

对距离较远的市场采用许可经营

对于距离较远的市场，拉夫·劳伦在特定种类的产品上采用许可经营方式进行销售。这些地区的被许可方的产品来自产品授权合作伙伴和一些独立渠道。

每个许可合作伙伴说拉夫·劳伦的许可使用费是基于它们产品的销售额，为了使用品牌的商标和设计服务，通常需要服从最低许可使用费要求。除此之外，许可合作伙伴可能会被要求拿出一部分收入用于宣传产品，分担与这些产品相关的创新成本。在开发新产品和开拓新领域需要更多的投入。特许使用权的期限通常有3～5年，也可能会授予被许可方有条件的续订机会。

为了确保它们的产品被充分开发、投放市场并销售出去，拉夫·劳伦（与其产品授权合作伙伴紧密合作，以抓住有利的市场良机，持续向全球的顾客展现与其品牌相关的独特视角和生活方式。产品的包装、推销、经销、宣传和推广需要由拉夫·劳伦持续监督。希望最终能够对全球市场中不同种类的拉夫·劳伦品牌形成一致的共识。

2009年年初，拉夫·劳伦有四个许可合作伙伴，覆盖了以下四个地区：

（1）Oroton 集团 / PRL 澳大利亚：澳大利亚和新西兰。

（2）斗山（Doosan）集团：韩国。

（3）P. R. L. 公司，S.A.：巴拿马、阿鲁巴岛、库拉索岛、开曼群岛、哥斯达黎加、尼加拉瓜、洪都拉斯、萨尔瓦多、危地马拉、伯利兹、哥伦比亚、厄瓜多尔、玻利维亚、秘鲁、安提瓜、巴巴多斯、博内尔岛、多米尼加共和国、圣露西亚、圣马丁、特立尼达和多巴哥。

（4）迪生创建集团（Dickson Concepts）：中国香港、中国内地、菲律宾、马来西亚、新加坡、中国台湾、泰国和印度。

通常，国际产品许可合作伙伴获得在指定区域内特许销售、推广、推销和经销不同种类的拉夫·劳伦产品的权利。

东南亚地区从授权到层次模式

2009 年 2 月，拉夫·劳伦与迪生创建集团（位于中国香港）达成协议，由其承担直接控制东南亚的 Polo 品牌服装业务，并在 2010 年 1 月 1 日交付 2 000 万美元或其他形式的报酬。直到 2010 年 1 月 1 日，迪生是 Polo 品牌服装在东南亚地区（包括中国内地、中国香港、印度、马来西亚、菲律宾、新加坡、中国台湾和泰国）的产品授权合作伙伴。迪生创建集团在东南亚地区约 40 家精品店和近 100 家店出售 Polo 品牌商品。

问题：

1. 拉夫·劳伦将东南亚地区的市场进入策略由许可经营转变为层次模式的动因有哪些?
2. 你是否建议它们把所有区域的许可收回到企业内部，并把它们变成层次模式?

案例研究 12-2

杜蕾斯安全套：SSL 集团将通过自己的组织在日本市场出售杜蕾斯安全套

继 SSL 集团后，杜蕾斯安全套将第一次在日本出售，保健品的制造商和分销商认为这是拓展市场的举措。SSL 集团公司成立于 1999 年 7 月，是由 Seton Scholl Health Care 公司和伦敦国际集团公司（LIG）合并而成。杜蕾斯是全球最畅销的安全套品牌，在 140 多个国家广泛使用，并占有约 22% 的全球安全套市场份额。

杜蕾斯在 1929 年注册了品牌名称，杜蕾斯取自于耐久性、可靠性、卓越性。

总体上，SSL 集团管理者开展了品牌导向的策略：“我们想要杜蕾斯成为安全套界的‘可口可乐’（Coca-Cola）。”1999 年的合并使得向日本的战略转移成为可能。随着市场营销和分销网络的建立，Seton Scholl 在日本有其自己的影响力，但伦敦国际集团公司并没有。Scholl 品牌产品，如鞋、其他鞋类产品和医用手套，已经通过 Seton Scholl 在日本全国范围销售，而这些都是由旧的伦敦国际集团公司 LIG 生产。

SSL 集团终止了与日本最大安全套供应商——冈本（Okamoto）签订的长期合同，将其释放到日本 2 亿安全套市场份额的争夺之中。集团总裁说：“现在让我们在日本掌握自己的命运”。SSL 集团旨在 5 年内赢得 5% 的市场占有率，并产生 1 000 万英镑的新收入。SSL 集团已经收买了 Seton Scholl 在日本的商业伙伴，并由其完全控制。总裁补充道：“我们在日本的单打独斗中看到了为股东创造更多价值的发展前景。”他说，杜蕾斯在国内已经是国际知名品牌。

据说日本拥有世界最大的安全套市场，其年销售额高达约 2 亿英镑。日本安全套市场主要由冈本（42% 市场占有率）和其他本土品牌产品占据。日本市场规模如此巨大是由于直到 1999 年 6 月避孕药才被禁止，大多数人为了避孕不得不依赖安全套。专家指出，在日本广泛使用避孕药之前还需要经过一两代人。

日本用了 40 多年才使避孕药合法化的原因之一，是由于安全套制造商反对引进避孕药。日本卫生官员说他们担心用避孕药而非安全套会导致性病的传播。甚至有反对者宣称，女性尿液中的避孕药成分会污染河流并使鱼类变得畸形。

问题：

1. SSL 集团在日本建立自己的安全套分销渠道的主要动机有哪些？
2. SSL 集团在日本安全套市场占有率提升的主要障碍有哪些？

第 13 章
Chapter13

国际外包决策和次级供应商的角色

□ **学习目标**

通过本章的学习，你能够：

- 描述垂直链中分包商的角色。
- 探讨国际外包的原因。
- 解释买卖双方之间的关系发展。
- 讨论分包商国际化的可选途径。
- 解释全包合同与传统分包的区别。

13.1 简介

近期有关分包和竞争力研究中，强调了外包的重要性：剥离某个组织的功能或活动。一般而言，外包更高效，是外包企业成功的关键。所以，问题在于一个组织应该独立履行某些功能（制造）还是从外部寻找（购买）这些活动。如果大企业不断增加外包的价值链功能，将为其分包商，即中小型企业（主承包商），提供商业机遇。

分包商的定义是：同意按照另一份合同的要求为另一方（主承包商）提供所需的半成品或服务的个人或企业，在该合同中分包商不属于其中任何一方。根据定义，我们发现，可以根据分包商的特点将其与其他中小型企业区分开：

- 一般情况下，分包商的产品不是完成品，而是最终产品的一部分。
- 因为主承包商通常对顾客负责，所以分包商与最终顾客之间没有直接联系。

分包商在垂直生产链中的地位如图 13-1 所示。

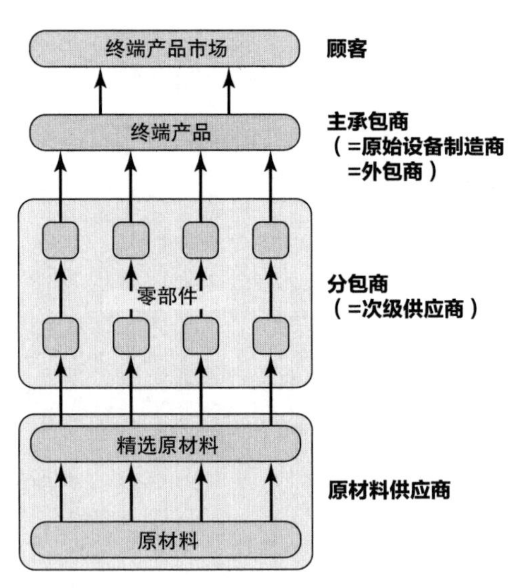

图 13-1　分包商在垂直生产链中的位置

在**原始设备制造商**（original equipment manufacturer，OEM）合同中，承包商被

称为原始设备制造商或“来源”，而零部件供应商被称为原始设备制造商产品的“制造商”（=分包商=次级供应商）。通常情况下，原始设备制造商合同与其他买卖关系不同，因为前者（承包商）比分包商有更强的议价能力。然而，在基于合作伙伴的买卖关系中，这种能力均衡更趋于・相同。分包商通过提高自身谈判能力成为该市场中的主要力量（Cho and Chu，1994）。

本章剩余部分的结构如图 13-2 所示。

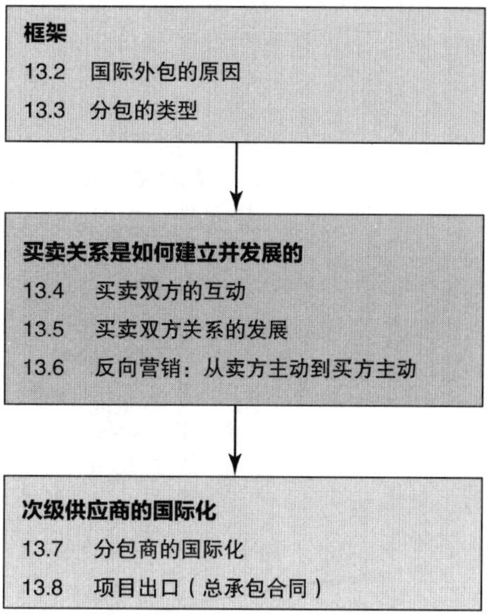

框架
13.2　国际外包的原因
13.3　分包的类型

↓

买卖关系是如何建立并发展的
13.4　买卖双方的互动
13.5　买卖双方关系的发展
13.6　反向营销：从卖方主动到买方主动

↓

次级供应商的国际化
13.7　分包商的国际化
13.8　项目出口（总承包合同）

图 13-2　第 13 章的框架结构

13.2　国际外包的原因

越来越多的国际企业选择从国际分包商购买配件、半成品部件和其他物资。通过分包商创造竞争力是基于以下的共识：由于多种原因，买方（承包商）离不开供应商。

13.2.1　专注于内部核心竞争力

承包商希望将管理实践和努力更多得投入到核心商业活动中，这些商业活动充分利用内部技巧和资源。但是，在组织内部寻找技术娴熟的员工也并非易事。

13.2.2　更低的产品 / 生产成本

就这点而言，共有两个选择外包的深层原因：

（1）规模经济。在很多情况下，分包商为不同的客户生产类似的部件，与此同时，借助于经验曲线，分包商降低了单位生产成本。

（2）较低的工资成本。由于国内的高劳动力成本，导致内部运营不经济并促进了国际外包的发展。例如，在服装制造业中，80% 的劳动力成本产生于缝制阶段。如果是不同大小服装的短期运营，其机械化程度必然较低。此外，每次运行都需要调整模具，相对而言是劳动密集型生产（Hibbert，1993）。因此，大部分劳动密集型服装生产转移到东欧和远东工资水平低的国家。

13.2.3　总成本效率

如果一家企业打算比其竞争对手更具备成本效率，必须尽量降低面向最终顾客的总成本。图 13-3 表明不同成本要素模式，包括从材料基本价格到最终顾客成本。

供应链上的每一个组成部分都是外包的潜在候选人。质量成本、库存成本（图 13-3 没有明确指出）和买方与供应商之间的交易成本都是每次计算中都应该算在内的成本的例子。然而，其中有些成本不易计算，所以在评估分包商的时候很容易被忽视。

例如，分包商产品或服务的质量对买方的质量而言至关重要。然而，这不仅仅是产品或服务质量的问题。发货过程中的质量状况同样对买方的表现产生主要影响。交货期的不确定性会影响买方的库存投资和成本效率，也会导致买方自身交货期的延迟。所以，买方给最终顾客承诺的交货时间取决于分包商及其发货情况。组件和零部件成本也是很重要的，这两者的成本很大程度上在设计阶段已经基本确定。所以，在这一阶段买卖双方之间的密切合作有利于在生产和分销时产生极大的成本优势。

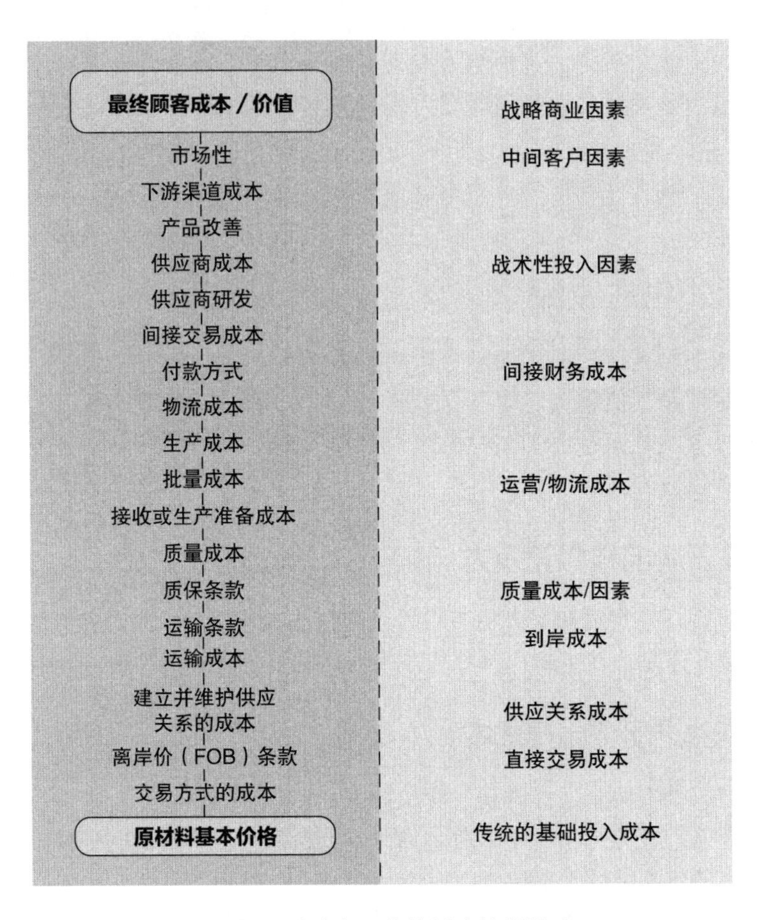

图 13-3 总成本／价值层次控制模式

13.2.4 创新潜力的提高

基于对组件更深入的理解，分包商提出创新理念。分包商的其他顾客也可以提出新的创新理念。

13.2.5 波动的需求

如果主承包商面临波动的需求水平、外部不确定性和短的产品生命周期，可以将部分风险和库存管理转移给分包商，从而节省成本和更好的预算管理。

最后应该提及的是，当从国外采购时，汇率波动是尤其重要的因素，尤其从签订合同到付款这一段时间的汇率波动更为重要。如果主承包商国家的货币比某特定国家的货币更坚挺，会促使主承包商从该国采购。

总之，价格是选择（国际）外包的一个重要原因，但越来越多的主承包商将与关键分包商之间的合作视为购买企业竞争力和盈利能力的有利因素。

13.3　分包的类型

一般而言，分包商的定义是：企业的日常生产取决于另一家企业（主承包商）的规格要求。各种各样分包关系的出现表明，需要更加差异化的类型学。

图 13-4 展示了基于承包商与分包商之间差异的分包商的分类。这一分类说明所需协作和需要解决的任务复杂性之间的交互作用。

- 标准化分包。规模经济一般在全球市场的标准化产品中运营，这种情况下不需要适应特定顾客。
- 简单分包。因为承包商指定了贡献标准，所以信息交换很简单。一般而言，承包商的内部能力是其面对的主要竞争对手。
- 扩展式分包。双方之间如果共享某些专业化，退出成本对双方都更高。这样的话，单方采购（一个供货商提供一种产品或组件）可能代替多渠道采购（多个供货商提供同一种产品或组件）。
- 战略发展式分包。这一点对承包商很重要。分包商价值链提供关键能力。承包商的长期规划离不开分包商，并且与分包商通过沟通进行协作。
- 基于合作伙伴的分包。这种关系建立在双方强烈的共同战略价值和相互依赖的基础之上。分包商在相当大程度上参与了承包商的研发活动。

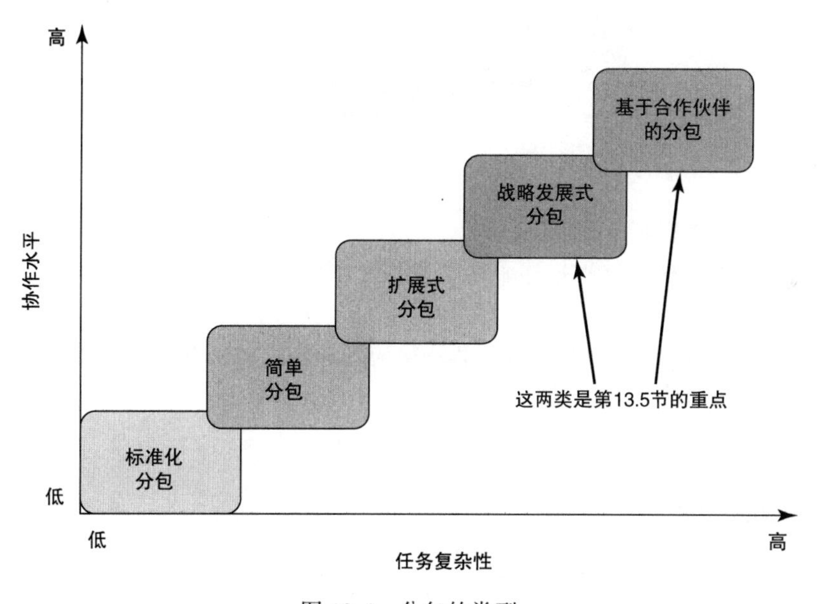

图 13-4　分包的类型

不同类型的分包商之间有部分重叠，在特定的关系中，如果想把一个分包商放在某种类型中并非易事。根据任务的复杂性，主承包商可能选择标准化分包商和基于合作伙伴的分包商。同时一个分包商可能扮演图 13-4 中的多种角色，但是一次只能扮演一种角色。

13.4　买卖双方的互动

一般来说，分包的定义如下：一家企业按照另一家企业的日常规范进行生产活动。越来越多的外包活动包括价值链中的研发、设计和其他职能。所以，在一段时间内，如果简单交易（所谓的插曲）重复进行，可能会演化成买卖关系。

互动论起源于瑞典，由一群志同道合的研究者共同成立了IMP Group，将研究建立在互动模型（见图13-5）的基础上，并将理论传播到法国、英国、意大利和德国。

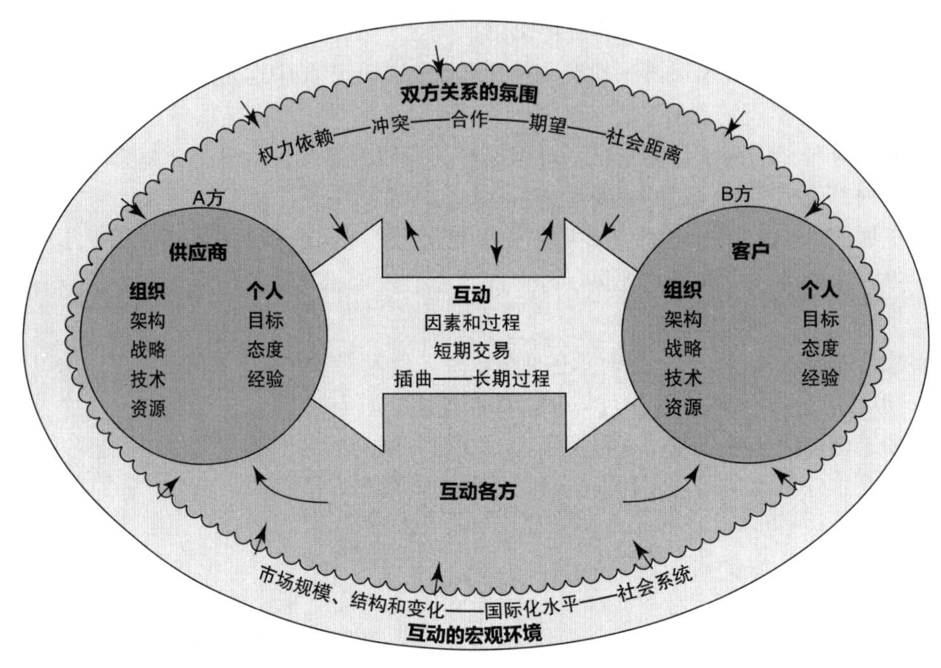

图13-5 买卖双方的互动

互动模型有四个基本要素：

（1）互动过程，这一过程描述了两个组织之间的交易，也包括一定时期内的发展和演化。

（2）互动过程的参与方，即互动过程中供应商和客户的特点。

（3）影响互动和被互动所影响的环境。

（4）互动发生的环境。

13.4.1 互动过程

可以从长期和短期两个角度来分析互动过程。根据互动企业的评估，这种关系通过一系列使其制度化或使其不稳定的插曲或事件得以发展。根据不同的交易方式，这些插曲可能不同：商业交易、发货带来的危机时期、价格争议、新产品研发阶段等。

通过与供应商的社会交流，顾客减少了决策的不确定性。随着时间的推移和相互适应，出现了关系专用的经营模式，在危机来临时作为缓冲装置。这种经营模式采用的形式包括特殊程序、相互发展、个人之间的沟通方式和或多或少的隐性规则。这些规则在过去的交易中得以修改，并为未来的交易建立框架。

13.4.2 互动各方

互动各方的特点极大地影响他们之间的互动方式。三种不同水平的买卖双方分析视角也可能被考虑在内。

1. 社会体系角度

文化（语言、价值和惯例等方面）以及企业的经营模式影响参与方之间的距离，而这一距离会限制或促进合作。

2. 组织角度

买卖双方之间的关系受以下三个组织因素影响：

（1）双方企业的技术特点（如产品和生产技术）极大地影响了两个组织之间互动的本质。

（2）所售产品的复杂性，决定了供应商和客户之间互动的本质和强度。

（3）关系特点：供应商可以选择与客户发展稳定的关系，或者供应商将这种关系视为单纯的交易。在后一种关系中，供应商一般与客户进行“一次性”交易来增加销售额，但没有进一步发展关系。

3. 个人角度

个人特点、目的和经验会影响社交的方式，并最终影响到供应商与客户互动的发展。

13.4.3 关系氛围

环境是两家企业之间形成的“气候”。描述这一环境时，可以从权力—依赖、合作—冲突、信任—机会主义，以及理解和社会距离方面考虑。氛围定义的中心在于对供应商—客户关系的理解。在关键客户管理案例中，氛围发挥了特别重要的作用。当买卖双方相互接近时，市场交易从单一交易变为一种关系。表 13-1 和图 13-6 描述了这两种情况的深层次特点。

表 13-1 对市场交易的理解

	交易型	关系型
时间期限	短	长
转换成本	低	高
目标	完成销售（销售是最终结果和成功的标准） 顾客需要满意（顾客购买价值）	创造顾客（销售是顾客关系的开始） 顾客整合（互动的价值生成）
对顾客的理解	匿名顾客 独立的买方和卖方	熟知的顾客 买卖双方互相依赖
营销人员的任务和绩效标准	根据产品和价格的评估。关注开发新顾客	根据问题解决能力的评估。关注现有顾客的价值提高
交易的主要内容	关注产品，将销售视为战利品，不连续的事件，单一到整合的广泛的顾客细分	关注服务，将销售视为协议，连续的过程，个人对话

市场交易的一端是交易型买方，实际上是“现货市场”，另一端是关系型买方。交易的时间期限很短，只发生在购买特定类型的产品或服务时。在这类市场上，转换成本的缺失意味着调整是很容易的。因为当交易买方购买某类产品或服务时，他们对专业程序或资产投资很少，对产品或服务提供的长期系统性好处（或整个生命周期成本）不太感兴趣。

这类买家在某个时间某个价格时，因为产品性能而购买产品。这并不意味着这些买家对产品质量或价值不感兴趣，相反地，他们将价值定位为达到特定标准，他们并不会购买那些整体产品质量、应用或范围超过他们所需的产品或服务。

相反，关系型买方有长期的时间线。产品或服务中存在一些因素能促使他们对专业程序或资产进行较大投资。一旦做出投资，这些投资并不能轻易交换。企业软件就是个很好的例子。历史上来说，对企业软件提供商的选择是一个多年的对支持、升级和其他服务的选择：一旦选定，这一选择很难改变。由于投资和转换成本，买方对更广泛的系统利益以及选择长期商业伙伴更感兴趣。

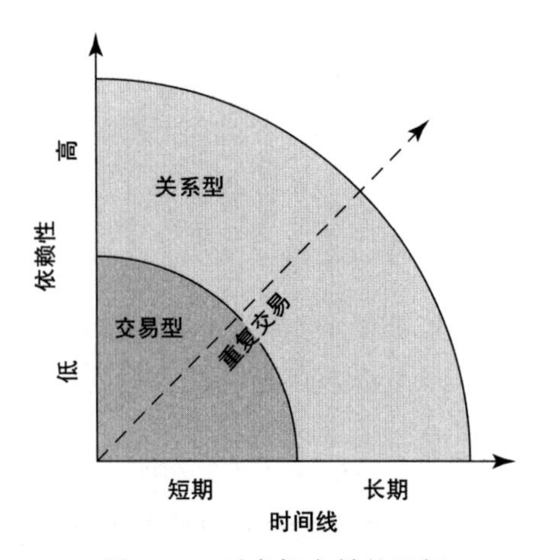

图 13-6 对市场交易的理解

因此，买方非常合理地想了解卖方的公司、对这类产品的承诺、未来计划等。很多销售总监更喜欢关系型买方，因为他们相信这类顾客会支付更高价格且更忠诚。但是这类关系的销售周期有可能更长且更复杂，因此卖方应该持续努力使顾客意识到他们可以提供的所有额外价值，尽管相对于交易型情景，关系型交易的价格更高（Cespedes，2013）。

13.4.4 互动环境

供应商与顾客的关系一般在宏观环境中发展，这种环境会影响到此关系的本质。政治和经济环境、文化和社会环境、市场结构、市场国际化和市场活力（发展和创新率）等方面一般在分析时会被考虑在内。

13.5 买卖双方关系的发展

两家企业关系的开始、成长和发展或失败和人与人之间的关系类似。如图 13-7 所示，关系的发展分为五阶段模式：认知、探索、扩展、承诺和解散。

图 13-7 显示买卖双方（分属不同的国家和文化）之间的初始心理距离 1，这一距离受买卖双方心理特征、企业组织文化以及企业所在国家和行业文化的影响。例如，如果进入心理距离远的市场，该企业会感受到两个国家巨大的差异所带来的很多不确定性（Magnusson and Boyle，2009）；苏泽和拉格斯（Sousa and Lages，2011）。由于对该市场认识的严重不足，企业为减少心理距离需要投入更多的资源进行研究和规划。图 13-7 也显示关系初期的初始心理距离 1 通过双方互动过程减少到心理距离 2。然而，这种关系不会一直持续下去。合作伙伴可能“相互分离”，彼此之间的心理距离可能增加到距离 3。如果互动关系中的这一问题没有解决，可能导致“离婚”。

在这种框架结构中，我们可以很容易将一种市场关系看作买方和卖方之间的婚姻比喻（The marriage metaphor）（解散阶段被视为“离婚”）。用婚姻的比喻说明商业关系包括组织间的关系，当然也包括人际关系（Mouzas et al.，2007）。德维尔等人（Dwyer et al.，1987）将这一关系中的第一阶段叫作“认知”，即合作伙伴将彼此视为潜在合作伙伴。换句话说，他们合并了合作和选择合作伙伴的决策。在合作初期，两类决策同时存在，但很难界定确切的时间顺序。

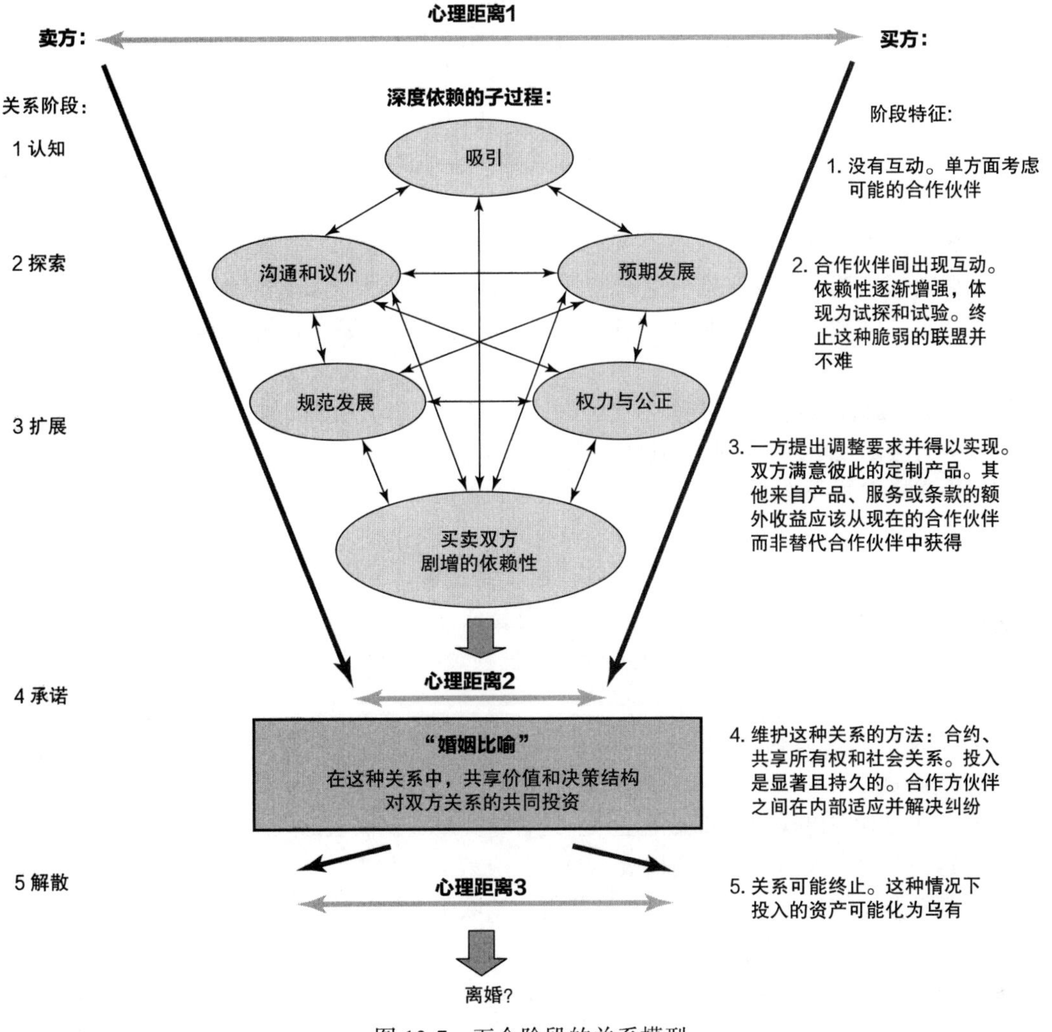

图 13-7 五个阶段的关系模型

中小型企业的决策过程是应对性的，因为中型小企业可能首先发现潜在的合作伙伴（可能是一见钟情），然后再决定是否合作。然而，如果企业寻求以下三个关键标准，可能更有利于这个选择过程（Kanter，1994）。

（1）自我分析。当合作伙伴对自身和所在行业有一个清晰的认识，而且理解变化莫测的行业状况后决定寻找联盟，买卖关系会有一个好开端。有正确评估潜在合作伙伴的丰富经验，对买卖关系也有帮助。第一印象“形象好”不会轻易吸引企业？

（2）化学反应。强调商业关系中的个人关系层面，并不是否认健全的金融和战略分析的重要性。但是成功的关系一般建立在高级主管融洽的人际关系的发展及维护上。其中涉及个人和社会利益。对高语境的国家而言，管理者的利益、承诺和尊重具有特别重要的意义。在中国和其他华人占据主导的亚洲地区，西方企业的高管应该投入个人时间，对潜在的合作伙伴的决策表示敬意和尊重。

（3）相容性。求爱期从历史、哲学和战略基础上测试相容性：相同经历、价值观和生活原则以及对未来的期望。当分析师审查财务能力时，管理者可以对相容性的较抽象方面进行评估。起初的个人关系、哲学和战略相容性以及两家公司高层的共同愿景最终都要事先制度化并公布于众（“订婚”）。其他股东参与其中，使得这一关系开始变得非个人化了。如果想成功实现一个新联盟“订婚”阶段的成功，必须保持个人和制度之间的平衡。

在图 13-7 中的探索阶段，可能出现试验性购买，而交易结果为测试其他能力和提供满意度的意愿。此外，电子数据的交换有利于减少打印合同、生产计划、发票等资料的昂贵纸张成本。

探索阶段末期，需要安排“见家长”。来自两家企业的少数领导者必须征得企业其他人和股东的正式或非正式的同意。各方如果有其他外部关系，也需要其同意建立这一新关系。

当一方（就像探索阶段的例子）履行感知交换义务并充当典范的角色，这一方对其他方的吸引力会随之增加。因此，其他方会更有动力去维护这种关系，特别当高水平的产出可以缩小交换方的可选择范围。

浪漫的求爱之后，合作伙伴开始生活在一起（“组织家庭”），随即而来的是日复一日的现实生活。在承诺阶段，两方可以通过交易过程达到一定程度的满意，这个交易过程中阻止了其他可以提供类似益处的主要交易伙伴（供应商）。买方并没有停止与其他可替换供应商的交易，而且在没有进行持续且频繁的测试前提下意识到可替换供应商的存在。

这一关系的发展描述中暗示了退出的可能性。以下问题可能造成**解散阶段**（dissolution phase）：

- 合作过程中出现经营和文化差异。这种差异对建立联盟的人来说经常是意外的。在这一阶段，人们会注意到权威、报告和决策类型。
- 其他职位的员工可能不具备首席执行官的吸引力。高管们在很多正式或非正式的场合待在一起，但是其他员工之间没有联系，然而有时甚至不得不与海外同行共事。
- 在与来自不同文化背景的人共事时，公司中其他等级的员工可能没有领导者那么有远见，经验也没有那么丰富。他们可能不太了解这一关系运行所需的战略环境，只清楚何种运行方式不利于这种关系的运行。
- 距高层一两级的员工可能会反对这种关系并想办法破坏这种关系。这一点对实力强大且独立性较强的公司而言更是如此。
- 因为管理者离开自己的职位，造成合作关系的终止，这对合作伙伴关系而言可能是一个潜在危险。

在建立一种关系之前企业必须意识到这些潜在问题，只有这样才能采取措施防止解散阶段的出现。通过共同分析关系衰减因素的范围和重要性，虽然面临困难，但合作伙伴会更加清楚地意识到维护这一关系的原因。此外，这种意识促使合作伙伴更愿意采取恢复关系的措施，从而防止关系的解散（Tahtinen and Vaaland，2006）。因此，很多企业允许其联盟以最初的形式继续发展一段很长的时间，而在无法预料的情况下当初的条件会发生变化，这有时就有利于新的结构的发展。例如，2004 年，一项麦肯锡咨询的研究表明，在一些主要联盟中，超过 70% 的公司需要进行组织重构。研究结果进一步表明，勇于自我改变的联盟成功率为 79%，而基本保持不变的企业成功率只有 33%（Gulati et al.，2008）。

13.6　反向营销：从卖方主动到买方主动

反向营销（reverse marketing）描述了采购方如何主动识别潜在的分包商并为合适的合作伙伴提供长期合作的建议。类似的条款是主动购买和买方主动（Ottesen，1995）。近年来，买卖双方关系有了很大改变。在传统关系中，卖方主动销售产品，现在这种关系越来越多地被另一种关系所替代，即买方积极寻找可以满足其需求的供应商。

如今采购功能的使用发生了很多变化：

- 分包商的数量减少。
- 产品生命周期缩短，由此增加了减少市场时间的压力（准时性）。
- 对分包商（零缺陷）的需求升级。此外，企业要求其供应商有认证，并从批准的供应商名单中删除那些不符合要求的企业。
- 采购不仅仅是为了获取更低的价格。传统的一般交易关系越来越被相互信任、相互依赖和相互受益的长期合作伙伴所代替。

反向营销战略开始于基础市场调研和反向营销选择（即可能的供应商）的评估。在选择供应商之前，企业可能同时分析现有和潜在供应商，以及现有和所需业务（见图 13-8）。

	现有业务	新业务
现有供应商	加强现有业务	开发和增加新业务
新的潜在供应商	取代现有供应商 增加新的供应商：确保供应	开发现有供应商未涉足的新业务

图 13-8　供应商开发战略

在这一分析的基础上，企业从中选择一系列适合的合作伙伴和供应商，并按照优先次序进行排列。

13.7　分包商的国际化

第 3 章将国际化进程看作学习的过程（乌普萨学派）。整体而言，国际化进程是一个渐进式过程。根据这一观点，企业的国际化发展伴随着管理层所掌握知识的积累及其不断发展的管理国际事务的能力和倾向。这种思维方式带来的主要结果是，随着企业拥有越来越丰富的经验，其对国外市场的承诺不断增加。更多的企业信奉这一理论，当然也不乏批评。

渐进式国际化模式的主要问题在于，其暗示了企业在执行国际化战略时必须遵守确定化的和机制化的道路。有时，企业越过发展过程中一个或多个阶段，或者突然停止国际化进程（Welch and Luostarinen，1988）。

承包商和分包商之间的国际化存在着根本性的差异。分包商的国际化与其顾客紧密相连。分包商的概念表明，此类企业的战略（包括国际化战略）必须与其合作伙伴——承包商的战略作为一个整体看待。因此，分包商的国际化没有规律可循，有时会跳跃某个或某些阶段。

安德森（Andersen et al., 1995）提出国际化的四种基本路径（请注意有时不同的路径，如路径 2 和路径 3 之间会有重叠）。

路径 1：跟进国内顾客

如果承包商正在国际化或在国际市场建立生产单位，有些分包商（如图 13-4 中的标准或简单的）可能被当地供应商所代替，因为当地供应商可以提供更便宜的零部件。然而，图 13-4 上半部分显示的分包商以及对承包商有战略价值的分包商如果能致力于国外直接投资，那么会被承包商保留。如果要求直接为国外生产单位交货或要求对已出零部件提供售后服务，结果可能是分包商建立当地销售处和 / 或生产子公司。在大多数情况下，这种与特定承包商直接相关的国外投资建立在几年内采购担保的基础上（直到回收期已过）。

当家具连锁店宜家家居在北美市场建立后，它拉动了一些处于斯堪的纳维亚、具有战略意义的分包商，其中有些也在北美市场建立了子公司。此外，日本汽车制造商也在美国建立了生产单位，并拉动了许多日本分包商在美国建立了子公司。此路径与约翰逊和马特森（Johanson and Mattson，1985）所说的“后起之秀”相似。

路径 2：通过跨国公司供应链的国际化

发货给跨国公司的一个部门，可能会导致发货给其他部门或其网络的一部分。例如，企业之间进行合并收购，会为有活力的分包商提供新的商业机会。

其中一个例子是法国汽车制造商雷诺（Renault）与瑞典的沃尔沃（Volvo）组成战略联盟。在这一联盟中，瑞典分包商参与到雷诺的分包系统，法国分包商有机会进入沃尔沃的分包系统中（Christensen and Lindmark，1993）。

路径 3：通过与国内或国外供应商的合作进行国际化

与其他专业分包商合作时，系统供应商可能通过接管整个次级系统的供应商管理，参与到国际化的系统供应商中（见图 13-9）。

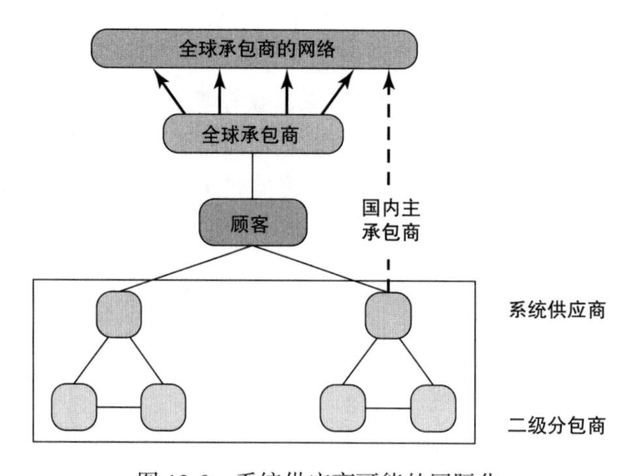

图 13-9 系统供应商可能的国际化

系统供应商可以促进分包商（二级分包商）新层级的发展。通过系统供应商和国内主要承包商的互动，系统供应商可以根据承包商和全球承包商之间的网络或合同使用全球承包商网络（见图13-9中的虚线）。例如，日本汽车座椅供应商日本丰田工厂（国内主承包商）。这样有助于供应商使用其他丰田工厂（全球承包商）以及其全球网络。

在很多情况下，分包商之间的合作具有隐性信息交换不易转移的特点。原因在于整个次级系统一般建立在具备多个能力领域的基础之上。在运用这一能力时必须与隐性知识和沟通相结合。在日本汽车座椅供应商的例子中，为了使其汽车座椅适用于个人汽车型号，系统供应商应该与其分包商（如皮革头枕等）建立密切联系（见营销洞见13-1）。

营销洞见 13-1

日本网络化采购的案例：马自达座椅外包案例

马自达将其座椅采购承包给两个供货商，分别是日本的Delta Kogyo公司和东洋座椅公司（the Toyo Seat Company）。目前Delta大约占60%，东洋约占40%。两家公司分别负责生产不同型号的座椅。需要注意的是，每一种座椅（如马自达626座椅）都是单个来源，产品生命周期一般是3～5年，不过总体而言，座椅生产有第二来源。

Delta Kogyo和东洋座椅公司有非正式的保证，即保证马自达座椅在任何时间一定比例的业务量。这一比例大约占马自达座椅总采购量的1/3。所以每家企业都拥有长期的马自达座椅业务份额。在问及马自达与其供应商的关系时间长短时，马自达营销部的Nakamichi先生说，无论供应商是分支机构、分包商还是普通零件供应商，马自达与它们的合作时间都是“不确定的”。此外，最后1/3的座椅业务给了之前汽车型号的生命周期中表现最好的供应商。

这两家座椅制造商在业务上非常依赖马自达。对Delta Kogyo而言，马自达占其总销售额的2/3。此外，这两个供应商都是马自达日式企业联盟（网络），所以会经常保持直接联系。另外，既然这两个供应商只在马自达座椅1/3的业务上是竞争对手关系，两方都有很大的开放性。因为一方可以提供比马自达本身更好的意见，所以这种开放性有时会促使双方合力解决共同问题或另一方的问题。

然而，两方同时对马自达座椅剩余的1/3业务展开了激烈的竞争，因为它们知道两方中只有一方每隔3～5年才有机会拿到新汽车型号的订单。这一竞争中最有趣的事情是谁获得订单取决于上次合同签署后的业绩表现。竞争领域包括设计能力、管理能力、削减成本的进展、质量记录，以及一方供应商在日式企业集团的支持下或单独场合给其直接竞争对手提供的帮助。所以，只要一家供应商销售额不低于马自达座椅总采购量的33%，双方都有可能拿到新订单。采用这种方式可以在双方的合作和竞争中制造新危机。

事实上，当一家供应商几乎完成最低要求的33%业务，马自达一般会使用自己的工程师，还有可能使用其供应商竞争对手的工程师，以便在共同价值分析或价值工程计划方面帮助表现较弱的供应商。由于两家供应商都不想面对这种窘境，双方都选择勤奋工作以避免以上遭遇，这同时也为了加强自身的竞争力。

如果两家供应商无利可图，马自达会在很长一段时间内遭受损失，所以马自达做出谨慎的保证——保证双方可以受益。但这并不代表供应商可以从中牟取暴利。销售利润在供应商网络中基本是均衡的，包括马自达自身也是如此。在经济衰退时期，马自达及其供应商网络仅仅赚取2%的销售利润。供应商网络成员共进退，这也增加了共同债券和帮助网络中其他成员的意愿。

资料来源：出版商授权，John Wiley & Sons, Inc.,"Network sourcing: a hybrid approach", *Journal of Supply Chain Management* (formerly The International Journal of Purchasing and Materials Management), by Peter Hines, 5 April 2006, pp. 17-24.

路径4：独立的国际化

获取生产过程中规模经济的需求促使承包商，特别是标准承包商，走独立国际化路径。在其他情况下，我们不建议小型分包商走独立道路。小型企业资源有限，独立国际化的障碍太多。对这些企业而言，路径3（与其他分包商合作）应该是更为现实的国际化道路。

13.8 项目出口（总承包合同）

本章节主要阐述了工业市场中的采购（分包）。尽管次级供应商在参与国际项目的营销方面与次级供应商在整个工业市场中有很多相似性，但其具有在项目市场中的特殊营销特点。例如，特定供应商对次级供应商进行冗长且官僚化的挑选。

不过，项目出口的次级供应商市场也很国际化，营销地点应该主要选择在主承包商所在的国家或中心。例如，伦敦是许多建筑承包商的所在地，它们的业务多分布于英联邦国家。

项目出口（project export）属于很复杂的国际化活动，包括很多市场主体。项目出口的前提条件是出口和进口国家存在科技差距，以及出口商具备进口国家所需要的特定产品和技术知识。

项目出口涉及包含软件和硬件的供应或发货。当涉及发货时，就构成了完整的生产买方所需产品和／或服务的体系。其中一个例子是在发展中国家建造牛奶场。

硬件是项目供应中有形的、物质的或实物资产的概括性术语。硬件由建筑物、机器、库存、运输设备等构成，在买卖双方报价或签署合同时以图纸、清单、说明书等形式进行详细说明。

软件是项目供应中无形资产的总称。软件包括专业知识和服务。专业知识分为以下三种：

（1）技术知识，由产品、工艺流程和硬件知识组成。

（2）项目知识，由项目管理、装配和环境知识组成。

（3）管理知识，一般而言包括战略和运营管理，特别还包括营销和行政系统。

服务包括与不同应用和批准（环境论证、项目融资、规划批准等）有关的咨询服务和帮助。项目营销与产品营销有以下不同：

- 采购决策除了涉及当地商业利润以外，一般还包括国内和国家发展组织中的决策过程。这说明会有大量人员和严重官僚主义系统的参与。
- 在谈判期间设计和创建产品，并提出相关要求。
- 从公开需求到采用购买决策一般需要几年的时间，所以营销总成本很大。

- 当项目买方接收该项目后，买卖双方之间的关系结束。然而，通过之前对这一关系的培养，在项目进行中和项目结束后，这一“休眠”关系可能在下次项目被唤醒（Hadjikhani，1996）。

资助一个项目是买卖双方都需要面对的关键问题。项目的规模和规划及实施所需时间会带来金融需求，这种需求需要通过外部融资来满足。在这一点上可以区分以下主要部分。这些部分源于项目融资来源上的不同：

- 以世界银行或区域发展银行等跨国组织为融资主要来源的项目。
- 以双边组织为融资主要或基本来源的项目。
- 以政府机构为买方的项目。这种项目在指令性经济中比较常见，其中政府公司扮演买方的角色。然而，自由经济中也有这种项目，比如与社会基础设施或桥梁建造发展有关的项目。
- 个人或企业扮演买方的项目，比如联合利华在越南建造的冰激凌工厂。

如果是建造新机场等大型项目，众多合作伙伴可能会形成一个联盟，并从中选出“领导企业”，但是每一家企业都会根据其领域特长负责项目的某一部分，如融资、组织、监督和或建造等。

组织出口项目，一方面需要为来自西方国家的不同企业间建立互动；另一方面也需要为发展中国家的企业和官方建立互动。项目营销的一个前提条件是创建或适应这种能够按照上述条件履行职责的组织。

13.9　总结

本章从国际化环境的不同角度分析了买卖关系。表 13-2 总结了承包商和分包商建立买卖关系后双方的优势和劣势。

表 13-2　承包商和分包商建立买卖关系的优势和劣势

	优　势	劣　势
承包商（买方）	• 由于无须购买设备，承包商具有灵活性 • 分包商与自己生产相比，具有更低的价格（如劳动力成本低等） • 承包商可以专注于内部核心竞争力 • 可以补充承包商的产品系列 • 可从分包商中得到新的产品创新概念	• 无法确定是否有合适的制造商（分包商）。外包与内部生产相比稳定性相对较差 • 承包商对分包商的活动的控制较差 • 分包商可能发展为竞争对手 • 外包产品的质量问题会影响承包商的经营 • 对分包商的援助有可能增加整个运营过程的成本
分包商（卖方）	• 由于承包商（尤其适用于后起之秀）的国际化，可以进入新出口市场 • 通过更好的产能利用来开发规模经济（每单位成本更低） • 学习承包商的产品技术 • 学习承包商的营销实践	• 扩展产能及为满足承包商需求进行的海外销售扩张所涉及的营销活动，可能会增加对承包商的依赖

项目的出口情况与“正常的”买卖关系是不同的，表现在以下方面：

- 购买决策过程通常涉及国内和国际发展组织，而这往往会导致在分包商的选择上存有官僚主义。
- 项目的融资是关键问题。

问题讨论

1. 促使外包业务逐渐向国际分包商转移的原因有哪些?
2. 基于承包商/分包商关系的差异，描述一下分包商的类型。
3. 解释分包的由买方主动到卖方主动的转变。
4. 解释一下美国和日本的次级供应商体系的主要区别。
5. 在工业市场中，工程出口/全包工程和一般的分包有什么不同?
6. 项目出口决策通常是一个复杂耗时的过程。这对潜在的分包商有什么样的市场营销启示?
7. 国际分包商的外包业务水平增长的原因是什么？
8. 根据承包商/分包商关系中的差异，描述分包商的类型。
9. 解释为什么在外包中主动权从卖方转移到买方。
10. 解释美国和日本的次级供应商系统之间的主要差异。
11. 在工业市场上，项目出口/一站式方案与普通的分包有何不同?
12. 项目出口通常以复杂且耗时的决策过程为特征，这对潜在的分包商有什么市场影响？

案例研究 13-1

ARM：在世界计算机芯片市场上挑战英特尔

ARM有限公司是嵌入式微处理结构的领先供应商，在从移动装置到传感器的任何装置的市场上都占据具有指挥意义的市场份额。ARM为一个巨大的合伙人生态系统提供领先的微处理器知识产权以及涵盖物理知识产权、系统知识产权、图形处理器、设计工具和软件的技术，用来发展和支持大范围的工业品和消费品。ARM向国际电子工业公司授权和销售其技术和产品，这些公司再反过来生产并向系统公司营销和销售基于ARM技术的微处理器、特定应用程序集成电路和特定应用程序标准处理器，用来组合成多种多样的终端产品。ARM主要在英国、美国、欧洲、东南亚和印度进行经营，总部设在英国剑桥。

ARM建立于1990年，源于Acorn公司和苹果电脑公司之间的合作，用于生产商业简化指令集计算处理器（RISC）。不久后，VLSI技术公司成为ARM的一个投资商。1991年，公司引进它的第一个可嵌入简化指令集计算芯片，ARM6解决方案。

1993年，凌云逻辑（Cirrus Logic）和德州仪器（Texas Instruments）公司将技术授权给ARM，立邦投融资（Nippon Investment and Finance）成为ARM公司的第四个投资商并引进ARM7芯片。

1994年，ARM公司得到三星（Samsung）和旭化成微系统（Asahi Kasei Microsystems）的技术授权，进行了国际化扩张。同年，它在美国（加州的洛斯加托斯市）和日本（东京）开设了办事处，并为多媒体应用引入了ARM7500“系统芯片”。

到2014年，ARM已经在全世界拥有30家办事处，包括在中国大陆、中国台湾、法国、印度、瑞典和美国的设计中心。

什么是微处理器（“芯片”）

微处理器在很多电子系统中处于重要位置。他们是可以直接或通过中介装置（“芯片组”）和系统的其他组件，如储存器、磁盘驱动器、键盘等，进行交互的半导体器件。处理器协调这些装置的功能并操控数字数据。

通常情况下，处理器对储存在储存器中或从外部设备中获取到的数据进行各种操作，并将结果传输给适当的位置。例如，处理器可以通过从 RAM 中复制数据来压缩文件，执行压缩算法，然后将结果数据复制到磁盘驱动器中。

为了提供这种水平的“智能”，处理器基本上执行由人类程序员编写的程序。一个给定程序的设计有一个特定的指令集，这是一组符合逻辑、算数以及装置可单步执行的其他运算的指令集。

为了执行程序，处理器按照它的计时器所决定的速率一步步执行指令序列。该装置按照每秒一百万到几十亿的速率提供定时稳定的脉冲流。

处理器的功耗取决于其计时器的速率、电源电压和所包含的晶体管数量。因为相较于 CISC 架构（英特尔所使用的）来说，RISC 架构（ARM 所使用的）可以利用更少的晶体管来实现，所以它们在操作中消耗的能量要少得多。

低功率处理器是小型电池驱动产品的理想选择

对于像台式电脑这样的体型大、主机操作的产品来说，处理器的功耗在设计中不是被着重考虑的。因此，尽管 CISC 极快的计时器速率和很高的晶体管数量会导致高功率的消耗，需要大型散热器来确保多余的热量被安全散发，但它仍然在个人电脑市场占据着主导地位。

对于必须是小型和电池驱动的产品，处理器功耗是一个至关重要的设计因素。ARM 成功的一个关键因素是公司和顾客认可它的 RISC 处理器设计提供了拥有低电耗的有效计算能力。

ARM 商业模式的关键在于它让它的制造商客户进入到它的设计中，而不是像英特尔商业模式那样独立制造硅芯片。在生产处理器芯片时，设计阶段可以与物理制造阶段分离，由于设计可以很大程度上用软件完成，因此相较于建立制造设施，这种方式需要很少的资本支出。而像英特尔这样的公司，建立一个新的生产设施将会投资大约 10 亿美元。

先进的半导体制造需要高昂的前期费用和运行成本，这些转化成了这个行业的高进入壁垒，英特尔从初始概念、设计，到生产做了垂直整合（见图 13C-1），这就意味着挑战英特尔是十分困难的。

因此，ARM 使用了一个不同的模式。它限定于设计 RISC 处理器内核。之后，它向芯片制造商客户提供这一知识产权。收入来源于（见图 13C-1）：

- 许可费：收取费用的交换条件是客户可以获得 ARM 的设计。许可费被设定在一个用来抵偿 AMR 的研发费用的水平，在支付了费用之后，客户就可以将 ARM 的知识产权（IP）集成到自己的芯片设计中，这个过程通常需要三四年。
- 版税：每出货一个装有 ARM 的 IP 的芯片，制造商就要支付一小笔版税。版税的大小取决于物理处理器芯片的价格，通常每片不会超过 1 美元，但芯片的大量制造和一个设计可以投入生产 20 年的可能性说明这是一个重要的收入流。

在过去 30 年左右的时间里，处理器行业一直在竞争的主导下为服务器和个人电脑创造更强大的芯片。英特尔是这个市场上毋庸置疑的领导者，多年来在降价的同时不断创新。目前，处理器存在于大量的应用程序和产品中，且每个产品中处理器的数量也有所增加。

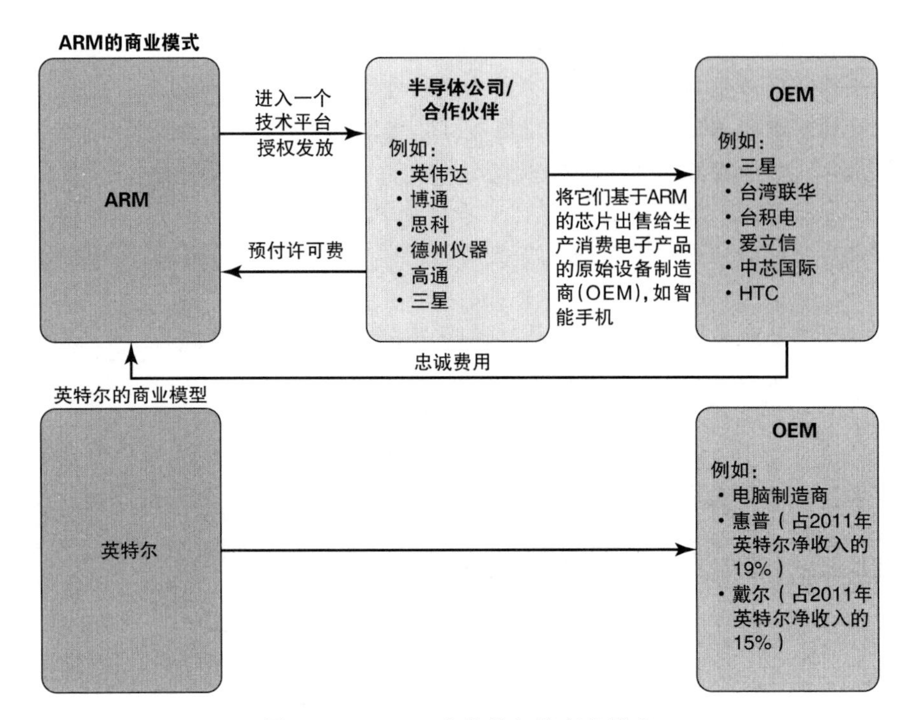

图 13C-1 ARM 和英特尔的商业模式

两家公司在规模、营业额和利润上的差异如表 13C-1 所示。

表 13C-1 ARM 和英特尔 2014 年主要财务指标的比较 （单位：百万美元）

主要指标	ARM	英特尔
净收入	1 248	55 900
税后净利润	401	11 704
员工数量	3 294	106 700

资料来源：来自 ARM（www.arm.com）和 Intel（www.intel.com）的 2014 年财务报告。

在计算机芯片的世界里，有两种本质上竞争的架构：主导个人电脑市场的 Intel×86 芯片和它们的兼容机；主导规模较小但快速增长的移动设备领域的 ARM 的 RISC 芯片。有趣的是，英特尔和 ARM 不仅在价格和技术规格上进行竞争，还在商业模式、应用程序模型和感知以及与业界的关系上进行竞争。

两家公司除了提供不同类型的产品、满足不同类型的需求外，他们也在截然不同的商业模式下经营。英特尔设计、生产芯片并直接销售给产品的营销人员，这样做的好处是，如果处理器有问题，公司可以快速响应并修复其从设计到生产的供应链。众所周知，英特尔非常擅长这样做，因为它设计的芯片很快就会转移给最终用户。然而，这种结构的问题在于，与 ARM 芯片不同，原始设备制造商无法按照自己的目的定制芯片。

ARM 简单地设计芯片，然后将设计卖给制造商，以获得许可费和专利使用费。这意味着 ARM 可以在无须进行巨额资本投资的情况下产生巨额收入，并使制造商能够根据特定的规格定制芯片。

基于处理器的 ARM 芯片是非常高效的。另外，英特尔的芯片虽然功能强大，但耗电量更大。两家公司正慢慢地进入彼此的领地。英特尔目前正努力为移动设备制造节能芯片，而ARM正通过为服务器制造ARM处理器进军英特尔的核心业务领域。这背后的原因是，为互联网而设的服务器只需要简单的功能，因此不需要Intel x86架构的强大处理能力。这意味着它们消耗更少的能量，不需要那么多的冷却，所以服务器可以制作得更小。

这两家公司都与制造商和原始设备制造厂商有着非常复杂的关系，这是科技行业非商品化部分最大的优势和最大的衰落。虽然与制造商和终端用户建立牢固的关系很重要，但它也创造了一个难以改变的品牌形象。对英特尔来说，这个好处/祸端是拥有可以创造最强大的处理器，但代价是高昂的能源消耗的名声。

ARM设计的技术保证了高效、高性能的芯片和系统设计。一个处理器设计可能需要两三年的时间来研发，在大多数年份里，ARM每年会推出两三款新处理器，其功能范围广泛，适用于不同的终端市场。

选择ARM技术的公司会支付预先的许可费，以获得设计的使用权。他们把ARM技术融入芯片中，这个过程通常需要三四年。当芯片开始出货时，ARM在每一个使用该设计的芯片上都可以获得专利使用费。一般来说，版税是基于芯片的价格。ARM预计将从销售的前10个许可证中收回芯片的开发成本。

每个ARM处理器和物理IP设计都适用于广泛的终端应用程序，因此可以被重复利用于不同的芯片种族以进入多种市场，每一个新的芯片种族都会产生新的版税流。ARM设计可以在许多不同的芯片中使用，并且可以使用20年以上。

ARM的大部分收入来自世界各地的半导体公司，这些公司把它们的ARM芯片卖给了那些以主要经济体为主建设电子消费品的原始设备制造商。原始设备制造商将产品卖给每个国家的消费者和企业。ARM的版税收入来自这些原始设备制造商的芯片产品，因此ARM受益于全球所有经济体和国家的发展。

对消费品的需求一直在快速增长，尤其是在印度和中国等新兴市场。

为什么半导体公司会购买ARM技术而不是自己开发呢？

对于半导体公司的研发团队来说，研发这种技术实在是太贵了，每家公司每年需要花费1亿多美元来复制ARM做的事情，这意味着该行业每年有超过200亿美元的巨大成本。通过一次设计多次授权的方式，ARM将研发成本分摊到整个行业，使得数字电子产品更加便宜。

每一个许可证都代表了未来特许权使用费流的机会，近年来，ARM已在现有许可证的基础上每年增加了超过100个处理器许可证。2014年，ARM签署了创纪录的163个处理器许可证，使得许可证基数变成了389家半导体公司的近1 198个许可证。

ARM在智能手机行业的发展

20世纪90年代中期，ARM在一部诺基亚手机中成功实现了第一次手机设计。这是世界上首批2G手机之一。在这个手机上运行的ARM处理器的软件同时管理协议栈和用户界面，这个用户界面逐渐变得更加复杂并吸引了手机用户，改变了手机的配置，运行游戏并管理联系人列表。

在低成本的手机里，每个手机只有一个芯片，在新的智能手机中，通常会有更多。手机中基于ARM的芯片的平均数量从2011年的2.6个增加到2015年的近4个。在最好的情况下，智能手机可以给公司带来8倍于普通手机的专利使用费，而平板电脑则要高出11倍。

芯片的价格变化很大，但如果我们取平均价格为 5 美元，那么普遍来说，每个芯片的专利使用费是平均价格的 2%（即 10 美分）。

2014 年 ARM 的市场定位

2014 年，基于 ARM 技术的芯片产量为 120 亿个，这使得 ARM 技术平台的市场份额为 37%，高于 2013 年的 35%。ARM 在小型电子设备市场，如智能手机、智能手表、平板电脑和笔记本电脑中拥有很强大的地位（80% ～ 90% 的市场份额）。在其他行业，如家庭（如个人电脑和数字电视）和企业系统（如台式电脑和网络系统）中，ARM 的地位要弱得多，在这些行业里，英特尔更占主导地位。

问题：

1. 解释作为供应商，ARM 在芯片供应链中所起到的作用。
2. 与英特尔相比，ARM 商业模式的优势和劣势是什么？
3. ARM 应该在哪个最终用户应用市场加强与潜在合作伙伴的关系，如何加强？

资料来源：Based on: www.arm.com; www.intel.com; other publicly available data.

案例研究 13-2

博世 Indego：如何在一个新的全球产品市场（机器人割草机）中建立 B2B 和 B2C 关系

在传统的割草机出现之前，人们用镰刀割草。1827 年，英国工程师埃德温·比尔德（Edwin Beard）发明了第一台割草机。1919 年，陆军上校埃德温·乔治（Edwin George）制造了第一台汽油动力割草机。1952 年，澳大利亚的慧达（Victa）公司开始生产第一批旋转割草机。在那之后，我们制作了几个模型，最新的机器人割草机于 1995 年进入市场（由富世华公司推出）。

割草机的种类

在市场上有数百种割草机模型，概述起来可以将它们一般分为五类（参见图 13C-2）：

（1）卷筒（滚筒）式：通常用手推或用小型拖拉机在大草坪上拖拉。

（2）电气机式：通常基于旋转原理。

（3）电动机式：通常是基于转子原理，但电动机也可以在钢瓶割草机上找到。

（4）骑乘式：骑乘式割草机或者说是搭车式割草机（英国）很受美国和加拿大的大草坪的欢迎。割草机给操作员提供一个座位和一个在机器上的使用说明，大多数应用水平多旋转叶片的旋转原理。割草机的一种常见形式是草坪拖拉机，它的设计类似于小型农业拖拉机（如约翰迪尔）。

（5）机器人式：一般的机器人割草机都是基于电池充电的。草坪周围的一根边界电线定义了要修剪的区域，电线被机器人用来定位需要修剪的草坪区域，在某些情况下，也被用来定位充电码头。自动割草机正变得越来越复杂，它们通常可以自动对接并包含雨传感器，从而消除了割草过程中的人机交互。多个割草机可以用来为更大区域割草。

小型的电气旋转式和卷筒式割草机是小型割草机中最常见的类别，但是这一组中的手动卷筒式割草机和经典的电动机驱动式割草机也是很有代表性的。在中等大小的草坪上，最常见的割草机是经典的电动机驱动式割草机，机器人割草机也可以被认为是这一类。机器人割草机的数量偏低是因为同样的切割区域，机器人割草机的价格比较高。

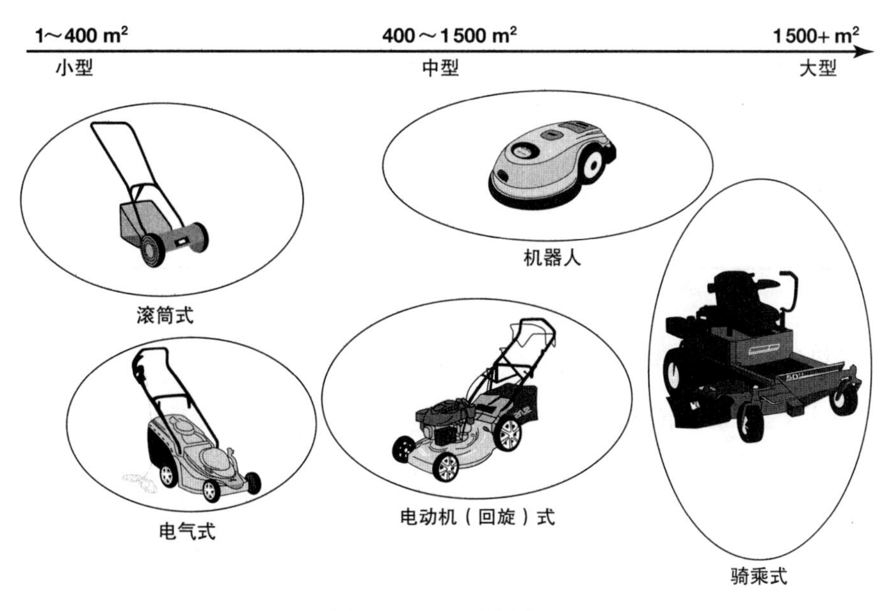

图 13C-2 五种割草机

在大草坪类别中，骑乘式割草机占据主导地位，但你也会发现少量的机器人割草机。如果你想要一台机器人割草机来切割大草坪的话，这会是一个非常昂贵的选择。

博世集团

博世集团（www.bosch.com）是全球领先的技术和服务供应商。2011 财年，在汽车和工业技术、消费品以及建筑技术领域，超过 30 万的员工创造了 515 亿欧元的销售额。博世集团（The Bosch Group）由罗伯特博世（Robert Bosch GmbH）和其约 350 家子公司以及约 60 个国家的地区公司组成。如果包括它的销售伙伴和服务伙伴，那么博世集团覆盖了约 150 个国家。世界范围内的发展、生产和销售网络是长远发展的基础。2011 年，博世在研发上花费了 42 亿美元，并在全球申请了 4 100 多项专利。基于博世集团的所有产品和服务，它通过提供创新性且有益的解决方案来提高生活质量。

Bosch-Indego 的新机器人割草机是博世电动工具部门的产品。

博世电动工具部门

博世集团的电动工具部门是世界电动工具和电动工具配件的市场领导者。它的员工创造了约 38 亿欧元的销售额，其中 90% 来自德国境外。该部门拥有博世（Bosch）、世纪（Skil）和琢美（Dremel）等品牌，它代表着客户的关注和伟大的工程进展。核心成功要素是创新的力量和创新的步伐，每年博世电动工具都会向市场推出 100 多款新产品，该部门在 2011 年销售的产品中，约有 40% 投放市场不到两年时间。博世的电动工具、配件、测量工具、电动园林工具等业务板块表现优于市场。

园艺和除草

在西方，大约有1.1亿户拥有花园的家庭，每年能销售10万～15万台割草机（所有类型）。

（单位：百万户）

	拥有花园的家庭（2011）
美国	55
欧洲	45
澳大利亚和南非	10
总计	110

资料来源：根据不同的公开来源。

机器人割草机行业中最重要的竞争者

瑞典的富世华（Husqvarna）公司在1995年开创了生产机器人割草机的工程。那是一种可以自行修剪草坪的装置。从那以后，富世华、集团（2012年年底）生产了20多万台机器人式割草机。

富世华是全球机器人割草机领域的领导者，拥有2万多套产品和范围最广的市场。这种自动割草机模型可以处理6 000平方米的草坪，并可以将信息发送到主人的手机上。

在销量方面，富世华最成功的市场是瑞典、德国和瑞士。2011年，305自动割草机问世，这是一款适合于小型花园、割草面积可达500平方米的割草机。该公司的出售量也因此有所提高。富世华的305自动割草机的建议零售价是1 490欧元（1 999美元）。

到2012年年底，由富世华舒洁帝机器人（Zucchetti Robotica，意大利）、友善机器人（Friendly Robotics，以色列）、斯蒂尔（Stihl，德国）等一些市场领导者公司售出的机器人割草机已经有大约50万台。来自亚洲的新竞争者正以低价的设计复制品进入市场，以赢得日益增长的花园护理市场的份额。新的营销理念也被开发出来，用来在不断增长的市场中捍卫市场地位。

2011年，富世华/花园推出了新型机，着重关注越来越多的老年人和小花园业主。2012年，著名的美国园艺设备制造商约翰·迪尔也进入了机器人割草机市场，引进了约翰迪尔探戈E5。总部位于中国香港的宝时得工业（Positec Industrial）公司于2010年推出了Landroid机器人割草机，目前在欧洲几个国家销售。

美国

在世界上最大的机器人割草机市场，以色列制造的友好机器人（Friendly Robotics）公司的名为"Robomower"的机器人割草机拥有巨大的市场份额，领先于意大利制造的舒洁帝机器人（Zucchetti lawnbott）公司的名为"Evolution"的自动割草机。自21世纪初以来，Robomower一直占据着美国市场的主导地位。

2013年，本田公司仅在欧洲推出了自己的自动割草机"Miimo"用于家庭除草，目标是每年销售4 000台。

总之，2013年，机器人割草机在全球范围内的销量约为15万台，其中富世华是全球市场的领头羊（30%的市场份额）。

博世进入机器人割草机市场

2013 年 1 月，Bosch Indego（www.bosch-pt. co.uk/gardentools/）进入快速增长的机器人割草机市场。

Indego 适用于区域面积不超过 1 000 平方米的草坪。它由锂电池供电，切割宽度为 26 厘米，切割高度可以从 20 ～ 60 毫米的 10 个不同的设置进行调整。如果在割草过程中遇到障碍物，割草机灵敏的触摸传感器将会识别到，并让割草机安全地绕过障碍物。

机器人割草机把修剪下来很细的草撒在草坪上使其变成肥料。它每次充满电最多可以运行 20 分钟，期间它可以修剪 200 平方米的草坪。然后在再次运行之前，它需要给自己充电 90 分钟。

博世声称，“Indego”的速度是其他机器人割草机的三四倍，其中一个原因是，它会连续有序地割草，就像农民收割庄稼一样。相比之下，一些机器人割草机会或多或少地随意移动，他们的理念是，无论怎么移动他们最终都会完成整个草坪的工作。

自 2013 年 1 月起，“Indego”以建议价格 1 499 美元在零售商店销售，其中包括增值税。它以和一个对接站、一条 150 米的电线以及 300 个固定钉一起装在一个纸箱里面的形式供应。

博士 Indego 的全球分布

博士 Indego 的分布当然是取决于博世在当地的子公司的销售力量和博世电动工具部门的其他产品。

原则上博士 Indego 有两种不同的分销方案，如图 13C-3 所示。

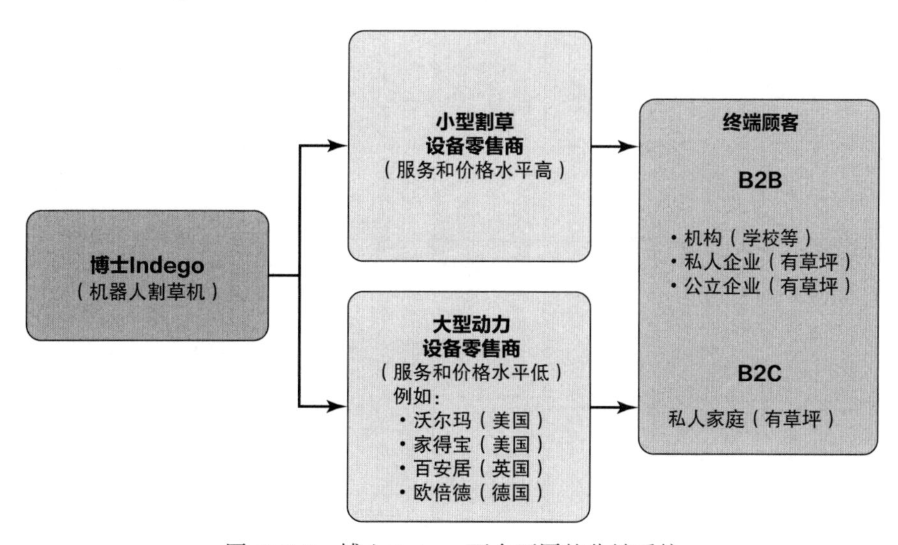

图 13C-3　博士 Indego 两个不同的分销系统

问题：

1. 作为 Indego 的供应商，博世在图 13C-2 中的两种分销途径有何不同?
2. 在这两种分销架构中，博世应该最关注哪一种？
3. 你是否也会建议博世与终端顾客建立关系？如果是的话，它们应该关注哪个目标群体?

资料来源：www.bosch-pt.co.uk/gardentools/; www.husqvarna. com；其他公开来源。

PART 4

第Ⅳ部分

设计国际营销计划

第Ⅳ部分介绍

一旦企业决定如何进入国际市场（参看第Ⅲ部分），下一个问题就是如何设计国际营销组合。第四部分主要基于传统的4P营销组合：

- 第14～15章：产品和价格决策；
- 第16～17章：分销和传播决策。

传统的4P营销组合主要是从企业到消费者（B2C）的商业模式研究中提炼出来的，在这里营销组合概念的实质是可用于营销管理的一系列可以影响消费者的变量或工具。但是，在从企业到企业（B2B）的营销中，营销组合也受到采购和销售之间交互作用的影响，所谓的影响过程就是谈判，其中传统营销组合的说服力就不那么显而易见。另外，学者也担心传统的4Ps营销组合并不能符合服务行业的特征，即内在无形性、易逝性、异质性（多变）、不可分离性和所有权。

最有影响力的替代结构就是布姆斯和比特纳（Booms and Bitner，1981）提出的7Ps组合，该框架指出：传统的4Ps应该被扩展为7Ps，包含三个新的P：参与者（人员）、有形展示和过程。

参与者（人员）

任何与顾客接触的人都会对顾客的整体满意度产生影响。这一点当顾客与来自不同文化背景的人接触时尤为显现（Czinkota and Samli，2010）。参与者就像是服务传递过程中扮演不同角色的演员，角色被分为企业人员和其他顾客。由于服务的生产和消费同时进行，企业人员占据影响顾客对于产品质量感知的关键地位。这一点在高接触服务中尤其突出，如餐馆、航空公司和专业咨询服务。事实上，企业的员工就是产品的一部分，因此，产品的质量也就无法和服务提供者的服务质量相分离。正基于此，特别关注员工的服务质量并监督他们的表现就变得尤为重要。特别在服务行业中，员工的表现千差万别，也就会导致最终质量的千差万别。

参与者的概念当然也包含购买服务的顾客和在服务场景中的其他顾客。营销管理也因此需要管理其他顾客的行为，而不仅仅是服务提供者和顾客间的互动。例如，人员的数量、种类和行为会部分决定餐馆中用餐的愉悦度。

过程

过程就是为顾客提供服务的整个流程。它包括服务获得和交付过程中活动的流程、机制和步骤。在一个像麦当劳这样的自助快餐店获取食物的过程中，很明显全部流程都和在一个高档服务餐厅不同。另外，在服务情境中，顾客可能需要排队才能得到服务，而服务交付本身也可能需要一定的时间。营销人员不得不保证顾客了解获取服务的流程，以使得顾客愿意花时间排队并等待服务的交付。

有形展示

产品不一样，服务在交付之前不能够被体验，这也就造成了服务的无形性。这表示潜在的顾客在决策是否接受服务时会感受到更大的风险。为了减少对于风险的感知并提高成功率，服务提供商往往重视给顾客提供一些有型的线索来评价服务的质量。这就是通过有形展示来实现，例如，提供成功案例或客观见证。物理环境本身（如楼宇、家具、陈列等）可以帮助顾客评价服务质量并预测服务等级，例如，在餐厅、酒店、零售店和许多其他服务领域。事实上，物理环境就是产品自身的一部分。

也有学者认为没有必要修正和扩展传统的4Ps。此种观点的核心是顾客不管体验到的是满意还是不满意都是来自于对于产品所有属性的感知，不管是有形的还是无形的。过程可以融合到分销过程中。例如，巴特尔（Buttle，1989）认为，产品和/或促销可以囊括到参与者（布姆斯和比特纳的框架），而有形展示和过程可以被认为是产品的一部分。事实上，布姆斯和比特纳（Booms and Bitner，1981）自己也认为产品决策应该包含他们所提出的其他三个新部分。

所以，第四部分仍然使用4Ps结构，但是同时其他三个扩展的P也会在第14～17章中介绍。

全球化

20世纪80年代初，“全球化”逐渐成了争论的焦点。在《市场全球化》一文中，莱维特（Levitt，1983）进行了大量的讨论来确定国际化的最合适方式。李维特对于全球化的支持同时获得了支持和诋毁。事实上，两种争论本身就代表着全球化和本土适应性，聚焦于是否有一种标准化的国际营销方法或者以国家为基础的适应性营销方法更有优势这一核心问题。在第Ⅳ部分，我们将学习在国际环境中倾向于全球化或本土适应性的驱动力。在图IV-1中，起始点通过现存的规模上的平衡点来进行说明。哪种力量会取得胜利不仅仅依赖于环境因素，同时也依赖于企业所偏爱的特定营销战略。图IV-2展示了两种战略的极端情况。

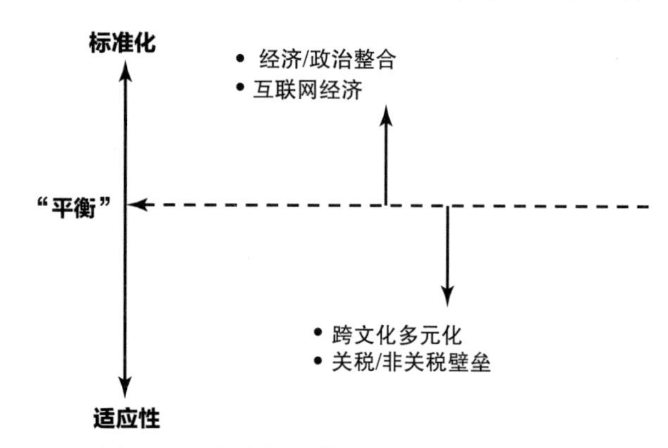

图IV-1　影响标准化和适应性的环境因素

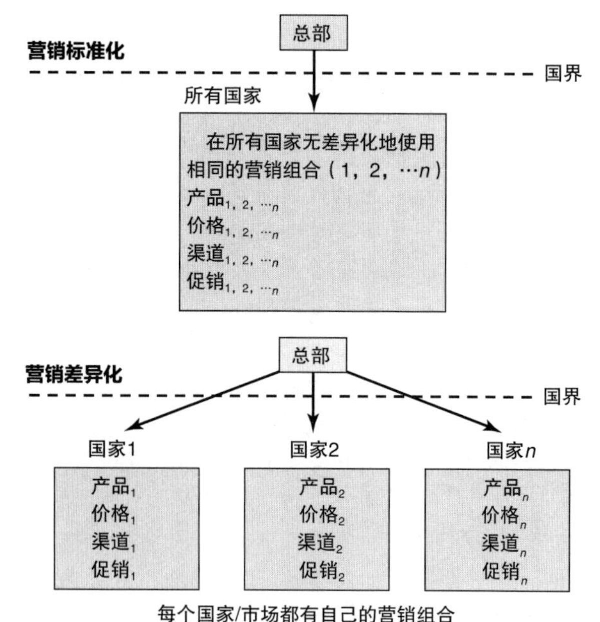

图IV-2　国际营销组合的标准化和差异化

所以，管理者基于他们的国际营销战略需要做出的一个基础的决策就是，在什么程度上他们应该标准化或者调整营销组合。以下三个因素给营销全球化提供了巨大的机会（Meffert and Bolz，1993）：

（1）市场的全球化。客户日益在全球范围内运营，其特点就是采购流程的集中和协调。为了应对，制造商建立全球和全新顾客管理系统，以避免在各个国家的子公司在与像全球零售商这样的客户进行单独谈判时产生冲突。

（2）行业的全球化。许多企业已经不能单单依靠本土市场来达到规模经济和经验曲线效应。许多行业，如计算机、制药和汽车，其较高的研发成本只有通过全球范围内的高销量来收回。

（3）竞争的全球化。由于全球范围内的需求日趋同质，不同的市场开始相互关联。所以，企业可以计划他们在全球范围的活动，并尝试确立针对其他竞争对手的特殊优势。因此，国家子公司不再作为利润中心来运营，而是被视为全球投资组合中的一部分。

标准化营销具有以下两个特点：

（1）营销流程的标准化，主要指针对跨国市场企划的标准化决策流程。通过标准化的新产品投放、控制行为等，寻求一般营销流程的合理化。

（2）营销方案和组合的标准化，主要指营销组合4Ps中的每一个要素都可以在不同的国家市场中进行复制。

这两个标准化的特点之间往往相互关联：对于许多战略业务单元（SUB），过程导向的标准化是实施标准营销方案的前提。

许多学者认为标准化和适应性是两个独立的选项，但商业现实是只有很少的营销组合是完全标准化的或者完全适应性的。取而代之的是，更应该讨论标准化的程度。所以，图IV-3展示了同一个公司（宝洁公司）的两种产品的标准化潜力概况。

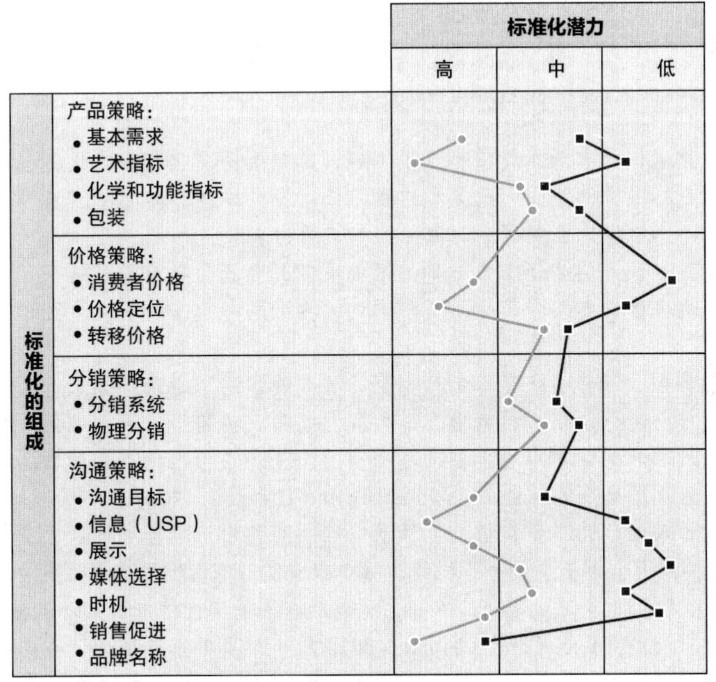

图 IV-3 一家企业的标准化潜力分析

资料来源：Adapted from Kreutzer (1988). Reproduced with kind permission from Emerald Group Publishing Ltd; www.emeraldinsight.com.

结果表明，实现营销组合的标准化概念可以通过不同的方法完成。对于两个产品而言，最起码可以将包装的标准化安排在一个中等水平。而当考虑价格策略时，标准化就会困难得多。可能只有纸尿裤可以使用标准化的价格定位。所以，宝洁公司只选择了那些具有购买力的市场在价格范围内制定统一的价格。而对酒类产品而言，由于法律的限制基本上不可能制定标准化的价格。例如，由于税率的原因，在丹麦消费者需要支付比德国高两倍的价格来购买同一款尊尼获加（Johnnie Walker）威士忌。在许多情况下，最可行的是在世界范围内使用同一个品牌。只有很少的情况使用同一个品牌会产生负面的效应，企业需要更换品牌名称来避免产生不必要的品牌形象。

表 IV-1 列出了主要影响国际营销方案标准化和适应性的因素。

表 IV-1 有利于标准化和适应性的主要因素

有利于标准化的因素	有利于适应性的因素
• 研发、生产和营销中的规模经济（经验曲线效应）	• 本土环境的适应性：社会文化、经济和政治的差异（不存在经验曲线效应）
• 全球竞争	• 本土竞争
• 消费者品位和需求的融合（消费者偏好正在趋同）	• 顾客需求的千差万别（由于文化差异导致的顾客需求异质）
• 国际运营管理的集中（可以将成功经验复制到国外）	• 伴随独立的国家子公司的分权式管理
• 竞争对手正在使用标准化概念	• 竞争对手使用适应性概念
• 在不同市场间竞争优势可以转移的程度很高	• 在不同市场间竞争优势可以转移的程度很低
其他问题： • 更容易沟通、计划和控制（通过互联网和移动技术） • 降低库存成本	其他问题： • 法律问题——技术标准的差异

资料来源：*Essentials of Global Marketing*, FT/Prentice Hall (Hollensen, S. 2008) p. 299, Table 1, Copyright © Pearson Education Limited.

标准化的支持者认为市场在规模和范围上越来越趋于同质化和全球化，他们相信企业的生存和发展的关键是标准化的产品、服务和流程。核心论点是世界在环境因素和客户需求方面变得越来越相似，不论地理位置在哪，消费者都有相同的需求。

适应性的支持者认为实施标准化方案的困难重重，因此需要满足不同国际市场的特殊需求而实施适应性。适应性的支持者声称，国与国之间甚至同一国家的不同地区之间存在着实质性的差异。

由于竞争优势在国际营销战略中起到了至关重要的作用，所以跨国家市场中竞争优势天生具备的相似属性就会使企业在不同市场采用相似的战略，使战略趋于标准化。竞争优势来源于核心竞争力（参见第 4 章），所以占有核心竞争力的企业会在标准化市场营销战略时比那些没有核心竞争力的企业占据更好的位置（Viswanathan and Dickson，2007）。

企业在国际市场中运营不能在标准化和适应性中间做出一次性决策。在多个国家运营且采用不同进入模式的跨国公司必须整合不同的国际营销方法。它们需要集中注意力在商业的所有方面（价值链活动），既包括全球标准化的方面，也包括本土适应性的方面（Vrontis et al.，2009）。

福克斯和科斯特纳（Fuchs and Köstner，2015）分析了哪种要素对于选择标准化或适应性最为重要（见表 IV-1）。他们的研究说明在欧洲国家出口市场的竞争压力与促销适应性、价格适应性和分销适应性正向相关，也揭示了产品的适应性只会对欧洲中小型企业在相似的欧洲市场中的财务收益有利。在欧洲外部，中小型企业的管理者似乎很难弄清楚非相似国家的现实，以成功定制如产品设计、品牌名称、产品线类别等产品策略。

在这些欧洲外部的市场中，中小型企业从标准化它们的营销战略中获益，因为在远离本土国家的非欧洲市场中制定不接地气的本土化策略往往造成不良的绩效（Fuchs and Köstner，2015）。

第14章

Chapter14

产品决策

□ **学习目标**

通过本章的学习，你能够：

- 讨论导致企业标准化或调整其产品的因素。
- 描述国际服务战略是如何可开发的。
- 对产品生命周期和国际产品生命周期进行区分。
- 讨论为外国市场开发产品遇到的挑战。
- 解释和举例说明产品沟通组合中的各种方案。
- 定义和解释不同的品牌化选择。
- 讨论品牌仿冒现象和可行的防伪策略。
- 讨论另类（备选）的环境管理策略。

14.1 简介

为了开发国际营销组合，产品决策通常是营销管理者需要做出的第一个决策。本章将研究与产品相关的问题，并提出解决问题的概念性方法。本章同时也会讨论国际品牌（标签）策略和服务政策。

14.2 国际化产品供应物的维度

为了给国际市场开发一个可以被接受的产品，首先要研究什么能够贡献于“总体”的产品供应物。科特勒（Kotler，1997）提出，营销管理者应该考虑产品的五个层次使得产品对于国际市场具有吸引力。在图14-1中展示的产品维度，不仅仅涵盖了核心的物理属性，也包括了附加属性，还包括了包装、品牌和售后服务等，这些属性对于购买者来说构成了商品整体。

我们也可以从图14-1中看到将核心产品收益（功能、性能等）标准化相比将支持服务标准化要更为容易，支持服务通常不得不符合商业文化甚至有时候要符合个人顾客的需求。

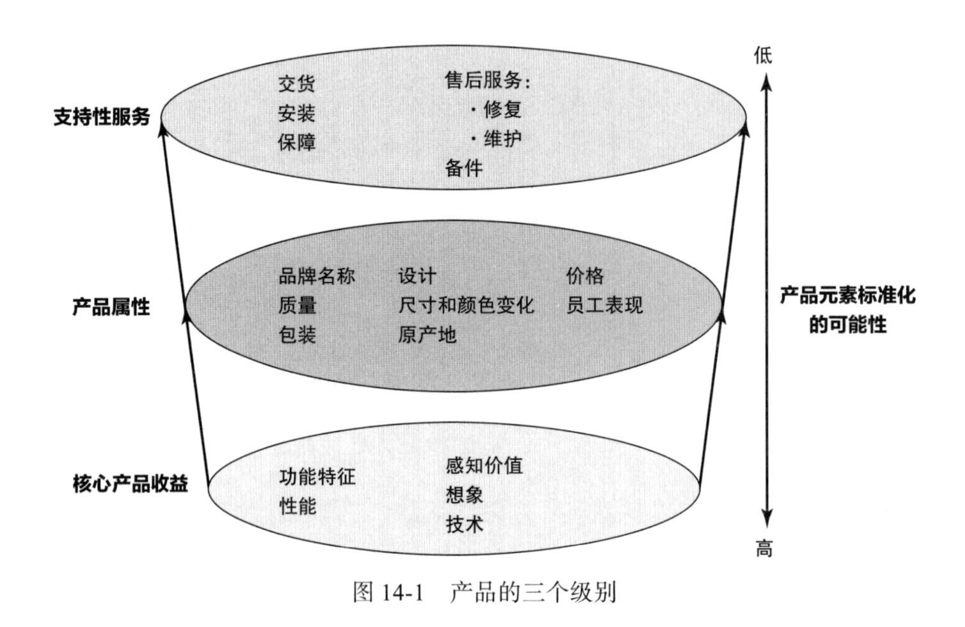

图 14-1 产品的三个级别

14.3 开发国际化服务战略

从产品的定义可以看到，服务通常与产品相伴，但是产品本身也正逐渐成为国际经济中日趋重要的一部分。如图 14-2 所示，产品和服务的要素组合可能存在很大的差异。图中假设顾客在购买和消费的过程中或多或少是被动的，当然，这也并不总是现实。越来越多的供应物不能被这一条连续线条的两端来确切描述，相反，它们是具体对象、所提供服务和顾客参与的复杂组合体。顾客不寻找产品，但是它们寻求满足。因此，产品代表服务的媒介，因为产品使得顾客可以追求自身个性化的满足。例如，顾客为电脑购买了新的软件，他们可能会得到一张实物 CD 带回家并进行安装。但是，他们真正购买的是执行一项新任务的能力或解决已有任务的新方式。安装的 CD 是知识的凝结，和各种服务提供者能力一起被加密，顾客在使用时被要求表现出愿意释放这些存储知识的能力和意愿（Michel et al.，2008）。

14.3.1 服务的特征

在考虑可行的国际化服务策略之前，有必要了解全球服务营销的特殊本质。服务具有以下特点：

- 无形性。类似于航空运输和教育这样的服务无法被触摸和测试，服务的购买者无法索要任何传统意义上有形物品的所有权。购买者为使用或表现而付款。服务中的有型元素，例如飞机上的视频或饮料，是服务中的一部分，被用来保证提供的利益和增强消费者的价值感知。
- 易逝性。服务无法存储以备未来使用，例如，空座在飞机起飞时就失去了服务价值。所以，为了匹配供需，这个特点也就在计划和促销时造成了很大的问题。为了持续保证满足峰值需求的服务能力水平的成本是非常昂贵的，所以，营销人员必须尝试估计需求水平，从而优化服务能力的使用。
- 异质性。因为涉及人与人之间的互动，所以服务很少是一样的。此外，顾客在服务生产过程中的参与度很高。这可能导致保持质量的问题，特别是在国际市场中，人们对顾客服务的态度都不尽相同。

- 不可分割性。服务的生产时间和消费时间基本上很近甚至同时发生。销售的同时服务被提供。这意味着规模经济和经验曲线效应很难实现，向分散的市场提供服务是非常昂贵的，特别是在刚进入市场的阶段。

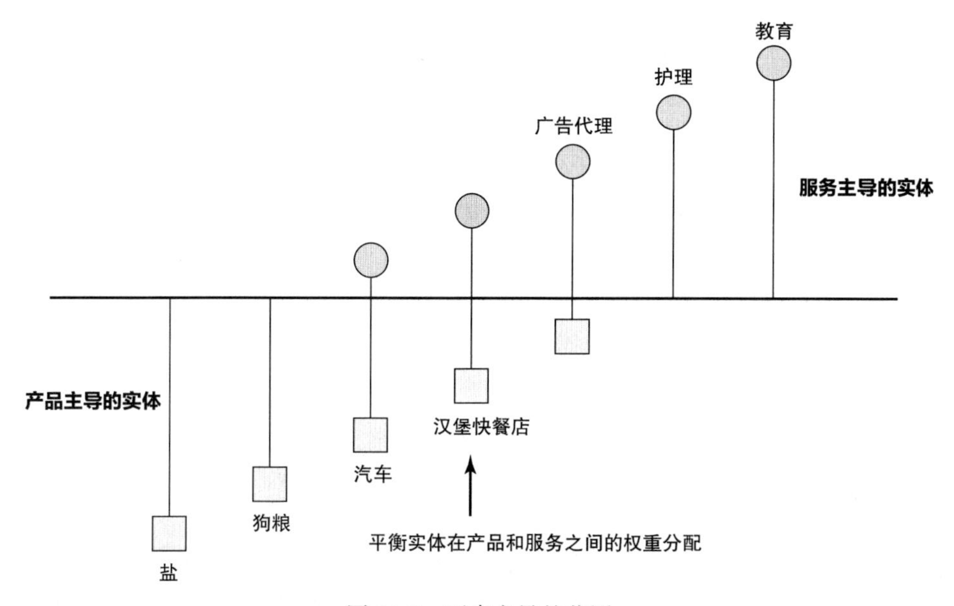

图 14-2 要素主导的范围

资料来源：*International Marketing*, 4th ed. (Czinkota, M.R. and Ronkainen, I.A. 1995) p. 526, © 1995 South-Western, a part of Cengage Learning, Inc., reproduced by permission, www.cengage.com/permissions .

14.3.2 服务主导逻辑（S-D 逻辑）

与传统关注产品交换的市场观点［指产品主导逻辑（G-D 逻辑）］相区别，服务主导逻辑（S-D 逻辑）代表了一种更为广阔的市场观点。

根据服务主导逻辑（Vargo and Lusch，2004，2008），顾客价值是在卖家和顾客的共同创造过程中产生的。在这个过程中，顾客成为服务的共同生产者，同时也是消费者。结果是顾客成为“生产消费者”(prosumer = producer + consumer)。

服务是交换的基础。明晰“服务”的概念至关重要，它是收集可用于顾客资源的一种应用，顾客将这些卖家提供的资源进行添加和混合，这个过程对顾客和卖家而言都得到了利益或收获。这个收集过程将卖家和顾客整合到一起，涵盖了整个一起工作生产价值的资源网络。这种资源“集聚”和资源处理的结果就是创造出了新的价值，对于卖方和顾客来说就是通过服务的形式实现（价值增值）。结果，在服务主导逻辑理论中（Vargo，2009, 2011），顾客作为积极参与者的角色参与价值的创造。顾客成为操作性资源（operant resource）（共同生产者）而不是对象性资源（operand resource），并且可以参与到整个价值链中。瓦戈（Vargo，2009）认为，在服务主导逻辑中，企业（卖方）不能创造价值，只能提供价值主张，只有当顾客选择价值主张来“解决自己的问题”时，才能创造顾客价值。

为了实施顾客是共同生产者的服务主导逻辑，企业组织国际化的营销活动必须支持这种理念。例如，在产品开发的全球供应商——制造商合作中，供应商会围绕全球的顾客建立全球客户管理（GAM）团队来与顾客一起开发解决方案并为各组织创造价值（参看19.3节）。一些团队甚至位于顾客全球工作地点附近，将制造商、销售、物流、财务、会计和人力资源等成员都纳入进来。供应商需要将销售代表和买方相匹配，并将财务和会计事物与买方的财务人员和会计人员相匹配，将客户服务和买方的用户相匹配。因此，供应商的全球客户管理团队与全球客户组织下的各个跨国实体相互影响（Gruen and Hofstetter, 2010）。这其实也是所谓“蝴蝶结”（bow-tie）组织向“钻石”（diamond）组织转变背后的原理。

14.3.3 服务的国际营销

在国际服务营销过程中存在一些特殊的问题。例如，在偏远的地区实现不同营销参数的一致性是十分困难的，对其施加控制更是难上加难。由于固定成本是整体服务成本的重要组成部分，因此定价同样也是非常困难。顾客的购买能力和它们对于服务的预期会因为市场的不同而存在巨大差异，这也就导致在设定价格上和利润产生上产生巨大差异。此外，由于对个性化服务的需求，想要保持顾客忠诚来获取重复的商业往来也十分困难。

14.3.4 服务的类别

所有产品（包含商品和服务），都含有一个核心元素，其周围被很多可选择的补充元素所包围。如果我们首先审视核心的服务产品，我们可以依据服务的无形性和在服务生产过程中顾客需要实际存在的程度，将它们分成三类，如表14-1所示。

表14-1 服务的三种类型

服务的类型	特征	举例（服务提供者）	全球标准化的可能性（通过规模经济、经验效应、更低的成本实现）
人参与服务	• 顾客成为生产过程的一部分。服务企业需要维持在当地经营	• 教育（学校、大学） • 客运（航空、汽车租赁） • 医疗保健（医院） • 餐饮服务（快餐店、餐厅） • 住宿服务（酒店）	没有高的可能性：由于“顾客参与生产过程”，因此需要许多当地服务网点，这使得该类型的服务在全球范围内很难运作
物参与服务	• 为实物对象提供实际操作，以提高其对客户的价值 • 实物对象需要参与到生产过程中，但实物的所有者（客户）则不需要。需要在当地经营	• 汽车修理（汽车修理站） • 货物运输（货运代理） • 设备安装（如电工） • 洗衣服务（自助洗衣店）	更大的可能性：与人参与服务相比，这涉及顾客和服务人员之间较低程度的接触。这种类型的服务不是文化敏感型的
信息化服务	• 收集、使用、解释和传输数据以创造价值 • 有形性最低 • 在生产过程中，客户参与最少	• 电信服务（电话公司） • 银行 • 新闻 • 市场分析 • 互联网服务（网站的主页开发商、数据库提供商）	非常高的可能性：由于这些服务的“虚拟”性质，可以从一个中心位置（单一采购）实现全球标准化

总之，以信息为基础的服务给全球标准化提供了最好的机会。其他另外两类（人的处理和物的处理）都受制于无法跨国界传递竞争优势。例如，当巴黎的欧洲迪士尼乐园开业时，迪士尼面临无法将高能动性的员工从美国迪士尼乐园转移到欧洲的窘境。

信息技术（互联网）的飞速发展导致信息服务的新类别出现（如国际航班计划的信息），这也为标准化提供了更大的机会。

14.3.5 在企业对企业（B2B）市场中的服务

B2B 市场在很多方面都和消费者市场有所区别：

- 更少但更大型的买家，通常在地理分布上较为集中；
- 需求是派生的、波动的、相对无弹性；
- 购买过程中有许多参与者；
- 买卖双方关系更为紧密；
- 中间商缺失；
- 技术联系。

在消费市场中，对服务不满意的消费者经常有一种选择是从供应商—顾客的关系中退出。这是因为有很多的企业提供同类产品，更换产品或服务企业较为容易。

但是，在 B2B 市场中，买家和卖家之间的链接使得企业更不愿意打破这种关系。当然，退出的机会在 B2B 市场中在某种程度上也依然存在，但是在连接和承诺中造成的投资损失会制造退出壁垒，因为更换供应商的成本通常比较高。此外，有时寻找新的供应商也非常困难。

专业的服务企业（如工程咨询公司）和典型的 B2B 服务企业具有很多相似性，但是它们具有更高程度的定制化和更强的面对面互动成分。这种服务通常都是上亿美元的项目，公司之间具有长期的合作关系，且在项目合作期间需要管理日常的关系。当一个专业服务企业（不论扮演的是会计、建筑师、工程师，还是管理咨询师的角色）向客户销售时，销售的不是企业的服务而是特殊人才的服务。所以，专业服务企业需要高技能的人才。

服务的内在特征说明所在地和顾客——供应商互动关系对于服务要比对于传统产品供应物更为重要（Kowalkowski et al.，2011）。

菲利亚特罗和拉皮尔（Filiatraul and Lapierre，1997）针对工业咨询项目以欧洲（法国）和北美（加拿大）为对象做了一个跨文化比较。在北美，工业咨询企业（相比欧洲）一般更小，而且经济环境更接近完全竞争市场。相反，在欧洲的企业签订的合同往往很大而且受到政府的推动。法国的咨询公司发现，在北美比在欧洲更具有管理上的灵活性。此外，合同分包在北美也更为流行。

14.3.6 电子服务

基于互联网的持续发展，消费者行为发生了变化，新的需求已经形成。作为交互性媒体，互联网集合了大规模生产（基于产品的生产）和定制化生产（特别在服务领域）的最大优势。大规模定制的终极能力就是将每个顾客区别对待。

致力于将传统服务与新技术融合的企业创造了一种新的服务被称为**电子服务**（e-services）。电子服务通过与在线用户的互动将信息为基础的产品和服务进行交付。基本上电子服务可以被定义为通过电子网络来完成的价值交换商业活动，电子网络包括互联网和移动网络。

它涉及在互联网上实时地进行资源传递和个性化筛选。

电子服务包括那些只将互联网作为交互媒介而实际服务涵盖非网络渠道的服务（如购物），以及那些完全靠网络传递的服务（如音乐欣赏和下载）。

在当今数字经济时代，通过互联网传递的服务提供了全新的发展机遇。电子服务的重要性日趋增加，不仅因为它决定电子商务的成败，也因为它能给顾客传递最优的体验。基于互联网服务的出现提高了企业的成本效益，而且提升了网上交易的速度、效率和灵活性。此外，交付服务的特殊方法也为顾客提供了全新的体验，并提升了他们的预期。

在很多行业中已经出现了新的电子服务产品，如财务服务、健康保障、电信服务、休闲和住宿服务、信息服务、法律和教育服务以及很多其他服务。新的电子服务也强调产品和服务之间的核心差异：无形性、异质性和同时性。

14.3.7 “云计算”下的电子服务

用最简单的方法解释，**云计算**（cloud computing）意味着在互联网上而不是在计算机的硬盘上存储和访问数据和程序。云只是对互联网的一个比喻。

在云计算上的创新实际上来源于互联网分享信息资源的能力，用户可以几乎不和服务提供商交互就可以自助完成服务。用户可以在任何地点或设备访问信息，这可以使用户更好利用数字信息。消费者能够在任何时间和地点获取信息导致企业可以更好地获得营销信息，这在之前是十分昂贵和难以实现的（Ratten，2015）。从国际营销的角度来看，“云计算”的这个优势变得至关重要。

对于国际营销人员来说，云计算提供了在全球访问计算资源的能力，这些资源可以在地理位置的基础上重新分配。随着越来越多的公司和消费者在国际商业领域工作，云计算为传统信息技术数据存储和访问服务提供了更便宜、更好的选择。

随着商业应用的开发和应用，云计算也发生了变化。企业不再需要购买和维护自己的服务器、存储和开发工具等用以开发商业开发的基础设施，取而代之的是，企业可以基于需求通过互联网浏览器或移动设备访问各种类型的商业应用，而避免在内部管理软硬件的成本和麻烦。

向社交网络的巨大转变改变了人们的合作方式，加速了用以链接人和产品的新科技的采用，这些技术通过“种子”和状态更新来完成对人和产品的链接。从台式机到智能手机和平板电脑也发生着重大转变，使得人们可以在移动设备上完成业务。而且，越来越多的顾客希望和自己的产品进行互联。

世界范围内对云计算服务的需求将会在未来几年增长显著。云计算是一个计算基础框架模型，从而保证了软件即服务（SaaS）的交付。云计算的吸引力正在逐渐增加是因为它使得企业可以减少大量成本，如预付版税或许可费用、硬件基础设施投资和其他运营成本。

营销洞见 14-1

Salesforce.com 作为客户关系管理“云”服务的提供商

Salesforce.com 的建立基于通过互联网或云服务提供客户关系管理应用程序的概念。它们于 2000 年 2 月推出了第一个客户关系管理的解决方案，并且已经通过内部开发和并购扩大了新版本和解决方案并增强了功能。

它们的使命是，通过授权与顾客以全新的方式建立联系，来帮助消费者将自己转化为“客户公司”。

Salesforce.com 主要通过订阅费用（每年一次）来为它们的服务收费。在 2015 财年，salesforce.com 的收入为 5.4 美元，同时净亏损为 263 美元。大约 30% 的收入来源于美国以外的顾客（北美和南美）。在 2015 年 2 月 1 日，Salesforce.com 已经拥有 13 000 名员工。

对客户关系管理软件服务不断增长的需求将会促进公司未来几年内的收入和市场份额的增长。然而，Salesforce.com 经营的这个客户关系管理解决方案市场、竞争激烈、快速演变且分散。公司的主要竞争对手是包装业务软件的供应商和提供客户关系管理的应用程序的公司。同时 Salesforce.com 还面临着国内发展起来的应用程序的挑战。公司直接的竞争对手包括了微软、NetSuite、甲骨文和 SAP。

资料来源：Based on Salesforce.com and other public sources.

14.4　产品生命周期

产品生命周期（product life cycle，PLC）的概念，对于制定市场决策和构建产品策略而言具有重要的价值。

产品如同人一样，会经历不同的阶段。每个阶段都会呈现不同的销售表现，展示出不同的盈利水平、不同的竞争程度和差异化的营销方案。产品生命周期具有四个阶段，分别是引入期、成长期、成熟期和衰退期。产品生命周期的基础模型在图 14-3 中展现，该图还包括了产品实际进入销售之前的阶段，这些阶段总体上构成了上市时间。

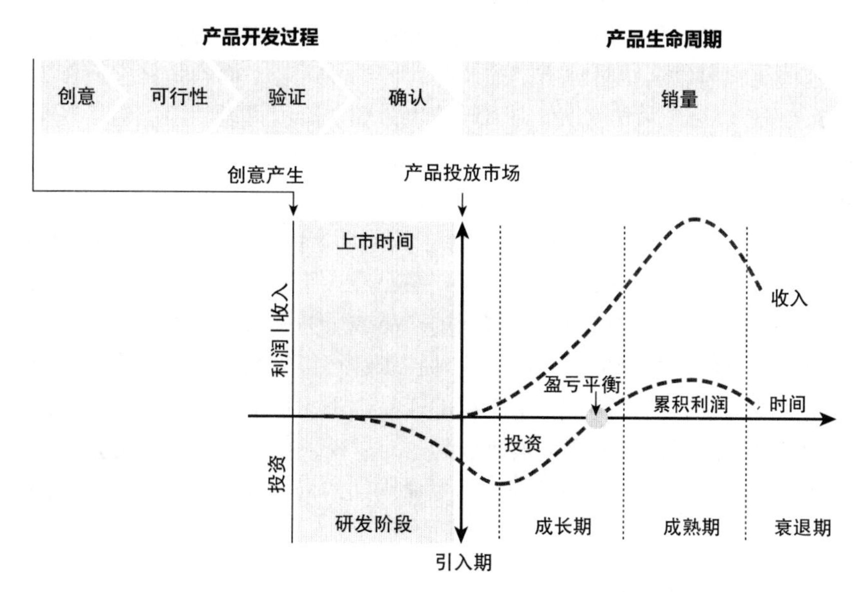

图 14-3　产品生命周期和上市时间

资料来源：*Marketing Management: A relationship approach*, 2nd ed., Financial Times/Prentice Hall (Hollensen, S. 2010) Figure 11.7 ,Copyright © Pearson Education Limited.

上市时间（time to market，TTM）是指产品从构思到实际销售所花费的总时长。上市时间在那些升级换代很快的行业中非常重要，例如在 IT 业中。

快速上市对于许多公司能够竞争成功而言非常重要，这源于以下几点原因：

- 较快进入市场以获取的竞争优势；
- 在生命周期初期能够溢价销售；
- 较快实现开发投资的盈亏平衡和较低的金融风险；
- 整体收益更大，投资回报更高。

实现快速上市的关键过程，要求：

- 在项目开始阶段就能够清晰了解顾客要求，保持产品诉求和特殊要求的稳定；
- 个性化且最优化的产品开发流程；
- 在产品开发过程基础上设计出符合实际的项目计划；
- 使用有效的资源来支持项目，并且使用全职专业人员；
- 早期介入和迅速的人员构建，以支持产品和流程的并行设计；
- 使用包括虚拟装配模型的产品虚拟开发技术、早期分析技术和仿真实验，保证最小耗时的实物模拟和测试过程；
- 设计可以重复使用和标准化环节，用以缩短项目内容设计的耗时。

单纯的速度，例如尽快将产品投放市场，对于快速变化行业是有价值的，但是单纯追求速度往往不是最好的目标。许多管理人员通过计算认为，产品开发项目越短，成本越低，所以他们尝试使用上市时间作为节约成本的方法。但不幸的是，缩短上市时间的主要方法是给项目匹配更多的人员，所以尽快要求项目完成实际可能会造成更高的费用。

产品生命周期强调在产品的不同阶段有必要对营销目标和策略进行重新审查。在产品的生命周期中对于营销策略的思考是很有帮助的。但是，有时候非常难以了解产品什么时候从一个阶段进入到另一个阶段。生命周期概念有助于管理者将产品线视为一种投资组合。

大多数组织不单单提供一种产品或服务，并在多个市场进行运营。了解产品生命周期的优势就是这些组织可以区别管理不同的产品，即产品组合，而不是将它们作为在同一阶段的产品进行管理。将产品均匀分布到不同的生命周期阶段可以使组织对于现金和人员的使用更为高效。图 14-4 通过一个例子展示了生命周期管理，以及与生命周期不同阶段相对应的营销策略。

产品 C 处于成长期，对于 C 的投资来源于从早期产品 B 所获取的利润，产品 B 处于成熟期。B 产品由更早期的产品 A 资助，A 产品已经处于衰退期，它的衰退正在由更新的产品来平衡。一个寻求增长的组织可以将新的产品或服务引入市场来实现，并希望新产品或服务可以创造更高的销量。但是，如果这种扩张进行得太快，由于许多品牌会在生命周期的开始要求大量投资，那么即使在最早期的产品也不大可能会及时产生足够的利润来支持后面推出的产品。所以，制造商必须通过其他的途径来获取支持直到投资被收回。

但不论如何，管理者也需要注意到产品生命周期的局限性，不要误认为产品生命周期是万能药方。

14.4.1 产品生命周期的局限性

1. 误导性的战略处方

产品生命周期是一个由营销组合决定的因变量，它并不是一个自变量而被企业采用作为营销方案使用（Dhalla and Yuspeh，1976）。如果产品的销量下滑，管理者不应该认为品牌处于衰退期。如果管理者将营销资源从品牌中撤出，那么也就创造了一种将被自己实现的预言，品牌的销量将会持续下跌。相反，管理者应该增加营销支持来创造重塑辉煌的可能性（见图 14-5）。这可以通过使用以下方法来实现：

- 产品升级（如新包装）；
- 对产品的感知重新定位；
- 接触新的产品用户（通过新的分销渠道）；
- 鼓励提升产品的使用频率（满足相同的需求）；
- 鼓励开发产品新的用途（满足新的需求）。

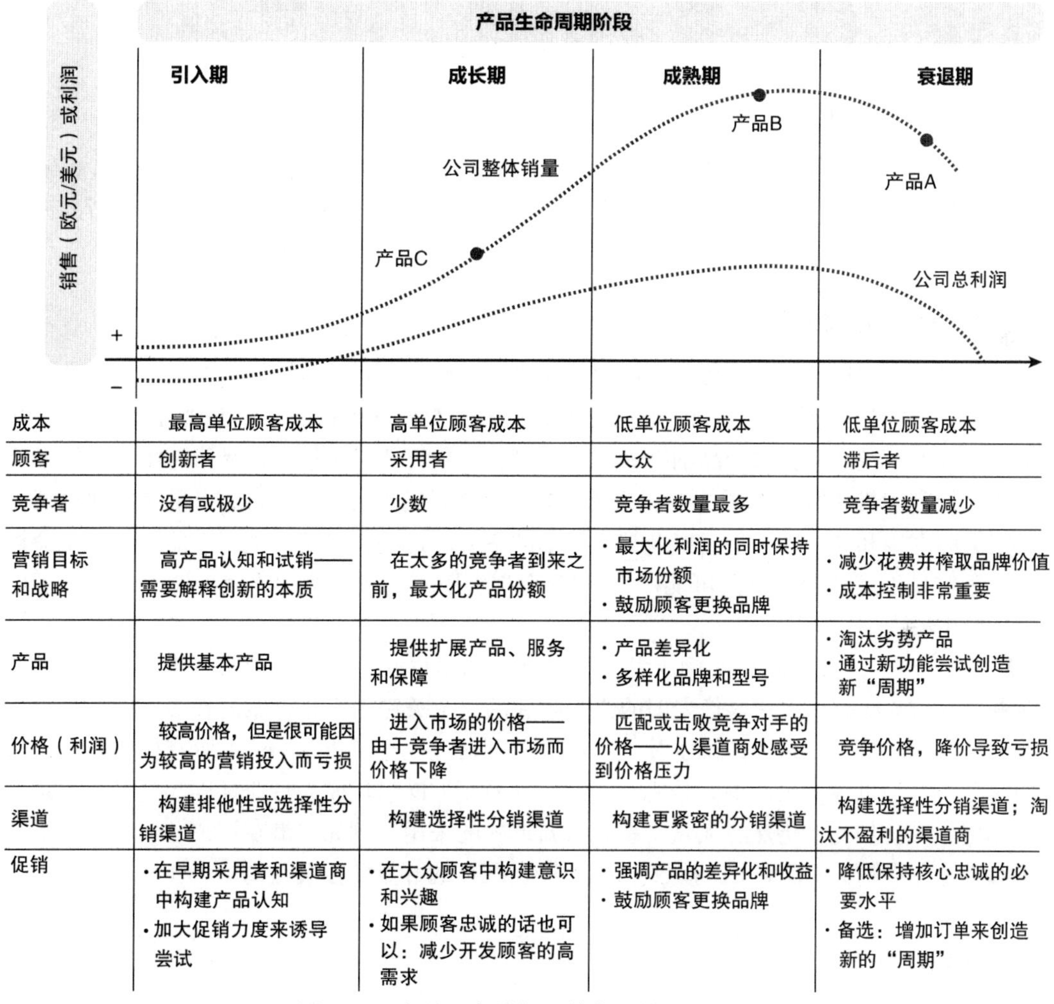

	引入期	成长期	成熟期	衰退期
成本	最高单位顾客成本	高单位顾客成本	低单位顾客成本	低单位顾客成本
顾客	创新者	采用者	大众	滞后者
竞争者	没有或极少	少数	竞争者数量最多	竞争者数量减少
营销目标和战略	高产品认知和试销——需要解释创新的本质	在太多的竞争者到来之前，最大化产品份额	· 最大化利润的同时保持市场份额 · 鼓励顾客更换品牌	· 减少花费并榨取品牌价值 · 成本控制非常重要
产品	提供基本产品	提供扩展产品、服务和保障	· 产品差异化 · 多样化品牌和型号	· 淘汰劣势产品 · 通过新功能尝试创造新“周期”
价格（利润）	较高价格，但是很可能因为较高的营销投入而亏损	进入市场的价格——由于竞争者进入市场而价格下降	匹配或击败竞争对手的价格——从渠道商处感受到价格压力	竞争价格，降价导致亏损
渠道	构建排他性或选择性分销渠道	构建选择性分销渠道	构建更紧密的分销渠道	构建选择性分销渠道；淘汰不盈利的渠道商
促销	· 在早期采用者和渠道商中构建产品认知 · 加大促销力度来诱导尝试	· 在大众顾客中构建意识和兴趣 · 如果顾客忠诚的话也可以：减少开发顾客的高需求	· 强调产品的差异化和收益 · 鼓励顾客更换品牌	· 降低保持核心忠诚的必要水平 · 备选：增加订单来创造新的“周期”

图 14-4　产品生命周期及其营销策略的启示

资料来源：*Marketing Management: A relationship approach*, 2nd ed., Financial Times/Prentice Hall (Hollensen, S. 2010) Figure 11.7 , Copyright © Pearson Education Limited.

2. 潮流性

并不是所有的产品都遵从产品生命周期曲线。潮流是被公众快速接受达到高峰而又快速衰退的时尚。预测一些事物是否为单纯的潮流，及其将持续多久是非常困难的。大众媒体的关注度及其他因素都会影响潮流的持续性。

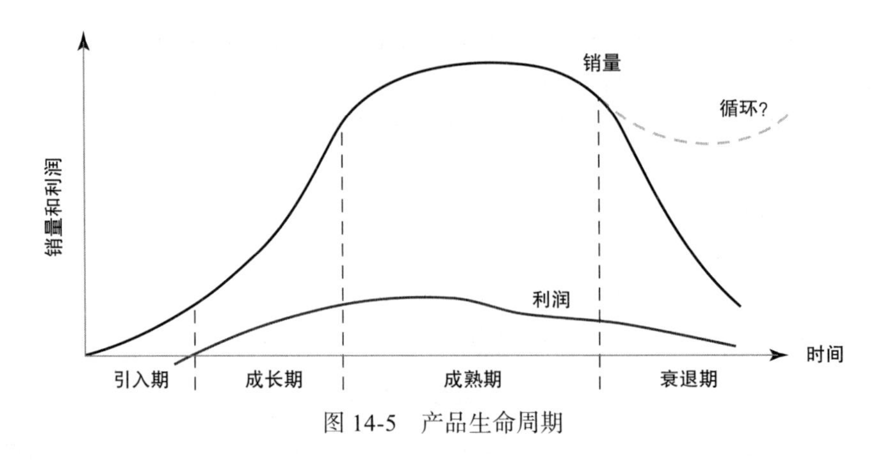

图 14-5 产品生命周期

3. 不可预测性

产品生命周期各阶段会持续多久很难预测的。批评人士总是抱怨市场几乎不能说明产品到底在哪个阶段。比如一个产品在进入下一个增长阶段之前可能达到了一个短暂的平稳期，这可能会误导人们以为该产品进入了成熟期。

4. 产品生命周期的层次

产品生命周期的概念可以在不同层次上进行检验，从整个行业的生命周期到产品形态生命周期（技术生命周期，technological life cycle，TLC）（Popper and Buskirk，1992），甚至到一个单一模式下特殊产品的生命周期都可以。它可能对于思考产品形态生命周期最为有用，如影印机或智能电话的操控系统（参见营销洞见 14-2）。产品形态生命周期包括可被定义的直接和紧密的竞争者以及核心技术的集群。这些特点使得关于产品形态的生命周期更为容易确定和分析，并可能产生更稳定和通用的应用价值。图 14-6 展示了基于不同层次的生命周期。

另一个关于 TLC 转换的例子发生在飞利浦和索尼联合开发并向市场推广 CD 唱片的时候。导致 CD 唱片成功取代老旧的黑胶唱片的一个关键因素是，索尼在美国对于哥伦比亚广播公司（CBS）的所有权以及飞利浦在欧洲对宝丽金（Polygram）所有权的收购，这两家公司都是世界上最大的音乐唱片公司，这对于 CD 唱片成为行业标准起到了至关重要的作用。尽管如此，仍然有大量壁垒阻碍新形式的采用。例如，潜在用户已经大量投资于黑胶唱片，而购买 CD 和 CD 播放器的价格在 TLC 的开始阶段又很高。

营销洞见 14-2

iOS（苹果）/Android（谷歌）智能手机业务的全球大赛

图 14-6 展示了智能手机产业（iOS 和 Android）两个不同的 TLC 以及 Windows iPhone 10 形式的新的潜在用户。这个已经在智能手机中正在使用的核心软件来源于智能手机的操作系统。在智能手机业务中，苹果公司在 2007 年推出了第一款 iPhone。最新的一款 iPhone 6 在 2014 年 9 月推出。所有的苹果 iPhone 型号（不同智能手机品牌的 TLC）都有一个共同的操作系统，即由苹果开发的 iOS（=TLC）。2007 ～ 2008 年，谷歌开始研发一款竞争性的 TIC——Android。2010 年，谷歌凭借三星 Galaxy 的发布获得了 Android 首

个巨大的商业成功，今天三星 Galaxy 已经成为世界上最畅销的智能手机。许多智能手机制造商也都采用 Android 作为它们的操作系统，如联想和华为。在智能手机产业的起步阶段，由于苹果 iPhone 的实力，苹果 iOS 在世界市场上占据一个主导份额。一直到 2012 年年初，Android 手机开始接管世界市场的领导者。今天（2015 年），Android 系统大约占市场份额的 70%，而 iOS 只占大约 20%。剩下的市场被其他的操作系统所瓜分，如黑莓 10。今天新的 TLC 已经在世界市场中有一片立足之地，例如，微软 Lumia 曾经使用过 Windows iPhone10 的系统。

在原则上来说，图 14-6 中展示的不同的智能手模型和品牌的聚合构成了整个 TLC。

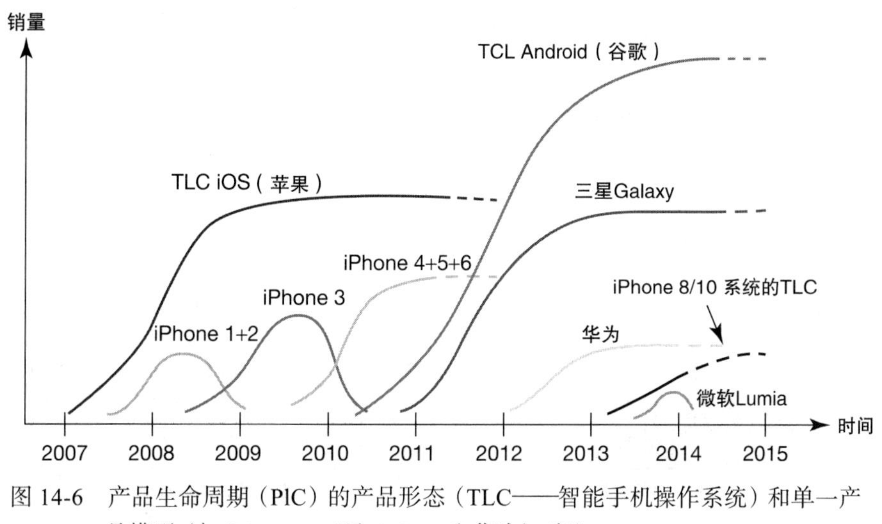

图 14-6 产品生命周期（PlC）的产品形态（TLC——智能手机操作系统）和单一产品模型（如 iPhone、三星 Galaxy 和华为）对比

除了智能手机，相同的操作系统（iOS 和 Android）还可以被用于平板电脑。

总而言之，不同版本（TIC）间的激烈竞争有利于为智能手机终端顾客提供更好的智能手机软件。

14.4.2 企业中不同产品的生命周期

到目前为止，本章都将产品看作独立且有差别的个体。但是，许多企业都生产多种产品，为不同的市场服务。产品中的一些很“年轻”和有一些则很“老”。年轻的产品需要金融投资来保证其增长，而其他产品则会创造超过自身需求的现金。不管怎样，企业都需要决定如何使用有限的资源来满足不同产品竞争的需要，从而使企业整体能够达到最佳绩效。图 14-7 展示了英国礼兰（BL）无法平衡产品组合的失败案例（注意 PLC 曲线是通过利润而不是销售额来展示的）。

14.4.3 不同国家中的产品生命周期

当把产品生命周期的概念扩展到国际市场时，两种方法需要注意：

（1）国际产品生命周期（IPLC）——宏观经济的方法；

（2）跨国产品生命周期——微观经济的方法。

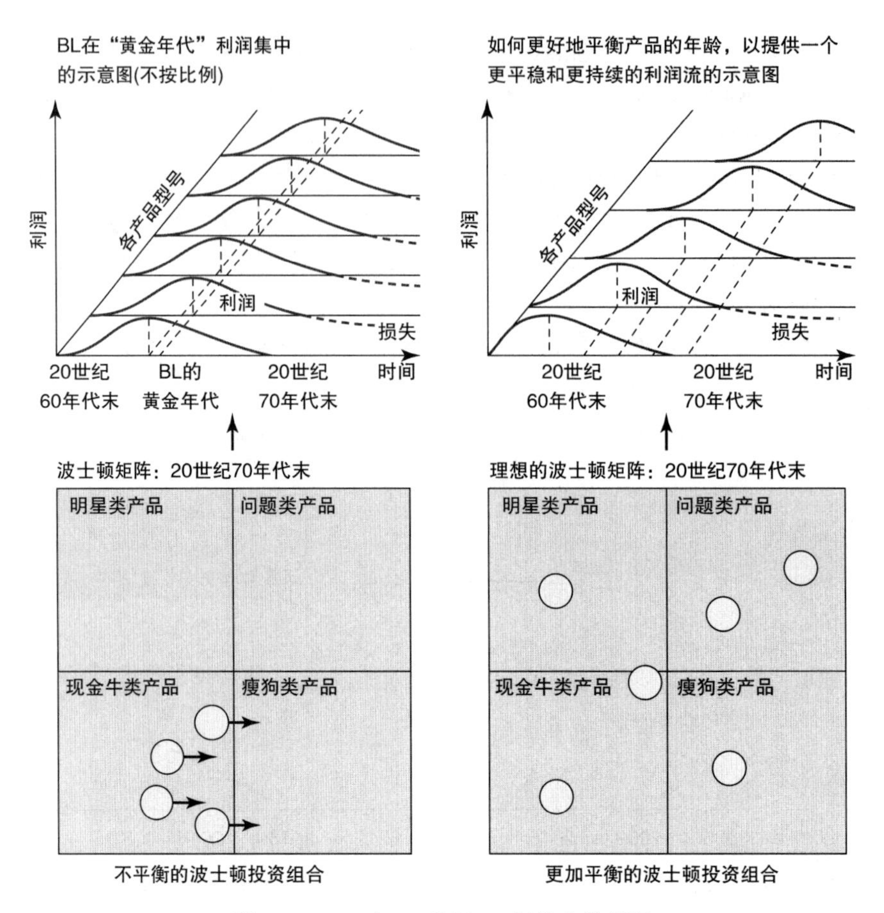

图 14-7　BL 在 20 世纪 70 年代末的情况

资料来源：Partly reprinted from *Long Range Planning*, 17(3), McNamee, P. (1984) ‘Competitive analysis using matrix displays’, pp. 98–114, copyright 1984, with permission from Elsevier.

1. 国际产品生命周期

国际产品生命周期理论（Vernon, 1966）描述了一个创新跨越国界进行扩散的流程（见图 14-8）。对于每个曲线而言，当曲线高于水平线时导致纯出口；当曲线低于水平线时，对于特定国家就会造成纯进口。

需求首先在创新国家（在图中就是美国）产生。一开始在创新国家的过度产能会出口到其他需求还在增长的发达国家。之后，需求会在发展中国家继续。结果，生产首先在创新国家中开展。随着产品的成熟和技术的扩散，生产就会在其他工业国家中展开，之后转移到发展中国家。生产效率 / 对比优势从发达国家转移到发展中国家。最后，先进国家不再具有成本优势，会在从其他之前的客户中进口产品。

典型的关于 IPLC 的例子可以在纺织行业、计算机和软件行业中体现。例如，很多软件程序都是在印度的班加罗尔开发的。

2. 跨国产品生命周期：一种微观经济的方法

在国外市场一个产品跨域每个阶段的时间因不同的国家而有所区别。另外，基于不同国家中的经济水平，一个产品可能会在不同的国家经历不同的阶段。

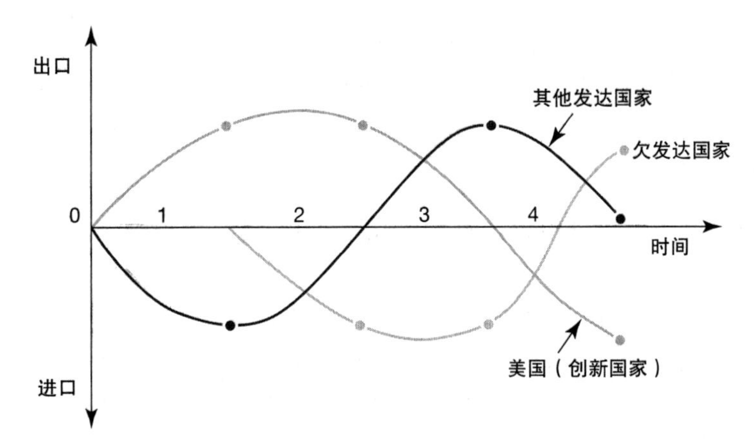

图 14-8 国际产品生命周期（IPlC）曲线

资料来源：Onkvisit and Shaw (1993, p. 483).

图 14-9 展示了一个产品（在特定的时间，t_1）在本土市场正在经历衰退期，而在国家A 却在经历成熟期，在国家 B 经历引入期（Majaro，1982）。

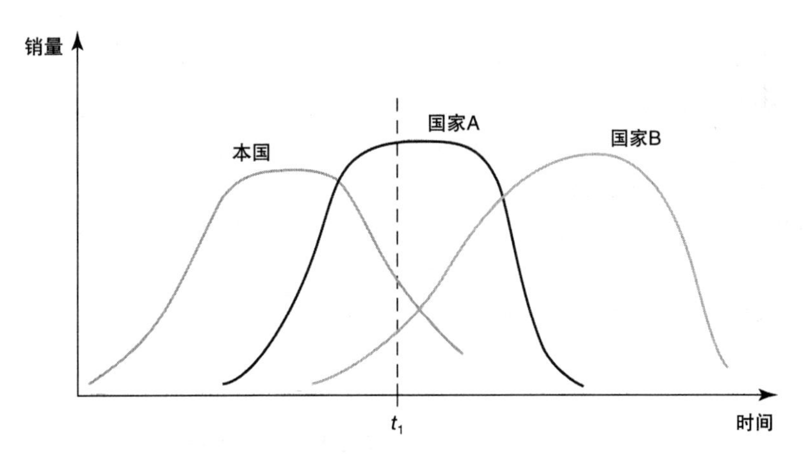

图 14-9 不同国家的产品生命周期（PlC）

14.4.4 众包

许多企业尝试将它们的客户（或潜在客户）以及它们的在线社区直接纳入到产品开发过程中。

杰夫·霍伟（Jeff Howe）早在 2006 年就创造了“**众包**”（crowd-sourcing）这个词，并将其定义为一种曾经被员工执行的功能后来被以开放的方式外包给一个大社区完成的行为（Howe，2006）。

宝洁、耐克、百思买、Threadless（参见营销洞见 14-3）和星巴克都建立了数字平台，允许顾客以“开放”的方式进行反馈，这种过程将顾客融入到了创造新产品和信息的过程中。

基于目前的互联网技术，企业可以比以往任何时候更大规模地利用群体的力量。人们可以带来更多的数据，使企业更准确更紧密地了解市场。所以，众包要求大量人员的聚集。但到目前为止，这一点还很难达到。尽管如此，Web 2.0 还是提供了新的汇集大众和与大众融合的机会。每个人都可以跨越层次和功能，在几乎没有成本的情况下与他人分享和合作（Stieger et al.，2012；Boudreau and Lakhani，2013）。

营销洞见 14-3

Threadless T 恤的众包商业模式

Threadless 是一个总部位于芝加哥的 T 恤制造商，它的设计过程完全由在线比赛组成。2015 年，无线 Threadless 在超过 150 个国家中卖出了数以百万计的定制社区设计的 T 恤。T 恤的设计来自世界各地，社区谨慎地挑选了最好的和最耀眼的。每周，公司从业余的和专业的艺术家那里收到大约 1 500 件设计作品，Threadless 将这些设计发布到网站上，每个注册的人可以给每个 T 恤打分。每周的前 10 个评分最高的设计品将被投入生产，但是只有足够的顾客提前预订这个设计，才能确保它不会是一个赔钱货。每周的获胜者将得到 2 000 美元现金和一个价值 500 美元的礼品券。同时，每再版一次设计，设计者将会得到另外的 500 美元。获胜的机会相当低（不到 1%），但是真正的动机是他们的作品有机会在公共场合接受顾客的审视，还有潜力被公众所穿戴。Threadless 将设计者的名字印在每一个 T 恤的商标上。对于这些设计师而言，这是一个去学习、建立信誉和开始创建一个属于自己的名字或品牌的有创造性的出路。对于顾客来说，Threadless 提供了一个更广阔的选择空间。从 Threadless 的视角来看，公司不必雇用设计员工，它只需要从经济上保证这些衬衫被认可、被预订和有吸引力。从这个角度来看，这是一个降低风险的策略。因此，成本很低，而利润率超过了 30%。

Threadless 很少生产一件 T 恤，因为社区和潜在顾客在考虑之前就投票支持设计。实质上，Threadless 的顾客开发了该公司的产品。

Threadless 还安装了所谓的“品牌过滤器”（见图 14-10）。

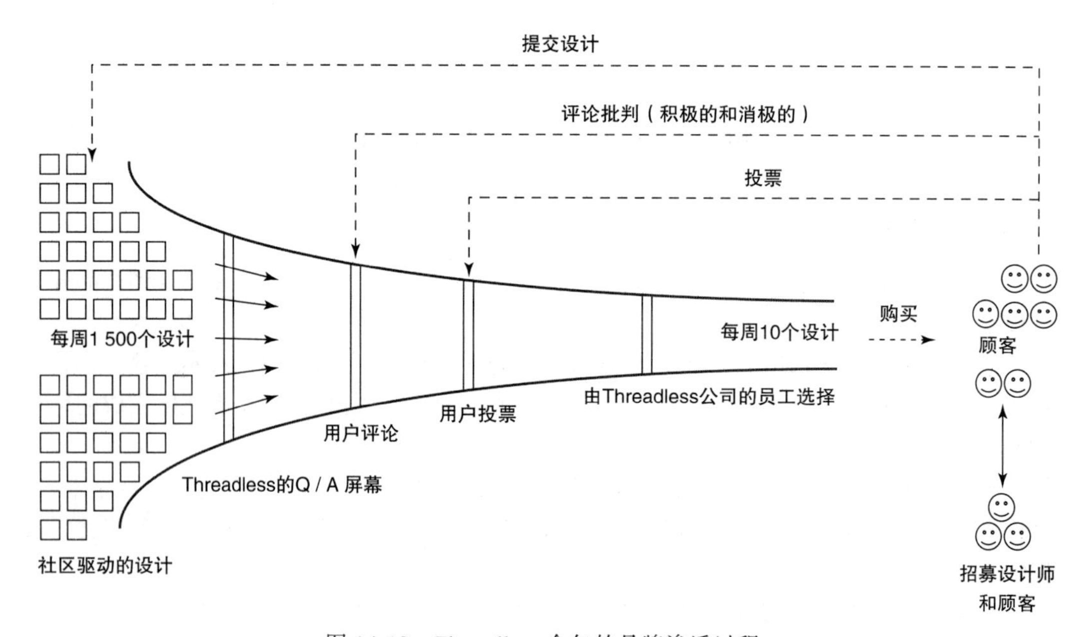

图 14-10　Threadless 众包的品牌渗透过程

所有的设计都已经上传到 Threadless 网站（内置的问答屏幕）后，社区成员可以发表评论并批评不同的设计。在设计经过讨论之后，人们通过给社区其他成员转发链接的方式来支持和推荐具体的设计，最后的投票是在一个星期内完成的。

诚然，“众人”也就是所有人提交设计，社区从每周杂乱的提交作品中投票，以过滤这些设计，但 Threadless 工作人员仍然以民主方式进行最终选择，这样有助于确保质量和目的。

2008 年，Threadless 儿童在芝加哥开了自己的商店。除了本周的特色成人 T 恤之外，也为孩子们准备了其他有趣设计。

资料来源：Adapted from Parent *et al*. (2011) and various orther public sources, e.g. Threadless.com.

14.5 为国际市场开发新产品

顾客需求是产品开发的起点，不管是对本国市场还是对全球市场都一样。除了顾客需求，使用的条件和购买能力构成了一个对国际市场进行新产品开发决策的框架。

14.5.1 开发新产品 / 缩短上市时间

作为国际竞争日渐激烈的结果，时间成为越来越多生产技术先进产品的公司取得成功的关键要素（KSF）。这种时间上的竞争以及技术开发的水平预示着产品的生命周期越来越短。

伴随着缩短的产品生命周期，新产品的开发时间可被急剧缩短。这不仅仅体现在办公沟通设备领域的技术产品，也体现在了汽车和电子消费品领域。在很多情况下，开发时间被缩减到了以前的一般。

同样，营销 / 销售时间以及研发时间，都被从过去大概四年缩减到两年。这种新情况在图 14-11 中有展示。

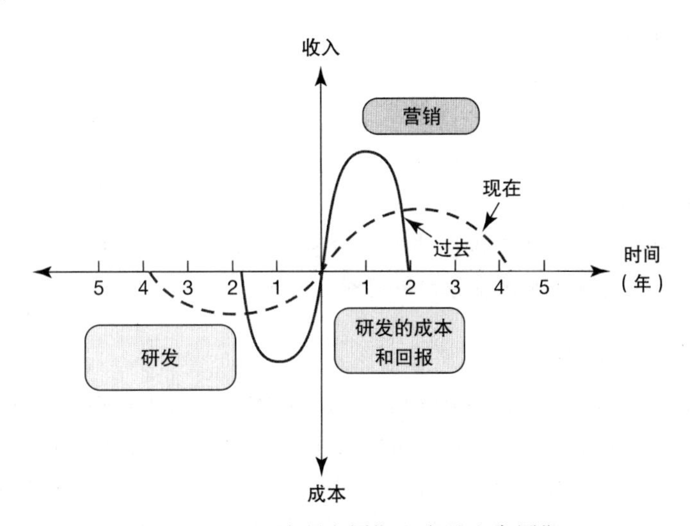

图 14-11　压缩研发周期和产品生命周期

资料来源：Reprinted from *Long Range Planning*, 28(2), Töpfer, A. (1995) ‘New products: cutting the time to market’, p. 64, Copyright 1995, with permission from Elsevier.

对于所有类型的科技产品而言，产品必须尽可能符合顾客要求的质量（例如，与顾客需求一样）但并不一定符合技术的可行性，这第一点是正确的。变化频繁的技术产品可能被过度优化，也会被顾客认为过于昂贵（对于“质量”的分析可以参看 Guiltinan et al., 1997）。

就像我们在之前章节提到的，日本和欧洲的汽车业供应商使用不同的方法来进行产品开发。图 14-12 给出了一个关于汽车仪表盘供应商的例子。日本的两家制造商比欧洲的制造商晚两年开始工业设计流程，这可以保证日本企业在更短时间使用最新技术来完整开发一个产品，但是却与竞争对手几乎一起推广上市。

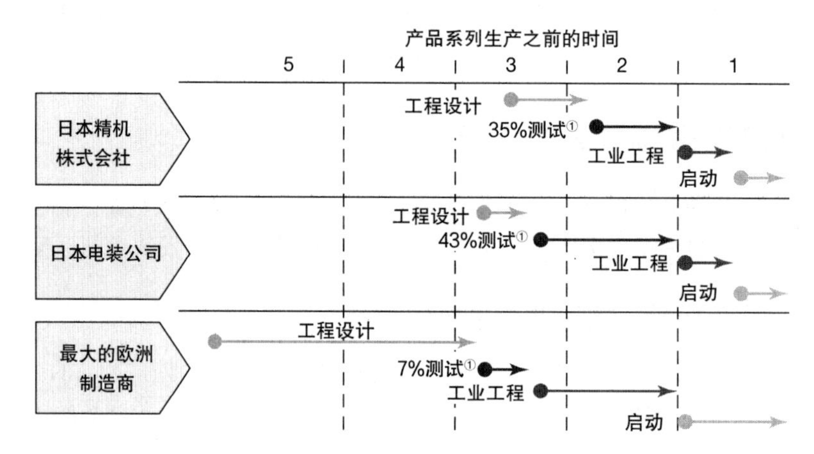

图 14-12 汽车业供应商的开发和测试阶段

①在总开发周期中测试阶段所占的比例。

资料来源： Reprinted from *Long Range Planning*, 28(2), Töpfer, A. (1995) ‘New products: cutting the time to market’, p. 72, Copyright 1995, with permission from Elsevier.

日本制造商能够具有时间竞争力的原因是使用了以下的方法：

- 顾客和供应商的早期整合；
- 多技能的项目团队；
- 整合研发、生产和营销活动；
- 全面质量管理（TQM）；
- 新产品和所需生产设备的平行计划（同步工程）；
- 高度的外包（减少内部生产）。

当今，产品质量已经不足以接触并满足顾客。高水平的设计和外观起到越来越重要的作用。高质量的产品支持和顾客服务也同样是必需的。

14.5.2 质量配置功能

质量配置功能（quality deployment function，QDF）被认为是在产品开发流程中“聆听来自顾客的声音”最主要的工具。它也可以被用来确定产品创新度和差异度的机会。QDF 是将顾客需求转移到产品属性的有用技术，同时也是响应成功开发流程要求的工具，它鼓励在工业设计、生产和营销环节的沟通。除了将顾客要求纳入产品开发环节，QDF 还准许在保证和增强产品设计质量的同时缩减产品设计时间和成本。QDF 产生于 1972 年的三菱位于神户的船厂（Mitsubishi’s Kobe Shipyard），并在日本和美国被广泛使用。它帮助丰田缩减了 40% 的设计时间和成本。时间和成本的减少主要因为企业在产品创新阶段的早期投入了更多的努力。

14.5.3 产品创新度

新产品一般具有不同的创新度。它可能是一个完全的新发明（世界最新）或者是对现有产品的微小调整。在图 14-13 中，创新度有两个维度：市场创新度（顾客、渠道和公共政策）和公司创新度。市场失败的风险也会随着产品创新度的增加而增加。所以，产品创新度越高，就越需要对公司内部和外部环境进行分析，从而减少潜在风险。

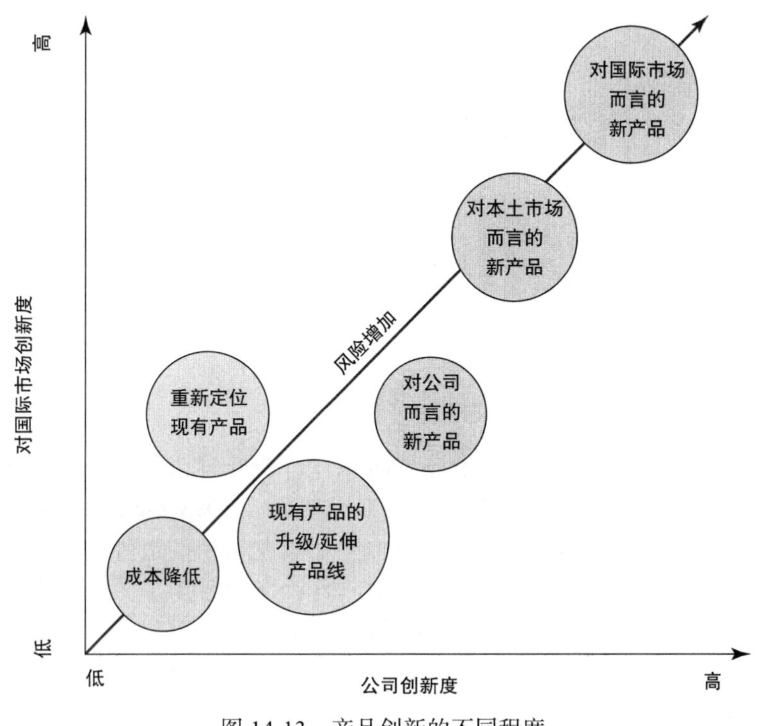

图 14-13 产品创新的不同程度

14.5.4 产品沟通组合

既然已经决定了产品的最佳标准化 / 适应性路线，以及产品的创新度，那么下一个最为重要的（和文化敏感的）问题就是国际化促销。

产品和促销在海外市场携手共进，两者的结合可以在短时间内创造或毁灭一个市场。我们已经考虑了可能影响组织将产品标准化或适应国外市场的各种因素。同等重要的就是在目标市场产品或服务的促销或承诺。同产品决策一样，促销要么选择标准化，要么选择适应国外市场。

基根（Keegan，1995）强调了营销战略的核心应该是产品和促销要素组合的标准化或适应性，并且提供了五种选择以及更为详细的制定产品政策的方法。这些方法在图 14-14 中说明。

14.5.5 直接延伸

直接延伸是指直接将标准化的产品和相同的促销战略推广到整个国际市场（在世界中只有一种产品、一种信息）。如果能够成功应用这种战略，那么企业在市场调研和市场开发上将会节约巨大成本。例如，自 1920 年开始，可口可乐公司就适应了这种方法，这使得企业在不断强调同一信息中节约了巨大的成本，并创造了巨大的利润。许多学者认为这种策略将会在未来被很多产品所采用，但实际上只有少数的产品能够做到。许多公司尝试过，但却以失败告终。例如，金宝汤（Campbell's soup）就发现顾客对汤的口味不可能全球化。

		产品		
		标准化	适应性	新奇性
促销	标准化	直接延伸	产品适应性	产品创新
	适应性	促销适应性	双重适应性	

图 14-14 产品 / 促销模式

资料来源： Based on Keegan (1995), pp. 489–94, p. 498, Table 13–1 .

一个关于延伸成功的例子是联合利华（Unilever）向全球市场推广的有机香波，该产品是由联合利华在曼谷和巴黎毛发创新中心联合研发于 1993 年在泰国首先推出的。到 1995 年，该产品已经在超过 40 国家销售，创造了 1.7 亿英镑的销售额。为了在阿根廷市场推广，联合利华在当地的杂志中做了两页的广告，可以看到其基本的广告概念与全世界是一致的，就是宣传“有机香波——第一款滋养发根的洗发香波”。

14.5.6 促销适应性

此策略的应用并不是旨在改变产品，而是调整促销活动以适应不同市场间的文化差异。这是一个相对节约成本的策略，因为调整促销信息要比调整产品要便宜得多。此战略可以通过力士（Lux）香皂来说明。

力士香皂（联合利华）：英国 vs. 印度

英国版的力士香皂广告是基于传统的跨境广告活动，核心信息“呵护电影明星的美颜香皂”，已经在较高程度被标准化。在印度，力士的广告活动却具有特殊的当地特色。

印度版的广告共有三个版本，分别是过去电影明星、现在的电影明星和未来的潜在电影明星与力士香皂之间的关系。广告聚焦于三个印度电影的传奇美女在过去的时光岁月如何认可力士品牌。电影海报中的创意广告词让消费者记住了品牌形象，并使用褐色的色调创造一种怀旧的感觉。

14.5.7 产品适应性

一个制造商如果想在不同市场保留产品的核心功能，那么只能通过微调来实现。例如，日用电器产品必须根据不同国家的电压对产品进行微调。一个产品也可以根据不同的地理环境对功能进行调整。埃克森（Exxon）对燃油的化学成分进行调整来应对极端的环境，但是仍然在全球范围内宣传“在你的油箱中放只老虎”(Put a tiger in your tank)。

14.5.8 双重适应性

为了使产品和促销适应每个不同的市场，企业必须采用完全不同的方法。这种策略往往是企业在之前三种策略全部失败的情况下才会采用，特别是那些处于非领导地位，需要根据市场反应并跟随竞争对手的企业。该策略适用于世界市场中的大多数产品。对于产品和促销的调整虽然很昂贵但却是必需的选择。

我们用家乐氏（Kellogg’s）来举一个双重适应的例子。家乐氏早期为印度的早餐市场研发了“印度香米片”。印度是一个食用大米为主的国家，这种产品是特意为满足印度人的口味而研发的，而其广告活动则应该基于全球定位而开发出适应当地的概念。

14.5.9 产品创新

产品创新一般被发达国家的企业所采用，为了向欠发达国家提供产品。产品创新是为了满足每个国家的特殊需求，因为现有的产品可能太过于技术复杂而无法在欠发达国家使用，另外电压不稳定、技术限制也可能阻碍现有产品的应用。基根（Keegan，1995）使用手动洗衣机作为例子来对此策略说明。

营销洞见 14-4

产品创新：印度的太阳能便携式充电系统

通过开发数码相机和照片打印机的便携式充电系统，惠普（HP）已经成功地进军到了巨大的印度农村市场。这个增量发明使惠普成功地将数码相机和打印机销售给住在印度农村的那些尚未从国家农村电气化项目中获利的消费者。惠普利用潜在的农村市场的商业模式是具有创新性的。不像是在城市市场中，相机和打印机是直接地销售给消费者，农村企业家租赁设备并从惠普购买耗材。惠普成功进入印度农村市场的另一个主要原因是，一些惠普员工团队通过住在当地家庭两周和参加社区会议而获得了农村社区的相关知识。

资料来源：Adapted from Varadarajan (2009).

14.6 产品定位

产品定位是成功营销的核心要素，不管是对任何组织还是在任何市场都是如此。产品或企业如果在顾客的意识中没有清晰地定位，那么就没有任何的立足点，也不能控制产品或实用价格以外的其他东西。较高的价格和竞争优势，很大程度上依赖于顾客对产品或服务区别于竞争对手的差异优势的预期（Devaney and Brown，2008）。我们如何在国际市场中达到可信赖的市场定位呢？

由于买家 / 用户对于利益产生属性的预期非常重要，那么产品定位就是一种活动，通过这种活动顾客可以在心中定位出产品的“位置”。对于国际市场而言，产品定位的起点是描述特定产品所包含的不同属性，这些属性可以为买家和用户形成持续的利益。

国际营销设计人员将这些属性放到一起，以使得产生的利益可以和特殊市场细分的需求所匹配。这种产品设计的问题不仅包含基本的产品构成（外形、包装、服务和原产地），也包括品牌名称、样式和相似属性。

从多维视角（通常指“感知图”）来看，一个产品可以基于其属性通过感知图中的一个点来表示。产品属性的点的位置就是在意识空间中的“定位”（参看 Johansson and Thorelli，1985）。如果其他产品的点和原型产品的点很近，那么其他产品就是原型产品的竞争对手。如果在某些国际市场中原型产品和它最近的竞争对手之间都有明显的距离，并且其定位表现出顾客需要的一些重要属性，那么很可能原型产品就具有重要的竞争优势。

原产国效应

产品的原产地（country of origin，COO），特别是通过“××国制造”表示，会对产品的质量感知产生显著的影响。一些国家对于特定的产品会产生好的声誉，而一些国家会产生差的声誉。例如，日本和德国对于汽车生产就有良好的声誉。原产国效应对于东欧国家而言尤其重要。伊藤森（Ettensén，1993）研究了俄罗斯、波兰和匈牙利消费者对于电视的购买决策，结果发现，这些消费者评价本国产电视要远远低于西欧产电视，他们特别喜欢日本、德国和美国制造的电视。

原产国效应比品牌名称更为重要，这对于欧洲一些不知名品牌的企业想要进入东欧市场来说是利好消息。另一项研究（Johansson et al.，1994）指出，一些东欧的产品在西方国家销售良好，尽管其原产国形象不高。例如，白俄罗斯的拖拉机在欧洲和美国销售良好，不仅仅因为其合理的价格，还因为其持久耐用性。缺乏有效的分销网络，很大程度上会妨碍公司进入西方市场。

当考虑产品定位的应用时，意识到在不同市场中的定位有区别非常重要，因为目标客户在不同市场中是有差别的。当在特殊市场或区域确定产品或服务的定位时，必须要明确产品或服务在消费者意识中的到底代表什么，以及它们如何区别于现存和潜在竞争对手。在开发特定市场产品时，企业定位可以聚焦于一个或多个产品的元素，所以差异化可以基于价格和质量、一个或多个属性、一个特殊应用、一个目标群体或与竞争对手的直接对比上。

营销洞见 14-5

中国钢琴制造商正在经历“原产国”效应

中国钢琴产业是展示中国品牌所面临的机遇和挑战的有力示例。中国已经取代日本和韩国成为世界上最大的钢琴生产国。中国品牌商之一珠江（Pearl River）已成为世界上最大的钢琴制造商，其年销量约为10万台。由于钢琴制造仍然是劳动密集型产业，所以中国制造商享有巨大的成本和价格优势。这也促使国际经销商购买中国钢琴，因为利润更大。然而，中国钢琴制造商面临的最大品牌困境就是对于“中国制造”这一标签的负面看法。个别公司很难改变这种看法，这可能需要整个国家用一代人的时间来改变其总体形象。日本的雅马哈（Yamaha）已经花了30多年的时间将其形象从“我也是”的廉价仿制品形象转变为全球领先品牌。影响购买的一个重要因素来自音乐教师，他们中的许多人建议学生不要购买中国制造的乐器。

为了克服这一困难，中国制造商可以尝试将自己的品牌与西方的价值观和名称联系起来。例如，龙凤钢琴（Longfeng）可以强调其金斯伯格（Kingsburg）型号是由德国国际知名设计师克劳斯·芬纳（Klaus Fenner）设计的。

资料来源：Adapted from Fan (2007). From Hollensen, S. (2008) *Essentials of Global Marketing*, FT/Prentice Hall, p. 311, Exhibit 11.1.

营销洞见 14-6

杜莎夫人蜡像馆：一个在全球范围内让人们与名人更靠近的品牌

杜莎夫人蜡像馆（Madame Tussauds）拥有丰富而迷人的历史，其渊源可追溯到1770年的巴黎。正是在这里，杜莎夫人（Madame Tussaud）在她的导师柯提斯医生（Philippe Curtius）的指导下学习制作蜡像模型。她的技术在法国大革命期间受到考验，她被迫通过制作被处死的贵族的人头蜡像来证明自己的忠诚。19世纪初，她来到英国，带来了一个包括革命文物、人民英雄和恶棍雕像的巡回展。

2007年3月，杜莎集团以10亿英镑的价格出售给了黑石集团，该公司已与默林娱乐集团（Merlin Entertainments Group）合并。2009年，默林娱乐集团吸引了约3 000万名游客参观其所有景点，使它们成为继迪士尼之后全球第二大旅游景点。默林娱乐集团在12个国家有13 000多名员工。

品牌体验

品牌的未来在于建立令人难忘的消费者体验。像杜莎夫人蜡像馆这类的体验型公司需要拥有超越产品之外的东西。杜莎夫人蜡像馆的卖点不是蜡像，而是使人们更接近名人和他们的生活。

新馆址的选择

新位置的选择要基于许多不同的标准。杜莎夫人蜡像馆有一个产品开发团队，调查了许多城市的游客数量，以及它们是否适合吸引游客和有足够的空间。详细的研究对于把概念引入新市场至关重要。在中国香港开幕后，杜莎夫人蜡像馆于2006年在上海开设了它在亚洲的第二家分馆。作为中国最大的、最富有的城市，上海每年有超过1 300万的常住居民和近4 000万的游客，对于该公司来说是一个很好的机会。

与蜡像人物的互动

上海分馆在所有景点中有最强的互动性，蜡像人物少，而围绕这些蜡像的互动多。泰格·伍兹的展厅允许游客在果岭上挥杆，并能看到自己的分数。一杆进洞的新客人被记录在排行榜上。游客还可以去卡拉展台与中国著名流行歌手Twins合唱，并查看自己的视频。人们也可以装扮成查理·卓别林，在黑白银幕上看到自己。

平衡本土品牌与全球品牌

研究显示，杜莎夫人蜡像馆在英国有98%的品牌识别度。然而，在亚洲，“夫人”一词对于许多消费者来说有时意味着酒吧或俱乐部，并且蜡像品牌对于亚洲人来说没有吸引力，因为亚洲并没有建立这种类型博物馆的传统。

对于杜莎夫人蜡像馆来说，确保其品牌在本地和国际保持良好的融合十分重要。这是一个微妙的平衡：太多的本地内涵不符合国际品牌的理念，而对国际形象强调的太少可能会令外国游客失望。中国蜡像馆以葛优、功夫王成龙、流行组合Twins和篮球巨星姚明等本土面孔为代表，同时也有大卫·贝克汉姆、迈克尔·杰克逊和布拉德·皮特等国际名人。伦敦的蜡像馆里有许多国际名人，如安吉莉娜·朱莉、碧昂丝和奥巴马，但国际游客也爱玛格丽特·撒切尔夫人、戴安娜王妃、温斯顿·丘吉尔和女王。在全球范围内扩大杜莎夫人蜡像馆的品牌是一次挑战，但当谈到杜莎夫人蜡像馆的基本元素时，并不是蜡像，而是消费者体验以及带给人们与名人的互动。

资料来源：With kind permission from Madame Tussauds Group, especially Global Marketing Director Nicky Marsh from London (www.madame-tussauds. com) and Cathy Wong, External Affairs Consultant from Shanghai (www.madame-tussauds.com.cn); Marsh, N. (2006) ‘ Translating experiences across the world ’ , *Brand Strategy*, June, p. 11; Macalister, T. (2005) ‘ Madame Tussauds to open in Shanghai ’ , *The Guardian* (London), 19 September, p. 20.

14.7 品牌资产

品牌在全球文化的各个角落无所不在（Cayla and Arnould，2008）。花旗银行（Citibank）和品牌咨询公司 Interbrand 在 1997 年发现，基于品牌业务的企业股票连续 15 年比股票市场表现得更为出色。然而，同一研究也注意到，出现一些品牌所有者在 20 世纪 90 年代中期减少在品牌上的投资导致风险增加的趋势，因为品牌投资的减少会对企业绩效产生负面作用（Hooley et al.，1998，p.120）。

下面的两个例子描述了品牌为顾客增加价值：

- 一个经典的例子是，在一次盲测中，51% 的消费者相比可口可乐更喜欢百事可乐，但是在开放测试中，65% 的顾客相比百事可乐更喜欢可口可乐：软饮料的偏好是基于品牌形象，而不是口味（Hooley et al.，1998，p.119）。
- 斯柯达（Skoda）汽车在英国曾经被认为是一个笑话，因为大多数用户都认为其质量低劣。1995 年，当斯柯达准备在英国推出一款新车时，在消费者中进行了一场“盲测”来对车辆进行测评。当人们不知道制造商时，被试车辆被认为设计更优，更值得购买。当斯柯达的品牌被揭晓时，人们对设计的感知要差很多，价值也随之降低。这让我们的注意力从企业的声誉转到产品的品牌（Hooley et al.，1998，p.117）。但是，随着斯柯达被德国汽车制造商大众接管，这个倍受质疑的捷克制造商的声誉获得了巨大的改善。从那时开始，虽然大众和斯柯达共享很多零部件，不提及西亚特（Seat），斯柯达重新获得了优势，而且成为捷克经济的黄金指标。

品牌资产的定义

尽管品牌资产的定义经常受到争议，但是这一术语超越了与生产有关的有形资产的概念，解决了品牌价值的问题。

加州大学伯克利分校的教授戴维·阿克（David Aaker）是早期品牌资产的引领学者之一，他的定义是“与品牌（名称和符号）有关的资产和负债的集合，它可以通过一个公司为其顾客提供的产品或服务实现价值的增加和减少”（Aaker，1991，p.15）。

阿克将聚集的资产和负债归结成五种类别：

（1）品牌忠诚度。鼓励顾客不断购买一个特定品牌，并对竞争对手的品牌保持不敏感性。

（2）品牌知名度。品牌名称会吸引注意力并且传递熟悉的形象，可以通过有多少顾客知道这个品牌来解释。

（3）感知质量。“感知”表示是顾客确定质量的水平，而不是企业。

（4）品牌联想。与品牌相联系的价值和个性。

（5）其他专有品牌资产：包括商标、专利和营销渠道关系。

品牌资产可以被认为是额外的现金流，可以通过将一个品牌与产品或服务的潜在价值相联系来实现。我们可以将品牌资产认为是与没有品牌的产品或服务相比，顾客 / 消费者愿意为同样的有品牌的产品或服务多付出的溢价。这种联系虽不完善，但实用。

总之，品牌资产就是基于消费者—品牌关系的强度、深度和特色。强大的品牌资产暗示着面对阻力和拉力时，一种强大的力量将消费者和品牌绑定在一起。顾客与品牌之间关系的强度、深度和特色即品牌关系的质量（Marketing Science Institute，1995）。

14.8 品牌化决策

与产品定位紧密联系的一个问题是品牌化问题。品牌化的基本目的在全世界任何一个地方都是相同的。一般而言，品牌化的功能是：

- 将本公司和公司生产的产品与竞争对手区别开来；
- 创造品牌认知度和品牌知名度；
- 保证产品的质量和满意度；
- 有助于产品的促销宣传。

所有的这些目的都有相同的终极目标：增加新的销量（从竞争对手那里获取市场份额），或者引起重复购买（保持顾客忠诚）。

图 14-15 描述了四个水平的品牌化决策。四个层面的每一种选择都有不同的优势和劣势，如表 14-2 所示。我们将在下面详细讨论。

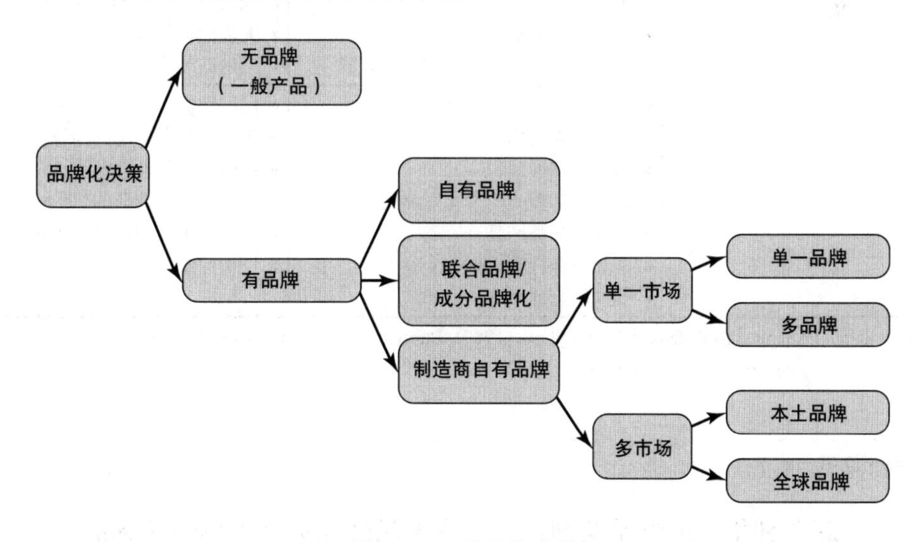

图 14-15 品牌化决策

资料来源： Adapted from Onkvisit and Shaw (1993, p. 534).

表 14-2 品牌替代品的优势和劣势

	优 势	劣 势
无品牌	● 更低的生产成本 ● 更低的营销成本 ● 更低的法律成本 ● 灵活的质量控制	● 激烈的价格竞争 ● 缺乏市场认同
有品牌	● 更好地认同和认知度 ● 更好的产品差异化机会 ● 可能的品牌忠诚 ● 可能的溢价	● 更高的生产成本 ● 更高的营销成本 ● 更高的法律成本
自有品牌	● 可能更大的市场份额 ● 没有促销问题	● 激烈的价格竞争 ● 缺乏市场认同
联合品牌 / 成分品牌化	● 增加品牌价值 ● 分担生产和促销费用 ● 增加制造商进入零售商货架的权力 ● 在相互承诺的基础上发展持久的关系	● 消费者可能会变得困惑 ● 成分供应商非常依赖最终产品的成功 ● 成分供应商的促销成本
制造商自有品牌	● 由于缺乏弹性，可以定更高的价格 ● 保持品牌忠诚度 ● 更强的议价能力 ● 更强的分销控制	● 对不知名小型制造商来说很困难， ● 需要品牌促销
单一市场，单一品牌	● 营销效率更高 ● 允许更有针对性的营销 ● 消除品牌混乱 ● 有利于有良好声誉的产品（光环效应）	● 假设市场是同质的 ● 当现有品牌形象受损时，消费者要么买高价产品，要么买低价产品 ● 有限的货架空间
单一市场，多品牌	● 根据不同需求市场细分，创造有竞争力的产品 ● 避免现有品牌的负面内涵 ● 增加零售货架空间 ● 不损害现有品牌形象	● 较高的营销成本 ● 较高的存货成本 ● 失去规模经济
多市场，本土品牌（参见营销洞见 14-5）	● 有意义的名称 ● 本土化识别 ● 国际品牌避税 ● 允许不同市场的数量和质量差异	● 较高的营销成本 ● 较高的存货成本 ● 失去规模经济 ● 混淆品牌形象
多市场，全球品牌	● 营销效率最大化 ● 减少广告费用 ● 消除品牌混乱 ● 有利于培养不受文化影响的产品 ● 有利于名牌产品 ● 国际旅客容易识别 / 认知 ● 统一的全球形象	● 假设市场是同质的 ● 黑色和灰色市场的问题 ● 消极的可能性 ● 需要质量和数量的一致性 ● 欠发达国家的反对和不满 ● 法律纠纷

资料来源：Adapted from Onkvisit and Shaw (1989). Published with permission from Emerald Publishing Ltd. www.emeraldinsight.com.

营销洞见 14-7

联合利华的织物柔顺剂：一个本土品牌在多个市场中的案例

联合利华的织物柔顺剂是进行促销调整的一个有效案例。该产品最初是作为宝洁公司旗下的一个经济型品牌在德国推出的。为了抵消由低价产生的产品质量的负面推断，联合利华强调柔顺是产品差异的关键点。与柔顺的联系通过Kuschelweich这一名称传达出来，意味着“被柔软围绕”的，并通过包装纸上泰迪熊的插图进行说明。产品在法国推出时，联合利华仍坚持经济型和柔顺性的品牌定位，但将名称改为了法语里代表柔软的“Cajoline”。此外，当时在德国尚未活跃的泰迪熊现已在法国广告业中占据了中心地位，成为柔软和品质的品牌象征。在法国的成功导致了在全球范围内的扩张，每到一处，品牌名称都会改变为在当地语言中有柔软含义的词汇。而泰迪熊的广告形象则在全球市场都几乎保持不变。到20世纪90年代，联合利华以十几个品牌名称将织物柔顺剂推广至全球销售，并且全部使用相同的产品定位和广告支持。更重要的是，织物柔顺剂通常是每个市场排名第一或第二的品牌。

资料来源：Adapted from Keller and Sood (2001).

14.8.1 有品牌 vs. 无品牌

品牌化会通过贴标签、包装和促销等营销形式增加成本。有些商品是“无品牌的”或无差异化的产品。此类无品牌产品包括水泥、金属、盐、牛肉和其他农业产品。

14.8.2 自有品牌 vs. 联合品牌 vs. 制造商自有品牌

这三类选择可以像图14-16一样分级。

消费者具有品牌忠诚度还是商店忠诚度是一个关键的问题。制造商和零售商之间的竞争让我们需要更好地理解消费者的购买行为。不论是制造商还是零售商，都需要清晰地认识到店铺选择、购买频次和店内购买行为的决定要素。但是，制造商往往忽略消费者的购买行为，这使得零售连锁的实力不断增大。

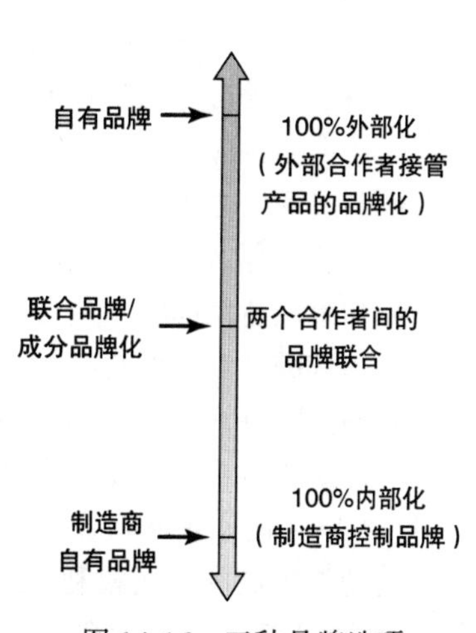

图14-16 三种品牌选项

14.8.3 自有品牌

自有品牌在英国非常普遍，如玛莎百货（Marks & Spencer）大部分都销售自有标签（自有品牌）的商品。整个欧洲自有品牌的市场份额已经达到了23%。与北欧自有品牌占据较高市场份额相比，南欧（如西班牙和葡萄牙）自有品牌的市场份额却较低。在欧洲，自有品牌市场份额最高的国家是英国（46%）和瑞士（45%）。更值得注意的是，自有品牌的增速要远远超过制造商品牌。美国的情况和西欧差不多，在不同类别产品的渗透率已经达到24%。在世界的其他地区，自有品牌的占有率还相对较低。在南美和亚洲，自有品牌市场占有率一般不超过5%，但是其渗透程度在不同市场中表现出极大的差异（Europanel，2009）。

1. 零售商的观点

对于零售商而言，自有品牌有两个主要的优势：

（1）自有品牌提供了更高的利润。产品成本通常占零售商总成本的70%～85%。所以，如果零售商能够从制造商那里以较低的价格购买有质量保证的产品，那么就会创造更高的利润空间。事实上，自有品牌已经帮助英国食品零售商达到了平均 8% 的利润空间，这比国际平均水平要高出许多。法国和美国的食品零售商利润一般是 1% ～ 2%（Steenkamp and Kumar，2009）。

（2）自有品牌强化了顾客心目中零售商的形象。许多零售连锁店尝试通过提供自营的高质量产品来树立顾客对其连锁商店的忠诚度。事实上，高端的自有品牌产品 [例如，塞恩斯伯里（Sainsbury's）的“尝试不同产品”（Taste the Difference）系列食品] 已经开始和制造商的顶级品牌在质量上展开竞争，并且获得了持续增长的市场份额；相反，廉价仿冒品的市场份额却在下降。

2. 制造商的观点

虽然自有品牌一般会被视作制造商的威胁，但也有可能在某种情况下它却是更好地选择：

- 对于制造商来说，自有品牌化不会产生促销费用，所以这种策略对于中小型企业来说非常合适，特别是资金有限并且处在竞争下游缺乏竞争力的企业。
- 自有品牌制造商可以在零售连锁店中获取货架资源。随着大型零售企业的国际化进程加快，这也可以让那些从来没有进入过国际市场的中型小企业获得新的发展机遇。

当然，也有一系列自有品牌不利于制造商的原因：

- 由于缺乏自身的品牌识别，制造商只能依赖价格进行竞争，因为零售连锁企业总是在更换供应商。
- 制造商失去了对其产品如何进行促销的控制权。如果零售商不尽力将产品推广给消费者，那么这种情况就更为糟糕。
- 如果制造商同时制造自有品牌和零售商自有品牌产品，那么很可能出现零售商自有品牌破坏制造商自有品牌的风险。

此外，在许多国家自有品牌经历了深刻的变革，在某些产品类别中从最开始的低价格——低质量形象向与最强品牌发起竞争的方向转变。很明显，制造商品牌在许多类似于美国、西欧的国家正面临着自有品牌扩张所带来的强大竞争。

假设零售商的市场权利（通过零售集中率来测量两三家顶级零售商的市场份额之和）在特定国家是决定自有品牌市场份额的关键要素。研究已经证明，零售集中率与自有品牌在不同国家的市场份额显著正相关，因为零售集中率同时代表了相比品牌制造商零售商在市场中的权利和谈判力（Rubio and Yagüe，2009）。

库内奥（Cuneo et al.，2015）证明，在一个国家中一个良好开发的现代贸易结构是自有品牌增长的先决条件，因为只有大型零售商才能构建有效的市场权力来实现规模优势所必需的高销量。所以，当市场中的零售渠道体系从更为传统的渠道方式向更为现代的贸易转变时，才可能出现自有品牌份额的提升，并给制造商带来更大的威胁。

即便在低自有品牌市场份额的市场中，本土制造商品牌也可能面临巨大的竞争压力威胁它们的生存：

- 全球折扣商店扩大其市场范围；
- 本土零售商模仿全球零售商开发自有品牌；

- 在那些自有品牌集中度较高市场中的国际制造商，计划进入自有品牌市场份额较低的市场。

营销洞见14-8展示了家乐氏的例子，其在德国用自有品牌策略补充制造商品牌策略。

营销洞见 14-8

家乐氏处在阿尔迪折扣超市生产自有品牌的压力

2000年2月，家乐氏（谷物产品巨头）与德国连锁超市阿尔迪（Aldi）做了一笔自有品牌的交易，这是家乐氏第一次生产自有品牌的产品。

家乐氏谷类食品包装上有一条标语，上面写着："如果你没有在盒子上看到'家乐氏'的话……那盒子里的就不是'家乐氏'。"但是，随后家乐氏与阿尔迪达成了一项协议，即德国供应的产品可以有不同的品牌名称，这是在阿尔迪宣布将不再支付品牌供应商的价格并威胁要下架顶级品牌后制定的。

资料来源：Adapted from various public media.

14.8.4 制造商的自有品牌

从第二次世界大战到20世纪60年代，品牌制造商尝试跨越零售商直接建立一座与消费者之间的桥梁。它们通过复杂的广告（终极是电视广告）和其他促销技巧为具体品牌创造顾客忠诚。

自1960年开始，各种的社会变化（以汽车最为显著）都在鼓励大型高效的零售商出现。当今，物流体系正在被反转。主要被制造商"推动"的传统供应链正在转变为被消费者"拉动"的需求链。零售商获取物流的控制权不仅仅是因为它们决定着销售哪些产品，卖什么价钱，而且因为不论是独立商店还是连锁零售企业都在变得规模更大，而且效率更高。它们基于运输系统的进步以及最近信息科技的发展可以大量采购并实现规模经济。大多数零售连锁不仅仅在每一家店面和仓库之间建立计算机连接，而且通过电子数据交互系统将供应商也纳入到计算机网络中。

在经历了几十年的缺失后，自有品牌重新在20世纪70年代出现，最早是法国的家乐福（Carrefour）推出自营有机产品，这一模式后来被英国和美国零售商快速复制。10年之前，自有品牌和独立品牌产品之间的质量水平有着显著的差异。但是，现在这个差异在缩小：自有品牌的质量水平达到前所未有的高度，特别是在一直缺乏创新的产品类别中差异几乎消除。

14.8.5 联合品牌和成分品牌化

虽然联合品牌化和成分品牌化有很多相似之处，但是它们之间也有很大的不同，正如下面所示。

1. 联合品牌

联合品牌（co-branding）是两个或多个具有高识别度的品牌之间的一种合作形式，它要保留所有参与方的品牌名称。这是个中长期的过程，而且其创造净值的潜力很小，以至于无法决定是否要设立一个新品牌和/或成立合法的合资公司。联合品牌的动机是为参与各方创造价值的协同效应预期，在创造的价值基础上，它们还期待创造自身的价值（Bengtsson and Servais，2005）。

在联合品牌的例子中，产品通常是互补的，在特定方式下一种产品的使用或消费依赖于另一种产品（例如，百加得朗姆酒和可口可乐可以同时使用）。所以，联合品牌可能是传统品牌延伸的有效备选方案（见图 14-17）。

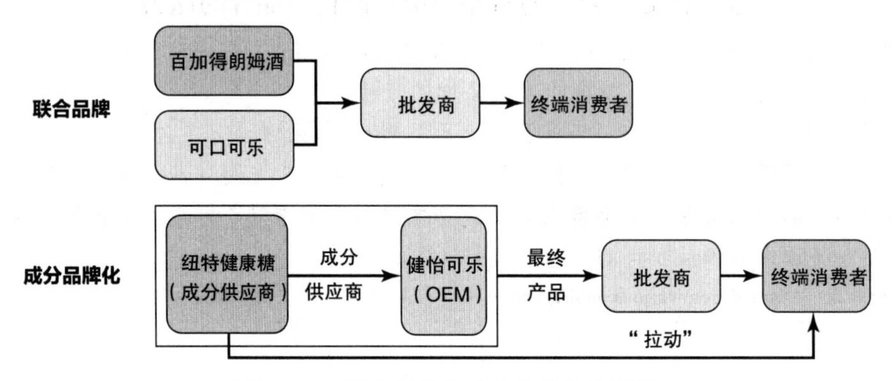

图 14-17　联合品牌和成分品牌化的说明

营销洞见 14-9

壳牌与法拉利和乐高的联合品牌

1999～2000年，壳牌公司与法拉利和乐高发起了一场5 000万英镑的联合品牌活动。有些人可能认为，这是试图说服人们（主要是在西方），壳牌试图将布兰特史帕尔石油平台沉入北海带来的争议，并不能反映这家公司的真实想法。

然而，更准确的说法是，壳牌正在寻求"品牌形象转型"。在价格和价格促销驱动的传统汽油零售商市场中，壳牌既想要法拉利性感、运动的形象，又想要乐高的家庭价值观。此外，壳牌现在也不再仅仅是将价格促销作为营销活动重点的石油企业，它还涉足了看重忠诚度计划的食品零售业。

那对于法拉利和乐高有什么好处呢？法拉利从汽车模型的销售中获得了赞助和版税收入，而乐高则完善了其在全球的分销系统。联合品牌战略包括10款独家小型盒装玩具和一款搭载壳牌商标的大型法拉利乐高积本车的使用。壳牌公司希望在全球范围内销售2 000万～4 000万套乐高，这笔交易使得壳牌成为世界上最大的玩具分销商之一。

资料来源：Adapted from various public media.

2. 成分品牌化

在消费者的眼中，通常终端产品（OEM）的营销人员创造了所有的价值。在英特尔和 Nutra Sweet 的例子中，零部件供应商尝试通过对终端产品的核心部件进行品牌化和促销来为产品创造价值。当零部件供应商开始对核心部件品牌进行促销宣传时，目标就是在消费者中给成分品牌创造知名度和偏好（"拉动"策略：见图 14-17）。同时，制造商（OEM）也可能从被识别的成分品牌中获取利益。例如，有些计算机制造商也通过使用英特尔芯片中来提升其质量形象。

但是，**成分品牌化**（ingredient branding）并不适用于所有零部件供应商。一个零部件供应商应该满足以下需求：

- 零部件供应商提供的产品要比现有竞争产品提供可持续的优势。杜邦的特氟隆（DuPont's Teflon）、Nutra Sweet、英特尔的芯片和杜比（Dolby）的噪声削减系统都是重大技术创新的例子，这些公司都在研发上投入重金。
- 成分应该是终端产品成功的关键。Nutra Sweet 不仅仅是低卡路里的甜味剂，还具有几乎和糖一样的味道。

14.8.6 单一品牌 vs. 多品牌（单一市场）

单一品牌或家族品牌（对一系列产品而言）可能对于说服消费者认为每一个产品都具有相同的质量或者达到统一标准有所帮助。换句话说，当制造商在单一市场中投放单一品牌时，该品牌就会获得所有的关注产生最大的影响。

企业当然也会选择在单一市场中投放多个品牌，这是基于市场是多样化的而且包含多个细分的假设。

营销洞见 14-10

农达：一个多市场的全球品牌

农达（Roundup）是美国孟山都（Monsanto）公司生产的广谱除草剂的品牌。它含有活性成分草甘膦（glyphosate），被称为非选择性的除草剂，意味着它可以除去大多数的杂草。孟山都在20世纪70年代开发了专利草甘膦除草剂。原来的农达是1974年在美国推出的。该品牌已经在全球130多个国家注册。草甘膦是全世界上使用最多的除草剂，而农达至少是自1980年以来全球销量第一的除草剂。

在20世纪90年代后期，农达成为空前畅销的农药，也是孟山都最有利可图的产品。这个成功归因于几个因素。其中一个是在美国市场有意识地降低价格的策略，美国的专利保护使其在2000年9月之前一直保持着强大的市场地位。在美国以外的专利期满的国家，价格更低。1995～2000年，孟山都平均每年降价9%。

农达产品线在2012年孟山都135亿美元的收入中所占比例超过1/2。

直到2000年美国专利期满，它在美国一直享有专属权利。并且，在专利期满的国家，它也保持了主导的市场份额。孟山都同时生产出了转基因的对草甘膦有耐性的种子，被称为是农达预备作物。这些种子中含有的草甘膦耐受性基因获得了专利。这些作物允许农民使用草甘膦作为对付大多数阔叶杂草和窄叶杂草的除草剂。

2015年，更多的公司在生产草甘膦。在2009～2021年，越来越多的生产者导致世界草甘膦市场供过于求，并对世界市场的价格造成了压力。2012年，这一发展趋势由于增长的农产品价格需求强劲而扭转。结果是，草甘膦的世界市场价格上涨了大约70%。

总体来说，在后专利世界市场上，农达一直保持着市场领先和独特地位。在消费者心目中，农达已经等同于一个产品类别。

资料来源：Based on www.monsanto.com and additional public sources. With permission from Monsanto Europe S.A.

14.8.7 本土品牌 vs. 全球品牌（多个市场）

一家企业可以选择在大多数甚至所有海外市场中使用同一品牌，也可以选择使用多个独立的本土品牌。

单一的全球品牌也可以被认为是国际或通用品牌（参看营销洞见 14-10，关于孟山都农达的例子）。一家欧洲品牌对这一方法做了修改，由于其产品对应 15 个或更多的欧洲国家，所以更应关注寻找市场间的相似性而不是差异性。

当产品具有较高的声誉或者因其质量而出名时，那么选择单一的全球品牌就是恰当的策略。在这种情况下，公司可以聪明地将品牌名称扩展到产品线的其他产品上。全球品牌的典型例子是可口可乐、壳牌和维萨信用卡。虽然可以找到很多适用全球品牌的例子，但是大型跨国企业使用本土品牌可能比人们意识到的更为常见。

大型跨国公司更喜欢购买当地品牌而不是使用一个全球品牌。这一点在 2008 年明略行（Millward Brown）支持的一项调查中被证实。结论就是，世界上只有少数真正的全球品牌，它们中很少一部分还在尝试与不同国家中的消费者创造紧密的关系（Hollis，2009）。

营销洞见 14-11

美极：通过并购成为多市场的本地品牌

今天，美极（Maggi）是雀巢旗下的一个品牌，生产速溶汤料和其他速食产品。原来的公司是 1872 年在瑞士成立，当时，朱丽叶斯·玛吉接管了他父亲的工厂。美极迅速成为工业食品生产的先驱，旨在改善工人家庭的营养。这是第一个带入市场的具有丰富蛋白质的豆类膳食。随后是 1886 年推出的基于豆类膳食的汤料。在 1897 年，朱丽叶斯在德国的辛根镇成立了美极有限责任公司，至今仍存。美极小方块（Maggi cubes）被用作当地美食的一部分。在许多的国家，美极产品特别是肉汤小方块，通过重新包装来反映当地术语，并得以广泛销售。许多的跨国公司（如雀巢）遵循着这样的多国策略，更倾向于遵循具体趋势。因此，雀巢的速溶汤料以下列方式在不同的市场中推出：

- 德国：名为“Maggi，5 Minuten Terrine”，定位为 30 ～ 40 岁男性和女性的实用营养食品。
- 法国：以自己的名义“Bolino”（“Maggi”用小字印刷），并定位为年轻单身人士的快餐零食。
- 英国和瑞士：以“Quick Lunch”为名，定位为母亲认可的快餐。
- 波兰：名为“Flaki-Danie to 5 minut”。这里雀巢不得不根据波兰食谱调整汤料的口味。在美极品牌推出的时候，波兰已经存在着一个强大品牌。然而，雀巢收购了这个竞争者，美极产品是在“Wineary”的系列子品牌推出来的。

一般来说，在速溶汤料中的国际品牌战略是，它想要表现得像本地产品，如果它们不能用美极做到这一点，便会考虑打造一个本地品牌。

资料来源：Adapted from various public sources.

14.9 感官品牌化

品牌化基本上是关于将消费者和产品之间构建情感的纽带。我们经历过的几乎所有的品牌沟通都是围绕着两种感觉——视觉和听觉（如印刷广告和电视广告）。然而，我们与世界连接的方法主要使用五种感觉：视觉、听觉、嗅觉、触觉和味觉。我们对于世界的理解基本上都是基于这五种感觉。我们的感觉和我们的记忆相连，能够直接产生感情。知觉的感知是一种未被开发的战略资源，它能够直接影响消费者购买决策（Derval，2012）。

为产品构建“感觉上的印记”对于优化沟通非常重要。例如，产品 1 可能是一种食物，如图 14-18 所示。它闻起来很香，吃起来很好吃，而且在口中具有优雅和质感的感觉。但是，它并没有独特的声音（例如，咀嚼 / 吞咽的声音或打开包装的声音）或者非常吸引人的产品包装。相反，产品 2 可能是普通的苏打水，当打开它时具有可辨识的气泡腾起的声音以及独特的标识，但是气味、口感和质感的表面（触觉）可能无法被识别。

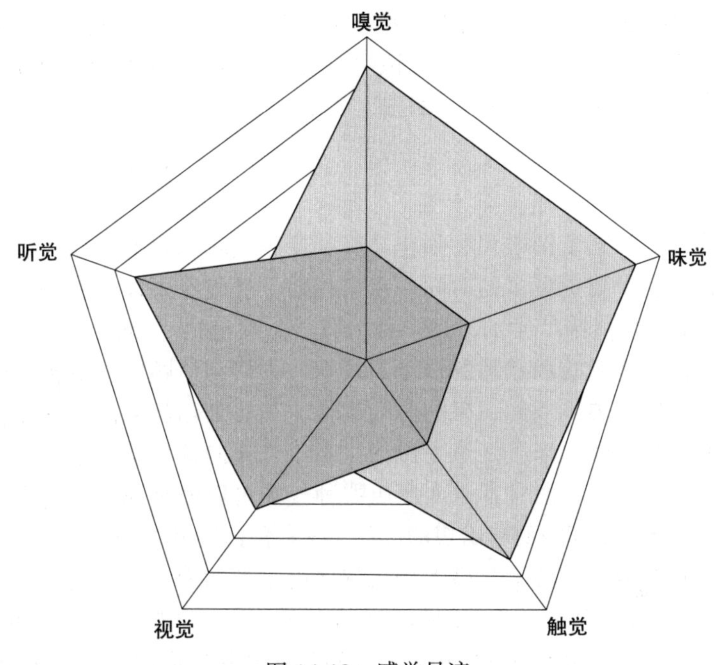

图 14-18 感觉足迹

14.9.1 视觉

在有些领域，视觉方面的革命正在进行。酒类公司已经成为使用颜色振兴老品牌和吸引年轻消费者方面的专家。哥顿金酒（Gordon’s Gin）就是一个经典的例子。2004 年，这家企业让它的黑刺李金酒不再使用其注册的绿宝石色酒瓶（其传统的金酒还在使用），而是换上了新的包装，使用透明的酒瓶来展示其黑刺李成分的黑紫色。这一举动伴随着高调的广告，广告聚焦在“丰富多彩的味道”以及根据不同配方添加进酒中的草药所带来的气味上（原味、蒸馏味和黑刺李味），并将品牌定位成“丰富多彩的金酒”。

酒类公司（也许有一天酒类广告会被禁止）也善于建立品牌沟通中的感官线索。我们拿斯米诺冰伏特加（Smirnoff Ice）为例，它围绕尤里——一个虚构的、生活在东欧天寒地冻废墟中的斯米诺伏特加饮用者——创建了大量电视、互联网和体验的营销活动（标志性的是公开打雪仗）。我们可以想象一下，其目的就是创造一种斯米诺冰雪世界和饮用加冰伏特加带来愉悦之间的联系。

14.9.2 听觉

“声音品牌化”代表在品牌化的过程中使用声音和音乐的过程。例如，一首音乐多年被用于零售体验的一部分，从而作为强化和沟通零售品牌标识的方法。

在企业行业中，声学设计的进步使制造商能够精确地设计出一扇门在关闭时如何发出声音。

梅赛德斯－奔驰有 12 个工程师致力于研究开关车门的声音。声音是人为产生的，甚至车门的振动都是由电脉冲产生的。被忽视的声音细节甚至已成为强大的工具。例如，诺基亚将简单的铃声置于手机中，这使得诺基亚的铃声创造了和“Intel Inside”一样的知名度。

单纯创造一款区别于竞争对手的声音对于品牌来说是不够的，它必须独特到一定的程度才能合法成为商标的一部分。家乐氏标识中的咀嚼声和食用玉米片的感觉是在声音实验室中创造的，其专利权和公司的商标、配方完全在一个等级。

14.9.3 嗅觉

许多企业使用气味来营销购买和强化品牌。使用气味的目的是创造愉悦的购物环境和鼓励消费者在商店中花费更多的时间。专家相信一种气味可以唤起一个人上次经历同一味道情境的记忆。由气味产生的记忆被称为背景关联记忆（contextual memory），而气味就是提示人们记住特定的或熟悉的情境的线索。人们相信顾客在零售店中花费的时间和其花费的金额直接相关。例如，待的时间越长，花费金额就越高。气味营销远远超过喷洒空气清新剂使房间闻起来美好这一做法。对于气味的选择实际上基于特殊的实验分析得来的，分析重点是一旦消费者进入商店哪种气味可以鼓励他们逛商店而且愿意购买产品。气味的选择依赖于零售商和出售的产品（参看营销洞见 14-12）。

当劳斯莱斯开始抱怨它的新车型无法超越之前车型的销量时，发现唯一的区别在于它的气味。之前的老款劳斯莱斯汽车闻起来像天然的物质，如树木、皮革和羊毛。现代的安全法规要求这些材质不能被继续使用，转而被泡沫和塑料而取代。使用 1965 年的银云（Silver Cloud）车型作为参照，劳斯莱斯团队花费了大量的时间来重新塑造劳斯莱斯的“原始”味道。如今，在每一辆劳斯莱斯的新车离开工厂之前，劳斯莱斯的独特气味被添加到汽车座椅下面，以创造“经典”的感觉。

在 21 世纪的早期，绘儿乐（Crayola）需要从很多未被授权的竞争对手中保护自己的品牌。想要保护一支能画出天然颜色的彩笔是非常困难的，当品牌标识很难被识别时想要差异化产品就更是难上加难。绘儿乐决定利用气味来做到这一点。通过分析笔本身的气味，绘儿乐人为地制造了气味并进行了注册，使得其无法被复制。今天，绘儿乐画笔的气味让成年人回到了童年。这种非常特殊的味道成为绘儿乐产品中不可分割的一部分，用以刺激未来几代孩子的记忆。

印刷杂志也开始探索创造性方法与读者交互。一些杂志的广告人员使用一种被称为“要求吸入”（call-to-sniff）的方法或气味纸张广告。这是一种“通过鼻子”（by the nose）抓住读者的方法，从而吸引他们看更长的时间，从而强化整个阅读体验。研究显示，这些有气味纸张广告的认识和回忆要显著强于没有气味的纸质广告（GfK，2011；Kinzinger et al.，2014）。

营销洞见 14-12

星巴克不断扩大的产品线战略导致其“气味营销策略”出现问题

在21世纪初，除了咖啡，星巴克将越来越多食物产品纳入其产品范围，这样做是为了提高每个餐厅的平均营业额。然而，温暖的早餐三明治的气味正引发一个巨大的品牌危机，2008年左右的咖啡巨头——星巴克商店收入不断下降。温暖的早餐香气是一个最大的问题，压倒了星巴克认为的对其经验至关重要的咖啡香气。

鉴于表现不良的商店，星巴克董事长兼新上市的首席执行官霍华德·舒尔茨重新找回了原来的愿景，重点是独特的咖啡和顾客关注焦点。舒尔茨还宣布，公司会在2008年之前取消加热早餐三明治，使星巴克更加专注于咖啡。星巴克甚至创造了一个香气任务来解决气味“问题”。

今天，星巴克通过在每个商店直接注入咖啡气味来增强店内咖啡的味道。额外的咖啡气味背后的想法是创造顾客在特定的环境中所期待的诱人气味。

星巴克希望创造一个有吸引力和舒适的空间，作为工作和家庭之间的理想场所。事实上，打开咖啡连锁店的门不仅可以提供咖啡，还创造了一个强大的感官体验。换句话说，像咖啡一样，星巴克的营销策略可以体验到五种感觉。

资料来源：Based on Nassauer (2014) and other public sources.

14.9.4 触觉

一个囊括感官刺激的品牌就是露诗（Lush），一家手工化妆品企业。在经过露诗商店门口的时候你就会被扑面的香气吸引。露诗的联合创始人马克·康斯坦丁（Mark Constantine）说：“包装太过枯燥，气味和触感对于感官来说才更有意思，”他还补充道，“如果不用包装，就能使用更高质量的原材料”（Linstrom，2004）。

14.9.5 味觉

味觉是和食品和饮料有关的企业所必须考虑的，如轩尼诗干邑、肯德基和可口可乐。在这些行业中的每一个品牌都想要创造与品牌有关的独特和具体的味觉。

和所有其他感官相比，味觉最为依赖其他感官。事实上，80%的味觉是从你嗅觉中得来的。为了获得全面的关于味觉的感官体验，所有其他感官必须表现出来：

- 视觉：外观、吸引力、颜色、形状；
- 嗅觉：芳香；
- 触觉：质感、温度；
- 听觉：稳定性、质感。

由于这种属性，味觉主要被限制在了食品和饮料产品。家乐氏花费了好几年时间使味觉与听觉（咀嚼声）和谐。当家乐事将这种独特的吃玉米片咔嚓声推向市场时，其品牌攀升到市场顶端。

有一些非食品或饮料的产品也能够将味觉融合，如牙齿保健类产品。其实最为重要的是，要记住每个人验证感官都不一样，关键依赖于他们传递的丰富体验。

总之，一个普遍的规律是一个品牌展示越多的感官，就能被消费者感知到更为强大的信息。有意思的是，强大的联系可以直接转化为消费者愿意支付的更高价格。

14.10 互联网在面向产品决策的顾客合作中的应用

企业正逐渐认识到合作在创造和保持竞争优势中的重要性。与伙伴甚至与竞争对手的合作已经成为在网络化的商业世界中必不可少的战略要素。最近，在战略和营销领域的学者逐渐聚焦于通过与顾客的合作来创造价值（Prahalad and Ramaswamy，2004）。

互联网是一个开放、成本效益明显并且无处不在的网络。这些属性使其成为历史上从未出现过的全球媒介，有效减少了地理和距离上的限制。因此，互联网通过很多方式增强了企业融合顾客进行合作式创新的能力。它使得企业从与顾客零散单向的互动转变为与顾客持续的对话。以互联网为基础的虚拟环境也同样让企业与更大规模的顾客进行互动，而不用在互动的丰富性上进行比较大的妥协（Evans and Wuster，2000）。

14.10.1 定制化和更为紧密的关系

新的商业平台认识到产品和服务定制化的重要性在提升。标准功能的商业化程度增加只能通过商业化来实现。这一点在受到基于客户数据的复杂分析结果支撑时变得最为有效。

像耐克这样的大众营销专家正在使用数字技术尝试不同的方式来实现定制化。例如，官方主页展示的三维产品图像可以明显提高顾客量身定做的吸引力。

因此，现代商业很明显的挑战就是：使用IT技术来接近顾客。关于这一点现实中有很多的例子。戴尔（Dell）就通过允许终端用户设计他们自己的电脑来与顾客构建更为紧密的关系。这些顾客在个性化的主页上可以实时跟踪他们订制电脑的生产流程。这些尝试是非常明智的，因为像戴尔这样“按订单生产”的模式给现有“按库存生产”的商业模式带来了巨大的挑战，后一种模式康柏（Compaq）是典型代表。戴尔的基本信条就是打造电脑生产商和终端用户间紧密的关系，尽量避免更多中间商在商业渠道中的出现。这也保证了戴尔可以更好地根据顾客需要实现电脑的个性化。

当今，电脑也可以通过互联网实现远程诊断和维修。这种情况很可能在其他电器行业里面实现。航空公司也通过电子邮件和特殊网站向优选顾客提供特价机票。汽车也很快就将具有网络协议地址，这可以实现很多个性化、车载的信息服务。

顾客也同样可以被纳入到产品开发的早期阶段，从而使得他们的需求可以改造产品的属性和功能。制药公司正在通过对病人基因的分析来进行实验，从而精准确定药品的使用和剂量。

商业模式的转变也可以在大学教材出版这一行业中找到。这个行业——自从印刷技术面世以来就几乎没有过创新——正在面临重大的转变。出版商正在建立网站链接作为学生和老师之间基于课程联系的补充沟通方式（如 www.pearsoned.co.uk 和 www.wiley.com）。出版商的角色也正在从传统意义上课本销售商转变为教育咨询顾问或附加价值的合作人。

14.10.2 产品和服务的动态定制化

顾客交互途径的第二个阶段聚焦于产品和服务动态定制中的机遇和挑战。由于以价格为主的竞争加剧，竞争市场中的利润正在受到严重侵蚀，因此，企业正通过提供定制化的产品来保障利润。动态定制化基于三个原则：

（1）模块化：一种有效组织复杂产品和生产流程的方法。产品或服务的模块化要求将任务细分为独立的模块，所有独立模块在整体构架中作为整体发挥作用。

（2）智能化：与消费者持续的信息交换允许公司使用最有效的模块来创造产品和流程。网站运维人员可以将买家和卖家的属性相匹配，并基于他们共同的兴趣进行合理的推介。智能网站可以学习其访问者（潜在买家）的品位，提供动态的、个性化的产品和服务信息。

（3）组织性：产品和服务的动态定制要求以顾客为导向，并使用灵活的方法从根本上致力于用这种新理念来运营。

14.10.3　如何将互联网整合进未来的产品创新中

图14-19展示了在未来产品开发创新中互联网的应用。互联网被看作一种媒介，通过这一媒介的每个“方框”与公司的研发功能链接，如下所示：

- 设计。数据直接从产品处收集，并成为产品设计和开发中的一部分。新产品特性（如新版本的软件程序）可能会通过互联网直接植入到产品中。
- 服务和支持。服务部门可以通过互联网设置直接排除故障和纠正错误。例如，一辆在高速路上行驶的奔驰牌汽车可以直接与公司的服务部门链接。公司可以监控汽车的运行，如果需要可以直接对像软件这样的部件进行在线维修。
- 顾客关系。从产品处收集的数据可能会成为统计的一部分，并借此来实现在顾客间的对比等功能。通过这种方式，顾客可以对比其使用产品和其他顾客使用的产品之间的表现（如汽车），这是一种一种标杆分析法。这也会强化已存在的与顾客之间的关系。
- 物流。伴随着目前对实施运输要求的提高，互联网能够自动地找到最为便宜和有效（且及时）的方式实现产品从供应商到制造商再到顾客的交付和运输。

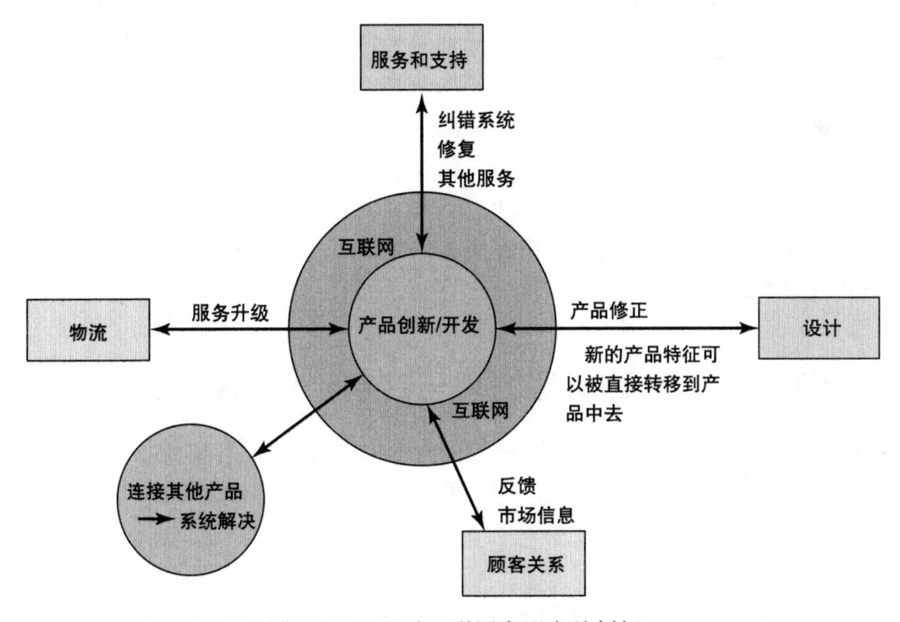

图14-19　通过互联网实现产品创新

一种在思维上的基础转变是用“需求链”替代“供应链”，这两个词最本质的区别是需求链思维始于顾客，然后向后工作。这种思维打破了只关注减少运输成本的狭隘思维。它支持“大众定制”的视角，这种视角认为企业提供的产品或服务是用来支持顾客个人目标的。

这种视角不一定要求实现产品的差异化。事实上，一般要求服务方面的差异化。例如，像联合利华这样的公司向特易购和塞恩斯伯里（Sainsbury's）提供同样的人造黄油。但是，即便产品的交付和处理是流程化的，由于两家竞争连锁超市有自己的方法来评价绩效，所以联合利华与超市关系的其他部分却是而且也应该是不同的。将企业和需求链协调一致所需的信息系统应该根据个体企业的要求来使用新的和差异化的方法。一些管理者认为他们和供应商使用相同标准的软件包（如 SAP）他们就可以整合其信息系统。

- 连接其他产品。有些时候一个产品可以被用来作为另一个产品的子部件。通过互联网链接，这些子部件可能成为更为复杂产品解决方案的重要投入。汽车行业就是已经在这个方向做了努力。新车之间可能已经通过互联网链接来实现沟通，例如，在行驶过程中的技术问题识别。随着这一趋势的发展，一个新的行业产生了，其目的是提供整体运输方案。在这个行业中，开发和生产汽车只是许多重要服务中的两个。在此基础上，会有系统在车辆行驶过程中诊断汽车（并且纠正错误），会有系统会调整交通方案，会有交互系统可以确保驾驶员在想要的时间和地点拥有想要的交通工具而不需要烦琐的租赁协议等。

音乐行业也正经历一场变革。现在你可以买到便携式播放器，其可以通过互联网下载 MP3 格式的音乐，并播放存储在播放器中的音乐。CD 光盘已经过时了，就像所有销售设施一样。音乐行业通过这些新的经济条件被彻底地改变。需要纠结的是如何在互联网上创造最好的网站，在这里消费者可以找到最好的音乐信息和最全的音乐。但是，关于版权的问题一直被讨论，律师和政治家必须在市场急剧增加前找到最终的解决方案。

所以一个企业想要根据未来需求进行创新的产品开发需要具备以下特征：

- 创新性产品开发和战略思考。产品开发为了确定哪种新服务值得被选为目标，需要融合很多的科技，并且拥有跨学科、战略的思维和知识。
- 联盟管理。很少有公司具备所有需要的资质——创新性产品开发和所提供服务要求企业以一种有组织的方式加入动态联盟。
- 新顾客关系。之前提到的企业行业很清晰的展示了顾客已经不再是企业的购买者，而是运输服务的购买者，这其实完全是另一回事。这代表企业必须聚焦于以全新的方式理解顾客需求。

14.11 3D 打印：一种新型的用于定制化服务的工业解决方案

3D 打印，也被称为叠加制造，将一个从电脑上创造或通过 3D 扫描完成的计算机辅助设计（CAD）文件转化成实物对象，这几乎可以使用户制造任何东西。和传统制造使用削减流程不一样，如研磨、锻造、钻孔和切割，3D 打印是一个叠加过程，产品通过一系列的横截面一层一层构建。

目前，关于 3D 打印最大的商业化应用是快速成型，它占据了 3D 打印市场的主流。快速成型减少了开发周期，实现了简单化实验和创新，并且通过允许对设计做简单调整和改变来节约成本。

3D 打印机越来越多地被直接用于进行数字化制造。3D 打印已经被用来制造原型、模型、替代部件、牙冠和义肢（为人体），而时尚产业目前正在为设计师引入 3D 打印来制作珠宝和服饰。3D 打印最终会改变生活用品的生产和销售。裁缝可以在电脑上定制化服装，并在当地商店打印产品。使用低成本的 3D 打印，具有数字设计能力的任何人都可以绕过传统的供应链实现自己制造产品。3D 打印已经创造了新的一代在家工作的 DIY 制造者。微软对其流行的感应设备（Kinect，为了 Xbox 体感周边外设）进行了调整，从而使得 3D 扫描变得简单和廉价。其用法很多，例如可以对人体进行扫描来实现对于人体确切的尺码和类型进行识别。

在宏观层面，3D 打印有可能会扰乱和破坏传统的制造、流通、仓储、运输和零售的模式。这代表产品会根据需求进行生产。未来销售的会是设计而不是产品，仓库可能会被数字存储所取代。人们将不再依赖传统制造链条，而是设计和打印他们自己的产品或者找当地的服务机构为他们打印。3D 打印使企业可以更为经济地小规模生产定制化产品，这也使企业可以服务更小的市场细分从而获取更大的利润。

产品或零部件更短的运输距离不仅仅节约金钱，还节约时间。车辆的拥有者可以期待未来在修理厂修理师订购零部件的等待时间将会缩减。在众多汽车制造商中，宝马和本田正在其工厂和经销商处向着逐层制造迈进，特别是在工业工具和汽车零配件领域——新型金属、复合塑料和碳纤维材料这些已经能用 3D 打印完成。许多行业的物流商也在提升此方面的注意力，全力帮助商业客户提升新的效率。例如，UPS 正在基于第三方物流业务将其空港的仓库变为小型厂房。由于减少对实体产品的运输和有效使用原材料，3D 打印节约了大量能源。

3D 打印将消灭一些制造业的工作，但也会创建其他的机会。伴随着离岸和外包所带来成本节约的消失，3D 打印将有可能促使制造业转回那些具有强大智力资本但生产和劳动成本过高的国家，从而创造新的工作机会。

但是，当复杂结构的 3D 打印，如电子设备打印，在家中可以实现时，就会威胁实用新型专利体系，就像数字变革互联网技术和文件分享威胁音乐行业和版权体系一样。产品是有版权的，就像美元一样，可动人偶和玩具特别容易在家里进行 3D 打印。玩具可以在家中被扫描并 3D 打印，设计可以通过点对点来分享，所以会威胁这些产品的版权和设计专利。当品牌产品可以在家被复制时，也会影响商标所有者（Kietzmann et al., 2015）。

管理者需要审视到底是等待这种快速演进的技术成熟时再进行投资是明智的，还是这样的等待具有强大的风险。他们的答案不尽相同，但是他们所有人都认为从现在开始规划长期的战略决策是最安全的。

14.12 全球移动 App 营销

在现代，可能没有一样电子设备能够像手机一样影响消费者。移动设备无所不在，在世界范围内，独立的个人移动用户大约有 45 亿。

智能手机在移动设备中的比重逐渐增加。移动设备普及率将会在 2013 ～ 2017 年从 61% 增长到 70%。

由于 3G 和 4G 移动服务在全球范围内的扩展，伴随着智能手机和平板电脑的普及，应用行业正在获取巨大的发展动力，而社交媒体为供应商提供了新的机遇。但是，在应用的生态系统中隐私问题成为营销人员必须面对的挑战。

市场研究报告（Markets and Markets，2015）指出，全球**移动应用**（mobile App）市场年平均增长率将会达到 15%。

截至 2014 年 7 月，世界上有 130 万安卓 App 和 120 万苹果应用存在。智能手机用户平均在手机上安装 40 个 App，但经常使用的只有 15 个。对于企业而言，App 提供了扩大收入的机会。2012 年，世界范围移动 App 的收入大概是 120 亿美元，并且在 2017 年将会增长到超过 600 亿美元。

随着免费 App 变得日益普遍，付费 App 的下载量将会下降，而广告和 App 内购买可能会成为未来几年的主流。随着智能手机和平板电脑在世界范围内的增长，移动 App 行业也同样会快速增长。自 2010 年以来，移动广告业务已经呈现出每年三位数的增长。

移动 App 可以被归入**移动商务**（mobile commerce）和**移动增值服务**（mobile value-added services，MVAS）的领域（在图 14-20 也同样可以看到移动 App 的范畴）：

- 移动商务。此类 App 往往以销售某种产品或服务为目的。例如，达美乐比萨 App 就是为方便顾客购买和宣传优惠套餐的。
- 移动增值服务。此类别的 App 提供的服务并不直接针对销售，而是被设计帮助顾客解决问题或制定决策。这样的 App 丰富了一种产品或服务的总体顾客体验。

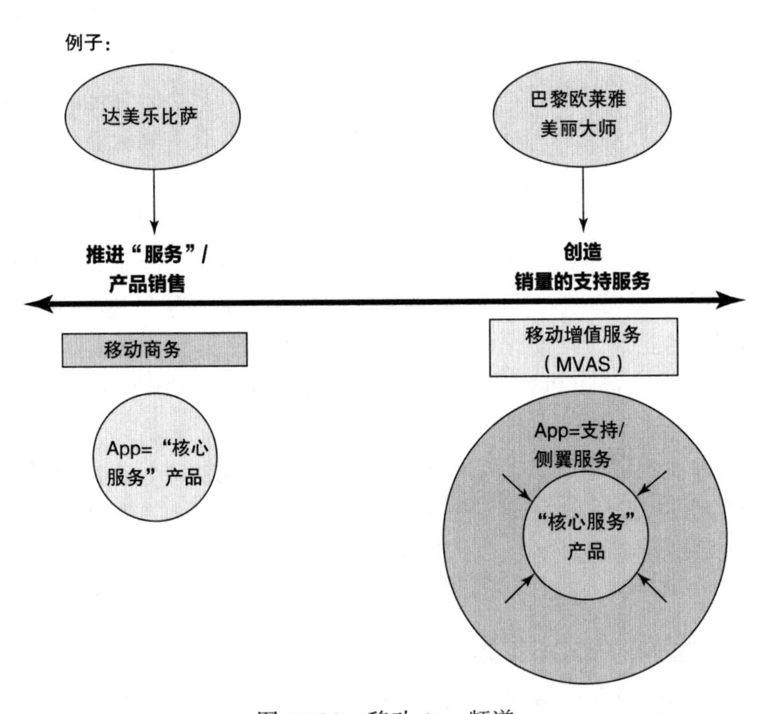

图 14-20　移动 App 频谱

MVAS 的一个具体例子是航空公司应用，此类 App 被用来在航空公司和顾客之间的共同生产过程中生成移动登机牌（QR 矩阵二维码）。结果，航空公司的核心服务（航班）和 MVAS（移动登机牌）被认为是相互关联的元素共同为顾客构建最终的体验——从 A 地飞往B地的航班（Asche and Kreis，2014）。

类似地，欧莱雅美丽大师（Makeup Genius）的App被认为是帮助用户选择最佳化妆品从而构建最终服务的，看起来很美而且有吸引力（参见营销洞见14-13）。

另一个MVAS App的例子是卡夫食品（Kraft Foods）的iFood辅助应用。该App帮助用户通过场合和类别浏览食谱，然后将需要的成分添加进购物清单。它包含一个食谱框选项，能让用户了解他们喜欢的食谱（Urban and Sultan，2015）。

从移动商务到MVAS的范畴，许多App通过移动定位技术提供“随身行”（on-the-go）服务。公司采用地理编码（基于位置纬度和经度）和反向地理编码（将坐标转换成街道地址）来提供精确位置服务。一个以定位为基础的App就是Tinder约会App，它是一个社交发掘App促进彼此感兴趣的人之间进行沟通。Tinder的“牵线搭桥”App基于像地理、共同朋友、共同爱好等标准。在这个标准之上，App会为用户推荐一个距离较近的候选名单。之后，App允许用户通过向右滑动来匿名喜欢另一个用户，或者向左滑动离开他们。如果两个用户相互喜欢对方，那么就代表配对成功，他们就可以在App中相互交谈。

营销洞见14-13

欧莱雅正在用手机App美丽大师来扩大客户的购买体验

数字化正在重塑美容行业的游戏规则。

许多的美容店发现，人们在商店不买产品是因为他们不携带试用者，许多的女性认为不尝试就购买化妆品是有风险的。购买药店化妆品的艺术是非常不完美的。女性被期待能够通过比较瓶子和她们手臂的颜色选择一个底妆，在小镜子前拿口红凑近脸之后就花费10美元购买。

法国的美容巨头欧莱雅认为有更好的方法。在2014年6月，该公司发布了“美丽大师”（Makeup Genius），这个App能够让女性看见带妆的自己，但实际上这些产品并不在她们脸上。当她微笑时，皱起眉头或者眨了眨眼睛，虚拟的化妆品随着她一起移动。她可以使用一系列产品创造一个虚拟的自己，例如，用带唇膏的唇线笔，或者珍妮弗的晚间裸妆（如罗恩）。虽然已经有大量的化妆品App，但是这些是基于使用者给自己拍的照片，然后给静态的图像化上妆容。

对于欧莱雅，美丽大师App是消费者进入商店尝试化妆品的替代品。他们的消费者可以尝试他们不会去试用或考虑的产品。以前是不可能的，因为生产商之前不得不依赖于零售商直接与消费者互动。

这就是女人（或男人）如何使用美丽大师：

- 在IOS和Android智能手机或平板电脑上下载美丽大师的应用软件。
- 自拍。当用户在手机相机的虚拟镜像中移动或微笑时，该应用软件使用面部绘图技术向用户呈现妆容在她脸上的样子，虚拟妆容会随着面部移动。

化妆品（仅限于欧莱雅的产品系列）可以通过触摸按钮进行试用。该App允许用户保存这些虚拟化妆的结果并且通过社交媒体和电子邮件与朋友分享。

该App还具有不同的化妆师的形象——其中一些由欧莱雅品牌大使建立模型，如芙蕾达·平托（Freida Pinto）。

一旦决定，用户可以直接从欧莱雅在线购买化妆品。条形码扫码器意味着购物者也可以在商店中尝试虚拟购物。

盖夫·布洛什（Guive Balooch）拥有生物材料学科的博士学位。在2012年头脑风暴会议期间，与一个化学家一同想出了这个美丽大师的想法。当时包括欧莱雅在内的几家化妆品公司，在它们的网站和药房提供虚拟的化妆品专柜，但是大多数要求用户上传图片，把口红和眼影PS到静态图像上——这是一个耗时的过程。布洛什和他的技术实验室（现有15名工程师和科学家）开发了欧莱雅的App。

布洛什的团队在数百种具有不同肤色的模型中测试了眼睛，嘴唇和脸颊产品，捕获了在400种不同照明条件下每个阴影和纹理如何变换。该公司还收集了超过10万张图像，以比较化妆在现实生活中与屏幕上的外观。

在开发过程中，欧莱雅与Image Metrics（视频游戏和电影的面部识别软件的创建者）合作，包括2008年的《本杰明·巴顿奇事》（*The Curious Case of Benjamin Button*）。在案例中，布拉德·皮特扮演的主角年龄逆转。

当然，欧莱雅希望通过内置的电子商务平台或当地的商店，更多地销售美丽大师。今天，欧莱雅媒体预算的16%左右是数字媒体，但这非常有效。仅在2014年，欧莱雅的电子商务美容品销售额增长了20%，达到8亿欧元。截止到2015年年底，该App已下载约1 500万次。

资料来源：Based on Korporaal (2015), Daneshkhu (2014).

14.13 “长尾”策略

安德森（Anderson，2006）的“**长尾**”（long tail）基本上是一个关于销售的理论，其建议在互联网时代，将更少的拷贝销售给更多的人是一种新的可以被成功实施的战略。过去，所有有趣的商业都围绕着少数几个热点，而许多商业则完全聚焦于生产下一个热点。那些购买很难找到或者“非热点”产品的人们就是被称为“长尾”的顾客。克里斯·安德森认为由于人们选择的可能性足够大，消费人口足够多，有效的搜索引擎和可以忽略不计的存储及运输成本，定位于“长尾”顾客变得有利可图。

安德森（2006）提出两个独特但是相关的想法：

（1）当产品不一定非要摆放在货架上时，销售的花样和种类就会增加，选择中物理和成本的限制就会消失。搜索和推荐工具从众多的顾客那里保证某一选择的数量。图14-12说明，在一个想象的产品类别中所有可能的供应物通过销量进行排列，浅色的部分代表那些通过实体商店销售无法赚钱的产品。换句话说，长尾理论揭示了一个过去从没被开发的需求。

（2）线上渠道实际上改变了需求曲线的形状，相比面向大众诉求设计的产品，消费者更为看重面向自身特殊需求而设计的利基产品。由于互联网零售确保消费者能够找到更多的利基产品，消费者的购买也随之发生了变化。换句话说，尾部市场不仅仅会长期稳定增长，而且会随着更为模糊的产品能够被制造而变得利润更丰厚（包含图14-21阴影部分），特别当消费者发现这些产品更符合他们的口味时。

在图14-21中，长尾的力量通过一个例子来说明：Rhapsody.com一家音乐下载互联网企业，它收录了大约1 100万首歌曲，其中40%的销量是来源于那些在零售店根本找不到的音乐。相反，一家典型的沃尔玛商店最多能通过货架上的CD存放4万首歌曲，销量排在前200的CD贡献了总销量的90%，这是因为沃尔玛没有空间来放置那些一个月可能只会卖出去一盘的CD。线上商店会使用技术来削减存储的成本，同时尾部市场的业务总量也在增加。

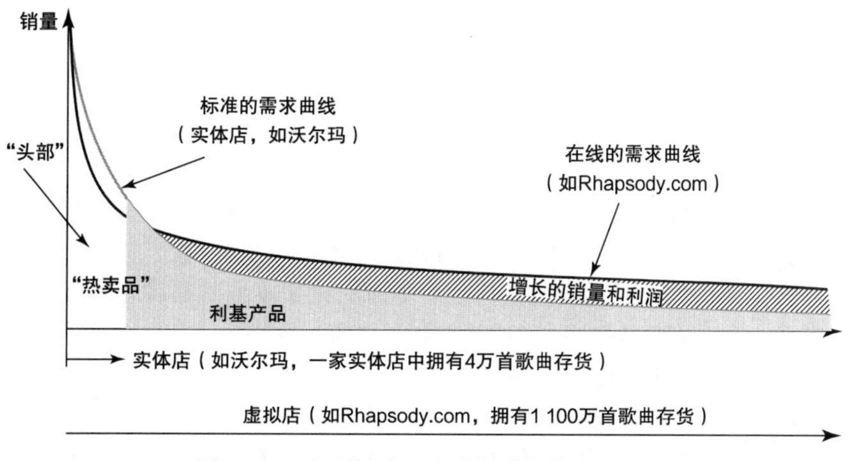

图14-21 长尾理论：在线渠道会扩宽长尾

埃尔伯斯（Elberse，2008）尝试证明安德森的长尾概念是有问题的，而且声称消费者没有在长尾市场中寻找"隐藏的宝石"：事实上，他们甚至没有经常进入长尾市场来探寻产品。她给出了证据说明在头部的行为甚至更不寻常。发生了什么？埃尔伯斯研究指出，任何在长尾中有广泛吸引力的好东西都会很快被提升到头部，因为这就是互联网的工作原理。只有那些拥有非常有限吸引力的产品才不会飞跃。突然，一个完全合理的长尾购买流程竟然成为过眼云烟，而其购买流程所忽略的就是热卖品的发现是从长尾开始的。

14.14 品牌仿冒和防伪策略

一直到20世纪80年代，仿冒商业都只有很小的规模，仅仅限制在复制奢侈时尚产品，如手表或皮具，而且数量也很少。自20世纪90年代开始，随着大规模生产和对于不同品牌仿冒版本的分布，仿冒的规模演变到更大，行业分布更广（参见营销洞见14-14）。

一家企业在面对品牌仿冒时有很多战略选择，其范围从明确和惩罚零售商店到破坏假生产商的生产设施。品牌生产商也可以尝试将假冒生产商纳入合法的商业中。

但是，如果假冒品牌和原始品牌能够被区分开，那么仿冒对于品牌生产商而言并不是只有负面的效果。事实上，购买仿冒品的决策通常是对品牌价值的再次确认，因为仿冒品购买者的购买行为是来源于原始品牌的形象，这恰恰是企业尝试通过广告和促销手段传递给消费者的形象。品牌仿冒可以被看成是品牌价值的一个正面指标，它强化品牌的优势。如果企业的产品被复制，这表示企业所做的事情是正确的。许多品牌包容仿冒品市场而不将其视为威胁。当乔治·阿玛尼（Giorgio Armani）2004年到访上海时，他用22美元买了一块假的阿玛尼手表，而不是标价710美元的真手表。他说："它是对阿玛尼手表完全的复制……被复制非常荣幸。如果你被复制，说明你在做正确的事情（Whitwell，2006）”。虽然这是一个宣传噱头，但是也确实指出了仿冒品的消费者和真货消费者完全不同，所以假货对于品牌不构成重要威胁。

仿冒品的另一个特点是规避竞争，就像竞争者被嵌在中间一样。高价格的品牌产品鼓励竞争进入到稍低价格的市场。仿冒品制造商生产的品牌产品的销售价格要远远低于竞争价格。这代表竞争被挤出去了，而且无处可走：它被原始品牌排挤在市场之外，同时不能和价格更低的仿牌产品竞争。

14.15　总结

在广泛考虑产品政策时，重点是要考虑哪部分（产品层面）应该标准化和哪部分应该适应当地环境。本章节介绍了各种与此决策相关的因素。

一个非常重要的问题是品牌化的问题。本章讨论了不同的品牌化选择。例如，由于大型零售连锁（通常是跨国的）已经成功控制了渠道，它们尝试开发自己的品牌。对于零售商而言，自有品牌提供了更高的利润空间并且增强了其品牌形象。由于权力被零售商获取，自有品牌在所有零售份额中的比重在最近几年一直增加。

品牌化的基本目的在全世界所有地方都是一样的。一般而言，品牌化的功能是：

- 将本公司和公司生产的产品与竞争对手区别开来；
- 创造品牌认知度和品牌知名度；
- 保证产品的质量和满意度；
- 有助于产品的促销宣传。

在电子市场和互联网销售的产品可以被分成两类：实体产品和纯数字产品及服务。

传统的营销通常认为顾客是被动的参与者。但是，在产品开发和销售环节，定制化将顾客视为更加积极的合作者。一个极端的定制化版本就是3D打印概念。通过在本土的3D打印设备上生产，3D打印更为经济地小批量制造定制化产品，这也允许企业从小的市场细分服务中获取利润。

移动App是为了在像智能手机、平板电脑和其他手持装置等移动设备上使用而设计的亲用户友好型软件。随着智能手机和平板电脑在全世界范围内的需求增加，移动App市场在可预见的时期内会呈现指数增长。另外，移动App的需求也受到基于互联网的服务在全球扩散的驱动。

“长尾”是一种销售理论，其建议在互联网时代，将更少的产品销售给更多的人是一种新的可以被成功实施的战略。

问题讨论

1. 您如何区分服务和产品？国际服务营销差异的主要影响是什么？
2. 产品生命周期（PLC）理论对国际产品开发策略有什么影响？
3. 在多大程度上，国际市场应该取消标准化服务和保修政策，而不是市场之间的差异？
4. 相比国际营销组合的其他要素，为什么大多数公司可能更优先考虑国际产品政策呢？
5. 简单地描述一下国际产品生命周期（IPLC）理论及其市场影响。

6. 必须满足哪些条件才能使商品能够有效地变成品牌产品？
7. 讨论在制定国际产品线的包装决策时需要考虑的因素。
8. 什么时候适合使用多品牌：①单一市场；②几个市场 / 国家？
9. 在国际产品营销中“原产国”的重要性是什么？
10. 服务的区别特征是什么？解释为什么这些特征使在国外市场销售服务变得困难。
11. 分析发展国际品牌的主要障碍。
12. 讨论在国际市场的产品线上添加或删除产品的决策。
13. 为什么在国际上客户服务水平有所不同？例如，发展中国家的客户服务水平低于工业化国家是否合理？
14. 一个好的国际品牌的特点是什么？

案例研究 14-1

Danish Klassic：在沙特阿拉伯推出奶油乳酪

1987 年春天，丹麦奶酪海外市场的产品经理 KA 很高兴地注意到，在经历了一定程度的下降之后（比如在伊朗），中东市场的羊乳酪销售额在不断提高。然而，据几位专家意见，该公司有点担心的是，很明显奶油奶酪在市级和省级区域的阿拉伯人中越来越受欢迎，而羊乳酪可能会失去竞争力。

沙特阿拉伯概况

因为巨额的石油收入，沙特阿拉伯在过去 30 年中发展迅速。沙特阿拉伯信奉伊斯兰教，现在已经变得更加现代。1987 年，沙特阿拉伯人口有 1.15 亿，其中超过 50% 的人是 15 岁以下的年轻人。沙特阿拉伯可以称得上是一个“年轻”的国家。农业部预测，直到 2000 年，人口将会增加到 1 900 万。那时三大城市的人口预期发展如表 14C-1 所示。

表 14C-1 沙特阿拉伯三大城市的人口预期发展

	人口（百万）	
	1974	2000
利雅得	0.7	2.4
吉达	0.6	2.1
达曼	0.2	0.8

沙特阿拉伯的奶酪市场

传统意义上，出口海外的丹麦奶酪在沙特阿拉伯市场占据着主导的市场地位。几年来，一直作为市场领导者，尤其是羊乳酪和其他一些奶酪。然而，出口海外的丹麦奶酪在奶油奶酪市场遇到了一些困难。虽然市场上涨，但目前为止却由两个大型全球出口国——法国和澳大利亚占据了奶油奶酪主导市场。

1986 年，沙特阿拉伯进口奶酪的总额（几乎没有本地生产）如表 14C-2 所示。当时来自丹麦的奶酪份额约为 25%（价值 1 000 万英镑）。在此基础上，丹麦奶酪决定开发一个新的奶油奶酪，以便在奶酪 / 加工领域与大型奶酪出口商竞争市场份额。产品针对中东地区，沙特阿拉伯是主要市场，但同时也形成了一个国际品牌的基础：Danish Klassic。

表 14C-2 沙特阿拉伯进口奶酪的总量

	进口总量（吨）
加工奶酪（含奶油奶酪）	29 500
羊乳酪	18 400
其他类型的奶酪	2 400
总量	**50 300**

资料来源：Saudi Arabian import statistics.

为了计划产品参数的具体细节，丹麦奶酪与专门在中东地区的国际市场调研部门联系。目的是分析生活在城市中的典型中东家庭的奶油奶酪消费。最终的结果显示，在85%～100%的家庭成员都定期吃奶油奶酪（主要是在一天的中午时间），并且这一消费在孩子中尤为突出。他们测试了典型家庭中不同的产品概念偏好，结果选择的是一个200克的硬纸盒包装奶油奶酪。这是一种新型的包装——在那之前，奶油奶酪主要是在玻璃包装中出售的。

Danish Klassic的市场营销计划

下面描述的是1987年的丹麦奶酪海外市场发行情况。

在那年的10月，最大三个的城市（利雅得、吉达和达曼）举办了三次贸易研讨会的介绍。在此将产品概念和广告活动呈现给了大量的经销商和批发商。

电视广告

在沙特阿拉伯，电视被认为是最具有影响力的大众传播媒介。因此，电视广告成为公司市场营销的基本方式。第一年总共计划安排128个商业广告点。

印刷广告

- 面向消费者的广告：大城市中最受欢迎的报纸和家庭杂志，尤其是将女性作为决定性的购买者单位。
- 面向经销商的广告：贸易杂志。
- 店内促销：展示、品尝样品等。

宣传材料是用阿拉伯语和英语介绍的。

竞选活动受到了一个高度的拉动式策略的影响（消费者影响）。通过这种方式，经销商被诱导去购买股票以满足预期的终端用户需求。在大量购买时，分销商将面临的风险是有限的。因为奶酪在没有被冷藏的情况下是可以保存一年的。

产品信息

- Danish Klassic——一种全家可用的奶油奶酪。
- 来自丹麦奶制品领域的新鲜牛奶。

产品事实

- 生产一盒200克的奶酪需要1.5升新鲜牛奶。
- Danish Klassic装在一个坚固的密封的盒子中。
- 这种奶酪即使不冷藏，在生产后的一整年里都将保持健康和美味。
- Danish Klassic富含营养价值且美味。

对于许多目标顾客的报纸和杂志来说，这也被用作广告。

店内展示

- 为了让客户知道 Danish Klassic 的存在，我们计划在全国各地的很多超市进行橱窗展销。
- 被选中的商店将用巨型 Danish Klassic 盒子装饰。
- 你的顾客一定会注意到这种奶油奶酪。
- 分发样品。
- 请品尝。Danish Klassia 是美味、健康且让人充满能量的。

Danish Klassic 发生了什么事

在沙特阿拉伯推出大约 6 个月后，丹麦的报纸（《日德兰邮报》）发表了一篇关于新产品的文章（1988 年 10 月 24 日）：

> 到目前为止，MD foods 公司已经从埃斯比约港口装运了 700 ～ 800 吨长保质期的新品奶酪。在未来 10 年里，预计销量将上升至每年 5 000 吨。按照计划，Danish Klassic 将在丹麦和世界的其他地区进行市场推广，比如南美。最近，它在南美的口味测试取得了高分。
>
> 这种全新的完全密封的 200 克长保质期奶酪，通过电视广告、公司自己人员推销、商店促销和印刷广告大规模地销售。DKr 3 000 万～ 3 500 万的大约一半投资于市场营销。MD Foods 公司正在挑战通过各种不同类型的玻璃包装奶酪控制了中东的大部分市场的跨国食品公司卡夫食品。

然而，在 1993 年年初，MD Foods 公司意识到 Danish Klassic 不能满足其国际销售预算，因此在年末把产品从市场上撤回。

在 2015 年 Arla Foods（之前的 MD Foods）通过销售公司来销售中东地区的奶酪。如今，奶油奶酪和其他类型的奶酪以玻璃包装（140 克和 240 克圆形容器）的品牌“Puck”出售。奶油奶酪的市场份额再一次增加。现在的总销售额非常接近市场领导者卡夫食品。

问题

1. Danish Klassic 无法达到预期的可能原因是什么？

评语如下：

   a. 包装的改变——从玻璃到塑料的盒子；

   b. 面向消费者的广告——这是针对沙特阿拉伯市场的吗？

2. 你如何评价 Danish Klassic 品牌?

附录 14A

2005 年 9 月 30 日，《日德兰邮报》发表了一篇名为《穆罕默德的脸孔》的文章。这篇文章由 12 篇漫画组成，其中一些描绘了穆罕默德。

2005 年年末，关于穆罕默德漫画的争议在丹麦境外受到了极少数媒体的关注。2005 年 10 月，其中六幅漫画连同一篇非常重要的文章在《埃及法格林报》（*El Fagr*）上翻印，但这次发表被认为不值得关注。2006 年 1 月，有些照片在斯堪的纳维亚半岛上被转载，然后发表在丹麦南部、德国、比利时和法国的主要报纸上。而后不久，随着抗议的增多，这些漫画在全球范围内转载，但主要是在欧洲。中东地区的几位编辑决定，或试图重新出版这些漫画，因而被解雇了。漫画批评者认为他们亵渎了穆斯林的信仰。

有组织的抵制丹麦商品的活动开始于一些伊斯兰国家。在沙特阿拉伯，2006 年 1 月 20 日，人们呼吁抵制丹麦产品并从 1 月 26 日开始施行。抵制主要针对爱氏晨曦公司生产的乳制品，但是也有其他的产品，比如 B&O 和乐高。丹麦外交部部长穆勒宣称抵制活动并不是由沙特阿拉伯政府发起的。为了提高声誉，停止抵制，爱氏晨曦乳品公司在沙特阿拉伯推出了大规模的广告宣传活动。这个活动发生在沙特阿拉伯的销售几乎完全停止的时候。爱氏晨曦对沙特阿拉伯的出口一年大约有 3.8 亿欧元。爱氏晨曦停止沙特首都利雅得的生产并遣送回了 170 名员工。伊斯兰国家抵制丹麦的产品造成大约有 11 000 个岗位的潜在损失。丹麦为此感到担忧。

然而，在 2008 ～ 2009 年，情况有所缓和。在 2009 年年底前，爱氏晨曦产品的销售额再次超过了中东地区的水平（与穆罕默德漫画之前相比）。

资料来源：Adapted from *The Copenhagen Post Online* (2009): ‘Arla back on shelves in Mid-East’, Tuesday 20 October, http://www.cphpost. dk/news/international/89-international/47250-arla-back-onshelves-in-the-mid-east.html; Simmons, J. (2006), ‘A war of ideas’, 10 February, www.BaghdadMuseum.org; www.arla.com.

案例研究 14-2

芝宝制造公司：打火机之外，产品多样化是否走得太远

历史

1932 年，芝宝（Zippo）成立于宾夕法尼亚州的布拉德福德。当时，乔治 G. 勃雷斯代决定创造一个外形美观，易于使用的打火机。勃雷斯代获得了奥地利有着可移动顶部的防风打火机专利，并且根据自己的需求重新设计。他制作了一个矩形，用焊接的铰链连接底部的盖子并用挡风玻璃围住了灯芯。着迷于最近另一项发明的名称——拉链，勃雷斯代称他的新打火机为“芝宝”，并保证用一生来支持它。在第二次世界大战期间，80 年悠久的品牌名声大噪。芝宝的整个生产都是通过美国军队经营的商店分散进行。

芝宝目前的商业模式

截至 2012 年 6 月，自 1932 年成立以来的芝宝已经生产了超过 5 亿支防风打火机。除了改进了火石轮和在情况结束后的某些修改，勃雷斯代的原始设计仍然几乎不变。终身保证是指每一个芝宝打火机都能保证“它可以工作，也可以免费修理。”

尽管防风打火机是芝宝最受欢迎的产品，但是芝宝也受到了反吸烟运动的影响。它的业务从根本上与吸烟者有关，并且它已经受到了美国烟草法规的影响。香烟制造商订购了成千上万的芝宝宣传它们的品牌，以优惠券换取的方式将它们分发给吸烟者。

由于打火机的销量从 20 世纪 90 年代中期的一年 1 800 万支严重下降到 2011 年的 1 200 万支左右，同时人们禁止吸烟的压力与日俱增。芝宝决定尝试利用芝宝品牌提供更广泛的产品，如手表、休闲服和古龙水。

与此同时，芝宝通过广泛的销售代表网络，在国内和国际范围扩大了销售业务。在全球 120 多个国家中，芝宝是美国制造的质量和工艺的代名词。

作为有价值的收藏品，芝宝防风打火机享有广泛令人羡慕的声誉。公司生产芝宝打火机收藏者指南，包含打火机的插图、对这个系列的描述，以及在每个芝宝的底部可以找到的日期代码的解释。打火机收藏家俱乐部在英国、意大利、瑞士、德国，日本和美国都已经成立。芝宝还赞助了它自己的收藏者俱乐部——Zippo Click。

问题：

1. 芝宝最近一直在追求的产品多样化战略的优点和缺点是什么？
2. 在20世纪90年代末的美国市场营销活动中，芝宝被重新定位为狂热的户外活动爱好者的一个重要的工具。单独的锡和套筒包装被开发出来，反映了打火机“工具”的位置。为了保持连续性，芝宝开发出类似的包装和图形打火机的罐子，而打火机和液体则被送到了零售商那里，方便地进行自我运输的台面显示。为了支持国家的推广，广告公司（Swanson Russell）开发了一项通信计划，包括直接邮寄给主要的户外产品分销商，以及在贸易和消费水平方面的广告。

   然而，对芝宝销售团队来说，户外市场是全新的。他们已经习惯了呼吁烟草和便利商店的使用。如何使用产品生命周期来解释这个案例研究？
3. 如果公司再次在其他国家进行户外活动，芝宝制造公司面临的障碍是什么？

资料来源：Based on different public sources.

第 15 章

Chapter15

定价决策和商业条款

□ **学习目标**

通过本章的学习，你能够：

- 解释内部和外部变量是如何影响国际定价决策的。
- 解释出口销售中价格为什么以及如何上涨。
- 讨论确定新产品价格水平的战略选择。
- 解释由于价格下降所必需的销量增加。
- 解释什么是经验曲线定价。
- 转移定价在国际营销中的特殊作用及可能带来的问题。
- 讨论汇率变化对国际市场人员带来的挑战。
- 识别和解释不同的销售条款（报价）。
- 探讨影响付款的条件。
- 讨论出口信贷和融资对出口营销成功的作用。

15.1 简介

定价是营销组合的一部分，因此定价决策必须与营销组合的其他三个要素相结合。价格是国际营销组合中唯一一个在没有重大直接成本影响的情况下，可以迅速改变的政策。这一特点，加上国外消费者往往对价格变化很敏感，就引发了一定的危险，即定价行动可能会被当成一个快速的解决方案，而不需要在公司营销计划的其他领域中做出改变。管理层必须认识到，应避免在国外市场上不断微调价格，而且许多问题也不能通过定价行为加以解决。

一般来说，定价决策是营销组合所有要素中最重要但往往最不被认可的一个。营销组合中的其他因素全部都指向成本。公司利润的唯一来源是收入，而这又是由定价决策决定的。在本章中，我们重点讨论了一些国际营销人员特别感兴趣的一些定价问题。

15.2 国际定价战略与国内定价战略的比较

对于国内市场的许多中小型企业来说，定价决策是一个相对明确的过程，即对生产、管理和销售一种产品或服务的总成本进行分摊，然后适当地加上利润。当成本增加而销售额没有达到，或当竞争对手削弱它们的时候，这些公司就会出现问题。然而在国际市场，定价决策是非常复杂的，因为它们受到一些其他外部因素的影响，如汇率的波动、某些国家通货膨胀的加速，以及其他支付方式的使用，如租赁、易货贸易和对销贸易。

国际营销经理特别关注的是产品在本地生产或销售的定价决策，但在产品制造或销售的国家之外，价格也受一些集中性要素的影响。从广义上讲，定价决策包括设定初始价格以及对产品既定价格的不断改变。

15.3 影响国际定价决策的因素

中小型企业首次出口时，对其即将进入的市场环境知之甚少，很可能设定一个价格，确保至少产生的销售收入能涵盖所发生的成本。企业了解产品成本结构的重要性固然重要，但是不应视它们为定价时唯一的决定因素。

定价决策是一种重要的战略和战术竞争武器，与国际营销组合的其他要素相比，它可控性更高，而且改变和实施起来价格并不昂贵。因此，定价决策和行为应与国际营销组合中的其他要素相融合。

图 15-1 给出了国际定价决策的基本框架。根据这个模型，影响国际定价的因素可以分为两大类（内部和外部因素）和四个小类，我们现在将更详细地探讨这些因素（参见 Kohli and Suri，2011，对这些不同的因素有更全面的文献评论）。

15.3.1 公司层面的因素

国际定价受到过去和现在的公司理念、组织和管理政策的影响。定价使用的短期战术是各种形式的打折，管理层常常强调产品的报价和降价，然而并没有重视它的战略作用。近年来，定价在许多行业的结构转型中起了非常重要的作用，导致一些企业的增长和另外一些企业的衰落。值得一提的是，日本的公司在进入新市场时，会通过在一段时间内降低价格来抢占市场份额，并且树立品牌，建立有效的分销和服务网络。这些日本公司的市场份额目标通常是以牺牲短期利润为代价的，因为日本国际公司通常对利润有长远的思考。比起西方的一些同行，它们通常愿意在投资回报方面等待更长的时间。

当消费者确定他们愿意为一个品牌产品支付高价格时，原产国也是一个主要考虑的因素。管理人员可以在定价决策中使用这些信息。如果他们的品牌起源于一个拥有良好声誉和形象的国家，溢价定价策略将更容易实施，因为消费者的支付意愿也会更高。例如，多年来大众的口号是“汽车专家”（Das Auto），说明该车的开发和生产都是在德国，尽管现在的汽车生产也会在世界其他地区。然而，与法国生产的汽车相比，这为大众提供了向消费者收取更高价格的机会（Koschate-Fischer et al.，2012）。

对国外市场进入模式的选择也会影响定价决策。在外国有子公司的制造商对该国的定价决策有很高的控制权。

15.3.2 产品因素

关键的产品因素包括产品的独特性、创新性以及可替代性。这些因素将对产品生命周期的各阶段产生重大影响，并且也取决于目标市场的市场环境。产品不管是服务还是机加工产品或日常商品，不管是销售给消费者还是进入工业市场，这些要素都是很重要的。

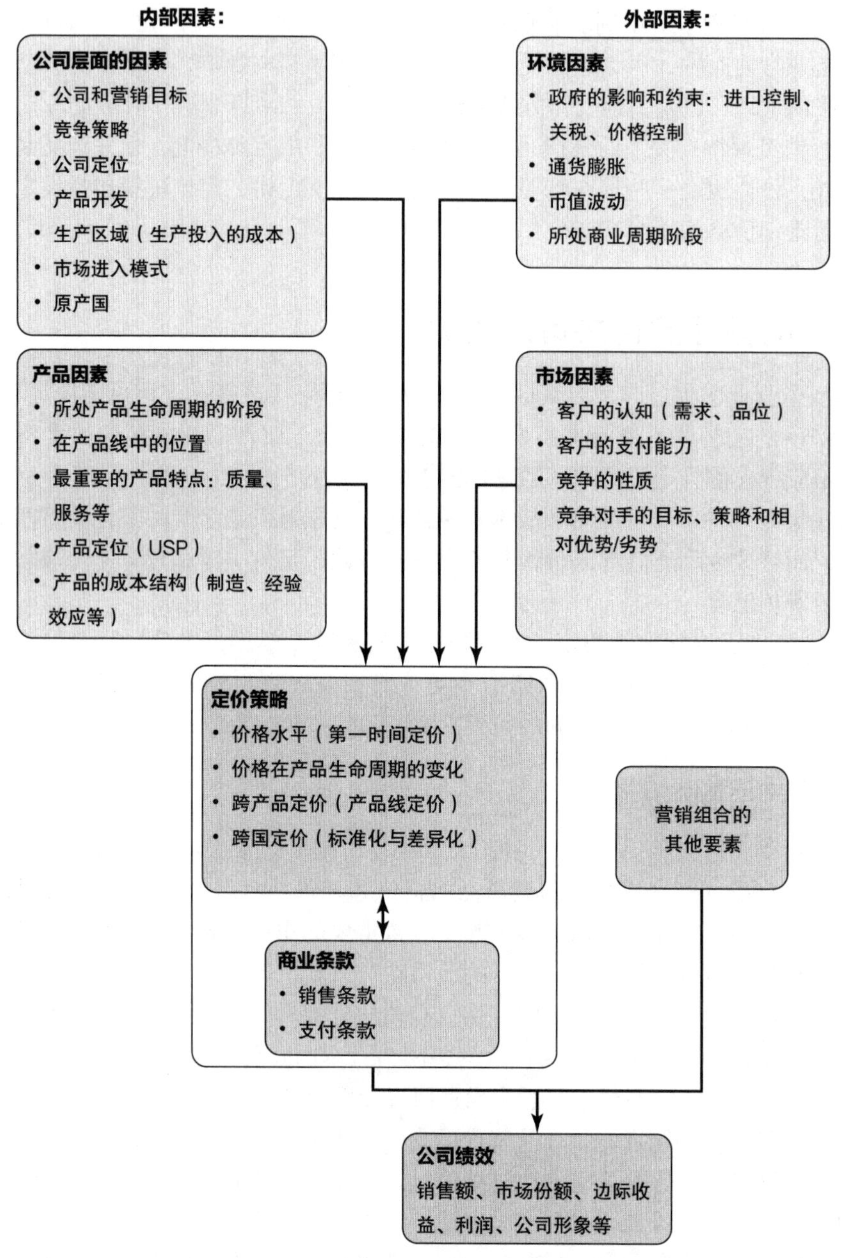

图 15-1　国际市场定价框架

公司基于一个市场对产品或服务做出的修改或调整的幅度，以及公司围绕核心产品提供的服务水平，都会影响成本，从而对价格产生影响。

成本有助于估计竞争对手对特定价格设定做出何种反应，了解自己的成本也有助于评估竞争对手的反应。除此之外，还要加上中间成本，这取决于渠道长度、中间因素以及物流成本。所有这些因素均会导致**价格上涨**（price escalation）。

表 15-1 中的例子表明，由于运输、保险和配送费用的增加，出口产品在出口市场的成本比在国内市场高出约 21%。如果使用额外的分销商（进口商）环节，产品在国外的成本比在国内要高出 39%。

表 15-1 价格上涨的例子 （单位：英镑）

	国内渠道	国外营销渠道	
	(a)	(b)	(c)
	公司 ↓ 批发商 ↓ 零售商 ↓ 消费者	公司 ↓ 边境 ↓ 批发商 ↓ 零售商 ↓ 消费者	公司 ↓ 边境 ↓ 进口商 ↓ 批发商 ↓ 零售商 ↓ 消费者
公司净价	100	100	100
保险和运输成本	—	10	10
到岸成本	—	110	110
关税（到岸成本的 10%）	—	11	11
进口商支付的价格（成本）	—	—	121
进口商利润 / 加价（成本的 15%）			18
批发商支付的价格（成本）	100	121	139
批发商利润 / 加价（成本的 20%）	20	24	28
零售商支付的价格（成本）	120	145	167
零售利润 / 加价（成本的 40%）	48	58	67
消费者支付（价格）(不含增值税)	168	203	234
通过国内渠道价格上涨的百分比	—	21	39

许多出口商没有意识到价格的迅速上涨；他们只专注于向进口商收取的价格。然而，最终消费者价格应该是至关重要的，因为在这一水平上，消费者可以比较不同竞争产品的价格，而这种价格在决定他们的需求方面起着重要作用。

价格上涨不仅对出口商来说不是个问题，它会影响所有参与跨境交易的公司。跨国公司承担大部分的公司内部跨境货物和物资运输，因此会产生额外费用，从而导致价格上涨。

下列管理选项可用于应对价格上涨：

- 使分销流程更加合理化。一种选择是减少分销环节的数量，另外是在公司内部多做一些，从而绕过一些渠道成员。
- 降低厂商的出口价格（公司的净价格），从而减少所有加价的乘数效应。
- 在出口市场建立本地化生产，以消除部分成本。
- 迫使渠道成员接受更低的毛利率。如果这些中间商的营业收入在很大程度上依赖于制造商，这种方法可能是比较适合的。

忽视传统渠道成员可能让公司处于危险之中。例如，在日本，分销系统特别复杂，常常涉及许多不同的渠道成员，这使得人们想对其进行一些根本性的变革。然而，现有的中间商不喜欢被忽视，它们可能与其他渠道成员和政府建立联系，这使得试图消减中间商的外国公司陷入危险。

15.3.3 环境因素

环境因素是企业外部因素，因而在国外市场是不可控的变量。国家政府对进出口的管制通常是基于政治和战略上的考虑。一般而言，进口管制旨在限制进口，以保护国内生产者或者减少外汇流出。直接性的约束通常采取关税、配额和各种非关税壁垒的形式。关税会直接提升进口价格，除非出口商或进口商愿意承担关税并接受较低的利润率。配额对价格有间接影响，它们限制供应，从而导致进口价格上涨。

由于各国之间的关税水平有所不同，这就诱使出口商根据国家来改变价格。在一些关税高、价格弹性高的国家，如果想要产品在这些市场上达到令人满意的销量，其基准价格可能必须低于其他国家。如果需求缺乏弹性，就要在销量几乎没有损失的情况下，将价格设定在一个较高的水准上，除非竞争对手以较低的价格出售。

政府的定价法规也会影响公司的定价策略。许多政府倾向于对有关健康、教育、食品和其他必需物品的特定产品实行价格管制。另一个主要的环境因素就是汇率的波动。货币相对价值的增加（升值）或减少（贬值）会影响公司的定价结构和盈利能力。

15.3.4 市场因素

国外市场的一个关键因素是消费者的购买力——消费者的支付能力。竞争对手的压力也可能会影响国际定价。如果市场上有其他卖方，该公司则不得不提供一个更有竞争力的价格。因此，竞争的性质 [如**寡头垄断**（oligopoly）或**垄断**（monopoly）] 也会影响公司的定价策略。

在接近完全竞争的条件下，价格是由市场来决定的。价格往往是刚好超过成本，以保持边际生产商的业务。因此，从价格制定者的角度来看，最重要的因素是成本。产品的可替代性越接近，价格就越接近，成本决定价格的影响就越大（假设有足够多的买方和卖方）。

在垄断或不完全竞争的情况下，卖方有权酌情改变产品质量、促销活动和渠道政策，以改变产品的整体价格，为预选的市场提供服务。尽管如此，定价的自由仍然受到竞争者开价的限制，最终竞争者之间的价格差异都将被消费者根据不同的效用而被认定是合理的，这就是感知价值。

当考虑消费者将对给定的价格策略做出怎样的回应时，内格尔（Nagle，1987）提出了影响消费者价格敏感性的九个因素：

（1）更具特色的产品。

（2）更强的产品感知质量。

（3）消费者对市场上的替代品不了解。

（4）难以进行比较（比如咨询业或会计业的服务质量）。

（5）产品的价格只占消费者总开支的一小部分。

（6）顾客的感知收益提升。

（7）该产品与先前购买的产品结合使用，因此零件和替换件通常价格极其昂贵。

（8）与其他合作伙伴分担成本。

（9）无法存储产品或服务。

在这九种情况下，价格敏感性都降低了。

在下面的章节中，我们将讨论不同的可用定价策略。

15.4 国际定价策略

在确定一个新产品的价格水平时，一般选择如图 15-2 所示。

15.4.1 撇脂定价法

在这一策略中，较高的价格来源于从市场的高端“撇脂”，其目的是在短时间内得到最大的利益。对于使用这种方法的营销人员来说，其产品必须是独一无二的，而且部分市场必须愿意支付高价格。随着更多细分市场作为目标且出现更多的产品，价格将逐渐降低。“撇脂”策略的成功取决于企业对竞争的反应能力和速度。

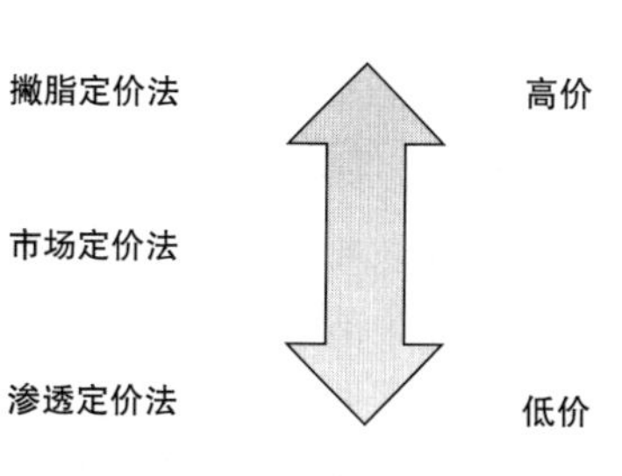

图 15-2 新产品定价策略

产品应当能够提供一些额外的功能，如舒适性，可变性或易操作性等，从而吸引那些富裕且有需求的消费者。通过撇脂定价法，公司以较低的市场份额换取较高的利润率。计算最终价格可以运用“顾客价值定价”的概念，即“我们如何创造额外的顾客价值，并增加顾客的支付意愿”。

与撇脂定价法有关的问题如下：

- 价格高但市场份额小，使公司容易在当地激烈的竞争中受到攻击。
- 维护高质量的产品需要大量资源（促销、售后服务）和本土知名度，这在远距离的国外市场实现起来可能比较困难。
- 如果产品在国内或其他国家价格较低，很可能形成灰色营销（平行进口）。

营销洞见 15-1

德国汽车制造商在中国使用“撇脂”定价策略

中国人喜欢德国车，特别是高档品牌。

2009～2013 年，德国的汽车在中国的销售翻了一倍多，从 160 万台增长到 370 万台。德国汽车制造商现在享受着创纪录的 23% 的市场份额，越来越多的德国汽车在中国都有销售。最受欢迎的德国品牌价格分析（见表 15-2）表明，与欧盟和美国相比，德国高端汽车品牌在中国获得更多的价格溢价，尽管有几个因素可能导致不同市场的不平等定价，包括不同国家的不同的制造地点、制造规模、销量和不同的征税政策。

表 15-2 德国豪华车品牌在中国与欧盟和美国的价格 （单位：欧元）

所有价格都兑换成欧元	奥迪 A6	宝马 5 系列	奔驰 E 级
中国	54 000	60 900	61 400
欧盟	48 600	51 800	51 000
美国	37 100	41 100	40 700

整体预计，中国对于德国汽车生产商的总净利润每年贡献了近 50 个百分点。然而，德国汽车制造商在中国取得成功的另一面，是它们对中国市场监管变化越来越依赖。2014 年，中国监管机构对外国汽车制造商［包括戴姆勒、奔驰、大众汽车（奥迪）等］采取了

措施，指责它们垄断零部件定价。汽车制造商做出了反应，降低了部分零部件的价格。

资料来源：Based on Mitchell, T. (2014) Chinese car probe takes an unexpected turn, *Financial Times Europe*, 22nd August, p. 15; other public sources.

15.4.2 市场定价法

如果目标市场中已经存在类似的产品，那么可以使用市场定价方法。最后的客户价格基于市场中有竞争力的价格。这种方法要求出口商对产品成本有全面的了解，并相信产品生命周期足够长，足以进入市场。这是一种反应性的方法，如果销量不能达到预期的水平以产生令人满意的回报，那么就会产生严重后果。虽然公司通常使用定价作为一种差异化的工具，但国际营销经理除了接受世界市场价格之外别无选择。

从竞争对手制定的平均价格来看，我们有可能进行所谓的**逆向计算**（retrograde calculation），即公司使用"反向的"价格上涨向后计算（从市场价格）到所需的（出厂价格）净价，然后将其与可变成本进行比较。如果这个净价能创造令人满意的利润，那么公司就可以继续运营下去了。

这种方法的主要优点是考虑到竞争情况。主要缺点是忽略了与需求函数相关的方面。此外，聚焦于激烈的竞争会增加价格战的风险（Hinterhuber and Liozu，2012）。

15.4.3 渗透定价法

渗透定价策略被用来刺激市场的增长，并通过故意提供低价格的产品来获取市场份额。这种方法要求市场规模大、消费者对价格敏感并且通过规模经济和经验曲线效应来降低单位成本。如果主要竞争对手把价格降到相对更低的水平，那么通过降低价格来增加销量的基本假设就会失败。另一个危险是，价格被设定得很低，以至于消费者都无法相信。消费者对于价格有一个信任水平，低于这个价格消费者就会对产品质量失去信心。

某些外国市场制定较低定价的动机可能包括：

- 竞争对手强大的当地竞争；
- 当地消费者的收入水平较低；
- 一些公司相信，由于它们的研发和其他间接费用是由国内销售所承担的，出口代表的是一种边缘业务，所以公司只想通过低价销售来增加尽可能多的额外收入。

日本公司在许多市场上采用渗透定价法以赢得市场份额，如汽车、家庭娱乐产品和电子元件。

营销洞见 15-2

"市场定价"（"大众卖点"）策略的使用：在耐克旗下，匡威品牌正在卷土重来

1908 年 2 月，马奎斯·米尔斯·康沃斯（Marquis Mills Converse）在马萨诸塞州的马尔登（Malden）开设了匡威橡胶鞋业有限公司。该公司是一家胶鞋制造商，为男士、女士和儿童提供防冻胶底鞋。到 1910 年，匡威每天生产 4 000 双鞋。

1917 年，该公司推出了匡威全明星篮球鞋，成为其重要转折点当时。随后，在 1921，一个名叫查尔斯 H. 泰勒（Charles H. 'Chunk' Taylor）的篮球运动员走进公司，抱怨脚疼。

匡威给了他一份推销员和形象大使的工作，让其将鞋子推广到美国。1923 年，他的签名被添加到了全明星产品系列中。直到 1969 年去世前，他仍然在做这项工作。

尽管匡威的根基是体育，并且它的品牌资产很大程度上依赖于老式的 Chuck Taylor 篮球品牌，但它是一个不那么明显的运动品牌，而是一个更时尚的品牌。耐克已经使这个品牌变得更前卫、更“摇滚”。

尽管它的规模相对较小，但在 20 世纪的大部分时间里，匡威是运动鞋类一个有影响力的品牌。最初是在想成为篮球运动员的人们之中围绕这个品牌建立一种亚文化，但后来变成了一种与非主流的“酷”和潮流相关的概念。此外，该品牌还与精英主义有关。事实上，尽管它的价格不高，但是匡威全明星不是适合所有人的，只适合那些拥有“某种知识”的人。

然而，在 20 世纪 90 年代早期，由于耐克一代已经成熟，匡威鞋开始变得过时，濒临破产边缘。在接下来的 10 年里，匡威陷入了金融困境。直到 2003 年，耐克买下了公司的生产线，以 3.5 亿美元进行了收购。匡威依靠自己不太可能存活如此长的时间，但这并不能安抚它的铁杆“粉丝”们。在他们看来，公司的独立性是其自由精神的一部分。卖给耐克公司的感觉，就如同 Chuck Taylor 全明星的制作者将自己的灵魂出卖给了敌人。

尽管匡威有着“大众价格”（相对于耐克的豪华价格），但它反而用“酷因素”实现了更大的价值。

在 2003 年耐克收购时，匡威的年营业收入约为 2.5 亿万美元，而耐克的年营业收入为 110 亿美元。8 年后（2011 年），匡威的营业收入为 11.5 亿美元。可见，匡威品牌已经变得比在耐克收购之前更“酷”，更“摇滚”。

资料来源：Based on Elek, M. (2012), ‘How brands close to the edge can keep their cool,’ *Marketing Week*, 17/05/2012; Nike annual report, 2011; www.converse.com.

15.4.4 价格变化

当一个新产品被推出或整个市场情况发生变化时（如外汇汇率的波动），就需要对现有产品进行价格变动。

表 15-3 显示了要维持利润水平所需的销量增加或减少的百分比。一个例子（表 15-3 中黑体显示的部分）显示了表格的功能。一家公司的产品有 20% 的边际贡献。该公司想知道，如果它希望保持同样的利润总额，降价 5% 的话，销量应该增加多少。具体计算如下：

降价之前

单位产品	销售价格	100 英镑
	单位可变成本	80 英镑
	边际贡献	20 英镑

总边际贡献：100 个 @20 英镑 = 2 000 英镑

降价之后（5%）

单位产品	销售价格	95 英镑
	单位可变成本	80 英镑
	边际贡献	15 英镑

总边际贡献：133 单位 @15 英镑 = 1 995 英镑

由于价格下降了 5%，需要增加 33% 的销售额。

表 15-3 维持总利润所需增加或减少的销量 （单位：%）

价格降低	利润贡献率（价格——单位变动成本占价格的百分比）								
	5	10	15	20	25	30	35	40	50
	保持总利润水平所需的销量的增长百分比								
2.0	67	25	15	11	9	7	7	5	4
3.0	150	43	25	18	14	11	9	8	6
4.0	400	67	36	25	19	15	13	11	9
5.0		100	50	33	25	20	17	14	11
7.5		300	100	60	43	33	27	23	18
10.0			200	100	67	50	40	33	25
15.0				300	150	100	75	60	43
价格升高	利润贡献率（价格——单位变动成本占价格的百分比）								
	5	10	15	20	25	30	35	40	50
	保持总利润水平所需的销量的最大的减少百分比								
2.0	29	17	12	9	7	6	5	5	4
3.0	37	23	17	13	11	6	8	7	6
4.0	44	29	21	17	14	12	10	9	7
5.0	50	33	25	20	17	14	12	11	9
7.5	60	43	33	27	23	20	18	16	13
10.0	67	50	40	33	29	25	22	20	17
15.0	75	60	50	43	37	33	30	27	23

如果决定改变价格，也必须考虑到相关的变化。例如，如果需要提高价格，至少在一开始，可以通过增加促销力度来配合。

在降价时，决策者对现有产品享有的灵活性往往比新产品要低。原因很可能是由于现有产品独特性少、面临激烈的竞争、并且针对的是更广泛的市场分割。在这种情况下，决策者将不得不在定价过程中更多地关注竞争因素和成本因素。

价格变化的时机几乎和变化本身一样重要。例如，一个简单的策略，在宣布价格上涨时拖延竞争对手，会让顾客认为你是最注重客户反映的供应商。时间滞后的程度也很重要。

在一家公司，一项针对顾客的独立调查（Garda，1995）显示，顾客看待针对顾客反应最迅速的供应商（在 6 周之内做出反应）与在看到竞争对手的价格上涨后 6 个月进行改变的供应商一样。在对手宣布涨价的 4 个多月里，大量的不必要资金将会被浪费掉。

15.4.5 经验曲线定价

价格变化通常随着产品生命周期阶段的变化。随着产品的成熟，由于日益增长的竞争和日渐减少的差异，产品在价格上的竞争将会更加激烈。

我们也将成本方面的问题纳入讨论。经验曲线起源于一种人们普遍观察到的现象，称为学习曲线，它指出当人们重复一项任务时，他们会更好更快地学习。学习曲线适用于生产成本的劳动力部分。波士顿咨询集团将学习效应延展到了涵盖所有与产品相关的增值成本，包括生产、营销、销售、管理等。

由此产生的经验曲线涵盖所有的价值链活动（见图 15-3），表明累积产量每增加一倍，实际的产品单位成本就会减少一定的百分比。虽然下降的幅度有大有小，但典型的成本下降值是 30%（称为 70% 的经验曲线）(Czepiel，1992，p.149)。

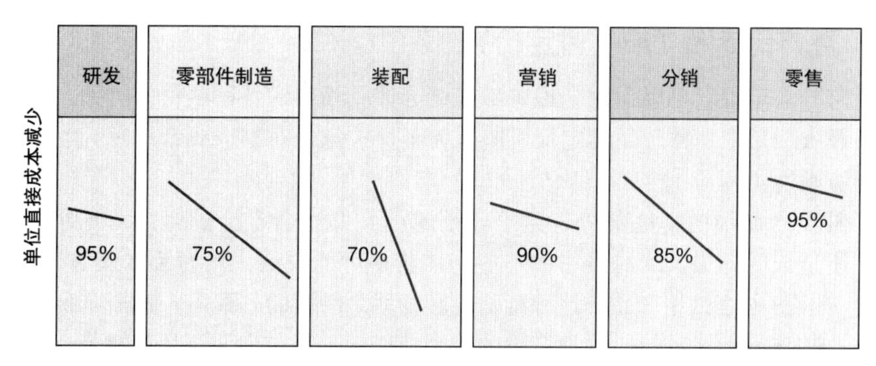

图 15-3　价值链活动的经验曲线

资料来源：Hax, Arnoldo C., Majluf, Nicholas S., *Strategic Management: An Integrative Perspective, 1st*, p. 121 © 1984. Electronically reproduced by permission of Pearson Education, Inc., Upper Saddle River, New Jersey.

如果我们将经验曲线（平均单位成本）与行业内典型的市场价格发展相结合，我们会得到一个类似于图 15-4 所示的关系。

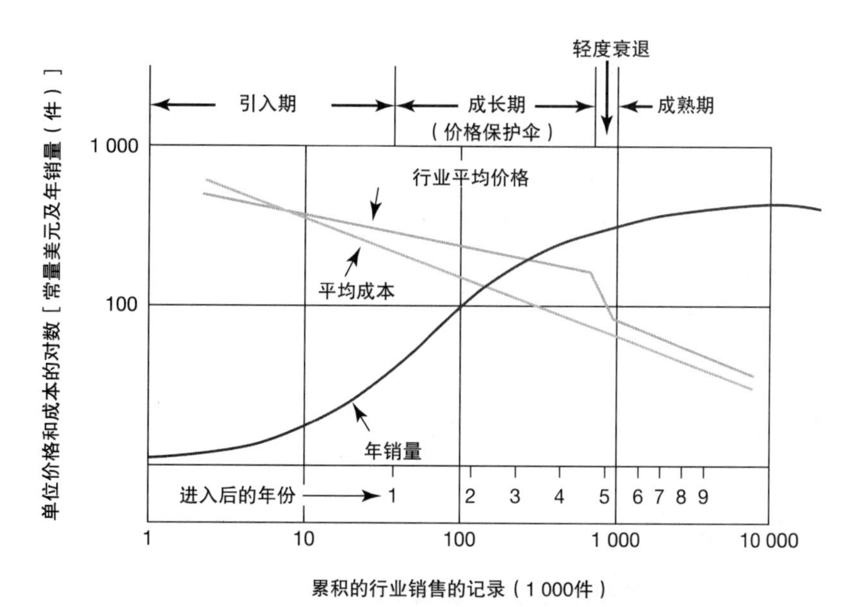

图 15-4　产品生命周期阶段与行业价格经验曲线

资料来源：Kotler, Philip, Marketing *Management: Analysis, Planning, Implementation and Control, 7th Edn.*, p. 350, Prentice Hall © 1991. Electronically reproduced by permission of Pearson Education, Inc., Upper Saddle River, New Jersey.

图 15-4 显示，在产品引入阶段（部分价格低于总单位成本），利润开始溢出。由于供给小于需求，价格不会像成本那样迅速下降。这样，成本和价格之间的差距扩大了，实际上创造了价格保护伞，吸引了新的竞争者。然而，竞争态势并不稳定。在某一时刻，这个保护伞会被一个或多个竞争者折叠起来，企业需要降低价格以获得或保留市场份额。其结果是，一个淘汰阶段将开始：低效的生产商将被迅速下降的市场价格赶出市场，只有那些价格 / 成本关系有竞争力的企业才能留在市场。

15.4.6 跨产品定价（产品线定价）

通过跨产品定价，可以运用合理定价来区分产品线中的各种项目，例如，经济版、标准版和顶级版。其中一种产品的定价可能是为了保护竞争对手，或者从现有竞争对手手中夺取市场份额。

为了补贴产品线的其他部分，竞争较小的产品可能会定价较高，以便弥补这些“竞争品牌”所造成的损失。产品线中的一些产品价格可能很低，作为**亏本销售的代表**（loss leaders），来招徕顾客试用产品。这种特殊的转变就是所谓的“**买入 / 跟进**”（buy-in/follow-on）策略（Weigand，1991）。这种策略的一个典型例子是吉列的刀片替换装，例如，它在剃须刀上使用渗透定价法（买入），但是在剃刀刀片套装上使用撇脂定价法（相对的高价）（跟进）。这样，嵌套的产品或服务（跟进）就以较大的边际贡献出售。这不可避免地吸引了那些试图只销售后续产品，而不承担买入成本的其他人。

这种策略的其他例子如下：

- 电话公司以近于免费的价格销售移动电话，是希望客户在有利可图的移动电话网络中成为“重要”客户。
- 任天堂经常以低于成本的价格销售游戏机，但是却从游戏软件中获取丰厚的利润。

这种定价是一个特别有吸引力的战略，它不仅仅是促生了未来的销售，并且创造了一个行业平台或标准，所有其他竞争对手都必须使用或遵守（即技术路径依赖）。

营销洞见 15-3

大众集团的产品组合定价策略

大众集团通过产品组合的方式将其旗下的一些品牌汽车推向市场，包括大众、奥迪、保时捷和兰博基尼。顾客可以选择品牌、价格和特性的组合，以获得最大的满足感。从公司的角度来看，这个项目把产品系列放在一起，不仅可以达到最高销量，而且可以通过激励顾客选择最接近他们愿意支付价格的汽车，使公司收入和利润最大化。

资料来源：Based on Bertini and Koenigsberg (2014).

15.4.7 免费增值模式

“亏本”概念的进一步延伸是所谓的“**免费增值**”（freemium）模式，当增加顾客的边际成本和生产价值的边际成本相对较低时，营销人员可以利用这种模式迅速建立顾客基础。

2009 年，克里斯·安德森（Chris Anderson）出版了他的书《免费》（*Free*），这本书仔细探讨了“免费”商业模式的流行。它经常被 Web 2.0 和开放源码的计算机公司所使用。按照免费增值模式，用户可以支付许可证费用后解锁高级功能。一些软件制造商都会让高级功能有一个试用期，在试用期之后软件将停止工作。我们不能将这种方式与免费增值模式相混淆，因为免费增值模式中用户是可以在没有时间限制的情况下访问有限的免费版本。

例如，在 2013 年 3 月，Spotify（在线音乐提供商，www.spotify.com）有 600 万付费用户和 2 400 万活跃的免费用户。为了获得收入，Spotify 的免费用户可以在他们的桌面上播放没有限制的音乐，但需要时不时地听广告，这些广告收入占网站总收入的 15%。用户还可以每月支付 4.99 美元来消除广告，以及每月 9.99 美元在用户的所有设备上删除广告和播放音乐。

营销洞见 15-4

吉列的溢价策略

一个渐进式创新的新产品能够使一个公司获得更高的价格，并且实现比它在市场上的替代品更高的利润率。例如，吉列安全剃须刀公司（在 2005 年被宝洁公司收购）在 1971 年推出吉列 Trac II 的品牌，将一把剃刀和两个刀片打包成一个剃须套装。在 2006 年，它引入了吉列风速（Fusion）品牌，套装中有五片剃须刀片和六片修剪刀片。在 1971 ～ 2006 年 35 年的时间里，吉列品牌剃须刀每一次套装更换的历史都列在了表 15-4 中，这点对我们很有指导性。

经通货膨胀调整后，每更换套装的价格都增加了 200%。

表 15-4 吉列剃须刀每次更换刀片后的价格
（基于 2006 年的价格，因通货膨胀进行了调整）

（单位：美元）

吉列的产品版本	每次更换刀片后的价格（基于 2006 年的价格）
吉列 II（1971，双片刀片）——“两个比一个更好”	1.00
吉列传感器（1990，弹簧式刀片）——“可以贴合你的脸部轮廓”	1.22
吉列锋速 3（1998，三片装）——“买一送三”	2.02
吉列 Fusion（2006，五个刀片加一个修剪刀片）——“五片的舒适，一片的细致”	3.00

资料来源：Based on Varadarajan (2009).

15.4.8 产品—服务捆绑定价

捆绑销售是将两个或更多的产品或服务打包销售。例如，高露洁牙刷和高露洁牙膏。这是一个非常有用的做法：如果顾客从它们那里购买第二件商品的可能性很低，那么可以给顾客一个好的价格，公司也提高了它们的盈利能力。这对第二件商品的试销也很有帮助（Kohli and Suri，2011；Hinterhuber and Liozu，2014）。

在嵌入式服务中，定价的结构和水平可能是至关重要的设计选择。要获得定价权，公司必须清楚地把握其战略意图及其竞争优势的来源，并且必须经常在其产品渗透和服务业务的增长和利润之间进行权衡。

一个公司的战略意图在很大程度上决定了产品与服务捆绑的匹配程度，以及在这种捆绑中服务的价值。注重提高或保护核心产品的公司应该为它们的服务制定价格，以提高产品的渗透率。实现这种产品拉动的定价策略会根据客户的购买决策而发生变化。公司可以通过将产品和服务绑定来产生更高价值的方案从而提高产品吸引力和产品的实用价值。如果进入一个新市场的价格是关键要素，那么服务合同就可以定更高的价格，这就允许了较低的产品进入价格——许多软件企业就采取这种做法。在某些情况下，公司可以提高维修服务合同的价格，以加快产品升级的速度。产品拉动的战略目标也意味着销售和外勤代理在服务定价方面应该具有一定的灵活性和权威性。然而，公司还是必须积极地管理定价制度，以确保这些销售人员对他们所销售的捆绑包的总利润负责。

相比之下，旨在建立独立的、以增长为导向的服务企业应该为自己的产品定价，以实现利润增长，定价的目标应该像竞争性替代品那样接近客户所需的服务价值。这些公司应该集中设置定价指导并且集中授权，相对限制销售和外勤人员的自由度，并且有明确的折扣规则。将服务和产品的捆绑定价对服务的增长平台来说并不是一个好主意，因为在任何给定的客户组织中，购买服务的人可能不是购买产品的人。将产品和服务作为一个商业单元进行捆绑定价，再要它们对各自独立的销售和利润目标负责也是很困难的。

竞争优势的来源（规模或技能）主要影响定价结构。如果是规模经济驱动的业务，其定价应基于标准单元（如存储管理的百万兆字节），并且应提供批量折扣以鼓励使用。对于标准服务产品以外的任何定制化的变化，这些公司应该标以极高的价格，因为这些例外会抬高整个业务的成本。

相比之下，如果一个服务企业主要依赖于特殊技能，它定价的基础应该是防止客户放弃使用其服务的成本或者客户选择其他最优备选方案的成本。这种基于价值的定价方法需要对客户划分的所有权的总成本进行复杂的分析，并且对服务行业的成本结构有深入的了解。竞争基准和有效利用这些技能的成本应分别决定这些价格水平的上限和下限。在最好的情况下，公司可以将这些功能智能化，制作成定价工具，使销售和实地代理商更准确地评估客户价值，从而改进现场定价决策（Auguste et al.，2006）。

营销洞见 15-5

柯达的打印机和墨盒分开遵循了反向的“买入 / 跟进”战略

柯达（Kodak）是一家美国的跨国公司，主要从事两大市场：数码摄影和数码印刷。2011年，它的收入为60亿美元，但是运营收入为负6亿美元。为了在打印机市场上建立新的地位，柯达最新型的打印机墨盒以低价格向行业惯例提出了挑战。这一策略为采购者提供了价格机会。打印机制造商的传统做法是“买进 / 跟进”价格策略（便宜的打印机，但昂贵的墨盒），柯达却对打印机的收费稍高一些，而更换墨盒的费用则要少得多。

传统的方法意味着高用量用户在有效地补贴低用量的用户，但柯达瞄准的是高用量打印机用户，他们在不同的定价体系下达成了更好的交易。在这个领域，价格是柯达商业模式的关键要素。

资料来源：Adapted from Piercy *et al*. (2010).

15.4.9 跨国定价（标准化与差异化）

如何协调各个国家之间的价格，是企业面临的一个主要问题。那么就有两种基本对立的方法：第一，在不同的市场中，通过采用大规模标准化定价，在不同市场实现相似的定位；第二，通过调整价格以适应不同的市场环境，从而实现盈利最大化。确定跨国定价的标准化程度，有以下两种基本方法：

（1）价格标准化。这种方法的基础就是在产品离开工厂的时候为其定价。最简单的办法就是在公司总部为全球市场设定一个固定的价格。在考虑到汇率和环境监管等因素的差异之后，就可以将这个固定的价格应用于所有的市场中。对于公司来说，这是一个低风险的策略，但是这种方法没去尝试适应当地的情况，也没有努力使利润最大化。然而，如果该公司将产品卖给那些在几个国家都有公司的大客户，这种策略是适合的。在这种情况下，公司可能面临来自客户的压力，只能通过客户的跨国机构，向客户每个国家的子公司以同样的价格提供产品。图 15-5 中有举例说明，例如，大型零售组织的国际活动。价格标准化的另一个好处是在国际市场上迅速引入新产品的潜力，以及在跨国市场上呈现的一致（价格）形象。

（2）价格差异化。这使得每个当地的子公司或合作伙伴（代理商、分销商等）都可以设定一个被认为最适合当地情况的价格，并且无须试图在国家之间协调价格。跨文化实证研究发现，不同国家的顾客特征、偏好和购买行为存在显著差异（Theodosiou and Katsikeas，2001）。“价格差异化”的弱点是总部对子公司或外部合作伙伴设定的价格缺乏控制。在邻近的市场上，价格可能会有很大差别，这会严重影响跨国公司的形象。它还促进了平行进口 / 灰色市场（第 16 章将会更详细讨论）的建立，即产品可以在一个市场上购买，另一个市场出售，从而削弱了既定的市场价格作用。

当公司通过中间商（代理商或进口商）销售时，会出现一个特殊情况。在这里，中间商的跨境价格是由制造商（出口商）设定的，因为这一部分的定价过程是由出口商控制的。然而，在这种情况下，中间商通常会从一个以上的供应商那里采购产品，让它们有权决定哪些产品进行促销而哪些不进行。这使得出口商面临着与中间商其他产品线的内部竞争。为了获得中间商的关注，出口商需要向中间商提供一揽子诱人的好处，如价值支持（让中间商获得最新的产品 / 服务信息）、高利润、产品支持支付或合作开发。从代理理论的角度来看，这种激励是委托人向代理人提供的补充收入（Obadia and Stöttinger，2015）。

图 15-5 显示了支持价格标准化或差异化的潜在因素。

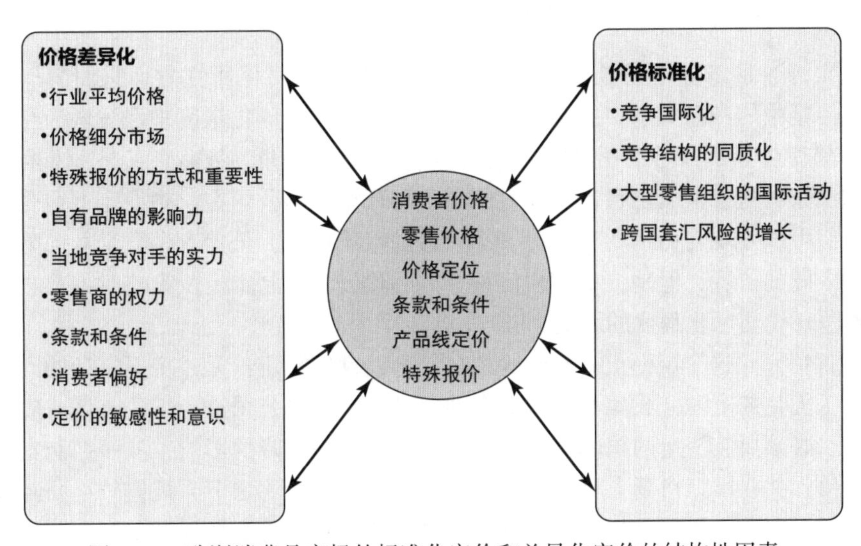

图 15-5 欧洲消费品市场的标准化定价和差异化定价的结构性因素

资料来源： Reprinted from *European Management Journal*, vol. 12, no. 2, Diller, H. and Bukhari, I. (1994) ‘Pricing conditions in the European Common Market’, p. 168, Copyright 1994, with permission from Elsevier.

15.4.10 国际定价分类法

正如我们前面所讨论的，国际环境中的定价决策往往是外部的、与市场有关的复杂体系之间的相互作用，这种复杂性决定了公司的运作以及公司有效应对这些突发事件的能力。索尔伯格（Solberg，1997）框架以有效的方式抓住了这种相互作用，对企业在国外市场的出口定价行为给出了重要的结论。索尔伯格认为，企业的国际化战略行为主要体现在两个方面：①公司产业全球化的程度（衡量市场相关因素的一种途径）；②公司对国际化的准备程度（衡量公司应对这些因素的能力）。这两个方面在第1章（见图1-1）中有所讨论，目的是建议在何种情况下公司应该留在国内，何时应巩固全球地位以及加强国内国外两者之间的联系。在图15-6中，沿着这两个维度提出了一个国际定价分类法（Solberg et al.，2006）。

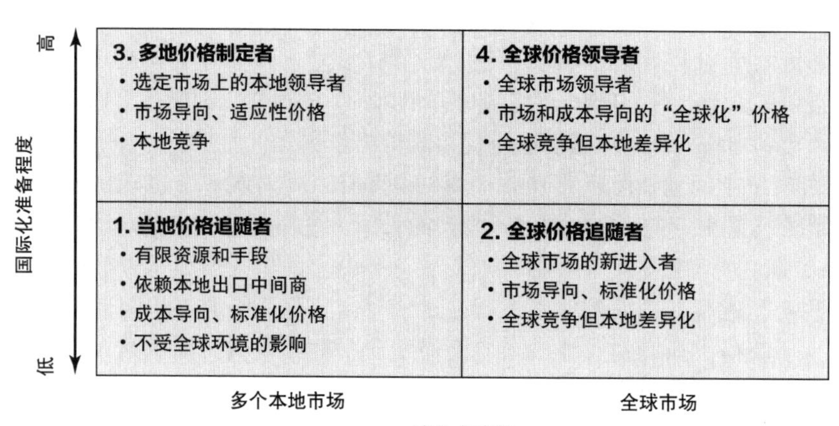

图15-6 国际定价分类矩阵

资料来源：Adapted from Solberg *et al.* (2006, p. 31). In the original article Solberg has used the concept ‘globality’ rather than ‘globalism’.

一个全球性的产业市场往往由少数几个大型的竞争对手所主导，它们的产品类别主宰着世界市场中的产品类别。因此，全球化程度从产业全球化维度来看被认为存在两个极端：一端是垄断（右）和另一端是完全竞争（左）。这一视角的战略含义是：垄断和寡头垄断的全球玩家将是价格制定者，而处于原子市场环境中的公司在价格设定上会受到当地的影响，我们可以发现它们在所有情况下都只追随市场价格。虽然大多数企业都陷入了这个连续体的中间的位置，但是，我们相信每个国际化公司在制定定价策略时，都会极大地受到所处竞争环境国际化程度的影响。

在准备国际化这个层面上，有经验的公司会发现国际定价是一个更复杂的问题，尽管它们投入了大量的资源来收集和处理更多的信息。当这些公司进入新的市场或应对竞争性的攻击时，必须要有一定的国际化准备能力来抵消价格下降的影响，从而在制定定价策略时更加自信，并在出口市场上享有较高的市场占有率。相比之下，规模较小、经验不足的公司似乎过于弱小，无论是与当地同行的联系，还是对当地市场的洞察力方面，都无法确定其产品在国外市场上的有效价格水平。因此，它们往往拥有较小的市场份额，并且遵循其竞争对手或细分市场引领者的定价做法。

从这个框架的视角来看，我们认为，国际经验丰富的大型出口商很可能会集中做出定价决策，并倾向于更高程度地控制这些决定；而规模较小，往往是新出口和国际经验不足的公司，可能会尝试权力下放，在它们的市场定价行为中出现机会主义模式。

下面我们将讨论图 15-6 中四种战略原型各自的特点。

原型 1：当地价格追随者

在这个象限中，公司（制造商）的国际经验有限，因此该公司的本地出口中间商（代理或分销商）将为该公司提供具体信息。这种信息不对称的危险在于，出口中间商可能通过机会主义或追求与出口商相矛盾的目标而误导出口商。这可能会导致进一步产生交易成本，并导致内部化（见 3.3 节交易成本分析）。由于市场知识有限，出口商倾向于粗略地计算其价格，而且很可能是根据成本和当地出口中间商的（有时是不充分的或有偏见的）信息来计算的。在极端情况下，这样的出口商只会对来自国外的主动报价做出反应，并且倾向于遵循内部成本信息的定价程序，从而失去潜在的国际商业机会。

原型 2：全球价格追随者

陷入这个象限的企业是全球价格追随者，它们对国际化的准备是有限的。然而，相比之下，全球价格追随者的公司因为受到全球市场的"推动"，在扩大其国际市场参与方面往往更加积极。由于国际市场相互间的价格水平大致相同，所以这个象限里的公司将在所有国家收取标准化价格。

鉴于它们在全球市场上的边缘地位，此类公司的议价能力有限，可能被迫采用全球市场领导者设定的价格水平，他们通常是非常庞大的全球客户（参见第 19 章关于全球客户管理的探讨）。原型 2 中的公司通常受到来自更高效的分销商和全球同行品牌的持续压力，以调整其价格。

原型 3：多地价格制定者

在这个单象限的公司都是有备而来的国际营销人员，在当地市场有着根深蒂固的地位。通常，他们能够通过深入分析和评价市场信息，通过已经建立的市场情报系统和 / 或根深蒂固的市场知识来评估当地的市场状况。他们往往通过信息和反馈系统对当地市场分销网络进行严格控制。原型 3 中的公司会根据当地市场的不同需求对在不同国家的产品价格进行调整，并且依据地区市场的复杂性来管理价格结构。

然而，与它们的当地价格跟随者（原型 1）相反的是，这些公司通常是当地市场定价领导者，其定价策略主要基于每个当地市场的条件。鉴于它们的多国化方向，这些公司更倾向于把定价决策权转移给当地的子公司经理，尽管他们的总部人员也在密切监视着每个当地市场的销售趋势。处于一个市场的公司面临着来自本地灰色进口市场的挑战，灰色市场的存在是由廉价生产者导致的市场价格差异引起的。

原型 4：全球价格领导者

这个象限中的公司在世界主要市场中占有很强势的地位。它们管理的营销网络平稳运行，主要通过层次进入模式或与中间商相结合来开展业务，如合资企业或主要国际市场联盟。原型 4 中的公司在每个主要市场上与有限数量的竞争者竞争，类似于全球（或区域）寡头垄断。典型的寡头垄断者，往往受到价格跨境透明机制的挑战；管理受到全球（或区域）的限制，如需求模式和市场调节机制；并需要设定区域价格（例如，在欧盟范围内）。全球价格领导者往往在市场上保持相对较高的价格水平，尽管这可能不如它们多元化的本土同行的做法有效。与全球价格领导者企业相比，多元化当地价格制定者能够更有效地建立当地准入壁垒，如品牌领导力、与当地经销商有更密切的关系、对当地市场各地区的情况有更深入的了解，从而避免自己在国际价格竞争中处于劣势（Solberg et.al，2006）。

15.4.11 建立全球定价合同

随着全球化的增加，全球供应商和全球客户经常会听到以下几点：“给我一份**全球定价合同**（global-pricing contract，GPC），我将加强与你的全球采购。”越来越多的全球客户向供应商索要这样一份合同。例如，在1998年，通用汽车动力集团告诉通用发动机、传动装置和组件的零件供应商，通用所有地区的组件价格都是一样的。

当客户全球化时，供应商并不需要承担损失。最有吸引力的全球定价机遇是供应商和客户一起合作来识别和消除会损害双方利益的低效率事件。然而，有时，供应商别无选择——它们无法承受失去最大和增长最快客户带来的损失。

在全球定价合同中，供应商和客户有不同的优势和劣势，如表15-5所示。

表15-5 全球定价合同：优势和劣势

	客 户	供 应 商
优势	• 全球低价格加上更高水平的服务 • 跨市场提供的标准化产品和服务 • 包括新产品开发、制造、库存、物流和客户服务在内的所有流程的高效率 • 创新的全球性快速扩散	• 很容易进入新市场并发展业务 • 巩固业务，实现规模经济 • 与行业领导者合作，并将其作为展示窗口来影响市场的发展 • 与客户合作，形成潜在的竞争对手难以侵入的牢固关系 • 纠正跨国市场客户关系中的价格和服务异常
劣势	• 随着时间的推移，客户可能不太适应当地市场的变化 • 供应商可能没有能力提供跨市场的稳定质量和性能 • 供应商可以利用客户的依赖性来提出更高的价格 • 当地的管理者可能会抵制全球合同，更愿意与当地供应商打交道 • 监督全球合同的成本可能超过收益	• 当地的管理者有时会抵制变革，供应商可能会陷入客户总部与所在国家管理者之间的争执中 • 供应商可能失去为其他有吸引力的客户提供服务的机会 • 客户可能无法兑现承诺 • 客户可能利用在合作中共享的成本信息 • 供应商可能会过分依赖一个客户，即使可以为其他更有吸引力的客户提供服务 • 在新的市场上，供应商可能会与现有分销渠道发生冲突

资料来源：Based on Narayandas *et al.* (2000, pp. 61–70).

一个化学品制造商往往将精力集中在少数精选的客户关系上。它已经决定了将重点放在增值服务上，但新兴市场的潜在客户却始终关注着价格。然而，这些精选后的客户，感兴趣的是节省资金的供货和与供应商一同开发的库存管理措施。

全球客户所需的详细成本信息也可以将供应商置于风险之中。丰田、本田、施乐等其他品牌会迫使供应商公开账簿以备检查。它们所谓的目标是帮助供应商找出改善过程和质量的方法，同时降低成本，建立信任。然而，在经济低迷时期，全球客户可能会寻求降价和补充服务。

15.4.12 欧洲定价策略

1991年，欧洲各地相同消费品的价格差异平均约为20%，但在某些产品上差异明显（Simon and Kucher，1993）。在另一项迪勒和布哈里（Diller and Bukhari,1994）的研究中，同样的家用冰激凌产品也有相当大的价格差异。

价格差异的原因是法规、竞争、分销结构和消费者行为的不同，如客户的支付意愿。

汇率的波动也将影响短期的价格差异。区域化的压力正在加速推动统一定价，但西蒙和库彻警告说，这是一个潜在的定时炸弹，因为统一定价的压力使它处在最低的价格水平。

只要市场分开，欧洲就是一个价格分化的天堂，但要维持原有的价格差异日渐困难。主要有两个因素可能迫使公司在欧洲国家价格标准化的发展：

（1）跨欧洲零售集团的国际购买力。

（2）平行进口 / 灰色市场。由于不同国家的价格差别，一个国家的购买者能够以更低的价格在另一个国家进行购买。结果，较低价格市场的客户就会向价格较高的市场销售产品以赚取利润。灰色市场将在 16.10 节中进行进一步探讨。

西蒙和库彻（Simon and Kucher，1993）提出一个价格“走廊”（见图 15-7）。个别国家的价格只可以在这一范围内变化。从欧元（已经在 2002 年 1 月全面实施）视角来看图 15-7 也很有趣。然而，价格差异可以通过运输成本、短期竞争条件等因素调整，以继续维持下去。

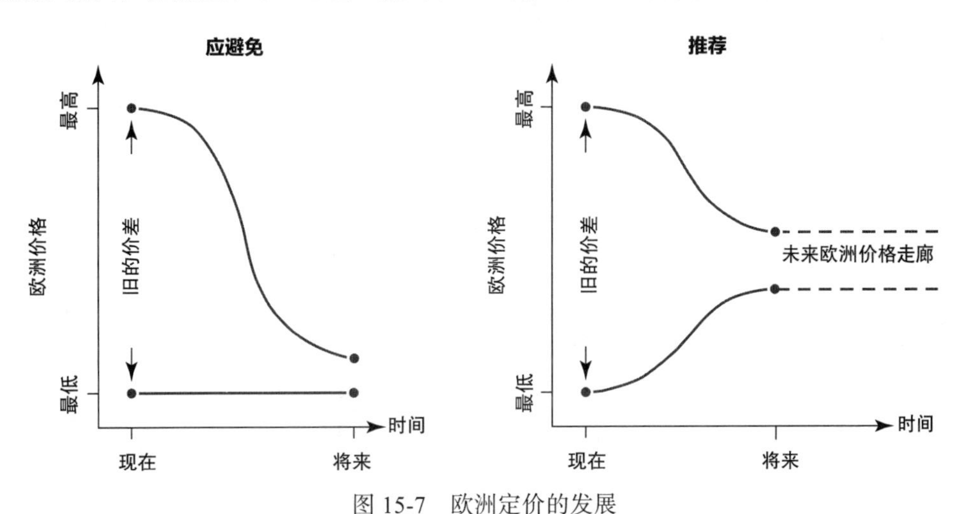

图 15-7 欧洲定价的发展

资料来源： Simon and Kucher (1993, p. 26). Copyright ESOMAR.

欧元的主要影响有：

- 通过整个欧洲的价格透明，消费者得到了更低的价格；
- 降低了由于高额的交易成本和币值波动而产生的贸易“摩擦”，创造了一个真正的单一市场；
- 通过迫使公司专注于价格、质量和生产，而不是隐藏在疲软的货币中来增强竞争；
- 使中小型企业和消费者受益，使前者更容易进入国外市场，使后者越来越多地通过互联网在价格最低的市场上购物；
- 通过新的欧洲中央银行保证通货膨胀率和利率的稳定；
- 通过降低价格、降低利率、消除货币兑换中的交易成本和损失以及减少汇率波动来降低业务成本。

简言之，单一货币将大大增加竞争性，降低交易成本，带来更大的确定性。这些新的力量将促进欧洲的结构改革。

15.4.13 转移定价

转移价格指的是对公司内部的商品和服务发生转移所支付的费用。许多纯粹的国内公司，当货物从国内的一个单元转移到另一个单元的时候，需要做出转移价格的决策。虽然这些转移价格是公司内部的，但它们在外部也是很重要的，因为从一个国家转移到另一个国家的货物必须具有跨境征税的价值。

在这种情况下，公司的目标是确保支付的转移价格是优化公司而非部门目标。这说明一家公司从简单的国际性组织变为利润中心是很困难的。为了使利润中心有效地运作，必须为转移的所有物品包括工作材料、部件、成品或服务设定一个价格。高转移价格（例如，从制造部门到国外子公司）会在国外子公司明显地表现不佳的绩效中得以反映（见表 15-6 中的高加价政策），而国内提供货物的部门却不能接受低价格（见表 15-6 中的低加价政策）。仅此一个问题就会成为子公司之间不信任的原因。

表 15-6　低转移价格与高转移价格对净收入（美元）的税收影响

	制造分公司（部门）	分销 / 销售分公司（子公司）	附属公司总收入
低加价政策			
销售额	1 400	2 000	2 000
减去售货成本	1 000	1 400	1 000
毛利	400	600	1 000
减去运营费用	100	100	200
应税收入	300	500	800
减去收入税（25%/50%）	75	250	325
净收入	225	250	475
高加价政策			
销售额	1 700	2 000	2 000
减去售货成本	1 000	1 700	1 000
毛利	700	300	1 000
减去运营费用	100	100	200
应税收入	600	200	800
减去收入税（25%/50%）	150	100	250
净收入	450	100	550

资料来源：Based on Eiteman and Stonehill (1986).

从综合的观点来看，表 15-6 的两个加价政策中“最好”是采用高加价政策，因为它产生的净收入为 550 美元，而低定价政策则为 475 美元。最好的解决办法取决于制造和分销附属企业（子公司）所在国家的税率。

出于明显的原因，跨国公司更愿意在税率最低的国家中增加利润。为了在一个国家增加利润，公司应该在低税率的国家给子公司设定相对较低的转移价格。

《OECD 转移定价指南》在 1995 年首次发布。最新的修订发布于 2010 年（OECD, 2010）。《OECD 转移定价指南》2010 版更加详细，并对关联企业之间的交易条件和第三方之间的交易条件进行了实际的建议。

转移定价有以下三种基本方法：

（1）基于成本转移。转移价格设定在生产成本的水平上，国际部门要记入公司创造的全部利润中。这意味着生产中心是由效率参数而非盈利能力来进行评价的。生产部门通常不喜欢以生产成本销售，因为他们认为这是在补贴销售子公司。当生产部门不满意时，销售子公司可能会得到迟缓的服务，因为生产部门首先会为更具吸引力的机会服务。

（2）基于公平市场交易转移。“公平价格”（arm’s length price）是子公司在完全竞争条件下，交付货物、服务或无形资产时所需支付的价格。换句话说，一个公平的价格是供给和需求在一个特定的市场里相互作用的结果。这就是为什么它也被称为“基于市场的价格”。在这里，国际分支机构的收费与公司外部的任何买主都是一样的。如果海外分支被允许在其他地区采购，那么当价格缺乏竞争力或产品质量较差时，就会出现问题。如果没有外部买家，就会进一步出现问题，即很难确立相关的价格。尽管如此，“公平价格”原则已经作为制定转移价格的首要（而不是要求）标准被世界所接受（Fraedrich and Bateman，1996）。关于“公平价格”原则在《OECD 税收协定范本》第 9 条中有所定义（Buter，2011）。

（3）基于成本加成转移。这是常见的折中方案，它将利润在生产部门和国际部门分开。用于评估转让价格的实际公式可能有所不同，但通常这种方法能最大限度地减少在转让价格分歧上花费的执行时间，优化公司利润，激励国内和国际部门。高级管理者经常被任命裁决纠纷。

一个好的转移定价方法应该考虑公司的整体概况并鼓励部门合作。它还应尽量减少转移价格有异议时所花费的执行时间，并将会计负担减至最低程度。

欧盟成员国的税收管辖权采用了与《OECD 转移定价指南》类似的转移定价规则。各国税收当局的主要首选转移定价规则是“公平价格”原则。

一般来说，由于市场条件的复杂性，操纵跨境转移价格的可能性会增加。考虑到国际产品市场的无形特征，以及相关企业内部服务交易价格制定的复杂性，这是一种相当理论化的方法，在实践中可能难以实现。

15.4.14　货币问题

报价应该使用哪种货币是出口定价的一大难题。出口商有以下选择：

- 买方所在国的外币（当地货币）;
- 出口商所在国的货币（本国货币）;
- 第三方国家的货币（通常是美元）;
- 同一种货币单位，如欧元。

如果出口商以国内货币报价，那么不仅使得它更容易管理，而且还意味着汇率变化的风险由客户承担。此外，如果以外币报价，则出口商要承担汇率风险。然而，出口商以外币报价也是有好处的：

- 以外币报价可以作为合同的一个条件；
- 可以以较低的利率在国外融资；
- 良好的货币管理可以成为获得额外利润的一种手段；
- 客户通常喜欢用本国货币报价，以便能够进行竞争性比较，并且确切地知道最终价格是多少。

出口商面临的另一个难题是由汇率波动引起的。在一个货币贬值的国家里，一家公司可以（其他所有事情平等）加强其国际竞争地位。它可以选择降低外币价格，也可以保持价格不变，从而提高利润率。

意大利里拉与德国马克相比下跌了 15% ～ 20%，这使意大利汽车制造商菲亚特汽车集团在价格上获得了竞争优势。德国汽车出口企业，如大众，却受到了反面的影响，不得不降低他们的价格表。从这个方面来说，一家公司的制造业和销售子公司与主要竞争对手相比，其地理格局非常重要，因为一家当地的子公司可以吸收货币贬值的大部分负面影响。

15.5 互联网对跨境定价的影响

2013 年，全球近 35% 的人口已经能够使用互联网。2015 年，全球在线零售额预计将达 9 400 亿美元。

纯互联网卖家的价格变化大大低于双通道零售商的价格（既有传统商店，也有在线销售）。购买者在购买在线产品时感受到的风险较小，他们认为互联网卖家的质量差别很小。买家也更有可能将这些商品的价格降到最低。

在传统的购物中，寻找可供选择的卖家的最低价是很合理的。相比之下，在网上搜索诸如书籍、机票和宠物用品等“标准”产品的最低价格，通常是非常方便、快捷和相对便宜的。

15.5.1 降低卖家和买家之间的信息不对称（“锁定”效应）

互联网搜索引擎有助于减少买卖双方之间的信息不对称。此外，需求集合网站可以将同一产品的个人购买者组成购买群体，从而增加购买力，获取更高折扣。

因此，顾客可能会把价格看作他们能影响和控制的东西，而不是给予他们的东西。

虽然这表明价格在互联网上会比较低，但是情况并不总是这样。在线客户并不总是如以前预想的那样对价格敏感。随着网页上的质量信息水平的提高，客户对价格的敏感性和忠诚度也随之提高。此外，价格以外的属性也会影响购买者的购买决策，如客户支持、在线交付、运输和处理、产品内容、解除订单和产品信息。

例如，亚马逊的大多数顾客都很忠诚，尽管它常常比其他在线图书零售商收取更高的价格。看起来，顾客对于使用信誉良好的卖家愿意支付更多，这同样适用于他们以前访问过的卖家的网站。

15.5.2 双渠道定价

在互联网经济中获胜的商业模式似乎是混合型公司，它们同时使用传统零售（实体）商店和在线渠道（双渠道策略）。这些公司被称为是“鼠标和水泥”（click and mortar）或“鼠标和砖块”（click and brick）公司。通过这一策略，公司可以从线上和线下购物中都获益。本节提供了互联网渠道的优点。与互联网渠道相比，传统零售业具有更好的个性化服务，如销售说明、即时反应和与客户的个人互动等。

当考虑定价时，这种双重渠道策略带来了挑战，可能会导致渠道冲突和跨渠道的“自相残杀”。然而，在解决这些潜在的渠道冲突时，公司利用不同客户的价值感知有不同的选择。他们可以选择在两个渠道（实体商店和网络在线）提供不同的产品，从而避免任何可能的混乱和冲突。其他公司可能会选择以同样的价格在两个渠道提供产品，这也会减少渠道冲突。例如，沃达丰（Vodafone）在实体销售点（商店）提供预付费的电话信用卡的同时，以相同的价格条件在其网站上提供服务。

其他公司可能会选择混合使用这两种策略来在两个渠道提供产品，但是对不同的产品采用不同的价格。在这种情况下，歧视价格又成为临界点。许多银行和金融机构实施双渠道定价政策，在传统的分行和网上为它们的客户提供不同的交易条件和金融业务。然而，如果大多数银行网上的金融业务为客户提供更好的价格条件，那么会导致许多实体银行分行的倒闭。

15.5.3　动态的和基于时间的定价

互联网为营销人员提供了针对不同类型的产品和服务量身定制特殊交易的能力。此外，互联网还为企业提供了测试价格的机会，一旦发现新的细分市场，就可以根据客户的喜好不断调整价格。例如，航空公司可能对同一产品在网上收取不同的价格，因此飞机同一座位的价格每天会变化好几次。

15.5.4　实施定价策略

在互联网实施定价策略，有不同的选择：

- 固定价格机制。在这里，卖方为顾客提供一个固定的产品和服务价格，而后者必须决定是否购买——谈判是不允许的。
- 拍卖机制。有经典拍卖和反向拍卖两种。经典拍卖是指买家通过提供最高价格来获得商品；反向拍卖是卖方在反向定价机制中决定是否接受（或不）买方设定的价格，形成了反向定价机制。例如，Ticketmaster.com 是总部设在加利福尼亚西好莱坞的机票销售公司，使用经典拍卖来为那些最看重这件事的人按需分配演唱会的门票。而 Priceline.com 事件 [使用“命名你的价格”（Name your price）口号] 是最著名的逆向拍卖案例。
- 价格谈判机制。在这里，卖方和买方从一个固定的价格开始了在数据网络中的谈判过程。总的来说，谈判比拍卖更为私密，结构也更为松散，人际关系的背景往往决定了结果（Bertini and Koenigsberg，2014）。这个说法还包括了联合购买过程，一些信息中介可以聚合客户提高议价能力，来获得更低的价格。

由于这三种“纯粹”的定价机制可以组合使用，所以有可能有固定定价与谈判定价、固定定价与拍卖定价等组合。因此，当在数字经济中定价时，公司可以利用这些灵活的价格机制和可能的组合。

15.6　销售和交货条款

价格报价描述了一个特定的产品，它需要说明产品的价格、指定的交货地点、确定装运时间并指定付款条件。买方和卖方的责任应该在价格报价和买方与卖方的货物所有权关系中体现出来。

《国际贸易术语解释通则》(国际贸易术语）是国际公认的由国际商会（ICC）设定的关于销售条款的标准定义。因此，通过商定一个国际贸易术语解释通则并将其纳入销售合同中，买方和卖方可以准确地理解各自的义务，以及在发生损失或损害时的责任。

《国际贸易术语解释通则》不断修订，以反映商业惯例的发展情况。最近修订的是《国际贸易术语解释通则 2010》，于 2011 年 1 月 1 日生效（Ramberg，2011）。《国际贸易术语解释通则 2010》定义了 11 条规则，通过引入两个新规则（DAT= 运输终端交付；DAP= 目的地交付）取代了先前版本中的四条规则（DAF= 边界交付；DES= 目的港船上交付；DEQ= 目的港码头交付；DDU= 未完税交付)，减少了在《国际贸易术语解释通则 2000》

中使用的 13 个贸易术语。

在《国际贸易术语解释通则 2010》中包含的 11 个贸易术语是：

EXW 工厂交货（……指定地点）

FCA 货交承运人（……指定地点）

FAS 船边交货（……指定装运港）

FOB 船上交货（……指定装运港）

CFR 成本加运费（……指定目的港）

CIF 成本、保险费加运费（……指定目的港）

CPT 运费付至（……指定目的地）

CIP 运费及保险费付至（……指定目的地）

DAT 运输终端交货（……指定终端）

DAP 目的地交货（……指定地点）

DDP 完税后交货（……指定目的地）

表 15-7 描述了贸易术语的交付点以及风险转移点。

表 15-7 交货地点和风险从卖方到买方的转移点

	EXW	FAS	FOB	CFR	CIF	DAT	DDP
供应商工厂 / 仓库	×						
装运港码头（出口码头）		×					
装运港（船上交货）			×	×	×		
目的港（进口码头 / 终端）					×①	×	
买方仓库（目的地）							×
主要运输风险在于	买方	买方	买方	买方	卖方	卖方	卖方

①卖方把风险转移给保险公司。

资料来源：Based on Ramberg (2011); Onkvisit and Shaw (1993, p. 799).

以下是一些最常用的销售术语：

- 工厂交货（EXW）。“EX”一词是指卖方所引用的价格适用于某一特定的地点，通常是工厂、仓库、矿山或种植园，买方需要从这个点收取所有的费用。这一项是出口商的最低义务。
- 船边交货（FAS）。在这一项中，卖方必须在船边交货，而不是在船上，运输承运人（通常是远洋船舶）负责运输和出口。这一术语不同于 FOB，因为装货的时间和成本不包括在 FAS 术语中。
- 船上交货（FOB）。出口商的报价包括了直到货物已装上指定装运点的所有费用。指定装运点可以是指定的内陆运输点，但通常情况下是出口港。一旦货物越过了船舷，就由买方来承担责任了。
- 成本加运费（CFR）。当货物装上承运人的船或在出口码头由承运人保管时，卖方的责任就终止了。卖方支付货物海运到指定的目的地所需的所有运输费用（不包括保险，这是客户的义务）。
- 成本、保险费加运费（CIF）。这一贸易术语与 CFR 相同，除了卖方也必须提供必要的保险。卖方的义务仍终止于同一阶段（即货物装载或上船时），但卖方货物一旦装载，就由卖方的保险公司来承担责任。

- 运输终端交货（DAT）。这可用于任何运输方式，也可以用于多个运输方式。卖方负责安排运输、交付货物，以及当运输工具到达指定地点时进行卸货。当货物已经卸下的时候，风险就由卖方转移给了买方。“终端”可以是任何地方——码头、集装箱堆场、仓库或运输枢纽。买方负责进口清关和任何适用的地方税或进口税。交货地点应尽可能精确，因为许多港口和运输枢纽都非常大。
- 完税后交货（DDP）。出口价格报价包括向进口商提供的交货成本。因此，出口商负责向进口国支付任何进口关税和内陆运输费用，以及为该国提供保险和运输所需的所有费用。这些条款意味着出口商的最大义务。卖方还承担向买方交付货物时所涉及的一切风险。过去，DDP 曾被称为“送货上门”定价法。

出口价格报价是很重要的，因为它们阐明了买方和卖方的法律和成本责任。卖方倾向于使其承担的债务和责任最小的一种报价（如工厂交货），这意味着出口商在卖方工厂装货给买方承运人时责任就结束了。另外，买方更愿意选择 DDP，由供应商承担商品直到客户仓库的所有责任，或 CIF 卸货港，这意味着买方的责任只有在货物到本国时才开始。

一般来说，更为市场化的定价政策是以 CIF 为基础的，这表明了对市场的坚定承诺。通过对工厂交货进行定价，出口商不会采取任何措施与市场建立联系，因此可能只是短期承诺。

15.7　支付条款

出口商在议付待装运货物的付款条件时，需考虑以下因素：

- 行业惯例；
- 竞争对手提供的条件；
- 买方和卖方的相对实力。

如果出口商在市场上建立了一个独特的产品和相应的服务，价格和贸易条件可以设置为符合出口商的期望。另外，如果出口商正在进入一个新的市场，或者由于竞争压力而要采取行动，那么定价和销售条件应该被用作主要的竞争工具。

出口支付的基本方式因其对买方和卖方的吸引力而有所不同，从预付现款到赊销或寄售。这两个极端都不适用于长期的关系，但它们在某些情况下有其用途。图 15-8 中列出了最常见的付款方式。

对出口商最有利的条件是预付现款，因为它降低了出口商的一切风险，并可以立即使用这笔钱。另外，从买方的角度来看，最有利的选择是寄售或赊销。最常见的安排，以减少对出口商的吸引力为顺序，将在下面的章节中有所描述。

15.7.1　预付现款

出口商在货物的装运之前就收到了付款。这将最大限度地减少出口商的风险和财务成本，因为没有收款风险和应收利息费用。然而，进口商很少同意这些条款，因为这不仅关系到他们的资本，还有可能收不到货物。因此，这样的条款没有被广泛使用，出口商很可能对进口商的支付能力缺乏信心（通常是在最初的出口交易中），或者由于进口国的经济和政治不稳定可能导致进口商无法获得外汇。

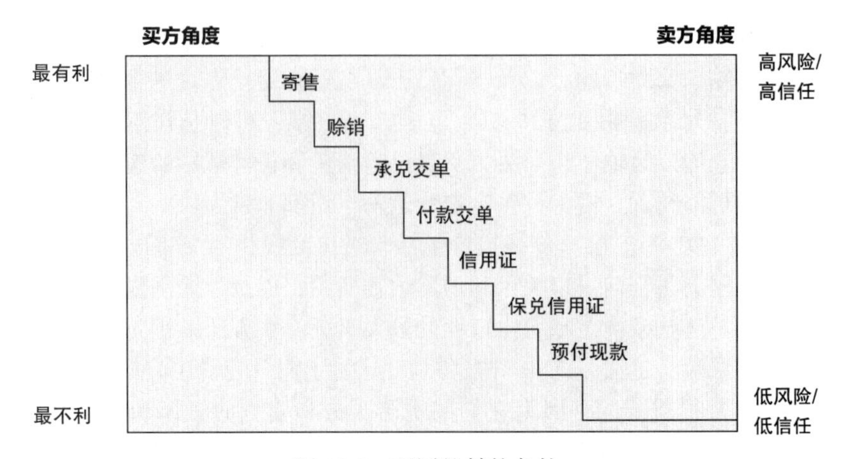

图 15-8　不同的付款条件

资料来源：Chase Manhattan Bank (1984, p. 5).

15.7.2　信用证

全球信用证是非常重要和非常普遍的。信用证是指银行同意在信用证规定的单据上支付一定金额的票据，通常是提单、发票和货物说明。一般来说，信用证具有以下特点：

- 它们是银行为解决国际商务交易的一种约定；
- 它们为涉及的各方提供一种担保形式；
- 只要信用证的条款和条件得到履行，银行就保证付款；
- 这种付款方式仅以单据为准，而不涉及商品或服务。

如图 15-9 说明了信用证的处理流程。

在这个过程中，客户同意使用保兑信用证付款。①客户从寄送货物询价单开始；②供应商出具确认价格和条款的发票；③让客户知道需要让银行准备的数额；④开立一个信用证；⑤信用证是在供应商的国家由银行确认；⑥当货物装运后；⑦供应商向其银行提交装船单据；⑧因此装船由他们的报告来确认；⑨连同信用证和所有其他规定的支付单据和证书，款项由客户的账户自动通过开户行传达；⑩只有当所有单据都由其银行——开证行交付时，顾客才能接走货物（改编自 Phillips et al.，1994，p.453）。

信用证（L/C）有三种形式：

（1）可撤销信用证。现在是一种罕见的形式，这给了买方最大的灵活性，因为它可以取消，直到银行需要付款的时候才需要通知卖方。

（2）不可撤销但未保兑的信用证。这与开证银行的信用状况以及买方国家允许使用外汇一样有利。未经确认的信用证不一定要被怀疑。因为可能是客户不愿支付额外的确认费用。

（3）保兑不可撤销信用证。这意味着，在开证行之外，又在卖方国家增加了保兑行，担保所需款项可供付款，仅等待装运单据的提交。虽然它为卖家提供了资金，但对买家来说，它的成本要高得多。一般来说，开证行需要买方支付固定费用加上一定比例的附加费，当信用证被确认后，保兑行也将收取一定的费用。另外，银行保兑的不可撤销信用证，可以使托运人得到最令人满意的保证，即可对装运货物付款。这也意味着出口商不必在开证行的任何条件下寻求付款，这些银行总是设在外国，但在出口商所在国由保兑行进行直接索赔。因此，出口商无须担心外国银行的支付能力或意愿。

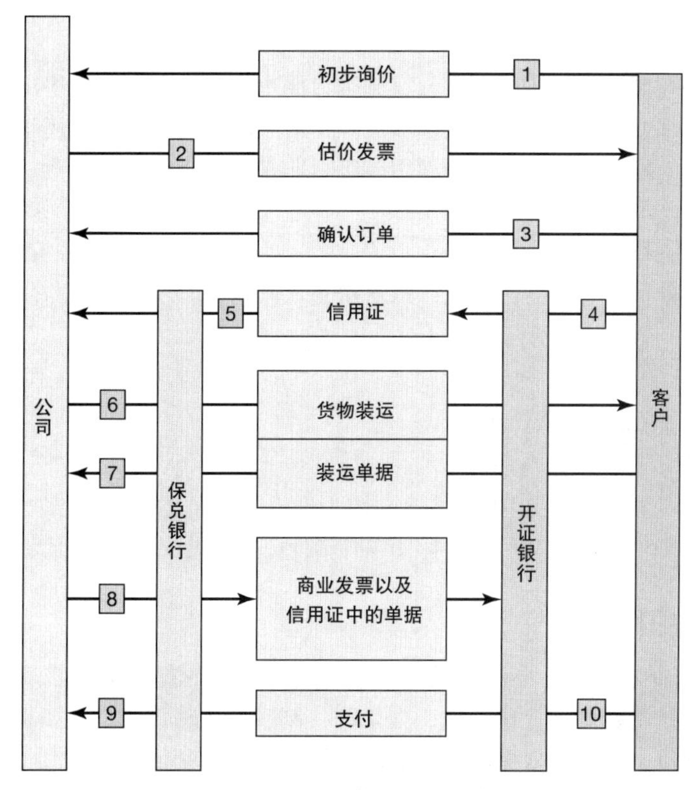

图 15-9 办理信用证的程序

资料来源：Phillips *et al.* (1994, p. 454). With permission from Cengage Learning.

15.7.3 付款交单和承兑交单

在下面两种“交单”情况中，卖方将货物和装运单据装船，汇票（外汇汇票）要求卖方通过卖方代理商向进口商提出付款要求。汇票有两种主要类型：即期汇票（付款交单）和远期汇票（承兑交单）。

（1）付款交单。买方必须在收到货物的所有权凭证之前支付汇票的面值。这发生在买方第一次见到汇票（即期汇票）时。

（2）承兑交单。汇票一经承兑，买方承兑汇票即在指定时间内付款，并通常在指定地点承兑汇票。承兑意味着买方正式同意在汇票到期日支付汇票所规定的金额。指定的时间可以表示为见票后一定的天数之后（远期汇票）。远期汇票对卖方的安全性不如即期汇票，因为即期汇票是在装船单据发出之前就要求付款。而远期汇票可以允许买方延迟付款 30、60 或 90 天。

15.7.4 赊销

出口商除了发货单以外没有要求其他支付单据就装船发货。买方可以无须先付货款而提货。赊销的好处是它的操作简单，以及不必向银行支付信贷费用而给买方提供帮助，而卖方反过来期望在约定的时间内支付发票。该方法的主要缺点是付款没有保障。出口商应只向熟悉的、具有良好信用评级的进口商进行赊销，或者是对没有外汇问题的市场运用这种方法。由于没有文件要求或银行费用，赊销没有汇票那么复杂和昂贵。

15.7.5 寄售

寄售是指出口商保留货物的所有权直到进口商出售。这种方法使得出口商拥有货物的时间比其他方式都要长，因此经济负担和风险是最大的。该方法只适用于那些在政治和经济风险都非常低的国家，且具有良好信用等级、非常值得信赖的进口商。寄售往往主要用于公司与自己子公司之间的交易。

在买方确定最终价格时，信贷条件也很重要。当与国际竞争对手的产品相似时，买方可以选择提供最佳信贷条件的供应商，以获得更大的折扣。实际上，是供应商向买方提供资金的来源。

15.8 出口融资

出口商需要资金支持以获得周转资金，因为进口商常常希望能够允许他们延期付款。出口融资的主要来源包括商业银行、政府出口融资项目、出口信用保险、保理业务和反向贸易。

15.8.1 商业银行

出口销售融资最简单的办法是通过出口商自己的银行提供透支贷款。这种方式很方便，它能为合同的所有要素提供资助，如采购、制造、运输和信贷。如果出口商可以获得出口信用保险政策，银行通常更愿意准予透支贷款。

15.8.2 出口信用保险

出口信用保险可通过政府出口信贷机构或私人保险公司提供给多数的出口商（Griffith and Czinkota，2012）。此类保险通常包括以下内容：

- 政治风险和非自由兑换货币风险；
- 与买家拒绝支付相关的商业风险。

出口商使用信用保险可以获得更宽松的信贷条件，或鼓励银行对其出口应收款提供融资。在多数市场中，这种保险的成本往往很低，一般为交易价值的 1% ～ 2%。专业保险经纪人会办理此类保险。

15.8.3 保理

保理就是将出口的负债转卖为现金。通过这样的方式，出口商将已完成订单的支付款项转移到专门从事出口信贷管理和融资的组织或因素上。

理想情况下，出口商在签订任何合同或装运之前，都应考虑到保理业务，并确保买方购买应收账款的意愿。保理商通常在进口商所在国安排人员对潜在买家的信用等级进行必要的审查。因此，保理商起到了信贷审批机构的作用，同时也是付款的服务商和保证人。

保理商通常不会购买超过 120 天的出口债务。一般情况下，服务费用视工作量和所承担风险的不同按销售额的 0.75% ～ 2.5% 收取。

15.8.4 福费廷

福费廷是一种在 20 世纪 50 年代瑞士开发的融资方法。这是资本品的出口商以获得中期融资（1～7 年）的一种方式。该业务可以简单解释如下：

资本品出口商希望有买方为中期信贷购买提供资金。买方会立即支付部分费用，并在今后 5 年分期付款。这种方式的好处是，出口商可以立即获得现款，而且随着买方支付首期现金，福费廷的融资额度有可能高达合同价值的 100%。

15.8.5　保证金

在一些国家（如中东），合约通常是现金交易或短期交易。这对于供应商来说是一个理想的情况，这意味着买方失去了对供应商的部分影响力，因为买方不能拒绝付款。在这种情况下，保证金或担保书是由可接受的第三方，即银行或保险公司向海外买方签发的书面票据。出口商或承包商保证遵守其义务的承诺，如果出口商或承包商未能履行其在合同中的义务，海外买家将获得一定金额的赔偿。

15.8.6　租赁

资本设备出口商有两种方式来使用租赁：

（1）直接从银行或租赁公司向外国买家提供跨境租赁。

（2）通过海外分公司或国际银行的海外分支机构或国际租赁协会，取得当地租赁设施。

通过租赁，出口商可以从租赁公司直接收到货款。租赁设施最好在初期就建立，即出口商收到订单的时候。

15.8.7　反向贸易

反向贸易是一个通用术语，用来描述各种贸易协定，其中卖方为买方提供产品（商品、货物、服务、技术），并且同意按原销售价的协定百分比（全部或部分）与买方签订互惠购买义务。

1. 易货贸易

这是一种直接的商品交换，没有任何货币转移。只有两方参与的双边交易是比较少见的。当第三方（三方易货）或更多的国家（多边易货）成为一个贸易链时，就会推动物物交换的进程。

2. 补偿贸易

这涉及向一个方向出口的货物，而商品的“支付”分为两部分：

（1）进口商用现金形式支付部贷款。

（2）对于剩余的款项，原出口商有义务购买买方的部分货物。这些产品可以用于出口商的内部生产，也可以在其他市场进行销售。

3. 回购协议

在出售机械设备、成套设备或者固定设备时，买方的生产至少部分是通过出口商对最终产品的购买来进行融资的。易货贸易和补偿交易是短期安排，而回购协议是长期协议。回购合同可能会持续相当长的一段时间，比如 5～10 年。这种双向交易很显然是有关联的，但是经济上又是各自保持独立的。

反向贸易之所以会出现，是由于外汇和国际信贷额度的短缺。一些评价指出，反向贸易已经高达世界贸易的10%～15%。

15.9 总结

本章所涉及的主要问题包括：价格的决定因素、定价策略、国外价格与国内价格的关系、价格上涨、报价的要素和转移定价。

在制定价格时必须考虑几个因素，包括成本、竞争对手的价格、产品形象、市场份额/市场容量、产品所处生命周期阶段和涉及的产品数量。这些组成部分的最佳组合因产品、市场和公司目标的不同而有所不同。在国际背景下，由于汇率问题、不同出口市场的不同竞争情况、不同的劳动力成本和不同的通货膨胀率等因素，定价变得更加复杂。当地关于制定价格的法律法规也要纳入考虑。

国际营销人员必须用适当的国际贸易术语来制定报价。当对如何准备一份报价有所疑虑时，可以咨询货运代理。这些行家可以提供有关单据的宝贵信息（如发票、提单），以及与货物运输相关的费用。财务单证（如信用证），则需要银行的援助。跨国银行都设有国际部门，可以帮助付款，并就准备和接受单据方面容易出现的问题向客户提供咨询。

问题讨论

1. 国际价格上涨的主要原因是什么？请为解决这一问题给出可行的行动方案。
2. 解释汇率和通货膨胀是如何影响产品定价的。
3. 为了保护自己，营销人员如何在一个高通货膨胀率的国家为产品定价？
4. 技术的国际市场上买方和卖方经常对知识的合理定价存在分歧，为什么？
5. 什么方法可以用来计算转移价格（附属公司之间的交易）？
6. 跨国公司的定价策略与跨国产品生命周期理论有何关联？
7. 为什么通常很难计算出公平的转移价格？
8. 解释这些销售术语：EXW、FOB、CFR、CIF、DEQ和DDP。决定销售条款的因素有哪些？
9. 解释这些类型的信用证：可撤销/不可撤销信用证、保兑/非保兑信用证。
   出口商在何种情况下使用下列方法付款：
   a. 可撤销信用证；
   b. 保兑信用证；
   c. 保兑不可撤销信用证；
   d. 远期汇票（如汇票）？
10. 出口商的融资来源有哪些？
11. 通货膨胀如何影响一个国家的币值？在一个高通货膨胀率的国家，借贷或融资是好方法吗？
12. 出口信贷融资的条款和条件与国际定价有何关联？为什么？
13. 什么是反向贸易？为什么公司要在国际营销中考虑反向贸易方式？

案例研究 15-1

哈雷 – 戴维森：品牌形象能否说明定价水平

哈雷 – 戴维森公司（HD）已经主宰了摩托车行业几十年，并继续在重型摩托车市场里有着强势的表现。在 2011 财年，哈雷 – 戴维森的净收入为 53 亿美元。2011 年，哈雷 – 戴维森的 1 450 家经销商在全球销售了 30 万辆哈雷摩托车，全球员工约有 6 000 人。在重型巡洋舰部分（651+cc），哈雷 – 戴维森公司是市场的领导者，拥有 55% 的市场份额，而其在欧洲市场占有率为 12%。公司的使命是通过摩托车的体验来实现梦想，通过向摩托车主和一般大众提供更广泛的产品线，在选定的细分市场中，为产品和服务树立品牌。哈雷 – 戴维森提供齐全的摩托车、零部件、配件、服装和一般商品。公司的品牌战略有助于创造新一代的哈雷 – 戴维森爱好者。

2003 年，哈雷 – 戴维森公司举行百年周年庆。在过去的一个世纪里，该公司在市场上建立了一个强大的品牌形象和忠诚的客户群。哈雷的价值在于它的传统——它的外观、声音和产品传承，这使它成为一个全美国的象征。摩托车代表一种非常基本的东西——对自由、冒险和个人主义的渴望。

哈雷 – 戴维森公司通过各种方式（哈雷车主会）、产品供应以及活动（如 Daytona 摩托车周、摩托车展等）与客户保持密切的关系。然而，该公司正面临来自日本厂商的激烈竞争，特别是本田和雅马哈。哈雷 – 戴维森的实力在于其在市场中的品牌形象，但它的弱点是生产能力以及无法满足对产品的需求。公司试图通过构建自己的“美国标志性口号”，来巩固其定位战略。

随着顾客年龄的增长和销售额的下降，哈雷 – 戴维森公司面临着吸引年轻顾客的任务。为了重塑其形象，哈雷 – 戴维森发布一款专为年轻的专业人士设计的新摩托车——比尔。

总部设在加利福尼亚尔湾工贸集团的摩托车工业协会（www.mic.org）发现，女性市场约占总摩托车使用人数的 11%。

定价

国际价格竞争越来越激烈。与本田类似的型号相比，哈雷 – 戴维森仍然有 30% 的溢价。尽管如此，哈雷 – 戴维森摩托车车友仍然穿着印有“相比本田，我还是宁愿选择哈雷”的 T 恤。

2011 年，哈雷 – 戴维森在美国以外地区的摩托车销量约占其全年总销量的 25%。欧洲人喜欢重型巡洋舰，但不太喜欢哈雷的价格。2011 年，在重型摩托车市场中（超过 650cc），哈雷 – 戴维森的欧洲市场份额约为 12%。这一年，欧洲的市场领导者是本田、雅马哈、铃木和宝马，每一家公司的市场占有率都约为 15%。

2009 年 10 月 15 日，哈雷 – 戴维森公司宣布，为了更加专注于哈雷品牌，将结束对比尔系列摩托车的生产。

问题：

1. 描述哈雷 – 戴维森的一般定价策略。公司的定位与定价策略有什么关系？
2. 对于竞争对手强大的价格压力，哈雷 – 戴维森应该调整它的定价么？
3. 为了提升欧洲市场份额，哈雷 – 戴维森应该做些什么？

资料来源：www.harley-davidson.com/; www.mic.org/; www. motorcyclenewswire. com/; www.neobike.net/industry.

案例研究 15-2

吉列公司：有可能对剃须刀刀片实行标准化定价吗

在单独包装的刀片竞争战中，吉列公司于2005年创造了一种名为Fusion的五片套装，比舒适（Schick）创4纪（Quattro）品牌多出一片，目的是为那些不满足于只有三片或四片刀片的数百万男人们提供更贴合的剃须体验。

Fusion（2005年9月推出）是自锋速3（Mach 3）推出以来，吉列推出的第一款全新的男性剃须刀系列，该系列于1998年启动研发。以往吉列的旗舰剃须刀锋速3有三片刀片，而舒适创4纪有四片，但吉列总裁詹姆斯·基尔茨（James Kilts）坚决宣称，这一最新的"创新"与竞争并没有关系。"舒适的投入与此并没有关系，就我们而言，这就像比较法拉利和大众。我们从来就没有四片的计划。"

Fusion比竞争对手劲量控股公司的创4纪多出一个修剪刀片，这个刀片在旋转筒的后面，用来塑形面部的毛发、修剪鬓角以及鼻下的胡须。

问题：

1. 评价吉列Fusion的定价水平。
2. 讨论吉列是否有可能为Fusion系列新的五刀片实施标准化的跨国定价。哪些因素将有利于标准化定价，而哪些因素有利于差异化定价？

资料来源：Based on different public sources.

第 16 章

Chapter16

分销决策

□ **学习目标**

通过本章的学习，你能够：

- 探讨影响渠道决策的决定因素。
- 讨论整合和管理国际营销渠道的关键点。
- 讨论影响渠道宽度（密集型、选择型或独家覆盖）的要素。
- 阐述整合营销渠道的意义。
- 描述最常见的出口单据。
- 定义和解释主要的运输模式。
- 讨论在线分销产生的结果。
- 解释零售业国际化如何影响制造商。
- 定义灰色市场并解释如何应对。

16.1 引言

21 世纪，是否进入国际市场是企业面临的一个关键决策。在第Ⅲ部分，我们讨论了企业选择一种恰当的市场进入模式来保证产品或服务能够成功进入国外市场。当企业已经选择了一个战略将产品推广到国外市场之后，其面临的下一个挑战（就是本章的主题：参见图 16-1）就是这些产品在国外市场的分销。本章前一部分聚焦海外市场分销的结构和管理；后一部分关注国际物流的管理。

一个行业典型的分销渠道成本一般会占据产品或服务零售价格的 15% ～ 40%。

在未来的几年，随着技术的发展和渠道的加速演变，渠道管理的挑战和机会将会显著增加。数据网络越来越使终端用户能够绕过传统渠道直接与制造商和服务提供商接触。

下面我们将介绍一种系统的方法来帮助制定国际分销决策。主要的渠道决策和它们的影响要素在图 16-1 中说明。分销渠道是生产商和终端用户之间的链接。概括来说，国际化的企业一般采用直接或间接的途径进行分销。就像第 10 章所提及的，直接的分销相当于直接与外国企业做生意，而间接分销意味着与另一家作为中间商的本土企业做生意。图 16-1 显示了一种特殊渠道链接的选择完全受到主要市场的各种特点的影响。接下来，我们将更为细致地考虑这些选择。

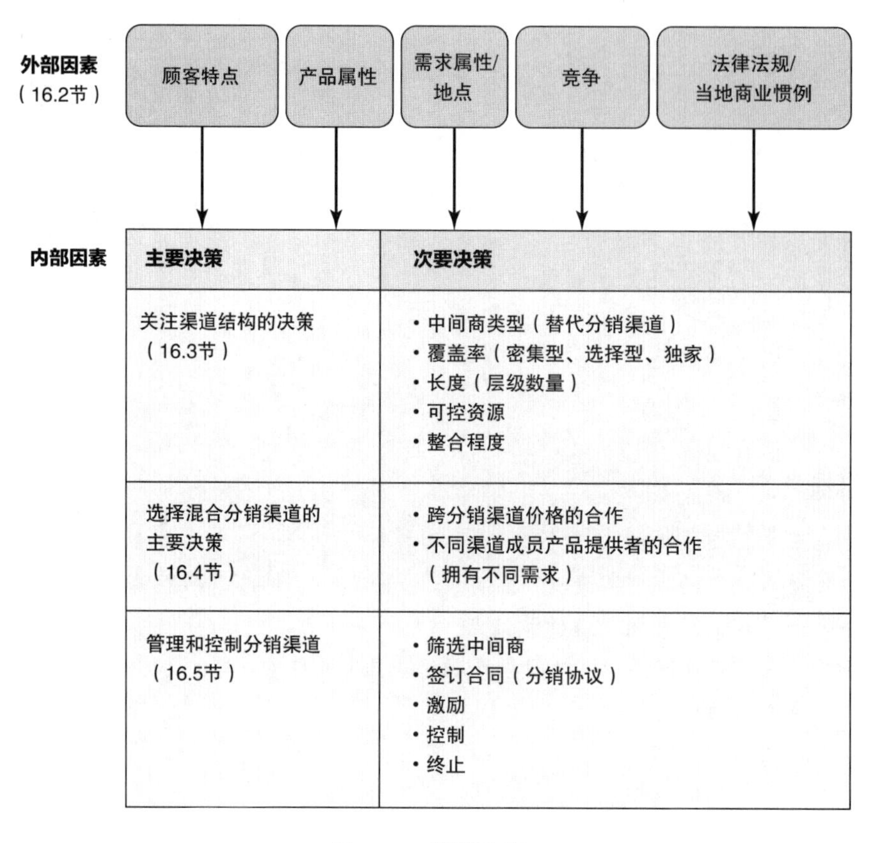

图 16-1　渠道决策

沟通是国际营销方案中第四个也是最后一个决策。沟通在国际营销中的角色和其在本土运作中相似：与顾客进行沟通，提供顾客需要的信息来帮助顾客做出决策。虽然沟通组合承载着顾客感兴趣的信息，但最终是为了劝导顾客购买产品——不管是现在还是将来。

16.2　渠道决策的外部决定因素

16.2.1　顾客特点

顾客或终端消费者，是渠道设计的基石。所以，当进行分销决策时，顾客群的规模、地理分布、购物习惯、购物地点偏好和使用方式都必须是考虑的重点。

消费品渠道比工业品渠道更长，这主要是因为消费者的数量更多、在地理上更为分散而且购买量较小。购物习惯、购物地点偏好和使用方式由于受到社会文化的强烈影响，在不同国家间都不尽相同。

16.2.2　产品属性

在制定分销策略时，产品特色起到了关键的作用。对于低价、周转快的便利性产品而言，所要求的就是密集的分销网络。另外，对于高端名牌产品没有必要甚至不需要构建宽泛的分销渠道。在这种情况下，制造商可以收缩或收窄分销渠道。消费者喜欢比较购物经验并会积极搜索正在考虑中的品牌的相关信息。在这种情况下，有限的产品曝光并不是市场成功的障碍。

在分销和销售诸如大宗化学品、钢铁和水泥等工业产品时，运输和仓储成本也是重要问题；在诸如电脑、机械产品、航空器等工业品的分销中，直销、服务、维修及配件存储则占据主要位置。产品的耐久性、易腐蚀性、顾客服务要求的数量和种类、单位成本、特殊的处理要求（如冷藏）也是重要的考虑因素。

16.2.3 需求属性 / 地点

如果我们意识到目标顾客持有特定的产品，那么这会使我们对分销渠道进行调整。产品感知受到很多因素的影响，如顾客的收入、产品体验、产品的最终用途、产品生命周期中所处的位置，以及国家的经济发展阶段等。国家的地理和交通基础设施建设也会影响渠道决策。

16.2.4 竞争

了解竞争产品和相近替代品所使用的渠道是非常重要的，这主要由于服务于同一市场的渠道彼此间经常出现竞争。消费者一般希望在特定的商店购买特定的产品（如专卖店），或者他们已经习惯在特定的渠道购买特定的产品。另外，本土和全球竞争者可能已经与一个国外的主要经销商签订了协议，因为这些主要经销商可以建立有效的壁垒，并且将一些公司排除在关键渠道之外。

有时替代方案的使用完全区别于竞争的渠道方案，并希望借此创造竞争优势。

16.2.5 法律法规 / 当地商业惯例（日本）

一个国家可能有明确的法律禁止使用特定渠道或中间商。例如，直到最近，瑞典和芬兰要求所有的酒精饮品必须通过国有渠道来分销；还有些国家明令禁止上门推销。渠道覆盖范围也会受到法律的影响。一般而言，独家代理会被视作贸易限制，特别是一种产品占据市场支配地位时。欧盟反垄断机构已经加强了对包销协议的审查。《罗马条约》禁止那些影响贸易或限制竞争的分销协议（如独家经销代理权）。

此外，当地的商业惯例也可能影响市场效率和生产率，甚至可能迫使生产商采用一种更长更宽的分销渠道。由于日本存在依赖多层中间商的多层分销体系，所以外国公司长期以来都认为复杂的分销体系是日本市场最为有效的非关税壁垒。

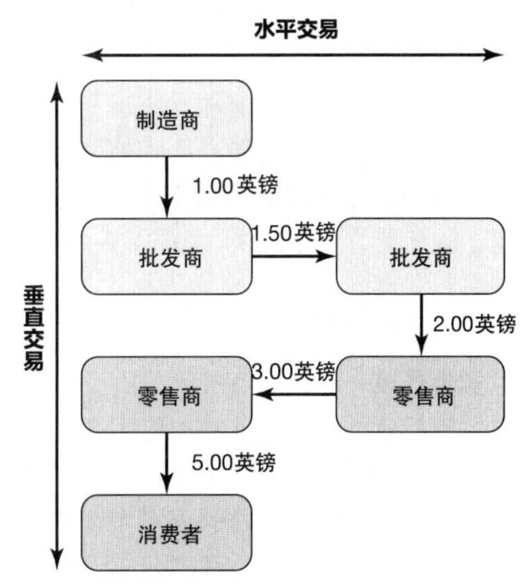

图 16-2 日本消费品市场的模拟渠道序列
资料来源：Lewison (1996, p. 271).

图 16-2 展示了复杂的日本分销系统是如何通过垂直交易和水平交易（例如，从一个经销商到另一个经销商）将产品价格提升

五倍的。

当西方企业将其他供应商和 / 或买方的所有权作为自身整体考虑时，日本却在推进被称为**经连会**（Keiretsu）式的紧密合作，而不是收购渠道成员。这种联盟并不是合同式的，但却包含了渠道成员间的紧密联系。这些经连会成员的联系源于个人的交往和信任，然后才发展到提供长期的供应协议和技术，它们甚至在开发新产品或流程时分享关键信息和管理资源。相应地，批发商和零售商推进制造商的产品，并且广泛分享信息。

这些合作公司就像隶属于一个企业一样，在联盟中的企业很难拒绝从经连会成员中采购，即使采购价格远远不具竞争力。

这种在日本制造商、批发商和零售商之间广泛存在的紧密联营尝试通过购买经连会成员的高价格的产品和服务来形成一个企业联盟，而不是让它们与非成员企业一起竞争。例如，松下作为日本的一家领军制造企业在世界范围内构建了一个包含上百家批发商和上千家零售商的经连会。通过只购买联盟成员的产品和服务，松下的经连会尝试避免成员间的竞争，从而保证高价格，因为它们有能力控制价格并且将产品和服务从供应商处销售给消费者（Rawwas et al.，2008）。

现在让我们回到关注分销渠道结构的决策上（见图 16-1）。

16.3 渠道结构

16.3.1 市场覆盖率

渠道成员提供的**市场覆盖率**（market coverage）是非常重要的。覆盖率是一个灵活的术语，可以指一个国家的地理区域（如城市和主要城镇），或者指零售商店的数量（在所有零售商店中的占比）。先不考虑使用的覆盖率衡量指标，一家公司必须为了满足其覆盖率目标而构建分销网络（经销商、分销商和零售商）。

如图 16-3 所示，存在三种不同获取覆盖率的方法：

（1）密集型覆盖。这种方法要求企业尽可能多地选择不同类型和最大数量的中间商来分销其产品。

（2）选择型覆盖。这种方法要求针对每个区域选择一定数量的中间商来渗透市场。

（3）独家覆盖。这种方法要求在一个市场中只选择一个中间商。

渠道覆盖率（宽度）可以通过一个连续的范围来识别，从宽渠道（密集型覆盖）到窄渠道（独家覆盖）。图 16-4 说明了一些分别有利于密集型、选择型和独家覆盖的因素。

16.3.2 渠道长度

渠道长度（channel length）由层级数量或中间商的类型来决定。一个国家的经济发展需要更为有效的渠道。首先，更多的中间商进入分销系统而使渠道长度增加；随后，随着渠道层级的减少而导致渠道长度缩短。其结果就是分销渠道变得更为有效，如垂直整合（Jaffe and Yi，2007）。那些有多个中间商的更长渠道主要与便利商品和大宗分销有关。由于分销体系的发展历史，日本和中国的便利商品往往具有更长的渠道。这也就意味着对于终端消费者而言，价格会大幅上涨（价格升级：参见 15.3 节）。

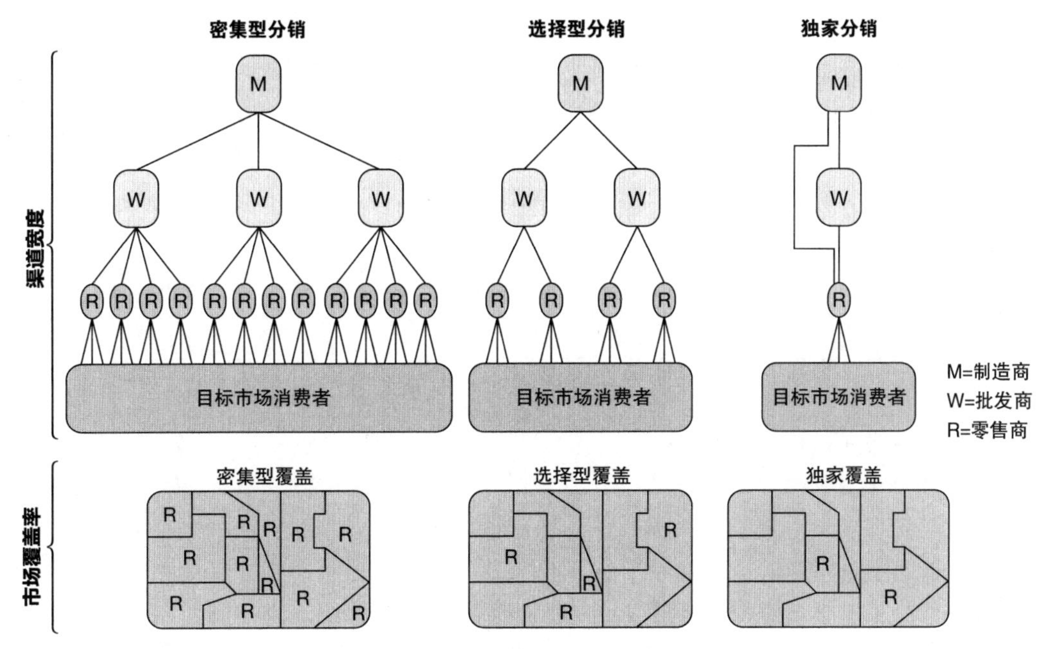

图 16-3 市场覆盖率的三种战略

资料来源：Lewison (1996, p. 271).

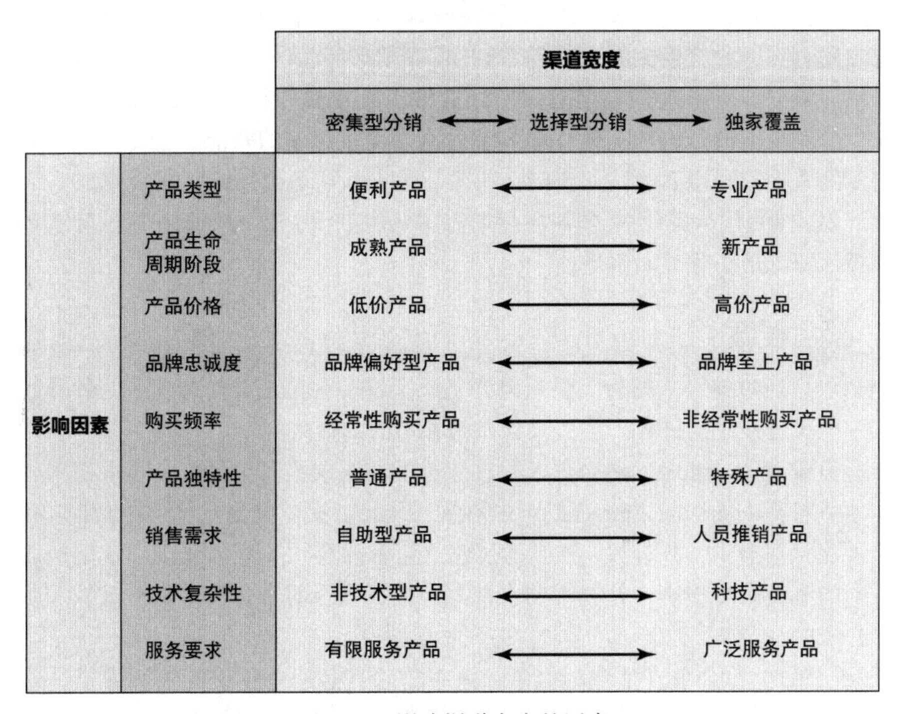

图 16-4 影响渠道宽度的因素

资料来源：Adapted from Lewison (1996, p. 279).

16.3.3 控制 / 成本

在垂直分销渠道中一个成员的“控制”意味着其对其他渠道成员决策和行为产生影响

的能力。对想要树立国际品牌并且在国际范围内树立稳定的产品和服务质量形象的营销人员来说，渠道控制至关重要。

企业必须在决定每个产品如何营销的基础上，决定多大程度上要控制这些产品。这个决策一部分受产品在每个市场中的战略角色的影响；另一部分受渠道中存在成员的种类、在每个国外市场中影响渠道行为的法律和法规、甚至渠道成员传统上被分配的角色的影响。

一般情况下，高强度的控制是当企业在国际市场中使用自身的销售团队时获取。使用中间商会自动导致企业对产品营销的控制。

一个中间商一般会起到以下作用：

- 库存配置；
- 刺激需求或销售；
- 实物分销；
- 售后服务；
- 向顾客提供贷款。

在将产品推入终端市场的过程中，一个制造商要么承担所有这些功能，要么将一部分或全部转移给中间商。正如一句俗语所说，“你可以消除中间商，但你不能消除中间商的职能”。

在大多数的市场营销情况下，制造商控制重要渠道职能的能力和执行这些控制所需的金融资源之间存在一种交换关系。当越多的中间商加入到将供应商的产品输送到顾客的过程中时，供应商对于产品如何在渠道中向顾客流动以及如何展示给顾客的控制就会越低。另外，减少分销渠道的长度和宽度一般要求供应商承担更多的职能。因此，这也要求供应商投入更多的资金给渠道活动，如仓储、运输、信贷、现场销售或区域服务。

总之，做出使用中间商还是公司自营销售团队的决策，要求企业在对国际营销活动进行控制和投入资源最小化间做出平衡。

16.3.4 整合程度

控制也可以通过整合来执行。渠道整合是一个将所有渠道成员在统一的领导和同一目标下纳入一个渠道系统的过程。渠道整合有两种不同的形式：

（1）**垂直整合**（vertical integration）：在渠道的不同层级对渠道成员寻求控制。

（2）**水平整合**（horizontal integration）：在同一层级对渠道成员寻求控制（如竞争对手）。

整合要么通过收购（所有权）要么通过建立紧密的合作关系来实现。让渠道成员在一起为了共同的利益来工作是一件很难的事情。但是，当今的合作关系对于高效和优质的渠道控制是必需的。

图 16-5 展示了一个垂直整合的例子。图中的起点是一个传统的营销渠道，这里渠道的构成包含了独立和自治的参与成员。此时的渠道合作是通过独立的谈判来完成的。在这个点上，垂直整合有两种形式：前向整合和后向整合。

- 当制造商寻求对商业的批发和零售层面进行控制时，可以前向整合。戴比尔斯（De Beers）（参看章后案例研究 16-1）就是遵循此策略的一个很好的例子。
- 当零售商寻求控制渠道中的批发和制造层面时，可以后向整合。例如，互联网零售商亚马逊（amazon.com）就很具侵略性地进入到了出版领域。它和作者直接签订合同，通过印刷和电子版的形式出版了成千上万的图书。这一趋势在其他产品领域也扩散得飞快，如音乐、电子产品和服装。

- 批发商也有两种可能：前向整合和后向整合。

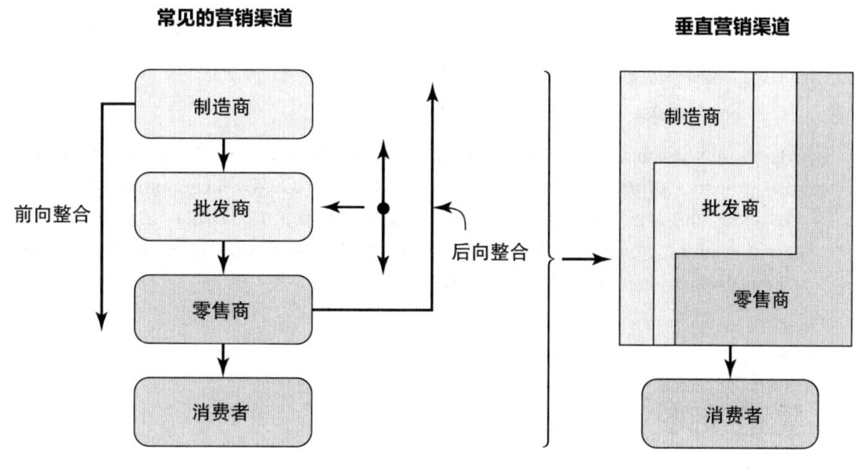

图 16-5 垂直整合

这些策略实施的结果就是构建垂直营销体系（见图 16-5）。这里的渠道构成囊括了被整合的成员，成员的忠诚度和长期承诺对渠道的稳定性有着重要的作用。

营销洞见 16-1

博柏利：这个具有标志性的英国奢侈品牌瞄准了全球 25 个较富裕的城市

“博柏利”（Burburry）一个具有独特英国传统的全球奢侈品牌。它拥有制作核心外套和大型皮革商品的基地，以及在全球范围内辨识度极高的标志。博柏利设计和采购服装、配件，并通过全世界零售（包括数字）、批发和授权在内的多样化网络渠道进行销售。

博柏利的总部设在伦敦。1856 年，品牌创始人托马斯·博柏利（Thomas Burberry）在英国贝辛斯托克创立了一家男装店。

根据 2011 年 12 月的统计，博柏利的收入为 1.9 亿英镑，利润为 3.77 亿英镑。

2012 年 9 月 30 日，博柏利已在全球范围内拥有 198 家零售店、215 家特许经营店，49 个销售点和 62 家特许经营店，员工人数约为 8 000 人。

瞄准全球 25 个较富裕城市

在过去的几年里，为了吸引新的、更年轻的客户群，同时留住现有客户，博柏利进行了转型。随着不断被工人阶层中的青少年和年轻人接受，博柏利品牌已经从英国上流社会的保守主义转型了。如今，该公司瞄准了全球较富裕的市场上，那些年轻并有数字化意识的客户。

近年来博柏利将全球 25 个较富裕城市作为战略的一部分，其中主要市场包括伦敦、纽约和北京，这些富裕城市占据了全球奢侈品行业一半以上的销售额。这些市场的销售得益于发达的旅游业和高收入居民。尽管美国仍是全球最大的奢侈品消费国，但发展中国家的中产阶级正在为奢侈品供应商创造新的机会。

社交媒体正吸引新一代的博柏利“粉丝”

与许多奢侈品牌不同的是，博柏利并不害怕变得大众化，反而一直在与Facebook、Twitter和YouTube等社交媒体打交道。2010年11月末，该品牌在中国社交媒体网站——新浪微博、开心网、豆瓣和优酷上发布。在巴西、墨西哥、日本、土耳其和韩国，博柏利还推出了特定国家的Twitter账户。此外，该公司还拥有自己的社交媒体网站artofthetrench.com，该网站允许客户在博柏利的网站中发布自己的照片，并发表评论以及对他人发布的照片进行点赞。

资料来源：Based on www.burberryplc.com ; Barrett, C. and Massoudi, A. (2012) ‘Burberry reports strong sales growth’, *Financial Times*, 17 January 2012, http://www.ft.com/intl/cms/s/0/93395426-40ef-11e1-b521-00144feab49a.html#axzz28yGrSiHB ; Barrett, C. (2012) ‘Burberry plans for slump despite results’, *Financial Times*, 12 October 2012, www.ft.com/intl/cms/s/0/82a54208-f4a7-11e0-a286-00144feab49a. html#axzz28yGrSiHB .

16.4 多渠道策略

当企业把一个产品通过两个或多个渠道分销到市场时，那么就是采用了**多渠道策略**（multipe channel strategy）。多渠道包括互联网（在线销售）、自有销售团队、外部中间商/经销商、零售商店（自有或外部的）以及呼叫中心（销售服务）。

这个策略在21世纪已经成为非常流行的渠道设计（Valos，2008）。该策略日趋流行是基于以下潜在的优势：外部的市场覆盖率和增长的销量；较低的相对和绝对成本；更好地适应消费者不断变化的需求；更多和更优质的信息。但是，该策略也会产生潜在的破坏性问题：顾客感到困扰；与中间商和/或内部分销部门产生冲突；成本增加；独特性消失；最终造成组织复杂性的增加。

最常见的一种情况是产品通过在线（互联网）渠道销售的价格经常要低于通过其他渠道销售的价格。相同的价格问题也会或多或少增加同时在其他多元渠道销售的产品。对于供应商（制造商）来说，有几种方法可以绕过这个或其他跨渠道问题（Brynjolfsson et al.，2013）。

（1）避免直接的价格比较。当顾客从简易搜索中获利时，这些能力就会伤害卖家。如果企业采取措施使直接对比比较困难时，就可以避免供应商遭竞争者挖墙脚，并规避价格竞争带来的影响。可以参考以下做法：

- 独特的属性。供应商提供具有独特属性的产品就会减少面对价格竞争的可能性。制造商的基本策略是对每个分销渠道进行细微的调整，从而面对不同的目标市场。但是，除非这种改变有利可图，否则制造商往往面临忽略分销商和顾客的风险。随着不断下降的搜索成本和丰富的信息来源，制造商变得具有差异化可能非常困难。
- 排他性。供应商可能想要通过产品开发伙伴/创新来创造具有排他性的产品，这代表其提供的产品（价值）是竞争对手无法复制的。这些排他性的产品可能包括产品的特殊版本，而这整好与聚焦成本的品牌相反。
- 捆绑。捆绑的产品导致渠道成员和分销商很难将供应商所提供产品的价值与其竞争者所提供产品的价值进行直接比较，特别是当同样包装的产品在其他渠道还没出现时，这种比较就更困难。当使用历史购买数据以及在过去的交易中搜索有价值的关系时，捆绑策略对于产生额外销量和利润是非常有效的。

对于非排他性产品（换句话说，竞争对手也提供相同的产品），特别是流行产品，成本和效用是决定成功的关键，这是因为移动 App 方便消费者对不同渠道的价格进行实时比较，从而加剧了竞争程度。

（2）学习销售利基产品。一个供应商利用线上渠道进行销售会比线下分销渠道有更多的优势，因为它可以聚焦于“长尾”策略（参看 14.13 节）出售实体商店不会盈利的产品。在长尾产品和流行产品之间的是“尾巴中段”产品，是指那些会在实体商店中出现但销量不大的产品，一般很难在本地商店找到且需要耗费很长时间。但是，随着互联网查找库存信息成为可能，在附近的商店中找到这些产品就变得很容易。

（3）确立转换成本。供应商可以通过创造转换成本来减少渠道成员之间的竞争。忠诚计划与航空公司推出的飞行常客奖励计划十分相似，它对保留顾客和维持利润非常有效。

除了不同的渠道会给顾客提供不同的价格这一点会给供应商造成威胁以外，还有一个问题就是，许多制造商不再为所有渠道成员提供相同的产品。分销商和零售商会寻求定制化和排他性的商品，这给制造商带来了一定的麻烦。

最终，制造商需要迅速应对制造更小产量和更加定制化产品的要求。此外，随着渠道成员不断追求探寻独特产品的策略，制造商和零售商之间的壁垒也会不断加深（参看此节前关于前向和后向渠道整合的讨论）。

虽然运营一个多渠道的平台有很多困难（见图 16-6），但是这么做可以通过扩大市场范围和向顾客介绍他们还不了解的产品来增加供应商的利润。

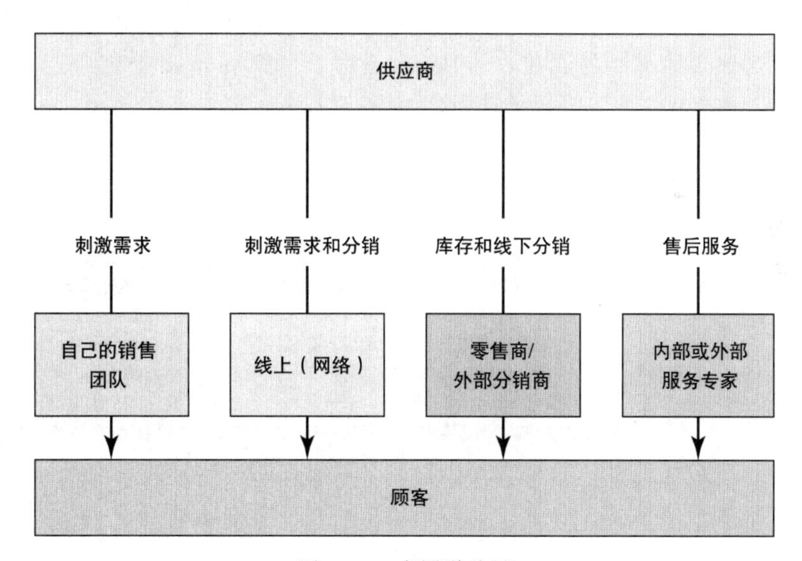

图 16-6　多渠道分销

向多渠道策略转变也同样可以帮助顾客在一个渠道中积累产品知识（如产品名称、规格、颜色、形状、组成材料等），然后在另一个渠道购买。所以，制造商（供应商）需要在整个平台更好地共享产品知识。这么做会便于渠道整合，并且会吸引那些喜欢在多渠道购物的顾客。当然，导致产品信息冲突和混淆的特性应该尽量减少，以避免顾客感到沮丧。

多渠道机制会产生额外的顾客价值，从长远角度来看更可能成功。多渠道机制越透明，越可能加快这一进程，从而形成“赢者通吃”的效果。

“多渠道营销”的一种特殊形态是**双重营销**（dual marketing），即不论是在消费者市场还是组织市场，一种产品同时在两个不同的渠道进行销售。

具有不同购买行为的不同类别顾客会搜索最适合他们需求的渠道。营销人员运用多渠道设计，将像互联网这样的低成本渠道匹配给低价值顾客，同时将像销售团队这样的更为高成本的渠道匹配给高价值顾客。

在一个混合的多重分销渠道中，营销的功能往往被制造商和渠道中间商所分担。制造商往往负责促销和吸引顾客，而中间商负责销售和分销。

在图 16-5 中，供应商及其渠道伙伴将渠道功能的执行进行拆分。供应商承担的功能有宣传册和广告材料等，而渠道合作者负责当地的销售谈判、线下分销和订单处理，其他渠道成员可能专注于类似售后服务的功能。渠道成员与一些专门负责某些功能的成员一起合作完成营销。

营销洞见 16-2

戴尔对多渠道分销策略的使用

21 世纪初，戴尔意识到，高度响应的定制化策略曾使其在线商城成为全球销售个人电脑最大的渠道，但现在这一战略已经不能再满足一些快速增长的商业需求。因此，2008 年，戴尔以其较高标准的个人电脑和较低的价格进入零售渠道。毫无疑问，戴尔需要改变其分销渠道战略，以新产品、新渠道为新客户服务。2010 年左右，该公司开始提供笔记本电脑产品。2012 年，戴尔甚至通过其 Venue 品牌（使用 Android 平台）进入竞争激烈的平板电脑市场。戴尔现在的多分销渠道战略如图 16-7 所示。

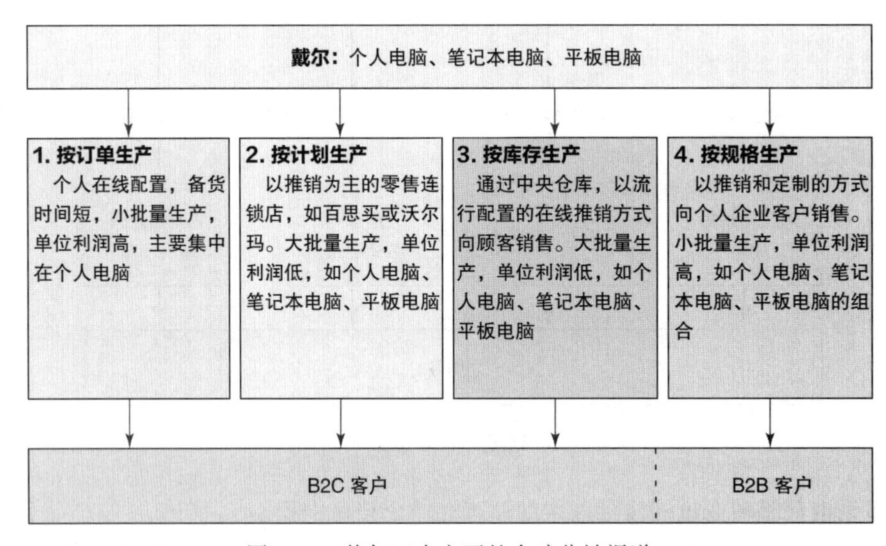

图 16-7 戴尔四个主要的全球分销渠道

戴尔的四种渠道策略如下：

（1）按订单生产。这是戴尔传统的商业模式，即满足消费者的个人需求，在线提供数百万种可能的配置。

（2）按计划生产。通过与大型零售连锁店（如百思买和沃尔玛）合作，计划推出受欢迎的产品，然后将最终产品发送到零售商的中央仓库。

（3）按库存生产。戴尔以低需求客户的不确定性和客户关系的松散程度，将客户进行分类，从而将流行的产品 / 配置由戴尔仓库直接销售给个人消费者。

（4）按规格生产。产品解决方案（不同产品的组合）将直接设计和交付给企业客户（B2B）。

实施多渠道分销策略的一项重要挑战，是利用不同渠道和供应链之间的协同效应，从而不断减少复杂性，并尽可能利用制造中的“规模经济”。一般来说，在五个方面可以产生协同效应：采购、产品设计、制造、计划和订单交付。

资料来源：Based on Simchi-Levi *et al*. (2013).

16.5 管理和控制分销渠道

在进入市场的早期，与当地经销商建立伙伴关系非常有意义：经销商了解所在市场的独特性，而且大多数的客户都更倾向于与本地伙伴合作。阿诺德（Arnold，2000）为国际营销人员（制造商）给出了以下指导来帮助他们预测和改正与国际分销商之间存在的潜在问题：

- 选择分销商，而不是要让他们选择你，尤其是当制造商在国际博览会或展示会上与潜在的经销商接触时。但是，最热情的潜在经销商往往都不是合适的合作伙伴。
- 寻找那些有能力开发市场的分销商，而不是那些与目标客户有明显接触的分销商。这表示有时候应该放弃最明显的选择——拥有正确目标客户并能产生快速销售收入的分销商，而选择具有更强意愿进行长期投资并且接受开放式合作关系的伙伴。
- 将本地分销商作为长期合作伙伴，而不是进入市场的暂时工具。许多企业给分销商释放积极的信号，但是它们的真实意图却是建立短期合作，起草的合同也允许它们在几年之后就将分销权利购回。这种短期的协议会使本地分销商对投资于必要的长期市场开发没有太多意愿。
- 通过筹集资金、引入管理人才和已经被验证的营销理念来支持市场进入。许多制造商不愿意在进入市场的早期阶段投入资源，但是，为了保证战略性控制，国际营销人员必须投入充足的资源。当企业非常不确定它们在新进入国家的前景时，投入资源在进入市场时就变得更为正确。
- 从一开始就要保持对营销战略的控制。一个独立的分销商应该被允许根据当地条件对制造商的战略进行调整。但是，只有那些对营销有绝对领导权的企业，才可能全面开发一个国际营销网络的全部潜力。
- 确保分销商为你提供详细的市场和财务绩效数据。大多数的分销商都将顾客识别和当地价格水平这样的数据资源视为在与制造商关系中的优势。但是，制造商在国际市场开发竞争优势的能力很大程度上取决于其从市场中获得信息的质量。所以，与分销商的合同中必须包含相关信息的交换，如市场的细节和财务绩效数据等。
- 尽早建立与出口国经销商之间的联系。建立的形式为创建一家独立的全国分销商协会或区域性办事处。在当地市场中传递理念可以提高绩效表现，并保证国际营销战略的执行更加统一，其根源在于企业已经在这些国家建立好了分销网络。这也可以推动向其他国家转移有效的营销工具。

一旦渠道的基础设计一经确定，国际营销人员就应该着手选择最佳的候选分销商，并保证合作的建立。

16.5.1 筛选中间商

图 16-8 展示了选择国外分销商的重要指标（资质），共分为五类。

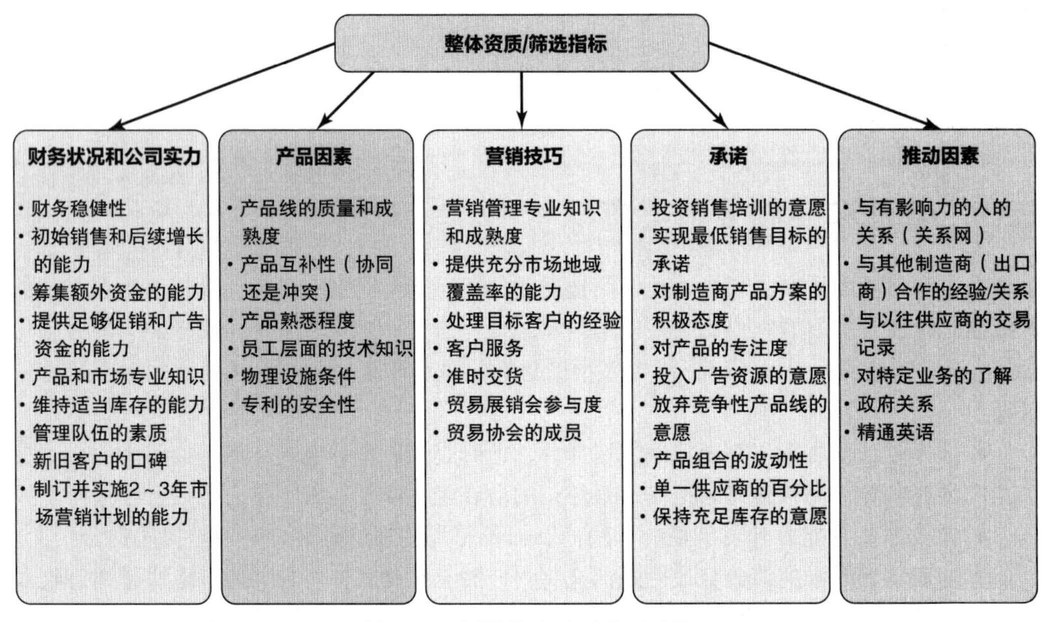

图 16-8 评估海外分销商的指标

资料来源：Adapted from Cavusgil *et al*. (1995).

在列完所有的重要指标（见图 16-8）之后，应该选择一些指标进行更细致的评估，在此过程中，要在潜在候选者之间、候选者与指标之间进行详细的比对。

表 16-1 中的例子使用了图 16-8 涉及的五个类别中的前两个来筛选潜在的渠道成员，一共有 10 个标准。具体指标的采纳取决于公司的商业性质和在特定市场中的分销目标。所列指标应该尽可能反映出营销成功的决定性要素，这些要素也是击败竞争对手的重要因素。

表 16-1 利用图 16-8 中的选择指标评估分销商的示例

指标（无先后排名）	权重	分销商 1		分销商 2		分销商 3	
		排名	分数	排名	分数	排名	分数
财务状况和公司实力							
财务稳健性	4	5	20	4	16	3	12
初始销售和后续增长的能力	3	4	12	4	12	3	9
产品因素							
产品线的质量和成熟度	3	5	15	4	12	3	9
产品互补性（协同还是冲突）	3	3	9	4	12	2	6

（续）

指 标 （无先后排名）	权重	分销商 1		分销商 2		分销商 3	
		排名	分数	排名	分数	排名	分数
营销技巧							
营销管理专业知识和成熟度	5	4	20	3	15	2	10
提供充分市场地域覆盖率的能力	4	5	20	4	16	3	12
承诺							
投资销售培训的意愿	4	3	12	3	12	3	12
实现最低销售目标的承诺	3	4	12	3	9	3	9
推动因素							
与有影响力的人的关系（关系网）	3	5	15	4	12	4	12
与其他制造商（出口商）合作的经验 / 关系	2	4	8	3	6	3	6
得分			**143**		**122**		**97**

注：排名：5 = 突出；4 = 高于平均水平；3 = 平均水平；2 = 低于平均水平；1 = 不满意。
权重：5 = 关键成功因素；4 = 成功因素的先决条件；3 = 重要成功因素；2 = 比较重要；1 = 标准。

表 16-1 所使用的虚拟制造商（一家包装消费品公司）认为分销商的营销管理经验和财务稳健性是最为重要的因素。这些指标会显示分销商是否在盈利以及是否有能力承担一些必需的营销功能，例如延长顾客的信贷和抵御风险。财务报告并不总是全面且可信赖的，甚至出现自身解释都大相径庭需要第三方给出说法的情况。为了对表 16-1 中的指标进行评价和打分，制造商应该与每个潜在分销商的管理者进行访谈。从表中的例子来看，分销商 1 应该被制造商选择。

此外，一家工业品公司可能会将分销商的产品兼容能力、专业技术和技术设备，以及服务支持列为高重要度指标，而分销商的基础设施、客户对其经营产品的态度则为低重要度指标。国际营销人员经常会碰到这样一个问题，即在一个特定市场中，最理想的分销商已经代理了竞争对手的产品，因此企业已经无法和这个分销商合作。

另外，高科技消费品公司可能更看重企业的财务稳健性、营销管理经验、声誉、技术知识、技术设备、服务支持和与政府的关系。在一些国家，宗教和种族的差异可能使一家代理商仅适合一部分市场，而不适合其他部分，从而只能获取一定的市场覆盖率，这可能导致需要寻找更多的渠道成员来达到预期的市场覆盖率。

16.5.2 签订合同（分销协议）

当一个国际营销人员发现了合适的中间商时，就会起草国外销售协议。在正式签署合同之前，比较明智的做法是去亲自拜访未来的渠道成员。协议本身可以相对简单，但是基于在市场环境中的巨大差异，一些具体条款是必需的，例如：

- 协议双方的名称和地址；
- 协议生效的日期；
- 协议的有效期限；
- 延长和终止协议的条款；
- 销售区域的描述；
- 确定折扣和 / 或佣金计划，以及规定支付的时间和方式；
- 修订佣金或折扣计划的条款；

- 制定控制转售价格的政策；
- 维护适当的服务设施；
- 禁止生产和销售相似产品或竞争性产品的限制性条款；
- 专利和注册商标的谈判和 / 或定价的责任认定；
- 协议的转让和不可转让性，以及其他限制因素；
- 指定处理合同纠纷的司法权所在国家和州（如果适用）。

资料来源： *From International Marketing Management 5th Edition* by Jain, 1996. Reprinted with permission of Professor Subhash C. Jain.

如果企业和渠道成员起草的合同不详细，那么在分销渠道中涉及的长期承诺就变得难以实现。一般情况下，除了双方的具体责任以外，合同还应该规定最低销售额，以及达到最低销售额的时间。如果此项没有涉及，那么企业可能会陷入与劣质伙伴的合作中，要么很难抽身而出，要么花费巨大来买断合同。合同期限非常重要，特别是与新分销商签合同时。一般而言，分销协议的有效期相对较短（一年或两年）。与新分销商签合同时应该规定一个试用期（三个月或半年），并规定最低的销售要求。合同期限也受到当地关于分销协议的法律和法规的影响。

在考虑分销商的地理界线时应该非常谨慎，尤其对于小型企业而言。如果分销商主张对特定区域的销售权，那么扩张产品市场将变得非常困难。营销人员应该保留独立销售产品的权利，主要是为特定的客户保留此权利。

合同中的支付部分应该约定支付的方法，以及分销商和代理商如何获得补偿，分销商可以通过各种折扣中获取补偿，例如，承担不同职能则获取不同折扣；而代理商可以赚取一定比例的佣金，一般是净销售额的一部分（通常是 10% ～ 20%）。鉴于外汇市场的波动，协议也应该说明所使用的货币。

销售的产品和条件也应该达成一致。合同中应该明确规定产品或产品系列，以及在产品库存、提供与产品有关的服务和促销方面中间商所应承担的职能和责任。销售条件决定有些费用（如营销费用）应该由哪一方承担，这会进一步影响给分销商的价格。这些条件包括信用和运输条款。

如果想要使供销关系得以为继，协议双方的沟通手段应该在合同中明确规定。营销人员应有权查阅所有分销商区域内的关于产品营销的信息和资料，包括过往的业绩、当前的形势评估和营销调研资料。

16.5.3 激励

地理和文化距离让激励渠道成员变得很困难。另一个导致激励困难的原因是中间商并不隶属于企业。由于中间商是独立的企业，所以它们有着自己的目标，而这些目标往往与制造商的目标并不一致。国际营销商可以提供物质激励，也可以提供精神激励，而产品的盈利潜力则在很大程度上受中间商的影响。如果贸易空间小，销售目标很难完成，那么中间商就会失去对产品的兴趣，它们只会把注意力放在回报率更高的产品销售上，因为它们的销售和利润来源于分配自身资源用以销售不同企业的产品或服务。

与代理商和分销商保持定期的接触是很有必要的。通过各种不同的沟通方式保持稳定的联系，会激发分销商的兴趣并提升销售绩效。国际营销商可以指派专人负责与分销商的沟通，并且可以实行人才交流，从而保证协议双方进一步了解对方的工作方式。

16.5.4 控制

如果中间商是精挑细选的，那么控制问题就会相应减少。但是，控制应该通过写在合同中的业绩目标得以实现。这些业绩目标可以包括年营业额、市场占有率的增长率、新产品的引入、报价和营销宣传支持。控制应该通过定期的私人会晤来实施。

对于绩效的评价应该适应环境的变化。在某些情况，经济衰退或激烈的竞争行为都可能阻碍业绩目标的实现。但是，如果业绩很差，公司和渠道成员间的合同就应该被重新考虑或终止。

16.5.5 终止

终止一个渠道关系的典型原因有：

- 国际营销商已经在该国建立了销售分支机构；
- 国际营销商对于现有中间商的业绩并不满意。

为了实现平稳过渡，公开的沟通是必不可少的。例如，可以对中间商做出的投资进行补偿，可以联合拜访主要客户并向他们保证服务并不会中断。

在分销协议中，终止条件是需要考虑的最重要的方面之一。造成终止的原因各异，但对国际营销商的违约罚款也会非常巨大。尤其重要的是，要知道当地法律是如何评判合同终止的，并且要了解在特定国家是否有其他企业的相关经验。

在一些国家，终止一个低效的中间商很费时间而且花费巨大。在欧盟，没有特殊理由终止合同的花费是一年的平均佣金。协议终止的通知必须提前 3 ～ 6 月发出。如果造成终止的原因是制造商将在该国建立销售子公司，那么作为国际营销商应该考虑将中间商中优秀的员工招聘过来，例如，担任销售子公司的经理。这么做可以防止在中间商公司中已经形成的产品知识流失。国际营销商也可以考虑在中间商有意愿的情况下收购该公司。

16.6 互联网在分销决策中的应用

互联网有能力彻底改变消费者、零售商、分销商、制造商和服务提供商之间的权力平衡。在互联网环境中，分销链条中的一些参与者可能已经体会到了其权利和盈利能力的提高，而另一些参与者体会到的可能恰恰相反，甚至有些参与者发现它们已经被忽视，并且在失去市场份额。

由于产品和服务的在线订购日趋简单，因此实体分销商和经销商确实感受到了电子商务带来的压力。伴随着互联网上的直销，这种**去中间商**（disintermediation）过程带来了制造商与其他转售商之间的竞争，这也会导致**渠道冲突**（channel conflict）。

现实是，互联网可能会消除传统的“实体”经销商，但是在价值链的进化过程中，新型的中间商会出现。所以，去中间商过程受到了新中间商力量的平衡——专门为互联网世界打造的新中间商革命。

许多学者相信，以互联网为基础的交换（直接从制造商到买家的分销，见图 16-9）会降低交易成本。而反观线下交易成本，则包含了所有与制造商和分销商签订合同过程和交易流程相关的部分：搜索成本、谈判成本和监督成本。如果这是真的，那么传统的市场分销就应该在电子商务出现后消失。但是，传统分销还是扮演着重要的角色（Cho and Tansuhaj，2013）。

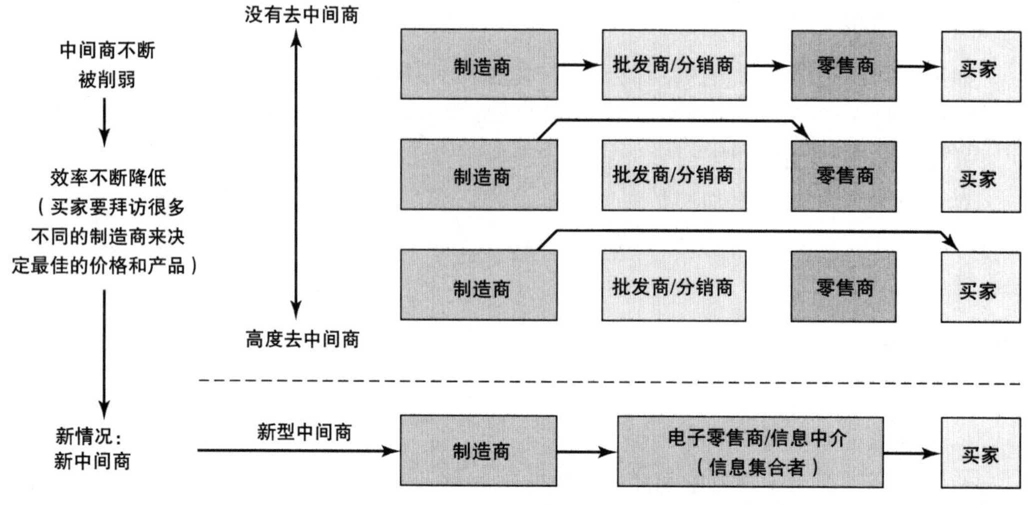

图 16-9　去中间商化和新型中间商化

典型的情况是：在互联网经济下任何产业结构的转变都可能遵循“中间商化——去中间商化——新型中间商化”（IDR）的循环。IDR 循环之所以会发生，是因为新的技术迫使买方、供应商和中间商之间的关系发生变化。当一家企业成为两个行业参与者的中间人时，中间商化就会发生；当已经存在的中间人被驱离产业链时，去中间商化就会发生；一旦被驱离的中间商能够重新确立其中间商地位时，新型中间商化就会发生。

中间商（特别是批发商和分销商）为了限制去中间商化能做什么呢？答案就是反去中间商化。只有这样，才能通过商业激励（或惩罚）以及法律行动等手段的实施来保证中间商的地位不被消灭。由于产品或服务和消费者之间产生的大量利润是由作为中间商的个人或企业创造的，那么中间商就可以利用反去中间商化的手段来确保它们在不断变化的经济中的地位。在一个反去中间商化的例子中，家得宝给其 1 000 家供应商（包括百得和通用电气等）都发了一封信，警告它们公司不太可能和那些也在线上销售的企业继续合作。

通过高度私人化的服务来进行反去中间商化，也是在应对去中间商化时日趋重要的举措。与其聚焦于那些容易被互联网技术轻易取代的低附加值的贸易，批发商和分销商可以选择关注那些技术无法复制的个性化服务。

16.7　在线零售

在线零售在欧洲、美国和亚洲（中国）都是增长最快的业务范畴之一。在世界范围内，在线零售的销量未来五年会以每年 10% ～ 15% 的幅度增长，购物人群会持续将消费支出从实体商店向在线商店转移。此种增长的核心驱动力包括智能手机和平板电脑的使用量增加，更丰富的在线消费选择和新商业模式的出现。消费者对在线购买各种类别的产品更有信心，使用移动和平板设备进行在线消费的能力也在不断增强。看来消费者从来没有像现在一样更愿意考虑通过网络购买各种类别的产品。许多消费者从早期只购买特定类别的产品，如图书和 CD（这些产品可以在网上被准确地描述，如名称、产品数量和运输时间等），扩展到购买其他产品，如服装和新鲜食品。这些产品也包含“非数字”属性，如大小和感觉（Bell et al.，2012）。

过去，实体商店允许顾客触摸和感觉商品，在提供即时的满足感方面提供独特的体验。但是，随着零售业向提供无缝的**“全渠道零售”**（omnichannel retailing）体验方面转变，实体和在线零售之间的区别在逐渐消失，将整个世界变成了一个没有墙的展览室（Brynjolfsson et al.，2013）。

我们从基本问题出发，构建了一个双维度的框架（2×2 矩阵），如图 16-10 所示。

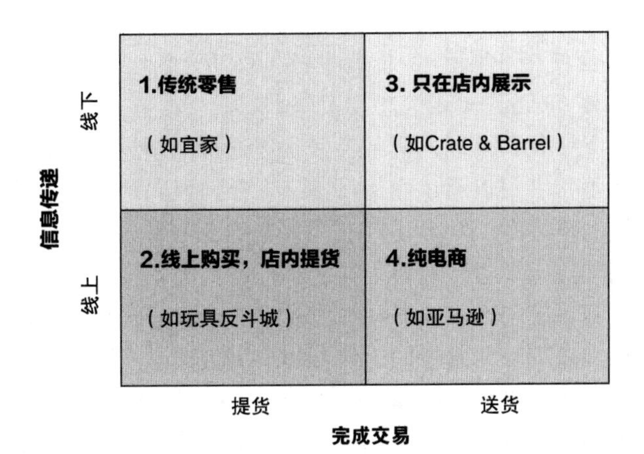

图 16-10 信息和完成矩阵

资料来源：Based on Bell *et al.* (2014), © 2014 from MIT Sloan Management Review/Massachusetts Institute of Technology.

（1）信息传递。顾客如何收集信息以便做出购买决策？两种选择：他们会去商店来获取信息（离线），或者通过网站或线上对话在线搜索信息。

（2）完成交易。交易如何完成？两种选择：当产品交付时，要么顾客去商店取货，要么商店送货，货到付款。

在图 16-10 中所提及的大多数企业案例都是很知名的。当然，也有一些公司追求的零售策略包含了四个策略中的两个或更多的选项。例如，Crate & Barrel 是一家美国的高档零售连锁店，它就像一个大的展厅，主要出售家具用品、家具和其他家用装饰品。顾客在展厅选定想要的家具后，这些家具会从中心仓库（只在店内展示——选项 3）直接送到顾客家里。

选项 4（“纯电商”）正在全球范围内快速增长。例如，亚马逊使用很多像 UPS、FedEx 或 DHL 这样的第三方物流来为顾客运送产品。亚马逊甚至开始测试使用无人机将产品直接运到顾客家中。

在线零售的销售额占总体零售销售额的比重在欧洲、美国和中国大体上是相近的（见图 16-2），在 8% ～ 9%。但是，欧洲南北方之间的差距却非常明显，如在北欧较高（超过 10%），而在南欧较低（低于 5%），例如，意大利只有 2.5%。

表 16-2 2015 年所有零售业的在线份额

	零售总额的在线份额
英国	15.2%
德国	11.6%
瑞典	7.8%
荷兰	7.4%
西班牙	3.5%
波兰	3.3%
意大利	2.5%
欧洲平均	8.4%
美国	12.7%
中国	8.5%

资料来源：Based on figures from Centre for Retail Research (www.retailresearch.org).

在线零售的销售额在中国增长最为强劲，中国将会成为世界上最大的在线零售市场（通过价值测量），其在线零售额占据了总体零售额的10%。2015年，中国在线消费者的数量已经超过了其他所有国家，包括美国。

16.8 智能手机营销

伴随着消费者广泛使用3G和4G智能手机，移动营销已经逐渐成为品牌国际广告和促销活动中的重要工具（Rohm et al.，2012）。

在移动营销中，下一代的互联网标准会使程序通过网站浏览完成，而不再局限于特定的操作系统。这表示消费者可以通过任何设备进入任何相同的程序或访问以云技术为基础的内容——个人电脑、笔记本、智能手机或平板电脑——因为浏览器成为通用的平台。这种在任何时间、任何地点以及任何设备上无缝工作的能力，会改变消费者的行为并打破原有针对系统终端的分销系统平衡——那些可以通过购买价格日趋低廉的移动设备的终端用户。营销人员可以因此获得更为直接的为终端用户提供产品或服务的机会，而制造商和终端用户之间的中间商会面临更大的挑战（Korkmaz et al.，2011）。

迅速崛起的创新也为智能手机的使用提供了新的可能，比如通过商品条形码来获取产品相关信息；再如将手机作为电子钱包，要么为小额购买提供预付功能，要么完全作为信用卡/借记卡使用。

但是，移动行业也同样面临安全、隐私问题这样的诸多挑战，同时许多关于移动支付、电子券以及应用的其他相关问题也在逐渐凸显。移动商务正在崛起，这代表人们正在逐渐习惯使用手机进行支付。但是，针对这种支付系统安全性的问题也受到了诸多的质疑。

移动营销的好处

移动营销的推广给消费者、商家和电信公司都带来了一系列的好处。就像所有技术一样，未来还会有很多目前无法想象的好处凸显出来。但是，有一些好处是很明显的，如下所述。

1. 对于消费者

- 货比三家。消费者可以根据需求、购买点进行访问，并在市场中搜索最优价格。这一点可以不用移动就能实现，例如使用pricescan.com提供的服务。
- 填补实体商店和在线商店间的营销空白。服务允许用户在实体商店中体验商品，然后以最好的价格通过电子方式购物。
- 选择性搜索。当顾客寻找的产品有货时，可以从商家获取提示。
- 旅行。有能力在任何时间和任何地点改变和监控旅行的安排。

2. 对于商家

- 即兴购买。消费者可能基于在线促销或移动提示来购买打折商品。移动提示可以提升消费者在店内或附近的购买意愿，从而提升商家的销量。
- 控制客流。不论是线上还是线下商店，企业可以指导顾客到更为容易的地点来完成交易。这主要是由于移动设备具有时间敏感、基于位置和个性化的特点。

- 教育顾客。企业可以给顾客发送关于产品属性或新产品的信息。
- 易逝性产品。这对于那些未被使用就会失去价值的产品而言尤为重要。例如，以服务为基础的产品，如航空座位，如果起飞时未被使用，那么就会因不产生收入而失去价值。移动营销可以使公司更有效地管理库存。
- 提升效率。企业可以为顾客节约时间。因为信息已经在移动设备上准备就绪，企业已经不用再谈论不同产品的优势，以及对价格讨价还价。
- 目标市场。企业能够更好地定位自己的产品，可以在特定的时间和给定的区域有针对性地进行促销。

对于电信公司而言，优势主要就是顾客在线的时间更长，可以从移动商务的内容提供商处收取更高的费用。移动营销让直销企业重新思考它们的战略，以便更好地利用已经存在的社区，如运动“粉丝”社区、冲浪社区和音乐“粉丝”社区；特定时间段的社区，如体育赛事和庆典的观众；位置敏感社区，如美术馆观众和小众顾客——并开发更多的方式来融入移动营销。应用程序必须基于位置、客户需求和设备功能响应。例如，时间和位置敏感的应用，如旅游预订、电影票和银行服务，对于年轻、工作繁忙的城市人群是非常有用的。

最后，就像我们强调过的，移动营销保证了在最有效的时间、地点和以正确的方式向顾客传递信息。这就表示，通过移动设备的移动营销会不断加强与顾客间互动的营销关系。更好地使用移动技术可以帮助营销人员在相关的环境中为顾客传递信息。智能手机是一项非常重要的技术，因为它们的主人可以把它们带到任何地方。商家可以使用此项技术，在顾客购买前根据他们的偏好给他们发送信息，从而影响他们的决策。

16.9 国际零售中的渠道权力

在很长一段时间，制造商都将垂直营销渠道视为封闭的系统，作为独立的、静态的实体来运营，这导致创造长期、整合的战略方案以及培育渠道关系的重要因素被忽略。但幸运的是，一个新的关于渠道管理的哲学理念已经形成，但是为了理解其潜力，我们必须首先理解零售商层面的权力是如何被开发的。

渠道关系中的权利可以被定义成为一个渠道成员在不同营销层面控制其他成员做出营销决策的能力。这种**渠道权力**（channel power）的一个典型例子是零售商应对食品和杂货制造商的所有权利。这可以参看“营销洞见 16-3”，“香蕉分割”的案例表明了零售份额占了整个香蕉业务的40%，充分展现了持续增加的零售商权力。随着权力的平衡被打破，越来越多的企业被越来越少的零售商所控制。

营销洞见 16-3

“香蕉分割”模型

在生产水平方面，香蕉既可以在非常小的土地上种植，也可以生产于非常大的种植园里。据估计，全球80%的出口来自大型种植园，其余来自较小的农场。香蕉生产系统在香蕉出口国内和各出口国之间相当多样化。而农场连锁店的多样性就要差得很多。运输、催熟和分销香蕉的过程高度集中于五家大公司，它们控制了80%的香蕉出口量。剩下的

20% 十分分散：有很多小公司进行香蕉采购与销售的业务。

五个大型跨国香蕉出口商——Dole、Del Monte、Chiquita、Fyffes 和 Noboa，在不同程度上实现了生产、运输、催熟和分销的垂直整合。在五大跨国公司中，只有 Fyffes 没有自己公司所属的香蕉农场。其他的几家大公司在拉丁美洲、非洲和亚洲均拥有自己的种植园。大型香蕉出口商拥有或曾拥有航运和陆运基础设施。

一旦香蕉在欧洲、美国和亚洲的港口卸货，它们就会被运送到催熟的设施上，以便这些水果可以随时准备分销。所有跨国香蕉出口商在其供应的市场上均拥有自己的催熟和分销设施。1993 年以后，随着香蕉向欧洲单一市场的转移，这些公司不断增加在催熟和分销设施方面的投资。

五个跨国公司的情况如下：

- Chiquita 控制全球 25% 的香蕉市场。香蕉占 Chiquita 收益的 67%，其他收益来自新鲜水果、果汁和罐装蔬菜。
- Dole 是世界上最大的香蕉生产商，占全球香蕉市场的 30% 左右。自 2002 年年底以来，首席执行官戴维·默多克（David Murdock）及其家族拥有 Dole 百分之百的所有权。
- Del Monte 新鲜农产品（自从 1989 年与 RJR Nabisco 的关系结束后，便完全独立于 Del Monte 食品，其拥有 15% 左右的香蕉市场，并同时销售菠萝、甜瓜和其他热带水果和特色蔬菜。
- Fyffes 是欧洲最大的新鲜农产品分销商。它占全球香蕉市场的 20% 左右，总部设在爱尔兰。
- Noboa 是 Grupo Noboa 集团公司的一部分。该集团由 110 家公司组成，是厄瓜多尔首富 Alvaro Noboa 和两位总统候选人共同创立的私人公司。它占据了全球香蕉市场的 10%。

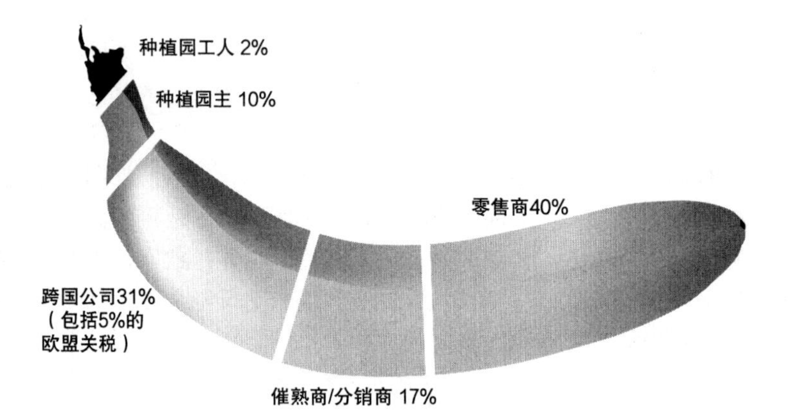

图 16-11 “香蕉分割”模型（在英国，为覆盖成本获取利润，供应链成员收入在零售价中的占比）

资料来源：Adapted from Vorley, B. (2003, Fig. 7.2 , p. 52).

尽管在农场或种植园以外产品形态转换非常有限，但香蕉生产国只获得了香蕉零售收入的 12%（10%+2%）（见图 16-11）。超市虽然是整个供应链中需求最低的一环，却获得了

40%的零售价值。零售商的主导作用对香蕉价值链的结构和价值分配的影响日益增加。在过去10年间，较为有趣的是出现了利润逐渐向供应链下游转移的趋势，跨国公司所获得的香蕉利润不断下降，而零售商在价值链中的份额在不断增加。香蕉价值链已经从生产者驱动不断向购买者驱动转变。香蕉出现结构性过剩的现象也导致了价格的下降和激烈的竞争。自20世纪90年代中期以来，连锁超市通过追求更高的产品质量和服务，以及提供超越价值链的价值功能，来巩固和提高自身的市场竞争力。为了应对连锁超市带来的竞争压力：一方面，跨国公司在催熟、运输、包装和分销这四个方面实行垂直整合；另一方面，不断地削减自己对香蕉生产的直接所有权。与此同时，跨国公司也在努力使自己所提供的水果种类多样化，并增加高附加值产品，从而在实现利润增长的同时，提高自己成为连锁超市首选供应商的机会。

资料来源：Adapted from Vorley (2003); Marther (2008).

零售业集中化（concentration in retailing）（越来越少的零售连锁企业掌控越来越多的零售贸易）是一种全球趋势，其结果出现了像沃尔玛这样的大型零售连锁企业拥有巨大的采购权力。欧洲北部食品行业的集中就是一个典型的例子。自20世纪90年代中期，新的参与者进入了欧洲食品市场，例如，折扣连锁店里德（Lidl），目前是仅次于阿尔迪（Aldi）排名第二的德国折扣连锁店。里德也扩展到欧洲的其他区域（如斯堪的纳维亚、英国和法国）。2014年，在英国，特易购排名第一，塞恩斯伯里排名第二。

此种趋势的结果就是在世界范围内从制造商主导向零售商主导的转变。权力被集中在越来越少的零售商手中，制造商已经没有其他选择，只能是满足零售商的要求。这通常会导致制造商开始生产零售商自有品牌（自有品牌）。此种现象在14.8节中已介绍。

所以，我们发现传统的渠道管理因其权力斗争、冲突和关系松散等特征，已经不能带来利润。新的创意集中在帮助渠道关系变得更为合作上，这也就是所说的“贸易营销”。贸易营销是当制造商（供应商）直接针对贸易（零售商）来进行营销，从而使产品和商店之间更为契合。其目标是为了共同的利益来制定联合营销和战略计划。

对于制造商（供应商）而言，这代表着要构建双营销战略：一个针对顾客；另一个针对贸易（零售商）。但是，如图16-12所示，潜在的渠道冲突会因为渠道成员间不同的目标仍然存在。

但是，除了渠道冲突以外，所有成员也分享一个共同的但是经常被遗忘的目标，就是满足消费者。如果期望的最终结果是创建联合营销计划，那么前提是必须更好地理解各方的观点和目标。

零售商寻求潜在的销售额、利润，以及在促销和批量上的独家性。现在，它们因为可以自行选择品牌实现上述目标的而处于令人羡慕的地位。

自有品牌的制造商不得不为不同的零售商创造不同的包装。通过仔细地设计独立包装，制造商能够更有机会与最匹配的零售商建立关系。

制造商可以通过强调自身优势给零售商提供整套的“一揽子支持”方案。这包括营销知识和经验、市场地位、新产品成功投放证明、媒体的支持和曝光，以及货架上较高的投资回报率。

制造商也要考虑与零售商合作制造**自有品牌产品**（privatelabel products）。除了生产自有品牌可以明显提升产能利用率以外，制造商还可以获得其他好处，例如，更好地理解产品类别，以及获得与自有品牌竞争的优势。生产自有品牌的供应商可以鼓励零售商提升自有品牌定位以及与其他国内品牌竞争，并通过独特的包装、规格和数量将其产品差异化。许多制造商担心如果它们制造自有品牌产品，其品牌产品业务会被自有品牌覆盖。但是保护核心品牌的战略已经进化。例如，亨氏在很多产品类目下制造自有品牌产品，但是它也一样销售全国性品牌，除了番茄酱以外。不同的品牌在货架上扮演不同的独立角色，亨氏的产品和零售商的产品并不总是进行直接的竞争。基于不同的环境，它们可以通过不同方式展示给消费者，并且在不同的时间进行促销（Dawar and Stornelli，2013）。

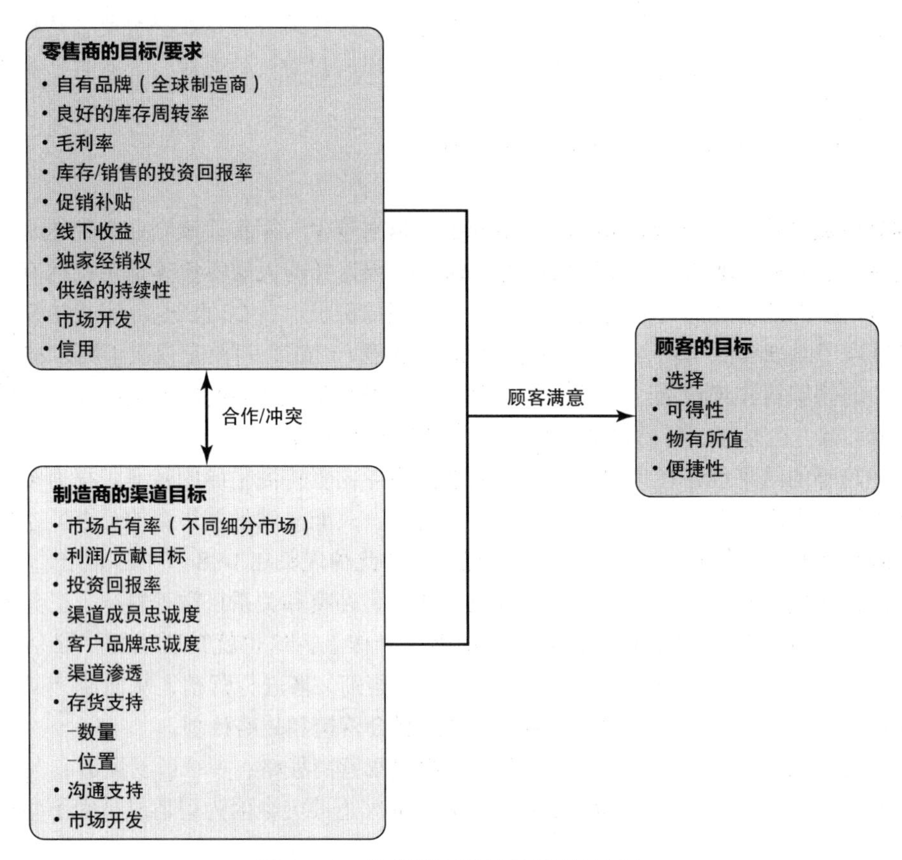

图 16-12 渠道关系和贸易营销的概念

如果类似的联合战略能够成功，制造商和零售商应该在各个层级进行合作，也可以通过匹配各自组织中的对应人员来实现。随着个体客户（一个零售连锁作为一个采购单位）的重要性日渐增加，核心客户（核心顾客）的概念就产生了。**核心客户**（key accounts）经常是具有大宗销量（总量以及对供应商的产品而言）的零售连锁企业，它们能够基于不同的商店决定销售的数量和价格。

因此，顾客的细分也就不再单纯基于规模和地理位置，而是基于客户（零售商）的决策制定结构。这导致销售结构从地理分布向顾客分布逐步调整，这种新结构对企业设立核心客户经理这一岗位变得切实可行。

跨国零售商联盟

此部分关注的是水平化的（零售商到零售商）国际零售商的联盟，此种联盟跨越了国界。跨国零售商联盟的兴起主要存在于西欧零售商之间，大多数情况下是为了面对欧盟内部市场的机遇和挑战。

在欧洲，没有一家跨国零售联盟可以被描述为“参股联盟”，即成员之间交叉持股。没有一家联盟涉及了股权的分享，但是它们都有协调运营职能的中央秘书处，协调的职能包括采购、品牌化、专业知识交流和产品营销。

到目前为止，联盟秘书处所承担的职责范围已经被限制，并且不包含实际处置和集中支付职能。对于联盟中的每个零售成员而言，现实优势主要来源于从供应商的集中采购，价格优势可以传递给每一个成员，目标是通过联盟来减弱制造商（供应商）的权力。跨国集中采购可能是制造商和零售商尝试建立泛欧供应网络的一个实质性出发点。

16.10 灰色营销（平行进口）

灰色营销（grey marketing）或（**平行进口**，parallel importing）可以被定义为通过未被制造商授权的分销渠道进口和销售产品。这种情况主要是当制造商对同一商品在不同国家使用显著差异化的价格时出现的。这意味着未被授权的交易商（图16-13中，批发商）在一个价格较低的市场购买品牌产品，然后销往一个价格较高的市场，从而赚取较大的“利润”。灰色市场主要存在于价格昂贵的高端产品，例如时尚或奢侈品服装、手表和香水等。

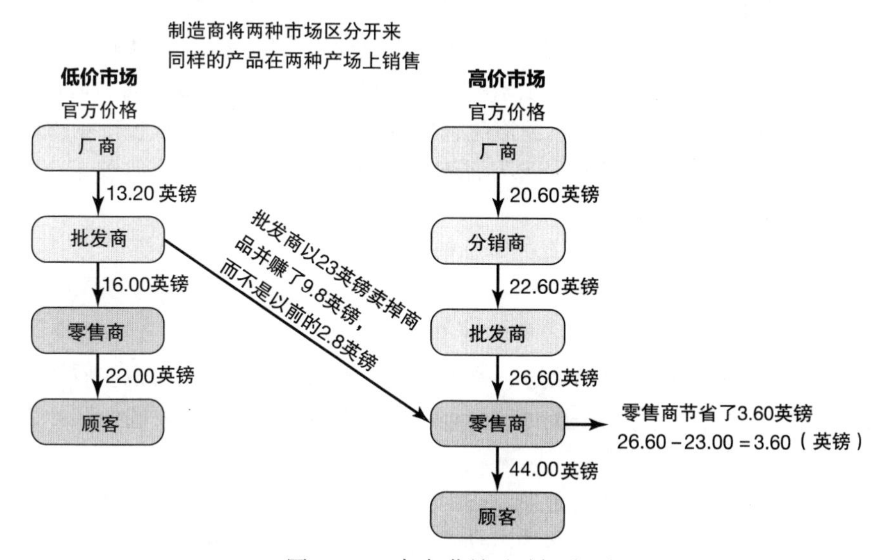

图16-13 灰色营销（平行进口）

资料来源：Paliwoda (1993, p. 300). Reprinted with permission from Butterworth-Heinemann Publishers, a division of Reed Educational & Professional Publishing Ltd.

由于不同国家间币值的波动，灰色营销经常发生。这对于“灰色”营销人员来说非常有吸引力，他们在货币疲软的国家购买商品，在货币硬挺的国家卖出。

灰色市场的出现也会由于在一个国家的分销商遇到了无法预见的供过于求的情况，该分销商可能会愿意将过量的产品通过较低的利润出售来收回投资。在一些国家价格较低的原因（可能导致灰色营销）可能是较低的物流成本、激烈的竞争和较高的产品税（高税率会给出厂价造成压力，因为厂商很难保证终端消费者价格在一个可以被接受的水平）。

灰色营销给制造商带来的特殊问题是导致授权中间商会失去动力。灰色营销人员通常只在价格上竞争，几乎不关心营销支持和售后服务。

电子商务为灰色市场提供了发展空间。最常见的可能是授权经销商通过把产品卖给未授权经销商来赚取利润，或者最起码减少损失。互联网让在灰色地带运营的企业有机会接触更多的顾客。企业可以大宗购买，然后再销售给未授权经销商，计算机零件市场有一段时间就处于这种情势下。有时候，当销售人员为了完成销售指标，或者管理者尝试收回成本或想要完成年度销售计划时，制造商本身也会将产品销往灰色市场（Antia et al., 2004）。

减少灰色营销的可行策略

有时候，企业希望灰色营销只是一个短期问题并会渐渐消失——如果造成价格差异的原因只是由于币值的话，灰色营销确实可能自行消失。但是其他时候，积极解决问题的方案可能更重要：

- 寻求法律援助。虽然法律选项可能不光费时而且费钱，但是有些企业（如精工）还是选择这个方法来应对灰色市场。
- 改变营销组合。这包括三个方面：
  a. 产品策略。这个策略就是要选择规避标准化概念（所有市场同一产品），对于每个主要市场都推出不同概念的差异化产品。
  b. 价格策略。制造商可以针对不同渠道成员改变出厂价格来消除不同市场间的价格差异。制造商也可以针对大宗采购缩小折扣方案。这会降低中间商通过大量采购来获取更低价格的动力，从而避免它们将未销售的产品销往灰色市场赚取利润。
  c. 保证策略。制造商可以减少或取消灰色市场产品的保证期限。这要求产品的渠道来源能够得以识别。

16.11 总结

在本章，我们讨论了国际分销渠道和物流管理。本章的基本结构可以参看图 16-1。从讨论中我们可以非常清晰地发现国际营销企业可以使用多元的方案来选择和开发一个经济、高效且高销量的国际分销渠道。

有许多的例子证明，渠道结构受到外部因素的影响，并且在每个国家不尽相同。物流（外部物流）关注产品从制造商到顾客的流动。如果决策是由系统做出，那么这是一个通过效率可以实现成本节约的领域。国际零售的变化无常的本质影响着分销方案。在过去 10 年中，权力的平衡（制造商和零售商之间）已经倾斜到零售商一方。很多时候，制造商不得不与大型且日趋集中的零售商合作来实现“交易营销”的理念。

在线分销已经显著改变了分销链条中各个成员之间的力量平衡。现实是，在线分销可能会通过去中间商的过程来消灭传统的“实体”经销商。

一个更为流行的分销策略是多渠道策略，即一家企业通过两条或更多的分销渠道来销售同一种产品。多渠道包括互联网、销售团队、呼叫中心、零售商店和直销邮件。

在国际市场中，一种现象的重要性正在逐渐增加，这就是灰色市场。灰色市场是由未被授权的贸易商组成的，它们在不同国家购买同一家企业的产品。企业面对灰色市场环境可以通过很多方案应对，例如，它们可以选择忽略该问题，采用法律手段，或者调整其营销组合的构成。被选方案受到所面临形势的特性和预期持续时间的显著影响。

问题讨论

1. 讨论当今世界市场的分销趋势。
2. 影响营销渠道的长度、宽度和数量的因素有哪些？
3. 为了优化国际营销渠道绩效，国际市场营销人员应重视培训、激励或报酬中的哪一项？为什么？
4. 一家全球化公司应该在什么时候有效且明智地运用集中化管理来协调国外市场的分销系统？什么时候运用分权更合适？
5. 灰色营销能否为消费者和制造商提供营销作用？
6. 为什么实体分销对国际营销的成功至关重要？
7. 遵循多渠道策略的主要优点和缺点分别是什么？
8. 讨论跨国零售商联盟趋势对国际市场的影响。
9. 许多市场上有数量较多的小零售商，这对国际营销人员有哪些限制？
10. 如何实现零售知识国际化转让？
11. 制造商希望从零售商那里得到什么服务？
12. 与实体分销相比，全球在线分销的优缺点分别是什么？

案例研究 16-1

戴比尔斯：前向整合钻石业价值链

戴比尔斯（De Beers）是一家私人控股公司，从事钻石的勘探、开采和销售业务。该公司主要在非洲经营，并在全球销售其产品。公司总部位于南非的约翰内斯堡，员工有近13 500人。2010财年，该公司的收入为58.7亿美元，营业利润为4.78亿美元。

自19世纪末以来，南非跨国公司戴比尔斯对工业市场和宝石钻石市场进行了规范，有效地为人们传达了一种钻石十分稀缺的假象。它形成并发展了一种观念，即钻石是十分珍贵的，它象征着爱情的无价。消费者今天所持有的关于钻石的看法都是或至少部分是源于戴比尔斯的不懈努力。

此外，通过对世界各地钻石供应和分销情况的掌握，戴比尔斯推出了一种令人惊奇的普通矿物——压缩碳，从而使其价格保持前所未有的稳定。这种独特的价格稳定性源于卡特尔（cartel）对钻石分销的严格控制。戴比尔斯的经营策略是纯粹而简单的：限制每年钻石在市场上的流通数量，并将钻石稀缺的假象永久化，从而抬高钻石的价格。

戴比尔斯每年花费约2亿美元来推销钻石和钻石首饰。“钻石是永恒的”，并且公司控制了近70%的未加工钻石的市场。

戴比尔斯控制了一个制造商的卡特尔，该企业联合就像一个产量确定联盟（如OPEC），为每个成员设置生产配额。戴比尔斯已经成功地说服生产商必须对钻石供应进行监管，以保持良好的价格和利润。

20世纪初，大多数钻石卡特尔的优势取决于戴比尔斯对南非矿山的控制。今天，其优势的来源不再仅仅来自对未加工钻石的生产，而是来自戴比尔斯进行生产、市场销售和促销安排在内的一个复杂的管理网络。

有趣的是，钻石价格与提取（生产）成本几乎没有关系。表16C-1显示宝石在不同分销渠道上的平均或“普遍”加价。

表16C-1 钻石上的加价

分销阶段	加价（%）	0.5克拉宝石的平均价值（美元/克拉）
开采成本	—	100
矿山销售	67	167
粗糙宝石的经销	20	200
切割单位	100	400
批发商	15	460
零售	100	920

资料来源：Based on Ariovich (1985); Bergenstock and Maskulka (2001).

一个开采成本可能只有100美元的钻石，最终会以920美元在当地珠宝店售出。商业周期和个体商业行为可能会对这些数字以及宝石质量产生积极或消极的影响。在贸易中被称为“看货”的钻石拍卖会，每年在伦敦、瑞士卢塞恩和南非金伯利举行10次。拍卖会仅限拥有特权的约160名“看货商”。这些“看货商”大多是纽约、特拉维夫、孟买和安特卫普钻石切割工厂的所有者，也是与其他地区进行钻石贸易的销售商。

戴比尔斯自有和自营矿山的钻石产量仅占世界未加工钻石总量的43%。因为它不是世界上唯一的未加工钻石生产商，所以戴比尔斯不得不与其他主要的钻石生产组织联合起来，形成了控制近3/4全球市场的国际钻石卡特尔。

所有卡特尔生产商都将其大部分产品出售给单一营销实体——戴比尔斯控股的中央销售组织（CSO）。在此基础上，戴比尔斯建立了一个可控的供应-分销链（见图16C-1）。

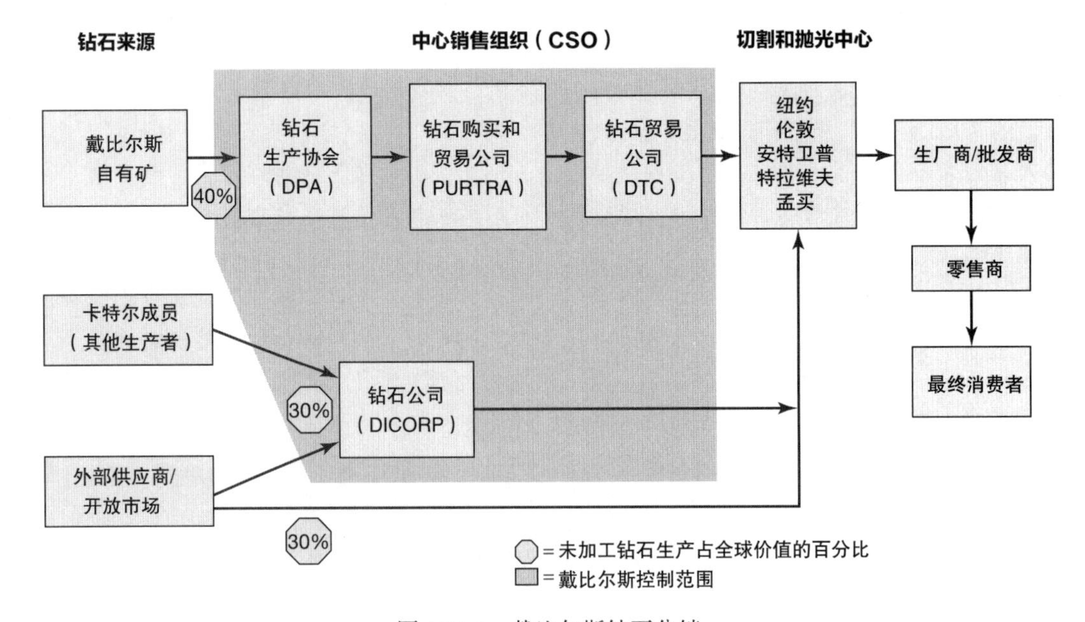

图16C-1 戴比尔斯钻石分销

资料来源：Adapted from De Beers Annual Report and Bergenstock and Maskukla (2001).

被CSO控制的所有未加工的钻石主要有三个来源：德比尔斯/百年独资的矿山；外部供应商与CSO（卡特尔成员）签订合同；通过非洲采购办事处，安特卫普和特拉维夫开放市场采购（向未与戴比尔斯签署协议的国家购买出口的未加工钻石）。戴比尔斯由此成为唯一的钻石分销商。每年世界上约75%的钻石是通过CSO到切割商和代理商那里的。

卡特尔经济的成功与其严格遵守规则密不可分，这些规则不仅是书面的，更包括一些不成文的规则。遵守规则的客户作为奖励将会得到数量较多，质量较高的未加工钻石，而那些反对他们的人将会分配到数量少、质量差的钻石，甚至有些人将会永远取消其参加拍卖会的资格。

戴比尔斯的"前向整合"决定

2001年以前，戴比尔斯集中在向卡地亚（Cartier）等品牌制造商提供他们的钻石。戴比尔斯集团的核心业务仍然是开采和销售未加工钻石。然而，2001年1月，戴比尔斯以50∶50的比例进入零售合资项目，与法国奢侈品公司路易威登集团（LVMH）共同建立了独立管理的戴比尔斯钻石珠宝公司，该合资公司称为戴比尔斯钻石珠宝有限公司，主要销售钻石首饰。2002年，第一家戴比尔斯精品店在伦敦旧邦德街开业，这家店也是该品牌的旗舰店。一年后，随着第一家东京店的开业，戴比尔斯品牌扩展到亚洲。2005年，该品牌在纽约第五大道和贝弗利山庄的罗迪欧大道均开设了自己的商店，由此将品牌扩展到了美国。戴比尔斯在2007年进一步扩大了美国的市场，先后在拉斯维加斯、休斯敦和弗吉尼亚州麦克莱恩开设商店，并推出了具有电子商务功能的网站。2010年，英国、法国、美国、乌克兰、俄罗斯、日本、中国台湾、中国香港、迪拜和中国澳门均有戴比尔斯零售店。该合资公司在美国（11个）、欧洲（8个）、中东（4个）、东亚（7个）和日本（10个）共计有40多家商店。

路易威登是首屈一指的品牌，旗下产品包括时装和皮革制品、手表和珠宝、葡萄酒和烈酒、化妆品和香水等类别。该公司在开发奢侈品牌和推出优质零售概念方面拥有丰富的经验。

"母公司"De Beers SA根据自己上百年的经验组建了一个由经验丰富的技术和营销专家构成的团队，为其合资企业在选择最美丽钻石方面提供进一步的帮助。

作为合资企业的一部分，De Beers SA授予De Beers LV在奢侈品消费市场上使用戴比尔斯品牌的权利。从那以后，戴比尔斯将以自己的品牌名称设计、制作和销售优质钻石首饰。目前，戴比尔斯品牌的钻石仅通过戴比尔斯商店销售。

问题：

1. 戴比尔斯在零售和消费市场实行"前向整合"战略的动机是什么？
2. 以上战略一个明智的决定吗？
3. 戴比尔斯应该如何通过"前向整合"战略发展自己的互联网战略？
4. 戴比尔斯是否可以通过其品牌钻石来规范跨国公司的国际营销战略？

资料来源：Information and news found on www.diamonds.net and www.debeersgroup.com.

案例研究16-2

特百惠：全球直销模式仍在继续

公司创始人厄尔·特珀（Earl Tupper）是早期的塑料先驱。20世纪30年代，年轻的发明家虽然没有受过大学教育，但在杜邦找到了一份工作。1938年，特珀决定离开公司，自己开始从事对塑料的研究。那年，他带着在杜邦时积累的一些经验和一块废弃的聚乙烯，创办了自己的公司。1946年，他创立了一家新公司，名为特百惠（Tupperware），并开始制造食物储存器和用Poly-T制成的容器。

特百惠公司（www.tupperware.com）是世界上最大的直销商之一，其著名的特百惠派对已经传播到了100多个国家。特百惠没有专门的销售人员，而是通过咨询顾问的形式进行销售，在1998年创造了超过10亿美元的收入。特百惠在塑料食品储存容器业务上做了50年，但在20世纪90年代，公司产品扩大到了厨房工具、小家电和婴幼产品。虽然美国在20世纪八九十年代的销售额逐步下滑，但是国际销售额却不断扩大。20世纪90年代中期，公司超过85%的收入来自国际业务。90年代末，远东和拉美地区的经济衰退导致了特百惠销售额总体下滑，使得未来前景变得不太明朗。

特百惠的直销模式

特百惠早期最成功的直销商是布朗尼·怀斯（Brownie Wise），在底特律从事秘书工作，也是一个单身母亲。1951年，特珀雇用她为公司建立了一个直销系统。几个月后，特珀成立了子公司——特百惠家庭聚会公司（Tupperware Home Parties Inc.），从此便放弃了以零售的方式销售特百惠产品的方式。怀斯的家庭聚会体系聘用独立咨询顾问来担任销售人员，这些顾问从自己所销售的产品中赚取一定比率，并额外获得奖金和产品形式的奖励。

20世纪50年代末，特百惠成了家喻户晓的名字。特百惠在几乎没有广告的情况下，创造了惊人的品牌知名度。该公司的快速成功可归因于这些独立的咨询顾问。到1954年，特百惠共招募了近9 000名独立咨询顾问，其中大部分是女性。特百惠为女性提供了一个轻松入职的机会，不仅点燃了她们对工作的热情，也使得这份热情迅速扩散。可以说，特百惠很了解当时的女性正经历着的生活。公司想提高女性的自尊心，所以才想出了特百惠家庭派对的想法。在这里，妇女在家里聚集在一起讨论厨房用品等问题，以这种方式，妇女有机会拥有自己的生意并赚钱。这是被现在许多营销系统称为“直销”的先驱。

在20世纪六七十年代，特百惠针对儿童发展的各个阶段开发了一系列玩具。

20世纪80年代，特百惠推出了旨在使烹饪时间最少化的产品和专为微波炉和常规烤箱设计的产品。

尽管在20世纪90年代初遇到一些经济问题，但是在90年代中期，特百惠整体销售水平仍不断提高，部分原因是它生产了大量的新产品。1994～1996年，特百惠推出了约100种新产品，其中包括全新产品线和满足各个国家特殊需求的产品，如日本的和服保管袋。与过去10年的情况相同，其国际销售额的增长水平超过了在美国本土的增长水平。远东和拉丁美洲的销售激增，而美国的销售则上升缓慢。截至1996年，特百惠85%的收入和95%的利润均来自国际业务。

2005年，特百惠从莎莉集团（Sara Lee）收购了国际美容（International Beauty）。收购后，该公司将其公司名称从特百惠公司更改为特百惠品牌公司。

2014年的特百惠

该公司的产品品牌和类别包括为以特百惠为品牌的厨房和家庭提供备餐、食物保存等解决方案，以及美容和个人护理产品。其产品以八种品牌销售：Tupperware、Armand

Dupree、Avroy Shlain、BeautiControl、Fuller、Natur Care、Nutrimetics和Nuvo。

截至2014年12月(2014财年),该公司收入为26.06亿美元,较上一年同期下降12.5%;营业利润为403.50万美元,比2013年下降了22%。

截至2014年年底,员工人数为13 000人(不包括全球销售人员)(见表16C-2)。

表16C-2 特百惠2014年不同地区的收入

特百惠总收入	2014年26.6亿美元
销售地区	
欧洲	28%
亚太地区	33%
北美(国际美容北美和特百惠北美)	25%
南美	14%
总计	100%

资料来源:Based on www.tupperware.com.

竞争

在厨房储存业务上,特百惠与现有厂商和当地制造商都存在不同程度的竞争,主要体现在营销、价格、质量和产品创新等方面。然而,与当地制造商的竞争主要体现在价格方面。当地制造商使用的低质量原料使得它们在价格方面具有很大的优势。因此,公司必须通过使用强大的激励措施、促销计划以及创新产品来保持竞争优势。该公司的美容和个人护理品牌也面临着来自其他大公司的巨大竞争压力,如雅芳、欧瑞莲、露华浓、欧莱雅、宝洁、联合利华和雅诗兰黛等。这些公司不断加强对美容和个人护理产品在美国及新兴市场所获得份额的关注。

近年来,品牌认知已成为品牌区分的关键,全球各地的公司都在增加对广告、促销活动和创新营销策略的投入,以增加市场份额。特百惠也大大增加了广告费用。广告费用的增加将对经营利润造成压力,而竞争所带来的价格压力也将导致其收入的下降。

特百惠的分销系统

多年来,直销的商业模式和庞大的销售队伍一直是特百惠的优势之一。由于直销本质上是启动低成本商业模式,因此有助于公司拓展新市场和促进销售额的增长。

公司主要采用直销的分销模式。特百惠品牌产品主要直接销往全球的分销商、负责人、经理和零售商(销售团队)。该公司还给那些获得特百惠产品销售权的经销商一定的奖励。

绝大多数的销售人员或经销商都是独立承包商,而不是特百惠的员工。特百惠品牌产品主要直接销往全球的分销商、负责人、经理和零售商(销售人员)。2014年年底,特百惠分销系统在全球拥有约1 700家分销商、81 000名经理和270万零售商。图16C-2说明了特百惠的分销系统。

除了采用"派对"的销售方式,即在家庭、办公室、社交俱乐部等方面展示特百惠产品的特点和优势以外,公司也通过互联网进行销售。与此同时,特百惠还在一定程度上使用了B2B模式,将自己的产品销售通过合作公司销售给消费者。

特百惠产品也通过宣传册进行推广。此外,特百惠使用目录广告、电视广告和杂志广告等方式进行产品宣传。

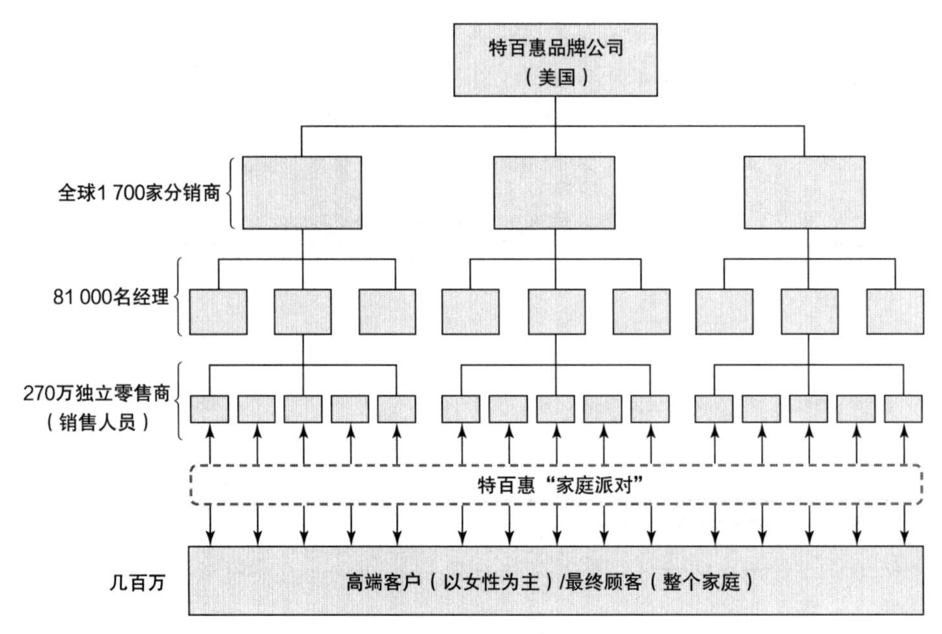

图 16C-2 特百惠的直销模式

资料来源：Based on www.tupperware.com and other public data.

问题：

1. 请用相关的理论模型描述特百惠的分销战略。
2. 特百惠的分销模式有哪些优点和缺点？
3. 你将如何对这种分销模式的未来发展进行评价？
4. 在过去几年中，特百惠在俄罗斯、澳大利亚和日本市场的销售额均出现了下滑的趋势。请运用一些标准，指出未来三年特百惠应当重视的三个国家市场。

资料来源：Based on www.tupperware.com ; other public media.

第 17 章

Chapter17

沟通决策（促销策略）

□ **学习目标**

通过本章的学习，你能够：

- 定义和区分不同类型的沟通工具。
- 描述和解释广告决策中的主要步骤。
- 描述可用于确定国外市场广告预算的适当方法。
- 讨论通过网络营销的可行性。
- 解释人员推销和销售团队管理在国际市场上的重要性。
- 定义并解释病毒式营销和社交媒体营销的概念。
- 讨论标准化国际广告的优点和缺点。

17.1 简介

沟通是国际营销方案的第四个也是最后一个决策。沟通在国际市场营销中的作用与国内业务类似：与客户沟通，以便提供买家在做采购决策时所需的信息。虽然在沟通中混合着客户感兴趣的信息，但最终它的目的是说服顾客在现在或将来购买产品。

我们可以运用多个工具与客户沟通并影响客户。广告通常是促销组合中最常见的组成部分，但人员推销、展览、促销、宣传（公共关系）和直销（包括互联网）也是常见国际促销组合的一部分。

一个重要的战略考虑是，选用全球标准化，还是根据每个国家的环境采取相应的促销组合；另一个需要考虑的因素是，媒体的适用性在世界各地各不相同。

17.2 沟通过程

在探讨沟通过程时，我们通常想到的是一个制造商（发送者）通过任何形式的媒介向一个可识别的目标客户发送消息。在这里，卖方是沟通过程的发起者。但是，如果买卖双方已经建立了关系，那么沟通过程中的主动权很可能来自买方。如果在一定时间内买方对某一给定的服务有积极的购后体验，可能会使买方在将来的某一时刻再次购买，即主动咨询或下订单（所谓的反向营销）。

图 17-1 显示了由买方主动和卖方主动所引起的产品销量之间的不同。买方主动产生

的销售额所占的市场份额会随着时间的推移而增加。现在和将来的买方主动是公司过去市场表现的各个方面共同作用的结果，即卖方主动的程度、性质和时机、产品的竞争力、购后体验、与买方的关系以及处理买方主动行为的方式（Ottesen，1995）。

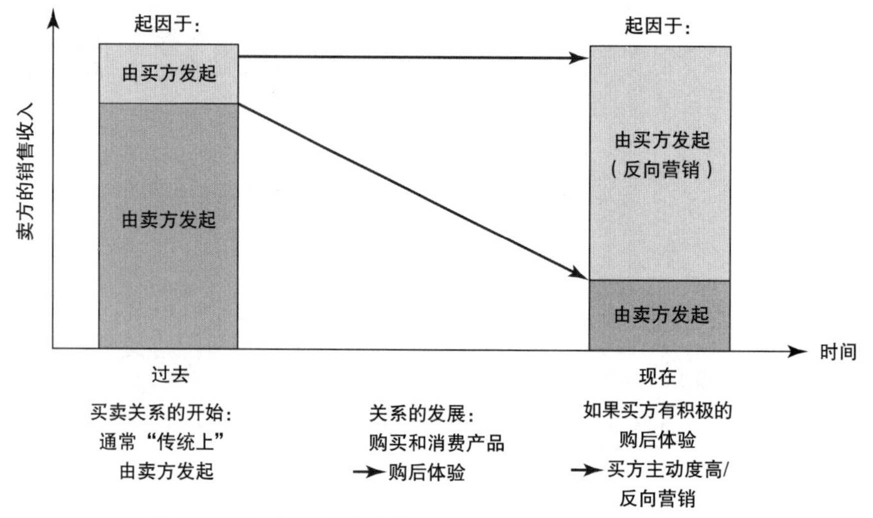

图 17-1 买卖双方关系中从卖方主动到买方主动的转变

17.2.1 有效沟通的重要特征

本章接下来的部分主要讲述基于卖方主动性的沟通过程和沟通工具。所有有效的营销沟通都有四个要素：发送者、信息、沟通渠道和接收者（受众）。图 17-2 所示的沟通过程突出了有效沟通的重要特征。

为了有效地沟通，发送者需要清楚地了解信息的目的、受众，以及听众将如何理解和回应所收到的信息。然而，有时候由于竞争对手对于产品做出类似的甚至是相反的宣传来制造“噪声”，使得客户不能明确地收到发送者对其产品特点的描述信息。

在图 17-2 所描述的模型中，需要考虑的另一个重要问题是媒体和消息之间的“适配度”。例如，与视觉媒体（如电视、电影）相比，一个复杂而冗长的信息更适于使用平面媒体。

17.2.2 影响沟通情况的其他因素

1. 语言差异

在某一语言环境中具有良好宣传效果的广告语或广告文案在另一种语言中的情况完全不同。因此，公司在国内市场上使用的商标名称、销售演示材料和广告，在其他市场使用时，可能需要加以修改和翻译。

由于商标名称和广告标语翻译得不成功而带来惨痛失败的例子有很多。通用汽车公司的一款型号名为“ Vauxhall Nova”的汽车，它在说西班牙语市场中的表现很差，因为这个词在西班牙语里的意思是“寸步难行”。在拉丁美地区，“ Avoid embarrassment—Use Parker Pens”（想避免尴尬，就用派克钢笔），被翻译成了“想避免怀孕，就用派克钢笔”。斯堪的那维亚吸尘器制造商伊莱克斯在美国的广告中使用了“ Nothing sucks like an Electrolux”（没有什么东西像伊莱克斯一样能吸）广告语，但“ sucks”一词在美国更常用的意思是“糟糕”。

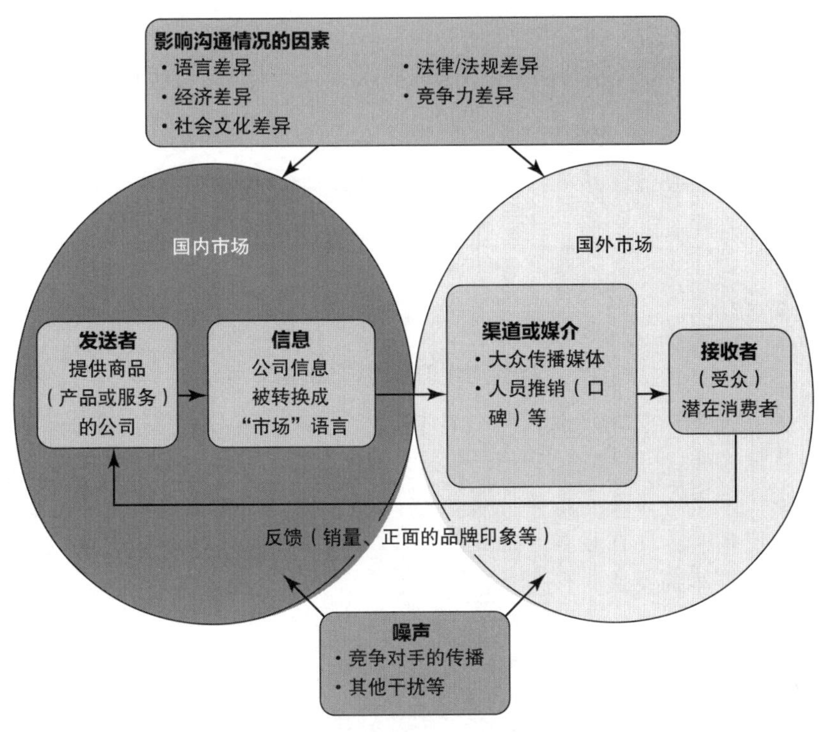

图 17-2　国际营销过程中的要素

一家丹麦公司在英国市场上使用了以下标语作为猫砂的广告语：“猫尿砂”（Sand for Cat Piss）。不出所料，该公司的猫砂销量根本没有增加！另一家丹麦公司将“婴儿奶瓶专用奶头”（Teats for baby’s bottles），翻译成了“可松动的奶头”（Loose tits）。在哥本哈根机场，现在仍然可以看到这样的海报：“We take your baggage and send it in all directions”（我们负责把您的行李送到四面八方）。使用这样一条标语来表达为旅客提供优质服务的愿望，最后的结果却可能会引起人们对行李最终到达何处的担忧（Joensen，1997）。

2. 经济差异

与工业化国家相比，发展中国家的人更可能拥有收音机而不是电视机。在文化水平低的国家，文字沟通可能不如视觉或口头沟通那么有效。

3. 社会文化差异

文化的各个方面（宗教、态度、社会地位和教育水平）直接影响到个人如何感知他们周围的环境，以及如何诠释所看到的符号和标志。例如，广告中使用的颜色必须考虑到其文化规范。在许多亚洲国家，白色往往和悲伤联系在一起，因此强调白度的洗涤剂促销活动中就不能使用白色，例如在印度。

4. 法律 / 法规差异

地方广告法规和行业规范直接影响媒体的选择和促销宣传材料的内容。许多政府对广告的内容、语言和性别歧视保持严格的规定。可以宣传的产品类型也是受管制的。在促销广告方面，烟草制品和酒精饮料是最受监管的。然而，这些产品的制造商并没有放弃在促销宣传方面的努力。骆驼（Camel）就以“骆驼老乔”（Joe Camel）的形式出现在企业形象广告中。发达国家中的广告限制比发展中国家更为常见，因为后者的广告业尚不够发达。

5. 竞争差异

由于不同国家的竞争对手在数量、规模、类型和促销策略方面各不相同。因此，公司不得不调整其促销策略和时机，并努力使其与当地环境相适应。

营销洞见 17-1

富世华的消费者轮盘

富世华公司（Husqvarna）是世界上最大的户外电力产品生产商，包括电锯、修剪机、割草机、园艺拖拉机。产品的客户范围涵盖了普通消费者和专业用户。富世华的产品已经销往了100多个国家。2011年的销售额达到了35亿欧元，营业收入为1.8亿欧元。2011年年底，公司拥有员工16 000名。

富世华产品每年的全球市场份额约为170亿欧元。北美洲约占60%的市场份额，欧洲超过30%，其他国家不到10%。

富世华的全球园艺产品（GGP）

在园艺产品部分，富世华（作为一个整体）将其产品销售给专业经销商和大型零售商，然后再销售给最终用户。

户外电源设备的专业经销商将其产品销售给专业用户和那些要求高水准性能和服务的私人消费者。这个渠道通常提供高价位的产品。这也是富世华品牌销售的唯一渠道。

大型零售商销售低价位和中等价位的产品给消费者。这些零售商还包括了自己动手进行拼装的商店和超市。这些产品价格和利润率都低于专业经销商，像沃尔玛（美国）、家得宝（美国）、百安居（英国）和欧倍德（德国）。这个渠道不销售富世华品牌，而销售富世华公司的其他品牌，如加迪纳（Gardena）、麦卡洛克（McCulloch）、食藻动物（Weedeater）或波澜（Poulan）。

“富世华的消费者轮盘”显示了在智能割草部分公司如何与潜在的终端客户建立联系（在这种情况下，富世华的品牌被称为“Automower”）。

正如消费者轮盘所示，大多数时间，潜在客户并不在购买剪草机的实际过程中（私人业主只需每5年或10年购买一次这样的产品）。因此，在顾客进行实际购买过程之前，公司与客户的关系主要建立在市场传播活动的基础上，只有这样才能保持品牌在竞争中的“最高认知度”。这些市场传播活动包括报纸广告、广告牌、电视和公关宣传。当潜在客户达到“感兴趣”阶段（在实际购买之前）之后，富世华更多地使用网页横幅，公司主页和小册子进行宣传。在实际购买产品的过程中，富世华利用直接邮件、公司特约经销商的广告和销售材料，来说服顾客实际购买“Automower”的机器人割草机。产品销售后，客户可能仍然在“感兴趣”的阶段，作为经销商可能参与一些与售后服务相关的活动。

资料来源：Based on material from Husqvarna and www.husqvarna.com.

17.3 沟通工具

前面，我们提到了主要的促销形式。如表17-1所示，沟通工具可以从交互式营销方法上分为大众传播工具（单向），以及极具个性化和亲密的（双向）沟通工具。在本节中，将进一步研究表 17-1 所列的不同的沟通工具。

表 17-1　典型的沟通工具（媒体）

单向沟通			双向沟通	
广告	公关关系	促销	直销	人员推销
报纸、杂志、期刊、名录、广播、电视、电影、户外、广告	年报、企业形象、内部刊物、媒体关系、公共关系、重大事件、游说赞助、名人代言、植入式广告、隐性营销	返点和价格折扣、商品目录和宣传册、样品、赠券和礼品竞赛	直邮/数据库营销、网络营销、电话营销移动营销、短信营销、病毒式营销、社交媒体营销（Facebook、Twitter、LinkedIn 等）	销售演示、销售团队的管理、贸易展销会

17.3.1　广告

广告是最显而易见的沟通形式之一。由于广告使用的广泛性和单向传播方式的局限性，其在国际市场上使用有许多困难。广告通常是消费品沟通组合中最重要的部分，有大量的小客户可以通过大众媒体了解产品。而对于大多数企业的市场来说，广告的重要性要低于人员推销的作用。

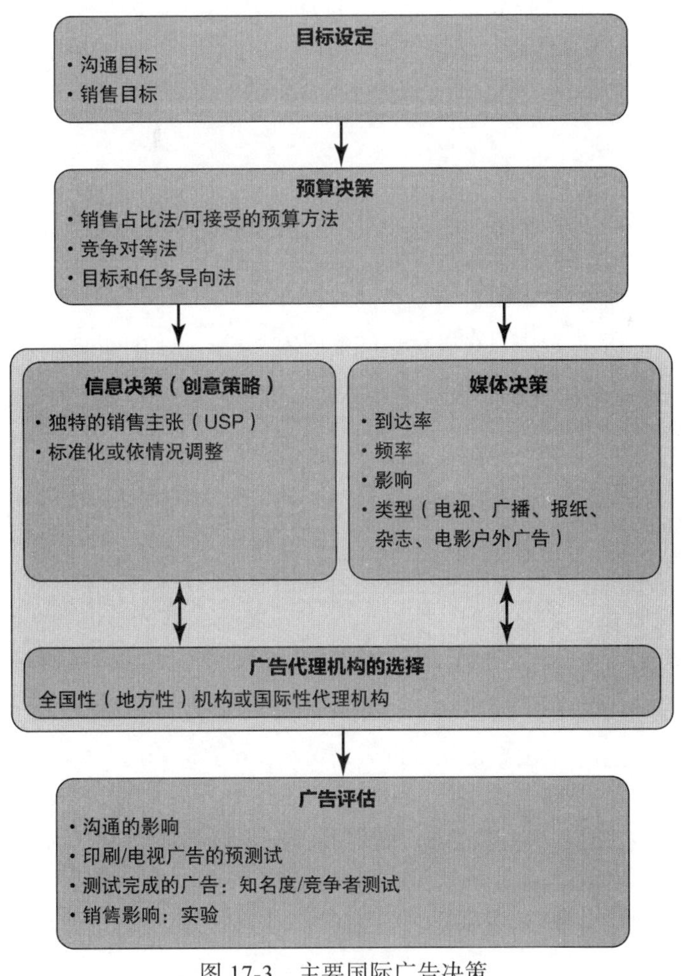

图 17-3　主要国际广告决策

1. 目标设定

虽然各个国家的广告方式可能存在差异，但是核心的**广告目标**（advertising objectives）仍然相同。主要的广告目标（和手段）可能包括下列内容：

- 通过鼓励顾客增加购买频率来增加现有顾客的销售额；通过提醒顾客产品的关键优势来维护品牌忠诚度；刺激冲动购买。
- 通过提高消费者对公司产品的认知度以及在新的目标客户群中提高公司的形象来获得新客户。

2. 预算决策

广告引起争议的方面包括确定适当的方法来决定促销预算的规模，以及随后在市场上的分配。

从理论上讲，公司（在各个市场）应该继续投入更多的资金用于广告，因为在广告上的花费所带来的回报要超过在其他方面的花费所带来的回报。在实践中，不可能制定出最佳的广告预算。因此，公司制定了更为实际的指导方针。管理者还必须记住，广告预算不能被孤立地看待，而必须被视为整个营销组合的一个要素。

（1）销售占比法 / 可接收的预算方法。这些可接受的预算方法技术直接将广告支出与某种利润计算方法联系起来，或者更普遍的是将其与销售联系在一起。这些方法中最流行的是**销售占比法**（affordable approach），即公司自动拨付一定比例的销售额到广告预算。

该方法的优势是：

- 对于在许多国家都销售产品的公司来说，这种简单的方法似乎保证了各个市场之间的平等。每个市场似乎都得到了它应得的广告费用。
- 在预算会议上很容易证明这笔支出的合理性。
- 它保证公司的广告费用只在可负担的范围内支付，从而防止了资金浪费。

该方法的劣势是：

- 它参考的是过去的业绩而不是未来的业绩。
- 它忽略了在销售下降时可能需要增加额外的广告支出，以便通过在产品生命周期曲线上建立“再循环”来扭转销售趋势（见 14.4 节）。
- 它没有考虑到公司在不同国家营销目标的变化。
- 销售占比法鼓励当地管理者通过使用最简单和最灵活的营销工具：价格（也就是降低价格）来实现销售额最大化。
- 该方法过于方便和简单，使管理人员不再费心调查广告和销售之间的关系，也不去批判性地分析整个广告活动的有效性。
- 这种方法不能用于推出新产品或进入新市场（0 销售 =0 广告）。

（2）竞争对等法。**竞争对等法**（competitive parity approach）涉及估算并复制主要竞争对手在广告方面的投入。遗憾的是，确定外国竞争对手在营销方面的支出远比监测国内业务困难得多，因为国内企业的财务账目（如果是有限公司）接受公开审查，而且它们的促销活动一经开始，目的就很明显。追逐竞争对手的另一个危险就是，它们未必是正确的。

此外，该方法并未认可公司在不同的市场中处于不同的情况。如果公司对于一个市场是新的进入者，那么它与客户的关系就不同于市场中现有的公司。这一点也应在其促销预算中加以体现。

（3）目标和任务导向法。上述方法的缺点促使一些公司尝试**目标和任务导向法**（objective and task approach），这一方法就是首先确定广告目标，然后明确实现这些目标所需要完成的任务。这种方法还包括成本效益分析，将目标与实现这些目标所耗费的成本联系起来。要想使用这种方法，公司必须对当地市场有很好的了解。

学者熊和韦斯特（Hung and West，1991）的研究显示，在美国、加拿大和英国，只有 20% 的公司采用了目标任务法。虽然“从理论上讲”这是确定促销预算的正确的方法，但是有时候可操作性更为重要，所以有些公司更喜欢使用“销售占比法”。如果公司的经验表明它是相当成功的，这未必是一个坏方法。如果该比例具有弹性，就要允许在不同的市场中使用不同的百分比。

3. 信息决策（创意策略）

这一战略所关注的是，对于**独特的销售主张**（unique selling proposition，USP）需要沟通的内容是什么，以及对所关注国家的消费行为而言，沟通要达到的目的是什么。这些决定对于广告媒介的选择具有重要意义，因为特定的媒体比其他媒体能够更好地适应具体的创意要求（颜色使用、文字描述、高清晰度、产品说明等）。

国际营销人员的一个重要决定就是，在国内市场开发的广告活动是否只需稍加修改就可以移植到国外市场，例如，只需翻译成适当的语言。将广告促销活动的各个方面完全标准化后再应用到几个国外市场，几乎是不可能实现的。标准化意味着普通信息、创意理念、媒体和策略，但是公司还是需要有独特的销售主张，让跨文化环境中的客户清楚地了解产品。

将国际广告标准化可以为公司带来许多好处。例如，将广告宣传集中在公司总部，并将相同的活动方案转移到各个市场，相对于由不同的地方办事处开展宣传活动，这种做法减少了广告成本。

然而，在多个市场中开展广告活动需要在传达信息和允许当地细微差别之间取得平衡。全球思想的适应性可以通过各种策略来实现，例如采用模块化方法，配合国际化符号，以及使用国际广告代理公司。

4. 媒体决策

选择广告促销的媒体需要与确定广告所需的信息同时进行。媒体选择中的一个关键问题就是选用大众媒体方法，还是针对性的方法。当潜在客户在公众中占较大比重时，大众传媒（电视、广播和报纸）具有很好的宣传效果。但对于大多数产品来说，这一比例在不同国家相差较大，取决于很多因素，如不同国家的收入分配。

为某一特殊活动选择媒体时，通常是从目标市场的人口统计学和心理特征、产品的区域优势、销售的季节性等方面开始。最终选择的媒体应当符合当地的广告目标、媒体属性和目标市场的特征。

此外，媒体选择可以基于以下标准：

- **到达率**（reach）：指在目标市场内在某一特定的时间段，至少看到一条广告的总人数（“曝光率”或OTS）。

- **频率**（frequency）：指在某一特定时间段，每个潜在客户接触同一广告的平均次数。
- **影响力**（impact）：这取决于所使用的媒体和信息之间的兼容性。例如，美国的《阁楼》（*Penthouse*）杂志继续吸引高附加值的耐用消费品的广告客户，如汽车、高保真音响设备和服装，这些产品主要针对高收入的男性群体。

当公司进入新的市场或引进新产品时，广告覆盖范围一定要广。这样，关于新产品的实用性的相关信息就会被传播到最广泛的受众群中。当品牌意识已经存在的时候，需要使用高频率广告宣传，信息是告诉消费者正在进行一场促销活动。有时，宣传活动既要有高频率，又要有广泛的影响力，但广告预算的额度往往需要牺牲广告的频率来换取其覆盖的范围。

媒体的**总收视率**（gross rating points，GRPs）是指广告覆盖范围乘以一定时间内该广告在媒体出现的频率乘以到达率的结果。因此，它包含重复播出的次数，但表明了媒体努力的“临界规模”。GRP可以用来评估个人载体，各个种类的媒体或者整个促销活动。

同时，运营媒体活动的成本也必须考虑在内。传统上，媒体规划是基于一个单一的指标，比如“**千人成本**”（cost per thousand，CPM）。在处理两个或多个国家市场时，媒体的选择还必须考虑到以下两个不同之处：

- 公司在不同国家的市场目标不同；
- 不同国家的媒体效果不同。

由于媒体的可用性和相对重要性在所有各个国家并不一样，所以在进行跨国促销活动时要调整活动计划。作为一种新的通过沟通渠道传播广告信息的方式，现在的合作推广有着很坚实的稳固地位。

现在让我们仔细分析以下主要的媒体类型：

（1）电视。电视是一种昂贵但常用的媒体，它可以将广告信息传播到广阔的全国市场。在大多数发达国家里，电视覆盖率是没有问题的。然而，电视是最受管制的传播媒体之一，许多国家禁止播放香烟和酒类（啤酒除外）广告。在其他国家（如斯堪的纳维亚、英国），则限制每条电视广告的时间。一些国家还禁止在电视节目播出期间插播商业广告。

（2）广播。广播的广告成本要比电视节目低。在许多国家，商业广播发展几十年以后，商业电视才开始起步。广播的覆盖范围通常只限于本地区，因此通过广播进行的全国性促销活动不得不按地区推行。

（3）报纸。在世界上几乎所有的城市地区，人们每天都能接触到的报纸。事实上，广告商面临的问题不是报纸太少，而是报纸太多。大多数国家有一个或多个报纸，可以说是真正的全国流通。然而，在许多国家，报纸往往主要是地方性的或区域性的，因此，这些报纸成为当地广告商发布广告的主要媒体。由此可见，试图利用一系列的当地报纸来达到覆盖全国市场的目的非常复杂，而且成本相当高。

许多国家除了当地语言报纸外，还发行英文报纸。例如，《华尔街日报》（亚洲版）的宗旨在于向有影响力的亚洲商界人士、政界人士、高级政府官员和知识分子用英语提供经济方面的讯息。

（4）杂志。一般而言，杂志的读者范围要比报纸小。在大多数国家，杂志服务于特定人群。对于技术和工业产品而言，杂志上的广告是非常有效的。技术性的商业出版物发行范围往往是国际性的。这些出版物从个体行业（如饮料、建筑、纺织品）到涵盖许多产业的全球性工业杂志。

国际化产品的经销商可以选择使用具有区域版的国际杂志（如《新闻周刊》《时代周刊》和《商业周刊》）。至于《读者文摘》，则有当地语言版的杂志在发行销售。

（5）电影。在有些国家，电影放映前通常播放一些商业广告来补贴放映电影的费用。在这种情况下，电影就成为重要的宣传媒体。例如，印度的电影人均上座率相对较高（拥有电视的家庭很少）。因此，印度的电影广告比其他国家，如美国，发挥着更大的宣传作用。

电影广告还有其他许多优势，其中最重要的一个是它有实实在在的受众（没有更换频道的顾虑）。

（6）户外广告。户外广告包括海报 / 广告牌、商店招牌和交通工具广告。这种媒体的创新点就是将空间出售给了顾客。例如，就交通工具广告而言，公共汽车可以作为广告媒介出售。在中国，交通工具媒体的应用正在迅速扩张。户外海报 / 广告牌可以用来对客户造成广告的视觉冲击。法国是一个有效利用海报和广告牌进行广告宣传的典范。在一些国家，法律规定限制了可以利用的海报空间的数量。

营销洞见 17-2

乐高旋风忍者的 360 度营销沟通

乐高的主要业务是开发、生产、宣传和销售游戏材料。乐高所经营的传统玩具市场在近年来有所下降。但到目前为止，疲软的玩具市场并没有影响到乐高，几乎所有乐高市场的销售额都有两位数的增长率。乐高从竞争对手那里获得了可观的市场份额，是当今世界领先的建筑玩具品牌。

除了它的经典产品线，如城市系列和特许经营产品，如星球大战系列之外，乐高自 2009 以来每年都推出“大爆炸”产品。大爆炸是一个预设生命周期很短（两年或三年）的产品系列，需要大量的线上营销费用。

忍者概念的出现，源于乐高的设计师团队到日本旅行，为下一个重要产品的推出寻找灵感。设计师的灵感来自整个忍者神话中的不同元素，如火、土、冰和闪电，他们已经开发出了一条介于传统与创新之间的产品线。

忍者系列于 2011 年 1 月推出之后，成为乐高历史上最“畅销”的新系列之一。2012 年，忍者系列是继星球大战系列和城市系列之后，消费者购买的第三大系列。

忍者系列在 2014 年继续增长，尽管最初的提议是它会在 2013 年由乐高气功传奇系列所代替。然而，实际情况是这两个主题一直在并行存在。

360 度营销沟通

现在，孩子们在网上玩的时间越来越多。他们认为这是实际世界的自然延伸，两者之间的界限是模糊的。乐高不仅需要使其产品出现在孩子的数字化空间，也能够出现在社交媒体中。社交游戏是忍者系列的一个重要方面。

乐高选择了一个 360 度的战略方案来宣传忍者系列。360 度的集成营销沟通就是将信息的不同要素混合在一起，以相互加强的方式通知、说服和诱导消费者的行为（见图 17-4）。对于乐高来说，沟通的目的不只是为了促成最初的购买；也是为了达到售后满意，从而增加重复购买的可能性。在忍者系列的案例中，所有的消费者能够接触到的渠道，如电视、视频游戏、乐高官网、广告，都被利用了起来。

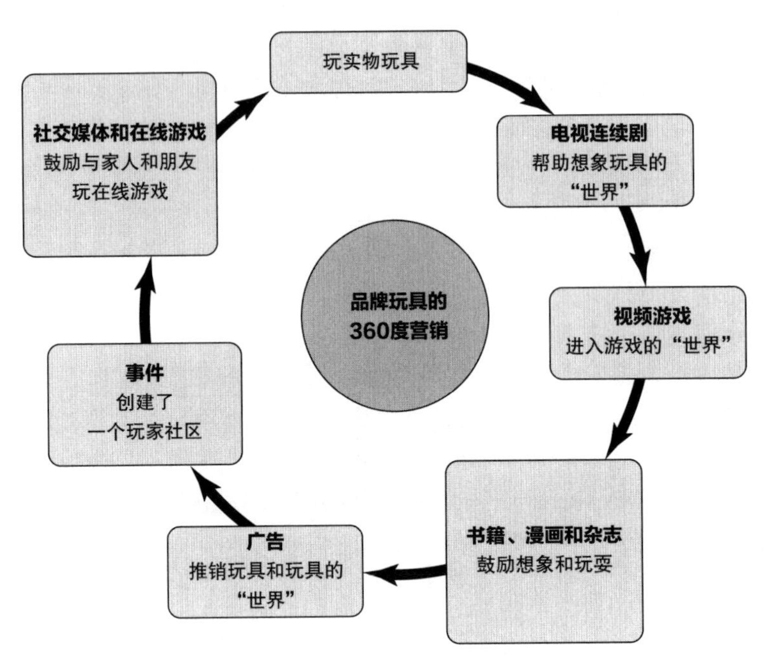

图 17-4 360 度营销

乐高加强了它背景构建的核心业务，并且通过扩展产品来补充它，以接触到更多的孩子。360 度的品牌体验架起了实际世界和虚拟游戏世界的桥梁，鼓励孩子们的想象力，从而使他们愿意继续建造。

忍者的故事为儿童游戏提供了背景。因此，尽管投资很高，但电视剧在传播忍者故事中的角色和任务时承担了重要的角色。

传统的营销方式将继续对儿童发挥至关重要的作用，但乐高越来越多地把社交媒体、病毒式营销和网络整合在一起，以增强实际的游戏体验，从而建立品牌忠诚度。

营销方法和战略必须包含以接触到新客户为目标的要素，同时也要包含刺激合作和参与的要素。年龄在 6 ～ 11 岁的乐高用户的忍者网上通信量正在增加。

资料来源：Different LEGO Ninjago materials. Special thanks to Pat Madsen and Marketing Manager, Michael Stenderup, LEGO for their contribution.

5. 广告代理机构的选择

面对国际性广告所涉及的许多复杂问题，许多企业本能地求助于广告代理，以寻求建议和实际帮助。广告代理机构会聘请或者立即联系在国际广告领域具有娴熟技能和丰富经验的专业撰稿人、翻译、摄影师、电影制作人，包装设计师和媒体策划。只有大型企业中的巨头才有能力在公司内部负担这些人员的费用。

如果国际营销人员决定外包国际广告功能，那么他们有以下几种选择：

- 使用公司所在国际市场中不同的全国性（地方性）代理机构；
- 利用大型的国际广告代理公司在当地的办事处的服务。

表 17-2 列举了有利于全国性代理机构或国际性代理机构的不同因素。单一的欧洲（泛欧）市场被作为一个国际性代理机构的范例。

表 17-2 欧洲广告代理机构的选择：全国性（地方性）或泛欧（国际性）

全国性（地方性）代理机构	泛欧（国际性）代理机构
支持国内的子公司	反映欧洲新的现实和趋势
投资在国内经营得最好的现有品牌	新产品开发和品牌推广可实现规模经济
更贴近市场	欧洲的统一性运作
规模小，更有利于个性化和创造性的服务	欧洲或全球主要代理机构的资源和技能
思想多样性	更容易管理一个代理团体

与选择全国性代理机构还是国际性代理机构有关的标准包括以下几个方面：

- 公司政策。公司是否拥有实行标准化广告方式的可操作性计划？
- 广告性质。企业形象广告最好是单独由一家大型跨国代理机构通过其子公司在全球范围内完成。如果是针对特殊国家的利基市场进行营销，可能会优先考虑当地的代理机构。
- 产品类型。某一产品的营销方案将会以标准化的形式被提出，在所有的国家使用相同的广告设计和内容，这样的话使用一个单独的跨国代理机构进行操作可能会更加便捷。

6. 广告评估

广告评估和测试是广告决策过程中的最后一个阶段，如图 17-3 所示。通常情况下，在国际市场测试广告效果要比在国内市场更难。其中一个重要的原因就是国内和国外市场的距离差距和沟通障碍。因此，将国内市场所使用的测试方法应用到国外是非常困难的。例如，访谈法的条件因国家而异。所以，许多公司试图利用销售业绩作为衡量广告效果的标准，但是在很多情况下，意识测试也有关系。例如，品牌意识在新产品推出的早期阶段是十分重要的。

测试广告对销售的影响是非常困难的，因为很难隔离广告效果。解决这个问题的一种方法是使用一种实验，即根据相似的特征对公司的市场进行分组。在每一组的国家中，选取一两个用作测试市场。对销售（因变量）进行测试的自变量可能包括广告数量、媒体组合、独特的销售主张和广告投放的频率。

17.3.2 公共关系

口碑广告不仅价格低廉，而且非常有效。公关的目的就是加强企业形象建设，并且有助于良好的媒体关系。公关（或宣传）是营销传播功能，通过执行方案赢得公众的理解和接受。它应该被视为国际营销工作中不可或缺的一部分。

公关活动包括内部沟通和外部沟通。内部沟通对于创建恰当的企业文化非常重要。公关的目标群体如表 17-3 所示。

表 17-3 公共关系目标群体

公众或目标群体：国内市场	额外的因素：国际市场
直接与组织联系	
• 员工 • 股东	• 范围更广泛的文化差异 • 公司总部的偏远程度
原材料和零部件供应商	
• 金融服务提供商 • 营销服务提供商（如市场调研、广告、媒体）	• 需要不同国家实行不同的处理方法，还是期望整体标准化处理

（续）

公众或目标群体：国内市场	额外的因素：国际市场
组织的客户	
● 现有客户 ● 以往客户 ● 潜在客户	● 可能对公司了解较少 ● 原产国效应将影响沟通
环境	
● 一般大众 ● 政府：当地、区域、国家 ● 普通金融市场	● 一般大众范围广泛 ● 东道国政府 ● 区域性团体（如欧盟）、世界性团体

目标群体在公共关系中的范围要远远大于其他沟通工具的范围。目标群体很可能包括主要利益相关者，如员工、客户、分销渠道成员和股东。对于在国际市场运营的公司来说，其沟通任务的范围更加广泛。在不同国家的子公司，雇用来自不同国家的具有不同文化价值的员工进行内部沟通，将特别具有挑战性。

从更具市场导向的意义上来看，公关活动针对的是规模虽小但是却具有影响力的受众目标——为报纸和杂志工作的编辑和记者，或者针对公司的客户和股东进行的宣传。

因为受众目标数量少，所以公关费用相对较低。公关活动有一些方式方法，这些方法包括在各种活动中提供奖品，发表关于公司产品、工厂和人员的新闻稿，宣布公司促销活动的通告以及游说政府。其他值得一试的策略有：

- 赞助；
- 名人代言；
- 植入式广告。

1. 赞助

根据米纳汗（Meenaghan，1996）的研究，市场营销和营销沟通中增长最快的一个方面就是企业的赞助。**赞助**（sponsorship）有两种形式：赞助活动（如体育活动和娱乐活动）和以过程为导向的赞助。事件营销正在迅速发展，因为它为公司提供了替代杂乱的大众媒体的其他选择。有能力在地方或区域的基础上进行细分，并有机会接触到那些消费行为与当地事件联系起来的生活方式有限的消费群体（Milliman et al.，2007）。事件关联营销，是一种给所赞助的公司带来利益的企业慈善捐赠形式。它基于的理念是，每次顾客要举办活动时，公司会为这个事业提供支持。除了帮助有价值的事业，公司在进行相关付出的同时，也满足了自己在战术和战略上的目标。通过支持有价值的事业，公司可以提高公司或品牌的形象，增加销量，提高品牌知名度，扩大客户基础，并达到新的细分市场。

2. 名人代言

研究表明，**名人代言**（celebrity endorsement）可以为公司带来更有利的广告评级和产品评估，也会为财务报告带来持续性的积极影响（Silvera and Austad，2004）。对于名人代言的广告效果的一种解释就是，消费者往往认为，大多数明星购买产品的动机是出于对产品真正的喜爱，而不是为了代言费。明星是特别有效的代言人，因为他们被认为是值得信赖的、可信的、有说服力的以及令人喜爱的。虽然这些研究结果清楚明白地支持了名人代言的使用，但是也有其他研究表明，其他因素，例如名人与广告产品之间的“契合度”，会使名人代言产生不同的效果（Hosea，2007；Seno and Lukas，2007）。为公司产品或者服务寻找适合代言人的选拔过程可能会很复杂（可能涉及许多明星代言人为候选人），也可能会很简单（一开始就只涉及一个名人代言）。在这两种选择过程中，名人的经纪公司（代表名人）往往在与产品公司或广告创意公司的谈判过程中发挥着重要的作用（Hollensen and Schimmelpfennig，2013）。参见营销洞见 17-3 关于利口乐的名人代言。

营销洞见 17-3

利口乐的香草润喉糖在国际化营销中使用名人代言

利口乐（Ricola）股份有限公司是一个现代的、创新的香草润喉糖生产商。利口乐的中药专业制品出口至全球 50 多个国家，以其优良的瑞士品质而闻名。

公司成立于 1930，目前利口乐的产品有大约 30 种不同的香草制品位道。利口乐产品所使用的所有香草均在瑞士山脉进行有机种植，所有的香草润喉糖都在瑞士生产。为了给香草润喉糖产品收集足够的中草药，利口乐与工厂周围超过 100 家的自营农场签订了合同。利口乐通过其分公司和经销商，将产品出口至亚洲、北美洲和欧洲的 50 多个国家。利口乐通过在中国香港的代表处在 2006 年进入亚洲市场，并且在 2007 年进入了澳大利亚市场，均得到了普遍的认可。

1967 年，创始人里希特（Richterich）家族将公司重新命名为利口乐，是原名劳芬里希特公司（Richterich & Compagnie Laufen）的缩写。20 世纪 70 年代，利口乐开始出口，将产品带到了国外市场。在这个 10 年结束的时候，利口乐搬到了位于劳芬的新工厂，也正是其总部所在。

现在，公司由菲利克斯·里希特（Felix Richterich）管理，他是汉斯·彼得（Hans Peter）的儿子，创始人的孙子。

利口乐在 2011 年创造了 3 亿瑞士法郎的销售额，雇用员工达 400 人。

明星歌手进行代言

利口乐是一个国际品牌，公司很谨慎地进行国际品牌形象的建立。例如，公司目前在其网站上已经专门有一页，专用于其产品的名人代言。

很多知名歌手总是在手里拿着一袋利口乐香草润喉糖。为什么？因为吮吸利口乐香草润喉糖就像是在为声带“上油”。这对于那些在音乐会、歌剧和戏剧演出中，声音必须达到顶峰的音乐家和演员来说是很重要的。在瑞士和美国，利口乐通过提供专业的瑞士香草来支持那些参与音乐和古典音乐会的人们。这些明星都很欣赏利口乐产品。支持利口乐香草润喉糖的明星有罗比·威廉姆斯、玛利亚·凯莉、贾斯汀·汀布莱克、麦当娜和普拉西多·多明戈。

资料来源：Based on www.ricola.com.

3. 植入式广告

植入式广告（product placement）是一种广告形式，将品牌产品或服务通常放在没有广告的语境中，如电影、电视节目的故事情节或新闻节目。植入式广告常常出现在电视真人秀节目中，如美国偶像。由于制作此类节目的成本不断增加，电视网络正在寻找合作伙伴为节目提供资金，以换取其产品的上镜时间。对于品牌制造商来说，这种做法被认为是一种拉动式营销，旨在提高消费者对品牌和产品的认识，并加强需求。植入式广告比其他类型的营销更具成本效益。例如，苹果公司声称它们从来不会付款使用植入式广告——它们只是提供设备。

另一个例子是哈雷－戴维森，该公司已经决定将更多的精力放在植入式广告上。只有3%的美国消费者拥有摩托车（主要是35岁以上的男性），但是美国还有另外1 500万～2 000万人（核心目标群之外）有购买的欲望。这个摩托车品牌在2009年11月宣布，它已经与一个娱乐咨询机构联手，将在电影、电视、音乐录影带和视频游戏中投放大量植入式广告。

调查表明，电影中的植入式广告是在全球范围内以标准化策略销售品牌的有效工具。电影中的植入式广告已经被证明会推动购买意向（Srivastava，2015）。尼尔森媒体研究表明，电视节目中的植入式广告可以将品牌知名度提高20%（Cebrzynski，2006）。

公共关系能够影响的程度是有所不同的。新闻记者可以根据公关的材料用词汇起草一篇文章，也可以编写一次几秒钟的面试。如何使用材料将取决于记者以及所需要的剧情。有时，一个本应提高公司形象的新闻发布会，会带来一个完全负面的报道。

因此，公关活动还应包括预计批判性言论。批判性言论可能从针对所有跨国公司的一般性批评到更具体的批判，它们也可能是基于一个市场。

营销洞见 17-4

埋伏式营销战略：荷兰巴伐利亚啤酒与安海斯－布希公司的百威啤酒在2010年世界杯上的竞争

当一个品牌为成为一个活动的正式赞助商而付费，另一个竞争品牌在不支付赞助费且不违反任何法律的情况下与该赛事建立联系时，就会出现埋伏式营销。

2010年6月在南非举行国际足联足球世界杯期间，有一个很好的埋伏营销的例子。在荷兰与丹麦比赛期间，荷兰啤酒品牌巴伐利亚（Bavaria）将一些橙色迷你裙作为礼包赠送给在场的女性观众（橙色是荷兰历史悠久的民族色彩，来自荷兰的开国元勋奥兰治的威廉王子的盾徽，他领导了1568年反抗西班牙统治的独立战争）。

迷你裙只有微小的外标签显示了品牌的名称，但是在效果呈现之前，公司为了确保品牌在荷兰能够立即被认出，他们安排荷兰最热的话题女王，皇家马德里队拉斐尔·范德法特的妻子赛尔维·范德法特穿着这件裙子。

当36名年轻女子身穿荷兰啤酒巴伐利亚赞助的橙色迷你裙进入南非足球城体育场看台观看荷兰对丹麦的比赛之时，毫无意外，所有的摄像机都转向了她们，捕捉那些能吸引全球图片编辑的镜头。

这些女子随后由于违反商标法被逐出了体育场，这正是为了防止不付广告费的公司从该事件中受益。这36名女子被指控参与了荷兰啤酒的促销活动。警察在鲁德普特的约翰内斯堡区的酒店内，逮捕了其中两名女子。两天之后，他们接受了关于这次活动的盘问。他们出现在约翰内斯堡地方法院，每人缴了1万兰特（900英镑）保释金后被释放。

安海斯－布希的百威啤酒是这场联赛的官方指定啤酒，世界足球的管理机构全力保护来自非国际足联合作伙伴的品牌赞助商。《电信报》引用荷兰外交部部长马克西姆·费尔哈根（Maxime Verhagen）的话说，逮捕是不合适的、毫无意义的。

巴伐利亚啤酒得到了什么

由此产生的宣传效果提高了品牌的知名度和认知度。当时，一条关于巴伐利亚啤酒的谷歌快速新闻搜索通过很多网页来报道这次事件。此外，几家电视台也报道了这个营销事件。大部分的电视频道没有提到“巴伐利亚”这个品牌，但这只是进一步激发了人们对于这是哪一家啤酒的更大的好奇心。

资料来源：Based on: Laing, A. (2010) ‘World Cup 2010: Police arrest women in Dutch orange dresses’. *Telegraph*, 16.06.2010, http://www.telegraph. co.uk/sport/football/competitions/world-cup-2010/7830319/World-Cup-2010-Police-arrest-women-in-Dutch-orange-dresses.html.

17.3.3 促销

促销是指那些不直接归属于广告和人员推销类的销售活动。促销活动还涉及所谓的“线下活动”，如销售点展示和示范、宣传页、免费试用、竞赛和赠品（如“买一赠一”）活动。媒体广告属于线上活动并赚取佣金，而线下的促销则不相同。对于一家**广告代理机构**（advertising agency），线上活动意味着他们通过传统媒体被媒体业主所认知，使他们有权收取佣金。

促销是一项主要针对消费者和零售商的短期行为，以实现具体目标，例如：

- 消费者试用产品和 / 或直接购买；
- 将店铺介绍给消费者；
- 鼓励零售商使用**销售点陈列**（point-of-sale displays）展示产品；
- 鼓励商铺存货。

当一个企业拥有两个或两个以上的品牌，目前的忠诚客户是**交叉销售**（cross-selling）的优秀候选人，可以帮助推动另一个品牌或使用一个产品来促进另一个的销售，产品之间往往是不相关的。不同的公司也可以一起进行交叉销售。

在美国，快速消费品（FMCG）生产商的促销预算要大于广告预算。在欧洲，欧盟委员会估计，1991 ～ 1994 年，促销活动的支出增长率是传统广告的两倍（Bennett，1995）。有助于促销活动扩张的因素包括：

- 零售商之间激烈的竞争，加上日益成熟的零售方法。
- 消费者的品牌意识水平更高，导致生产商需要捍卫品牌所占的市场份额。
- 零售技术的提高（例如，电子扫描设备可以随时监控优惠券回收等事宜）。
- 促销、公关和常规媒体活动得到更大程度的整合。

在那些因为媒体限制消费者难以到达的市场，促销活动所占总沟通预算的百分比也相对较高。下列是几种不同类型的促销：

- 价格折扣。这种方法使用非常广泛，而且有各种不同的减价技术，如返现优惠。
- 产品目录 / 宣传资料。国外市场的买方可能离最近的销售公司也有很远的距离。在这种情况下，一份外国的目录会有很好的效果。它能够拉近买方和卖方之间的距离，向潜在的买方提供所有必需的信息，从价格、尺寸、颜色和数量到包装、装运时间和可接受的付款方式。除了目录外，各种类型的宣传手册对销售人员、分销商和代理商也是非常有用的。翻译工作应与国外代理或分销商合作完成。

- 优惠券。优惠券是快速消费品品牌的经典工具，在美国尤为如此。各种优惠券的发送方式也各不相同，如上门派送、绑赠、随报纸赠送。一些欧洲国家不允许使用优惠券。
- 样品。样品可以让潜在外国买方对公司和产品的质量有一个整体的了解，这是再好的图片也无法达到的效果。样品可以使买方不会在风格、规格、型号等方面产生误解。
- 礼品。大多数欧洲国家对所赠奖品或礼品的价值都有限制。而且，在一些国家，如果赠送奖品的附加条件是购买另一产品，那么这是违法的。美国不允许提供免费的含酒精的啤酒。
- 竞赛。这种类型的促销需要传达给潜在顾客。这种宣传可以做在产品包装上，也可以通过店内的传单或者通过媒体广告（Friel，2008）。

促销活动的成功与否取决于地方适应性。主要限制来自当地法律，比如不允许派送奖品或者免费礼品。有些国家的法律控制零售商的折扣额度，还有一些国家要求所有的促销活动都要获得许可。由于不可能了解每个国家的具体法律，国际营销人员在发起促销活动之前应该咨询当地的律师和权威部门。

17.3.4 直销

根据翁克维斯特和萧（Onkvisit and Shaw，1993，p.717）的定义，直销就是以下各项活动的总和：通过一种或多种以传播信息为目的的媒体向市场范围提供产品和服务，或者直接征求现有顾客和未来顾客回应，还有通过邮寄、电话、私人拜访获得顾客。

直接营销包括直邮（数据库营销）、电话销售和互联网销售——鉴于互联网技术的发展，完全可以将网络看作一种直销手段。

17.3.5 人员推销

广告促销和人员推销的区别如表 17-1 所示。广告是一个单向沟通的过程，有相对较多的“噪声”，而人员推销是一种可以即时反馈的双向传播过程，“噪声”也相对较少。人员推销是推销产品的一种有效方法，但它的费用较高。它主要是用来卖给分销渠道成员和企业对企业（B2B）的市场。然而，人员推销也被用在一些消费市场，如汽车和耐用消费品。在一些劳动力成本很低的国家，其人员推销的适用范围要大于劳动力成本高的国家。

如果人员推销在 B2B 市场的成本相对较高，就需要节约人员推销资源，只在潜在顾客购买过程的最后阶段才使用人员推销的方法（见图 17-5）。计算机化的数据库营销（如直邮）用于顾客的筛选过程，确定可能的顾客，然后这些顾客就会被销售人员“接管”。他们的工作就是把这些“热门”和“非常热门”的意向顾客变成真正的顾客。

17.3.6 国际销售组织

在国际市场上，企业通常按照与其国内相似的结构来组织销售力量，而不考虑一国与另一国之间的差异。这就意味着销售能力是区域、产品、顾客或以上这些因素的组合（见表 17-4）。

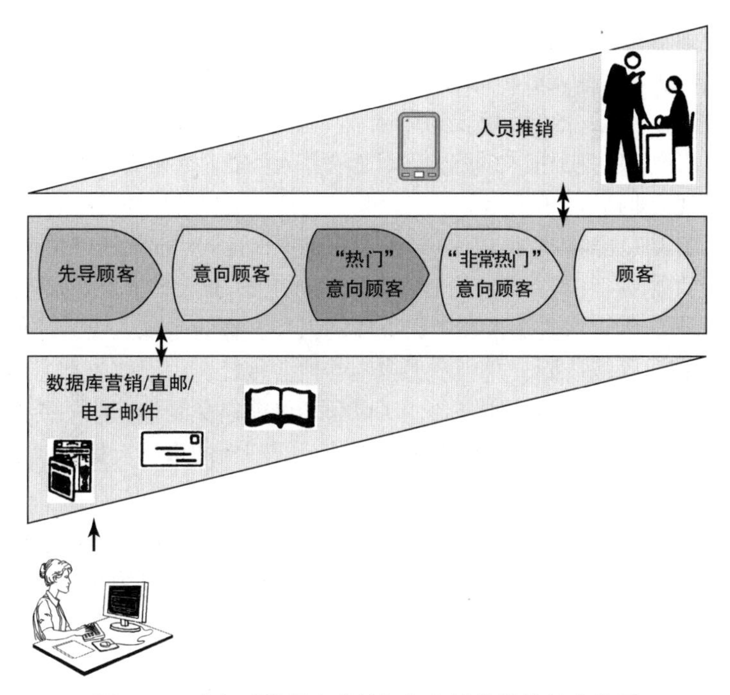

图 17-5　直邮（数据库营销）和人员推销的结合使用

表 17-4　销售队伍的组织结构

结　构	有利于组织结构设计的因素	优　势	劣　势
区域	• 不同的语言 / 文化 • 单一产品线 • 市场不发达	• 清楚、简明 • 激励培养当地企业及人际关系 • 差旅费	• 顾客分散 • 产品分散
产品	• 成熟的市场 • 广泛的产品线	• 产品知识	• 差旅费 • 区域 / 客户发生重叠 • 本地业务及人际关系
顾客①	• 广泛的产品线	• 市场 / 顾客知识	• 区域 / 客户重叠 • 本地业务及人际关系
几个因素的组合	• 销量大 • 规模大 / 发达的市场 • 不同的语言 / 文化	• 最大的灵活性 • 差旅费	• 差旅费 • 复杂性 • 销售管理

① 根据产业类型、资产规模、分销渠道、公司实体划分。

不少公司组织其国际销售队伍时，只是简单地按照某一给定国家或地区的地理区域来进行。那些拥有广泛产品线和大销量的公司，和 / 或在大型发达市场运作的公司可能更青睐于更加专业化的组织，比如从事产品或客户分配等专业化工作。公司还可以根据其他因素来组织其销售队伍，比如文化或外国目标市场所使用的语言。例如，公司经常将瑞士划分为区别法语、意大利语和德语等不同的区域。

国际销售队伍的类型

在确定最合适的国际销售队伍时，管理层应考虑三种选择。受聘于销售职位的销售人员可以是外派人员、东道国公民或第三国国民。例如，在美国为一家德国公司工作的德国人就属于外派人员。同一个德国人如果在德国为一家美国公司工作即被视为东道国国民。

如果他被派往法国工作，则是第三国国民。

- 外派销售队伍。这些人员对公司发展很有利，因为他们已经熟悉该公司的产品、技术、历史和政策。因此，他们所需要的“唯一”准备就是了解国外市场。不过，这对于外派销售人员来说可能是个很大的问题。尽管有些人可能喜欢挑战和调整，而其他外派人员个人则发现很难适应新的陌生的商业环境。对海外文化及海外客户缺乏了解，从而使得外派人员销售队伍难以取得成绩。外派人员的家人也同样面临适应性问题。然而，价格非常昂贵的项目往往需要直接从公司总部直接销售，这常常涉及外派销售人员。
- 东道国销售队伍。这些是指在本国工作的人员。作为本地人员，他们有广泛的市场和文化知识、语言技能、并且熟悉当地的商业传统。由于政府和当地社区无疑倾向于雇用自己的国民而不是外来者，所以公司既能避免受到剥削的指控，同时又获得了好的声誉。雇用当地的销售人员也能使公司在新的市场上更快地活跃起来，因为调整周期减至了最短。
- 第三国销售队伍。这些是指从一个国家调往另一个国家的员工。他们往往出生在一个国家，受雇于另一个国家的公司，工作地点却在第三个国家。

这三种国际销售队伍的优势和劣势如表 17-5 所示。

表 17-5 销售队伍类型的优势和劣势

类型	优 势	劣 势
外派销售队伍	• 熟悉产品知识 • 服务水平高 • 受过促销培训 • 总部控制力更强	• 成本最高 • 流动率高 • 培训成本高
东道国销售队伍	• 节省费用 • 丰富的市场知识 • 语言技能 • 最了解当地文化 • 执行活动迅速	• 需要进行产品培训 • 可能不太受到尊重 • 语言技能的重要性降低 • 难以保证忠诚度
第三国销售队伍	• 文化敏感性 • 语言技能 • 节省费用 • 增加销售地区覆盖率 • 可以派往与母国有矛盾的国家销售	• 面临身份认同问题 • 升职难 • 收入差距 • 需要进行产品 / 公司培训 • 忠诚度难以保证

资料来源：Reprinted from *Industrial Marketing Management,* Vol. 24, Honeycutt, E.D. and Ford, J.B. (1995) ‘Guidelines for managing an international sales force’, p. 138, Copyright 1995, with permission from Elsevier.

外派销售人员和第三国销售人员很少在销售活动中长期使用。他们的使用主要有三个原因：提升子公司的销售业绩；填补管理职位空缺；传授销售政策、程序和技巧。然而，大部分公司聘请当地公民作为它们的销售人员，因为当地人更熟悉当地商业惯例，并能因地制宜地进行管理。

17.3.7 商品交易会和展销会

商品交易会和展销会是制造商、分销商和其他卖方向现有的和潜在的客户、供应商、其他商业伙伴和新闻界展示它们的产品和 / 或描述它们服务的一种集中活动。

商品交易会能够使公司在几天的时间内集中接触那些原本需要花费几个月时间进行联

系的对公司感兴趣的潜在客户群。潜在买家也可以在同一地点很短的时间内对竞争公司的产品进行考察和比较。他们可以看到最新的发展成果，并与潜在的供应商直接建立联系。商品交易会还为跨国公司提供了快速、简便、廉价收集重要信息的机会。例如，公司可以在很短的时间内了解大量关于竞争环境的信息，这些信息如果通过其他渠道（如二手信息）将会花费更长的时间和更高的成本。

经销商是否应该参加商品交易会主要取决于它希望与某个国家发展的业务关系类型。一家只寻找一次性或短期销售的公司可能会发现参加商品交易会费用很高，但寻求长期合作的公司可能认为这项投资物有所值。

17.4　国际广告策略的实践

在第Ⅳ部分的导言中，讨论了整个营销组合的标准化或适应性问题。标准化使得广告材料在生产中实现规模经济，从而降低广告成本和增加盈利能力。另外，由于广告在很大程度上是基于语言和图像，在不同的国家受到消费者的社会文化行为不同的影响。

事实上，这不是一个非此即彼的问题。对于国际化的公司来说，更是一个标准化 / 本地化的程度问题。许多使用标准广告的全球公司都是著名公司（如可口可乐、英特尔、万宝路香烟）。

将全球 / 本地市场的挑战分为两部分是很重要的——创造性挑战与实践性挑战。创造性的概念可以说是任何一个项目中最关键和最强大的力量。然而，实践常常也没有得到它应有的地位。成功的宣传活动都意识到，发挥优秀的创意的功效（实践）与创意本身同等重要（Freedman，2015）。

（1）创造性挑战。它是指创建一个符合全球品牌目标的且适合当地市场需要的国际营销理念。如果品牌主管未能充分考虑当地市场需求，将面临很多障碍，例如：

- 图像。景观、典型的背景，当然还有人们的形象都会因市场的不同而发生变化。
- 幽默。这是非常容易出错的。在欧洲非常滑稽的事情在亚洲可能根本不会被接受，更糟糕的是，这可能变成是冒犯性的。
- 动物。意识到动物在不同文化中所隐含的意义是不同的。在欧洲和美洲，孩子们在后院和狗一起玩耍的照片是家庭幸福的象征，但这在中东会引发冒犯。
- 隐喻。与当地迷信（宗教）或谚语有关的隐喻可能不适用于其他市场，至少不会那么强烈地引发共鸣，从而削弱了宣传效果。
- 颜色。在某些市场中，颜色是非常重要的，它们可能带来正面或负面的联想和标准，从而对宣传活动产生积极或消极的影响。
- 传统。当地的传统可以进行很好地运作，但是在对所有市场使用“国际”传统节日。例如，情人节的时候，需要谨慎行事，因为各个国家确实有所不同。

这个清单还可以继续列下去，任何一个全球性的创新项目都应意识到这是一个很有用的底线。

如果使用幽默、隐喻或者庆典，要确保它们可以被普遍接受。否则，我们将会在当地市场花费大量的时间来进行适应。我们应尽量使宣传活动的关键因素能适应多个市场。

（2）实践性挑战。它是指从最初的计划和管理项目，经过关键的本地化阶段，一直到项目着手实施。从一开始就注重实施的正确性是国际营销成功的关键。这需要专业的技能、智能的技术以及系统的规划。它还需要一定的专注、决心和态度，以及具有前瞻性思维的、机敏的项目经理来监督和推动项目的成功。在实施全球宣传活动时，有四个主要因素需要考虑：

- 角色和职责。确保团队中都是适合的人选，每个人都知道自己在做什么。
- 明晰预算。国际营销管理者应该确保营销团队对预算有明确的意识。
- 全球创意简报。良好的简报将确保公司能够根据自己的愿景和使命，合理设置全球和当地的营销资产。例如，国际营销管理者有责任为当地市场配置一套资产以适应当地市场。
- 清晰的项目管理和沟通。为了改进整个宣传活动的管理和沟通，要选派具体的实施负责人。实施负责人的职责是管理整个实施计划，作为联络中心，还需要指派了解整体状况的、有经验的当地项目经理。

17.4.1 解决全球/本地的创造性挑战

那些在某一个市场会引发强烈的共鸣的事物，到了其他一些市场可能会收效甚微。大品牌都希望将单一信息全球化，然后用一个影响力高的、有创意的概念使其本土化。这样做的好处是显而易见的：尽管信息传播速度比以往任何时候都快，但是当地的文化、语言、历史、价值观、气候等仍然将一个市场与另一个市场区分开来，从而影响信息传递的有效性。在这方面，依靠总部中心的假设可能只会带来灾难，而与当地市场和当地组织（子公司或当地代理商）密切合作是最大限度地利用全球宣传资源的唯一途径。

品牌经理可能会认为只要他们将全球的团队纳入考虑，他们就已经开发出最好的创意，但其实只有将其真正应用到当地市场，才能检测出这个创意到底是否成功。许多全球品牌的拥有者都把市场描绘成一场噩梦。不管怎样，邀请当地的品牌经理围绕创意概念进行沟通交流，对于全球宣传活动的成功至关重要。归根结底，当本地市场参与时，合作是这场游戏的核心。

17.4.2 标准化策略实例

国泰航空公司的广告显示，该公司在东南亚地区采用了标准化的广告策略。唯一的适应性因素就是把英语文本翻译成了日语。

17.4.3 适应性（本地化）策略的实例

1. 干邑白兰地：中国香港/内地与欧洲的对比

中国人对西方酒的钟情可以追溯到很久以前。1859年，随着第一批轩尼诗（Hennessy）的卸货，进口白兰地首次登陆了上海。随后，在1949年，“东方巴黎”这款人们挚爱的酒突然变成了资本主义颓废的象征，酒类运输突然停了下来，直到30年后才得以恢复。然而，当20世纪70年代末，洋酒再次登陆中国后，干邑白兰地迅速恢复了其在中国酒宴座上宾的位置。

今天，干邑（Cognac）白兰地和其他品牌白兰地仍然占据了中国所有进口洋酒的大约80%。中国人对干邑的品牌和类别的意识在南方特别高，公司将根据市场认真地调整广告内容，西方欧洲市场设计的广告中，情侣们一边喝着咖啡，一边喝干邑；而为亚洲市场准备的广告，则是人们在用餐过程中用啤酒杯喝干邑的场景。

民俗作为一种营销手段，也推动了干邑白兰地销量的增长。长久以来，由于中国人广泛认为干邑可以提高男人的性能力，也为干邑白兰地带来了不可估量的经济效益。令酒业公司异常高兴的是，中国人认为干邑的时间越久（价格越高），其效果就越好。

2. 王子香烟：英国与德国的对比

丹麦的烟草公司皇家烟草（House of Prince）在斯堪的纳维亚国家拥有很高的市场份额（50% ～ 90%），但在其他地区的市场份额非常低，通常是 1% ～ 2%。

皇家烟草的品牌形象在英国和德国的广告中都有所展示。英国版是基于邀请人们尝试该产品的理念［“我爱王子”（I go for Prince）］。目标群体为教育和收入均高于平均水平者。德国版的广告则有所不同，王子香烟推销时用的标语是“丹麦原装进口”（original import from Denmark）。很显然，这标语不会让消费者产生反感，因为德国消费者没有“购买德国货”的心态。在德国消费者的心目中，相对于德国清淡型的香烟，丹麦香烟的定位更加强烈。因此，该产品的定位强调的是“男人的事”，让人联想到北欧的海盗和自由的思想。顺便说一下，“王子”（Prince）和“丹麦王子”（Prince Denmark）是两款不同的产品。德国产的“丹麦王子”口感更加绵柔。

3. 老丹麦药酒（丹麦蒸馏酒公司 / 丹尼斯克）：丹麦与德国的对比

丹麦的苦啤酒——老丹麦药酒（Gammel Dansk）占据了丹麦苦啤酒市场 75% 的份额，因此该产品在丹麦有很高的识别度（几乎所有的丹麦成年人都知道这个标签）。所以，丹麦广告宣传的目的主要就是保持对老丹麦药酒的高度认可。

尽管在丹麦的市场份额很高，但在丹麦以外的市场，老丹麦药酒的地位却乏善可陈。在德国，情况则完全不同，这里的人们对老丹麦药酒的了解（和试用份额）少得可怜。德国人有自己的“野格利口酒”（Jägermeister），竞争非常激烈。所以，德国促销活动采取的策略一直是让人们填写一张优惠券，然后品尝老丹麦药酒。填完提交以后，他们就会收到一小瓶老丹麦药酒和两只原装老丹麦药酒玻璃杯。

4. 乐高自由拼：欧洲与远东地区的对比

乐高图片显示的是欧洲和远东地区两个不同版本的乐高自由拼（LEGO FreeStyle）的宣传广告。亚洲版本的广告词是“开发孩子的智力”（Build your child’s mind），这样的广告词对于那些渴望子女在学校好好表现的亚洲父母极具吸引力。

亚洲的教育制度竞争力很大，只有那些成绩非常优异的学生才能进入大学。在亚洲的许多地方，如果他们的孩子在学校成绩不好，那对父母来说是一种失败。亚洲版的广告已经登陆了中国香港、中国台湾和韩国（广告最好使用当地的语言，因为大多数消费者并不懂英语）。在中国香港，广告使用的可能是英语，也可能是中文（取决于杂志所使用的语言）。

欧洲版的广告则暗示了在使用乐高自由拼积木可以开发儿童的创造力，“孩子要用它来造什么？”（What will your child make of it ？）

营销洞见 17-5

亚尔斯堡奶酪——跨国沟通

挪威奶酪品牌亚尔斯堡（Jarlsberg）是一种清淡的瑞士艾蒙塔尔奶酪，上面有不规则的大洞。这款奶酪的历史可以追溯到19世纪50年代中期。其创始人安德斯·拉森·巴克（Anders Larsen Bakke）是当地的农民/企业家，是挪威乳品加工业的先驱。他在位于奥斯陆（Oslo）以南80km处的西福尔德郡的Våle村生产这种奶酪。该奶酪之所以命名为“亚尔斯堡”，是因为1918年之前该郡名为“Jarlsberg & Larviks amt”。

今天，亚尔斯堡奶酪的生产商TINE SA已经成为挪威最大的乳制品生产商、分销商和出口商。自1961年年初，亚尔斯堡奶酪的出口大幅增长。每年，全世界要消费23 000多吨亚尔斯堡奶酪。亚尔斯堡奶酪已经成为当前美国和澳大利亚市场出售最多的外国奶酪。仅仅在美国，就有3万家超市出售亚尔斯堡奶酪。

直到目前，亚尔斯堡奶酪还是由各个出口国的各代理商和合作伙伴负责当地的广告事宜。

问题：

1. 解释不同广告背后蕴含的不同文化特点。
2. 将亚尔斯堡奶酪的国际广告标准化是否可行？

17.5 互联网对沟通决策的影响

客户在实体市场的购买过程中会使用各种不同的沟通工具（见图17-6）。传统的大众传播工具（平面广告、电视和广播）可以创造意识，从而产生消费者对新需求的认同。从这时起，沟通组合中的其他要素开始占据主导地位，如直销（直邮、人员推销）和店内促销。与实体市场的营销不同，互联网/电子商务包含了整个“购买”过程。当然，网上市场也利用传统的大众广告吸引潜在的客户到网上购物（从图17-6左边开始）。

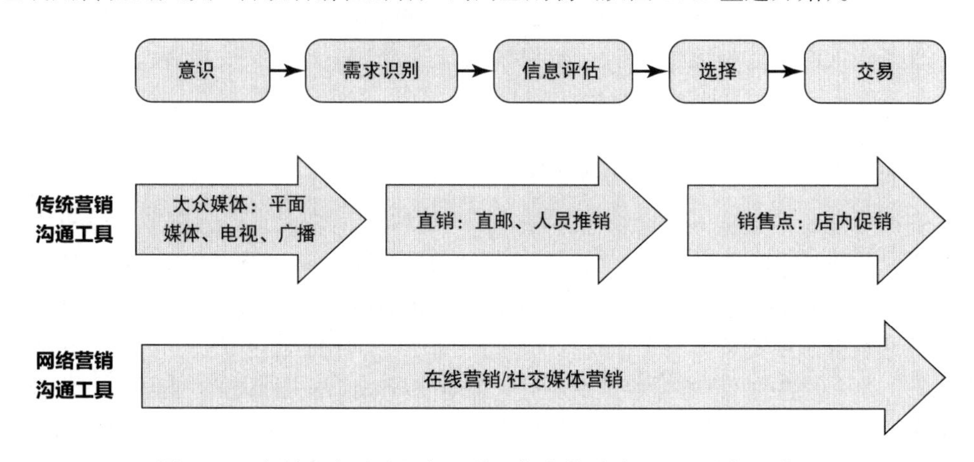

图17-6 在顾客购买过程中互联网作为营销沟通工具发挥的作用

市场沟通策略在网络世界会发生巨变。在互联网上，可以很容易地将信息传递给大量的人。然而，在许多情况下，将你的信息透过层层干扰传递给目标受众会变得更难。在过去几年中，已经开发了各种各样的网络营销策略——从最常见的（网址链接）到最昂贵的（横幅广告），再到最令人讨厌的（垃圾邮件），以及之间的一切。几乎可以肯定的是，随着互联网的发展，新的市场传播策略将源源不断地涌现出来。

那么，如何才能创建一个网络受众呢？社交媒体营销是该领域一个新的可能。

17.6　社交媒体营销

当你在购买或者出售商品的时候，你都会感受到这是社交的一部分。它不仅涉及公司与客户之间的一对一互动，而且涉及客户周围的人所产生的信息交流和影响。与电视广告和公司的推介相比，消费者更信赖其朋友和同事。**口碑**（word-of-mouth，WOM）在影响品牌转型的决策上比传统的印刷广告显示出了更好的效果。

口碑和交谈无论是线下还是线上都可以进行。正如咖啡馆里的交流一样，这些对话的内容各不相同。有些交流郑重其事，而有些却妙趣横生；有些交流言简意赅，有些则长篇大论；有些兴高采烈，有些则恶语相加。在网上交流中，消费者们经常公开探讨自己对品牌或者服务的体验，不论公司是否参与其中。通过这种方式，消费者的影响力越来越大。

很显然，监控网上言论，必要时加以干预，对 B2B 或 B2C 公司的品牌经理而言具有很多益处。这种监测可以更好地了解消费者的行为和市场情绪。它会对营销组合中不同部分的变化产生影响（Woodcock et al.，2011）。

17.6.1　Web 2.0

Web 1.0 的主要功能就是检索信息，而 Web 2.0 能做的却不止于此。Web 2.0 将广播媒体单向传播的方式（一对多为 Web 1.0）转换为社交式的媒体对话（多对多）。“Web 2.0”这一术语首次使用于 2004 年，描述了软件开发人员和终端用户利用一种新的方法开始使用互联网创建内容和应用，这些不再由个人创建和发表，而是由所有用户以共同参与、协作开发的方式对内容和应用不断进行修改。伴随着越来越多的人使用博客、维基网和社交网络技术，Web 2.0 使许多学术界和商界人士在这些“新”工具的协助下联合工作。

对于营销人员来说，Web 2.0 提供了与消费者建立联系的机会。越来越多的营销人员正在使用 Web 2.0 工具与消费者进行产品开发、服务改进和促销合作。各公司也可以使用 Web 2.0 工具来改进与业务伙伴和消费者的协作关系。在其他方面，公司员工创造了维基网站，网站允许用户对其添加、删除和编辑内容，并列出每个产品经常询问的问题的回答，消费者为此做出了显著贡献。

Web 2.0 的另一个营销功能是确保消费者可以利用在线社区对自己选择的内容进行网络交流。除了生成内容外，Web 2.0 用户倾向于主动对既定流程和方法带来全新的改进，以便用户为公司未来的发展创造出新的想法（Wirtz et al.，2010）。

17.6.2　社交媒体

社交媒体（social media）是基于互联网技术，促进在线沟通的技术，涵盖广泛的在线内容，口碑论坛包括社交网站、博客、公司赞助的论坛和聊天室、C2C 的电子邮件、消费产品或服务评级网站和论坛、网络讨论平台，以及包含数字音频、图像、电影或照片等内容的网站。从 2009 年开始，那种正式的公司和品牌的网站通常都已失去受众。这种下降被认为是由于品牌本身社交媒体营销的出现导致的，这已经成为一种越来越普遍的营销实践。

ebizmba.com 网站指出，全球最大的社交网站是 Facebook，最初是由马克·扎克伯格（Mark Zuckerberg）为了与他哈佛大学的同学保持联系而创建的。2015 年 5 月，根据 ebizmba.com 的调查，五个最受欢迎的社交网站（不包括 YouTube 和 Google）是（根据每个月世界各地的访问人数）：

（1）Facebook　　9 亿

（2）Twitter　　3.1 亿

（3）LinkedIn　　2.55 亿

（4）Pinterest　　2.5 亿

（5）Google+　　1.2 亿

由于社交媒体的使用和发展，语言的多样性使得沟通正在面临全球化的挑战。Facebook 每周有 9 亿用户，美国以外的用户超过 70%。为了有效地与非英语用户交流，Facebook 在其网站上提供了 70 种翻译方法，这一庞大的网络由 30 万名志愿者和翻译人员组成（Singh et al.，2012）。Facebook 和 Twitter 通常是比较私密的互动社交媒体。因此，这些平台为直销公司和行业内的主要利益相关者（客户和分销商）的沟通提供了方法和手段。另外，YouTube 凭借其更传统的单向受众沟通，在招募消费者成为信息或产品的分销商方面似乎更有效（Ferrell and Ferrell，2012）。

自 2010 以来，LinkedIn 成为最闪耀的“流星”之一，它是一种职业人士的社交网站。它于 2003 年推出，主要用于专业性的网络交流。虽然 Facebook、YouTube 和 Twitter 继续主宰美国和欧洲的社交媒体，但从全球范围来看却完全是不同的情景。在德国、俄罗斯、中国和日本，访问量最大的社交网站不是 Facebook 而是其本土的竞争对手。

传统上，整合营销传播（IMC）一直被认为在本质上是单向传播（像“保龄球”，见图 17-7）。在以往的模式中，公司及其代理机构开发信息并将其传播给潜在的消费者，而这些消费者可能愿意也可能不愿意参与到传播过程当中。对信息传播的控制权掌握在公司的营销部门手中。促销组合中（广告、人员推销、公共关系和宣传、直接营销和促销）的传统元素是控制得以实施的工具。

21 世纪正在见证这种基于互联网的媒体传播的信息爆炸。它们已经成为影响消费者行为各个方面的主要因素，包括意识、信息获取、意见、态度、购买行为和购后沟通与评价。遗憾的是，流行的商业媒体和学术文献对于将社交媒体并入整合营销传播的策略，几乎没有为营销管理人员提供任何指导性建议。

社交网络作为一种沟通工具，有两个相互关联的促进作用（Mangold and Faulds，2009）。

（1）社交网络应该与传统的整合营销传播工具的使用相一致。也就是说，各公司应该利用社交媒体与其客户进行交流，例如，通过博客这样的平台，还有 Facebook 和 Twitter 的社区。这些媒体可以是公司赞助的，也可以是由其他个人或组织赞助的。

（2）社交网络使消费者之间可以互相交流。这是传统口碑传播的延伸。虽然公司不能直接控制这种 C2C 信息，但他们确实有能力影响消费者之间的对话。然而，消费者彼此沟通的能力限制了各公司对沟通内容和信息传播方面的控制。消费者掌握了控制权；他们比以往任何时候都有更多的机会获得信息和更大程度地控制媒介消费。

营销经理们正在寻求将社交媒体纳入其整合营销战略的方法。传统的传播模式，依赖于经典的促销组合来设计整合营销传播策略。现在必须让位给一种新的模式，可以将所有形式的社交媒体变为设计和实施整合营销策略的潜在工具。当代营销人员不能忽视社交媒体现象，因为现有的市场信息是基于个人消费者的经验，并通过传统的促销组合来引导的。然而，在各种各样的社交媒体平台中，有许多是完全独立于生产 / 赞助组织或其代理机构的，这就增强了消费者相互沟通的能力。

17.6.3　从“保龄球”到“弹球”模式

虽然有点过于简单化，社交媒体时代之前的营销方式类似于“保龄球”（见图 17-7）。

保龄球比赛说明了公司传统中怎样与消费者沟通交流，这个过程就像企业或者品牌（投球手）将保龄球（品牌传播消息）扔向球瓶（我们的目标客户）。显然，这是一种非常直接的单向沟通方式。这是旧的传统的推送模式。营销人员针对一定的客户群体和发出广告信息就像很精确地打中保龄球，他们使用传统媒介尽可能多地打中保龄球。这种保龄球式营销的一个主要特点就是公司在营销沟通上保留了大量的控制权，因为消费者只得到有限的行动自由。

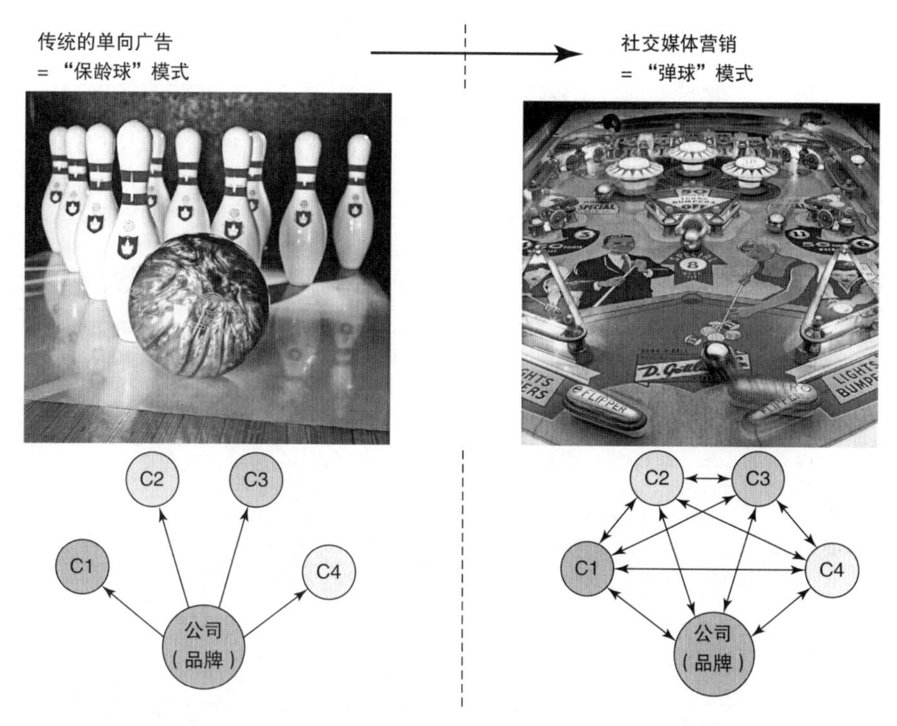

图 17-7　保龄球到弹球模式：市场沟通从“保龄球”到“弹球”

对于许多大公司来说，大型电视广告预算就是营销人员沿着球道扔出的那个球，试图击中尽可能多的球瓶。营销人员在控制着局势，高兴地计算着他们击中了多少个“球瓶”，频率如何。这个游戏的成功是明确的，而且度量清晰。

时代在改变

在社交媒体营销领域，这种保龄球式的比喻已经不适合了。对这种市场更好的描述是“弹球”游戏。公司将一个“营销球”（品牌和品牌建设信息）投入到一个充满活力和无序的市场环境中。随后“营销球”被转移，并且被社交媒体这个“缓冲器”加速，它以混乱的方式改变了球的路线。当“营销球”开始运行之后，营销经理可以继续灵活地使用“脚蹼”来引导它，但是球并不总是去往预期的方向。

因此，在“弹球”的世界里，你无法提前知道结果。相反，营销人员必须准备好实时回应消费者对于球的推动。掌握得好，弹球游戏可以提供大的乘数，如果公司受益良多，可以将更多的球射进游戏。这样做的原因可能是，消费者也有很多的听众，他们会为沟通过程带来新的话题。在理想的情况下，你可以接触到影响网络的人，提倡者和其他高价值的消费者，他们可以跨多渠道地维持和传播关于品牌的积极对话。

偶尔，“营销球”也会回到公司。在这个时候，企业（品牌）就必须使用工具进行互动将球扔回到社交媒体领域。如果公司或品牌不通过沟通上的回应对社交媒体营销领域悉心耕耘，“营销球”就会从各方手中跌落。从长期来看，消费者和企业（品牌）之间的双向关系会结束。

17.6.4 交互式市场沟通的扩展模式

图 17-8 中的“从保龄球到弹球”模型对市场互动沟通的扩展模式进行了进一步的阐述。

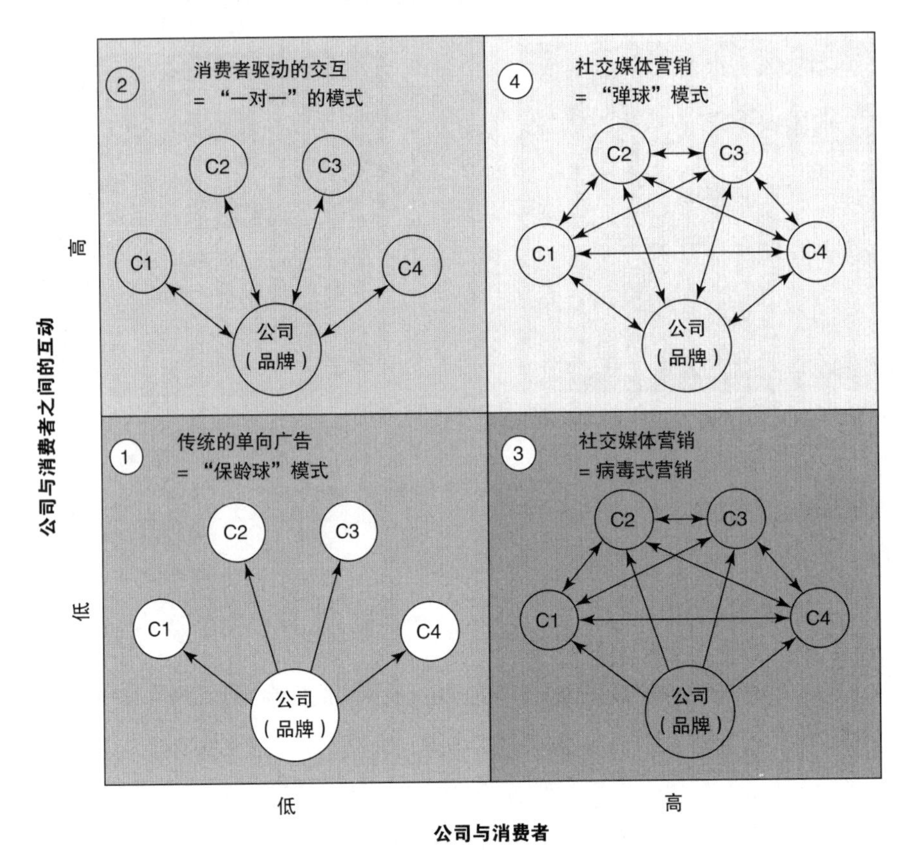

图 17-8 扩展的交互式市场沟通模式

注：C = 消费者。

图 17-8 列出了四种不同的沟通类型：

（1）传统的单向广告（如电视广告、报纸 / 杂志广告等大众媒体广告）代表着“保龄球”的做法，公司试图用“霰弹枪”式的大众媒体手段击中更多的顾客。这种方法通常是单向沟通类型。

（2）消费者驱动的交互沟通代表了公司和不同的关键消费者之间更高程度的交互交流。通常，公司会找到关键消费者的经理，他们有责任处理公司与主要账户（消费者）之间的一对一互动关系。

（3）病毒式营销代表了社交媒体营销 1.0，该公司利用诸如 YouTube 视频这样的非传统媒体吸引注意力，树立品牌意识。潜在消费者之间的互动是相当多的（如博客等），但对公司的反馈却相对较低（与公司的沟通并不是双向的）。

（4）社交媒体营销代表了社交媒体营销 2.0，在那里也有大量的反馈给公司本身（与公司的沟通是双向的）。在这种方式里，公司已经可以主动选择在不同的社交媒体（Facebook、Twitter 等）进行讨论并与博主合作。这也意味着，这里的公司试图加强与消费者的积极互动，以影响消费者的行为。为了做到这一点，公司需要一个社交媒体的员工后援团队，他们可以在网上与潜在的和实际的消费者进行互动和交流。因此，这一战略也是需要很多资源的。

17.6.5　社交媒体营销的 6C 模型

社交媒体（如 Facebook 或 Twitter）在本质上是承载内容的工具。这些内容——以语言、文字、图片和视频的形式出现——是全世界数以百万计的潜在消费者所产生的，从你的角度（= 公司的角度），这确实能为这些客户创造更大的价值（Berthon et al.，2012）。下面的模型（见图 17-9）主要代表图 17-8 中的第 4 部分。如果在模型中没有给公司反馈，那就更像是第 3 部分。

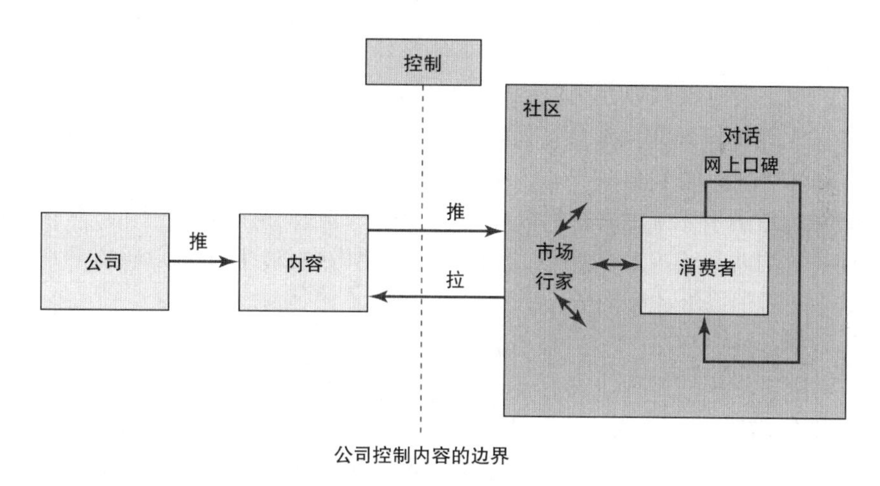

图 17-9　6C 模型（公司、内容、控制、社区、消费者、对话）

图 17-9 定义了六个不同的但又相互关联的元素，这些元素从公司的角度解释了如何创建和保持消费者参与。然而，用户生成的内容仍然在该模型中起着重要的作用。

1. 公司和内容

6C 模型开始于公司及其所创造的内容。基本上，互联网仍然是一个“拉”的媒介，通过这种方式，公司试图吸引观众进入它的内容，最终到公司本身。然而，在任何“拉”

发生之前，必须先将内容推（播种）到链条上。内容可以采取各种形式，如 Facebook 产品或品牌页面和 / 或 YouTube 视频的形式推出给观众。因此，被公司推入社交媒体的内容成为模型中契约或参与的催化剂。

2. 控制

6C 模型（见图 17-9）中代表控制的虚线表示一个屏障，公司对其品牌的控制越过该屏障到达网上的社区和客户。为了加速其品牌信息的病毒式传播，公司有时放弃数字版权和模块，以鼓励在线社区成员复制、修改、重新粘贴和转发相关内容。这些内容可以复制和 / 或嵌入人们自己的网站、博客和 Facebook 墙上。在这个过程中，该阶段的关键是公司（内容创建者）必须接受，甚至欢迎他们已经不再完全控制这些内容的事实：人们可以对内容自由地下载、修改和评论等，也会被有兴趣的社区引用。这可能会挑战传统的“品牌管理”的智慧，这种智慧认为管理者必须保持对品牌形象和信息传递的控制。

3. 社区

公司创建内容，并且把它推到象征性控制边界的另一边，在这里，感兴趣的社区会将内容接收下来。此刻，沟通就变成了双向的。图 17-9 表示“推”和“拉”的箭头反映了消费者和作为内容创建者的公司之间的“发送和接收”的过程。它以最简单的形式反映了评论艺术：在 Facebook 或 YouTube 上，对这些内容发表回应。在某些情况下，公司甚至可以通过在线社区讨论了解市场中的“消费者行为”。在理想的状况下，社区里会发生一系列的反思性对话，社区不受公司的限制，公司这时通常是一个被动的观察者角色（Kaplan and Haenlein, 2011）。

当将“内容”转移到网上社区时，公司和内容提供商经常会将目标对准“市场行家”，这些行家指的是能够接触到大量市场信息，并主动与其他在线社区成员和客户进行讨论，以传播和散布相关内容的个人。

市场行家通常会最先接触到这些信息，然后将它传送到最接近的网络社区中。他们的作用是不同文化之间的联系人或桥梁，他们在社交网络中心，因此能够很方便地将信息直接传播给成千上万的网上社区成员。

4. 消费者和网络对话

当大量的网络对话都围绕这一现象和内容展开时，最终的参与就表现出来了，如图 17-9 所示。6C 模型将在线社区和潜在消费者之间区别开来，后者通常是前者的一个子集。在线社区也可能包括那些听说过基于网络的提议但没有直接参与的人。

总的来说，消费者的参与度似乎越来越高；消费者愿意参与一个品牌，而不仅仅是在销售点决定购买。

根据 6C 模型，社交媒体通过反馈回路进一步扩展了经销商和消费者之间的对话，这可能会发生在社区里的一些在线谈话（博客等）之后。经过一段时间的网络对话，公司可能会与一些网络社区进行交流，希望能够以此来影响消费者的购买决策。此外，社交媒体的主动性也使经销商对 C2C 世界的交流多了些了解，这代表了传统广告和口碑传播的巨大延伸。

另外，社交媒体也可以使人们洞悉非客户的行为。大多数社交媒体的营销人员都试图引起潜在顾客的关注。这就引发了社交共享，使得在线社区成员得以向全世界的陌生人传播他们的思想和活动。这种社交共享打开了个人消费者的生活，公司可以利用这些资源来对他们的需求进行量身定做，以更好地迎合消费者的喜好（Parent et al.，2011）。

营销洞见 17-6

宝马 1 系运动轿车在进入沟通阶段之前所引发的关注

关于如何在传播活动中更好地利用社交媒体营销的一个很好的例子，就是 2011 年宝马 1 系列运动轿车在全球范围的推出。这个案例展示了社交媒体在沟通前的阶段是如何引发关注的。宝马系统地使用了这种“吸引眼球”的策略（使用 Facebook 和视频剪辑，包括汽车杂志和如《疯狂汽车秀》这样的电视节目），使目标群体产生兴趣，并以相对较小的预算取得了非常显著的效果。内容丰富的信息库和独特的试驾体验，吸引了潜在的买家在 m-power.com 网站上注册。与用户联系的细节以及对用户启用有针对性的后续沟通，使得宝马在这场活动中有了更多的控制权。

作为一个销售人员，你可以从这个案例中学到的是，在沟通之前的阶段，引发关注应该是主要的驱动力。所有的营销刺激，如沟通和事件都必须用来鼓励客户注册。因此，一个始终如一的登录平台应该成为每一次社交媒体活动的重要组成部分。所有社交媒体营销活动都必须鼓励潜在客户进行注册，这样才能跟进更多的个性化沟通，才能激发产品的具体购买。

资料来源：Based on Mrkwicka *et al.* (2012).

17.7　病毒式营销活动的发展

互联网已经彻底改变了口碑的概念，所以风险投资家史蒂夫·尤尔韦松（Steve Jurvetson）于 1997 年创造了“**病毒式营销**”（viral marketing）这个词。这个术语用来描述 Hotmail 在传送电子邮件时自动在用户发送的电子邮件上附加广告的做法。按照这一做法，每封电子邮件都附有这样的信息：“来 http://www.hotmail.com 获取你的私人免费邮件”。

病毒式营销绝不能替代全面而多样化的营销策略。病毒式营销的成功是利用产生“点对点”的对等支持，其技术本身并不是独立的奇迹创造者。

虽然沟通的信息和使用的策略在每个活动中都有根本性的不同，但大多数成功的活动都包含一些常用的方法。这些方法常常结合使用，以在活动中最大限度地发挥病毒效果。

成功的病毒式营销很容易被传播。成功的关键就是要让你的客户将本公司或其促销活动推荐给朋友和同事，这些朋友和同事又会推荐给他们的朋友，以此类推。有效的病毒式营销活动能以惊人的速度将营销信息传给成千上万的潜在消费者。

在创建活动之初，营销人员应该评估如何把信息或活动传达给其他人。

17.7.1 创建引人注目的内容

创建高质量内容的花费通常比提供一个免费的产品高得多，但所取得的效果往往更好。在任何病毒式营销活动中，内容有趣往往是至关重要的一环。令人称赞的一般经验法则是，内容必须是引人注目的，它必须从观众身上唤起情感层面上的反应。仅凭这个事实就使许多小品牌想方设法利用基于内容的病毒式宣传活动。从传统上来讲，较大的品牌更为保守，更愿意规避有可能出现的负面反应。这些活动成功的核心问题在于以下一项或多项：进入的时机（早期）、可见性或创意的简明性。

17.7.2 目标观众明确

如果某一个活动偏向某一特定的受众或某个地区（国家），营销人员应该确保他们对观众有吸引力。如果做不到这一点，那么可能营销尚未开始就已经注定失败的命运了。

在某些情况下，参照群体或舆论引导在个人决策中的影响力是显著的。

17.7.3 活动播种

“播种”最初的信息是病毒式营销的一个关键组成部分。播种是一种行为，就是把活动介绍给最初的团体，然后由他们继续推广给其他人。互联网为“播种”信息提供了广泛的选择，包括：

- 电子邮件 / 短信；
- 在线论坛（Google 讨论组）；
- 社交网络（Facebook.com、MySpace.com）；
- 聊天室环境（MSN Messenger）；
- 博客；
- 播客。

当确定“播种”的地点时，营销人员重点考虑的应该是目标受众是哪些？目标受众是否使用以上提及的媒体（技术），程度如何？

公司经常使用技术组合“传播病毒”。许多公司会使用短信。使用短信进行宣传活动的一个例子是喜力啤酒（Heineken），它将短信促销与英国酒吧的传统问答游戏联系在一起。喜力啤酒通过酒吧里的销售点标志将在线和离线的促销活动结合起来，邀请消费者拨打移动电话，输入文字游戏并回答一系列多项选择题，答对问题的客户将得到食物和饮料作为奖励。从推广的角度来看，这个创意是成功的，因为消费者会告诉其他人他们在做什么，促使他们也打电话进来。

17.7.4 控制 / 测量结果

病毒式营销的目标就是爆炸式的宣传覆盖和参与。要衡量一个病毒式营销活动是否成功，就要在一个时间表内确定具体的和可实现的目标。例如，你希望在三个月内看到网站的访问量增加 20%，或者在一年内将电子邮件时事通信订阅率提高一倍。

营销人员也应该做好充分准备，宣传活动取得成功，就能满足参与者的需求。在营销活动启动之前应该充分考虑好服务器空间、带宽、客服人员、执行和备货等各方面的问题。营销人员应该具有充分利用这种成功宣传活动的能力。

17.8　总结

本章介绍了国际沟通的六个主要组成部分：①广告；②公共关系；③促销；④直销；⑤人员推销；⑥社交媒体营销。

因为国际营销人员在不同的环境条件下管理促销组合的各种因素，所以必须决定在沟通中使用什么渠道、传达什么信息、由谁来执行或协助执行方案，以及如何衡量沟通计划的结果。目前的趋势是使策略更加协调，同时允许区域一级有一定的灵活性，并尽早将当地需求纳入沟通计划。

因此，对国际营销人员来说，一个重要的决定就是沟通的不同元素在全球是应该标准化还是本土化。寻求标准化的主要原因如下：

- 消费者不以国界分类；
- 公司正在努力打造国际品牌形象；
- 可以实现规模经济；
- 尽可能充分利用少数高质量的创意；
- 开发和利用特殊的专业知识。

然而，一些沟通工具，特别是人员推销，必须本土化以适应个性化的市场需求。人员推销工具本土化的另一个原因是，分销渠道成员通常长期扎根在一个国家内。因此，有关销售人员的招聘、培训、激励和评价的决定必须在本土区域一级做出。

选择代理机构的过程也要考虑在内。在国际市场上，本地知识、文化理解和管理技术必要的融合是很难达到的。过于集中化和标准化都会导致不恰当的营销沟通。

互联网是未来一个非常重要的传播工具。任何一个渴望在全球范围内利用互联网的公司都必须为其互联网企业选择一种商业模式，并且评估通过这种新的直销媒体传送的信息和进行的交易，将如何影响其现有的分销和沟通体系。

社交媒体营销可以理解为一组建立在 Web 2.0 的基础之上，基于互联网的应用程序，由用户生成的内容可以通过这些程序创建和交换。社交媒体特别适合病毒式营销，因为社区中的社区元素可以很方便地把营销信息传递给一大群人。

病毒式营销绝不能替代全面而多样化的营销策略。病毒式营销是一种可靠的营销策略，它可以作为总体战略计划的一个组成部分，如果执行得当就会产生积极的投资回报率。当传播的信息可以配合并且支持一个可度量的业务目标时，营销人员应该选择利用病毒式营销。

案例研究 17-1

海丽·汉森：在美国市场赞助时尚服装

1997 年，在一个温暖的秋日，挪威服装制造商海丽·汉森（HH）有限公司总裁约翰尼·阿斯泰德（Johnny Austad）抵达了在美国的子公司。约翰尼仍然不能完全理解 HH 在美国市场所出现的令人难以置信的发展。他指出，在过去的几年中，海丽·汉森的美国公司，每年的营业额都有 10% 的增长，1996 年的营业额翻了一番，占 HH 全球销量的 1/3。

这一切是如何开始的

海丽·汉森有限公司成立于 1877 年，由挪威船长赫利·吉尔·汉森创建。在航海时代，他曾经必须在各种各样的天气中掌舵帆船，这也使他感受到了自然的力量。出海时必须花很多时间来给衣服上油，以便在恶劣天气来临前做好防水。然而，上油之后的衣服变得又粘又硬，所以当汉森上岸后，他决定为挪威的水手们开发更好的雨衣。今天，HH 的产品在 20 多个国家进行销售。该公司在自己的挪威和葡萄牙的工厂进行生产，并且在远东通过合同外包来制造。新产品的设计是在挪威的公司总部进行的。

从功能性服装生产商到美国"先锋人士"的时尚服装供应商

这位值得尊敬的为水手生产功能性服装的有着 100 多年历史的挪威生产商，在一次很偶然地情况下开始为纽约地下嘻哈黑人提供时尚的服装。这个商标，一直以来都与防风防水的休闲服有关，是那些质量意识强、喜欢穿着"切合实际的"消费者的工作服，但现在却变成了拥有异域风情和前卫的象征符号。年轻人认为这些衣服很酷，他们不在乎衣服的接缝是否牢固，也不在乎通过四层防水涂层的衣服可能很难呼吸。

在过去，设计师在制作夹克时考虑的第一件事也是最后一件事是功能性，结果就是大量夹克产品只有专业的很小的区别，只有真正的爱好者会欣赏。另外，HH 的价格开始变得不合理。通过将几个功能集中在一套夹克上，HH 能够满足更为挑剔的顾客，并且以大部分市场都能够接受的价格来进行生产。以前 HH 的产品主要用于高山滑雪、渔民、水上运动和滑雪板，现在也适当地会考虑当前的流行趋势。HH 的目标是把它的外观与街头时尚联系起来，这样一来，它的核心客户会感到衣服更加智能，而新客户会因为衣服的外观而被刺激购买。就在约翰尼·阿斯泰德准备上飞机回挪威的时候，美国分公司收到一个为美国最著名的说唱团体进行赞助的咨询。这个说唱团体——坏小子们的经理正在向 HH 为这个团体寻找 20 万美元的赞助，在他们接下来六个月的所有演唱会上以及他们即将完成的音乐录影带中，他们都将穿着 HH 的衣服进行演出。

问题：

作为 HH 美国子公司新聘任的市场助理，您将被要求处理这个问题。你将被具体问到以下问题：

1. 你会建议 HH 赞助"坏男孩"乐队吗？请给出你的理由。
2. 如何将该赞助整合到 HH 服装在美国市场的整体营销计划中？

案例研究 17-2

摩根汽车公司：英国复古跑车品牌 100 年后还能成功吗

曾经骄傲的英国汽车工业几乎消失了。然而，有一个英国著名的生产商摩根汽车公司（Morgan Motor Company）仍健在。它是世界上最古老的私人汽车公司，现在仍然是个100% 家族企业。

该公司于 1909 年由哈利·弗雷德里克·斯坦利·摩根（Harry Frederick Stanley Morgan，简称 H.F.S. Morgan）创建，直到 1959 年去世之前，他一直在经营着公司。现在的摩根汽车是由摩根家族的第三代掌门人查理·摩根（Charles Morgan）全面管理。

摩根的总部设在伍斯特郡莫尔文林克，2013 年拥有员工 180 人。所有的汽车都是手工组装的，订单等待的时长是 1 ～ 2 年，过去甚至曾经出现过最高等待 10 年的情况。

尽管整体经济放缓，公司的生意还是很好。1997 年，摩根生产了 480 辆汽车；14 年后，在 2011 年，这一数字为 700 辆。摩根希望有一天它能够一年生产多达 900 ～ 1 000 辆汽车，但是必须以摩根的方式来完成——一种独特的且完全不可企及的生产跑车的方式！

2011 年，摩根的收入约为 2 500 万英镑。相对于 2009 年 66.5 万英镑的营业利润，2011 年只有 32 万英镑。公司现有员工 160 人，其中 130 人为生产车间的员工。

摩根的历史

摩根的第一个设计，当然就是著名的三轮汽车了。哈利·摩根（H.F.S. Morgan）设计了一台很有趣的汽车，名字为摩根“跑来跑去”（Morgan Runabout），这款产品是为了那些钱不多但是又有冒险精神的人们。这种汽车取得了巨大的成功，在 20 世纪 20 年代，位于莫尔文的摩根工厂每年制造 2 500 ～ 3 000 辆汽车，其中很少的一部分是授权戴蒙特摩根的方式在法国生产的。尽管如此，每年的生产依然总是提前售罄，因为此时此刻顾客急需小型车。

1935 年，摩根三轮汽车的销售出现了下滑，只有 300 辆的新订单。出现这一现象的原因是能够大量生产的汽车品牌，如福特、莫里斯和奥斯丁的价格都与它相当，但是却能提供更多的功能。

哈利·摩根不得不想出一个新的设计。到 1936 年，摩根发布了旗下生产的第一款四轮汽车——“4-4 型”汽车，“4-4”代表一种轻型的跑车，搭载四缸发动机还有四个车轮。从一开始，摩根“4-4 型”汽车就在比赛中显露名声，在 1938 年和 1939 年的勒芒耐力赛中取得了很好的成绩。

1962 年，摩根在勒芒耐力赛赢得了 2.0L 排量组的冠军。摩根的一款产品击败了特别改装过的保时捷和莲花赛车，然后开车回家。这款车在 24 小时耐力赛中平均时速为 158 千米。比赛结束之后，摩根升级版的“4-4”跑车开始以工厂生产的形式推出，这样消费者就可以买到勒芒耐力赛冠军级别的汽车。

摩根的汽车成为美国跑车比赛中经常的赢家。此时，摩根汽车公司正是首批从名人代言中获益的公司之一，拉夫·劳伦、碧姬·芭铎和大卫·贝利在 20 世纪 60 年代都驾驶摩根汽车。

1989 年，商人约翰·哈维·琼斯先生来访，他也是 BBC《麻烦终结者》（*Troubleshooter*）节目的制作人。约翰爵士批评了该公司使用的饥饿营销战略，并在这样一个劳动密集型企业里手工制作一切。摩根可能是唯一一家仍然使用 20 世纪早期的方法来制造汽车的汽车公司——把它们先建在木制的框架上，然后再进行手工制作。

约翰爵士并不真正了解摩根的市场。汽车车身的设计和制造（使用木质）正是这家企业的强项，而不是弱点。汽车车身的座舱区发出一种光，坚固的座舱很耐用，并且等待名单也维持了二手车的价格。有一件非常幽默的事情是，“约翰爵士几乎不知道”的T恤出现在了摩根跑车俱乐部的会议上。

无论如何，约翰爵士的来访还是带来一些非常有益的商业效果。摩根经历了订单的大量增加，长期的等待名单也刺激了价格的上涨，这使得公司有可观的利润进行再投资。

2009年4月，安妮公主正式开启了全新的摩根游客中心，这是一个现代化的博物馆，里面挂满了纪念品、照片、影像资料，还设有礼品店，为摩根的狂热者提供一系列商品。

摩根的哲学与产品系列

公司的整体经营模式基于长期化和品牌强化。这不是一个快速致富的业务。摩根汽车与其他企业有许多不同之处，如它是汽车业中仅存的几个家族王朝之一。传统的家族影响对企业的工艺有着很大的贡献，公司决定不再扩大规模，以免增加成本，损害质量。这种有家族关系感的公司并不会造成客户的流失。汽车正在制造时，急切的买主经常到访公司来看还未完成的汽车。摩根将“制作一只熊”的模式转移到了汽车工业上，所有摩根汽车在生产前都刻有客户的名字，客户可以选择各种不同的车身，发动机尺寸，油漆颜色，仪表板和皮革装饰。然而，摩根定制的模式使得汽车组件的供应和存储变得非常复杂，但是还是尽可能地将其进行了简化，以便于企业交付产品。

摩根的跑车完全是手工制作的，这也许才符合世界上最古老的私人跑车制造商的定位。结果，每辆车都需要130个小时来打造，订单至少需要等待12个月。相比之下，美国产的尼桑汽车平均只需28个小时就可以生产出来，几乎是立等可取。不同于普通的车辆，摩根汽车以灰色的木框、手工成型的车身面板和手工缝制的皮革为特征。

这种手艺不便宜。对于美国市场，一个基本的双座跑车起价近5万美元，顶级的Aero 8系列双座Road rocket跑车售价大约14万美元——这还是在添加定制的装饰品、奢侈品或者性能升级之前。Aero 8系列（2000年推出）是30年来的第一个全新的摩根产品，想要购买它的顾客必须等待9个月。摩根的双门跑车可能看起来过时了，但它们的表现还是相当于现今最先进的跑车。Aero 8系列是欧洲首个全铝汽车（AIV），比类似的车辆要轻20%。它配备了一个宝马4.4L V8发动机，汽车能在短短的4.5秒内从0加速到时速96千米。

作为百年庆典（2009年是100周年）的一部分，摩根宣布了一个真正特殊的车型——全新的Aero SuperSport跑车于2009年在日内瓦汽车展推出，第一批客户模型于2010年1月在工厂完成。这两款Aero的型号，打算生产100台，是从提供图纸开始启动的，每辆车需要在制造的12个月前提前预付2.5万英镑的订金。完全由企业内部设计和施工，摩根Aero SuperSport跑车是一个规格豪华的轻量级铝制运动跑车。内部设有一个舒适的抛光硬木的组合，手工缝制皮革，以及电子技术创造了一个高效且符合人体工程学的驾驶环境。虽然有这些奢华的配置，但汽车的整体重量依然比较轻，所以车队驾驶员的指令很灵敏并且运行很节省。摩根之所以能做到这一点，是因为他们独特地使用了飞机造型的超级铝制外板，以及他们的工匠手工完成每辆汽车装配的技巧。

该技术首次登台亮相是在 2008 年和 2009 年工厂生产的 100 辆 AeroMax 系列。这是为了满足 Aero SuperSport 跑车的需求，摩根决定开始大量生产新型号。

目标客户群

摩根不是一家刻意针对能够抵御经济衰退的超级富豪的公司，但是这些汽车的名字还有汽车本身还是让人为之一振。摩根的商业模式一直很稳健。首先，这些汽车很保值——一辆售价为 11 万英镑的 AeroMax，一年之内在德国仍然可以买到 16 万欧元。今天，摩根所有汽车的 98% 仍然存世。越来越重要的是那些拥有自己权利的女性，她们是潜在客户。在北美，摩根经销商的数量近年来翻了一番，女性占总财富持有者的近 40%，总资产超过 62.5 万美元；在英国，18 ～ 44 岁的百万富翁中，女性人数与男性一样多。然而，摩根的买家并不一定需要非常富有，特别是 1.6 基本配置的所有者，在英国的售价大约是 3 万英镑。而配置了宝马发动机的 Aero 8 系列大约是这个价格的 8 倍。

多年来，很多名人都接受了摩根的精神，包括米克 · 贾格尔、凯瑟琳 · 德纳芙和杰 · 保罗 · 贝尔蒙多，连小猪佩奇都是摩根的精英车主之一。摩根汽车已经出现在许多电影和电视节目，包括《007 大破太空城》(*Moonraker*)、《巨蟒剧团之飞翔的马戏团》(*Monty Python's Flying Circus*)、《我的女孩》(*My Girl*) 和《旅程》(*The Trip*)，而且已经出版了几本关于摩根汽车的书。

摩根社区

摩根社区已经为公司庞大的网络爱好者做好了准备：

- 汽车可以在线订购，也可以通过全球经销商网络订购（英国 26 家，欧洲 28 家，美国 8 家，世界其他地区 6 家）。
- 摩根跑车俱乐部。这个车主俱乐部，代表许多国家的车主，为许多买家提供了一种认同感和社区意识。它与工厂有着密切的联系和影响，摩根社区经常就产品和品牌的发展进行咨询。这个俱乐部很强大，虽然是非正式的，但却是摩根核心品牌定位的象征和推进者。俱乐部经常举办会议和其他一些社交活动。例如，在 2009 年的百年庆典上，许多摩根车主在位于莫尔文林克的工厂与摩根家族见了面。
- 基于摩根产品的伍斯特赛车队。这项赛事也在车主和工厂之间建立起了牢固的关系纽带。

所有这些活动都是客户关系营销的典型例子。

国际营销

摩根每年生产大约 700 辆汽车，其中大约 30% 在英国销售。除了英国和美国，摩根汽车也销往西欧大部分地区，以及澳大利亚、日本、新西兰和南非。在 20 世纪五六十年代，美国成为其全世界最大的市场，占全部产量的 85%。这个阶段终结于 1971 年美国第一部安全和排放法规的出台。很长一段时间（1974 ～ 1992 年），所有进口到美国的摩根车辆都要改用丙烷为燃料，以满足美国的排放法规的要求。但是，这种转换以及为了符合美国汽车安全法规的这些汽车，都由经销商而不是摩根公司来实施，这使得这些车辆成为灰色市场的车辆。

在美国市场卷土重来

2003年，摩根在美国销售了100辆汽车，到了2012年，它已经预售了同样数量的Aero 8，来代替原来的Plus 8型号。销量预计将上升到每年200～250辆。Aero 8系列是自20世纪五六十年代以来，在美国销售的第一款摩根车型。

问题：

1. 摩根的国际营销沟通策略和主流量产的汽车有什么不同？
2. 摩根在沟通策略中是如何使用名人效应的？
3. 摩根如何利用社交媒体？
4. 为全新的Aero SuperSport跑车准备一份国际营销沟通方案。

PART 5

第Ⅴ部分

实施和协调国际营销计划

第Ⅴ部分简介

本书的前四部分介绍了开展国际营销活动所需的理论基础，而第Ⅴ部分将着重讨论国际营销活动的实施和协调。

成功地进行国际销售与谈判的一个基本标准是能够适应每个业务合作伙伴、公司和当地情境。第18章将讨论国际谈判者应如何应对对方不同的文化背景。该章的其中一部分还将讨论如何在公司内部或合作伙伴之间进行知识和学习的跨境转移。

随着公司从纯粹的国内公司发展到跨国公司，为了适应新的国际营销战略，公司的组织结构、协调系统和控制系统必将随之发生改变。第19章关注的是，随着企业自身和市场条件的变化，公司的组织结构和营销预算（包括其他控制系统）如何进行调整。

第 18 章

Chapter18

跨文化销售谈判

□ 学习目标

通过本章的学习，你能够：

- 讨论为什么通过谈判进行跨文化销售是国际营销中最大的挑战之一。
- 解释跨文化谈判过程的主要阶段。
- 讨论在国际谈判中如何使用 BATNA。
- 讨论跨境学习和知识转移如何提高国际竞争力。
- 讨论霍夫施泰德的研究对公司跨文化谈判的影响。
- 解释跨文化准备的一些重要方面。
- 与全球多元文化项目团队讨论机会和陷阱。
- 解释跨国贿赂的复杂性和危险性。

18.1 介绍

文化的维度涉及谈判过程中的每个阶段。文化影响人们设想谈判的场景，甚至在任何谈判的讨论开始之前就起作用，因为它有助于问题的结构化。文化影响在竞争或合作中形成的战略方法。

为了在复杂和快速变化的国际商业世界中保持竞争力并持续发展，企业不仅必须在全球范围内寻找潜在市场，更要寻求高质量且更为经济的原材料和劳动力资源。即使是从未离开过国内市场的小型企业，其管理者也将面临文化背景日益多样化的市场和劳动力。那些能够理解和适应不同文化的管理者更有能力取得成功，并在国际市场上赢得竞争。

文化有助于人们组织自己的行为，分清什么是可取的，而什么是不可接受的。文化使人们对观察、组织和沟通等活动赋予意义并影响这种感知。文化还影响人们对公正的标准进行选择，而这将决定最终达成的协议。由于文化因素在谈判的语境中非常重要，因而文化直接影响谈判过程。从根本上说，谈判是一个旨在达成目的的战略性的过程。谈判在文化背景下发生，并且由自身是文化载体的人来进行。如果不考虑到这一点，谈判就不切实际。文化是区分国际谈判与任何其他类型谈判的关键变量。在进行如建立合资企业这样漫长而复杂的谈判过程之前，国际谈判者，无论是买方还是卖方，都必须理解对方文化中的基本要素。这使人们能更好地理解谈判桌上和周围环境中真正发生的事情以避免误解，从而更有效地沟通，更好地解决可能出现的症结，并能够诊断真实的问题。

因此，与来自其他文化的人开展业务并非像在国内做生意那么容易。

在国际化的早期阶段，中小型企业可将跨文化的市场经营视为纯粹的短期经济机会，以最大限度地实现其短期利润。然而，即使在早期的跨文化商务谈判中，更多地了解文化的本质及其如何影响商务实践可以提高成功的概率。当来自两种不同文化的人开展业务时，对另一种文化做出假设往往是不妥的，并可能导致误解。中小型企业的管理者应该基于对文化的真实理解来制定现实的假设，并且应当避免任何带有文化偏见的想法。营销洞见 18-1 说明，文化的影响难以预测。

营销洞见 18-1

谷歌在中国赠送时钟作为礼物

随着谷歌在亚洲市场业务的增长与巩固，一个圣诞节来临之际，谷歌决定给来自全球的客户赠送时钟。当谷歌把时钟送给来自中国的合作伙伴时，并没有意识到实际上时钟是一种非常冒犯的礼物，因为在中国（和亚洲）文化中，这意味着“你的时间到了”。

资料来源：Based on Kim（2011）.

所有成功的国际营销人员在海外都有个人代表：与客户面对面的谈判是销售工作的核心。谈判对于整个交易最终达成协议是必需的，包括产品的交付、价格、支付以及服务条款等问题。

国际销售谈判有许多区别于国内谈判的特点。首先最重要的区别在于，谈判各方的文化背景不同。因此，成功的谈判需要对每一方的文化有一定了解，也需要采取与对方的文化系统相一致的谈判策略。有趣的是，日本谈判代表常规性地要求提供关于美国公司和关键谈判人员的背景信息。因此，日本谈判者经常事先知道对方可能采取的谈判战略和战术。

两种不同的谈判文化：基于规则的文化和基于关系的文化

基本上有两种截然不同的谈判文化：

（1）基于规则的谈判文化主要发生在西方。西方人往往相信由规则组成的体系，而其他地方的人们则信任朋友和家人。西方人围绕不相关联的交易来开展业务，而这些交易被制定为合同或者协议并由法律制度来执行。信奉基于规则文化的人是普遍主义者，因为他们做所有事情都基于规则。基于关系的文化尊重人的权威，而基于规则的文化尊重规则。西方统治者从他们执行的规则和他们被选择的规则中得到权威，而不是由于他们是谁而得到权威。规则值得被遵守的前提是规则具有内在的逻辑性和合理性。由于逻辑性本身是人们普遍推崇的，因此，值得被遵守的规则也会被认为普遍有效从而得到执行。

（2）基于关系的谈判文化（如亚洲文化）主要基于对朋友、家人或上级的忠诚和义务，而不是基于规则体系。在该文化下，传统上人们更倾向于建立关系而不是进行交易；在许多情况下，基于关系的方法仍然是更有效的方法。谈判桌上的讨价还价往往被认为是对抗而不是谈判，即使谈判受到议定书的严格监管（比如在日本）。对抗性的讨价还价在街头市场上很普遍，正是因为各方通常没有工作关系。当不需要长期合作时，这种讨价还价是可以接受的。然而，在进行有关文化方面的重大项目时，最好是发展各方之间的和谐与信任，而不是采取西方式的谈判。

贿赂在基于关系的文化中更为普遍，因为建立关系需要花费时间和精力。因而，总有采取捷径的诱惑。而在基于规则的文化中，人们特别容易受到类似于贿赂这种欺骗行为的影响。这是因为，人们克制自己的欲望和约束自己的行为，不仅仅是基于对规则的尊重，也是基于对彼此的尊重（Hooker，2009）。

18.2 跨文化谈判

公司进入遥远的市场，可能会感觉到两国之间的差异巨大，从而导致高不确定性（Magnusson and Boyle，2009）。

面对习俗、观念和语言等方面的巨大差异，最常见的人类倾向是以负面的方式形成对对方的刻板印象。因而，在进行谈判之前知道要寻求什么并彻底研究对方文化的特征，这种观念至关重要。

在跨文化谈判中，需要关注时间观念。时间观念往往是基于文化形成的。世界各地人们对时间的看法存在很大的差异。西方文化总的来说，特别是在工业化社会，将时间视为单线性的，因此各项活动需要安排时间表。他们认为时间是有价值的，作为一种商品，一种可以被节省、花费或浪费的东西，他们预算时间就像预算金钱一样，因此“时间就是金钱”。他们珍惜时间，反对浪费时间，不喜欢等待。

西方人通常急于做生意，他们的急躁情绪经常被利用，特别是中国和日本的谈判者。作为东方国家，深受儒家思想的影响，中国和日本商人在真正开始商谈业务之前十分重视礼仪和建立个人关系。他们通常不考虑这样做所花费的时间。在商业谈判中，他们总是会说“是，是”，而不是对他们不想接受的提案或条款直截了当地说“不”。他们对时间的看法比西方人更加灵活（Mayfield，1997；Huang，2010）。

而在中东和非洲，人们通常缺乏严格的时间观念。准时的西方人坚持会议的最后期限通常会一直保持等待。然而，一旦被邀请进入中东或非洲经理的办公室，会谈会一直持续，直到达成交易业务，即使下一个访客可能会等待很长时间。

理解其他文化往往基于宽容。信任和尊重是几种文化的基本条件，如日本、中国、墨西哥和大多数拉丁美洲文化。在讨论实际谈判问题之前，日本人可能需要几次会议，而北美和北欧人则倾向于尽快开展业务。文化影响一系列战略，以及实施这些战略的多种方式。以色列人更喜欢直接谈判，而埃及人更喜欢间接的形式。埃及人认为以色列的直接性是具有侵略性的，并且因此受到侮辱，而以色列人则不耐烦地看待埃及人的间接性，认为这是虚伪的。这种文化差异危及两国商人之间的任何谈判。

甚至谈判的语言也可能是欺骗性的。对北美和西欧人而言，妥协等于道德、诚信和公平竞争。对墨西哥人和其他拉丁美洲人而言，妥协意味着丧失尊严和正直诚实；而在俄罗斯和中东，妥协是一种软弱的表现。此外，来自其他文化的人可能认为西方理想的有说服力的沟通者，往往是具有侵略性的、肤浅和虚伪的。

18.2.1 跨文化谈判过程

谈判过程（negotiation process）可以定义为“两个或多个实体聚集在一起讨论共同和冲突的利益，以达成互利协议的过程”（Harris and Moran，1987，p.55）。谈判过程显著地受到谈判者（通常是买方和卖方）所浸入的文化的影响，在该文化中谈判者完成了社会化并接受教育。在国际销售谈判过程中普遍存在的文化差异可能对过程本身及其结果产生巨大影响。

跨文化谈判的过程可以分为两个方面：非任务相关的互动和任务相关的互动（见图 18-1）——每个部分将在下面的章节中讨论（Simintiras and Thomas，1998；Reynolds，2001；Salacuse，2010）

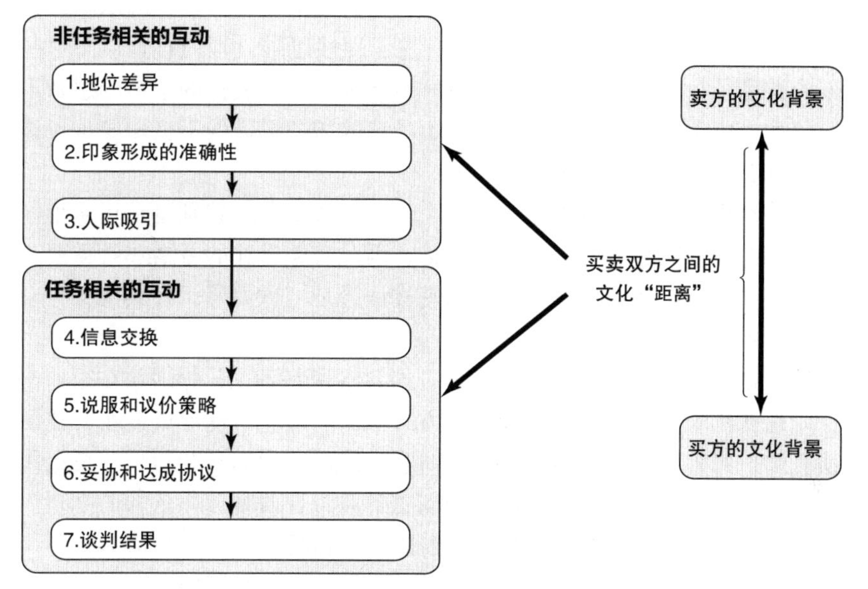

图 18-1　跨文化谈判过程受到买卖双方文化距离的影响

资料来源：Adapted from Simintiras, A.C. and Thomas, A.H. (1998) and Simintiras, A.C. and Reynolds, N. (2001).

图 18-1 显示，跨文化谈判过程很大程度上受到卖方和买方之间文化“距离”的影响。这个观点在图 18-2 中进一步展开。

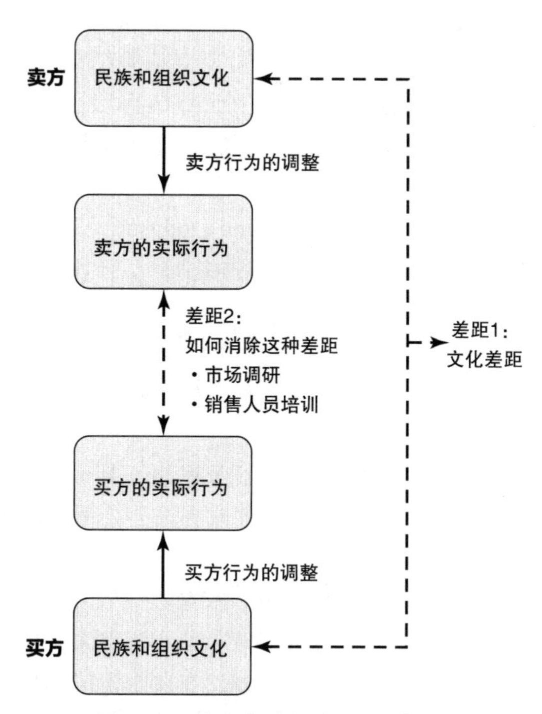

图 18-2　跨文化谈判中的差距分析

18.2.2　非任务相关的互动

应首先考虑销售谈判过程中非任务相关的方面（包括地位差异、印象形成的准确性和人际吸引等因素），因为这些因素在与买方建立关系（即接近买方）时更为相关。

1. 地位差异

在跨文化谈判中，卖家和买家理解地位的区别至关重要。地位的区别是由人际关系等级、年龄、性别、受教育程度、个人在公司中的地位和公司的相对地位等因素决定。在不同的文化中，谈判中的地位具有不同程度的重要性。高语境文化是以地位为导向的，沟通的意义内化于沟通者本身。在高语境文化中谈判者使用的词汇并不像谈判者的地位那么重要。高低语境文化中谈判者的地位差异是潜在问题的根源。例如，来自高语境文化的卖方与来自低语境文化的买方进行谈判，可能非常重视买方的地位。卖方期望买方在这方面有所回报，但这很少发生。

2. 印象形成的准确性

这一阶段是指谈判者之间的初步接触。销售人员与潜在客户合作的前两分钟是最重要的（“真理的时刻”）。第一次见到某人，具有先于理性思维过程的直觉；而这些直觉导致形成的即刻的意见，往往基于最小的信息量。由于来自不同文化的个体的感知不同，谈判者形成对方的准确印象的可能性降低。基于不准确的印象形成的不良印象也可能对随后的谈判阶段具有负面影响。

赠送礼物是在世界许多地方做生意的一个重要组成部分，特别是在远东地区，如中国和印度。双方可以在谈判之前或之后互赠礼物，因此有关送礼的习俗非常重要。在某些文化中，礼物被人们有所期待，没有赠送礼物则被认为是一种侮辱；在其他文化中，赠送礼物却被认为是冒犯。

交换礼物象征着业务关系的深度和实力，如日本谈判者。礼物通常在第一次会议上就被交换。当赠送礼物时，公司应该以同样的方式做出回应。与此形成鲜明对比的是，在西欧很少交换礼物，因为交换礼物通常并不合时宜。同样，中国送礼习俗与英语国家的人不同。然而，随着中国日益融入世界经济，中国也日益符合西方合作伙伴的期望。因此，越来越多的中国公司对礼品赠送和其他此类习俗持怀疑态度（Chua，2012）。

赠送礼物也有多种禁忌。例如，在斋月期间不应向穆斯林赠送食物（Huang，2010）。

3. 人际吸引

这个阶段是指买卖双方之间的吸引力或相互喜欢的感觉影响双方形成即刻的面对面的印象。人际吸引力可能对谈判结果产生积极或消极的影响。谈判者之间的相似性可以导致信任，这反过来又形成人际吸引力。彼此吸引的人可能在讨价还价过程中做出让步。因此，个别谈判者可能会选择放弃经济回报，而从满足具有吸引力的伙伴关系中得到回报。

张和道森（Zhang and Dodgson，2007) 描述了一个有趣的案例——关于一家韩国新成立的IT公司的创始人李先生：

> “我们发现李先生受合作伙伴影响，有时遵循他们的建议——即使他知道他们不一定是正确的，因为他无法承受从他的个人关系网络中失去这些业务关系。”(p.345）

韩国谈判文化基于儒家思想，其价值观渗透到社会的方方面面。韩国像其他亚洲国家一样，在社会网络中的团队和谐、公司忠诚和承诺，具有受到极大赞赏的集体主义属性。

18.2.3 任务相关的互动

一旦成功地建立了双方的买卖关系，跨文化谈判进程中与任务相关的方面显得越来越重要。不过应该记住，即使在这个阶段非任务相关的因素不是首要影响要素，它们仍然可能对谈判过程和最终结果产生影响。

1. 信息交换

在这一过程中，作为合作伙伴之间有效沟通的起点，明确了解谈判者的需求和期望是至关重要的。更具体而言，应该重视参与者对于给予他们的各种不同替代条件的期望效用。必须明确交换的信息量将因文化而异，而且世界上还有数千种语言和当地方言，通过口头方式进行跨文化的交流是复杂而困难的。即使在参与者相互理解并彼此顺利交流的情况下，由于不同的词义和不同的文化，交换信息的含义也可能会丢失。除了口头沟通上的困难外，跨文化的销售谈判也会受到诸如肢体语言等非语言问题的影响，这会降低谈判者准确理解他们之间的差异及其相似性的可能性。

2. 说服和议价策略

谈判过程的这一阶段是指谈判者试图通过使用各种说服策略来修改对方的绩效期望。世界上有各种各样的说服方式，每种文化也都有自己的说服方式。根据安格玛和斯坦（Anglemar and Stern，1978）的论述，在谈判过程中有两种基本说服方法：代表性和工具性的策略。

当使用代表性策略时，沟通基于识别问题、寻找解决方案和选择最合适的行动过程；例如，销售人员可以与买方合作，并寻求有关买方对情况的看法的信息。

当使用工具性策略时，沟通涉及影响对方的行为和态度，例如，销售人员可以用有说服力的许诺、承诺、奖励和惩罚等方式来影响买方。友好和合作谈判气氛的存在有助于使用有代表性的谈判策略。

3. 妥协和达成协议

这一阶段指的是谈判者从最初的立场到谈判达成协议中使用的策略。来自不同文化的谈判者有不同的让步方式。例如，在低语境文化中谈判者很可能使用逻辑，高语境文化中的个体更倾向于使用个性化的论据。

BATNA（best alternative to a negotiated agreement，谈判协议的最佳备选方案）是罗杰·费希尔（Roger Fisher）和威廉·尤里（William Ury）在 1981 年畅销书《谈判力》（*Getting to Yes*）中创造的一个术语：谈判中没有屈服。BATNA 对谈判至关重要，因为谈判者不能就是否接受谈判协议做出明智的决定，除非他们知道替代方案。BATNA 是唯一的标准，既能保护双方不接受没有利益的条款，又可以防止谈判双方拒绝可能是其最佳利益的条款。简单来说，如果拟议的条款比谈判者的 BATNA（谈判者的最佳备选方案）更好，那么应该被接受。如果条款不比 BATNA 好，那么他们应该重开谈判。如果谈判人员不能改进协议，他们至少应该考虑退出谈判，并寻求其他的替代方案，尽管这样做的代价也必须考虑在内。此外，谈判人员了解对手的 BATNA 越多，就越能够为谈判做好准备。然后，谈判人员能够对结果可能是什么，什么样的提议更合理等，有更加现实的看法。

好的 BATNA 能够增加谈判能力。因此，尽可能地改进 BATNA 至关重要。好的谈判者知道对方何时渴望达成协议。当该情况发生时，谈判者往往会提出更多要求，因为他们知道谈判对手将不得不让步。然而，如果对手在谈判之外显然有许多选择，谈判者很可能会进行更多的让步，以便将对手保留在谈判桌上。在谈判开始之前尽可能完善 BATNA，并且使得谈判对手知晓该 BATNA，能够加强其谈判地位。

BATNA 还会影响所谓的“成熟时机”，即争端得以解决的时间。当各方对于什么样的 BATNA 存在，有着相似的想法或者“一致的图景”时，谈判达成协议的时机就成熟了。

拥有一致的BATNA理解意味着谈判双方都有相似的观点来解决出现的争端，而不会更愿意寻求其他的选择。在这种情况下，谈判双方在不继续争议的情况下协商达成协议通常更为智慧，从而节省了交易成本。

换句话说，当双方意识到现状（不谈判）是一种负和博弈（或“双输”）的情况，而不是零和博弈（“赢—输”）情况时，冲突就会变得成熟。为了避免双方都遭受损失，谈判者必须考虑通过谈判才能达成积极的（或“双赢”）结果。

成熟是一种感知。找到一个成熟的时机需要调查研究和情报研究来辨识客观和主观的因素。

另外，关于什么样的BATNA存在，谈判双方可能持有相似的想法或“一致的图景”。例如，双方可能认为，如果他们决定在法庭上或通过武力解决争端，他们就能赢得争端。如果双方的BATNA告诉他们，他们可以追求冲突并赢得胜利，那么很可能的结果就是一场能力竞赛。如果一方的BATNA确实比另一方好得多，那么BATNA更好的一方可能会占上风。但是，如果BATNA相当，双方可能会陷入僵局。如果冲突足够昂贵，最终各方可能会意识到，他们的BATNA并不像他们想象的那么好。从而，这场争端将再次成为谈判的“成熟”时机。

4. 谈判结果

达成协议是谈判过程的最后阶段。该协议应该是买方和卖方之间更深层次关系发展的起点。协商过程的最终条款可能在高语境文化中以君子协定的形式达成，在低语境国家中以更正式的合同达成。

18.2.4 霍夫施泰德研究的影响

从霍夫施泰德（Hofstede, 1983）的研究中，我们看到了民族文化之间的差异（差距）。五个维度中的每一个都反映在各国的企业文化模式中。接下来，霍夫施泰德的五个维度对公司的国际谈判策略的影响将会被讨论（Rowden，2001; McGinnis，2005; Volkema and Fleck，2012）。

1. 男性气质 / 女性气质

男性气质的文化看重自信、独立、任务导向和自我成就。男性气质文化的谈判策略通常是竞争性的，这导致了一种“赢—输”零和的局面。冲突通常是通过斗争而不是妥协来解决的，这反映出一种自我激励的方法。在这种文化中，具有最具竞争性行为的人可能获得最大的收益。另一方面，女性气质文化重视合作、培育、谦虚、同情和社会关系，更倾向于协作或妥协的风格或策略，以确保最佳的相互接受解决方案获得双赢的局面。

在谈判时，来自男性气质文化的谈判者更有可能将重点放在协议的细节上，而不太关心对于对方所产生的整体影响。来自女性气质文化的谈判者更有可能关心协议中的美学以及更长远的效果，她们觉得细节可以稍后解决。

2. 不确定性规避

这个维度指的是一个人在不清楚或有风险的情况下的舒适程度。高度不确定性规避文化有正式的官僚化的协商规则，依赖于仪式和标准，只相信家人和朋友。它们需要一个明确的结构和指导方针。低不确定性规避文化倾向于非正式地工作，具有灵活性。他们不喜欢等级制度，很可能寻求解决方案和妥协，而不是维持现状。

来自高风险规避文化的谈判者可能会在数量、时间和需求等方面寻求具体的承诺。而来自低不确定性规避文化的谈判者，则很可能倾向于对购买量和时间进行粗略估计，并且以不断变化的需求进行应对。例如，在谈判过程中，围绕新产品上市时间延迟的讨论，可能会引起高度不确定性规避的谈判者的极大关注。另外，在低不确定性规避的人看来，这被认为是创造性即兴发挥的好机会。

3. 权力距离

这一维度是指在拥有权力和受权力影响的人之间的权力差异的接受程度。高权力距离是专制的，礼仪、礼节和等级制度被认为是重要的。在高权力的距离文化中，公司的首席执行官经常直接参与到谈判中，并且是最终的决策者。

在平等地位（低权力距离）之间进行商业谈判的想法基本上是一个西方概念，在日本、韩国或俄罗斯等以地位为导向的社会中是不存在的。西欧和北美的人通常都是非正式的，他们会使用名字，穿着休闲服装等来淡化身份。

日本人的穿着保守，他们总是喜欢深色的商务套装。因此，在与日本人的谈判过程中，随意着装是不合适的。日本人不直接使用名字，除非是在最好的私人关系中。在亚洲，荣誉、头衔和地位是极其重要的：谈判中应由相应的头衔来称呼对方。在西方世界，坦率和直接是很重要的，但在亚洲却并不可取。

在欧洲，握手很重要，然而在日本却不合适，因为鞠躬是惯例。当遇到一个虔诚的穆斯林时，千万不要用左手握手或用左手来做任何事——这被认为是粗鲁的，也是一种对人的侮辱。

当一个来自高男权主义与高权力距离文化的谈判者进行谈判时，如果双方都不努力去理解文化的平衡，冲突很可能会产生。能力比资历更重要，会产生一种协商式的管理风格。低男权主义和低权力距离的文化之间的交往通常会导致更多的合作和创造性行为。

来自低权力距离文化的谈判者，可能会因为来自高权力距离文化的谈判者需要得到上级的批准而感到沮丧。另一方面，来自高权力距离文化的谈判者，可能会感受到来自低权力距离文化的谈判者在谈判节奏上所施加的压力。这里的关键是要了解正在谈判的对象关于权力距离的观念。这种理解是达成协议的第一步，也为接下来的关系设定了现实的预期。

4. 个人主义 / 集体主义

个人主义的文化倾向于把任务放在人际关系之前，并非常重视独立性。这些文化容忍公开冲突，并将个人的需求放在群体、社区或社会的需要之上。在谈判中，来自个人主义社会的谈判者期望对方有权力单方面做出决定。在一个高度个人主义的国家（如美国），在不了解他人利益的情况下，追求自己的目标是被社会所接受的。相比之下，来自集体主义文化（如中国）的管理者将寻求一种长期导向的稳定关系，并强调建立个人关系的重要性。集体主义社会重视团结，忠诚和个人之间有着强有力的相互依存关系，而社会成员以各自在群体中的成员身份来界定自己。来自集体主义文化的经理人认为，谈判过程中的细节可以被制定出来，并通过关注集体目标来表现出对对方需求的更多关注。当来自个人主义社会的成员在谈判中宣扬自己的立场和想法时，集体主义社会的成员往往会感到愤怒。

另外，来自个人主义社会的谈判者更有可能专注于短期，出价较为极端，并从竞争的角度来看待谈判。在这样的谈判中，一个关键因素是让双方相互了解对方的主要利益，而不是只关注自己的利益。

5. 长期 / 短期导向

在霍夫施泰德对国家文化的开创性研究之后，他又增加了东西方文化差异的第五维度（Hofstede and Bond，1998）。

考虑到这些差异，来自短期文化背景的谈判者会更愿意提出请求。相比之下，具有长期导向的文化（典型的亚洲文化）的人更倾向于通过推迟行动来回应个人需求（例如，考虑更长远的、更全面的愿景）。这包括等待对方“推动”这个话题，如果不推迟个人参与的话。商业谈判在长期利益导向的文化中也需要更长的时间来发展。长期的传统和承诺更有可能支持现状，并阻碍变革。

18.2.5 不同的组织模式

英国的组织模式似乎是一个没有明确的等级制度、具有灵活的规则，并通过谈判解决问题的乡村市场。德国的模式更像是一台运转良好的机器。个人命令的行使在很大程度上是不必要的，因为规则决定了一切。法国模式更像是一个金字塔式的等级结构，由一个统一的指挥机构联合起来，发布强有力的规则。如果我们来看国际买卖双方的关系，国家文化只是文化等级的一个层面，它将影响买家或卖家的行为。当不同文化的成员聚在一起进行沟通，无论是在销售组织内，还是在买方与卖方的接触中，他们通常不会将相同的共同价值观、思维模式和行动引入到这种情况中。共同点通常是有限的。这增加了互动结果的不确定性程度，并可能限制沟通的效率和有效性。为了减少不确定性，传播者必须准确预测别人的行为，并能够解释这些行为（Bush and Ingram，2001）。

18.2.6 国际谈判中的差距模型

在谈判中，影响买方和卖方之间相互作用的最根本的差异是他们各自的文化背景（见图 18-2）之间的差异。这种文化距离可以用沟通和谈判行为的差异来表达，时间、空间的概念或工作模式，以及社会习俗和社会规范的本质（Madsen，1994)。两个合作伙伴之间的文化差距往往会增加交易成本，这在跨文化谈判中可能会相当高。

文化对人以及国际谈判的影响可以在社会的不同层次中进行分析。此外，在一个特定的文化背景中形成的个人文化身份会影响到他对其他文化背景中其他情境的看法，这是一种学习的“效果”。卖方和买方都受到（至少受到）他们所属的国家和组织文化的影响。正如第 7 章（见图 7-2）所示，理解个体的协商行为可能会有更多的层次。

必要的适应程度取决于卖方和买方首先在文化上的相似程度。然而，买卖双方之间的文化差异可能要比两国文化差异更小，因为在某种程度上，他们将共享“商业”文化。

1. 民族文化的影响

民族文化是代表一个国家公民群体独特生活方式的宏观 / 社会文化。这种民族文化是由社会成员所持有的规范和价值观，以及该国的经济发展、教育制度、国家法律和监管环境等其他部分构成的（Harvey and Griffith，2002）。所有这些因素都在将个人融入特定的信仰模式中起着重要的作用（Andersen，2003）。因此，当人们在国际交往 / 国际关系中遇到文化差异时，他们往往把来自不同国家文化的人视为陌生人，即属于不同群体的陌生人。这种距离感可以直接影响信任和个人之间的联系，从而增加了谈判过程中买卖双方冲突的可能性。前文关于霍夫施泰德研究的五个维度的讨论，给出了几个国家文化差异的例子，以及它们如何影响两个合作伙伴之间的跨文化谈判。

2. 组织文化的影响

组织文化是共同的行为、价值观和信仰的模式，这为理解组织的运作过程提供了基础（Schein，1985）。当两个或更多的组织在进行谈判时，组织文化之间核心要素的一致性的相对水平会直接影响沟通和协商的有效性。

当考察民族文化和组织文化的要素时，公司沟通环境的整体复杂性会有很大的不同。在某些情况下，买卖双方之间的民族文化距离大，组织文化并不一致（即组织间的距离大），谈判环境将是非常复杂的，需要仔细的规划和监控公司的跨文化谈判策略。相反，当民族文化距离较小，买方和卖方组织的文化相一致的时候，两个合作伙伴都会发现，他们更容易采用有效的谈判策略而不需要太多的适应和改变。

在买卖双方之间的民族和组织文化“距离”都存在的情况下，买方和（尤其是）卖方都将试图调整自己的行为以适应对方。通过这种方式，最初的差距 1 可以通过行为的适应（见图 18-2）缩小到差距 2。卖方如何调整自己的行为以适应另一种文化的交流方式，这是他们技能和经验的函数。必要的技能包括处理压力、开始交谈和建立有意义关系的能力。

然而，无论是买卖双方都不可能完全了解对方的文化，所以最终结果往往仍然存在买卖双方之间文化行为的差异（差距 2）。这种差距会在谈判和交换过程中产生摩擦，从而产生交易成本。

通过市场调研以及对销售人员的培训，可以减少差距 2（见 18.3 节）。然而，销售人员以不同的态度和技能带来不同的“包袱”，从而导致跨文化意识的不同阶段。下一节将重点讨论跨文化准备的不同阶段。例如，如果一个培训师向已经在接受阶段并且愿意学习行为策略的销售人员提供基本的文化意识训练，那么这些销售人员很可能会感到无聊，而不会看到某些类型的多样化培训的价值。

此外，面对面的沟通技巧在国际销售培训中仍然是一个重要的话题。在咨询类的销售活动中尤其如此，特别是在全球化的营销环境中提问和倾听技巧是必不可少的。销售人员和营销主管可以通过培训计划更多地了解文化多样性，帮助他们更好地预测遇到不同客户或同事时所发生的行为。然而，许多销售人员对培训持怀疑态度，并质疑其价值。事实上，员工可能认为多元化培训只是一种潮流，或者是“政治上正确的事情”。然而，如果没有做好准备，销售人员往往不会意识到文化多样性的影响，直到他们遇到不熟悉的文化环境。

在为销售人员提供有意义的培训经历［包括文化多样性（差距）］时，经常遇到的一个主要问题是，无法提供定期的体验式学习机会。这是由于缺乏时间和资源。尽管在许多情况下，人们不能事先将销售人员暴露在其他的文化中，以分析和学习他们的反应。一个可行的替代办法是让受训者接受模拟文化多样性的检验。这种方法的优点是它更有效率，并要求个体的积极参与，从而产生经验式的学习。基于角色扮演的模拟和结果导向的学习在教学人员和经理的培训中非常成功（Bush and Ingram，2001）。

18.2.7　谈判策略

谈判的一个重要部分当然是了解自己的长处和短处，同时也要尽可能多地了解对方的情况，了解他们的思维方式，并辨识出他们的观点和看法。

18.3　跨文化准备

许多销售人员可能意识到文化多样性是他们工作环境中的一个重要问题。然而，正如许多在文化方面犯错的实例所证明（见营销洞见 18-2），销售人员可能没有意识到多样性对于他们预测销售行为的能力具有影响。因此，人们可能会通过一种自我启示的方式来取得进步，这是他们自己所感知到的技能，以及这些技能如何影响他们与来自不同文化背景的同事或买方之间的互动。参与这样的实验可以帮助销售和营销人员从不同的角度理解文化多样性的影响。

营销洞见 18-2

欧洲迪士尼成为巴黎迪士尼乐园度假区——迪士尼学习适应欧洲文化

沃尔特·迪士尼公司（Walt Disney Company）在 20 世纪 80 年代中期开始寻找欧洲主题公园的选址，法国和西班牙成为最有可能的地点。马恩 - 拉瓦雷市（巴黎以东约 20 英里）最终赢得了“新米老鼠之家”的争夺战，在 1987 年，迪士尼创建了欧洲迪士尼的子公司。第二年，这个 44 亿美元的项目破土动工，1989 年欧洲迪士尼开业（沃尔特·迪士尼保留 49% 的股份）。

1992 年，在筹备欧洲迪士尼开幕时，该公司的首任董事长自豪地宣布，该公司将“帮助改变欧洲的氛围”。

然而，在公司筹备过程中也遇到了一些跨文化问题：

- 在开园之前，迪士尼公司坚持要求员工遵守关于服装、配饰等个人形象的详细书面规定。女性被要求穿“合适的内衣”并保持短指甲。迪士尼为自己的举动辩护，声称其他乐园也采用了类似的规定，目的是确保客人获得与迪士尼品牌相关的体验。尽管有这些言论，但法国人认为该规定是对法国文化、个人主义和隐私的侮辱。
- 迪士尼从美国市场延伸出标准的“禁止饮酒”政策，意味着在欧洲迪士尼里不出售葡萄酒。在一个以生产和消费葡萄酒而闻名的国家，这也被认为是不合适的。

它采取了一系列的适应措施，如重新命名为“巴黎迪士尼乐园度假区”，并增加了一些特殊的景点，使乐园在 1996 年盈利。

在重新命名时，迪士尼首席执行官迈克尔·艾斯纳（Michael Eisner）认为（Snyder，2002）：

> 作为美国人，“Euro”一词被认为是迷人或令人兴奋的；对欧洲人来说，它是一个与企业、货币和商业有关的术语。重新命名公园“巴黎迪士尼乐园度假区”是一种将它与世界上最浪漫、最令人兴奋的城市联系起来的方式。

巴黎迪士尼乐园度假区的主题公园现在是欧洲最重要的旅游景点。其访问量超过埃菲尔铁塔，成为欧洲第一大旅游目的地，每年参观量超过 1 400 万次（2014 年）。

多年来，该公司学习如何迎合欧洲人的口味，例如，通过提供如香肠和葡萄酒之类的食品和饮料。迪士尼工作室的虚拟导游也使用欧洲演员。

资料来源：Tagliabue (2000); Della Cava (1999); www.eurodisney.com ; Hoovers Company Records: Euro Disney S.C.A, December 2006.

18.3.1　一般的跨文化准备

建议采取以下五个步骤，帮助企业在进入不同的国际市场时，为销售人员做好准备，以应对文化差异（Bush and Ingram，2001）：

（1）树立文化差异如何在销售组织中施加影响的意识。

（2）激励销售人员和管理者不断反思他们对待顾客的行为和态度。

（3）允许销售人员在心理安全的环境下审视自己的偏见。

（4）研究刻板印象是如何形成的，以及这些刻板印象如何在买卖双方之间产生误解。

（5）识别在国际销售组织中需要解决的多元化问题。

这种模拟可以被看作学习交流风格和文化差异的一个有价值的起点。大多数公司意识到文化多样性培训所需要的时间比预期的要多得多。在培训销售人员如何在文化或亚文化之间的沟通时，两个小时的会议是不够的。尊重不同文化的成员并成功地与他们进行互动，是长期过程的一部分。通过参加长期的训练，销售人员可能会开始意识到多元化的概念不仅仅是“做正确的事情”，或者是满足“平权运动”的要求。重视多样性还会对组织的底线产生影响。

18.3.2　对合作伙伴跨文化沟通和谈判能力的具体评估

为了解决在谈判过程中匹配和缩小“差距”的问题，公司必须积极主动制定具体的战略来提高沟通的有效性。大多数组织没有正式的跨文化沟通管理，但是为了提高销售公司的跨文化交流和谈判能力，至少以下三个步骤是必要的。

（1）评估销售人员的沟通能力。鉴于销售人员的沟通能力对于成功建立关系的重要性，销售公司评估他们的能力至关重要。一旦评估了技术水平（如技术和使用标准语言能力），公司就可以使用上述的模拟和经验的方法来衡量其行为的能力。

（2）评估买方公司谈判人员的沟通能力。如果可能的话，对于外国文化中的买方，应执行（1）相同的程序。然而，通常很难获得买方公司谈判人员的信息。

（3）协调买卖双方的沟通和谈判能力。只有这两家公司的沟通能力能够匹配（而不存在太大的差距）时，他们才能实际地期望在国际谈判和未来的关系中取得成功。当然，应该指出的是，卖方公司只能够控制其内部能力，而不是买方公司的内部能力。

这个沟通评估问题也可以被整合到公司的合作伙伴选择和保留标准中。当卖方公司开始将这些沟通能力融入合作伙伴的选择和保留标准中，它也显示出灵活性和意愿来改善与其合作伙伴（买方公司）相关的现有能力。

18.4　应对外派人员

以下讨论不仅适用于外派销售人员，也适用于在外国公司的其他工作（例如，在国外子公司的行政管理）。在外国文化中进行谈判的外派销售人员在遇到买家时往往会遭遇文化冲击。文化冲击更为强烈的是，**外派人员**（expatriates）的文化与他们现在工作的文化非常不一致。国际公司的管理层能做些什么来减少文化冲击的风险呢？应该考虑以下的方面（Guy and Patton，1996）。

18.4.1 聘用外派销售人员的决策

进入和服务国外市场时需要做出的第一个重要决策是，是否雇用来自母国的外派人员。公司应该首先审视过去在文化冲击和文化调整中的经验。对于经验不足的公司，最好的建议是评估可能的代理商和分销商，而不是聘用母国的外派人员。公司也有其他的选择，即自己的销售团队来自东道国或者第三国的公民（见17.3节）。

该公司应该尝试找到国外销售工作中存在的一些因素，这些因素暗示了可能存在文化冲击的问题。如果这项工作技术性很强，与其他母国人员位于同一个区域，并且涉及与母国相似的口味和生活方式，那么外派的销售人员就可能是合适的。

然而，如果这份工作让外派的销售人员在不熟悉的岗位上有冲突的预期，公司应该考虑其他的选择。出现更大的文化冲击和调整问题的可能性随着文化距离的增加而增加。高语境/低语境之间的区别越大，出现困难的可能性就越大。当进入不同的文化时，许多熟悉的符号和线索都不见了。消除这些日常保证会导致沮丧，压力和焦虑的感觉。

18.4.2 筛选外派销售人员

成为一名外派销售人员是一项重要的任务，选择过程应该被给予相当多的思考，而不是迅速做出决定。选择不应该主要基于销售人员的技术能力，还必须强调以下属性：

- 外语能力；
- 交际能力；
- 情感稳定性；
- 教育背景；
- 过去和被派遣国文化相关的经验；
- 处理压力的能力。

以前的研究（Guy and Patton，1996）表明，以下特征与外派人员的文化冲击有关：

- 开放的思想；
- 同理心；
- 文化敏感性；
- 适应能力；
- 低自我认同。

如果潜在的外派人员有家庭成员，并且这些家庭成员会随行，那么仅仅对该外派人员进行评估就是不够的。必须考虑的家庭问题包括婚姻稳定、家庭成员的整体情绪稳定和家庭凝聚力。至少对代表的配偶，但最好是其他家庭成员进行深度访谈，对于确定这些变量的状况可能非常有用。

18.4.3 培训

为每一名外派人员选择最合适的培训项目，需要采用一定的方法，将他们划分为跨文化技能的不同层次。每个层次都需要一个不同的培训计划。最初始的要求是培训外派人员以及任何随行的家庭成员，以了解被派遣国的主要社会文化、经济、政治、法律和技术因素。

培训活动可能包括：

- 地区 / 国家描述；
- 文化同化培训；
- 角色扮演；
- 危急事件处理；
- 案例研究；
- 减压训练；
- 现场经验；
- 全面的语言培训。

显然，许多公司将无法提供所有的内部培训或单一来源所需的培训，但他们可能需要为外派人员在外派前和外派期间协调各种方法和外部方案。

18.4.4 支持

从公司总部提供一个坚实的支持网络非常重要，这样外派人员就不会感到孤立无援。在外派工作期间的支持可能包含许多要素：

- 适当的报酬补偿或其他利益；
- 在公司总部和被派往的国家 / 地区进行持续的业务交流；
- 提供定期回国出差的机会，以维持外派人员与公司内部的联系和关系；总部还可以给外派人员发送他们可能感兴趣的工作岗位的信息。

外派人员应该在东道国识别和联系那些能够成为他们社交网络的一部分的人。同样重要的是，他们的配偶和家庭也包括在社会支持网络中。

18.4.5 回国

公司应该为外派人员制定一个综合的职业规划，识别可能的后续工作岗位和职业发展。如果外派人员在职业生涯中接触到一系列的国际任务，应通过每一项任务来培养他们对不同文化的认识。例如，对于一家英国公司来说，第一个非英国的任务可能是一个文化上相似或近似的国家或地区，比如德国或美国，下一个任务可能是南非或澳大利亚，再下一个是中国香港，然后是日本等。这样一来，文化冲击就最小化了，因为这个过程鼓励了外派人员在越来越遥远的文化中管理情境的能力。

外派人员回国有时是困难的。缺少工作保障是外派人员面临的最严峻的挑战之一。回国前的几个月内，应安排一次内部职位搜索，先进行一次总部回访，安排外派人员与合适的经理会面。总部应该与外派人员保持持续的联系，并帮助外派人员在返回时获得理想的职位。

有时，外派人员的家庭在回国后也会受到文化冲击，因此在回国时需要给予一定的支持，包括帮助配偶找到工作，以及给予外派人员重新开始工作之前的调整时间。

18.5 知识管理和跨国界学习

在跨地域分布的业务单位、子公司和部门之间进行全球知识管理，是非常复杂的，需要考虑不同的问题和因素。全球战略通过全球范围内的扩散和适应，利用了母公司（总部）的知识。它力求通过总部与子公司之间相互的动态依存，实现“全球思考，本土化行动”。组织遵循这种战略在母公司与子公司之间进行协调，确保当地灵活性，同时利用全球一体化整合与效率的好处，并确保在全球范围内实现创新扩散（Desouza and Evaristo，2003）。

知识管理的一个关键要素是不断地从经验中学习（Stewart，2001）。在实践中，知识管理作为跨越国界的学习活动，其目的是为了跟踪记录在一个市场上有价值的能力也可以用在别的地方（在其他的地区市场上），这样公司就可以不断地更新自己的知识，而不需要重新进行发明创造。请参见图 18-3 中的示例，以了解在公司不同的国际市场上转移进行全球学习的最佳实践的系统方法。

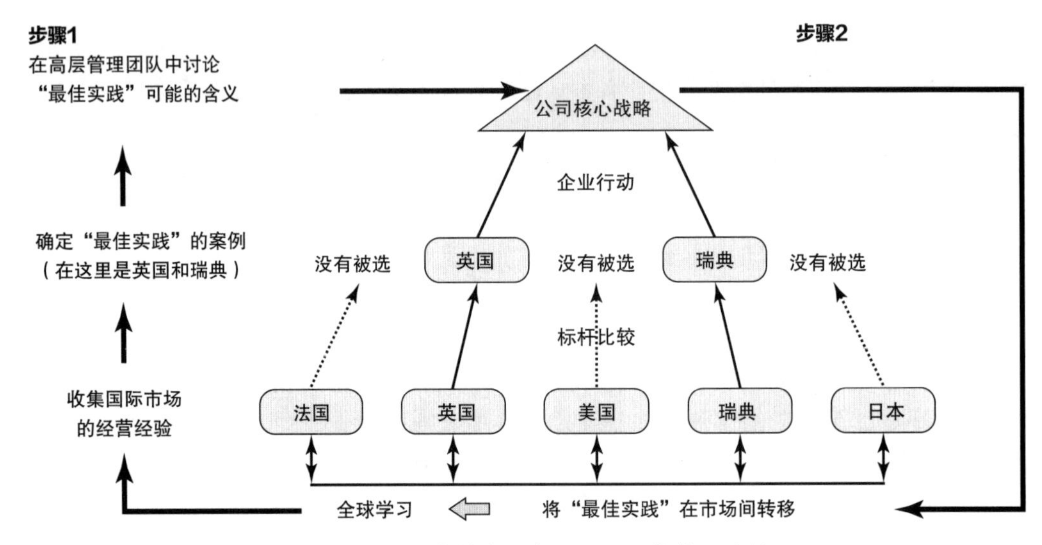

图 18-3 国际营销中“自下而上”的学习过程

将公司的最佳实践转移到其他国际市场的步骤如下：

（1）通过对公司在国际市场上的不同程序进行标杆管理（比较），这样公司应该能够找到最佳实践。例如，在图 18-3 中，在英国和瑞典发现了最佳实践。随后，在“高管”团队中，讨论了最佳实践可能产生的影响。

（2）在高管团队确立了最佳实践的扩散程序之后，下一步就是看这些最佳实践是否可以在公司的其他国际市场上使用。为了传播全球知识和最佳实践，应设立会议（与所有国际市场代表）和全球项目小组的制度。如果成功的话，标杆管理可能会产生全球的学习过程，不同的国际营销经理将从现有的最佳实践中选择最有用的元素，并在当地市场上加以调整。

然而，正如本章前面所提到的，在一个文化环境中开发和使用的知识并不容易转移到另一个文化环境中。缺乏人际关系、缺乏信任以及文化距离的存在，将共同导致跨文化知识管理中的阻力、摩擦和误解（Bell et al.，2002）。

随着全球化成为许多公司的核心战略——无论是从事产品开发还是提供服务的公司——在当今知识密集型经济中，管理“全球知识引擎”以获得竞争优势的能力是可持续竞争力的关键之一。在国际营销的背景下，知识管理实际上是一种跨文化活动，其关键任务是培养和不断进行更复杂的跨文化学习（Berrell et al.，2002）。当然，对一个组织而言，什么知识种类和（或）知识类型具有战略意义，需要对其进行管理以获取竞争力，将由于业务背景和与之相关的不同类型的知识价值而有所不同。

18.5.1 显性知识和隐性知识

新知识是通过隐性知识和显性知识之间的协同关系和相互作用产生的。

显性知识被定义为可以用符号系统正式表达的知识，因此可以很容易地传达或传播。它要么基于对象，或者基于规则。基于对象的知识，以符号（如文字、数字、公式）或物理对象（如设备、文档、模型）等形式进行编码。基于对象的知识可以在产品说明书、专利、软件代码、计算机数据库和技术图纸等例子中找到。当知识以规则、例程或标准操作程序等方式编码时，显性知识是基于规则的（Choo，1998）。

隐性知识是组织成员为完成工作和理解世界所使用的难以言述的知识。它没有被编码，并且难以跨越国界和在子公司进行扩散。隐性知识很难用语言来表达，因为它是通过基于行动的技巧来表达，不能被简单地缩减为规则和“食谱”。相反，隐性知识是通过长时间的体验和完成任务来学习的，在此期间，个人产生出一种感觉和能力，能够对该项活动的成功执行进行直观判断。隐性知识对于一个组织至关重要，因为组织只能通过某种方式利用其成员的隐含知识来学习和创新。当隐性知识变成新的能力、产品、服务甚至是新的市场时，对公司来讲就变得非常有价值。组织知识的创造是一个过程，在这个过程中来自不同国家和不同子公司的员工所创造的知识通过组织进行扩散，并结晶为公司国际知识网络的一部分。

有两个过程推动了国际知识扩大的过程（Nonaka and Takeuchi，1995）：

（1）将隐性知识转化为显性知识。

（2）知识从个人层面转移到群体、组织以及跨组织层面（跨越不同国家的子公司）。

国际化公司的一个核心问题是：知识是如何产生和扩散的。例如，产品开发或国际营销等功能，在某些特定子公司有能力形成卓越的知识中心。

18.5.2 全球项目团队

今天的企业，越来越强调全球化，越来越需要跨文化和跨地域进行团队合作。多元文化团队趋势的出现，顺应了经济环境的不断变化，迫使企业发展出新的结构来使成本最小化和组织的灵活性最大化。这些变化的一个后果是，由于知识的迅速增长和工作环境的日益复杂，越来越多的任务只能通过功能和文化上不同的专家之间通过国际项目团队合作才能完成。基于多元化创造价值的假设，以及由此带来的竞争优势，通过汇集不同的想法和知识，多元文化项目团队已成为跨国组织的主流趋势。然而，在实践中，利用这样的群体往往比预期的要麻烦得多。由多元化的劳动力所获得的认知上的优势，往往被沟通不畅和双方之间不信任对方带来的关系上的问题所抵消，因此人员流动率高（Wolf，2002）。然而，随着当今经济面临日益增长的跨越国界需要，文化多样性项目团队的存在已不可避免。考虑到困扰全球项目团队的沟通问题和信任问题，构建项目小组对成功至关重要。公司的高层管理人员需要解决三个问题（Govindarajan and Gupta，2001），下文将进行进一步的讨论。

1. 目标是否明确

对于任何全球项目小组来说，首要的问题之一是明确地讨论组的议程，并确保目标/问题的定义清晰且准确。许多项目团队并没有完全解决和讨论所涉及的问题，他们很快就会遇到问题。同一问题的不同框架会产生不同的结果。由于项目团队通常都有来自不同子公司的成员，他们通常会为了稀缺的公司资源而相互竞争，因此他们往往会有高度的内部冲突，并且信任程度较低。

因此，一般而言，最好是将项目团队的问题定位在外部市场环境中公司定位产生的问题，而非强调内部问题。聚焦于外部问题，通常鼓励标杆管理，能促进创造力，为合理化生产和减少劳动力的艰难决策提供了令人信服的理由。考虑到全球项目团队中可能存在的沟通问题，成员必须理解项目团队的议程：项目的范围、预期的可交付成果和时间表。文化和语言的差异可能会使组织成员在议程和问题上达成一致的任务变得更加复杂。清晰度对促进承诺和责任至关重要。

2. 选择团队成员

成功创建全球团队的另一个关键是选择合适的团队成员。有两个问题特别重要：如何平衡团队内部的多样性，以及团队的规模。正常情况下，需要有高水平的多样性。为什么？首先，成员来自不同的文化和国家背景——这指的是所谓的行为多样性；其次，成员通常代表日常工作事项不一致的子公司；再次，因为成员经常代表不同的职能部门，他们的重点和观点可能会有所不同；最后，两个问题指的是所谓的认知多样性。

让我们更仔细地看看行为多样性的例子。例如，考虑一个由瑞典和中国企业合资的跨国项目团队。大多数中国团队的标准是，最资深的成员代表了团队的观点，但在瑞典团队中，通常是最初级的成员代表团队的观点。除非团队成员对这种差异很敏感，否则就很容易出现误解，阻碍交流。因此，行为多样性被认为是必要的“邪恶”：没有一个全球项目团队可以避免，但是团队必须通过文化敏感性培训尽量减少其影响。

让我们更仔细地看看认知多样性的一个例子。这种多样性指的是成员如何理解团队面临的挑战和机遇的实质性内容之间的差异。职能背景上的差异可以解释“市场拉动”（营销部门的员工会优先考虑）以及“技术推动”（工程部门的员工会优先考虑）上存在实质性的认知差异。没有任何一个成员能够垄断智慧，所以认知的多样性几乎总是力量的源泉。发散性的观点促进了创造力和对解决方案的更全面的搜索和评估，但是这个团队必须能够将视角整合到一个单一的解决方案中。

3. 选择团队领导

构建全球项目团队的领导层，需要涉及三个角色的关键决策：项目负责人、外部教练和内部发起人。项目负责人在跨国界项目团队中起着关键作用。他们必须有助于发展成员之间的信任，并可能对项目的结果产生最大的利害关系；他们必须在过程管理中具有解决冲突和整合技能的专长，包括诊断问题、评估处境、产生和评估解决方案。外部教练是项目团队的一个临时成员，是一个精通过程多于内容的专家。当项目负责人的过程管理能力不足时，对外部教练的需求就会提高。如果任命的负责人在该项目的结果中具有重要的利害关系，例如，如果一个跨国界工作组必须使世界各地的子公司数量合理化并将数量减少 30%，引入外部教练势在必行。一个全球项目团队的内部发起人通常是一个对团队成功有浓厚兴趣的高级执行官。发起人的职责之一是提供持续的指导方针，并促进对资源的获取。

在任何时候，一家跨国公司通常都会有许多项目小组在不同的跨境协调问题上进行合作。因此，公司有必要使不同子公司的关键经理之间相互熟悉和信任。例如，联合利华采用了多种方法来实现这一目的，例如，将不同子公司的管理人员整合到高管发展培训项目中。

当一个项目团队由来自不同国家与公司，具有不同知识和技能的成员组成时，认知多样性的潜力是巨大的，这可能是竞争优势的来源。然而，智力的多样性几乎总是会带来某种程度的人际关系不和谐和沟通困难。需要能够识别和预测这种陷阱的过程机制，该机制能够整合最好的个人想法以及贡献，以帮助项目团队协调不同的观点并达到更好的、更有创意和更加新颖的解决方案。

18.6　跨文化谈判中的跨国贿赂

首先要考虑的是，**贿赂**（bribery）是不道德的，也是非法的，但仔细观察就会发现贿赂并不是一个简单的问题。与贿赂相关的道德和法律问题可能相当复杂。因此，界定贿赂的范围，可以从小到支付几英镑给一个低级别官员或业务经理，以加快文件处理或装载卡车的速度，大到支付数百万英镑给一位国家元首，以保证公司的优惠待遇。斯科特（Scott，2002) 等通常将贿赂定义为："涉及来自工业化国家的公司，向发展中国家的公职人员提供非法付款，对合同中标产生被感知的或实际的影响。"(p.2）

必须明确"疏通"与贿赂之间的区别。"疏通"支付是要别人更快更有效率地办事，往往涉及对一个国家较低级别的官员提供数额相对较小的现金、礼物或服务，而在该国这样的行为并不被法律禁止，其目的是促进或加速该官员正常、合法地履行职责。贿赂通常涉及大量金额，而这些金额往往没有得到适当的解释，旨在诱使官员为实现行贿者的利益而实施非法行为。

还有一种类型的行为，可能看来是贿赂，但并不一定是，就是代理费用。当不确定东道国国家的规则和条例时，可以聘请代理人。与不熟悉国家程序的人相比，代理人会更高效和更彻底地办事。

有许多中介（如律师、代理人、分销商等)，他们可能作为非法支付的渠道。这一过程因国家法律法规的不同而变得更加复杂：在一个国家是非法行为，在另一国可能被睁一只眼闭一只眼，而在第三国可能是合法的。在一些国家，非法支付可能成为一项公司主要的业务支出。在俄罗斯，贿赂占经营成本的 15% ～ 20%，在印度尼西亚可高达 30%（Gesteland，1996，p.93）。

在美国，桑亚尔（Sanyal，2012) 在一项关于贿赂行为的调查中发现，向外国官员行贿的主要原因（80% 的案件）是为公司或个人签订一份具体的合同或续签合同。不太常见的是，行贿者行贿是想违反东道国的法律，以便利于行贿者的商业前景或减少税负。在 30% 的案件中，贿赂直接支付给受益人（不涉及任何代理人或中间人)。

对于贿赂问题没有一个完全绝对的答案。通常，我们可以很容易地概括出政治方面的贿赂和其他方式贿赂的伦理道德问题。然而，当不行贿可能会影响到公司的盈利甚至生存时，决定不行贿就变得困难很多。由于不同文化中存在的伦理标准和道德水平的不同，国际经营中面临的伦理和实用主义的困境将难以解决，直到有更多国家决定有效地处理这一问题。

18.7　总结

在进行国际营销时，需要谈判技巧。谈判技巧和人员推销技巧是相关的。人员推销通常发生在现场销售人员层面和正式谈判过程中。文化因素对理解外国人的谈判风格至关重要。

谈判过程受到文化的显著影响，在不同的文化中谈判者（通常是买方和卖方）被社会化并且接受了教育。在国际销售谈判过程中普遍存在的文化差异对谈判过程以及结果产生巨大的影响。

跨文化谈判过程可以分为两个不同的部分：非任务相关的互动以及任务相关的互动。当刚开始接触买家时，首先考虑的是销售谈判过程中的非任务相关方面（如地位差异、印象形成的准确性和人际吸引）等因素，这些因素在刚开始接触买家时更加重要。一旦成功建立联系，就开始了销售谈判过程中任务相关的互动（如信息交换、说服和议价策略、达成协议和签约等）。

在这两个合作伙伴开始谈判之前，双方之间存在文化距离。这种文化距离可能会造成相当高的交易成本。为了减少文化距离，需要对谈判人员进行培训。

外派人员感受到的文化冲击表明，派遣谈判人员和销售人员到国外市场通常是困难和复杂的，难以成功实施。实施的五个重要领域包括：①最初决定聘用外派人员；②识别和选择合格的候选人；③提供足够的培训；④保持持续的支持；⑤取得令人满意的遣返。

在全球知识管理中，一个关键因素是不断学习不同市场的经验。在实践中，作为一项跨越国界的学习活动，知识管理的目的是发现在一个市场上得到应用的有价值的能力在别的地方（其他地区市场）也可以利用，这样企业就能不断地更新自己的知识，而不需要重新发明新的方法。

什么是对的或合适的这样道德问题给国际营销人员带来许多困扰。每个国家对贿赂的定义差别很大。在一个国家可以接受的行为，在另一个国家可能是完全不能接受的。

问题讨论

1. 请解释为什么国外谈判过程可能因国家不同而不同。
2. 你是欧洲人，正准备与一家日本公司进行第一次谈判。如果以下情况发生时，你将如何进行准备：①在日本总部；②在其欧洲子公司。
3. 应该使用外派人员吗？他们在海外可能遇到的困难是什么？如何减少这些问题？
4. 比较欧洲人和亚洲人的谈判风格，有什么相似之处，有什么区别？
5. 你如何看待外国公司的游说活动？
6. 为什么国际营销人员难以处理贿赂问题？

案例研究 18-1

渗渗泉可乐："穆斯林"可乐从伊朗到欧洲市场的营销

渗渗泉可乐是由渗渗泉（Zamzam）软饮料制造公司在伊朗生产的一种可乐味饮料。

渗渗泉最初是百事公司的子公司，于 1954 年在伊朗创立，是伊朗第一家碳酸饮料生产商。在 1979 年伊斯兰革命之后渗渗泉成立了自己的公司。

该产品的名称来自麦加渗渗泉井，这是伊斯兰朝圣之旅（前往麦加）途经的站点之一。

渗渗泉可乐在伊朗和阿拉伯世界的部分地区尤为流行，成为可口可乐和百事可乐等"西方"产品的穆斯林替代品，尽管这两家制造商在中东和非洲的可乐市场总量上仍然拥有近80%的市场份额。

渗渗泉软饮料制造公司的首席执行官为Ahmad-Haddad Moghaddam。该公司由Bonyad-e Mostazafen va Janbazan拥有，它是“被压迫与残疾人基金会”，是一个由神职人员管理的强大的国家慈善机构。

2002年，在沙特阿拉伯抵制可口可乐之后，渗渗泉被非正式地称为麦加朝圣的软饮料。2003年1月，沙特王子图尔基·阿卜杜拉·费萨尔（Turki Abdallah al-Faisal）拥有的一家沙特公司与渗渗泉集团签署了一项协议，为该沙特公司在沙特阿拉伯、埃及和其他一些阿拉伯国家提供了一些独家经销权。渗渗泉集团在欧洲和亚洲的一些地区也被以有限的价格出售。

渗渗泉集团的总部位于伊朗首都德黑兰。德黑兰的装瓶设施是一个受欢迎的景点，人们可以亲眼看到被装瓶的饮料。由于装瓶设施靠近梅赫拉巴德机场，游客经常停下来参观。

渗渗泉最初只有一条生产线，然而公司现在在伊朗有17家饮料工厂，还有几家国际公司，通过许可生产和经销渗渗泉产品。渗渗泉开发了中东地区装备最齐全的饮料浓缩厂。渗渗泉伊朗公司在国内和国际市场上占有重要地位，并生产超过100种不同的产品，包括可乐、柠檬、橙子、柠檬水、杧果、矿泉水和非酒精麦芽饮料。渗渗泉也在阿拉伯联合酋长国和其他周边国家提供产品。

竞争情况

可乐碳酸饮料仍然是中东许多国家最流行的软饮料。尽管有各种抵制百事可乐和可口可乐的举措，但可乐仍然是这两家美国巨头的“现金牛”，似乎已经夺回了2002年左右抵制期间失去的市场份额。百事可乐和可口可乐在营销和促销活动方面似乎比以往更加积极。

在2010年，中东的碳酸可乐市场总量约为80亿升，其中18%在伊朗本土——渗渗泉集团的母国进行消费。在整个中东地区，预计2010～2015年，每年的可乐消费量将增长10%以上。

整个中东地区的市场份额（2010年）如表18C-1所示。

表18C-1 中东市场上可乐的市场份额

中东公司	市场占有率（2010年）（当场消费渠道）
可口可乐	51%
百事可乐	27%
渗渗泉	5%
其他	17%
合计	100%

资料来源：Adapted from Euromonitor.com and other public sources.

在伊朗，渗渗泉在可乐市场上的市场份额约占16%。

来自整个阿拉伯和伊斯兰世界的可乐饮料，如渗渗泉可乐、Arab可乐、Parsi可乐和Mecca可乐，已经出现将阿拉伯和穆斯林的身份推向可乐市场的趋势。Mecca可乐在瓶子侧面写上“摇醒你的良知”，提醒所有消费者不要将饮料与任何含酒精饮料混合。在大多数伊斯兰国家，饮酒是禁忌，在《古兰经》中是明文禁止的。

随后的发展

2012年，渗渗泉在迪拜投资园开设了一个价值1 000万美元的制造工厂，年产能达8 000万瓶。渗渗泉可乐公司已经在巴勒斯坦、伊拉克、阿曼和约旦设有制造工厂，总产能达6亿瓶。迪拜项目的下一个阶段将是一条水和果汁的灌装线——全部用于玻璃瓶、罐和PET瓶。

Ahmad-Haddad Moghaddam仍在考虑渗渗泉可乐未来如何增长，他认为欧洲可能会成为未来的市场，因为在欧洲有大量的穆斯林。2010年欧洲的穆斯林总人数约为5 300万人（占欧洲人口的7%），其中不包括土耳其。欧洲最大的穆斯林人口在俄罗斯（2 500万）和法国（600万）。2010年欧盟的穆斯林总人数约为1 600万人（占欧盟人口的3%）。

如果渗渗泉选择更积极地进入英国可乐市场，它将面临来自其他英国"穆斯林可乐"竞争对手的竞争，如Evoca可乐和Mecca可乐（该品牌似乎已从欧洲市场撤出）。

Evoca可乐的制造商Evoca Enterprises Limited于2003年5月在英国成立，并于2004年1月正式推出这个旗舰品牌。Evoca可乐目前在英国、法国和阿尔及利亚销售。

Evoca强调黑茴香籽的成分，因为它在伊斯兰文化中是众所周知的，并且有先知穆罕默德的圣训记载了它的治疗特性。由于穆斯林热衷于效仿他们的先知所做出的榜样，对先知的每一个演讲、思想和行动都非常感兴趣，因此可以提出一个论点来支持这样一个事实，即以适当方式进行营销以穆斯林为中心的产品和服务实际上是可以成功的（Wilson and Liu，2010）。

尽管添加了黑茴香籽可能是一个有利的市场推广角度，然而该产品并未以"穆斯林可乐"来进行定位或销售。由于其独特的100%矿泉水成分，由纯天然成分制成和正宗的可乐味道，使得该产品的主流吸引力不断上升。

问题：

1. 渗渗泉可乐在中东市场成功的主要原因是什么？
2. Ahmad-Haddad Moghaddam应该如何在文化上为他的销售团队做好准备，向欧洲的连锁超市销售渗渗泉可乐？
3. 你认为Ahmad-Haddad Moghaddam可以通过一家新的咖啡连锁店和一款新能量饮料来重复渗渗泉可乐在国际市场上的成功吗？

资料来源：Wilson, J.A.J. and Liu, J. (2010), ' Shaping the Halal into a brand? ', *Journal of Islamic Marketing*, 1(2), pp. 107–123；关于渗渗泉的公开资料.

案例研究18-2

TOTO：日本的坐便器制造商在美国为其高科技品牌寻找出口机会

平均每人每年去厕所2 500次，每天6～8次。人在一生当中使用厕所的时间至少有三年，而女性使用厕所的时间是男性的三倍（www.worldtoilet.org）。

日本坐便器制造商TOTO（www.toto.co.jp）成立于1917年，是世界上最大的坐便器制造商，每年生产超过1 200万个坐便器。TOTO在2012财年的净销售额为45亿美元；净利润为9 000万美元。2012年3月底，他们的员工总数为2.5万人。

多年来，TOTO在日本取得了销售成功。日本政府的统计数据表明，目前69%的日本家庭安装了以集成式的坐浴盆（以TOTO的Washlet品牌为代表）为特点的"创新型马桶座”，而1992年这一比例仅为14%。

TOTO拥有约1 500名工程师，以50%的市场份额占据“创新性马桶座”市场的主导地位。它最接近的竞争对手，日本的Inax公司，以25%的市场份额位居其后。日本马桶市场的数字如下：TOTO的市场份额为60%，而Inax约为30%。TOTO在日本以外的市场份额很小，2012年TOTO的总销售净额中有14%来自海外。中国市场是头号目标市场（占海外销售额的54%），美国是第二位（占海外销售额的24%），但美国仍然是TOTO的重要目标市场。

美国坐便器市场

美国是世界上最大和最具竞争力的市场之一：2012年，美国市场销售了1 400万个坐便器。2012年TOTO出口到美国的销售额约为1.5亿美元。1989年，TOTO开始进军美国市场，成立了TOKI KiKi美国公司。然而在2012年，TOTO在美国坐便器市场上的总体市场份额仍然非常小——约为6%。

据说，美国人七八年搬家一次，创造出比日本更大的二手房市场。因此，对卫生间改造的需求与新房有相同的水平（或更好）。与日本相比，美国对坐便器的节水规定更加严格。受到这些规定的刺激，业内专家预计未来将会出现更换坐便器的需求。

在美国，新房开工年率每年超过160万套，这在一定程度上归功于美国新房市场的低利率。即使在日本新建110万套新房，美国房地产市场的规模也要大得多，因此具有更大的潜力。TOTO通过厨房/卫浴专卖店和水厂的渠道把美国的高附加值市场作为目标市场，绕过家装中心渠道。TOTO通过厨房/卫浴专卖店和排水系统的渠道为客户提供服务，包括咨询和安装其产品。通过这种方式，TOTO希望能够占领美国坐便器的高端市场。

TOTO渗透美国市场但面临文化障碍

TOTO在1980年创造了坐便器的历史，当时，在销往美国的产品中将坐浴盆和马桶座结合在一起，生产出“Washlet”，为使用者提供温水冲洗功能。TOTO做了美国坐便器制造商不愿意尝试的事情——他们将电子产品带入了坐便器。顶级的Washlet现在配备了与立体声系统一样复杂的壁挂式控制面板。它们的多功能按钮可以调整喷嘴位置、水压和喷雾类型，以及在寒冷的冬日早晨还可以烘干、空气净化和座位加热。水温和座位温度可调。还设置了控件，以便当用户接近Washlet时盖子会升起。自1980年推出Washlet以来，全球已经售出了超过2 000万套（主要是在日本）。然而，美国是一个没有生产坐浴盆历史的国家。坐浴盆——通常是与坐便器一起使用的独立装置——源于法国，自1700年以来一直在欧洲南部地区使用。具有讽刺意味的是，大约30年前，TOTO开始从美国进口医院级坐浴盆，出售给日本老年人。它很快发现，这些坐浴盆有更大的市场，并将传统的坐浴盆改装成一个马桶座附件，该马桶座附件适合现有的抽水马桶。

尽管美国消费者才刚刚开始接触Washlet，但日本人正走向更高端的市场。TOTO新的Neorest产品，是Washlet集成式坐便器（2003年推出）去掉了马桶座的内边缘，并引入“龙卷风冲洗”。Neorest（售价5 200美元）拥有TOTO Washlet的所有功能，包括加热座椅、内置前后振荡或脉冲喷雾按摩的坐浴盆和暖风烘干机，所有这些温度控制装置都安装在壁挂式遥控器上。除了这些功能之外，智能马桶的内置空气净化器和运动传感器可以检测您的接近并自动抬起盖子。男性只需按一下按钮，就可以提升马桶座，这样就能指示设备以更少的水冲洗。完成操作之后，马桶会自动关上盖子（同时将马桶座放下）并进行冲洗。

问题：

1. 在与美国建筑协会的管理者就美国豪华公寓坐便器的新合同进行谈判时，TOTO的日本管理者会遇到什么文化障碍？
2. 一些分析人士认为，解决坐便器在文化上的规范和障碍是不值得的，TOTO最好将Washlet和Neorest从美国和欧洲全部撤出，并将注意力集中在更容易接受的亚洲市场，如中国，当然还有日本。你同意吗？为什么？为什么不呢？

资料来源：Toto annual and financial report 2012; adapted from Helms T. (2003, ‘The toilet marketplace’, *Supply House Times*, September 2003, pp. 72–78; www.ceramicindustry.com; www.toto.co.jp; www. worldtoilet.org.

第 19 章

Chapter19

国际营销计划的组织与控制

□ **学习目标：**

通过本章的学习，你能够：

- 检查公司如何在全球范围内建立其组织结构以及总部所扮演的角色。
- 识别影响组织重组设计的变量。
- 描述和评价国际化组织结构的类型，如职能型组织、区域型组织、产品型组织以及矩阵型组织等。
- 解释全球客户管理的陷阱与机会。
- 描述营销控制系统的关键要素。
- 列出营销绩效最重要的指标。
- 解释如何建立国际市场营销预算。
- 理解国际市场营销计划开发的步骤。

19.1 介绍

本章的总体目标是研究公司试图在最关键领域优化竞争反应时组织的内部关系。随着市场条件的变化，公司从纯粹的国内公司发展成为跨国公司，它们的组织结构、协调以及控制系统也必须要随之发生变化。

首先，本章将重点讨论公司现有的主要组织结构的优点和缺点，以及它们在国际化各个阶段中的适用性。然后，本章将概述采用控制系统来监督公司国际化运营的必要性。

19.2 国际营销活动的组织

国际营销组织的结构方式，是公司有效果和有效率地利用机会的重要决定因素，它还决定了公司应对问题和挑战的能力。进行国际化运营的公司必须决定组织是否应该按照职能、产品、地理区域或三者的组合（一个矩阵）来组织。组织变化演进特性如图 19-1 所示。

19.2.1 职能结构

在所有的类型中，**职能结构**（functional structure）（见图 19-2）是最简单的。在这里，管理层主要关注的是公司的职能效率。

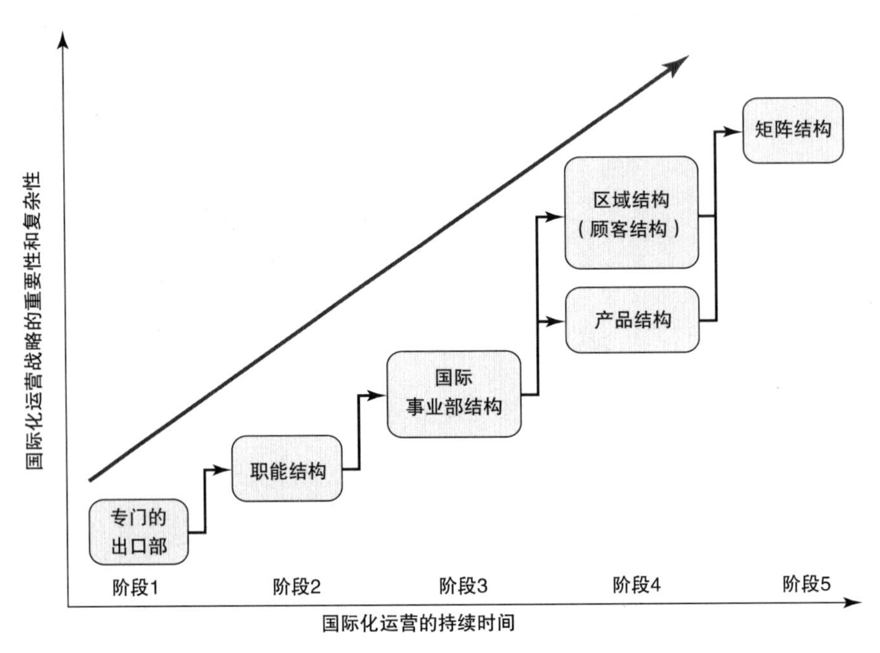

图 19-1 国际运营的结构化演进

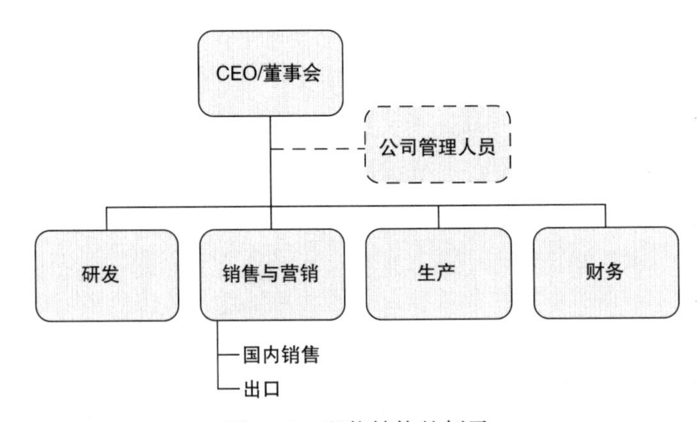

图 19-2 职能结构的例子

由于收到了国外的咨询，许多公司开始了它们的国际业务活动。作为刚开始国际业务的新公司，它没有国际化方面的专家，通常只有很少的产品和市场。在国际营销的早期阶段，国内营销部门可能会负责国际营销活动，但随着国际参与的增多，组织结构可能会形成一个出口部门或国际部门。出口部门可能是销售与营销部门的一个下属部门（见图 19-2），也可能与其他职能部门同一层级，这取决于公司出口活动的重要性。因为出口部门是公司组织结构国际化的第一步，所以它应该是一个完全成熟的营销组织，而不仅仅是一个销售组织。职能化出口部门的设计特别适合中小型企业（SMEs），同样也适合更大型的公司，这些大型公司是生产标准化产品的企业，而且处于发展国际业务的早期阶段，产品和区域的多样化程度较低。

19.2.2 国际事业部结构

随着国际销售的增长，**国际事业部结构**（international divisional structure）应运而生，由它直接负责整个国际战略的制定和实施。国际事业部将集合国际化的专业技能，有关国际市场机会的信息流，以及主导国际营销活动的专家来进行组建。但是，制造和其他相关职能仍然保留在国内部门，以便实现规模经济优势。

国际事业部适合那些新产品对环境不太敏感，同时国际销售和利润与国内事业部相比无关紧要的公司。

19.2.3 产品事业部结构

一个典型的**产品事业部结构**（product divisional structure）如图 19-3 所示。

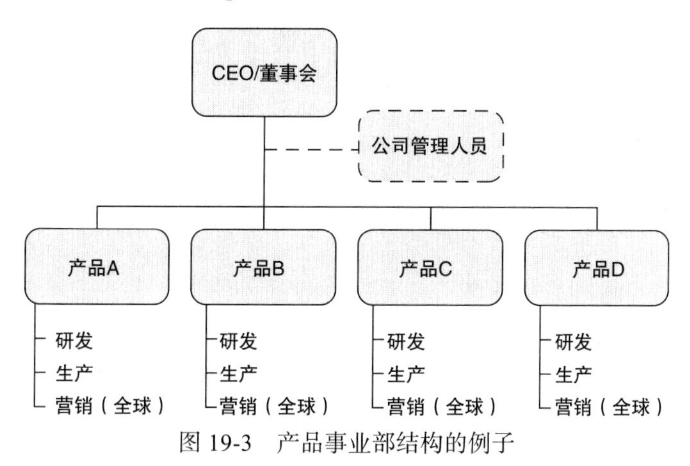

图 19-3 产品事业部结构的例子

总体而言，产品结构更适合具有国际业务和国际营销经验丰富，并具有多元化产品线和大量研发活动的公司。在产品具有全球标准化潜力的条件下，产品事业部结构是最为适用的。该方法的主要优点之一是，通过集中利用每个产品线的生产设施提高成本效率。在竞争地位由全球市场份额决定的行业中，这一点至关重要，而这往往取决于生产制造的合理化程度（利用规模经济）。这种结构的主要缺点是：

- 职能资源的重叠。在每个产品事业部都有研发、生产、营销和销售人员管理的职能。
- 销售和分销机构（子公司）的不充分利用。在“产品结构”中，产品的营销倾向于由公司总部（“国际营销”）集中处理。因此，对本地销售子公司机构的需求较少。
- 产品事业部往往在全球不同的市场上完全独立运作。例如，一个全球产品事业部的结构可能最终会在国外同一个国家的几个子公司不同的产品事业部报告，而总部却没有一个部门来总体负责公司在该国的运营。

19.2.4 区域结构

如果在全球市场上，产品接受度和操作要求的市场条件相差很大，那么**区域结构**（geographical structure）就是一个选择。这种结构对于具有同类产品（类似技术和通用终端市场）的公司尤其有用，但同时需要快速和高效的全球分销。通常情况下，世界被划分为地理区域（分部），如图 19-4 所示。

许多食品、饮料、汽车和制药公司都采用这种结构。它的主要优势是，通过对产品设计、定价、市场沟通和包装的细微修改，对地区或国家的环境和市场需求做出快速的反应。因此，这种结构鼓励了适应性的国际营销方案。此外，在区域内可以实现规模经济。这种结构受欢迎的另一个原因是它能够实现区域自治。然而，这也可能使协调产品差异，以及将新的产品理念和营销技巧从一个国家转移到另一个国家等任务变得复杂。

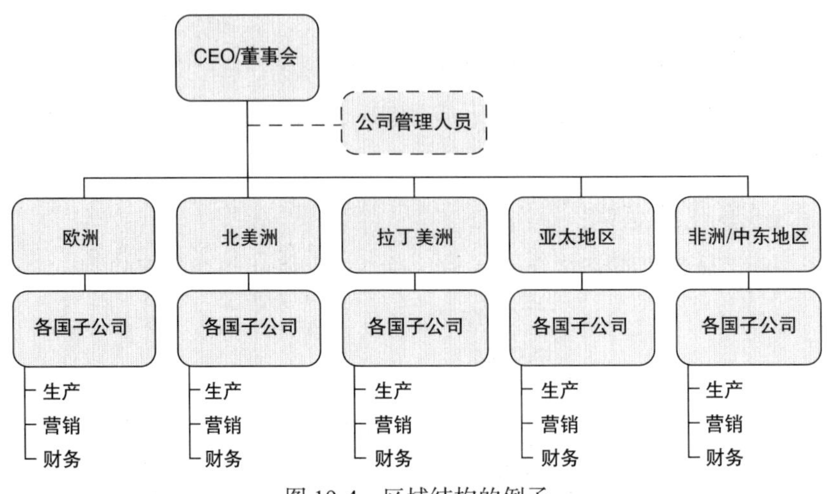

图 19-4 区域结构的例子

因此，各国结构确保了公司的区域专业知识的最佳使用，但这意味着产品和职能专业性就没有得到最佳的配置。如果每个地区都需要自己的产品人员和职能专家，那么可能会导致重复和低效。如图 19-4 所示，各国结构可能包括区域管理中心（如欧洲、北美洲）和基于国家的子公司。

1. 区域管理中心

区域管理中心（RMCs）的存在基于两个主要原因：

（1）当某一地区的销售规模变得可观时，就需要有一些专业人员来关注这个地区，从而更充分地挖掘这个已经在增长的市场潜力。

（2）区域内的同质性以及区域之间的异质性，要求对每个重要区域分别进行处理。因此，区域管理中心的存在成为一种合适的组织特征。

2. 基于国家的子公司

与区域中心平行或可替代的形式是，每个国家都有自己的子公司作为组织单位。基于国家的子公司的特点是高度适应当地环境。因为各子公司都发展自己独特的活动和自主权，所以有时将本地子公司与区域管理中心相结合，例如，可以利用欧洲国家一体化的机会，将欧洲各国的子公司与区域中心结合来。

公司也可以通过客户结构来进行经营，特别是当客户群体差异很大的时候，比如企业和政府。迎合这些不同的群体可能需要在特殊部门中集中一些专家。产品可能是相同的，但是不同客户群体的购买过程可能有所不同。政府购买的特点是竞价，在这种情况下，价格扮演的角色要比其他的购买者大得多。关于地理结构的许多做法也适用于客户结构。

19.2.5 矩阵结构

产品结构往往能为生产在各国合理化布局提供更好的机会，从而降低生产成本。另外，地理结构更能适应当地市场的趋势和需求，以在整个地区能够进行更多的协调。

一些跨国公司需要同时具备这两种能力，因此它们采用了一种更为复杂的结构：**矩阵结构**（matrix structure）。国际化矩阵结构由两个相互结合的组织结构组成，因此具有双重报告关系。这两个结构可以是已经讨论过的那些一般组织形式的组合。例如，矩阵结构可能包括产品部门与职能部门的结合，或者区域结构与国际事业部的结合。这两个相互结合的结构在很大程度上取决于组织所认定的其所处环境中的两个主要决策因素。

典型的国际矩阵结构是一个分析产品和区域的二维结构（见图 19-5）。一般来说，每个产品部门对于其世界范围内的自身业务都承担责任，而每个地理或区域部门也都对该区域的运营负有责任。如果国家组织（如子公司）牵扯其中，它们对于运营的责任就在国家层面上。

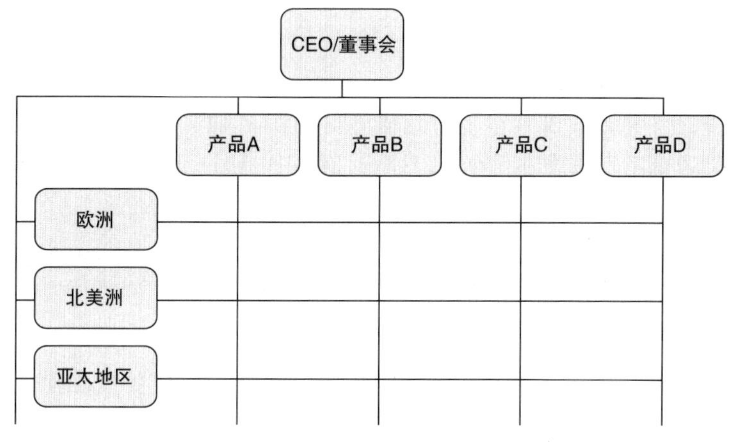

图 19-5 矩阵结构的例子

由于产品和区域这两个维度在子公司层面重叠，因而都进入本地决策和本地计划的流程中。假定区域经理和产品经理将捍卫各自不同的立场，这将导致紧张并引发冲突。区域经理倾向于对当地的环境因素做出反应，而产品经理将倾向于支持成本效率和全球竞争力。矩阵结构有意创建一个双重焦点，以确保产品和地理区域之间的冲突问题被识别并且能够得到客观分析。

这种结构对于产品多样化和地理分布广泛的公司来说是非常适用的。通过将产品管理方法与以市场为导向的方法相结合，企业可以同时满足市场和产品的需求。

19.2.6 国际经理未来的作用

20 世纪 80 年代末，许多有国际导向的公司采用了跨国模式（Bartlett and Ghoshal，1989）。该模式认为，企业应充分利用其跨境经营的能力，并转移其最佳做法至其他市场，以实现全球化和本土化。这样，企业就避免了重复其职能活动（产品开发、制造和营销）。然而，它要求高层管理人员能够在这三个方面进行思考、操作和交流：职能、产品和地理。当然，几乎没有这样的“超级经理人”！

在奎尔奇（Quelch，1992) 的一项研究中，一位经理谈到了管理角色的变化：“我是在本土化调整和全球标准化之间角力的冲突点。我的老板告诉我要具有全球化思维、本地化行动。那真是说比做容易”（p.158）。

对于一个国际经理来说，没有一个通用的解决方案，但奎尔奇和布鲁姆（Quelch and Bloom，1996) 预测了“跨国经理的衰落和本土经理的回归”。他们研究了不同国家经理人的行为，并得出以下结论：在新兴市场（如东欧）的机会一定会被具有企业家精神的本土经理人抓住，而国际经理人更适合稳定且饱和的市场，比如西欧。

格玛沃特和范特拉彭（Ghemawat and Vantrappen，2015）的结论也强调了这一点，认为世界上绝大多数的大公司（87% 的《财富》全球 500 强），是由公司总部所在国的本土 CEO 来管理。然而，一个例外是萨提亚·纳德拉（Satya Nadella），他出生在印度，2014 年成为微软 CEO）。作为本土 CEO 的结果，高层管理团队需要更加多元化。跨国公司高层的国家和文化多元化应该成为董事会讨论的话题。

19.3 全球客户管理组织

全球客户管理（global account management，GAM）可以被理解为一种以关系为导向的营销管理方法，侧重于在 B2B 市场中处理重要的全球客户（如一个账户）的需求。

全球客户管理可以定义为在一个全球供应商组织中通过从总部集中服务一个重要客户来协调和管理全球活动的组织形式（一个人或一个团队）（Harvey et al.，2002）（见图 19-6）。

供应商
GAM=对全球化经营进行
大客户关系管理
全球客户
（全球账户=GA）
进入国际分销渠道网络

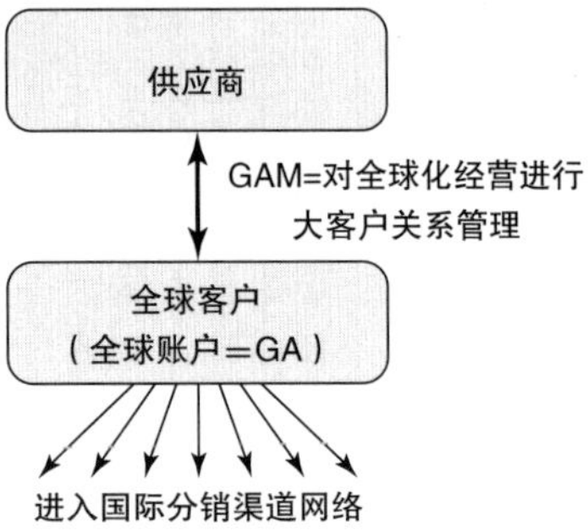

图 19-6 全球客户管理（GAM）

对于雄心勃勃且以成长为导向的小型供应商企业来说，必须学会如何与具有互补性的资源和能力的大型跨国公司（全球客户）开展合作，通过全球客户的国际分销系统，在全球范围内推广创新产品。换句话说，这些小供应商必须认真考虑，如沙梅恩和伯金肖（Prashantham and Birkinshaw，2008）所说，学习如何“与大猩猩共舞”。

全球客户是指对实现供应商的公司目标具有战略意义的客户，该客户在全球范围内追求一体化和协调性的战略，并要求有全球一体化的产品 / 服务供应体系（Wilson and Millman，2003）。

全球客户经理是在卖方公司中，对于买方公司而言能够代表卖方公司的能力，对于卖方公司而言能够代表买方公司的需求，或者兼具两种功能的人（Hollensen and Wulff，2010）。

由于大多数行业会进行整合（通过并购和全球战略联盟），GAM 战略的重要性将会日益增加（Harvey et al.，2002；Shi et al.，2004，2005）。这种发展趋势意味着大跨国公司客户会越来越强大，购买力也越来越强。接下来，我们将讨论供应商应对这一变化所采取的措施。

成功的 GAM 通常需要理解产品和服务管理的逻辑。此外，如果在战略层面管理不好，那么优秀的运营水平和能力也是没有用的；反之亦然——GAM 将战略和运营层面的营销管理相结合。

下面讨论的起点是希望实施 GAM 的公司。GAM 之后的发展主要从二元视角探讨。

19.3.1 GAM 的实施

希望用合适的全球客户来成功实施 GAM 的公司，可能会经历以下四个步骤（Ojasalo，2001）：

（1）识别卖方公司的全球客户。

（2）分析全球客户。

（3）为全球客户选择合适的战略。

（4）发展运营能力，构建、发展并保持与全球客户之间有益的长期持续性的关系。

1. 识别卖方公司的全球客户

这意味着要回答以下问题：哪些现有的或潜在的客户对于我们的现在和未来具有战略意义？

以下标准可以用来确定战略上重要的客户：

- 销量；
- 关系的持续时间；
- 卖方公司在客户购买中所占的份额——新型关系营销（relationship marketing，RM）范式衡量了其在客户业务中获得长期收益方面的成功程度，与大众营销不同，大众营销以市场份额是否增加来衡量盈利或亏损，而这种增加可能是暂时的（Peppers and Rogers，1995）；
- 客户对于卖方来说的盈利能力；
- 战略资源的利用：执行 / 管理承诺的程度。

客户被确定为全球客户（战略客户）的标准与可能性之间存在正相关。

2. 分析全球客户

包含的活动如下：

- 全球客户的基本特征。包括从相关经济和活动方面评估其内部和外部环境。例如，这包括了客户内部价值链的投入、市场、供应商、产品和经济状况。
- 关系史。包括从相关经济和活动方面评估关系历史。例如，这包括销量、盈利能力、全球客户的目标、购买行为（客户的决策过程）、信息交换、特殊需求、购买频率和投诉。在上述方面，理解 / 评估关系的价值起着特别重要的作用。来自每个全球客户的收益（客户终身价值）应该超过在一定时间内建立和维持关系的成本。
- 关系承诺的水平和发展。客户对于现在和预期关系的承诺很重要，因为企业与客户的业务范围取决于此。
- 双方目标的一致性。买卖双方的目标一致性或利益共同性，极大地影响了它们在战略和业务层面的合作。共同利益和关系价值共同决定了两家公司是合作伙伴、朋友还是竞争对手。一个组织的目标定位如果低于其客户正在寻找的伙伴关系时，就会存在失去参与该客户业务的长期份额的风险。
- 转换成本。如果关系解散，评估全球客户和卖方公司的转换成本是有用的。转换成本是将现有合作伙伴替换为另一个合作伙伴的成本。转换成本对双方而言可能会有很大的不同，从而影响了关系中的权力地位。转换成本也称为交易成本，受到关系中无法挽回的投资、所做的调整和已经发展起来的关系等方面的影响。高转换成本可能会阻止关系的终止，即使全球客户对卖方公司的积累满意度可能不存在或为负数。

3. 为全球客户选择合适的战略

这在很大程度上取决于卖方和全球客户的权力地位。不同客户的权力结构可能有很大差异。因此，卖方公司通常不能自由选择战略——如果有意愿保留客户，通常只有一种战略可供选择。

卖方公司可能更倾向于避免过于强大的客户。有时卖方公司意识到，那些现在不那么有吸引力的客户，可能会在未来变得有吸引力。因此，在某些情况下，策略的目的可能仅仅是为了未来的机会而维持关系。

4. 发展运营层面的能力

这是指下面这些定制和开发的能力。

（1）产品 / 服务的开发和绩效。在卖方公司与工业或高科技市场上的全球客户之间开展联合研发项目很典型。此外，在准时制生产（JIT）与分销渠道中应用信息技术（IT）也增加了在消费市场定制产品的可能性。

合作开发的新产品不一定比内部自主研发的产品更成功。然而，研发项目可能带来其他类型的长期利益，比如可以接触到客户组织并进行学习。提高向全球客户提供服务的能力是非常重要的，因为即使核心产品是有形产品，通常也是相关的服务将卖方公司与竞争对手区分开来并形成竞争优势。

（2）组织结构。可以培养卖方公司的组织能力来满足全球客户需求，例如，通过调整组织结构以满足客户的全球化和本地化需求，以及通过增加卖方公司和客户的对接次数以及对接人的数量。全球客户管理的组织能力也可以通过组织团队来培养，组织团队应有管理全球客户的必要的能力和权力。

（3）个人（人力资源）。与个人相关的公司能力包括选择合适的人员作为全球客户经理和为全球客户团队甄选合适的人才，并培养他们的相关技能。全球客户经理的职责往往是复杂多样的，因此需要具备大量的技能和资质，在选择和培养全球客户经理时应该考虑到这一点。

现在较常见的是，目前的全球客户经理往往善于与客户保持私人的关系，但缺乏在客户关系发生变化时领导客户团队所需的通盘技能。因此，需要评估卖方与客户之间需要对接的总体情况。可能需要通过从一对一（全球客户经理与主要买家之间）的依赖关系转变为跨越许多不同项目、职能和国家的组织关系网络。

（4）信息交换。卖方公司与全球客户之间的信息交换在 GAM 中尤其重要，一个重要的特定任务就是搜索、过滤、判断和存储关于合作伙伴的组织、战略、目标、潜力和问题等信息。然而，这主要取决于双方的相互信任程度、伙伴的态度以及技术协议。全球客户的信任是指相信卖方公司通过提高其业绩可以不断盈利的同时不断提高技术水平，如 IT 行业。

（5）公司和个人层面的收益。在 B2B 环境中，成功的长期 GAM 总是需要能够为全球客户提供公司和个人层面的收益。

公司层面的收益是理性的，可以是短期的或长期的，直接的或间接的，通常有助于全球客户的营业额、盈利能力、成本节约、组织效率和效益，以及公司形象。个人层面的收益可能是理性的或感性的。从关系管理的角度来看，国际营销中的个人有权继续或终止合作关系。理性的个人层面的收益有助于自己事业的发展、收入的提高和工作的轻松；个人情感层面的收益包括友谊、关爱和自尊心的提升。

19.3.2 GAM 的二元发展

图 19-7 中的米尔曼 – 威尔森（Millman-Wilson）模型描述了买方和卖方之间关系的典型二元发展过程，分为五个阶段：前 GAM 阶段、早期 GAM 阶段、中期 GAM 阶段、基于伙伴关系的 GAM 阶段和协同 GAM 阶段（Wilson and Millman，2003）。

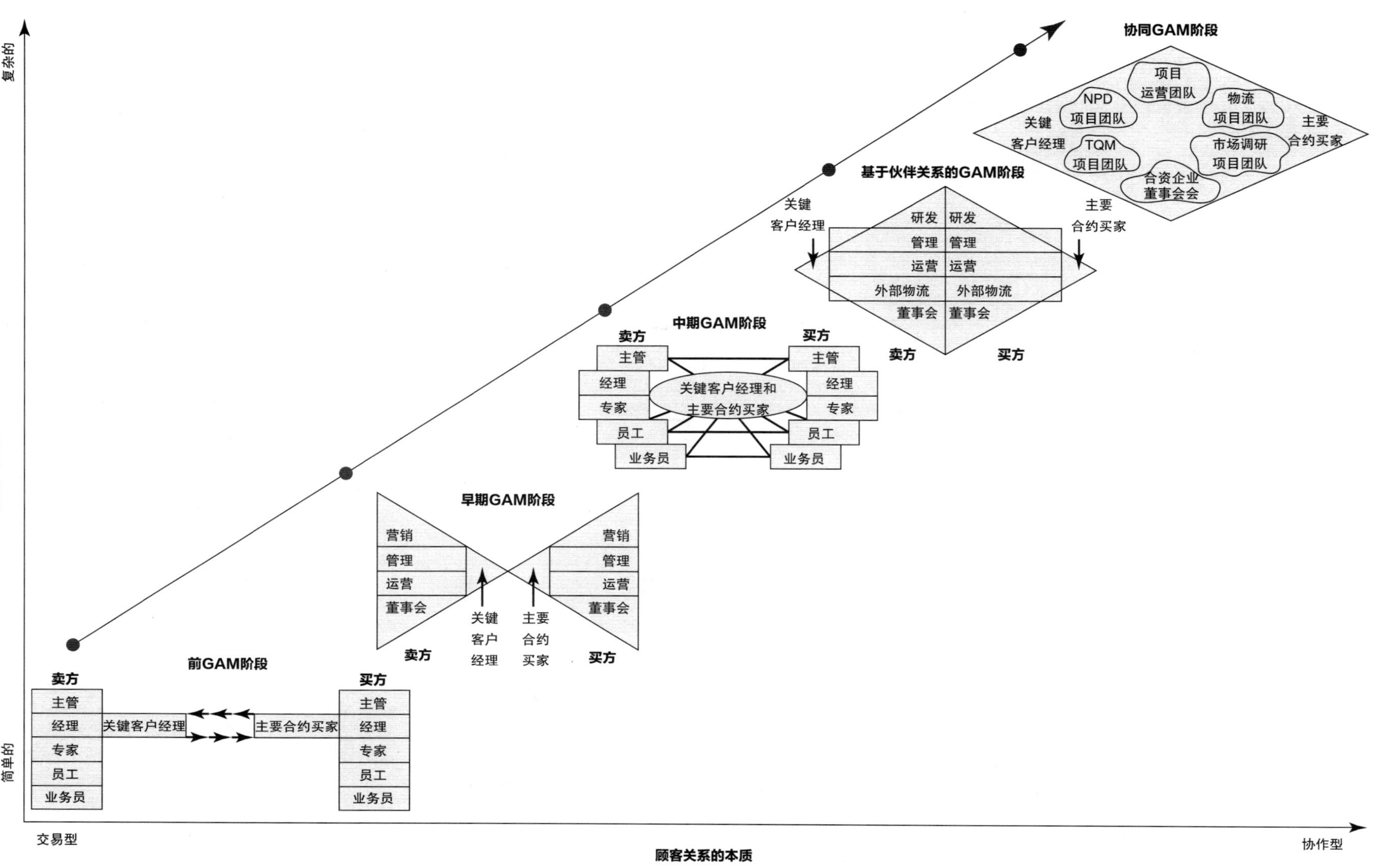

图 19-7　关系发展模型

资料来源：改编自 Millman and Wilson (1995); Wilson and Millman (2003)。

（1）前 GAM 阶段。它描述了 GAM 的准备阶段。一家买方公司被识别为具有成为重要客户潜力，卖方公司就应开始将资源集中于获取该业务。卖方和买方在交易之前都会发出信号（实际信息）和交换信息（互动）。此时需要建立联系网络，以获取有关客户运营的知识，并开始评估关系发展的潜力。

（2）早期 GAM 阶段。在这个阶段，卖方公司关心的是赢得客户之后，识别向客户渗透的机会。这可能是最典型的销售关系——经典的“领结”。

在此阶段需要对解决方案进行调整，关键客户经理将专注于更多地了解客户以及客户相互竞争的市场。买方公司仍将对其他卖方公司进行市场评测。对全球客户及其核心竞争力、关系深度以及创造特定关系价值的潜力，在这个阶段都是有限的。随着客户的潜力被识别，需要全球客户经理来确保供应商的资源配置以最好地满足客户的需求（Wilson and Millman，2003）。卖方公司必须专注于产品、服务和无形资产——买方公司希望产品供给是关系建立的主要因素，并期望它能够正常运转。

（3）中期 GAM 阶段。这是基于伙伴关系的 GAM 阶段经典的“领结”型与“钻石”型之间的过渡阶段（见图 19-8）。

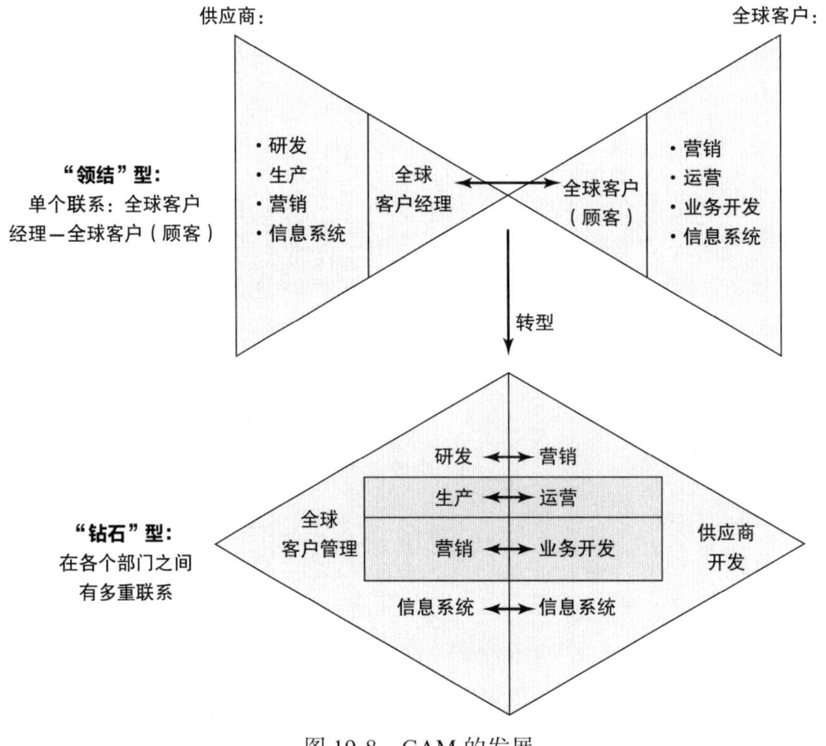

图 19-8　GAM 的发展

在这个阶段，卖方公司已经与买方公司建立了信任。两个组织之间的联系在各个层次上都有所增加，并且变得日益重要。然而，买方公司仍然感到需要其他的供给来源，这可能是由客户热衷于选择的本能驱动的。卖方公司的产品经过周期性的市场测试，而且被认为是可靠且具有稳定价值的，此时卖方公司是“首选”供应商。

（4）基于伙伴关系的 GAM 阶段。这是利益开始流动的阶段。达成合作伙伴关系的 GAM 后，卖方公司被买方公司视为外部战略资源。两家公司将分享敏感信息，共同解决问题。定价将是长期稳定的，双方都允许另一方获利。

如果早期 GAM 阶段的“领结”型的一个主要劣势是无法进入客户的内部流程和它的市场，那么“钻石”型关系的主要优点是发现并理解“全球客户”的“开放性”。

全球客户将测试所有供应商的创新，以便能首先获得最先进的技术，并从中获益。买方公司期望保证供应的连续性并获取最好的材料。企业专长将被分享。卖方公司也期望从持续改进中获益。在合适的情况下，双方可能会联合推广。

（5）协同 GAM 阶段。这是关系发展模型的最终阶段。在合作伙伴关系阶段获得的经验——协调团队销售，指导团队沟通——将是推动协同 GAM 发展的良好起点。关系越紧密，对客户的了解就越多，创造企业价值的潜力就越大。

在这一阶段，卖方公司了解到，它仍然没有自动参与客户业务的权利。然而，退出障碍已经形成。买方公司相信与卖方公司的关系正在提高产品质量和降低成本。成本核算系统变得透明化，双方将会进行联合研发。

组织间各层级和各职能都会有不同程度的交流。高层管理者的承诺将通过联合董事会的会议和审查来实现。双方将会有联合商业计划、联合战略和联合市场调研。信息流动应当合理化，信息系统整合将得到规划或落实。交易成本将会降低。

虽然合作伙伴双方在不同的 GAM 阶段都有明显的优势，但也有陷阱。随着各个阶段接触的增加，业务活动的速度也越来越快——说错话和做错事情的风险也越来越高。在整个过程中，关键客户经理从“超级销售员”转变为“超级教练”。在最后两个阶段，关键客户经理转变成指挥整个团队的“超级协调员”。

如果关键客户经理没有随之行动，那么失去控制的潜在风险就会很大，导致虽然出发点正确，但个体受到误导而各行其是。

关键客户管理要求流程优化以及高素质的专业人士管理与战略客户之间的关系。对于大多数公司而言，这意味着改革。有一种变革是必需的，即当活动的方式产生成本，而且成本是由于从产品或地理聚焦转变为顾客聚焦时产生。目前大多数公司的财务或信息系统难以支持更高级别的关键客户管理。需要转变专业人员对客户关系负责的方式，从强调销售技能向包括跨文化管理技能在内的管理技能转变（McDonald et al.，1997）。

从供应商（卖方）的角度，我们通过评估进入 GAM 的优缺点来结束本节。

1. 供应商（卖方）GAM 的优势

- 可以更好地满足客户的全球需求，因为客户在全球只有一个供应商，而且对产品和服务有特定的需求。
- 较小的供应商往往具有大型跨国公司依靠自己力量努力高效地研发才拥有的重要的互补性资产，如专利技术。大多数大型跨国公司积极地在全球范围内寻求新的创意和创新。事实上，很多大公司认为这是它们竞争优势的主要来源之一。
- 为竞争对手设置障碍。由于转换成本高，（供应商的）全球竞争对手难以替代现有的供应商。如果供应商成为首选供应商，客户将会更加依赖在此关系中的供应商。
- 通过与关键客户建立更紧密的联系，促进现有产品和服务的销售。
- 促进引进新产品 / 服务。全球客户更乐意试用新产品并拥有更完善的产品线。
- 协调跨境营销 / 销售活动可能会增加该产品对于客户的全球销售份额。GAM 战略使供应商能够协调国际营销方案（比如标准化），同时允许依据个别国家的环境进行本土化调整。

- 提高了供应商供应的有效性。由于销售的增长和全球协调程度的提高，供应商和客户之间战略“匹配”会提高供应商的运营效果。
- 通过利用学习效应，供应商能够降低为每个新的国家 / 地区创建合适规划的边际成本。通过这种方式，GAM 战略可以实现规模经济和范围经济。
- 通过客户的全球网络，供应商可以获得世界各地的新客户。

2. 供应商（卖方）GAM 的劣势

- 供应商将受到来自全球客户的压力，以提高全球一致性——迫使供应商建立 GAM，以维持其全球“首选”供应商地位。
- 小企业不太能引起跨国公司关键决策者的关注，这与跨国公司—跨国公司之间关系的情况截然不同，在这种关系中高管是平等的伙伴关系。因此，较小的供应商存在资源不对称的问题。较小的供应商对于潜在合作伙伴而言缺乏声誉、财力和人力资源，这与跨国公司—跨国公司之间平衡关系的情况形成鲜明的对比。事实上，在很多方面，小型供应商和跨国公司是完全不同的组织，这使得沟通和知识转移非常困难。跨国公司通常在产品线和员工角色上有明显的区分，在每个活动上都有许多职能专家和明确的流程。小型供应商则充满了通才，其中许多人执行多种职能，他们通过特设和非正式的过程完成工作（Prashantham and Birkinshaw，2008）。
- 通常，供应商针对不同国家的不同子公司客户采取不同的价格。然而，全球客户可能会尝试使用 GAM 作为降低全球价格的手段，其论据是在客户的全球子公司网络中应该具有定价的权益 / 共同性。然而，伊普和宾克（Yip and Bink，2007）的研究表明，供应商在全球一致的服务表现比给予全球客户更低的价格更加重要。因此，采用 GAM 的供应商可以与全球客户建立关系，而这超越了价格折扣。
- 存在全球范围内所有贸易条件“标准化”的压力，而不仅仅是价格。因此，全球客户对于数量折扣、运输费用、间接费用、特别费用等问题的要求日趋一致。
- 由于主要竞争对手使用 GAM 战略而导致供应商而失去关键客户——供应商，可能会被强迫建立一个 GAM 团队匹配或抵消竞争对手的关键客户战略。
- 通常，GAM 策略与采用某种矩阵组织有关。因此，供应商组织可能会有多个决策者，从不同的角度做出相同的决策（如全球化与本土化）。由于全球和本土层面的并行结构，管理成本可能会增加。此外，并行结构可能会减缓决策过程。

19.3.3 全球客户管理的组织架构

如图 19-9 所示，有三种不同的组织模式。

1. 集中型总部—总部谈判模型

该模型显示了有关产品标准化的情况。客户总部将收集来自世界各地不同子公司的需求。然后，客户将与供应商会面，将进行总部与总部之间的谈判。在这种情况下，客户通常会利用显著的购买力，因为没有任何国际组织能够帮助供应商抵消这种购买力。对于供应商，标准化的（高）质量是被邀请与客户总部进行谈判的条件。随后，讨论将很快归结为“合适的”价格的问题。供应商将始终面临降低价格的压力，于是将尝试降低生产和包装成本。

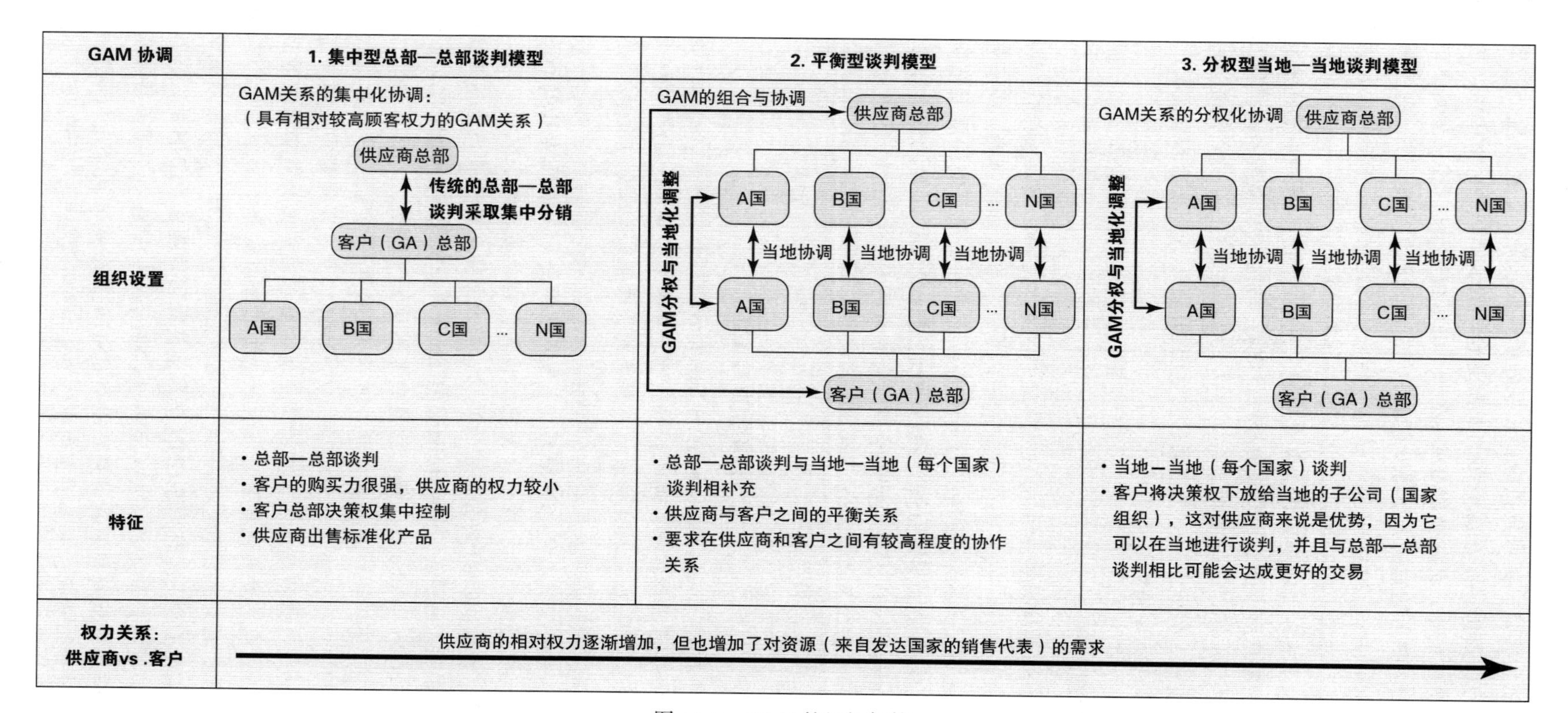

图 19-9　GAM 的组织架构

资料来源：Based on Hollensen (2006).

宜家是典型的大客户，其家具供应商长期处于被要求降价、提升生产效率以降低成本的压力下。大约在2005年，宜家计划将其配送仓库的成本每年降低10%。为了实现这一目标，他们每周对北美、亚洲和EMEA（欧洲、中东和非洲）三个主要地区的每个地区进行全球需求预测。执行的解决方案将库存水平与需求预测相平衡，并通过宜家订购系统进行相应补充（Scheraga，2005）。宜家依据零售商店的销量将订单每周或每天发送给供应商。

宜家供应商迫于施压，将更频繁、更直接地向世界各地的宜家商店运送家具。如果宜家总部邀请欧洲的家具供应商成为宜家的全球供应商，那么它应该准备在世界其他两个主要宜家地区（欧洲以外地区）：北美和亚洲，建立生产和组装工厂。这将需要这些欧洲家具供应商进行大量投资。另外，这一投资通过其主要的国际（全球）客户（宜家），为它们提供进入新的大型家具市场的机会。

2. 平衡型谈判模型

在本模型中，以国家为基础的分权式本土谈判将对总部—总部谈判进行有力补充。通常，这将以客户的本土子公司与供应商的不同合作伙伴（如代理商）或子公司之间的谈判形式进行。总部—总部的谈判将为当地的后续谈判确定可能的成果范围。这导致国家间的价格差异，同时产品为适应当地条件而进行必要程度的调整。丹佛斯（www.powersolutions.danfoss.com）是此模型的子供应商的示例（见营销洞见19-1）。

营销洞见 19-1

丹佛斯的GAM

丹佛斯动力解决方案公司（Danfoss Power Solutions，简称“丹佛斯”）是全球领先的液压动力传动系统（主要用于移动作业车辆）的开发、生产和销售公司之一。丹佛斯在欧洲、美洲和亚太地区拥有销售、制造和工程的能力。丹佛斯的全球主要客户是约翰迪尔、纽荷兰、英格索兰、爱科和卡特彼勒（另请参阅案例研究6-2）。

丹佛斯的全球主要客户之一（OEM客户）凯斯纽荷兰（Case New Holland，CNH）公司，是全球第一大农用拖拉机和联合收割机制造商，也是第三大农机制造商。2014年的收入总计为330亿美元。CNH的总部位于美国，其经销商和分销商网络遍布160多个国家。CNH的农产品由Case IH、New Holland和Steyr等品牌销售。CNH施工设备由凯斯、FiatAllis、Fiat Kobelco、Kobelco、纽荷兰和O & K等品牌销售。

CNH在经历了1999年的兼并案之后，成为OEM客户方面进行合并的代表。整合的结果是，在中长期内，只有不到10家最大的OEM客户占丹佛斯潜在销售额的一半以上。毫无疑问，全球价格下跌的压力将持续下去。全球商业文化趋势正在导致客户方的购买过程更加专业。这一发展需要采用一种新的方式来组织丹佛斯，答案就是GAM。如图19-10所示，丹佛斯通过在印度、中国、波兰、北美、意大利、巴西、德国和英国组建当地生产基地和GAM团队，满足了CNH全球生产部门的要求（CNH的法国生产单元外包给了丹佛斯的德国生产单元）。GAM团队与CNH合作，试图找到更具成本效益的解决方案，而不是简单地降低价格。丹佛斯正追随CNH进入低成本国家，如印度和中国。在CNH所有的全球生产单元中，对于更高程度的外包和业务组合的价值增值的要求都存在着重重压力。丹佛斯通过提供预先组装好工具包并向 CNH 提供更多系统解决方案来实现这一要求。

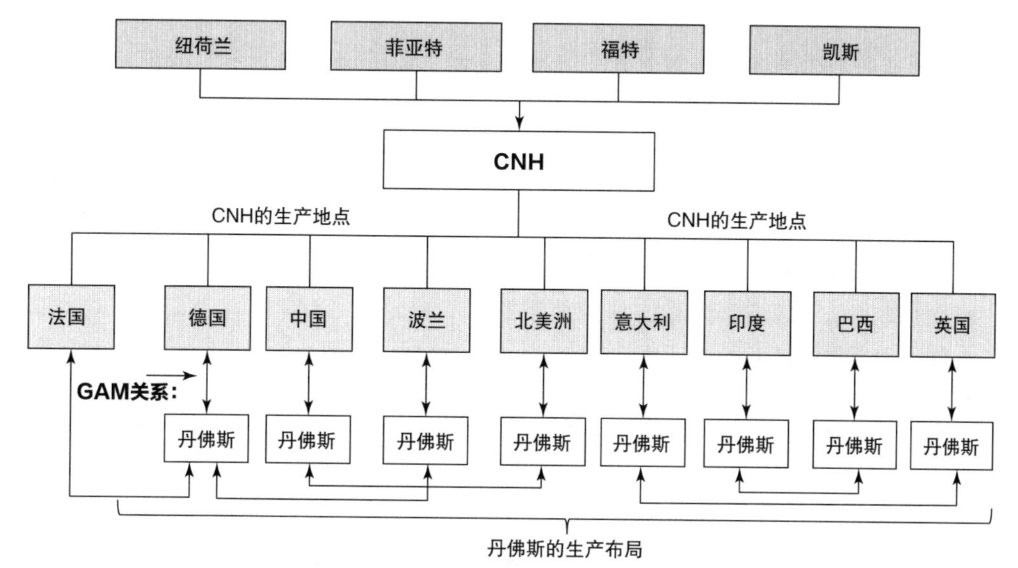

图 19-10　丹佛斯与 CNH 全球客户管理关系

资料来源：丹佛斯公司材料（如 2014 年的资料）；Hollensen (2006)。

3. 分权型当地—当地谈判模式

根据这种模式，谈判只能在当地进行，部分原因是供应商日常销售的系统解决方案高度区别于不同的市场（国家）。改变模式意味着总部不能直接参与到协商过程中。客户行业的整合过程可能会导致此结果。如果客户参与了多宗并购，就不太能了解在新合并的跨国公司决策结构中的整体情况。在这种情况下，客户将倾向于将重要的决策下放到国家子公司，因为它已经失去了对跨国公司概况的整体了解。控制和协调刚合并的公司决策流程是非常困难的。因此，高层管理人员通常会将购买决定转交给当地子公司的决策者。

供应商与客户的当地组织进行谈判，为供应商实现局部优化提供了较好的机会。通过使用这种方法，供应商可能处于相对更好的谈判位置，并且可能通过使用该模型在一些市场中实现更好（更高）的价格。但是，供应商可能需要更高的成本来满足客户当地子公司的不同要求。此外，该模型还要求供应商拥有熟悉供应商产品解决方案的子公司或合作伙伴（如代理商）构成的网络，为客户在不同国家的子公司提供适合当地的产品解决方案（参见营销洞见 19-2）。

营销洞见 19-2

丹麦安科：适用于模型 3

安科（AGRAMKOW, www.agramkow.com）就是适用于这个模型的一个公司。安科（丹麦）的目标是成为流体制冷剂灌装设备的全球领先开发商和供应商之一，这些制冷剂用于冰箱或汽车空调等。2011 年，它们的总销售额约为 3 500 万美元，其中 95% 在母国（丹麦）之外的海外市场上实现。员工总数为 130 人。安科的全球客户是大型的跨国公司，如美国的惠而浦，瑞典的伊莱克斯、韩国的三星、中国的海尔、德国的西门子和美国通用电气。

事实上，并购的结果是，全球客户越来越少。例如，安科的工艺流体填充系统被安装到冰箱制造商伊莱克斯的总生产线中。安科在全球“仅有”三家或四家子公司，并没有多家子公司来支持其主要全球客户的当地生产单元（如 Danfoss Power Solutions 公司的案例），它已将安科的价值转让给经销商和代理商，以便将它们变成具有内在安科价值的合作伙伴。安科管理层通过邀请所有潜在合作伙伴参加丹麦安科总部日常的研讨会和会议，实施了合作伙伴战略。这些会议的目的是为了增加：

- 共同的团队精神和对安科共同价值观和目标的承诺——这也通过一些共同的社会活动（如体育活动）来实现；
- 销售技巧，以赢得当地的全球客户业务；
- 安科设备/解决方案的安装、集成、维护和维修技术能力；
- 了解关于安科的绩效和其他市场活动（如竞争者活动）的持续性反馈信息的必要性。

之后，合作伙伴及其组织（如中国合作伙伴）可以更好地为当地全球客户单位（例如，中国当地的伊莱克斯冰箱生产单位）提供定制产品，当地服务和客户服务。这也意味着安科在当地增强了对其重要的全球客户之一伊莱克斯的相对实力。

尽管有了这种积极的发展，但在将经销商和代理商转变为合作伙伴的过程中也存在一些困难。那些对于安科产品和服务的营业额较小的组织并不太愿意参与这个过程（Hollensen，2006）。

资料来源：安科的相关资料。

总而言之，由于全球大多数行业的整合，GAM 战略的重要性在未来将进一步凸显。与大型全球客户的关系合同的发展——客户与供应商之间的合作成为长期的全球关系——具有一些积极的成果。然而，在决定实施 GAM 战略时，需要大量学习，因为执行该战略时伴随着高风险和高退出壁垒。

19.4 控制国际营销计划

国际市场规划的最后一个阶段是控制过程，但该阶段往往被忽视。控制不仅对评估公司的绩效有重要意义，而且可以通过提供反馈完成整个规划周期的闭环，并为成为新规划开始的起点。

图 19-11 说明了营销计划、营销预算和控制系统之间的联系。

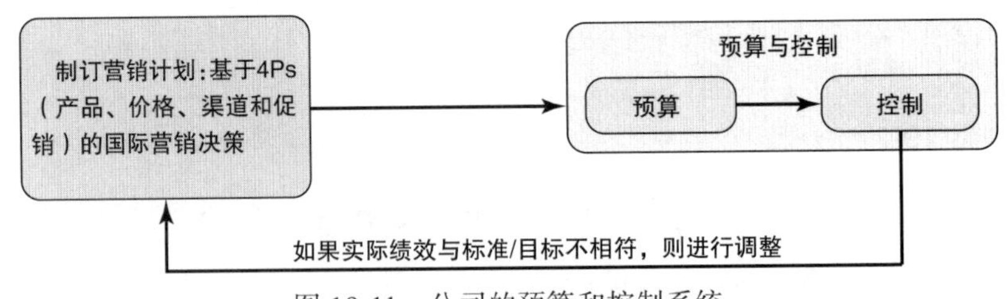

图 19-11 公司的预算和控制系统

在制订国际营销计划之后，其量化工作将以预算的形式出现。预算是营销控制系统设计的基础。该系统为国际营销计划的重新制订提供必要的反馈意见。营销预算是行动和预期成果预测的基础，因此需要被准确地监测和控制。事实上，根据预算来衡量绩效是主要的（常规的）管理评估过程，其结果产生了图 19-11 中的反馈。

营销预算的目的是将营销所涉及的所有收入和成本进行综合，形成一个综合性的文件。它是一种管理工具，可以平衡需要花费的资金与所能提供的资金，并帮助做出优先选择。预算在实践中用于监控绩效。营销预算通常是最有力的工具来了解期望的结果和可用的手段之间的关系。其出发点应该是已经在营销计划中制订的营销战略和计划。在实践中，战略和计划将并行推进，并将相互作用。

然而不幸的是，“控制”通常被组织的人认为是负面的。如果个人担心控制过程不仅会被用来评判他们的表现，而且作为惩罚他们的基础，那么人们将对控制产生恐惧。

国际营销的评估和控制可能是许多公司营销实践中最薄弱的环节。即使在战略营销规划方面很强的组织也会忽略国际营销的控制和评估程序。造成这一结果的原因很多，但主要是没有一个“标准化”营销控制系统。

组织结构的功能是提供一个可以实现目标的框架。然而，需要一整套工具和流程来影响组织成员实现目标的行为和绩效。关键问题与组织结构相同，即需要控制多少？一方面，总部需要信息来确保国际活动对整个组织产生最大的利益；另一方面，控制不应被视为法律规范。

全球性的问题是确定如何建立一个能够早日识别新问题出现的控制机制。这里考虑了适用于评估过程、控制风格、反馈和纠正措施的各种标准。这些概念对于所有企业在国际市场上至关重要。

19.4.1　控制系统的设计

在设计控制系统时，管理层必须考虑建立和维护控制系统的成本，并将其与所获得的利益进行权衡。任何控制系统都需要投资于对管理结构和系统设计。

控制系统的设计可以分为两组，并与控制目标有关：

（1）产出控制（通常基于财务指标）。

（2）行为控制（通常基于非财务指标）。

产出控制（output control）由支出控制的措施构成，包括定期对支出数据进行监控，将这些数据与预算目标进行比较，并在任何认为有害的情况下，采取削减或增加支出的决策。衡量产出的指标定期累计的，通常由外国子公司转到总部，总部根据与计划或预算的比较来进行评估。

行为控制（behavioural control）需要对行为施加影响。例如，通过向子公司人员提供销售手册或将新员工融入企业文化中来实现影响。行为控制通常需要一个广泛的社会化过程，非正式的、人与人之间的互动是这个过程的核心。企业必须用大量的资源培训个人来分享企业文化，比如“公司的做事方式”。

为了建立共同的愿景和价值观，日本松下公司的管理人员在新员工入职后第一个月花了大量的时间进行所谓的“文化和精神培训”。他们研究公司的信条“松下的七大精神”，以及创始人松下幸之助的理念。

然而，仍然有传统企业强烈推崇将产出（财务）作为指标。对产出标准的执着，导致公司忽略了较不具体的行为（非财务）措施，尽管这些措施是公司成功的真正动力。然而，行为绩效衡量标准存在缺陷。迄今为止，在开发从行为到产出标准的显性关系方面几乎没有成功的案例。此外，评价公司和管理人员仍然基于以财务标准（利润贡献）来进行评价。在建立清晰的联系之前，人们很可能会继续对行为准则进行一定程度的怀疑。

我们现在将开发一个主要基于产出控制的国际营销控制系统。市场营销控制是营销规划过程的基本要素，因为它将评估营销目标如何实现。控制营销活动的框架如图 19-12 所示。

营销管理系统从制定将要开展的营销活动（实施计划）开始。这可能是某些目标和战略的结果，每个目标和战略会在给定的预算范围内实现。因此，预算控制至关重要。

控制过程的下一步是构建具体的绩效标准，如果要实现总体目标和次级目标，对每一项活动就需要达到这些绩效标准。例如，为了实现一个特定的销售目标，对每个销售区域可能需要制定具体的绩效标准。反之，这可能要求该地区的每个销售人员都有特定的绩效标准，例如打电话的数量、转化率和订单价值。表 19-1 提供了所需数据类型的代表性样本。由于营销规划中描述的目的和目标不同，营销绩效指标和标准将因公司和产品而异。

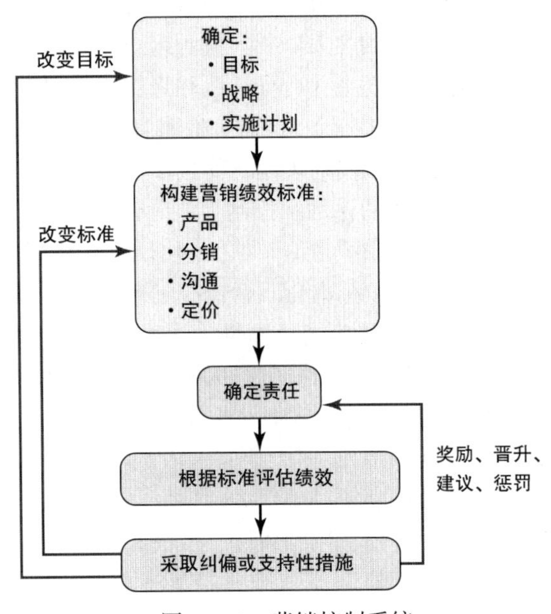

图 19-12　营销控制系统

表 19-1　营销绩效的指标

产　品	分　销
· 细分市场的销售额	· 各类渠道的销售额、费用和边际收益
· 每年上市的新产品	· 销售该产品的商店百分比（铺货率）
· 相对于市场潜力的销售额	· 按照渠道、中间商和特定中间商类型划分的相对于市场潜力的销售额
· 销售增长率	· 准时交货的百分比
· 市场份额	· 按渠道划分的费用与销售额的比率等
· 边际收益	· 按照渠道划分的订单周期的绩效等
· 产品瑕疵	· 按照渠道划分的物流活动成本
· 保修费用	
· 总利润的百分比	
· 投资回报	
定　价	**沟　通**
· 对竞争对手价格变化的响应时间	· 按照媒体类型（如知名度）划分的广告效果
· 相对于竞争者的价格水平	· 实际受众与目标受众的比例
· 相对于销量的价格变化	· 每份合同的成本
· 与销量相关的折扣结构	· 按照媒体类型划分的呼叫、询价和信息咨询数量
· 与新合同相关的出价策略	· 每个销售电话产生的销售额
· 与营销费用相关的利润结构	· 潜在市场区域的销售额
· 与渠道成员绩效相关的利润	· 销售费用占销售额的比率
	· 每个时段新增的客户
	· 每个时段流失的客户

资料来源：改编自 Jobber, D. (1995)，Principles and Practice of Marketing, published by McGraw-Hill。

下一步是确定责任。在某些情况下，责任最终落在人的身上（比如品牌经理）；另一些则是共同承担（比如销售经理和销售人员）。考虑这个问题很重要，因为纠正或支持性行动可能需要关注那些对营销活动的成功负责的人。

为了取得成功，在控制过程的设计和实施阶段都要咨询与控制过程相关的以及受其影响的人员。重要的是他们需要确信，控制的目的是提高他们自己以及公司的成功。下属需要参与制定自己的绩效标准并达成自己的绩效标准，最好是通过目标管理体系。

然后根据这些标准对绩效进行评估，而这需要有一个高效的信息系统。必须对取得的成功和失败以及采取什么纠正或支持措施进行评估和判断。这可以采取多种形式：

- 由于个人表现不佳而导致的失败，可能需要对未来的态度和行为、培训和 / 或惩罚（如批评、降薪、降级或解雇）进行建议。另外，成功应该得到表扬、提升和 / 或更高的报酬。
- 由于不现实的营销目标和业绩导致的失败可能使管理层降低目标或降低营销标准。而成功反映出的没有抱负的目标和标准可能会在下一阶段被重点关注，并做出改变。

许多公司认为，只有在业绩低于要求或预算和成本超出时，才需要采取纠正措施。事实上，“消极”（不合格）和“积极”（冒进）的偏差可能都需要纠正。例如，花费大量预算用于销售团队建设却使公司失利，也许是最初分配的款项过多，需要重新评估，或者销售人员不像预期的那样“活跃”。

还需要确定评估的频率（如每日、每周、每月或每年）。更频繁和更详细的评估通常意味着更多的成本。必须注意确保评估和控制过程本身的费用不要超过评估的价值，并且不要过度干预被评估的活动。

在设计一个控制系统时，还要考虑环境的影响：

- 控制系统应该只用于评估组织已实施控制的方面。奖励或制裁如果是基于可能与公司整体绩效相关的方面，而不能施加影响（如价格控制），则是没有意义的。忽视个体绩效能力的因素会造成错误的信号，严重损害员工的积极性。
- 控制系统应与当地法规和习俗相协调。然而，在某些情况下，企业行为控制不得不与当地习俗相悖，即使整体业务可能受到负面影响。例如，当一个子公司在未经授权的情况下进行小额疏通费用是一种常见的商业惯例，这种情况就发生了。

19.4.2　前馈控制

公司的营销控制系统提供的大部分信息都是财务（利润）和非财务（客户满意度、市场份额）方面的反馈。因此，控制过程是一种在展望中的补救。控制系统可以被认为应该具有前瞻性和预防性，并且控制过程应该与规划过程同时开始。这种形式的控制是**前馈控制**（feedforward control）（见图 19-13）。

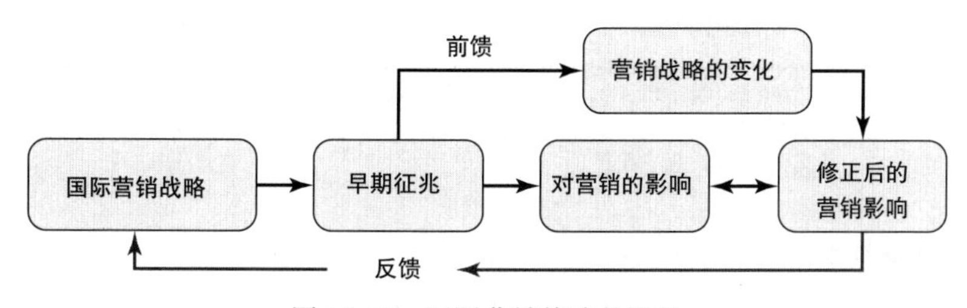

图 19-13　国际营销战略的调整

前馈控制将不断地对计划进行评估，监测环境以识别可能对目标和战略产生影响的变化。前馈控制监测变量而非绩效；变量在绩效本身变化之前就可能发生变化。结果就是，偏差可以在其产生完全影响之前得到控制。这样的系统是积极主动的，因为它预期环境变化；而事后和转向控制系统更加被动，因为它们在变化发生后处理变化。早期症状的例子（早期绩效指标）如表 19-2 所示。

表 19-2 一些关键的早期绩效指标

早期绩效指标	市场含义
需求量急剧下降	营销战略或实施中的问题
销量急剧减少或增加	产品快速被认可或被拒绝
顾客投诉	产品未被正确调试
竞争对手的业务显著下降	产品迅速获得市场认可或市场状况恶化
大量退货	基础产品设计出现问题
大量零部件需求或报修请求	基础产品设计出现问题，标准低
风格或款式的突然变化	产品（或竞争对手的产品）对消费者的生活方式产生深远影响

资料来源： Samli *et al*. (1993, p.425).

前馈控制侧重于信息的预测：它试图发现即将发生的问题。前馈控制的正式程序可以并入营销人员的总体控制方案，以提高其有效性。使用前馈方法将有助于确保计划和控制被视为同时发生的活动。

19.4.3 营销控制的关键领域

科特勒（Kotler，1997）区分了四种类型的营销控制，每种类型涉及不同的方法、不同的目的和不同的责任分配，如表 19-3 所示。在这里，我们将重点关注年度计划控制和利润控制，因为它们是资源有限的企业（如中小型企业）最为关注的领域。

表 19-3 营销控制的类型

控制类型	主要职责人	控制目的	技术 / 方法的例子
战略控制	• 高层管理者 • 中层管理者	检查结果是否达到预期	• 营销效果评级 • 营销审计
效率控制	• 业务主管和行政主管 • 营销控制者	检查提高营销效率的方法	• 销售团队效率 • 广告效率 • 分配效率
年度计划控制	• 高层管理者 • 中层管理者	检查结果是否达到预期	• 销售分析 • 市场份额分析 • 营销费用与销售额比率 • 客户跟踪
利润控制（预算控制）	• 营销控制者	检查公司在哪些方面盈利或亏损	• 产品、客户群或贸易渠道等的盈利能力

资料来源： Adapted from Kotler, Philip, *Marketing Management: Analysis, Planning, Implementation and Control, 9th edn.*, © 1997. Electronically reproduced by permission of Pearson Education, Inc., Upper Saddle River, New Jersey.

1. 年度计划控制

年度计划控制的目的是确定一年中营销投入的成功程度。该控制将集中于与销售目标、市场份额分析和费用分析相关的销售评估。

销售绩效是年度计划控制的关键要素。销售控制由不同组织控制层面的标准层级组成。这些层级是相互关联的，如图 19-14 所示。

从图 19-14 中可以看出，在公司层面上实现销售目标的偏差是在操作层面的单个销售人员偏差的结果。在销售管理的每个层次上，必须研究偏差以确定其原因。一般来说，偏差可能是由于销量和 / 或价格因素的综合作用。

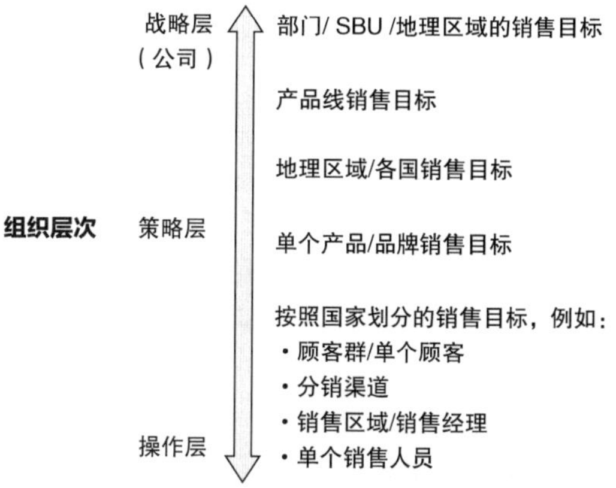

图 19-14　销售和控制的层级

2. 利润控制

除了以前讨论的控制要素之外，所有国际营销人员都必须关心控制其利润。预算期通常为一年，因为预算与公司的会计制度相关。在 19.5 节中，我们将进一步探讨国际营销预算的发展情况，以 GAM 组织和基于国家的公司结构为起点。

19.5　国际营销预算

国际营销计划的经典量化方式是以预算的形式出现。由于被严格的量化，因此特别重要。它们应该代表对行动及其预期成果的预测，并且应该能够进行准确的监控。事实上，基于预算的绩效评估是主要的（常规的）管理审查流程。

预算也是一个组织过程，包括根据所提议的营销战略和方案做出预测。然后，这些预测被用来建立一个预算的利润表（即盈利能力）。预算的一个重要方面是决定如何在营销计划中分配最后一单位的可用资金。

基于市场的企业认识到客户是关注的首要重点，并把重点扩大到许多客户和国家 / 市场，而不仅仅是产品或销售单位。这是一个重要的战略上的区别，因为潜在客户的数量有限，但可以向每个客户销售更大范围的产品和服务。一个企业的业务量是在任何时间任何地点上，在有限数量的客户市场上所占的客户份额，而不是销售单位的数量。

影响客户量的国际营销战略包含以下的具体策略：

- 吸引新顾客以增加市场份额；
- 通过在市场上带来更多顾客来增加市场需求量；
- 进入新的市场以创造新的客户来源。

所有的营销策略都需要一定程度的营销投入，才能达到既定的市场份额。实施旨在获得一定的客户数量的营销策略，就需要产生与销售努力、市场沟通、客户服务和市场管理相关的费用。营销努力的成本是营销费用，必须从总贡献中扣除，以产生净营销贡献。

图 19-15 说明了传统营销预算（每个国家或顾客群）及其决定因素。最重要的预算数字之一是“总净营销贡献”，以及最终的“净利润”（税前）。

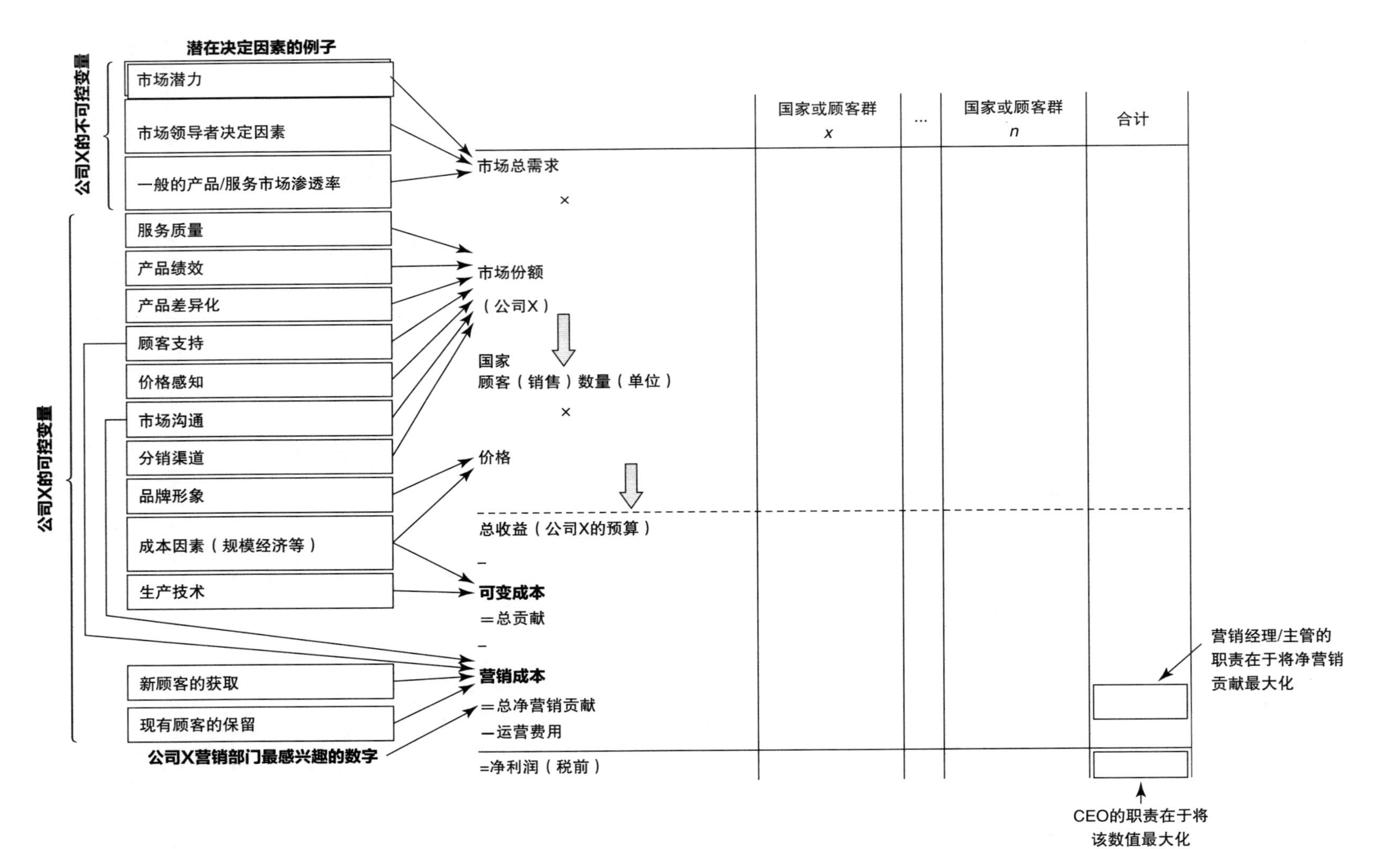

图19-15 200X年营销预算及其潜在的决定因素

19.5.1　净营销贡献

所有营销策略都需要一定程度的营销努力才能达到一定的市场份额。实施旨在一个具体国家获得一定的客户销量的营销策略，需要产生与销售努力、市场沟通、客户服务和市场管理等相关的费用。这种营销努力的成本在表 19-4 中显示为营销成本，必须从总贡献中扣除，以产生净营销贡献。这是将营销费用从产生的总贡献中扣除后的净贡献：

净营销贡献 = 总贡献 − 营销费用

表 19-4　某消费品生产商的国际营销预算的例子

国际营销预算 年份 =______	欧洲						美洲		亚太地区					
	英国		德国		法国		美国		日本		韩国		其他市场	
	A	B	A	B	A	B	A	B	A	B	A	B	A	B
净销售额（总销售额、津贴等）														
＋变动成本														
＝贡献 1														
＋营销成本：														
销售成本（工资、代理商佣金、奖励、出差、培训、会议）														
顾客营销成本（电视广告、广播、印刷品、促销、社交媒体和其他互联网成本）														
贸易营销成本（展会、展览、店内促销、争夺零售商活动的成本）														
＝∑**总贡献 2**（营销贡献）														

注：B= 预算数据；A= 实际值。在短期（1 年）基础上，出口部经理或各国市场经理负责将每个国家的实际数值最大化，并尽量减少其与预算数值的偏差。国际营销经理 / 主管负责将整个世界的实际数字最大化，并尽量减少其与预算数值的偏差。国家市场经理和国际营销经理 / 主管之间需要合作，以最佳方式协调和分配总营销资源。有时，某些库存成本和产品开发成本也可能包含在总体营销预算中（参见正文）。

资料来源：*Marketing Management: A Relationship Approach*, 2nd ed., Financial Times/Prentice Hall (Hollensen, S. 2010) p. 583, Copyright © Pearson Education Limited.

实际上，这就是营销职能如何贡献于公司的利润。如果营销团队制定了一个失败的营销策略，因此产生较低的净营销贡献，那么营销策略实际上降低了公司的净利润。

营销策略通常旨在影响总贡献，主要是通过在某个当地市场上，增加市场需求、市场份额或每个客户的收益。净营销贡献的方程应该明确，只有总贡献的增加超过了增加总贡献所需增加的营销费用，这些策略才有利可图。也就是说，营销策略要能提高公司利润，必须提高其净营销贡献。

19.5.2　净利润（税前）

虽然营销策略通过净营销贡献来产生净利润，但净利润（税前）一般不受营销职能或营销管理团队的控制。营销策略产生一定程度的净营销贡献，在实现净利润之前，所有其他运营费用必须从中扣除，如表 19-4 所示。这些运营费用包括固定费用，如人力资源管理费用、研发费用和行政开支等，以及设施的租金和费用等其他运营费用。在大多数情况下，公司的间接费用也将被分配，其中包括法律费用、公司广告和高管薪金等公司费用：

$$净利润（税前）= 净营销费用 - 其他运营费用$$

然而，有一些情况下营销策略可能会影响其他运营费用。例如，改进产品以吸引更多客户并建立市场份额的策略，可能涉及增加开发新产品的研发费用。

从图 19-14 中可以看出，营销盈利能力的最重要测量指标可以定义为

$$边际贡献（\%）= \frac{总贡献}{总收益} \times 100$$

$$营销边际贡献（\%）= \frac{总营销贡献}{总收益} \times 100$$

$$边际利润（\%）= \frac{净利润（税前）}{总收益} \times 100$$

如果我们有资产规模（应收账款＋存货＋现金＋厂房＋设备）的相关信息，我们可以定义

$$资产回报率（ROA）= \frac{净利润（税前）}{资产}$$

ROA 与我们熟知的指标 ROI 类似，ROI 是投资回报率。

除了上述财务指标之外，还有许多其他相关的营销指标，尤其是在“社交媒体”中（Kumar and Mirshandani，2012；Srinivasan，2015）：

- 知名度：潜在顾客群知晓品牌的比例（百分比）有多大。通常，知名度会影响新产品的试用情况。例如，如果最初的知名度是 20% 而不是 70%，在其他所有因素相同的情况下，提高知名度方面的营销支出将产生更大的潜在影响。
- 转化率：网站访问者实际上成为顾客的比例有多大。
- 倡导者：社交媒体的参与者从积极的方面评价品牌的总数。“参与”是达到品牌承诺的最后阶段的必要条件。创建和上传积极推广品牌的相关内容，就能成为品牌的“倡导者”。

表 19-4 列出了某消费品制造商的国际营销预算的例子。预算中包含的营销变量可以由母国市场和出口市场的销售和营销职能（部门）控制和改变。在表 19-4 中，国际销售和营销部门唯一无法控制的变量是可变成本。

国际营销预算体系（见表 19-4）主要用于以下（主要的）目的：

- 营销资源在多个国家 / 市场中的分配以实现利润最大化。在表 19-4 中，国际营销主管的职责是将整个世界的总贡献 2 最大化。
- 对国家 / 市场的绩效进行评估。在表 19-4 中，出口部经理或各国市场经理负责将其各自国家市场的贡献 2 最大化。

请注意，除了表 19-4 所示的营销变量之外，国际营销预算通常包含成品的库存成本。由于这些商品的生产规模通常基于销售和市场部的投入，未售商品的库存也将由国际营销经理或主管负责。此外，如果某些新产品是在某些市场上销售的先决条件，则国际营销预算也可能包含特定客户或特定国家的产品开发成本。

19.6 开发国际营销计划的过程

国际营销计划的目的是在全球市场上创造可持续的竞争优势。一般来说，企业在制订国际营销计划时会经历某种心理过程。在中小型企业，这个过程通常是非正式的；在较大

的组织中，它通常更加系统化。图 1-2 提供了一种制订国际营销计划的系统化方法。

19.7　小结

实施国际营销计划需要有适当的组织结构。随着公司国际营销战略的变化，其组织结构必须根据其任务、技术和外部环境进行调整。提出了五种国际组织的结构：职能结构、国际分工结构、产品结构、地理结构（客户结构）以及矩阵结构。组织结构的选择受到诸多因素的影响。例如，企业国际化程度、企业国际业务的战略重要性、国际业务复杂性以及合格管理人员的可得性等。

控制是确保国际营销活动按照预期进行的过程。它涉及对绩效的监测以及在必要时采取纠正措施等方面。国际营销控制系统包括确定营销目标、构建绩效标准、确定责任、根据标准评估绩效，以及采取纠偏或支持性措施等。

在事后控制系统中，管理人员需要等到规划期结束时才采取纠正措施。在前馈控制系统中，纠偏措施在规划期间展开，如果失控，就通过跟踪早期绩效指标并调整组织运作以回到正轨。

最明显的控制领域涉及年度营销计划的控制和盈利能力的控制。国际营销预算的目的主要是为了在全球各地分配营销资源，以最大化国际营销贡献。

问题讨论

1. 本章提出，公司国际化组织的发展可以分为不同的阶段，识别这些阶段并讨论它们与公司国际竞争力之间的关系。
2. 识别管理国际化产品开发应采取的合适的组织结构，讨论这些结构的关键特征。
3. 内部 / 外部因素对组织结构有什么影响？你能想到其他因素吗？请解释。
4. 讨论标准化营销管理过程的优势与劣势。标准化的过程对实施国内市场战略的公司还是对实施全球市场战略的公司更有利？
5. 讨论在何种程度上组织结构的选择本质上是总部集权与地方自治之间的选择。
6. 讨论企业的国际化组织将如何影响其计划过程。
7. 讨论公司为什么需要国际营销控制。
8. 绩效指标意味着什么？为什么公司需要这些绩效指标？
9. 子公司的管理者和员工的绩效审查很少（如果有的话）由总部进行。为什么？
10. 指出国际事业部结构中固有的主要缺点。
11. 讨论采用矩阵式组织结构的主要优点。

案例研究 19-1

玛氏公司：合并欧洲食品、宠物护理和糖果事业部

玛氏公司（Mars）是一家多元化的多部门公司，其主要产品包括食品、宠物护理、糖果、电子产品和饮料。这家美国巨人由玛氏家族拥有并控制，是世界上最大的私营公司之一，也是最隐秘的公司之一。

2000 年 1 月，玛氏决定将其在欧洲的食品、宠物护理和糖果事业部进行合并，并最

终将总部设在英国。

三个事业部中最知名的品牌是：

- 食品：Uncle Ben 的米饭和酱料；
- 宠物护理：Whiskas、Pedigree；
- 糖果：M&Ms、Snickers、Milky Way、Mars Bar。

玛氏（英国）公司表示，将其业务合并的决策是为了打击公司在食品和糖果业务中的国际竞争对手，如雀巢和联合利华等。此举也与创建单一欧洲市场的计划相符，并强调公司相信整个欧洲的消费者需求是相同的。

然而，在所有的业内观察家看来，将食品、糖果与宠物护理相结合的后果显得并不清晰。一位行业分析师评论说：

> 总而言之，玛氏正在做正确的事情，通过合并各事业部来榨取利润。在欧元问世之前，在欧洲不同国家经营的独立公司是可以接受的，但现在情形已经变了。

另一位分析师则表示："我无法想象它会把所有三块业务整合在一起，它们太不同了。"

唯一可见的好处似乎是分销的改善。欧洲市场的喜好是非常不同的，不管是销售动物或人类的产品。

玛氏说将对付像雀巢和联合利华这样的竞争对手，但它们只是食品和糖果的竞争对手。

如果玛氏开始通过合并所有业务来制定很多的控制措施（以及它的营销和管理战略），它可能会简化沟通，但可能会失去在不同地区的创造力。

问题：

1. 讨论玛氏欧洲活动的两种观点。
2. 在你看来，玛氏做得对吗？

资料来源：McCawley(2000).

案例研究 19-2

汉高应该转型为以客户为中心的组织吗

汉高（Henkel）是一家跨国公司，总部设在德国的杜塞尔多夫。2012 年，它的总营业额是 165 亿欧元。该公司在全球拥有约 47 600 名员工，在全球市场上是最具国际竞争力的德国公司之一。汉高于 1876 年由 28 岁的弗利茨·汉高（Fritz Henkel）和两位合伙人在德国亚琛建立，它的第一款产品是基于水玻璃技术的洗衣粉。当时所有的类似产品都是散装销售，而这种浓缩洗涤剂以便携式包装或袋装进行销售。

2012 年，汉高的产品和技术分布于全球约 125 个国家和地区。汉高有三个全球性的以产品为导向的运营业务部门：

（1）洗衣和家庭护理对汉高来说一直扮演着重要角色，特别是由于该公司是从这个业务部门的产品开始的。它的产品囊括各种家用清洁用品，如洗衣粉和洗涤剂。其最著名的产品是汉高洗衣粉。

（2）美容护理是第二个重要的业务部门。汉高的化妆品部门是世界上最大的化妆品部门之一。它的产品系列包括美容和口腔护理产品，如洗发水、牙膏、染发剂和沐浴露等。

（3）在黏合剂技术市场上，汉高是无可争议的市场领导者。该公司为消费者、技术工人和工业应用等生产黏合剂、密封剂和表面处理剂。

汉高是一家创新型公司，拥有一系列国际化、地区化和本地化品牌。其年度研发投资占销售额的 2.7%。汉高产品的目标群体是消费者、技术工人和工业用户。汉高的信条是为 B2C 和 B2B 客户提供优质的（定制化的）解决方案和创新性技术。

汉高在洗衣和家庭护理领域的主要竞争对手是联合利华、宝洁和利洁时。在化妆品和洗漱用品领域的竞争对手是联合利华、宝洁和欧莱雅。

为了履行承诺，汉高的员工与 B2C（领先用户）和 B2B 消费者（全球客户）密切合作，并关注他们当前的需求以及未来将面临的挑战。这种以客户为中心的理念是汉高成为许多著名公司首选合作伙伴的主要原因。

汉高 - 沃尔玛

据《财富》“全球 500 强公司”的数据，2003 年，全球收入最高的公司沃尔玛（汉高的全球客户之一），日益希望加强它们之间的全球关系。零售商正在慢慢变得比制造商更强大，因为它们正在推出自己的品牌。与此同时，由于零售商开始实施国际化战略，其全球贸易收入正在增长。价格正在慢慢接近产品的生产成本。汉高现在的战略正考虑从以产品为中心转向以顾客为中心。因此，CEO 罗思德（Kasper Rorsted）实施了“全球本土化”方法，协调多层面的全球流程和本地 / 区域部门。现在，这已经嵌入对沃尔玛的全球客户管理计划中。例如，在 2012 年，汉高与沃尔玛墨西哥公司和沃尔玛中美洲公司共同组织了一个可持续发展周，以分享可持续发展的经验。在这周的一场教育活动上，汉高在沃尔玛的实体店进行了实验，向消费者展示如何正确使用产品以节约能源。

问题：

1. 将汉高公司从以产品为中心转变为更加以顾客为中心的方式是一个好主意吗？
2. 作为一家为 B2B 和 B2C 市场提供服务的顾客驱动型跨国公司有哪些挑战？
3. 汉高如何进一步加强与全球主要顾客的 B2B 关系？

资料来源： This case was developed in cooperation with former PhD researcher Vlad Stefan Wulff, University of Southern Denmark.